Berichte schwäbischer Regierungspräsidenten aus den Jahren 1918 und 1919

Bearbeitet von Karl Filser und Rudolf Vogel (†)
unter Mitwirkung von Gerhard Hetzer

Veröffentlichungen
der Schwäbischen Forschungsgemeinschaft

Reihe 12

Amtliche Berichte
aus dem bayerischen Schwaben

Band 1

Herausgegeben von Karl Filser

Berichte schwäbischer Regierungspräsidenten aus den Jahren 1918 und 1919

Bearbeitet von
Karl Filser und Rudolf Vogel (†)
unter Mitwirkung von Gerhard Hetzer

Gedruckt mit Unterstützung des Bezirks Schwaben.

Bibliografische Information Der Deutschen Nationalbibliothek

Die Deutsche Nationalbibliothek verzeichnet diese Publikation in der Deutschen Nationalbibliografie;
detaillierte bibliografische Daten sind im Internet über http://dnb.d-nb.de abrufbar.

© Wißner-Verlag, Augsburg 2006
www.wissner.com

Das Werk und seine Teile sind urheberrechtlich geschützt. Jede Verwertung in anderen als den gesetzlich
zugelassenen Fällen bedarf deshalb der vorherigen schriftlichen Einwilligung des Verlages.

Satz und Layout: Angela Schlenkrich, Augsburg
Druck: Druckhaus Köppl und Schönfelder, Stadtbergen
ISBN-13: 978-3-89639-573-3
ISBN-10: 3-89639-573-4

Vorwort

Nach einer langen Zeit der Vorbereitung wird mit dem vorliegenden Band die Reihe 12 der Schwäbischen Forschungsgemeinschaft ›Amtliche Berichte aus dem bayerischen Schwaben‹ eröffnet: der erste Band der Serie ›Berichte der Regierungspräsidenten‹, der die Jahre 1918 und 1919 abdeckt und dem, so hoffen wir, bald weitere nachfolgen werden.

Damit versuchen wir, eine empfindliche Lücke zu schließen: zunächst und vor allem für die zeitgeschichtliche Forschung generell, die in den letzten Jahren auch in der Landesgeschichte wieder stärker Beachtung gefunden hat, geht es doch um nichts weniger als die Begründung der modernen Demokratie, die grundlegende Umbruchszeit, die nicht zuletzt in Bayern ihre spezifischen Ausformungen in der Spannung zwischen revolutionärem Aufbruch und evolutionärer demokratischer Neugestaltung gesucht hat. Wenn dabei lange Zeit das Augenmerk auf München lag, so haben doch gerade die für Schwaben thematisierten Vorgänge der ›Revolution von 1918/19 in der Provinz‹ gezeigt, dass die Erscheinungsformen lokal eine erhebliche Spannbreite entfalteten. Dies rechtfertigt und fordert eine Vertiefung dieses regionalen Ansatzes. Die amtliche Berichterstattung der Regierungspräsidenten, die nicht zuletzt die Stimmungslagen vor Ort sammelte und nach München weitergab, verspricht dafür schon insofern einen erheblichen Erkenntnisgewinn, als sie zumindest prinzipiell eine breit gefächerte Einsicht in die Ereignisse in den Städten und auf dem ›Land‹ vermittelt – auch wenn sie damit eine Sicht spiegelt, deren Raster durch verschiedene Filter beeinflusst wurde. Neben dem Einblick in die politische Umbruchszeit widerspiegeln die Berichte die vielfältigen wirtschaftlichen und sozialen Probleme, mit denen sich die schwäbischen Kommunen damals auseinandersetzen mussten. Den Quellenwert dieser Berichte wird die weitere Forschung zu diskutieren haben.

Die Edition dieses ersten Bandes verdanken wir zuvörderst Dr. Rudolf Vogel; er hat zusammen mit Prof. Dr. Karl Filser und seinen Mitarbeitern am Lehrstuhl für Geschichtsdidaktik an der Universität Augsburg die Textvorlagen erstellt und bis zu seinem plötzlichen Tod im September 2005 unermüdlich an der Kommentierung der Texte gearbeitet. Herr Dr. Vogel hinterlässt eine schmerzliche Lücke in der Herausgabe der Regierungspräsidentenberichte.

Unser Dank gilt auch den vielen Archiven, Meldeämtern und Privatpersonen, die Daten über die in den Berichten genannten Personen geliefert haben, den Sekretärinnen am Lehrstuhl für Geschichtsdidaktik an der Universität Augsburg, Isabella Hölzle und Inge Lev, sowie den studentischen Hilfskräften, vor allem Julia Brey, Bent Jörgensen und Michael Koller, die die aufwändigen Vorarbeiten geleistet haben; außerdem Angela Schlenkrich M.A., die die Schlussredaktion der Berichte vorgenommen und das Layout gestaltet hat, Dr. Doris Pfister, die in bewährter Weise die Fäden beim Weg vom Manuskript zum Buch in der Hand hielt und damit das Gelingen gewährleistete, dem Wißner-Verlag, der – wie immer – in sehr konstruktiver Zusammenarbeit den Band und die Reihe in sein Programm übernommen hat.

Rolf Kießling	*Karl Filser*
1. Vorsitzender der	*Herausgeber der Reihe*
Schwäbischen Forschungsgemeinschaft	

Inhaltsverzeichnis

Rolf Kießling, Karl Filser
   Vorwort   V

Gerhard Hetzer
   Die Berichte der bayerischen Regierungspräsidenten – Konstanten, Wandel
   und Überlieferung   IX

Rudolf Vogel
   Die Unterzeichner der Regierungspräsidentenberichte von 1918 und 1919   XV

Karl Filser
   Editionshinweise   XVII

Edition
   1918 (Nr. 1–51)   1
   1919 (Nr. 52–103)   109

ANHANG   475
Abkürzungs- und Siglenverzeichnis   477
Glossar   479
Literatur   485
Personenregister   487
Ortsregister   490
Firmenregister   498

Die Berichte der bayerischen Regierungspräsidenten – Konstanten, Wandel und Überlieferung

VON GERHARD HETZER

Die Berichterstattung der Regierungspräsidenten für das bayerische Staatsministerium des Innern hat im Beziehungsfeld von Verwaltung und Politik des 19. und 20. Jahrhunderts ihre eigene Geschichte. Wechsel in Berichtsturnus und Berichtsschema deuten auf Anstieg und Abfall der Spannungskurven der politischen Entwicklung, wie sie im Behördenaufbau wahrgenommen werden konnten. Somit kommt auch den Entscheidungsprozessen, ob und wie zu berichten sei, Interesse zu.

Eine regelmäßige und zwar halbjährliche bzw. jährliche Berichterstattung an das vorgesetzte Ministerium kannten bereits die Generallandeskommissariate der Provinzen und Generalkommissariate der Kreise der Montgelas-Zeit[1]. Eine Verordnung vom September 1809 gab eine thematische Gliederung mit ausführlichen tabellarischen Beilagen vor, die mit Informationen der Unterbehörden (der Landgerichte, adeligen Gerichte und der staatlichen Polizeibehörden in den größeren Städten) zu füllen war[2]. Mit den Tabellen ist eine wichtige Quelle zu Bevölkerungsbewegung und Erwerbsleben im frühen Königreich Bayern erwachsen. 1825 auf einen zunächst dreijährigen und schließlich fünf- bis sechsjährigen Berichtsturnus ausgedehnt, wurde diese Form des Berichtswesens bis zur Mitte der 1840er Jahre weitergeführt[3]. In den politisch bewegten Zeiten von 1848/51, in denen ein Ressortwechsel des aufnehmenden Statistischen Büros vom Innenministerium zum neu gebildeten Ministerium des Handels und der öffentlichen Arbeiten lag, fanden diese Berichte keine Fortsetzung. Ihre Auswertung hatte sich offenbar mehr und mehr auf ihre statistischen Teile verschoben, die beschreibende Darstellung von Ergebnissen der Verwaltung hatte an Interesse eingebüßt.

Ein anderer Berichtstypus, der die serielle Form verwaltungsinterner Information künftig stärker prägen sollte und auch politisch schwierigeren Zeiten eher entsprach, war der aus Nachrichten von Unterbehörden und Vertrauensleuten geschöpfte Volksstimmungsbericht. Ein Beispiel sind die Berichte über ›Volksmeinungen und Gespräche‹ oder ›Öffentliche Stimmung‹, wie sie vom Generalkommissär für den Isar-Kreis für den Zeitraum von Oktober 1814 bis August 1819 teils in Form gesammelter Tagesrapporte, teils als Wochenberichte vorliegen[4].

---

1 Kurpfalzbaierisches Regierungsblatt 1804, Sp. 909 (Art. X in Sp. 918); Königlich-Baierisches Regierungsblatt 1807, Sp. 22.
2 Königlich-Baierisches Regierungsblatt, Sp. 1721.
3 Johannes MERZ, Die Verwaltungsberichte der Würzburger Regierung in der ersten Hälfte des 19. Jahrhunderts, in: Ernst-Günter KRENIG (Hg.), Wittelsbach und Unterfranken. Vorträge des Symposions: 50 Jahre Freunde Mainfränkischer Kunst und Geschichte (Mainfränkische Studien 65). Würzburg 1999, S. 154–166; dort auch allgemeinere Ausführungen zum Berichtswesen in diesem Zeitabschnitt.
Von den Verwaltungsberichten selbst existieren Konzepte und die dort eingearbeiteten unterbehördlichen Zusendungen in verschiedenen Staatsarchiven. Die an das Innenministerium gelangten Ausfertigungen sind, was die darstellenden Texte betrifft, nur in wenigen Einzelstücken (für Tirol 1806/07 und 1807/08) überliefert; für den Berichtszeitraum 1830/33 besteht eine Sammlung von Auszügen. Ein Teil der tabellarischen Anhänge wurde 1913 vom Statistischen Landesamt an die Staatsbibliothek München abgegeben und wird dort in der Handschriften-Abteilung aufbewahrt (darunter die zu Bänden formierte so genannte Montgelas-Statistik aus dem Zeitraum 1809–1816).
4 BayHStA MInn 45768, 45773.

Bereits die Instruktion der Generalkreiskommissäre vom Juli 1808 hatte in § 40 neben der Erstellung des jährlichen Hauptberichts, wie er dann 1809 näher erläutert wurde, eine sofortige Berichterstattung vorgeschrieben, wenn Mißbräuche und Unregelmäßigkeiten bekannt würden[5]. *Auch die für die Tätigkeit der Kreisregierungen bis über das Ende der Monarchie hinaus grundlegende Verordnung vom 17. Dezember 1825*, die Formation, den Wirkungskreis und den Geschäftsgang der obersten Verwaltungsstellen in den Kreisen betreffend[6], *enthielt einen Positivkatalog für Vorgänge, die einen zeitlich unmittelbaren Bericht erforderlich machten. Laut § 18 gehörten hierzu neben* Tumulten, Widersetzlichkeiten ganzer Gemeinden, [...] Seuchen und außerordentlichen Natur-Begebenheiten *auch außerordentliche Vorfälle mit angesehenen Fremden und Bemerkenswertes in der Haushalts- und Kassenführung. Die Feststellung von Durchreisen regierender Fürsten sollte bis zum Ende der monarchischen Staatsverfassung eine Position in den Berichtspflichten einnehmen.*

Unter dem Eindruck des Sturzes des Juli-Königtums in Frankreich und der auch in Deutschland hoch gehenden Wogen politischer Erregung ordnete das Innenministerium Anfang März 1848 eine wöchentliche Berichterstattung der Behörden vor Ort über Stimmung und Verhalten des Volkes an. Die Regierungspräsidenten wurden angewiesen, bis auf anders lautende Weisung *von dem Inhalte der Terminsberichte [der Unterbehörden] von acht zu acht Tagen eine gedrängte summarische Übersicht [...] mit den Anzeigen über die allenfalls getroffenen Verfügungen [...] zu erstatten.*[7] *Der Neubeginn regelmäßiger Stimmungs- und Lageberichterstattung der bayerischen Innenverwaltung, die, kaum unterbrochen, bis 1970 reichen sollte, lag somit in den ›Sturmjahren‹ 1848 und 1849. Mit Handschreiben vom 17. September 1849 legte König Max II. Joseph ein Schema fest*[8], *das sich direkt aus der politischen Lage nach den Unruhen um die Annahme oder Nichtannahme der Reichsverfassung im vergangenen Frühjahr ergab. Demnach hatten sich die Behörden nunmehr monatlich zu äußern, über* 1. Die Stimmung der Bevölkerung hinsichtlich der Person des Königs und des Königtums; 2. [Eine] Parteistellung in politischer und religiöser (konfessioneller) Beziehung; 3. Ob und in welchem Grade Neigung vorhanden [sei] für demokratische Vereine und Blätter; 4. Stimmung bezüglich des Grundlasten-Ablösungs-Gesetzes; 5. [Stimmung] bezüglich der inneren Zustände überhaupt; 6. [Stimmung] hinsichtlich der allgemeinen deutschen Verhältnisse. *Diese aus der Situation heraus entstandenen Fragstücke waren in den folgenden Jahren häufig von Weisungen an die Kreisregierungen flankiert, Sonderberichte zu liefern oder in den Monatsberichten zu weiteren Fragen Stellung zu nehmen. Dem König leitete das Ministerium jeweils Auszüge oder Synopsen der Berichte zu.*

Der Nachfolger von Max II. teilte dessen Informationsbedürfnis nicht. Ab April 1864 unterblieb auf Wunsch König Ludwigs II. der monatliche Volksstimmungsbericht. Einen gewissen Ersatz sollten Berichte über Vorgänge von besonderer Wichtigkeit im Wirkungskreis des Innenministeriums bieten, die von den Regierungspräsidenten jedoch nur fallweise, nicht aber regelmäßig zu erstatten waren. Die Verordnung von 1825 wurde bezeichnenderweise in Erinnerung gebracht. Fehlanzeigen waren erlassen. Das Ministerium wies sogar an, die Meldung besonderer Vorkommnisse durch die Unterbehörden auf das zulässig geringste Maß zu

---

5   Königlich-Baierisches Regierungsblatt, Sp. 1649.
6   Regierungs- und Intelligenz-Blatt für das Königreich Bayern, Sp. 1049; abgedruckt bei Georg DÖLLINGER, Sammlung der im Gebiete der inneren Staats-Verwaltung des Königreichs Bayern bestehenden Verordnungen, Bd. II, S. 431.
7   StAA Regierung 4309 a, Staatsministerium des Innern an die Regierungspräsidenten (6.3.1848).
8   BayHStA MInn 46130, Innenminister von Zwehl an den Ministerialreferenten (17.9.1849).

beschränken⁹. Nachdem der Mangel an Nachrichten, den der praktische Vollzug dieser Weisung herbeigeführt hatte, im Frühjahr und Sommer 1866 besonders fühlbar geworden war, brachten die militärische Niederlage und die Besetzung von Gebietsteilen durch preußische Truppen die Rückkehr zur periodischen Berichterstattung und sogar zum Wochenbericht, und zwar mit folgender Gliederung:

1. Besondere Vorgänge auf dem Gebiete der öffentlichen Sicherheit; 2. Unglücksfälle von Bedeutung; 3. Elementarereignisse größeren Belanges; 4. Störungen des Nahrungsstandes und des Kreditwesens; 5. Einschreitungen gegen die Presse; 6. Besondere Vorgänge im Versammlungs- und Vereinswesen; 7. Konfessionelle Konflikte von größerer Tragweite; 8. Reisen des Monarchen oder von Mitgliedern der königlichen Familie, dann von fremden Souveränen; 9. Epidemien und Epizootien *[Viehseuchen]*; 10. Allgemeine Volksstimmung¹⁰.

Als Teil der behördlichen Vorschriftensprache sind die Bezeichnungen der Gliederungspunkte auch begriffsgeschichtlich interessant.

1881 erfolgte eine Straffung des Berichtsschemas, das einer zwischenzeitlich eingetretenen breiteren Entwicklung des Presse- und Versammlungswesens gerecht zu werden suchte. Zudem sollte in Zusammenhang mit der Bekämpfung der Sozialdemokratie dem wirtschaftlichen Wandel mehr Augenmerk geschenkt werden. Die neue Gliederung, die Innenminister von Feilitzsch dem König vorschlug, genehmigt erhielt und den Regierungspräsidenten mitteilte, schrieb nun vor, wöchentlich außer über die Reisen von Angehörigen des Herrscherhauses und fremder Souveräne auch zu berichten über polizeilich und wirtschaftlich belangreiche Vorkommnisse, insbesondere öffentliche Sicherheit, Gesundheitsverhältnisse, Nahrungsstand, *über* politisch bedeutsame Vorgänge, insbesondere Haltung der Presse, Vorfälle im Versammlungs- und Vereinswesen *und schließlich über* konfessionelle Konflikte von größerer Tragweite¹¹. *Dieses Schema sollte für annähernd 40 Jahre Bestand behalten.*

Die wirtschaftliche Mobilisierung und die Versorgungsnotstände des Ersten Weltkrieges schufen allerdings einen Bedarf an Information, den das herkömmliche Berichtswesen nicht decken konnte. Dass eine Entschließung des Innenministeriums vom 4. Oktober 1916 die Erstellung monatlicher Berichte über ›Volksstimmung und Volksernährung‹ durch die Bezirksverwaltungsbehörden und zusammenfassend durch die Kammern des Innern der Regierungen anordnete, war ein bezeichnender Vorgang¹².

Die Anregung auf Neugestaltung der Wochenberichte und auf deren unmittelbare und breitere Verteilung unter die Ministerien und zentralen Landesstellen ging im März 1919 von der Abteilung für Handel und Gewerbe des Ministeriums des Äußern aus. Der Vorstoß zielte auf eine stärkere Berücksichtigung wirtschaftlicher und sozialer Probleme. Im August 1919 legte das Innenministerium eine neue Gliederung fest¹³. Der vorliegende Editionsband umgreift somit einen Zeitraum, in dem geänderte Prioritäten eine bereits traditionelle Form verwaltungsmäßiger Kenntnisgabe und Kenntnisnahme wandelten. Zu berichten war nun über:
1. Allgemein politische Lage,
  a) Öffentliche Ordnung und Sicherheit,
  b) Volksstimmung und Volksmeinung über die wichtigsten öffentlichen Angelegenheiten.

---

9 *BayHStA MInn 46130, Staatsministerium des Innern an die Regierungspräsidenten (11.4.1864). Das Regierungspräsidium in Augsburg berichtete allerdings zumindest bis August 1864 im Wochenabstand.*
10 *BayHStA MInn 66318, Staatsministerium des Innern an die Regierungspräsidenten (6.8.1866).*
11 *BayHStA MInn 66319, Staatsministerium des Innern an die Regierungspräsidenten (7.8.1881).*
12 *Diese Berichte wurden nach der Umgestaltung der Wochenberichte der Regierungspräsidien im Dezember 1919 eingestellt. Ihre Überlieferungslage ist ebenfalls kompliziert.*
13 *BayHStA ML 1804, Staatsministerium des Innern an die Regierungspräsidenten (28.8.1919).*

2. *Ernährungslage,*
   a) *Landwirtschaftliche Erzeugung, Stand der Feldfrüchte, Ernteaussichten und Ernteergebnisse,*
   b) *Erfassung der landwirtschaftlichen Erzeugnisse,*
   c) *Verteilung und Preise der wichtigsten Lebensmittel, einschließlich der Auslandslebensmittel.*
3. *Gewerbliche Lage, und zwar zweckmäßig ausgeschieden für die wichtigsten Industriezweige in der Reihenfolge der amtlichen Gewerbezählung und für das Handwerk, im Einzelnen*
   a) *Kohlenlage,*
   b) *Rohstofflage,*
   c) *Aufträge und sonstige wirtschaftliche Verhältnisse,*
   d) *Arbeitsmarkt, mit Angabe besonders kennzeichnender Ziffern, namentlich für die großen Industriezentren und Industriebetriebe.*
4. *Öffentliche Arbeiten, Notstandsarbeiten, wichtigere Vorgänge in der Arbeiterlohnbewegung, Stand der Erwerbslosenfürsorge.*
5. *Wohnungsfrage, Baumarkt.*
6. *Volksgesundheit.*
7. *Kriegsbeschädigten- und Kriegshinterbliebenenfürsorge.*
8. *Sonstiges.*

Die Positionen 2, 3 und 4–7 geben Zuständigkeiten der seit November 1918 neu entstandenen Staatsministerien für Landwirtschaft, für Handel, Industrie und Gewerbe sowie für Soziale Fürsorge wieder. Einer gewissen Konsolidierung nach den Stürmen der unmittelbaren Nachkriegszeit trug zu Jahresbeginn 1921 die Umstellung auf einen zweiwöchentlichen Turnus mit Berichtsterminen jeweils am 1. und 16. jeden Monats Rechnung. Halbmonatsberichte bedeuteten auch eine willkommene Reduzierung des Berichtsaufwandes. Anfang 1928 wurde schließlich im Zeichen der Debatte um eine Verwaltungsvereinfachung zwischen den bayerischen Staatsministerien eine Aufhebung oder Reduzierung der Berichte diskutiert. Seit April 1928 beschränkte sich das vorgeschriebene Schema auf I.: Allgemein politische Lage, II.: Wirtschaftliche Verhältnisse, und zwar 1. Landwirtschaft, 2. Gewerbe, und III.: Sonstiges.

Berichtsturnus und Gliederung wurden auch nach dem politischen Umbruch von 1933 beibehalten. Eine Entschließung des Innenministeriums vom 17. Juli 1934 streckte allerdings den künftigen Berichtszeitraum auf die Dauer eines Monats. Gleichzeitig hingegen kamen monatlich zu erstattende politische Lageberichte zur Einführung, die außer dem Reichsinnenminister, der sie veranlasst hatte, in Abdruck dem Innenminister und dem Ministerpräsidenten in München zuzugehen hatten. Die direkte Berichtspflicht der bayerischen Regierungspräsidenten gegenüber einer Reichsbehörde schloss auch die Sofortmeldung von Ereignissen von besonderer politischer Tragweite nach Berlin ein[14]. Diese Lageberichte mit einem stark auf Herde politischer Opposition und Quellen von Unzufriedenheit abgestellten Berichtsschema waren kurzlebig: Rasch auf einen Zweimonatsturnus ausgeweitet, wurden sie nach der Berichterstattung vom Februar 1936 eingestellt[15].

---

14 BayHStA MInn 71553, Bayerisches Staatsministerium des Innern an die Regierungspräsidenten und den Polizeipräsidenten von München (17.7.1934).
15 Siehe auch Helmut WITETSCHEK, Die kirchliche Lage in Bayern nach den Regierungspräsidentenberichten 1933–1943, Bd. I: Oberbayern (Veröffentlichungen der Kommission für Zeitgeschichte bei der Katholischen Akademie in Bayern, Reihe A: Quellen 3), Mainz 1966, S. VIII–IX. Im Vorwort zu diesem und jeweils auch zu den folgenden Bänden dieser Editionsreihe (Bd. II: Ober- und Mittelfranken, bearb. von Helmut WITETSCHEK, 1967; Bd. III: Schwaben, bearb. von Helmut WITETSCHEK, 1971; Bd. IV: Niederbayern und Oberpfalz, bearb. von Walter ZIEGLER, 1973; Bd. V: Pfalz, bearb. von Helmut PRANTL, 1978; Bd. VI: Unterfranken, bearb. von Klaus WITTSTADT, 1981; Bd. VII: Ergänzungsband 1943–1945, bearb. von Helmut WITETSCHEK, 1981) Hinweise zur Überlieferungslage der Berichte.

Durch den Zusammenbruch vom Frühjahr 1945 erfuhr die Berichtstätigkeit nur eine kurzfristige Unterbrechung. Sie ruhte seit Anfang April 1945. Bereits am 15. Mai 1945 wies das Innenministerium die Regierungen zu erneuter regelmäßiger Berichterstattung an. Seit Anfang Juli berichteten die Unterbehörden halbmonatlich mit vorgegebenem Schema[16], im November 1945 kehrte man zur monatlichen Berichterstattung zurück. Die Staatskanzlei und die anderen Ministerien erhielten vom Innenministerium jeweils Abdrucke der Berichte. Im September 1952 verfügte das Ministerium die Einstellung der Monatsberichte. Künftig, und zwar erstmals mit Termin 1. Januar 1953, waren nur noch Vierteljahresberichte zu erstatten. Die Vierteljahresberichte hatten eine Lebensdauer von knapp zehn Jahren. Der letzte Quartalsbericht wurde zum 30. September 1963 erstellt, ab dann galt ein halbjährlicher Turnus (jeweils zum 1. April und 1. Oktober eines Kalenderjahres). Im Mai 1970 beendete eine Entschließung des bayerischen Innenministeriums eine weitere regelmäßige Berichterstattung der Mittel- und Unterbehörden[17], an deren Zweckmäßigkeit immer mehr Zweifel aufgekommen waren. Die inhaltliche Kritik der Berichtsempfänger an manchen Berichten glich oft der bereits im 19. Jahrhundert geübten: Weitschweifigkeiten oder Nachlässigkeit, mangelnde Unterscheidung des Wichtigen vom Nebensächlichen und dergleichen mehr. Die konsolidierte politische und wirtschaftliche Entwicklung in der Bundesrepublik Deutschland und im Freistaat Bayern schien ein altes Mittel verwaltungsinterner Information überflüssig zu machen. Die gleiche Entschließung, die 1970 die turnusmäßige Berichterstattung aufhob, schärfte den Regierungen und ihren nachgeordneten Stellen die Verpflichtung ein, über ›Vorgänge von besonderer Bedeutung und allgemein wichtige Erfahrungen beim Vollzug von Vorschriften‹ auch ohne Termin zu berichten: Zeitgleich mit einem Traditionsbruch wurde also eine Kontinuität gewahrt, die aus den Tagen Montgelas in das letzte Drittel des 20. Jahrhunderts herüberreichte.

Die beim Staatsministerium des Innern eingelaufenen Berichte, die die Regierungspräsidenten seit 1848 erstatteten, sind nur in vergleichsweise geringer Zahl im Original in das Bayerische Hauptstaatsarchiv gelangt. Die erhalten gebliebenen Akten dieses Ministeriums zur Volksstimmung und zu besonderen Vorkommnissen, immerhin große Teile einer ursprünglich mindestens 63 Bände umfassenden Serie mit Vorgängen von Januar 1849 bis Dezember 1915 (MInn 30981/1–34, 38968, 38969, 46131–46134, 66318–66326), enthalten nur hie und da diese Berichte der Kreisregierungen. Die Aktenbände beinhalten vielmehr vor allem die Entwürfe der im Ministerium zur Kenntnisnahme des Königs angefertigten Zusammenfassungen und Auszüge. Seit Juni 1886 wurden die Berichte der Präsidenten im Original als Anlage zu einem alsbald lakonisch werdenden Rahmenschreiben des Ministers an die Kanzlei des Prinzregenten weitergeleitet. Ansonsten finden sich in diesen Ministerialakten Schriftwechsel zur Berichterstattung als solcher, Rückfragen zu einzelnen Berichtspunkten etc.

Diese Aktenserie ist über mehrere Abgaben des Innenministeriums (1888, 1928, 1942) an das Archiv gelangt. Im Januar 1945 wurde die laufende Registratur des Ministeriums bis auf ausgelagerte oder an die Polizeiabteilung abgegebene Teile vernichtet. Dass die Berichte von 1920 bis 1945 mit relativ wenigen Lücken im Bayerischen Hauptstaatsarchiv dokumentiert sind, beruht darauf, dass Ausfertigungen, die dem Ministerium des Äußern bzw. der Bayerischen Staatskanzlei und ab Juni 1933 auch dem Reichsstatthalter in Bayern zugeleitet wurden, erhalten geblieben sind.

Diese unbefriedigende Überlieferungslage bei der ursprünglich empfangenden Stelle wirft die Frage nach dem Verbleib der Entwürfe auf. Im Staatsarchiv Augsburg liegt eine 37-bändige Serie von Berichtskonzepten des Regierungspräsidenten von Schwaben und Neuburg

---

16 Die entsprechende Weisung des Regierungspräsidenten in Augsburg an die Landräte und die Oberbürgermeister von Augsburg und Kempten vom 20.6.1945 in: StadtAA 50/247.
17 ME vom 27.5.1970 Nr. I A 1–442/9. Nachweis: StadtAA 50/247.

über besondere Vorkommnisse im Geschäftskreis des Staatsministeriums des Innern für den Zeitraum 1862 bis 1920/21 vor (Regierung 9602–9639). Diese Bände umfassen auch die im August 1866 angeordnete wöchentliche Berichterstattung. Die Halbmonatsberichte der Regierung aus der Folgezeit sind hingegen im Staatsarchiv nur für einige Jahre (1922, 1928–1930) vorhanden. Erst 1949 beginnt wieder eine geschlossene Serie von Monats-, Vierteljahres- und Halbjahresberichten (bis 1970). Die 1848 begonnene Berichtsserie ist mit ihren Entwürfen nur bis 1850 überliefert (Regierung 4309 a-c). Hingegen ist ihr Primärmaterial, nämlich die Berichte der Landgerichte und der Kommissäre der kreisunmittelbaren Städte, in eindrucksvoller Breite erhalten geblieben. Natürlich verschieden an Umfang und Aussagekraft, liegen diese mit nur kleineren Lücken von 1848/49 bis 1862 vor, sind allerdings in fünf Gruppen im Bestand ›Regierung‹ verteilt (Regierung 4310 a-b, 6653–6662, 6787–6792, 8937, 8938, 9679–9730). Für immerhin 37 Unterbehörden ist auch eine von Juni 1851 bis April 1853 laufende Sonderserie an Monatsberichten über demokratisch-sozialistische Umtriebe vorhanden (Regierung 6799–6835). Eine breitere Empfängerüberlieferung der Berichte der Unterbehörden, nämlich nunmehr der Bezirksämter und der Magistrate der kreisunmittelbaren Städte, setzt bei der Regierung erst wieder 1884 ein und reicht dann bis 1920. Die Berichte der Landratsämter und Oberbürgermeister aus der Zeit nach dem Zweiten Weltkrieg liegen immerhin von 1952 bis 1970 vor.

Für die Zeitspannen 1862/64 und 1866/1883 sind in den Regierungsakten nur Splitter der ursprünglich vorhandenen Berichtseinläufe festzustellen. Etliche Berichte sind freilich über die Sachakten von Regierungspräsidium und Kammer des Innern verstreut, zumal, wenn sie Vorgänge enthielten, denen nachgegangen wurde. Hier empfiehlt sich immer die Prüfung, ob in den Beständen der Bezirksämter ihrerseits Serien von Berichtskonzepten vorhanden sind. So liegen etwa Entwürfe von Wochen-, Halbmonats- und Monatsberichten an die Regierungspräsidenten beim Bezirksamt Dillingen a. d. Donau von 1866–1913 und 1922–1936 und beim Bezirksamt Günzburg von 1881–1939 vor. Bei etlichen Bezirksämtern findet sich freilich keine oder allenfalls eine fragmentarische Überlieferung.

Die Unterzeichner der Regierungspräsidentenberichte von 1918 und 1919

VON RUDOLF VOGEL

Paul Ritter von Praun (1859–1937)

Praun führte in der Berichtszeit den Vorsitz des Regierungspräsidiums von Schwaben und Neuburg. Nach seiner Dienstleistung als Assessor bei den Bezirksämtern Brückenau (seit 1885) und Forchheim (seit 1889) sowie ab 1893 bei der Regierung von Oberbayern berief ihn Prinzregent Luitpold 1895 in seine Geheimkanzlei, beförderte ihn 1897 zum Regierungsrat, 1900 zum Oberregierungsrat und 1902 zum Ministerialrat. Am 1. Juni 1906 wurde er zum Präsidenten der Regierung von Schwaben und Neuburg in Augsburg ernannt. Am 1. Oktober 1923 ging von Praun in den Ruhestand. Er war Inhaber hoher Auszeichnungen, u. a. seit 1914 Träger des Großkomturkreuzes des Verdienstordens der Bayerischen Krone.

In Abwesenheit des Regierungspräsidenten unterzeichneten die Berichte folgende Regierungsdirektoren:

Dr. Karl von Müller (1848–1924)

Müller wechselte nach seiner Tätigkeit als Assessor am Bezirksamt Nürnberg 1882 in das Staatsministerium des Innern. 1887 wurde er Bezirksamtmann in Lindau, 1888 Regierungsrat bei der Kammer des Innern der Regierung von Mittelfranken. Im Jahr 1907 wurde er zum Direktor der Kammer des Innern bei der Regierung von Schwaben und Neuburg ernannt. Mit Wirkung vom 1. Dezember 1918 trat er in den Ruhestand, wobei ihm der Rang eines Regierungs-Vizepräsidenten verliehen wurde.

Eugen Ritter von Hauer (1845–1922)

Hauer war als Regierungsrat an der Kammer der Finanzen der Regierung von Schwaben und Neuburg tätig und wurde 1900 an den Bayerischen Obersten Rechnungshof in München berufen. Seit November 1907 war er Direktor der Kammer der Finanzen bei der Regierung von Unterfranken und Aschaffenburg sowie seit 1909 in gleicher Eigenschaft bei der Regierung von Schwaben und Neuburg. 1914 verlieh ihm König Ludwig III. von Bayern den Verdienstorden der Bayerischen Krone, mit dem der Titel ›Ritter‹ und der persönliche Adel verbunden waren. 1919 trat von Hauer in den Ruhestand.

Georg Nikolaus von Stahl (1856–1937)

Stahl war von 1883–1885 Rechtskundiger Bürgermeister von Rothenburg ob der Tauber und trat dann zunächst als Assessor beim Bezirksamt Alzenau in den Staatsdienst über. 1896 wurde er zum Bezirksamtmann in Erding ernannt und 1900 zum Rat bei der Kammer des Innern der Regierung der Oberpfalz. 1909 wurde er als Rat an den Bayerischen Verwaltungsgerichtshof in München berufen, wo er vor allem am Senat für Kompetenzkonflikte tätig war. Von Juni 1919 bis zu seiner Versetzung in den Ruhestand am 1. August 1920 stand von Stahl als Direktor der Kammer des Innern bei der Regierung von Schwaben und Neuburg vor.

Dr. Karl Kast (1859–?)

Kast schlug nach dem Studium der Forstwissenschaften zunächst die Universitätslaufbahn ein und war als Privatdozent der Staatswirtschaftlichen Fakultät an der forstlichen Versuchsanstalt der Universität München tätig. Seit 1894 tat er an schwäbischen Forstämtern Dienst (seit 1900 Forstamtsleiter in Breitenthal). 1904 wurde er an die Ministerial-Forstabteilung des Bayerischen Staatsministeriums der Finanzen berufen (zuletzt Ministerialrat) und im April 1914 zum Direktor der Kammer der Forsten bei der Regierung von Schwaben und Neuburg ernannt. 1924 trat er in den Ruhestand. Das Sterbedatum konnte nicht ermittelt werden.

Editionshinweise

Von Karl Filser

Die Entwürfe der Wochenberichte des schwäbischen Regierungspräsidenten an das bayerische Staatsministerium des Innern für die Jahre 1918 und 1919 liegen im Staatsarchiv Augsburg unter der Signatur Regierung 9636 und 9637.

Die Texte der Wochenberichte wurden wörtlich und ohne Kürzung von der originalen, überwiegend maschinenschriftlichen Vorlage übertragen. Tippfehler wurden verbessert, auch unterschiedlich geschriebene Namen gleicher Orte, von Parteien, Firmen und Personen vereinheitlicht, ebenso unterschiedlich geschriebene Begriffe und Abkürzungen. Unterstreichungen wurden nicht berücksichtigt, da sie kein erkennbares Gestaltungsmerkmal der Berichte widerspiegeln und nur sporadisch vorkommen. Schließlich werden die berichtenden Instanzen, deren Zitate in den Endbericht übernommen wurden, besonders hervorgehoben (Bezirksamt Illertissen).

Der leichteren Benutzung soll die von den Bearbeitern vorgenommene Nummerierung der Wochenberichte dienen. Die immer gleich bleibenden Überschriften der Kapitel werden der Übersichtlichkeit und der Platzersparnis wegen nicht jedes Mal wiederholt.

Ausgenommen sind Änderungen in der Struktur der Berichte: Ab dem 18. November 1918 setzt eine neue Reihenfolge ein, da das Kapitel ›Reisen von Mitgliedern der königlichen Familie, dann von fremden Souveränen‹ aus verständlichen Gründen entfällt.

Gliederung der Wochenberichte bis 11. November 1918	*Gliederung der Wochenberichte ab 18. November 1918*
I. Reisen von Mitgliedern der königlichen Familie, dann von fremden Souveränen	
II. Polizeilich und wirtschaftlich belangreiche Vorkommnisse, insbesondere öffentliche Sicherheit, Gesundheitsverhältnisse, Nahrungsstand	I. Polizeilich und wirtschaftlich belangreiche Vorkommnisse, insbesondere öffentliche Sicherheit, Gesundheitsverhältnisse, Nahrungsstand
III. Politisch bedeutsame Vorgänge, insbesondere Haltung der Presse, Vorfälle im Versammlungs- und Vereinswesen	II. Politisch bedeutsame Vorgänge, insbesondere Haltung der Presse, Vorfälle im Versammlungs- und Vereinswesen

Am 9. September 1919 (Bericht Nr. 87) wurde eine neue, wesentlich differenziertere Gliederung eingeführt[1]. Da sie in den weiteren Berichten immer wieder Modifizierungen erfuhr, werden ab diesem Zeitpunkt die Gliederungspunkte ungekürzt aufgeführt. Beispiel für die Neugliederung (Bericht Nr. 88):
   1. *Allgemeine politische Lage*
   2. *Ernährungslage*
   3. *Gewerbliche Lage*

---

[1] *Vgl. Beitrag von Gerhard Hetzer, S. XI f.*

  4. Notstandsarbeiten
  5. Wohnungsfrage
  6. Volksgesundheit
  7. Kriegsgeschädigten- und Kriegshinterbliebenenfürsorge
  8. Sonstiges

Für eine Anzahl von Namen in den Anmerkungen konnten trotz intensiver Recherchen keine weiteren Daten (Vornamen, Lebenszeit, Beruf usw.) ermittelt werden. Bei manchen Erläuterungen zu einzelnen Ereignissen und Vorgängen fehlen die Quellenangaben, weil ihr Bearbeiter, Herr Dr. Rudolf Vogel, mitten in der Bearbeitung verstorben ist und sie von anderer Hand ohne großen Zeitaufwand nicht hätten rekonstruiert werden können.

1918

Augsburg, den 7. Januar 1918

I.

[kein Eintrag]

II.

Die Versorgung der Stadt Augsburg mit Lebensmitteln hat in der Woche vom 30. Dezember 1917 bis 5. Januar 1918 gegenüber den Vorwochen eine Änderung nicht erfahren.

Der Stadtmagistrat Augsburg bezog in dieser Woche für die städtischen Fleischverkaufsstellen 4 Stiere, 7 Kühe, 1 Rind, 33 Kälber und 68 Ferkel.

Die Brennstoffversorgung Augsburg hat sich seit Mitte Dezember 1917 noch weit verschlechtert. Während das der Stadt Augsburg für den Hausbrand zustehende Kontingent wöchentlich 2065 Tonnen Kohlen beträgt, gelangten in der Woche vom 23. bis 29. Dezember nur 1031 Tonnen zur Anlieferung. Die Belieferung der Industrie mit Kohlen hat gleichfalls größere Schwierigkeiten verursacht, als Grund hiefür wurden von der amtlichen Verteilungsstelle in München unüberwindbare Transportschwierigkeiten geltend gemacht.

Der Stadtmagistrat L i n d a u berichtet folgendes:
›Die seit Wochen anhaltende außergewöhnlich große Kälte läßt auch in Lindau den Mangel an Feuerungsmaterial sehr empfindlich verspüren. Die Ortskohlenstelle hat statt der ihr zugeteilten 300 Tonnen Heizmaterial bisher nur 64 Tonnen bekommen. Wenn nicht rechtzeitig die Anlieferung von größeren Mengen Brennholz vorgesehen worden wäre, müßten die Bewohner unserer Stadt jetzt schon das allernötigste Heizmaterial entbehren. Die städtische Gasanstalt hat im Dezember nur ein Drittel der benötigten Kohlen, das Elektrizitätswerk überhaupt keine Kohlen erhalten. Die vorhandenen Kohlenvorräte ermöglichen es voraussichtlich noch über die kritische Zeit hinwegzukommen, soferne längstens Mitte Januar mit der Kohlenzufuhr wieder begonnen wird. Da Wasserkraftstrom überhaupt nicht mehr bezogen werden kann, so wird die Aufrechterhaltung des Betriebes im Elektrizitätswerk einzig und allein von der rechtzeitigen Kohlenbeifuhr abhängen.‹

Nennenswerte Sicherheitsstörungen haben sich im Regierungsbezirke nicht ereignet.

III.

Das Allerhöchste Geburtsfest Seiner Majestät des Königs[1] wurde heute allenthalben unter regster Beteiligung der Bevölkerung durch Festgottesdienste und Beflaggung feierlich begangen.

gez. von Praun

---

1 Ludwig III. wurde am 7. Januar 1845 als Sohn des Prinzen Luitpold (1821–1912) und seiner Gemahlin Auguste von Toskana (1825–1864) geboren.

Augsburg, den 14. Januar 1918

I.

Am Sonntag, den 6. Januar dieses Jahres, durchfuhren Seine Königliche Hoheit Erbprinz Albrecht von Bayern[1] auf der Durchreise von Köln nach München den hiesigen Hauptbahnhof: Ankunft abends 9.32 Uhr, Abfahrt abends 9.34 Uhr.

Ihre Königliche Hoheit Prinzessin Arnulf von Bayern[2] sind am 7. dieses Monats abends 6.15 Uhr von Lindau nach München abgereist.

II.

Der Stadtmagistrat A u g s b u r g berichtet folgendes:
›Die Versorgung der Stadt Augsburg mit Lebensmitteln hat sich in der Woche vom 6. bis 12. dieses Monats gegenüber den Vorwochen wesentlich verschlechtert. Die Verkehrsstörungen ließen ernste Befürchtungen in bezug auf die Lebensmittelzufuhr aufkommen. Die Milchzufuhr war auch an den betreffenden Tagen auf einzelnen Strecken gänzlich unterbunden. Die Milch wurde an die Abgangsstellen wieder zurückbefördert. Gleiche Ausfälle waren in der Viehanlieferung zu bemerken. Für das Reisepublikum dürften die Störungen im Bahnverkehr eine Mahnung sein, sich für alle Fälle ausreichend mit Lebensmittelmarken vorzusorgen. Bei längerer Dauer der Verkehrsstörungen hätten zweifellos viele an der Weiterreise verhinderte Personen in Aushilfsversorgung genommen werden müssen. Die Vorkommnisse sind auch ein deutlicher Fingerzeig, daß die Vorratspolitik des Kriegsernährungsamtes und die knappe Belieferung der Kommunalverbände mit Verteilungsware eine große Gefahr für die Aufrechterhaltung der Versorgung der Bevölkerung mit Verteilungsware bildet. Die Rücklagenpolitik der Reichszentralstelle sollte deshalb schleunigst aufgegeben werden. Die Einlagerungen kann der Kommunalverband selbst besorgen. Die haushälterische Verbrauchseinteilung ist auch dann vollkommen gewährleistet. Gegenüber den seinerzeitigen Versprechen für Sicherstellung der Kohlenversorgung für den Winter empfindet die Bevölkerung mit Enttäuschung den tatsächlich vorhandenen beängstigenden Mangel an Brennstoffen, insbesondere an Kohlen.‹

In der abgelaufenen Woche bezog der Stadtmagistrat Augsburg für die städtischen Fleischverkaufsstellen 1 Ochsen, 12 Kühe und 39 Kälber.

Das Königliche Bezirksamt S o n t h o f e n berichtet:
›Die von der Landesfettstelle verfügte Herabsetzung der Wochenkopfmenge an Fett für Versorgungsberechtigte auf 70 Gramm[3], woraus noch die Wirtschaften und Anstalten versorgt werden müssen, erregt unter der Bevölkerung mitten im Erzeugungsgebiet großen Unwillen und Aufregung. Eine Demonstration der Hüttenamtsarbeitersfrauen[4] ist dem Bezirksamt für den Fall der Durchführung der Herabsetzung schon angedroht. Die Aufregung ist auch begreiflich; die Herabsetzung würde übrigens die kaufkräftigen

---

1 *Prinz Albrecht (1905–1996), Sohn des Kronprinzen Rupprecht von Bayern (1869–1955) und seiner 1. Gemahlin Marie Gabriele, Herzogin in Bayern (1878–1912). Nach dem Tod seines Vaters nannte sich Prinz Albrecht ›Herzog von Bayern, Franken und in Schwaben, Pfalzgraf bei Rhein‹.*
2 *Prinzessin Theresia Maria Josepha (1850–1938), Gemahlin des Prinzen Arnulf von Bayern (1852–1907), eines Sohnes des Prinzregenten Luitpold von Bayern.*
3 *Anordnung der Reichsstelle für Speisefett vom 15. Dezember 1917; StAnz 3 (1918).*
4 *Hüttenwerk Sonthofen der Bayerischen Berg-, Hütten- und Salzwerke.*

Kreise der Versorgungsberechtigten, zu denen gerade viele Arbeiter zur Zeit gehören, zum Hamstern anreizen, das natürlich dann weiter als bis nur zu 90 Gramm Wochenmenge ginge. Ein Antrag auf Belassung der Kopfmenge von 90 Gramm mit ausführlicher Begründung ist in Arbeit.‹

Das Königliche Bezirksamt N ö r d l i n g e n berichtet:
›Die auf Veranlassung des Kriegsernährungsamtes erlassene Bekanntmachung[5], wonach sämtliche Hausschlachtungen noch im Laufe des Monats Januar 1918 vorzunehmen sind, begegnet ernstlichen Schwierigkeiten insofern, als die meisten für die Schlachtung in Aussicht genommenen Schweine noch kein derartiges Gewicht erreicht haben, daß sich die Selbstversorger für den Sommer eindecken können, anderweitige Fleischversorgung aber nach Lage der Verhältnisse nur sehr schwer durchgeführt werden könnte. Allgemein wird auch auf die Unmöglichkeit hingewiesen, die zur menschlichen Ernährung nicht geeigneten Kartoffeln und Rüben, sowie die Abfälle entsprechend zu verwerten. Endlich erscheint aber die Abschlachtung innerhalb der kurzen Frist schon deshalb nicht möglich, weil jetzt schon infolge Mangels an Metzgern Störungen eingetreten und die vorhandenen Metzger aller Voraussicht nach nicht in der Lage sind, alle Aufträge rechtzeitig zu erledigen. Das Bezirksamt habe bereits sehr böse Äußerungen von Landwirten über diese unerwartete, tiefeinschneidende Anordnung hören müssen und berichtet, es würde gewiß zur Beruhigung der Bevölkerung beitragen, wenn ihr mitgeteilt werden könnte, daß von der Ausnahmebestimmung der Ziffer III der Bekanntmachung vom 8. Januar 1918[6] in liberaler Weise Gebrauch gemacht würde.‹

Das Königliche Bezirksamt Z u s m a r s h a u s e n berichtet:
›Die Ablieferung der landwirtschaftlichen Erzeugnisse wird nach wie vor stark durch Wagenmangel behindert. Die Landwirte liefern fleißig an und die aufzubringenden Mengen an Brotgetreide, Gerste, Hafer, auch an Stroh und Heu, sind, soweit sie nicht schon abgegeben sind, fast überall vollständig sichergestellt. Aber die Vorräte können nur langsam hereingenommen werden, weil die Lager überall voll sind und insbesondere die dort lagernde Gerste von der Landesgetreidestelle lange nicht abgerufen wird. Ähnliche Hindernisse stehen auch der Ablieferung von Holz entgegen. Hier kommt dazu das Bestreben der Landwirte, die Fuhrlöhne fortwährend hinaufzuschrauben. An der Hand der maßgebenden Vorschriften wird ihnen wohl entgegengetreten, aber der Erfolg ist doch meist der, daß die Firmen, an welche das Holz zu liefern ist, freiwillig den ursprünglich gebotenen Fuhrlohn erhöhen. Es wird jetzt für den Ster Nutz- oder Brennholz bei der Zufuhr bis zur nächsten Bahnstation bis zu 10 Mark verlangt und bezahlt. Die Frage, die gegenwärtig am meisten zu Klagen und Beschwerden Anlaß gibt, ist der Mangel an Beleuchtungsstoffen. Die geringe Menge an Petroleum, die zugeführt werden kann, will nirgends auslangen, sosehr die Behörde bestrebt ist, einen gerechten Ausgleich zu finden. Es fehlt aber, wie sich herausgestellt hat, auch an der

---

5 *Die Bek vom 5. Januar 1918 des Kriegsernährungsamts wurde als Bek vom 8. Januar 1918 der Bayerischen Fleischversorgungsstelle den Bezirksämtern mitgeteilt; StAnz 8 (1918), MABl/KBl S. 16. Zusatz der Vorstände der Bezirksämter Kempten und Sonthofen: Der Grund für diese Maßnahme ist die ernste Lage unserer Brotgetreideversorgung und der große Bedarf des Heeres an Kartoffeln für Ernährung von Truppen und Pferden. Es ist unbedingt geboten, Getreide und Kartoffel vor der Verfütterung durch Schweine zu bewahren [...]; ABl (1918), S. 17.*
6 *Bek der Bayerischen Fleischversorgungsstelle vom 8. Januar 1918 über Hausschlachtungen; StAnz 8 (1918), MABl/KBl S. 16. Ziffer II nennt Ausnahmen, Ziffer III lautet: Weitere Ausnahmen können in ganz besonderen Fällen die K. Regierungen, Kammern des Innern, zulassen. Aufgehoben durch Bek der Bayerischen Fleischversorgungsstelle vom 11. April 1918; StAnz 87 (1918), MABl/KBl S. 106. Über die Gesuche für Hausschlachtungen entschieden in Zukunft die Kommunalverbände.*

Organisation im ganzen. So hat eine Firma in Augsburg, die den östlichen Teil des Bezirks versorgt, bisher von ihren Kunden das Freihandelspetroleum in Augsburg abholen lassen, während es zur Friedenszeit den Gemeinden zugeführt worden war; es wurde darauf hingewirkt, daß letzterer Modus wieder eingehalten wird. Es wäre aber zu erwägen, ob nicht die gesamte Petroleumversorgung der Landbezirke besser den Kommunalverbänden übertragen würde, damit der Unterschied zwischen dem Händler-, Landwirtschafts-, Beamtenpetroleum usw., der bisher zu mehrfachen Umständlichkeiten geführt hat, wegfällt und die gesamte Petroleummenge einheitlich befördert und zugeteilt werden könnte.

Auch die Carbidversorgung leidet an erheblichen Mängeln. Im Frühjahr haben viele Leute auf Grund der Ministerialentschließung vom 15. März 1917 Nr. 300 a 2322[7] Carbid bestellt und den Kaufpreis dafür bezahlt. Von ihnen hat bis Ende des Jahres keiner etwas erhalten. Nun ist mit den Bekanntmachungen vom 3.[8] und 4.[9] Januar 1918 eine neue Regelung der Carbidversorgung eingetreten und die daraufhin eingetroffene Carbidzuweisung sieht lediglich die Versorgung der neuen Anmeldungen vor, während über die Versorgung der früheren Bestellungen nichts verlautet. Ob diese letzteren noch ausgeführt werden oder nicht, ob und von wem die Leute letzterenfalls ihr Geld zurückverlangen können, ob sie Anspruch auf Zinsenvergütung haben usw., diese Fragen werden von vielen Leuten gestellt, können aber nicht beantwortet werden. Es dürfte sich empfehlen, hierüber noch eine gesonderte Entschließung zu erlassen.‹

Die großen Schneefälle und starken Verwehungen hatten allerorts schwere Verkehrsstockungen zur Folge, die zur Zeit noch nicht völlig behoben sind.

Nennenswerte Sicherheitsstörungen haben sich im Regierungsbezirke nicht ereignet.

III.
[kein Eintrag]

gez. von Praun

---

7 *StAnz 40 (1917).*
8 *StAnz 4 (1918), MABl/KBl S. 11, Weisung der K. Staatsministerien des K. Hauses und des Äußern und des Innern an sämtliche Distriktsverwaltungsbehörden.*
9 *StAnz 4 (1918), Bek der Kleinbeleuchtungsstelle, Abteilung Karbid, über die Verteilung von Karbid für Kleinbeleuchtung.*

Augsburg, den 21. Januar 1918   3

I.

Die Reise Seiner Majestät des Königs[1] nach Bergstetten[2] und Rohrenfeld[3] ist am 17. und 18. dieses Monats ohne Zwischenfall verlaufen.

II.

Die rasche Schneeschmelze ließ die Donau und einen Teil ihrer Nebenflüsse erheblich anschwellen. Am 17. dieses Monats früh 6 Uhr wurde der mittlere Teil der Donaubrücke bei Münster, die aus Holz hergestellt ist und den Personen- und Fuhrwerksverkehr von Münster nach Rettingen verbindet, von anschwimmenden Eisblöcken vollständig zerstört und die losgerissenen Holzteile vom Wasser fortgerissen. Verletzt wurde niemand. Der zerstörte Teil beträgt etwa 50 Meter. Ein ca. 15 Meter großer Teil am rechten Ufer, der noch ins Wasser ragte, mußte abgebaut werden, da die Gefahr bestand, dieser könnte infolge der fortgesetzt noch anschwimmenden Eisblöcke ebenfalls zerstört und mit fortgerissen werden. Die Brücke ist jetzt vom rechten bis zum linken Ufer vollständig entfernt. Der Verkehr ist bis auf weiteres gesperrt. Nach Angabe des Bürgermeisters Siegner[4] von Münster können Wiederherstellungsarbeiten, die eine Zeit von 3 bis 4 Wochen in Anspruch nehmen, je nach den Witterungsverhältnissen erst Ausgangs Februar oder Anfangs März vorgenommen werden. Die Absperrmaßnahmen sind getroffen.

In den Flußgebieten des Bezirkes Günzburg sind sehr starke Hochwasser eingetreten. Im Kammeltal sind besondere Schäden nicht entstanden. Im Günztale hat sich am 17. laufenden Monats das Eis vor der Brücke an der Straße zwischen Klein- und Großkötz gelagert und eine Überschwemmung der Wiesen im weiten Umkreise verursacht. Eine Besserung ist eingetreten, nachdem die zuerst festgefrorenen Schützen bei dem Elektrizitätswerke Kleinkötz gezogen werden konnten. Am 18. laufenden Monats ist der Eisstoß bis nach Wasserburg und Günzburg vorgedrungen, wo die Wiesen weit überschwemmt wurden. Die Brücke bei Wasserburg wurde leicht beschädigt. Sonstige Schäden sind nicht eingetreten. Jede Gefahr ist nunmehr beseitigt. Die Mindel hat ebenfalls sehr starkes Hochwasser, wie dies seit 1910 nicht mehr der Fall war, geführt. Die Distriktsstraße Kemnat-Burtenbach wurde unter Wasser gesetzt und etwas beschädigt. Ausbesserungsarbeiten sind bereits im Gange. In Burgau, wo die Pegelhöhe am 18. laufenden Monats 2,10 Meter betrug, wurde eine kleine Werkstätte und Schupfe mit dem Vorlande bei diesem Anwesen durch das Hochwasser weggerissen. Sicherungsmaßnahmen sind getroffen, um die in nächster Nähe der Unfallstelle befindlichen Anwesen des Mechanikers Anton Mayerhofer (Wohnhaus) und des Käsers Stengle (Stall und Käserei) zu schützen. Es kann gehofft werden, daß eine Gefahr für diese Anwesen nunmehr ausgeschlossen ist. Bei der Riedmühle bei Mindelaltheim befindet sich das Pumpwerk für die Wasserleitung in Burgau. In die Kammer, wo das Rad läuft, ist Wasser eingedrungen, hiedurch ist der Riemen gerissen und der Antrieb für das Pumpwerk außer Betrieb gesetzt worden. Vorläufig wurde der vorhandene Benzinmotor ersatzweise in Betrieb gesetzt. Es fehlt jedoch an Betriebsstoff. Von der Inspektion des Kraftfahrzeugwesens ist Reinbenzin nicht zu

---

1 *Ludwig III. (1845–1921), von 1913 bis 1918 König von Bayern, Sohn des Prinzregenten Luitpold.*
2 *Königliches Hofgestüt (Ortsteil des Marktes Kaisheim, Landkreis Donau-Ries).*
3 *Landwirtschaftliches Gut des königlichen Hauses Wittelsbach (Gemeinde Zell, Landkreis Neuburg-Schrobenhausen).*
4 *Anton Siegner (1863–1939).*

erhalten. Für Benzol, für dessen sofortige Beischaffung Sorge getragen ist, muß der Motor erst umgeändert werden. Die Reparatur des Treibriemens wurde sofort in Angriff genommen, es fehlt auch hier noch an dem nötigen Lederzeug; seine Beschaffung wird betrieben. Im Oberlauf der Mindel bei Burtenbach und Jettingen ist bereits ein Fallen des Hochwassers bemerkbar. Die Elektrizitätswerke in Jettingen, Burtenbach und Unterrohr sind durch das Hochwasser im Betriebe nicht gestört worden.

In den Beschäftigungsverhältnissen der Industrie Augsburgs ist im Dezember 1917 gegenüber dem Vormonat keine wesentliche Änderung eingetreten. In der Papiergarnindustrie dauerte der Mangel an Rohmaterial an und nahm derartige Formen an, daß in einzelnen Betrieben mit gänzlicher Einstellung der Verarbeitung gerechnet werden muß, wenn nicht eine Sicherstellung des Bezugs von Spinnpapier gewährleistet wird. In der Fabrikation landwirtschaftlicher Maschinen machte sich Mangel in der Zuweisung von Roheisen bemerkbar. Im Kolonialwarengroßhandel sind die Verhältnisse die gleichen wie im Vormonate geblieben. Auch im Eisenhandel machte sich die durch die mißlichen Verkehrsverhältnisse noch verschärfte Knappheit an Waren bemerkbar. Besonders ungünstig lagen die Verhältnisse in der Landwirtschaft, welcher die notwendigsten Geräte nicht geliefert werden konnten. Auch im Kleinhandel lagen die Verhältnisse infolge des Warenmangels sehr ungünstig.

Die Versorgung der Stadt Augsburg mit Lebensmitteln war im Dezember 1917 nicht völlig ausreichend. Während die Anlieferung von Großvieh dem Bedarf entsprach, war die Einfuhr von Kälbern und Schweinen ungenügend; von letzteren gelangten im Dezember nur 85 Stück zur Anlieferung gegenüber einem Kontingent von 360 Stück. Die Zufuhr von Wildbret hat sich gegenüber den Vormonaten gebessert, genügte aber noch immer nicht zur Befriedigung der starken Nachfrage. Die Versorgung mit Fischen war ausreichend, desgleichen die Anlieferung von Getreide und Mehl. Die Brotstreckung mit Kartoffeln wurde im Dezember durchgeführt, sie bereitete aber insoferne Schwierigkeiten, als die hiezu benötigten Kartoffelmengen in teilweise erfrorenem Zustande eintrafen. Insgesamt sind im Dezember 16.000 Zentner Kartoffeln eingetroffen, von denen 14.000 Zentner verbraucht und 2000 Zentner den Lagerbeständen zugeführt wurden, welche hiedurch eine Höhe von 20.000 Zentnern erreichten. Die Milchzufuhr von auswärts hat sich etwas gehoben und betrug täglich 33.700 Liter. Die Butter- und Käseversorgung war der Rationierung entsprechend. An Eiern wurden 706.905 Stück verbraucht, die sämtlich vorhandenen Lagerbeständen entnommen werden mußten. Die Zufuhr von Gemüse von auswärts war knapp, wurde aber durch reichliche Lieferungen der hiesigen Gärtner ausgeglichen. An Kolonialwaren gelangten zur Verteilung: ½ Pfund Kunsthonig, ¼ Pfund Teigwaren, 1 Pfund Marmelade, 2 Stück Suppenwürfel, ¼ Pfund Rollgerste, ¼ Pfund Haferflocken, ½ Pfund Speisesyrup, ½ Pfund Kaffeersatz und 1 ½ Pfund Zucker.

Auch in der Woche vom 13. bis 19. Januar dieses Jahres war die Versorgung Augsburgs mit Lebensmitteln nicht günstig. Besonders störend wurde das völlige Ausbleiben der Käselieferungen sowie die geringe Anlieferung von Geflügel empfunden.

Der Stadtmagistrat Augsburg bezog in dieser Woche für die städtischen Fleischverkaufsstellen 3 Stiere, 9 Kühe, 31 Kälber und 119 Ferkel.

Das Königliche Bezirksamt A u g s b u r g berichtet folgendes:
› Es mehren sich die Gendarmerieanzeigen, daß trotz aller Mühlkontrollen immer noch viel Brotgetreide schwarz gemahlen wird. Einsichtige und durchaus loyale Landwirte versichern fortgesetzt, daß man mit der den Selbstversorgern zugewiesenen Mehlmenge besonders gegenüber den Dienstboten nicht auskommen könne. Man werde so förmlich zur Unehrlichkeit gegenüber der Allgemeinheit gezwungen. Würde der Landwirt genügend Brotgetreide zugewiesen erhalten, so würde er nicht zum Schwarzmahlen

verleitet, dann fiele auch der nicht gut zu rechtfertigende Zustand weg, daß die Stadtbevölkerung polizeilich unbeanstandet in Scharen zum Hamstern hinausfährt, während der Bauer, der von seinem Getreide notgedrungen mehr mahlen läßt, dem Staatsanwalt überantwortet werde. Man kann diesen manchmal recht energisch vorgetragenen Klagen der Landwirte nicht wohl Unrecht geben und es wäre zu wünschen, daß nach Abschluß der im Laufe befindlichen Getreideabnahme die Monatsration der Selbstversorger erheblich erhöht wird. Denn der Bauer sorgt schon dafür, daß er schließlich doch zu seinem Bedarfe kommt, wenn nicht auf geradem Wege, dann auf ungeradem, wie es die Stadtbevölkerung ja auch macht, ein Zustand, der den für die Volksernährung verantwortlichen Stellen die Arbeit immer schwieriger und dabei doch erfolglos gestaltet.‹

Erhebliche Sicherheitsstörungen sind im Regierungsbezirke nicht vorgekommen.

III.
[kein Eintrag]

I. V. gez. Freiherr von Müller, Königlicher Regierungsdirektor

Augsburg, den 28. Januar 1918   4

I.
[kein Eintrag]

II.

Im Pfrontener Tal trat am 16. Januar nachmittags Aufstauung des Trcibeises der Vils oberhalb der Vilsbrücke bei Pfronten-Ried ein. Das infolge Tauwetter heftig angeschwollene Gewässer trat am Eisstau auf das niedriger gelegene linke Ufer aus und wälzte sich – große losgelöste Eisplatten mitschwemmend – gegen die Ortschaft Pfronten-Ried, wo es die Ortsstraßen völlig überschwemmte und in die Keller und tiefer gelegenen Räume eindrang. Einige Zeit lang schien die Lage ernst zu werden; doch wurde die Gefahr dank des tätigen Eingreifens der alarmierten Feuerwehren von Pfronten-Ried und Pfronten-Steinach noch beschworen, ehe größerer Schaden eintrat. Wäre der Boden nicht gefroren gewesen, hätte es zu Häusereinstürzen kommen können. Der Schaden besteht im wesentlichen in der Durchfeuchtung der Keller und der in diesen lagernden Feldfrüchte, insbesondere von Kartoffeln, deren größere Mengen vom Wasser fortgeführt wurden, dann im Verlust des vor den Häusern gelagerten Holzes und in der Niederlegung einiger Vieh- und Gartenzäune. Unglücksfälle sind nicht zu verzeichnen.

Die Hochwasser sind im Regierungsbezirke, ohne im allgemeinen größeren Schaden anzurichten, wieder zurückgegangen.

Die Versorgung der Stadt Augsburg mit Lebensmitteln hat sich in der Woche vom 20. mit 26. Januar dieses Jahres gegenüber den Vorwochen nicht wesentlich geändert. Die Herabsetzung der Fettrationen und der Zuckerrationen hat unter der Bevölkerung große Beunruhigung hervorgerufen, umso mehr als die bisher verteilten Rationen an sich schon gering waren.

Der Stadtmagistrat Augsburg hat in dieser Woche für die städtischen Fleischverkaufsstellen 1 Stier, 12 Kühe, 31 Kälber und 12 Schafe bezogen.

Die Brennstoffversorgung Augsburgs hat sich gegenüber den Vorwochen nicht gebessert. Während die Industrie ausreichend mit Kohlen beliefert wurde, war die Versorgung mit Hausbrandkohle in der Woche vom 20. mit 26. Januar dieses Jahres völlig ungenügend. Die Zufuhr von Hausbrandkohle erreichte in dieser Woche nicht einmal die Hälfte des ungefähr 2200 Tonnen betragenden wöchentlichen Kontingents. Die wiederholten Vorstellungen der Ortskohlenstelle Augsburg bei der amtlichen Kohlenverteilungsstelle in München sowie bei den Reichsverteilungsstellen blieben bis jetzt erfolglos.

Das Königliche Bezirksamt Memmingen berichtet:

›Anfangs dieser Woche fand die Belehrung der 24 für die Aufnahme der Getreide-, Heu- und Strohvorräte gebildeten Ausschüsse statt. Bei dieser Gelegenheit wurde darüber geklagt, daß die in dem Vorjahre durch Vermittlung der Zentralstellen in München bezogenen Saatgutmengen teilweise viel zu spät eingetroffen seien, und gebeten, dafür zu sorgen, daß dies heuer unter allen Umständen vermieden wird und daß das Saatgut bis spätestens 20. Februar bei dem Kommissionär des Kommunalverbandes eintrifft, zumal die Unterverteilung infolge der Saatkartenregelung noch mehr Zeit als sonst beansprucht. Die Felderbestellung wird infolge des immer größer werdenden Mangels an landwirtschaftlich ausgebildetem Personal und an Spanntieren heuer noch schwieriger werden wie in den Vorjahren. Das nicht rechtzeitige Eintreffen von Saatgut würde daher für die Volksernährung ganz besonders schädliche Folgen haben. Ich glaube daher, dem berechtigten Wunsche der Versammlung auch an dieser Stelle Ausdruck geben zu sollen.

Beklagt wurde auch, daß die kürzlich stattgefundene Heraufsetzung der Heupreise[1] wieder nur denjenigen zugute komme, die mit ihren Heulieferungen zurückhielten, während die Landwirte, welche den dringenden Aufforderungen der Behörden auf baldige Ablieferung des überschüssigen Heues entsprochen haben, als die Dummen verlacht werden. Dadurch würden solche Appelle an die Vaterlandsliebe von vornherein ihrer Wirkung beraubt. Vielleicht ließe sich doch wenigstens eine teilweise Nachzahlung der jetzigen Heupreise an die Heulieferer, die bald geliefert haben, erreichen.‹

Die Überwachung des Reisendenverkehrs im Bezirk Wertingen hat zur Beseitigung grober Auswüchse geführt. Es wurden Leute mit 20 bis 30 Pfund, in einem Falle sogar 80 Pfund Mehl betroffen und mit 10 bis 20 Laiben Brot zu je 3 Pfund. Fleisch wurde in Mengen von 10 bis 15 Pfund weggebracht. In vielen Fällen scheint es sich um Industrialisierung der Hamsterware zu handeln. Jetzt hat der auswärtige Verkehr bedeutend nachgelassen.

In einem Gendarmeriebezirk des Bezirkes Wertingen wurden bei stichweiser Nachkontrolle allein 1400 Hühner mehr gezählt, in Einzelfällen wurden ganz unglaublich falsche Angaben gemacht.

Nennenswerte Sicherheitsstörungen sind im Bezirke nicht vorgekommen.

III.

[kein Eintrag]

gez. von Praun

---

1 *Die Vergütung durfte nicht übersteigen a) bei Heu von Kleearten 180 M/Tonne, b) bei Wiesen- und Feldheu 160 M/Tonne; StAnz 12 (1918), Bek des Bayer. Staatsministeriums des Innern vom 14.1.1918. Bisher galten niedrigere Höchstpreise: a) bei Heu von Kleearten 130 M/Tonne, b) bei Wiesen- und Feldheu 150 M/Tonne; StAnz 208 (1917), MABl S. 812, Bek des Bayer. Staatsministeriums des Innern vom 7. September 1917.*

Augsburg, den 4. Februar 1918 5

I.

[kein Eintrag]

II.

Die Versorgung der Stadt Augsburg mit Lebensmitteln hat in der Woche vom 26. Januar bis 2. Februar dieses Jahres gegenüber den Vorwochen eine wesentliche Änderung nicht erfahren. Während die Zufuhr von Gemüsen genügend, die Zufuhr von Seefischen sogar sehr reichlich war, entsprach die Anlieferung von Geflügel bei weitem nicht der starken Nachfrage. Fleisch und Mehl gelangte in genügenden Mengen zur Anlieferung. Der Stadtmagistrat Augsburg bezog in der bezeichneten Woche für die städtischen Fleischverkaufsstellen 2 Stiere, 11 Kühe und 31 Kälber.

Das Königliche Bezirksamt M i n d e l h e i m berichtet folgendes:
›Was die Viehablieferung anlangt, so ist in den Sitzungen des Landwirtschaflichen Bezirksvereins und des Kommunalverbandsausschusses auch neuerdings geltend gemacht worden, es werde von der Fleischversorgungsstelle nicht genügend berücksichtigt, daß im Bezirke Mindelheim fast nur hochwertiges Milchvieh vorhanden sei; das zur Schlachtung geeignete Vieh sei nahezu ausnahmslos bereits abgeliefert worden.‹

Nennenswerte Sicherheitsstörungen haben sich nicht ereignet.

III.

Arbeiterausstände sind bislang im Regierungsbezirke nirgends vorgekommen. Auch von regerer Agitation für den Streik oder Verbreitung von Flugblättern wurden Wahrnehmungen nirgends gemacht[1]. Bei einer vom Stadtmagistrat Augsburg veranstalteten Besprechung, an der auch der Stadtkommissär teilnahm, erklärte der Gewerkschaftssekretär Wernthaler[2] von Augsburg es als äußerst bedauerlich, daß in größerer Anzahl norddeutsche Arbeiter von der Heeresverwaltung aus der Front zur Arbeitsaufnahme in hiesigen Fabriken entlassen werden. Dies seien in der Regel unruhige, hetzerische Elemente, die die verhältnismäßig ruhige hiesige Arbeiterschaft aufzureizen versuchten und den Führern die ihnen derzeit obliegende Pflicht, zur Besonnenheit zu mahnen, erschwerten; das Verfahren der Heeresverwaltung sei deshalb im höchsten Grade zu bedauern, wenn man unsere bayerische Arbeiterschaft in Ruhe erhalten wolle.

gez. von Praun

---

1 Ende Januar 1918 traten in Berlin etwa 400.000 Arbeiter in den Ausstand. Die Streikbewegung, von den Gewerkschaften nicht unterstützt, dehnte sich auf fast alle deutschen Großstädte aus und erfasste schließlich eine Million Arbeiter vornehmlich in der Rüstungsindustrie. In Bayern streikten Arbeiter vor allem in Nürnberg, Fürth, Schweinfurt und München. Gefordert wurden u. a. ein Friede ohne Annexionen, Freilassung von politischen Gefangenen, Herabsetzung der Arbeitszeit und eine bessere Lebensmittelversorgung. Die Reichsregierung verhängte den verschärften Belagerungszustand mit der Folge, dass Versammlungen verboten, Streikende an die Front geschickt und Rädelsführer verhaftet wurden. Infolge dieser Maßnahmen brach der Streik innerhalb weniger Tage zusammen.
2 Karl Wernthaler (1874–1952), Gewerkschaftssekretär. 1919–1933 Mitglied des Kreistages von Schwaben und Neuburg (SPD).

Augsburg, den 11. Februar 1918 6

I.

Am Freitag, den 8. laufenden Monats abends 9.06 Uhr, durchfuhren Seine Majestät der König von Bayern mit Sonderzug auf der Rückreise von der Westfront[1] nach München den Augsburger Hauptbahnhof.

II.

Die Versorgung der Stadt Augsburg mit Lebensmitteln hat sich in der Woche vom 3. bis 9. Februar 1918 gegenüber den Vorwochen nicht wesentlich geändert. Im einzelnen wird folgendes bemerkt:

Es macht sich Mangel an Käse fühlbar, so daß die Gewährung des üblichen Kopfanteiles gefährdet ist. Die Zuckerration mußte wegen Unterbelieferung, welche trotz aller Vorstellungen bei der Zentralstelle bisher nicht ergänzt wurde, auf die Hälfte herabgesetzt werden. Diese Maßnahme gibt zu Mißstimmung in der Bevölkerung Anlaß. Es wurden einzelne Klagen über unzureichende Lebensmittelversorgung laut. Den Verhältnissen wurde im Einzelfalle nachgegangen. Der Mangel war darauf zurückzuführen, daß wegen ungenügender finanzieller Mittel die verhältnismäßig sehr teuren Lebensmittel (zum Beispiel Kunsthonig, Marmelade) nicht gekauft werden konnten. Durch Einzug der bezüglichen Einkaufsmarken gegen Zuweisung billiger Nährmittel wurde den Beschwerden im großen und ganzen abgeholfen. Auch wurde aus Einsparungen eine allgemeine Brotzulage von 1 Pfund auf den Kopf der versorgungsberechtigten Bevölkerung gewährt. Von den eingelagerten Obstbeständen wurden pro Kopf ½ Pfund Äpfel zum herabgesetzten Preis von 34 Pfennig per Pfund verteilt. Der Bedarf an Gemüse konnte durch die Gärtner und die städtischen Lagervorräte gedeckt werden.

Die Zufuhr an Seefischen war reichlich. Geflügel wurde in ungenügender Zahl auf den Markt gebracht.

Der Stadtmagistrat Augsburg bezog für die städtischen Fleischverkaufsstellen in der Zeit vom 3. bis 9. Februar dieses Jahres 1 Stier, 13 Kühe, 32 Kälber und 1 Ziegenbock.

In den Kreisen der Käseerzeuger hat die unterm 10. Januar 1918 erlassene Entschließung der Bayerischen Landesfettstelle, wonach Weichkäse in Zukunft nur einmal im Monat abgeliefert werden dürfen und dabei Käse, die jünger als 18 bis 20 Tage sind, nicht inbegriffen sein sollen, große Beunruhigung hervorgerufen und zu Protestversammlungen geführt. In diesen wurde auf das Undurchführbare der neuen Bestimmung hingewiesen. Es wurde betont, daß insbesondere die Kriegerfrauen mit dem besten Willen, selbst wenn die nötigen und hiezu geeigneten Räume vorhanden wären, infolge mangelnder Fachkräfte zur Einhaltung der Verordnung außerstande seien. Ferner sei mindestens die Hälfte jeder Lieferung vollständig fertiges Erzeugnis, das vom Großhandel nur neugepackt und mit 11 Mark Mehrerlös weitergegeben werden bräuchte. Die Entschließung stelle somit eine einseitige Begünstigung des Großhandels dar, der doch sicher mit den gewährten Preisen zufrieden sein könne. Eine Besserung der Käse für den Verbrauch, was von der Landesfettstelle als Grund der Bestimmung erklärt werde, werde sicher nicht erreicht, da es jedem Fachmann klar sei, daß Käse, die in den

---

1 *Ludwig III. war am 4. Februar in Begleitung des bayerischen Kriegsministers, Generalleutnant von Hellingrath, in München abgefahren und hatte zunächst Kaiser Wilhelm II. und Generalfeldmarschall von Hindenburg im Großen Hauptquartier in Spa besucht. Darauf besichtigte der König bei der Heeresgruppe seines Sohnes Rupprecht in Flandern bayerische Truppen, lobte ihre Ausdauer und Tapferkeit und verlieh Auszeichnungen. Auf der Rückreise hielt sich Ludwig III. mehrere Stunden beim König von Württemberg auf.*

ersten Wochen vernachlässigt werden, niemals wieder verbessert werden können. Eine Vernachlässigung sei durch die Anordnung vom 10. Januar 1918 infolge der Mehrarbeit, die von vielen Betriebsinhabern, ganz besonders aber den Kriegerfrauen, bei allem guten Willen nicht geleistet werden könne, weit eher zu befürchten. Wenn schlechte und zu nasse Käse geliefert werden, so werde dies von jedem anständigen Halberzeuger verpönt. Lieferanten derartiger Ware sollten zur Rechenschaft gezogen werden; dafür den ganzen Stand ungerecht und unnötig zu belasten, müsse aber mit aller Entschiedenheit zurückgewiesen werden.

Diese Erwägungen fanden in einer Versammlung der Mittelschwäbischen Käserinnung und in der Versammlung des während des Krieges gegründeten Allgäuer Käseerzeugerverbandes[2] allgemeine Zustimmung und es wurde einstimmiges Verlangen laut, energische Schritte zur Aufhebung der fraglichen Bestimmung zu unternehmen. Besonders gerügt wurde, daß vor dem Erlaß so einschneidender Bestimmungen die Fachinnungen nicht gehört wurden.

Inzwischen hat die Bayerische Landesfettstelle eine Aussprache mit sämtlichen einschlägigen Fachvertretungen veranstaltet, bei der Einigung über eine entsprechende Abänderung der Verfügung vom 10. Januar 1918, mit der sich beide Gruppen: Händler und Erzeuger einverstanden erklärten, erzielt wurde.

Die Kreisverteilungsstelle der Bayerischen Fleischversorgungsstelle für Schwaben und Neuburg hat mitgeteilt, daß die Viehanlieferungen aus dem Kreise Schwaben in der Zeit vom 28. Oktober 1917 bis 26. Januar 1918 mit 88 % des Lieferungssolls als sehr befriedigende zu bezeichnen sind. Dagegen ist nach dem Berichte des stellvertretenden tierärztlichen Referenten der Königlichen Regierung zu ersehen, daß nunmehr die Aufbringung des Schlachtviehs auf immer größere Schwierigkeiten stößt. Er berichtet folgendes:

›Das verlangte Kontingent kann nicht aufgebracht werden, insbesondere nicht die neuerdings verlangte vermehrte Viehanlieferung, es muß in die Bestände von Milchvieh hineingegriffen werden und das schadet wieder der Versorgung mit Milch, Butter und Käse.‹

Auch andere Berichte sprechen sich in dem Sinne aus, daß das neuerlich vermehrte Schlachtviehkontingent die Fettversorgung des Landes aus dem Regierungsbezirk gefährden wird.

Die Feststellung der Vorräte an Getreide, Hülsenfrüchten usw. geht im Regierungsbezirke rüstig voran und wird binnen kurzem vollendet sein; sie geht vollständig ruhig vor sich.

Das Königliche Bezirksamt N ö r d l i n g e n berichtet:

›Die mit der Getreidebestandsaufnahme verbundene Aufnahme der Vorräte an Heu und Stroh ergibt bei dem immerhin noch guten Viehbestand des Bezirks so große Zurückbehaltungsmengen, daß selbst in größeren Gemeinden überschüssiges Heu und Stroh fast nicht ermittelt wird. Daß dieses Ergebnis auf die gerade in gegenwärtigem Zeitpunkt in Ausführung begriffenen erheblichen Pflichtlieferungen an Heu und Stroh ungünstig einwirkt und einwirken muß, ist selbstverständlich. Ich habe dies nach meiner Kenntnis der Verhältnisse vorausgesehen und darum bei der Belehrung der Aufnahmekommissionen mit Nachdruck betont, daß Heu und Stroh für das Feldheer unter allen Umständen geliefert werden müssen. Allein es ist jetzt sehr schwer, die Leute zur ausreichenden Abgabe zu bewegen, wenn sie sich darauf berufen können, daß sie nur soviel oder, was auch vorkommt, weniger an Heu und Stroh besitzen als ihrem Viehstand entspricht.‹

---

2 *Gegründet 1916.*

Zur Ministerialentschließung vom 23. Januar 1918 Nr. 6450 d 33 hat das Königliche Bezirksamt M i n d e l h e i m folgendes berichtet:
›Es konnte durch eingehende Erhebungen der Gendarmerie kein Fall festgestellt werden, daß Wörishofer Gäste junge Leute vom Lande als Dienstboten gedungen hätten.
Das Bezirksamt Mindelheim war wohl eines der ersten, welches den Aufenthalt der Fremden erheblich einschränkte. Der Vollzug der jetzt geltenden Anordnungen[3] wird durch die Gendarmerie und die Schutzmannschaft fortgesetzt überwacht; es werden zu diesem Zwecke in kürzeren Zeitabschnitten Kontrollen von Haus zu Haus vorgenommen. Fremde, die nicht zum Aufenthalt durch bezirksärztliches Zeugnis berechtigt sind, werden weggewiesen.
Bestimmte Fälle, daß die Fremden Butter in ihren Wohnungen herstellen, konnten nicht ermittelt werden.
Die Behauptung, daß gehamsterte Waren in größeren Mengen versandt würden, ist sicher übertrieben; es findet in dieser Beziehung fortgesetzt strenge Kontrolle durch die Gendarmerie statt. Die letztere erwähnt in ihrem Berichte, der praktische Arzt Dr. Baumgarten[4] habe jüngst in einem Vortrage erwähnt, daß der Herr Minister[5] oder der einschlägige Referent zu den Delegierten, zu welchen auch Baumgarten zählte, geäußert habe, beim Hamstern im kleinen sollte man ein Auge und, wenn nötig, beide Augen zudrücken, nur den großen Hamsterern sollte energisch zu Leibe gerückt werden.
Unrichtig ist, daß die Gasthausverpflegung in Wörishofen besonders reichlich ist.‹
Die Stimmung für die 8. Kriegsanleihe ist nach den Äußerungen der Banken schon jetzt eine erheblich bessere als seinerzeit für die 7. Kriegsanleihe.
Nennenswerte Sicherheitsstörungen haben sich im Regierungsbezirke nicht ereignet.

III.

[kein Eintrag]

gez. von Praun

---

3 Diese Anordnungen gründen auf der Entschließung des Bayerischen Kriegsministeriums vom 6. November 1917; StAnz 260 (1917). Demnach durften sich Fremde zu Kur-, Erholungs- oder Vergnügungszwecken im jeweiligen Amtsbezirk nicht länger als eine Woche aufhalten. Ein längerer Aufenthalt war nur gestattet, wenn dem Bezirksamt ein ausführliches amtsärztliches Gesundheitszeugnis des Wohnsitzes vorgelegt wurde. Mit dieser Maßnahme sollte einer weiteren Verschärfung der Versorgungslage entgegengetreten werden.
4 Dr. med. Alfred Baumgarten (1862–1924), von 1892 bis 1897 engster Mitarbeiter Sebastian Kneipps in Wörishofen.
5 Dr. Friedrich Ritter von Brettreich (1858–1938), von 1907 bis 1912 und 1916 bis 1918 k. bayerischer Staatsminister des Innern.

Augsburg, den 18. Februar 1918 7

I.

Ihre Königliche Hoheit Frau Prinzessin Therese[1] ist am 14. dieses Monats von Lindau zu den Jubiläumsfeierlichkeiten[2] nach München abgereist.

II.

Die Versorgung der Stadt Augsburg mit Lebensmitteln war im Monat Januar nicht ungünstiger wie in den Vormonaten. Die Zufuhr von Fleisch war ausreichend und ermöglichte die Versorgung der Bevölkerung innerhalb der durch die Rationierung gezogenen Grenzen. Auffallend war die geringe Anlieferung von Schweinen: dem Januarkontingent von 412 Schweinen stand die Anlieferung von nur 2 Schweinen gegenüber. Die Vieh- und Fleischpreise haben sich gegenüber den Vormonaten nicht geändert. Das Angebot an Wild war unzulänglich, desgleichen entsprach die Zufuhr von Geflügel nicht immer der Nachfrage. Die Belieferung mit Fischen war ausreichend. Getreide und Mehl wurde in genügenden Mengen angeliefert, die derzeitigen Lagerbestände reichen bei Fortgewährung der bisherigen Rationen etwa 3 Monate aus. Kartoffeln wurden im Januar nur 1200 Zentner angeliefert, so daß zur Durchführung der Versorgung der Bevölkerung die Lagerbestände herangezogen werden mußten, die sich hiedurch auf 13.000 Zentner verringerten. Die Zufuhren von Milch und Käse waren völlig ungenügend und gaben zu ernsten Besorgnissen Anlaß, desgleichen herrschte unter der Bevölkerung große Unzufriedenheit über die völlig unzureichende Fettzuweisung (zur Zeit nur 62 ½ Gramm pro Kopf und Woche). Die Eierversorgung erfolgte aus den Lagerbeständen und war ausreichend; zur Verteilung gelangten insgesamt 658.235 Eier. Die Einfuhr von Gemüse war gering und betrug nur 2 Waggon Weißkraut und 1 Waggon Blaukraut. Die Obsteinfuhr belief sich auf 1090 Zentner und bestand zum größten Teil aus Edelobst. Die Herabsetzung der Zuckerration infolge Unterbelieferung seitens der Zuckerstelle hat allgemeine Unzufriedenheit hervorgerufen, die hiewegen erfolgten Vorstellungen hatten bisher keinen Erfolg. An Verteilungswaren wurden abgegeben ½ Pfund Rollgerste, ¼ Pfund Weizengrieß, ¼ Pfund Erbsen, ¼ Pfund Suppenmehl, ¼ Pfund Grünkernmehl, ½ Pfund Kunsthonig, 1 Pfund Malzkaffee und Kaffeersatz, ¾ Pfund Teigwaren, 1 Pfund Marmelade und 700 Gramm Zucker.

Die Lebensmittelversorgung Augsburgs in der Woche vom 10. bis 16. Februar dieses Jahres war im allgemeinen ausreichend, doch haben die durch die hohe Ausmahlung verursachte Verschlechterung des Brotes und die Herabsetzung der Zuckerration eine immer mehr um sich greifende Beunruhigung der Bevölkerung hervorgerufen.

Im einzelnen wird vom Stadtmagistrat hierüber folgendes berichtet:

›Die städtische Bevölkerung kann es nicht begreifen, daß auf dem Lande immer noch Weizenbrot nach Belieben erhältlich ist und auch das Roggenbrot noch eine Beschaffenheit wie im Frieden zeigt; in der Stadt fehlt es an beiden. (Ursache: die 94 %ige Ausmahlung). Die städtische Bevölkerung glaubt deshalb an eine Begünstigung des

---

1 *Prinzessin Therese von Bayern (1850–1925), unverheiratete Schwester König Ludwigs III. von Bayern. Hervorragende Gelehrte auf dem Gebiet der Naturwissenschaften. Ihre Leistungen würdigte 1892 die Bayerische Akademie der Wissenschaften durch die Ernennung zu ihrem Ehrenmitglied. Die Philosophische Fakultät der Universität München verlieh ihr den Ehrendoktor. Therese wohnte in der inzwischen abgebrochenen Villa ›Amsee‹ in Lindau, die sowohl ihrem Vater, dem Prinzregenten Luitpold, wie auch ihrem Bruder Ludwig zum Sommeraufenthalt diente. Im Parkgebäude ließ die Prinzessin für die Dauer des Krieges ein kleines Lazarett einrichten.*
2 *Goldene Hochzeit König Ludwigs III. und seiner Gemahlin Maria Therese von Österreich-Este (1849–1919) am 20. Februar.*

Landes in dieser Beziehung. Die gegenwärtig dahier stattfindende Nachprüfung der Ernteergebnisse ergibt Fehlmengen gegenüber dem durch Erntevorschätzung errechneten mutmaßlichen Getreideanfall. Die Ursache wird zurückgeführt auf teilweise späte Aussaat, Witterungseinflüsse und Mäusefraß. Auch dem Mangel an Arbeitskräften wird teilweise Schuld gegeben. Es dürfte immerhin auf Ersatz an Arbeitskräften beim Abtransport der russischen Kriegsgefangenen besonders Bedacht zu nehmen sein.

Wie bereits wiederholt berichtet, verursacht die ungenügende Zuckerversorgung der hiesigen Stadt nicht unbeträchtliche Bitternis bei den Versorgungsberechtigten. Alle Versuche bei den maßgebenden Zentralstellen auf Erhöhung der Belieferung auf den gesetzmäßigen Stand blieb bis jetzt erfolglos. Tritt nicht bald eine Behebung ein, so ist der Kommunalverband Augsburg-Stadt zu weiteren bedenklichen Kürzungen des Kopfanteils gezwungen, für deren etwaige Folgen er jede Verantwortung ablehnen muß.‹

Der Stadtmagistrat Augsburg hat in der Woche vom 10. bis 16. Februar dieses Jahres für die städtischen Fleischverkaufsstellen 1 Ochsen, 12 Kühe, 35 Kälber und 1 Schaf bezogen. Im Januar 1918 wurden in Augsburg an 178 völlig und 2695 teilweise erwerbslose Textilarbeiter Unterstützungen im Gesamtbetrage von 34.163 Mark ausbezahlt.

Das Königliche Bezirksamt K e m p t e n berichtet folgendes:

›Die Ernährungsverhältnisse sind bei den Landwirten als den Selbstversorgern und bei jenem Teile der nicht Landwirtschaft treibenden Bevölkerung, der auf dem platten Lande wohnt und vermöge seiner freundnachbarlichen Beziehungen zu dem und jenem Landwirte noch das eine oder andere gute Bröckchen auf krummem Wege sich zu verschaffen weiß, noch erträglich, obwohl auch hier viel geklagt wird über den Mangel solcher Produkte, die in Friedenszeiten mit die Hauptnahrungsmittel gebildet haben, wie besonders Grieß, Teigwaren und Hafernährmittel (Musmehl). Und da muß allerdings zugegeben werden, daß die Zuweisungen der Lebensmittelstelle sich in einem engen, zu engen Rahmen bewegen, zum Beispiel Hafernährmittel für 2 Monate 18 Zentner, das ist nur 13 Gramm auf den Kopf im Monate, Weizengrieß 48 Zentner für zwei Monate, das ist rund 35 Gramm auf den Kopf im Monate. Ich habe in meinem letzten Monatsberichte bereits ausführlicher darauf hingewiesen. Die Folge dieser zu knappen Zuweisungen ist, daß sich die Landwirte zum Ausgleich mehr an die von ihnen erzeugten Produkte (Milch, Fett, Eier, Fleisch) halten und daß infolgedessen für die Allgemeinheit weniger abgeliefert wird.

Schlimmer steht es mit jenen, die, wie zum Beispiel die Arbeiter, keine Verbindung mit dem Lande haben, denen auch die Zeit zu Hamsterreisen fehlt und die deshalb zu ihrer Ernährung auf die schmalen Portionen angewiesen sind, die ihnen vom Kommunalverbande zugeteilt werden. Weitere Einschränkungen (zum Beispiel nochmalige Herabsetzung der Fettquote oder Minderung der Fleischquote oder gar der Mehl- und Brotration) müßte in der Tat die Gesundheit der Arbeiter aufs schwerste schädigen und würde von ihnen auch nicht mehr ruhig hingenommen werden. Die kürzlich erfolgte Herabsetzung der Fettquote hat unter den Fabrikarbeitern meines Bezirkes die größte Erbitterung hervorgerufen und sie zu Drohungen mit Arbeitseinstellung hingerissen.

Daß wir trotz unserer eigenen Knappheit noch Lebensmittel an unsere Verbündete abgeben – Pressenachrichten zufolge sollen kürzlich 450 Waggons Getreide nach Wien abgegangen sein – wird im Volke viel besprochen und nicht immer in der angenehmsten Weise, und es wird dies zweifellos dann gehörig ausgeschlachtet werden, wenn wieder wie im Vorjahre gerade in den kritischen Monaten eine Herabsetzung der Mehl- und Brotration erfolgen sollte. Es erhebt sich da die Frage, ob es notwendig ist und welchen Zweck es hat, derartige Nachrichten durch die Presse zu bringen.

Ein wahrer Segen für den Kommunalverband Kempten-Land ist im vergangenen Jahre die reichliche und geregelte Kartoffelzufuhr gewesen. Dagegen hat sich in keiner Weise das System der Lieferungsverträge bei Obst und Gemüse bewährt. Wenn es auf den anderen Ernährungsgebieten auch so gewesen wäre wie hier, dann wäre die Bevölkerung des Landbezirkes Kempten glatt verhungert. Und dabei hatten wir – wenigstens auf dem Gebiete des Obstbaues – nahezu eine Rekordernte. Bei dem Wettrennen, das die Lieferungsverträge mit sich bringen, müssen die kleineren Kommunalverbände mit ihrem beschränkten Personale und den geringen Geldmitteln gegen die Städte und insbesondere die Großstädte, denen die gewiegtesten, schon von Friedenszeiten her über die nötigen Geschäftsverbindungen verfügenden Aufkäufer zur Verfügung stehen und bei denen das Geld keine Rolle spielt, naturgemäß unterliegen. Die Lebensmittelstelle würde sich sicher den wärmsten Dank der ländlichen Bedarfskommunalverbände verdienen, wenn sie deren Bedarfsdeckung in die Hand nehmen würde.

Zur Behebung der Arbeiternot hat die Wirtschaftsstelle[3] in Kempten den Versuch gemacht, Frauen aus der Stadt aufs Land zu bringen, damit sie dort in den landwirtschaftlichen Betrieben den Haushalt führen und die kleinen Kinder beaufsichtigen und es dadurch dem Betriebsinhaber bzw. der Betriebsinhaberin ermöglichen, den landwirtschaftlichen Arbeiten nachzugehen. Es haben sich auch Stadtfrauen hiezu bereit erklärt. Das Land hat jedoch von dem Angebote keinen Gebrauch gemacht, offenbar aus Scheu, weil es sich von fremden Leuten in seine Häuslichkeit nicht hineinsehen und hineinreden lassen will.

Eine unerfreuliche Erscheinung bildet der Rückgang der Milchkühe im Amtsbezirke Kempten, bekanntlich dem viehreichsten in ganz Deutschland. Bei der Zählung am 1. Dezember 1916 betrug die Zahl der Milchkühe 36.190 Stück – bei der Zählung am 1. Dezember 1917 35.260, demnach ein Rückgang von 930 Stück in einem Jahre, der offenbar auf die in unsere Viehbestände tief einschneidende Ablieferung von Schlachtvieh zurückzuführen ist. Welcher Entgang an Milch und Fett mit einer solchen Reduktion des Milchviehbestandes verknüpft ist, läßt sich denken. Nun besteht zwar die Weisung, daß Kühe, die noch täglich sechs Liter Milch geben, nicht abgeliefert werden

---

3 *Durch Königliche Verordnung vom 31. Juli 1914 (GVBl S. 329) war wegen des unmittelbar bevorstehenden Kriegsausbruchs die vollziehende Gewalt in Bayern auf die drei Stellvertretenden Generalkommandos in München (I. Armeekorps), Würzburg (II. Armeekorps) und Nürnberg (III. Armeekorps) übergegangen. Die Generalkommandos waren ermächtigt, Anordnungen und Aufträge an staatliche und kommunale Behörden zu erteilen. Im Januar 1917 hatten diese Generalkommandos eine Anzahl Wirtschaftsstellen errichtet; StAnz 21 (1917), MABl/ABl S. 93, Bek des Staatsministeriums des Innern und des Kriegsministeriums vom 24. Januar 1917. Ihr Tätigkeitsbereich umfasste vor allem die Beschaffung und Verteilung der zur Aufrechterhaltung der landwirtschaftlichen Betriebe im weitesten Sinn unbedingt nötigen Kräfte (Kriegsgefangene, Hilfsdienstpflichtige, zurückgekehrte, beurlaubte [...] Heeresangehörige, weibliche Arbeitskräfte, Schuljugend [...] usw.), [...] Einwirkung auf den restlosen Anbau der für die landwirtschaftliche Erzeugung geeigneten Bodenfläche, Förderung des Anbaus und der Ernte überhaupt [...]. Im Regierungsbezirk Schwaben und Neuburg gab es Wirtschaftsstellen in Neu-Ulm, Donauwörth, Augsburg, Mindelheim und Kempten. Die umliegenden Bezirksämter waren diesen Stellen zugeordnet. Die Wirtschaftsstelle leitete ein Wirtschaftsoffizier, dem für Kontrollen sog. Nachschau-Unteroffiziere beigegeben waren. Ihre Aufrufe veröffentlichten diese Stellen in den Amtsblättern der Bezirksämter und in der Lokalpresse, wobei sie sich nicht nur auf die ihnen zugewiesenen Aufgaben beschränkten. So erinnerten sie z. B. die Landwirte an ihre Ablieferungspflicht von Nahrungsmitteln und Heu oder gaben ihnen Ratschläge (Landwirte, sät das Wintergetreide nicht zu dicht, spart das Saatgut, reinigt es ordentlich vor der Saat, beizt den Winterroggen zum Schutz gegen Auswinterung und Schneeschimmelbefall; ABl S. 239, August 1918). Empfohlen wurde auch, wegen des Mangels an Petroleum und Karbid, nach Möglichkeit elektrische Energie einzusetzen.*

sollen. Allein auf der anderen Seite ist der Kommunalverband bei Vermeidung von Zwangsenteignung aufs strengste verpflichtet, die ihm auferlegte Zahl von Großvieh (wöchentlich gegen 260 Stück) aufzubringen. Soll er aber diesem Auftrage nachkommen, dann bleibt ihm bei Mangel anderer Schlachttiere nichts anderes übrig, als das Milchvieh heranzuziehen. Ich glaube nicht zu übertreiben, wenn ich behaupte, daß ⅔ der wöchentlich zur Schlachtung abgelieferten Kühe noch mehr als sechs Liter Milch täglich geben. Es zeigt sich eben, daß die dem Kommunalverbande aufgetragene Lieferungsquote von Schlachtvieh zu hoch gegriffen ist. Die Fleischversorgungsstelle hat sich allerdings mit ihrer an die Kommissionäre ergangenen Weisung den Rücken gedeckt; denn kommen Beschwerden von Landwirten ein, dann kann sie ruhig unter Berufung auf diese Weisung sagen, es sei nicht ihre Absicht und ihr Wille, daß Vieh mit einem bestimmten Milchertrag zur Ablieferung komme. Sie schweigt sich aber völlig darüber aus, wie es der Kommunalverband bzw. die Kommissionäre anstellen sollen, bei Mangel anderen geeigneten Schlachtviehes die auferlegte Stückzahl ohne Eingriff in die Milchviehbestände aufzubringen.

Die Aufzucht von Jungvieh hat bedeutend zugenommen. Während bei der Viehzählung am 1. Dezember 1916 10.896 Stück Jungvieh im Alter von 3 Monaten bis zu 2 Jahren vorhanden waren, ergab die Zählung vom 1. Dezember 1917 nicht weniger als 13.587 solche Viehstücke. Also eine Zunahme von rund 2500 Stück in einem Jahre. Das ist, bei dem jetzigen Futtermangel, zweifellos übertrieben, und ein Bürgermeister, mit dem ich kürzlich über die Sache gesprochen habe und der Einblick in die Verhältnisse hat, hat sich dahin geäußert, daß die Aufzucht von Jungvieh bei vielen Landwirten geradezu zum Sport ausgeartet ist. Daß der Bestand an Schweinen in meinem Amtsbezirke zurückgegangen ist (der Rückgang beträgt rund 2500 Stück), liegt in den vom Kriegsernährungsamte getroffenen Maßnahmen und in dem gänzlichen Mangel an Mastfutter begründet. Der Mangel an Futter erschwert außerdem in ganz beträchtlicher Weise das Durchhalten der Zuchtsauen und Zuchteber, das mir dank einer Rücklage vom letzten Wirtschaftsjahre bis jetzt gelungen ist. Da aber diese Rücklage in der nächsten Zeit zu Ende geht, wird sich auch hier das Schweinemorden[4] nicht umgehen lassen, wenn nicht, worum ich bereits nachgesucht habe, von der Futtermittel- bzw. Landesgetreidestelle Futtermittel überwiesen werden.

Während bisher die sogenannten Schweinemastverträge durch den Kommunalverband abgeschlossen wurden, hat kürzlich die Marineverwaltung durch eine Mittelsperson der Bayerischen Fleischversorgungsstelle solche Verträge mit einer Reihe von Landwirten des Amtsbezirkes direkt eingegangen. Ich habe von der Sache erst erfahren, als ein Landwirt sich bei mir darüber beschwerte, daß er beim Abschluß des Vertrages übergangen worden sei. Ich konnte dem Manne keinen Aufschluß geben, und schimpfend hat er mein Amtszimmer verlassen. Das war das eine Mißliche an der Sache. Das andere besteht darin, daß das von der Marineverwaltung zur Verfügung gestellte Futter (Gerstenschrot) nur 7 Mark pro Zentner frei Empfangsstation kostete, während das dem Kommunalverband seinerzeit von der Landesfuttermittelstelle gelieferte Futter (ebenfalls Gerste) sich auf 16 Mark ab Verladestation stellte. Daß die Bauern jetzt ihre saftigen Randbemerkungen zu diesem gewaltigen Preisunterschied machen, kann ich ihnen so sehr nicht übelnehmen. Und ich muß sie weiter schimpfen lassen, da ich von der ganzen Sache nichts Näheres weiß und deshalb auch keine Aufklärung geben kann.

---

4 *Um die Verfütterung von Brotgetreide und Kartoffeln zu verhindern, wurden 1915 fast neun Millionen Schweine geschlachtet. Diese Aktion ging unter dem Begriff ›Schweinemord‹ auch in die wissenschaftliche Literatur ein.*

Am 5. dieses Monats hat im Rathause in Kempten das Kriegsamt eine Versammlung der Elektrizitätsbesitzer des Amtsbezirkes einberufen, in welcher die Versorgung des Bezirkes mit Licht und Kraft besprochen und die Gründung eines Verbandes beschlossen worden sein soll. Das Königliche Bezirksamt hat zu dieser Versammlung weder eine Einladung erhalten noch ist es bisher von dem Ergebnisse der Beratung in Kenntnis gesetzt worden. Ich meine doch, daß hier das eine oder das andere unbedingt am Platze gewesen wäre.

Die Folgen dieses Nicht-Hand-in Hand-Gehens liegen klar zu Tage: Es können (dieser Fall ist erst kürzlich hier vorgekommen) sich durchkreuzende Verfügungen ergeben. Das Amt ist nicht in der Lage, rechtzeitig Aufklärung zu geben und wild wuchernden Gerüchten und Übertreibungen entgegenzutreten. Und schließlich kann auch dem Amtsvorstande nicht gut zugemutet werden, die Verantwortung für Vorgänge, die er nicht veranlaßt hat und von denen er keine Kenntnis hat, zu tragen.‹

Das Königliche Bezirksamt D i l l i n g e n berichtet über das Hamsterunwesen folgendes:
›Über das Auftreten der Hamsterer namentlich an Sonntagen wird in erhöhtem Maße geklagt. Hauptsächlich seien es Bewohner von Augsburg, die mit den Frühzügen herauskämen und die Landwirte, nicht immer in der höflichsten Form, um Überlassung von Lebensmitteln angingen. Insbesondere die Kriegerfrauen würden von solchen Personen geplagt und wüßten sich ihrer nicht zu erwehren, da sie sich sogar zu Drohungen verstiegen. Die Behörden sind gegen dieses Treiben machtlos, da die Kontrollorgane fehlen. Die Gendarmerie ist nicht zahlreich genug, um wirksam eingreifen zu können; auch wissen sich die Hamsterer immer zu verstecken, sobald ein Gendarm in einer Gemeinde zu erblicken ist. Eine Durchsuchung der Züge durch Beauftragte des Kriegswucheramtes, vielleicht unter Mitwirkung von Militärmannschaften, möchte ich dringend empfehlen; die Landbevölkerung selbst wäre sehr froh, wenn diesem Treiben ein tatkräftiges Ende bereitet würde.‹

Nennenswerte Sicherheitsstörungen haben sich im Regierungsbezirke nicht ereignet.

III.

[kein Eintrag]

I. V. gez. Freiherr von Müller, Königlicher Regierungsdirektor

Augsburg, den 25. Februar 1918   8

I.

Am 17. Februar dieses Jahres abends ½ 9 Uhr durchfuhren seine Königliche Hoheit Kronprinz Rupprecht von Bayern[1] auf der Durchreise von Brüssel nach München den Augsburger Hauptbahnhof.

II.

Die Versorgung der Stadt Augsburg mit Brennstoffen hat sich in den letzten Wochen etwas günstiger gestaltet. Während die Versorgung der Industrie nach wie vor keine Schwierigkeiten bot, blieben die für den Hausbrand benötigten Brennstofflieferungen wesentlich hinter dem Kontingent von 2089 Tonnen pro Woche zurück. Der regelmäßige Einlauf, der anfangs Januar als tiefster Stand in der Woche 700 bis 800 Tonnen betrug, hob sich in der Woche vom 4. bis 10. Februar auf 1670 Tonnen und sank in der Woche vom 11. bis 17. Februar wieder auf 1366 Tonnen. Am 9. Februar traf als besondere Zuweisung ein Sonderzug mit 600 Tonnen Briketts hier ein, ein weiterer Sonderzug mit 350 Tonnen Briketts wurde von dem Reichskommissar zugesichert. Zur Zeit wird die Ausgabe neuer Brennstoffkarten für die Sommermonate vorbereitet.

Die Beschäftigungsverhältnisse der Industrie Augsburgs haben im Januar 1918 gegenüber den Vormonaten eine wesentliche Veränderung nicht erfahren. Stark beeinträchtigt wurde besonders der Betrieb der Papiergarnspinnereien durch die außerordentlich schwierigen Verkehrsverhältnisse des abgelaufenen Monats sowie durch die unzureichende Anlieferung von Rohmaterial. In der Fabrikation landwirtschaftlicher Maschinen ist der Mangel an Zuteilung von Roheisen noch nicht behoben, so daß die Befürchtung einer entsprechenden Betriebseinschränkung fortbesteht. Die Beschäftigungslage im Großhandel mit Kolonialwaren wird nach wie vor durch den herrschenden Warenmangel ungünstig beeinflußt; auch im Eisenhandel übersteigt die Nachfrage das Angebot. Besonders empfindlich macht sich der Mangel an Eisenwaren, die außerhalb Bayerns erzeugt werden, bemerkbar. Die Versorgung von Landwirtschaft und Kleingewerbe mit Rohmaterial hat sich etwas gebessert. Im Kleinhandel haben sich die Verhältnisse nicht geändert.

Die Versorgung der Stadt Augsburg mit Lebensmitteln war in der Woche vom 17. bis 23. Februar dieses Jahres im allgemeinen ausreichend. Während die Zufuhren von Fleisch und Brotgetreide zur Befriedigung der durch die Rationierung begrenzten Nachfrage genügten, war die Anlieferung von Kartoffeln gering. Die Brotstreckung mit Kartoffelfabrikaten, die am 1. Februar beginnen sollte, konnte bisher nicht allgemein erfolgen, weil die in Aussicht gestellten Mengen von Kartoffelfabrikaten nicht eingingen; die Verwendung von Frischkartoffeln zur Brotstreckung würde aber eine Beeinträchtigung der allgemeinen Kartoffelversorgung befürchten lassen.

Die Zufuhr von Kartoffeln wurde auch gehemmt durch die ungenügende Bereitstellung von Waggons durch die Verkehrsverwaltung sowie durch die teilweise unverhältnismäßig lange Laufzeit der Sendungen; ein am 8. Februar in Windsheim aufgegebener Waggon Kartoffeln ist bis heute noch nicht in Augsburg eingetroffen, desgleichen ist eine Sendung von 8420 Kilogramm Kartoffeln des Kommunalverbandes Gunzenhausen, die in einem offenen eisernen

---

1 Kronprinz Rupprecht (1869–1955), Generalfeldmarschall, Sohn König Ludwigs III. von Bayern, von 1916 bis 1918 Oberbefehlshaber der im Westen eingesetzten Heeresgruppe ›Kronprinz Rupprecht‹.

Waggon erfolgte, erfroren in Augsburg eingelaufen. Die Milchzufuhr ist etwas zurückgegangen. Für Kinder und Kranke macht sich dies nicht bemerkbar, da dieselben vorzugsberechtigt sind. Der Mangel geht also zu Lasten der übrigen Versorgungsberechtigten.

Die Zufuhr von Geflügel war auch in dieser Woche ungenügend.

Die Nachfrage an Seefischen konnte vollständig gedeckt werden. Der Gemüsemarkt war gut beschickt.

Der Stadtmagistrat Augsburg bezog für die städtischen Fleischverkaufsstellen in der Zeit vom 17. bis 23. Februar dieses Jahres 1 Ochsen, 3 Stiere, 9 Kühe und 29 Kälber.

Das Königliche Bezirksamt M e m m i n g e n berichtet folgendes:

›Die im vergangenen Herbst bei einer Besprechung beim stellvertretenden Generalkommando dem Bezirk Memmingen auferlegte Lieferungsschuldigkeit von 60.000 Zentnern Heu wird wohl überschritten werden. Nach dem neuerlichen Verteilungsplan ist aber die ursprüngliche Lieferungsschuld auf das Dreifache erhöht worden. Diese Menge aufzubringen, ist trotz des besten Willens ein Ding der Unmöglichkeit. Dies wird vermutlich auch in anderen Bezirken der Fall sein. Ich glaube daher, daß die neuerliche Bestimmung, daß bei Überschreitung des Liefersolls noch Prämien zu dem hohen Heupreise gewährt werden sollen, in Bayern vielfach nur erbitternd wirken und Zweifel an der gerechten Verteilung der Lieferungsschuld erwecken wird.‹

Aus dem Bezirk Zusmarshausen wird berichtet, daß sich die Fälle mehren, in denen infolge Mangels ärztlichen Beistandes Geburtsfälle für Mutter oder Kind oder beide tödlich ausgehen und Infektionskrankheiten zu Todesfällen führen, die unter normalen Verhältnissen zu vermeiden gewesen wären. Die beiden Kinderheime in Reitenbuch und Baschenegg sind aufs schwerste gefährdet. Trotzdem ist ein Gesuch um Zurückversetzung des praktischen Arztes, Stabsarzt Dr. Weiss in Dinkelscherben, vom Kriegsministerium abgelehnt worden.

Nach zuverlässigen Mitteilungen hat der Regierungsbezirk Schwaben in der letzten Versorgungsperiode mit der Ablieferung von Schlachtvieh sämtliche anderen Regierungsbezirke übertroffen.

Nennenswerte Sicherheitsstörungen haben sich nicht ereignet.

III.

Am 21. Februar 1918 fand unter dem Vorsitz des Königlichen Regierungspräsidenten in Augsburg eine Versammlung der schwäbischen Schafzüchter und Schafhalter im Beisein von Vorständen der Distriktsverwaltungsbehörden, Tierzuchtinspektoren und Bezirkstierärzten statt. Die Versammlung war sehr zahlreich besucht und führte zur Gründung eines Kreisverbandes schwäbischer Schafzüchter und Schafhalter, dessen Satzung festgestellt und Vorstandschaft gewählt wurde.

Mit wärmster Anteilnahme der Bevölkerung wurde das Fest der Goldenen Hochzeit[2] Ihrer Majestäten des Königs und der Königin in Stadt und Land begangen. Glockengeläute am Vorabend leitete die Feier ein. Am Festtage selbst fanden überall zahlreich besuchte Festgottesdienste, ferner Feiern in Schulen, Anstalten, Lazaretten, Kriegerheimen statt. Die Straßen prangten in festlicher Beflaggung.

I. V. gez. Freiherr von Müller, Königlicher Regierungsdirektor

---

2 *Prinz Ludwig von Bayern hatte am 20. Februar 1868 die Erzherzogin Therese von Österreich-Este geheiratet.*

Augsburg, den 4. März 1918   **9**

I.

Am 25. Februar dieses Jahres nachmittags 1 Uhr 15 Minuten durchfuhren Seine Königliche Hoheit Kronprinz Rupprecht von Bayern auf der Durchreise von München zur Westfront den Augsburger Hauptbahnhof.

II.

Die Versorgung der Stadt Augsburg mit Lebensmitteln hat sich in der Woche vom 24. Februar bis 2. März dieses Jahres nur wenig gegenüber den Vorwochen geändert. Fleisch und Brotgetreide sowie Fische wurden in ausreichenden Mengen angeliefert, desgleichen waren die Zufuhren von Gemüse genügend. Die durch die Butterknappheit notwendig gewordene teilweise Zuteilung von Margarine anstelle von Butter hat unter der Bevölkerung, die ohnehin über die ungenügende Fettzuteilung klagt, Unzufriedenheit hervorgerufen, desgleichen wird die Versorgung der Bevölkerung mit Käse – zur Zeit nur 100 Gramm pro Kopf und Woche – als unzureichend bezeichnet.

Die Zuckerversorgung der Stadt A u g s b u r g bereitet, wie bereits früher berichtet, infolge der ablehnenden Haltung der Reichszuckerstelle große Schwierigkeiten. Der Stadtmagistrat hat an die Reichszuckerstelle nachstehendes Schreiben gerichtet:

›Die Bayerische Lebensmittelstelle – Landeszuckerstelle – berechnete auf Grund ihrer Aufstellung vom 25. Juli 1917 unseren Gesamtverbrauchszuckeranteil für die Zeit vom 1. Januar 1917 bis 30. September 1917 nach dem Ergebnis der Volkszählung vom 1. Dezember 1916 unter Zugrundelegung folgender Zahlen

    Zivilpersonen   132.651
    Militärpersonen außer militärischer Verpflegung   1.708
    Summa: 134.359 Personen.

Da wir nach den damaligen Feststellungen unserer Lebensmittelkartenabgabestellen ausschließlich der in Anstalten untergebrachten Personen rund 135.000 Zuckerkarten ausgaben, beantragten wir unterm 28. August 1917 bei der Bayerischen Lebensmittelstelle – Landeszuckerstelle – die Nachlieferung der fehlenden Menge Zucker.

Unterm 10. September 1917 teilte uns diese Stelle mit, daß unserem Antrage nicht entsprochen werden könne, da die Reichszuckerstelle es grundsätzlich ablehne, von der nach dem endgültigen Ergebnis der Volkszählung vom 1. Dezember 1916 festgestellten Bevölkerungsziffer[1] abzuweichen, falls nicht durch das Königliche Bayerische Statistische Landesamt der Nachweis einer Bevölkerungsziffererhöhung erbracht werde.

Auf Grund dieser Mitteilung nahmen wir unterm 5. Oktober 1917 eine Zählung der hier wohnhaften Versorgungsberechtigten von Haus zu Haus nach beiliegendem Zählblatt vor.

Die Zählung ergab, wie aus der Beilage ersehen werden wolle, 143.653 Versorgungsberechtigte und zwar 141.978 Zivilpersonen, 1675 Militärpersonen außer militärischer Verpflegung. Hieraus ergibt sich laut Anlage für die Stadt Augsburg im Jahre 1917 eine Unterbelieferung von 125.947 Kilogramm Zucker.

Die höhere Zahl der Versorgungsberechtigten gegenüber der Volkszählung 1916 ergibt sich durch einen starken Zugang an Rüstungsarbeitern, zum großen Teil aus Norddeutschland, sowie dadurch, daß eine große Zahl Arbeiter, welche hier wohnhaft sind,

---

1 Ergebnis: Beiträge zur Statistik Bayerns, Heft 89, München 1919.

und von hier aus versorgt werden müssen, die Woche über auswärts in Arbeit steht und deswegen bei der Volkszählung am 1. Dezember 1916 auf Grund der damaligen Bestimmungen in unsere Zählungslisten nicht aufgenommen werden konnte.
Das Statistische Landesamt hat ausweislich der beiliegenden Entschließung vom 21. Dezember 1917 anerkannt, daß das Ergebnis der Zählung vom 5. Oktober 1917 auf zuverlässigen statistischen Grundlagen beruht. Das Landesamt meint nun, ein Nachweis dafür, daß die höhere Bevölkerungsziffer von 143.653 Personen bereits seit 1. Januar 1917 gegeben ist, sei nicht erbracht. Dies zugegeben, kann zum mindesten angenommen werden, daß die Mehrung der Bevölkerung sich schrittweise während des ganzen Jahres 1917 vollzogen hat. Diese Annahme wird durch die Tatsache gestützt, daß nach genauer Feststellung der Zu- und Abgänge innerhalb der Versorgungsperiode vom 6. Dezember 1917 bis 1. Januar 1918 wieder eine Zunahme der Versorgungsberechtigten um 800 zu verzeichnen ist. Die ortsabwesenden, auswärts beschäftigten und hier versorgungsberechtigten Personen, schätzungsweise mehrere tausend, welche bei der Volkszählung 1916 nicht berücksichtigt sind, waren auf alle Fälle schon am 1. Januar 1917 vorhanden.
Bei dieser Sachlage glaubten wir berechtigt zu sein, von der Reichszuckerstelle die Nachlieferung der treffenden Fehlmengen an Zucker zu verlangen, umso mehr als nach unseren Informationen die Reichszuckerstelle derartige Anträge schon genehmigt hatte. Die Reichszuckerstelle weigert sich nun, die Bevölkerungsvermehrung anzuerkennen und die verlangte Nachlieferung des Zuckers zu gewähren, sie vertröstet uns auf Nachersatz für die Zeit ab Dezember 1917. Die Stadt Augsburg wird also nach wie vor nach dem Stande der Volkszählung vom 1. Dezember 1916 beliefert; eine Änderung hierin wird nach amtlicher Mitteilung vorerst nicht eintreten, nachdem die Ergebnisse der Volkszählung vom 5. Dezember 1917[2] in absehbarer Zeit nicht vorliegen werden. Die Folgen davon, welche auch durch einen noch in unbestimmter Ferne liegenden Nachersatz ab Dezember 1917 nicht ausgeglichen werden, machen sich bereits bemerkbar. Wenn wir bis Ende 1917 trotz der Unterbelieferung monatlich 750 Gramm Zucker abgeben konnten, so war dies nur möglich durch Verwendung des gewerblichen Anteils. Inanspruchnahme vorhandener Vorräte, Verkürzung der Einmachzuckerquote und Anleihe an der jeweils folgenden Monatszuweisung. Diese Hilfsmittel sind erschöpft, und wir waren genötigt, in der laufenden Versorgungsperiode den Zuckeranteil auf 700 Gramm herabzusetzen. Durch diese Maßnahme ist eine starke Beunruhigung in die Bevölkerung hineingekommen, die sich in Zuschriften an die Presse Luft macht. Zucker ist ein sehr begehrtes Lebensmittel geworden, dessen Mangel fast so unangenehm empfunden wird, wie die Hauptnahrungsmittel Brot und Kartoffeln. Bei der fortwährenden erheblichen Zunahme der Bevölkerung werden wir natürlich auch den Anteil von 700 Gramm nicht halten können, sondern denselben in kurzer Zeit weiter herabsetzen müssen. Auch ist die Durchführung der Anordnung der Landeszuckerstelle, für Kinder im ersten Lebensjahre mindestens 50 Gramm, für solche im zweiten Lebensjahre 30 bis 50 Gramm Zucker täglich auszugeben und Rücklagen für Kranke und Einkochzucker zu bilden, in Frage gestellt. Sind wir gezwungen, diese Verhältnisse bekanntzugeben, so werden daraus unter Umständen Folgen entstehen, die wohl keine der beteiligten Stellen wünschen wird.
Die Stadtverwaltung hat bis jetzt versucht, die Aufregung der Bevölkerung durch Ausgabe geeigneter Ersatz-Lebensmittel an Stelle der zurückgesetzten Zuckermenge zu

---

2 *Ergebnis: Beiträge zur Statistik Bayerns, Heft 89, München 1919.*

dämpfen, und sie hat bis jetzt auf die Vorwürfe, die ihr wegen der Zuckerversorgung gemacht wurden, geschwiegen. Augsburg besteht zum großen Teil aus Arbeiterbevölkerung mit ausgedehnter Rüstungsindustrie. Die gegenwärtig in der arbeitenden Bevölkerung herrschende Erregung verträgt es nicht, öffentlich über die Herabsetzung eines allseitig verlangten Lebensmittels zu verhandeln, und die Stadtverwaltung möchte es vermeiden, in die Bevölkerung eine Mißstimmung gegen die zentralen Lebensmittelstellen im Reiche hineinzubringen.

Wir wollen deswegen noch einmal versuchen, die drohende Zuckerkalamität mit ihren üblen Folgen zu beseitigen und stellen auf Grund eines Gesamtbeschlusses in der heutigen Sitzung das dringende Ersuchen, eine entsprechende Nachlieferung baldmöglichst in die Wege zu leiten. Bleibt die Reichszuckerstelle auf ihrem ablehnenden Standpunkte bestehen, dann sind wir zu unserem Bedauern genötigt, die Öffentlichkeit rückhaltlos über den Stand der Angelegenheit aufzuklären. Die Stadtverwaltung lehnt heute schon die hieraus entstehenden Folgen ab und überträgt sie auf die zuständigen Reichsstellen. Bei der Wichtigkeit der Sache wird sich unter Umständen eine persönliche Aussprache empfehlen. Wir ersuchen gegebenen Falles um Mitteilung, welche Herren unsern Vertretern zur Verfügung stehen würden und wo und wann die Besprechung stattfinden könnte.‹

Nennenswerte Sicherheitsstörungen haben sich im Regierungsbezirke nicht ereignet.

Der Stand der Wintersaaten wird im allgemeinen als gut bezeichnet.

III.

Das Königliche Bezirksamt F ü s s e n berichtet folgendes:

›Von einigen Kriegsinvaliden wurde in Erfahrung gebracht, daß die von linkssozialistischer Seite betriebene Werbung zum Beitritt in die von ihr geschaffene Vereinigung Kriegsinvalider auch auf das flache Land übergegriffen hat und anscheinend auf dem besten Wege ist, alle ländlichen Kriegsinvaliden für diese, politischen Zwecken dienstbar zu machende Organisation zu gewinnen. In geschickter Weise wird dem Kriegsbeschädigten in Schrift und Wort die allerdings nicht zu bestreitende derzeitige Unzulänglichkeit der Renten und der sonstigen Fürsorgeeinrichtungen vor Augen geführt und das politische Endziel unter dem Deckmantel caritativer Fürsorge sorgfältig verborgen. Es wäre unverantwortlich, es dahin kommen zu lassen, daß die Kriegsinvaliden in derartigem Zusammenschlusse allein ihr Ziel suchen müssen und dann als Verbitterte und Verhetzte geschlossen dem Winke ihrer Führer gehorchend an die Seite jener treten, die dem Umsturz sich verschrieben haben. Von christlich sozialer Seite scheint eine Gegenorganisation bereits eingeleitet zu sein, die jedoch bis jetzt noch wenig in die Erscheinung getreten ist, soweit dies hier beurteilt werden kann.‹

I. V. gez. Freiherr von Müller, Königlicher Regierungsdirektor

Augsburg, den 11. März 1918 10

I.

Ihre Königliche Hoheit Frau Prinzessin Therese ist am 5. dieses Monats abends mit dem Personenzug nach dreiwöchiger Abwesenheit nach Lindau zurückgekehrt.

II.

Die Versorgung der Stadt Augsburg mit Lebensmitteln war im Monat Februar im allgemeinen ausreichend. Getreide und Mehl wurde in genügender Menge angeliefert, so daß die Versorgung der Bevölkerung innerhalb der durch die Rationierung gezogenen Grenzen keine Schwierigkeiten bereitete. Bei einem täglichen Verbrauch von 720 Zentnern Mehl reichen die derzeitigen Lagerbestände drei Monate aus. Die Streckung des Brotes durch Zusatz von getrockneten Kartoffeln konnte auch im Februar nicht allgemein durchgeführt werden, weil die Trockenkartoffelverwertungsgesellschaft mit der Lieferung der Brotstreckmittel im Rückstande ist. Die hiedurch vielfach notwendig gewordene Verwendung von Frischkartoffeln zur Brotstreckung hat die Kartoffelvorräte derart verringert, daß sich am 28. Februar nur mehr 7000 Zentner in den städtischen Lagern befanden. Nachdem auch die Anlieferung von Speisekartoffeln im Februar nur 5700 Zentner betrug, muß mit einer Gefährdung der Kartoffelversorgung der Bevölkerung gerechnet werden, wenn die Belieferung mit den zur Brotstreckung benötigten Trockenkartoffeln nicht besser wird. Die Milchzufuhren sind beträchtlich zurückgegangen, so daß die den Erwachsenen zustehende Menge vielfach gekürzt werden mußte. Die der Bevölkerung zustehenden Kopfanteile an Butter und Käse konnten abgegeben werden. Die Verteilung von Eiern erforderte 579.080 Stück; in dieser Zahl befinden sich auch 120.000 Eier, die der Kommunalverband Augsburg-Stadt nach Nürnberg abgeben mußte. Die Anlieferung von Frischeiern war im Februar befriedigend. Die Versorgung mit Gemüse war ausreichend. Dagegen machte sich Mangel an Obst und an Zwiebeln bemerkbar. Fleisch wurde in genügenden Mengen angeliefert, desgleichen Fische. An Kolonialwaren gelangten zur Verteilung: ½ Pfund Weizengrieß, ½ Pfund Syrup, ¼ Pfund Hafernährmittel, ½ Pfund Malzkaffee, ¼ Pfund Suppenmehl, 2 Pfund Marmelade, ½ Pfund Kunsthonig, 100 Gramm deutscher Tee, ½ Pfund Grütze. Der mißliche Stand der Versorgung mit Zucker hat sich seit der letzten Berichterstattung nicht gebessert, weil die bereits geschilderten Schwierigkeiten noch nicht durch Nachlieferung behoben wurden.

In der Woche vom 3. bis 9. März dieses Jahres hat die Lebensmittelversorgung Augsburgs eine Änderung gegenüber den Vorwochen nicht erfahren; der Stadtmagistrat Augsburg hat in dieser Woche für die städtischen Fleischverkaufsstellen 1 Ochsen, 3 Bullen, 10 Kühe, 28 Kälber und 1 Schwein bezogen.

Das Königliche Bezirksamt Z u s m a r s h a u s e n berichtet folgendes:

›Stichproben haben ergeben, daß auch im Bezirk zahlreiche Landwirte falsche Angaben über die Geflügelzahl gemacht haben; teilweise stehen die Angaben um 30 % hinter der Wirklichkeit zurück. Es wurde im Amtsblatt Abstandnahme von einer Strafeinschreitung zugesichert für jene Landwirte, die ihre Angaben bei der Viehzählung bis Ende des Monats selber richtigstellen. Sollte diese Aufforderung nichts helfen, so stünde man allerdings vor der Notwendigkeit einer Massenstrafeinschreitung, die noch in den Zeitraum der Zeichnungsauflage der nächsten Kriegsanleihe fallen würde. Ferner besteht auch begründeter Verdacht, daß viele Landwirte gegenüber den Nachschaukommissionen mit Unrecht zu große Anbauflächen geltend gemacht haben, um sich auf diese Weise mehr Getreide für den eigenen Gebrauch zu sichern[1]. In dieser Richtung wird durch Berechnung der geltend gemachten Anbauflächen und Vergleichung derselben mit dem vorjährigen Anbau versucht, die Schuldigen herauszubekommen und ihnen dann soweit möglich die nötigen Abzüge zu machen. Alle diese Wahrnehmungen zeigen, daß die Selbstsucht stets gegenüber dem Nationalgefühl bei weitem überwiegt. So zum Beispiel hat die versammelten Bürgermeister bei der Belehrung über die Notwendigkeit der Lieferung von Fleisch, Heu und Stroh sichtlich die Frage der Prämiengewährung für Heu- und Strohlieferung am meisten interessiert. Allgemein kann überhaupt die Wahrnehmung gemacht werden, daß die Gewissen immer unempfindlicher werden. Es mehren sich in auffallender Weise kleine Diebstähle von Nachbarn an Nachbarn; Wäsche, Holz, Arbeitsgeräte und dergleichen verschwindet spurlos, und die Täter sind nicht festzustellen, weil keiner den anderen anzeigen will.‹

Nennenswerte Sicherheitsstörungen haben sich im Regierungsbezirke nicht ereignet.

III.

Arbeitseinstellungen sind am 4. März nicht vorgekommen; auch sind keine Anzeichen bekannt geworden, aus denen zu entnehmen wäre, daß solche für die nächste Zeit geplant sind.

I. V. gez. Freiherr von Müller, Königlicher Regierungsdirektor

Augsburg, den 18. März 1918   **11**

I.

[kein Eintrag]

II.

Die Versorgung der Stadt Augsburg mit Lebensmitteln hat sich in der Woche vom 10. bis 16. März dieses Jahres gegenüber den Vorwochen etwas verschlechtert. Während die Zufuhren von Fleisch und Mehl ausreichten, um den durch die Rationierung begrenzten Bedarf der Bevölkerung zu decken, war die Anlieferung von Fischen und von Geflügel völlig unzureichend. Auch die Milchzufuhr ist zurückgegangen, so daß die den Erwachsenen zustehende Menge von täglich ¼ Liter gekürzt werden mußte. Die in Aussicht gestellten und schon längst fälligen Lieferungen der Trockenkartoffelverwertungsgesellschaft an Brotstreckungsmitteln treffen nur sehr unregelmäßig ein, so daß auch in der vergangenen Woche frische Kartoffeln zur Brotstreckung verwendet werden mußten; dies verursachte eine starke Schwächung der hiesigen Kartoffelvorräte und damit die Gefährdung der Versorgung der Bevölkerung mit Kartoffeln. Der Stadtmagistrat Augsburg bezog für die städtischen Fleischverkaufsstellen in der Woche vom 10. bis 16. März 3 Stiere, 11 Kühe und 27 Kälber. In den Beschäftigungsverhältnissen der Industrie Augsburgs ist im Februar dieses Jahres eine wesentliche Änderung nicht eingetreten. Mangel an Rohmaterial und Hemmungen im Verkehr brachten auch in diesem Monat Unregelmäßigkeiten in der Beschäftigung mit sich, die in der Nähfadenfabrikation besonders stark in Erscheinung traten. Auch im Großhandel mit Kolonial- und Eisenwaren herrschte wachsende Warenknappheit. Besondere Schwierigkeiten verursachte der Mangel an

---

1 *Der Staat gewährte den Landwirten Geldprämien, wenn sie für die Aussaat von Getreide und Kartoffeln größere Anbauflächen auswiesen. Die kontrollierenden Nachschaukommissionen unterstanden den Wirtschaftsstellen.*

Eisenwaren zur Versorgung der Landwirtschaft, die überdies derart im Preis stiegen, daß Preisaufschläge von 300 % gegenüber den Friedenspreisen nicht selten waren.

Im Kleinhandel wurde das Mißverhältnis zwischen Angebot und Nachfrage sehr fühlbar, besonders stark war der Bedarf der Bevölkerung an Bekleidungsgegenständen, der aber angesichts der geringen Warenbestände nur zum geringsten Teil gedeckt werden konnte. Der Stadtmagistrat Augsburg hat im Februar 1918 an 203 ganz und 2382 teilweise erwerbslose Textilarbeiter insgesamt 21.447 Mark 32 Pfennig Unterstützungen ausbezahlt.

Infolge der günstigen Witterung sind die Landwirte bereits mit der Feldbestellung beschäftigt und es hat zum Teile die Aussaat begonnen.

Das Königliche Bezirksamt F ü s s e n berichtet:

>Im Pfrontener Tal hat die unausgesetzte Hetzarbeit eines Jagdverpachtungsunterhändlers traurige Früchte gezeitigt. Dieser – ein gewisser Nußbaumer, Tierpräparator aus München, Bayerstraße 2 – betreibt augenscheinlich gewerbsmäßig den Unterhandel in Jagdpachtangelegenheiten; er hält sich stets mehrere sehr vermögliche Pachtliebhaber, denen er – vermutlich gegen hohe Prozente – fällig werdende Jagdreviere zu verschaffen sich erbietet. Er läßt sich zuerst unter entsprechender Anpreisung der Jagdgründe übermäßig hohe Pachtpreise zusichern und Vertretungsvollmacht ausstellen. Dann überbietet er die bisherigen Pachtpreise ins Ungeheuerliche (zum Beispiel 30.000 Mark pro Jahr für die Pfrontener Jagden oder 250.000 Mark bar für 10 Jahre im voraus). Geht die Gemeinde nicht schon ohne weiteres darauf ein, dann geht er in die betreffende Gemeinde, zahlt den Gemeindebürgern Bier und Wein und verhetzt sie am Biertisch. Daß er dies im zunächst vorliegenden Fall gegen die Person Seiner Majestät des Königs selbst tat, erweist doppelt die Gemeinheit der bekundeten Gesinnung. Die Gemeinden haben trotzdem zunächst in loyaler Weise beschlossen, die Jagd Seiner Majestät vorzubehalten, und erst als die Hetze ins Ungemessene stieg, haben Seine Majestät aus eigenem freien Entschlusse den Gemeinden die Entscheidungsfreiheit zurückgegeben, worauf die Gemeinden, von der Mehrzahl der rabiat gemachten Interessenten gedrängt, sich für das Preisangebot des Ingenieurs Dr. Bosch[1] aus Stuttgart – 30.000 Mark – entschieden.

Es ist auf diese Weise in der Tat auch den Rücksichten auf die Allerhöchste Person des Königs und dem monarchischen Gedanken besser gedient, als wenn die Hetzerei zehn Jahre lang weiter ginge.

Dem gemeingefährlichen Treiben des Nußbaumer sollte jedoch in Bälde irgendwie ein Ziel gesetzt werden sowie die offizielle Vertretung der Jagdinteressen für entsprechende Verwarnung der Beteiligten von der Sache irgendwie Kenntnis erlangen. Es würde sonst der gewissenlosesten Spekulation und der systematischen Verfeindung und Verhetzung der Einwohnerschaft aller fällig werdenden Jagdgebiete Tür und Tor geöffnet.

Die Angelegenheit wäre es wert, eine Spezialvorschrift zu schaffen, wenn die bestehenden Gesetze – wie es leider den Anschein hat – solchen Gefahren gegenüber versagen.<

Nennenswerte Sicherheitsstörungen haben sich im Regierungsbezirke nicht ereignet.

III.

[kein Eintrag]

I. V. gez. Freiherr von Müller, Königlicher Regierungsdirektor

---

1 *Robert Bosch (1861–1942), Dr.-Ing. e. h., Elektrotechniker und Begründer der Robert Bosch AG in Stuttgart (seit 1937 Robert Bosch GmbH, Stuttgart).*

Augsburg, den 25. März 1918

I.

[kein Eintrag]

II.

Der Stadtmagistrat Augsburg berichtet, daß sich in der abgelaufenen Woche die Versorgung der Stadt Augsburg mit Lebensmitteln, namentlich auch durch den weiteren Rückgang der Milchanlieferung, wieder etwas verschlechtert habe.

Am 20. März laufenden Jahres nachmittags brach in dem bei der Pfefferschen Leimfabrik befindlichen militärischen Heustapelamt in Memmingen Großfeuer aus, welchem eine große Menge zum Versand hergerichtetes Preßheu zum Opfer fiel. Das verbrannte und durch Wasser, Rauch usw. verdorbene Heu wird von Sachverständigen auf ungefähr 4000 Zentner geschätzt. Das Feuer entstand ohne Zweifel durch Funken aus einer Rangiermaschine; eine Brandstiftung ist ausgeschlossen. Dem vereinten Zusammenarbeiten der Fabrikfeuerwehr von Pfeffer, der freiwilligen Feuerwehren Memmingen und Umgebung und dem Militär gelang es, das Feuer auf seinen Herd zu beschränken. Der ganz in der Nähe befindliche große Schuppen mit den Heupressen und dergleichen wurde nicht vom Feuer ergriffen. Die Fabrik von Pfeffer selbst war nicht bedroht. Der Schaden trifft den Militärfiskus.

Der Stadtmagistrat Augsburg berichtet, daß der verstorbene Königliche Hofrat Friedrich von Hessing*[1]* sein ganzes Vermögen für eine Stiftung bestimmt hat, wonach die Göggingen Kuranstalt weiter zu betreiben ist. Die Verwaltung ist dem Stadtmagistrat Augsburg übertragen.

Die Frühjahrsfeldbestellung ist im vollen Gange.

Nennenswerte Sicherheitsstörungen haben sich im Regierungsbezirke nicht ereignet.

III.

Am Sonntag, den 24. März laufenden Jahres, fand im Ludwigsbau des Stadtgartens zu Augsburg eine Kreisversammlung der vereinigten schwäbischen landwirtschaftlichen Korporationen, der schwäbischen Müllerei und Mälzerei statt. Der Landtagsabgeordnete Dr. Schlittenbauer*[2]* sprach über ›Das zukünftige Wirtschaftsverhältnis zwischen Deutschland und Österreich-Ungarn‹. Der Redner verbreitete sich zu Beginn seines mit großem Beifall aufgenommenen Vortrags über unsere gegenwärtige militärische, wirtschaftliche und politische Lage und forderte alle Landwirte zur unverzüglichen vermehrten Anlieferung von Schlachtvieh, Heu und Stroh, zum gesteigerten Anbau von Flachs und Hanf sowie zur außerordentlichen Beteiligung an der 8. Kriegsanleihe auf. Zu unserem Wirtschaftsverhältnis mit Österreich-Ungarn führte er aus, daß dieses Land zusammen mit den hinter ihm liegenden Staaten in die Lage kommen werde, Erzeugnisse, an denen auch wir Überschuß haben, wie Vieh, Wein, Hopfen, Malz, auszuführen und so der deutschen, zumal auch der bayerischen Landwirtschaft schwere Konkurrenz zu bereiten. Für ein Übereinkommen mit Österreich-Ungarn riet er dringend, strenge zwischen der Übergangszeit, die uns in wirtschaftlicher Beziehung noch keine Klarheit bringe,

---

1 Johann Friedrich von Hessing (1838–1918), Orthopäde, gründete 1868 in Augsburg eine orthopädische Klinik, diese zog 1869 nach Göggingen (heute ein Stadtteil von Augsburg) um.
2 Dr. Sebastian Schlittenbauer (1874–1936), Gymnasialprofessor. Direktor der Landwirtschaftlichen Zentralgenossenschaft in Regensburg, Generalsekretär des Christlichen Bauernvereins. 1912–1918 MdL (Zentrum), 1919–1933 MdL (BVP), 1930–1932 MdR (BVP). Gründete am 15. November 1918 mit Dr. Georg Heim die Bayerische Volkspartei.

und dem künftigen Dauerzustand, der erst nach Wiederkehr geordneter Verhältnisse eintrete, zu unterscheiden. Für diese beiden Zeiträume müßte ein Übereinkommen ganz verschieden lauten. Besonders wandte er sich dagegen, daß von den deutschen Leitern der Verhandlungen mit Österreich-Ungarn gleich vornherein Zollfreiheit für Vieh und Getreide von unserer Seite zugestanden worden sei. Er warnte dringend, Österreich-Ungarn eine Bevorzugung zuzugestehen, die von dritter Seite dann nach dem Prinzip der Meistbegünstigung in Anspruch genommen werden könnte.

Im Anschluß an den Vortrag gaben die Vertreter der einzelnen landwirtschaftlichen Vereinigungen Erklärungen ab, in denen sie im wesentlichen den Leitsätzen des Vortragsredners zustimmten, und zwar Landesökonomierat Mühlschlegel[3] namens des Landwirtschaftlichen Kreisausschusses für Schwaben und Neuburg, Landtagsabgeordneter Ökonomierat Lang[4]-Hausen für den Christlichen Bauernverein, Ökonomierat Dirr[5]-Anhofen für den Bayerischen Bauernbund in Schwaben, Direktor Bauer[6] für den Bayerischen Müllerbund und Rechtsanwalt Warmuth[7] für den Bayerischen Mälzerbund. Eine allgemeine Besprechung wurde nicht gepflogen. Der Leiter der Versammlung, Ökonomierat Döderlein[8]-Nördlingen, schloß die Versammlung mit einer Huldigung für den Beschützer der bayerischen Landwirtschaft, Seine Majestät den König.

gez. von Praun

---

3 Eugen Mühlschlegel (1861–1945), langjähriger Kreissekretär des Landwirtschaftlichen Kreisausschusses von Schwaben und Neuburg, Landesökonomierat.
4 Franz Xaver Lang (1867–1934), Gutsbesitzer. 1907–1918 MdL (Zentrum), 1920–1924 MdR (BVP).
5 Theodor Dirr (1857–1931), Bürgermeister, Landwirt. 1899–1904, 1911 MdL (Freie Vereinigung), 1912–1933 Mitglied des Landrathes bzw. Kreistages von Schwaben und Neuburg. 1918–1919 Mitglied des Provisorischen Nationalrats des Volksstaates Bayern. 1919–1920 MdL (BB). 1919 Mitglied der Deutschen Nationalversammlung. 1920–1921 MdR (BB). 1924 Landesökonomierat.
6 Georg Bauer (geb. 29.11.1873 in Freising), Müller, Gastwirt. Gründungsmitglied des Bayerischen Müllerbundes e. V.
7 Dr. Josef Warmuth (1881–1957).
8 Rudolf Döderlein, Landwirt. 1900–1919 Mitglied des Landrathes von Schwaben und Neuburg.

Augsburg, den 1. April 1918

I.

[kein Eintrag]

II.

Die Versorgung der Stadt Augsburg mit Lebensmitteln war in der abgelaufenen Woche ausreichend.

Über den Stand der Wintersaaten wird im allgemeinen Gutes berichtet. Über den Stand der Kleesaaten lauten die Urteile sehr verschieden. Die Frühjahrsfeldbestellung schreitet bei der günstigen Witterung rasch fort, der Hafer ist zum großen Teile schon ausgesät. Im Alpenvorland hat starker Schneefall die in vollem Gange befindlichen Feldbestellungsarbeiten wieder eingestellt.

Der Vorstand des Königlichen Bezirksamts S o n t h o f e n berichtet:
›In den letzten Wochen mehren sich aus Gemeinden, in denen Scharfschießen der Artillerie-Gebirgsschießschule Sonthofen[1] stattfinden, die Klagen über teilweise schwere Schäden von Weiden und Wäldern durch Schrapnell- und namentlich Granateinschläge. Ich hatte schon die ersten, auf der landwirtschaftlichen Bezirksvereinsversammlung[2] in Altstädten am 27. Januar 1918 vorgebrachten Klagen nach näherer Feststellung mit dem Ersuchen um Behebung oder Vergütung der entstandenen und möglichste Verhütung künftiger Schäden an die Schießschule weitergegeben. Die Schießschule setzte darauf eine Flurschadenkommission aus zwei Offizieren und einem Zahlmeisterstellvertreter ein, zu der in den einzelnen Gemeinden noch die gemeindlichen Schätzleute kommen; die Gemeinden wurden durch das Bezirksamt zur genauen Meldung der Schäden angewiesen. Der Herr Kommandeur der Schießschule[3] sagte in entgegenkommendster Weise die möglichste Schonung der land- und forstwirtschaftlich genutzten Grundstücke zu, was ich den Gemeinden zur Beruhigung mitteilte. Nun verstärkten sich trotzdem die Klagen aus Altstädten und namentlich Schöllang über schwere Waldschäden und Trichterschäden in Weiden, die beim jüngsten Schießen entstanden seien. Eine längere Besprechung mit einem beauftragten Offizier der Schule und den Bürgermeistern sowie Erkundigung beim Königlichen Forstamtsassessor in Fischen führte zu dem Ergebnisse, daß offenbar bei den Übungen auch auf Stellen geschossen wird, auf denen die Schulleitung keine Ziele aufgebaut hat. Die nähere Feststellung wurde einer Begehung durch Bezirksamt, Schießschule, Forstamtsassessor, Bürgermeister vorbehalten, die jedoch durch den nunmehrigen Schneefall vereitelt ist. Ferner hat die stellvertretende Schulleitung (der Herr Kommandeur ist einige Wochen dienstlich abwesend) zugesichert, bei dem nächsten in der kommenden Woche beginnenden Schießkurs die fraglichen Weiden und Wälder nicht zu beschießen; für weiterhin konnte nichts zugesichert werden. Ich habe jedoch ersucht, jedenfalls vor der etwa Mitte Juni eintretenden Pause die fraglichen Plätze freizulassen, es könnten dann diese Pause und die Wahrnehmungen beim Weiterbetrieb Gelegenheit geben, die bisherigen Erfahrungen auf den verschiedenen Schießplätzen zu sammeln und für etwa vom Herbst etwa

---
1 Als einzige ihrer Art im Deutschen Reich am 1. September 1917 errichtet.
2 *Landwirtschaftlicher Bezirksverein Sonthofen, einer der 34 Bezirksvereine des Landwirtschaftlichen Kreisausschusses von Schwaben und Neuburg.*
3 *Major Theodor von Bomhard (1874–1938).*

noch notwendige Scharfschießübungen zu verwerten. Bestimmte Antwort ist vor Rückkunft des Herrn Kommandeurs kaum zu erwarten. Ich stelle die Sache hier so ausführlich dar, weil die Schäden in den betreffenden Gemeinden viel böses Blut machen. Gegen die von der Schulleitung beabsichtigte Wiedereinfüllung der Trichter in den Weiden wird geltend gemacht, daß dies nie den früheren Zustand wiederherstellen könne, weil ja die herausgeschleuderte Erde nie vollständig wieder zusammengebracht werden könne und jedenfalls die Grasnarbe fehle. Die Schäden in den Waldungen seien ganz unberechenbar: es handle sich ja nicht nur um die jetzt umgerissenen und zersplitterten Stämme, sondern auch um die Bäume, in denen sich die eingedrungenen Granatsplitter verkapseln und wo sie erst unter der Säge wieder zum Vorschein kommen; als Nutzholz könnten solche Stämme nicht mehr in Betracht kommen. Meines Wissens haben die beiden Forstämter des Bezirks, namentlich das hier zuständige Forstamt Burgberg, schon höheren Ortes über die Schäden berichtet; ob von dort weiteres veranlaßt wurde, ist mir nicht bekannt[4].‹

Nennenswerte Sicherheitsstörungen sind im Regierungsbezirke nicht vorgekommen.

III.

Zwei am 23. März laufenden Jahres nachmittags von der ›Bezirksleitung des Deutschen Metallarbeiterverbandes‹ im Gasthause zur Sonne in Sonthofen abgehaltene Betriebsversammlungen, zu denen die Arbeiter und Arbeiterinnen des Königlichen Hüttenamts durch Handzettel eingeladen waren und in denen Bezirksleiter Gasteiger[5] (von auswärts) zur Frage ›Wie können die staatlichen Hüttenarbeiter ihre Interessen am besten vertreten‹ berichtete, waren nach den dem Vorstande des Königlichen Hüttenamts durch Vertrauenspersonen erstatteten Berichten sehr schlecht besucht, und die Werbung des Berichterstatters für den Deutschen Metallarbeiterverband fand sehr wenig Anklang. Der Amtsvorstand befürchtet keinerlei unliebsame Überraschungen von seiner Arbeiterschaft.

gez. von Praun

Augsburg, den 8. April 1918 **14**

I.

[kein Eintrag]

II.

Die Milchzufuhr in die Stadt Augsburg ist noch immer so gering, daß die den Erwachsenen zustehende Menge von täglich ¼ Liter gekürzt werden mußte.

Das Königliche Bezirksamt L i n d a u berichtet:
›Die großen Heulieferungen bilden eine schwere Belastung der Landwirtschaft des Bezirkes. Die Landwirte sehen die Notwendigkeit der Heeresversorgung vollkommen ein und sind gewillt, alle Opfer zu tragen. Durch die notwendige schlechtere Ernährung des Viehs und die Abstoßung mancher wertvoller Viehstücke ist jedoch ein allgemeiner

---

4 Als Ersatz für die Beschädigung von Wiesen, einer Berghütte und von Waldbeständen in den Jahren 1917/18 erhielt die Gemeinde Burgberg 1920 eine Summe von 926,90 M ausbezahlt.
5 Hans Gasteiger (1876–1945), Angestellter. 1919 Staatsminister für soziale Fürsorge. 1919–1924 MdL (MSPD), 1928–1932 MdL (SPD).

Rückgang in der Viehhaltung und eine wesentliche Herabsetzung der Fettlieferungen selbstverständlich unausbleiblich. Nach Mitteilung einzelner Gemeindebehörden soll bei Nachzahlung des höheren Heupreises gegenüber dem ursprünglich in Bayern festgelegten nicht die volle Erhöhung, sondern nur 80 % vergütet werden. Eine derartige Maßnahme würde, wohl nicht unberechtigt, tiefe Mißstimmung erregen und den Amtsvorständen bei allen späteren Heulieferungen ernste Schwierigkeiten bereiten.‹

In der Nacht vom 2. auf 3. dieses Monats wurden die 4 aus dem Amtsgerichtsgefängnis Immenstadt entsprungenen fahnenflüchtigen Soldaten Christoph, Bitzer, Grauer und Herz in Osterreinen, Bezirksamts Füssen, durch die Gendarmerie festgenommen und in das Gefängnis zu Füssen eingeliefert, von wo sie anderntags durch telegraphisch beorderte Mannschaften in militärischen Gewahrsam abgeführt wurden. Die des Totschlags am Arrestwärter zu Immenstadt später geständigen Flüchtigen gaben sich in Osterreinen den Anschein einer militärischen Patrouille und hatten sogar den Mut, dies der Gendarmerie telephonisch mitzuteilen, um dieselbe von sich abzulenken. Die Gendarmerie schöpfte jedoch – obgleich sie nicht wie andere Stationen von Immenstadt aus benachrichtigt worden war – Verdacht und begab sich alsbald – für alle Fälle ausgerüstet – nach Osterreinen. Die im Beisein verlässiger Landleute vorgenommene Prüfung der Papiere ergab das Vorhandensein von Briefschaften auf die Adressen Christoph und Grauer, womit der Verdacht sogleich bekräftigt wurde. Auf die ihnen angekündigte Festnahme ergaben sich die Flüchtigen angesichts der drohenden Übermacht in ihr Schicksal und ließen sich ohne weiteren Widerstand abführen. Ein ländliches Gefährt, das außer den Gendarmen noch drei Männer begleiteten, brachte sie nachts 2 Uhr hieher in sicheren Gewahrsam. Würde die Festnahme nicht geglückt sein, so hätten die Verbrecher zweifelsohne nachts einen schweren Einbruch verübt, da sie mittellos waren[1].

Sonstige nennenswerte Sicherheitsstörungen haben sich im Regierungsbezirke nicht ereignet.

III.
[kein Eintrag]

I. V. gez. Freiherr von Müller, Königlicher Regierungsdirektor

---

[1] *Die vorbestraften Soldaten Johann Bitzer, Anton Christoph, Wilhelm Grauer, Max Herz und Ludwig Peschl hatten bei ihrem Ausbruch am 31. März 1918 den Wärter Oberjäger August Schelinsky getötet. Das Kriegsgericht der Stellvertretenden 1. Infanterie-Brigade in München verurteilte am 5. August 1918 die Angeklagten Bitzer, Christoph und Grauer wegen eines militärischen Verbrechens des Aufruhrs und der Gefangenenmeuterei in Tateinheit mit einem Verbrechen der Körperverletzung mit Todesfolge zu lebenslangem Zuchthaus. Herz und Peschl erhielten eine Gefängnisstrafe von neun Monaten. In München kam Bitzer bei den November-Unruhen auf freien Fuß, wurde in Immenstadt festgenommen, nach einem Ausbruch wieder verhaftet und in die Militär-Arrestanstalt München eingeliefert. Christoph und Grauer legten gegen das Urteil Berufung ein. Das Oberkriegsgericht in München setzte für beide das Strafmaß auf 10 Jahre Zuchthaus fest. Aus Anlass des 80. Geburtstages von Reichspräsident von Hindenburg wurde für Bitzer, dessen Gnadengesuche stets abgelehnt worden waren, 1927 die Strafe auf 12 Jahre Zuchthaus ermäßigt. Aufgrund des Straffreiheitsgesetzes vom 14. Juli 1928 (RGBl I S. 195) erließen die Justizbehörden den drei Gefangenen die Verbüßung der Reststrafe.*

Augsburg, den 15. April 1918   **15**

I.
[kein Eintrag]

II.

Die Wintersaaten stehen gut. Die Sommersaaten sind im Unterlande zum Teil schon aufgegangen, wozu der kürzlich gefallende durchdringende und warme Regen viel beigetragen hat. Der Hafer dürfte überall schon gesät sein, die Gerste zum größten Teile. Auch Kartoffeln sind in der Donaugegend schon gelegt worden.

Aus dem Bezirke Lindau wird gemeldet, daß der Blütenansatz der Apfelbäume ein reichlicher, derjenige der Birnbäume ein geringer ist.

Die Beschäftigungslage der Industrie Augsburgs wies im März 1918 gegenüber den Vormonaten keine wesentliche Änderung auf. Die Abnahme der Beschäftigung in der Nähfadenfabrikation dauerte an, desgleichen ist in der Baumwollzwirnerei mangels Zuteilung von Aufträgen Betriebsstillstand und damit eine größere Arbeitslosigkeit eingetreten. In der Beschäftigung des Großhandels mit Lebensmitteln ist auch im März eine Besserung nicht eingetreten, die hier herrschende Warenknappheit nimmt vielmehr ständig zu. Im Eisenhandel sind die schwierigen Verhältnisse die gleichen geblieben, insbesondere war die Versorgung der Landwirte mit den für die Feldbestellungsarbeiten nötigen Geräten infolge unzureichender Lieferungen von Rohmaterial und Fertigware nicht immer möglich.

Die Aussichten für das Gelingen der 8. Kriegsanleihe stehen nach den bisherigen Wahrnehmungen günstig.

Bei dem Musterungsgeschäfte wurde in Füssen beobachtet, daß die zahlreich sich einfindenden Verkäufer von Blumenabzeichen, Kokarden und ähnlichem Zierrat den Gemusterten geringwertige Waren zu unerhörten Preisen – bis zu 6 Mark das Stück – aufhängen und durch allerlei Mittel die gehobene Stimmung der jungen Leute dazu ausbeuten, daß sich diese unvernünftig überbieten. Zufolge Erkundigung soll dieser Unfug auch anderwärts zu Tag getreten sein. Eine im Vorjahre erstattete Strafanzeige gegen solche Ausbeuter blieb erfolglos. Für ortspolizeiliche Vorschrift käme wohl nur § 366, 10 R.St.G.[1] in Betracht; diese böte aber keine ausreichende Handhabe, um die eigentlichen Schuldigen wirksam zu treffen. Es wäre daher wohl am Platze, wenn das stellvertretende Generalkommando eine kriegsrechtliche Vorschrift erlassen würde, die den speziellen Fall allein zum Gegenstande hätte.

Nennenswerte Sicherheitsstörungen haben sich im Regierungsbezirke nicht ereignet.

III.
[kein Eintrag]

I. V. gez. Freiherr von Müller, Königlicher Regierungsdirektor

---

1 *§ 366 Ziffer 10 des Reichsstrafgesetzbuches lautete:* Mit Geldstrafe bis zu 150 Mark oder mit Haft bis zu 14 Tagen wird bestraft: *[...]* wer die zur Erhaltung der Sicherheit, Bequemlichkeit, Reinlichkeit und Ruhe auf den öffentlichen Wegen, Straßen, Plätzen oder Wasserstraßen erlassenen Polizei-Verordnungen übertritt.

Augsburg, den 22. April 1918 **16**

I.
[kein Eintrag]

II.

Die Lage des Arbeitsmarktes in Augsburg ist im allgemeinen als günstig zu bezeichnen. Während die Beschäftigung in der Rüstungsindustrie dauernd steigt, ist in der Textilindustrie eine Abnahme der Beschäftigung zu verzeichnen, die ihren Grund in der mangelnden Rohstoffversorgung hat. Bei den Dienstboten dauert die Abwanderung in die Rüstungsindustrie infolge der dort bezahlten hohen Löhne an. Ende März waren beschäftigt in der Textilindustrie 2224 Männer und 4766 Frauen, in der Rüstungsindustrie 9950 Männer und 4553 Frauen, als Dienstboten 353 Männer und 4272 Frauen, bei Militärbehörden 549 Männer und 1971 Frauen. Bemerkenswert ist, daß jetzt die Zahl der Beschäftigten in der Maschinenindustrie die der Textilindustrie vor Ausbruch des Krieges erreicht hat.

Die Milchanlieferung ist in Augsburg weiter zurückgegangen.

Das Ergebnis der Zeichnungen auf die 8. Kriegsanleihe kann als ein überaus erfreuliches bezeichnet werden[1]. Besonders hat sich die persönliche Werbung von Haus zu Haus bewährt.

Nennenswerte Sicherheitsstörungen haben sich im Regierungsbezirke nicht ereignet.

III.
[kein Eintrag]

I. V. gez. Freiherr von Müller, Königlicher Regierungsdirektor

Augsburg, den 29. April 1918 **17**

I.
[kein Eintrag]

II.

Die Aussaat des Sommergetreides ist im Unterland beendet; die Saaten stehen, nachdem reichlicher Regen niedergegangen ist, schön, auch der Klee steht gut, der Grasansatz der Wiesen ist befriedigend. Das Auslegen der Kartoffeln ist noch nicht beendet. Auswinterungen sind nur in vereinzelten Fällen vorgekommen.

Das Königliche Bezirksamt M e m m i n g e n berichtet:
›Entsprechend der Weisung der Bayerischen Fleischversorgungsstelle vom 7. Februar 1918 Nr. 7607 wurden von der Gendarmerie zahlreiche Fälle von Überschreitungen der Höchstpreise für Zucht- und Nutzvieh zur Anzeige gebracht und von den Gerichten mit außerordentlich hohen Strafen belegt. Darüber macht sich bei den Landwirten des Bezirkes eine tiefgehende Erregung geltend. Diese erklären, daß die Höchstpreise für Zucht- und Nutzvieh dem tatsächlichen Werte der wirklich guten Tiere in keiner Weise

---

1 Im Reich wurden 14 Milliarden 550 Millionen Mark gezeichnet, zwei Milliarden mehr als bei der 7. Kriegsanleihe.

entsprechen. Gerade die allerbesten Milchkühe wiegen weniger als schlechtere Kühe und können infolgedessen beim Verkauf nach Gewicht nicht zur Geltung kommen. Durch den Zuschlag bis zu 100 Mark bei besonders guter Milchleistung würde den Verhältnissen des hochgezüchteten Allgäuer Milchviehs in nur ganz ungenügender Weise Rechnung getragen. Eine Prüfung, ob nicht die Abänderung der Höchstpreise erforderlich ist, dürfte angezeigt sein. Anderseits wird über die geradezu ungeheuren Preise für Ferkel unter 30 Pfund, für welche kein Höchstpreis festgesetzt ist, geklagt. Den kleinen Schweinemästern, die für die Schweinefleischversorgung eine wichtige Rolle spielen, ist dadurch der Erwerb von Ferkeln nahezu unmöglich gemacht.‹

Die Fleisch- und Milchzufuhr in die Stadt Augsburg ist weiter unzureichend geblieben.

Der Sicherheitszustand des Regierungsbezirkes ist unverändert gut.

III.

Das Königliche Bezirksamt A u g s b u r g berichtet folgendes:

›Die auf dem Boden der konstitutionellen Monarchie stehende unternehmerfreundliche Arbeiterorganisation der Zwirnerei Göggingen (Obmann Kiesewetter) hat wiederholt darüber Klage geführt, daß die Arbeiterschaft ihrer Richtung (gelbe Vereine[1]) von der Königlichen Staatsregierung und den städtischen Verwaltungen fast völlig ignoriert werde, während man den revolutionären Sozialdemokraten sowie den unternehmerfeindlichen christlichen Arbeitervereinen und Gewerkschaften volle Aufmerksamkeit schenke, die doch die unternehmer- und staatsfreundliche Arbeiterschaft mehr verdiene. Kiesewetter stellte ein bezügliches gemeinsames Vorgehen der beteiligten Vereinigungen gegenüber der Königlichen Staatsregierung in Aussicht.‹

I. V. gez. Freiherr von Müller, Königlicher Regierungsdirektor

---

1 *Die ›Gelben Werkvereine‹ verhielten sich wirtschaftsfriedlich, d. h. sie lehnten den Streik ab und versuchten die wirtschaftliche und soziale Stellung ihrer Mitglieder durch friedliches Zusammenwirken mit den Arbeitgebern zu erreichen. Die ›Gelben Vereine‹ entstanden in Frankreich. In Deutschland wurde der erste Verein dieser Art in Augsburg anlässlich der Metallarbeiter-Aussperrung im Sommer 1905 auf Initiative des Generaldirektors und Mitinhabers der MAN, Heinrich Ritter von Buz, gegründet und nannte sich ›Arbeiterverein von Werk Augsburg‹.*

Augsburg, den 6. Mai 1918

I.

[kein Eintrag]

II.

Aus dem Bezirksamt Lindau wird berichtet, daß die Apfelbäume in schöner Blüte stehen; auch die Blüte der Birnbäume hat sich dort etwas besser gestaltet als anfänglich zu erwarten war.

Das Königliche Bezirksamt N ö r d l i n g e n berichtet:

›Nach mehrfach gemachten Wahrnehmungen ist in vielen Betrieben noch Gerste und Hafer, wenn auch in kleineren Mengen, vorhanden, die von der Frühjahrsbestellung übrig geblieben sind oder sonst noch zur Verfügung stehen und die jetzt nach höchster Weisung restlos erfaßt werden sollen. Diese im Interesse der Heeresverpflegung unbedingt nötigen Futtermittel lassen sich aber bei dem derzeitigen Preise von 8 Mark 50 Pfennig für den Zentner nur schwer hereinholen, sie werden vielmehr von den Landwirten trotz aller Aufklärung und Mahnung insgeheim verfüttert werden. Nur wenn sofort höhere Preise, mindestens über die bisherigen Preise, festgesetzt bzw. bezahlt würden, kann mit einiger Sicherheit auf die Ablieferung eines erheblicheren Teiles der Vorräte gerechnet werden.

Bei dieser Gelegenheit möchte ich nicht unerwähnt lassen, was ich auf dem Lande gegenwärtig immer zu hören bekomme: ›Alles holt man von uns heraus, aber einen Ersatz erhalten wir nicht.‹ Damit ist vor allem der Mangel an Cichorie[1] gemeint, der gerade von der Landbevölkerung sehr schwer empfunden wird und dessen reichlichere Zuteilung manche Mißstimmung beseitigen würde.‹

In der Stadt Augsburg mußte infolge der geringen Fleischzufuhr die auf den Kopf der Bevölkerung treffende Wochenmenge von 250 Gramm um 10 vom Hundert gekürzt werden.

Nennenswerte Sicherheitsstörungen haben sich im Regierungsbezirke nicht ereignet.

III.

[kein Eintrag]

I. V. gez. Freiherr von Müller, Königlicher Regierungsdirektor

---

1 Die getrocknete und gemahlene Wurzel der Zichorie oder Gemeinen Wegwarte wurde als Kaffee-Ersatz verwendet. Die Nachfrage nach Kaffee-Ersatzmitteln war mangels anderer Getränke besonders in den Sommermonaten sehr groß. Im März 1918 empfahlen manche Bezirksamtsvorstände den Landwirten, aus Futterrüben zum Eigenverbrauch Rübenkaffee herzustellen.

Augsburg, den 13. Mai 1918   **19**

I.

Ihre Königliche Hoheit Frau Prinzessin Therese ist am 11. Mai dieses Jahres vormittags von Lindau nach Schloß Hohenschwangau zu etwa vierwöchigem Aufenthalt abgereist.

II.

In den Beschäftigungsverhältnissen der Industrie Augsburgs ist im April 1918 insoferne eine Änderung gegenüber den Vormonaten eingetreten, als infolge reichlicherer Rohstoffzuteilung die Beschäftigungsmöglichkeit in der Bindfadenfabrikation eine bessere geworden ist. In der Baumwollspinnerei ist infolge Einschränkung in der Vergebung von Heeresaufträgen ein teilweiser Rückgang in der Beschäftigung eingetreten; die hiedurch frei gewordenen Arbeitskräfte konnten bisher einer anderen Beschäftigung nicht zugeführt werden. Das gleiche war in der Veredelungsindustrie der Fall, wo ein Rückgang an Aufträgen für die Ausrüstung von Baumwoll- und Papiergeweben[1] stattgefunden hat. Die Beschäftigungslage im Großhandel mit Kolonial- und Eisenwaren hat sich gegenüber den Vormonaten nicht gebessert, Schuld hieran trug die allgemeine Warenknappheit sowie die Abneigung der Bevölkerung gegen Ersatzstoffe, wie Papiergewebeprodukte im Textilwarenhandel und Papierstoffe und Holzsohlen[2] im Schuhwarenhandel.

Die Lebensmittelversorgung der Stadt Augsburg war in der abgelaufenen Woche knapp.

Zu den im Wochenbericht vom 1. April dieses Jahres enthaltenen Ausführungen über die Schießschäden, die durch das Scharfschießen der Artillerie-Gebirgsschießschule Sonthofen verursacht werden[3], berichtet der stellvertretende Vorstand des Königlichen Bezirksamts S o n t h o f e n folgendes:

› Inzwischen hat sich der Verband der Landgemeinden Bayerns wegen der Schießschäden im Bezirke und mit der Bitte um Einstellung der Übungen an das Kriegsministerium gewendet. Dieses hat mit näherer Begründung die Übungen als unentbehrlich bezeichnet, tunlichste Abminderung des Schadens zugesichert und wegen der Feststellung und Prüfung der Schäden auf das Kriegsleistungsgesetz[4] und die Zuständigkeit der Kreisregierung[5] verwiesen. Die ursprünglich beabsichtigte Schätzung und Prüfung durch die in meinem früheren Bericht erwähnten Sonderkommissionen, die sich rascher hätte ermöglichen lassen, ist sonach ausgeschaltet. Entsprechende Anträge an die Königliche Regierung[6], Kammer des Innern, werde ich vorlegen. In einer am 8. dieses Monats auf meine Einladung veranstalteten Versammlung der Bürgermeister und Alpmeister der beteiligten Gemeinden wurde die Sach- und Rechtslage besprochen[7], und

---

1 *Als Grundstoff diente Spinnpapier.*
2 *Darunter sind Sperrholzsohlen mit Lederbesatz zu verstehen.*
3 *Errichtet am 1. September 1917.*
4 *Zuletzt: Bek der Neufassung der Verordnung über die Sicherstellung von Kriegsbedarf vom 24. April 1917 (RGBl S. 375) und die Änderung dieser Bek vom 17. Januar 1918 (ebd. S. 37).*
5 *Regierung des Kreises Schwaben und Neuburg.*
6 *Regierung des Kreises Schwaben und Neuburg.*
7 *Nicht nur über Schießschäden wurde geklagt, sondern auch über Hütteneinbrüche mit Diebstahl von Kleidungsstücken, Einrichtungsgegenständen und Heu durch auswärts nächtigende Kommandos. Außerdem war auch Holz für den Bau von Fernsprechleitungen gefällt und Brennholz abgefahren worden. Protestierende Einwohner wurden beschimpft. Ein daraufhin erlassener Befehl des Schulkommandeurs sollte künftig derartige Missstände verhindern; Abdruck im Stadtarchiv Immenstadt, A 66–35.*

insbesondere gab ein beauftragter Offizier der Schießschule entgegenkommende Erklärungen ab über tunlichste Schonung der landwirtschaftlichen und forstwirtschaftlichen Interessen und möglichst baldige und zweckmäßige Behebung der Schäden in natura (Auffüllung, Instandsetzung von Zäunen und Hütten); bei glatter Durchführung dieser Zusicherungen hoffe ich, daß das zur Zeit bestehende Verhältnis sich bessert.‹

Das Königliche Bezirksamt S o n t h o f e n berichtet weiter folgendes:
›In einer Versammlung des Bezirksvereins für Obstbau und Bienenzucht kam es zu lebhaften Klagen über die Zuckerversorgung. Diese bezogen sich zunächst auf die schlechte Zuckerversorgung des hiesigen Bezirks, worüber schon seit langem Verhandlungen mit der Bayerischen Lebensmittelstelle laufen, die nun etwas Erfolg versprechen. Vor allem aber herrschte in der Versammlung große Entrüstung über die Abgabe des Zuckers an die Marmeladefabriken, während durch unzureichende Einkochzuckerzuweisung Tausende kostbarer Beeren in den Wäldern des Bezirks verderben; ferner über die aus den Zeitungen ersichtlichen Riesengewinne der Zuckerfabriken. In diesem Zusammenhange kamen die 3 aus verschiedenen Gemeinden stammenden Mitglieder der Abordnung zu reden auf die bedenkliche Stimmung, die sich auch in vaterländisch gesinnten Kreisen breit mache darüber, daß, ungestraft und unbehelligt von einer kräftigen Besteuerung, die Großbetriebe riesenhafte Gewinne machen und trotzdem die gewöhnlichsten Bedarfsgegenstände fortgesetzt verteuern dürfen, während man im kleinen, zum Beispiel von dem Schlachtvieh liefernden Landwirt, ›Opfergeist‹ und ›vaterländische Einsicht‹ verlange; wenn die Verhältnisse sich so weiter entwickelten, so sei für einen weiteren Kriegswinter, von dem ja jetzt schon wieder gesprochen werde, nichts Gutes von der Haltung bisher sicherer Bevölkerungskreise zu erwarten. Von dieser Stimmung möchte ich Kenntnis geben.‹

Nennenswerte Sicherheitsstörungen haben sich im Amtsbezirke nicht ereignet.

III.

Am Sonntag, den 5. Mai dieses Jahres, fand in Scheidegg, Königliches Bezirksamt L i n d a u, eine politische Versammlung statt, in der der Landtagsabgeordnete Auer[8] über ›die äußere und innere Politik Deutschlands‹ sprach. Seine Ausführungen waren im allgemeinen gemäßigt. Am Schlusse fand eine Resolution folgenden Inhalts einstimmige Annahme:
›Die Versammlung verlangt von der Regierung ehrliche Bereitschaft zu einem Frieden der Verständigung, der ein neues Völkerrecht zur Grundlage hat. Dieses muß alle Staaten zur allmählichen Abrüstung verpflichten, ein internationales Schiedsgericht einsetzen, den Wirtschaftskrieg ausschließen. Es besteht die Überzeugung, daß nur durch eine Politik der Freiheit und des Rechtes eine Verständigung unter den Völkern und eine gesunde Entwicklung im Innern erreicht werden kann. Die Hauptaufgaben der ersten Friedenszeit sind Ausbau der Sozialgesetzgebung und des Arbeiterrechtes, Reform der Verwaltung und des Wahlrechtes für alle öffentlichen Körperschaften, insbesondere auch die Einführung des Frauenwahlrechts. Deutschland kann diese hohen Aufgaben nur dann erfüllen, wenn der überstarke Einfluß der gegenwärtig herrschenden Oberschicht abgelöst wird durch ein System, dessen Losung ist: Freie Bahn den Tüchtigen!‹

I. V. gez. Freiherr von Müller, Königlicher Regierungsdirektor

---

8 Erhard Auer (1874–1945), Parteisekretär. 1918–1919 Mitglied des Provisorischen Nationalrats des Volksstaates Bayern. 1918–1919 bayer. Staatsminister des Innern. 1919 Mitglied der Deutschen Nationalversammlung, 1907–1918 (SPD), 1919–1933 MdL (MSPD, SPD), 1919–1920 MdR (SPD).

Augsburg, den 20. Mai 1918 **20**

I.

[kein Eintrag]

II.

Im Bezirke Lindau hat in den tiefer gelegenen Teilen die Heuernte begonnen und verspricht einen günstigen Ertrag.

Die Versorgung der Stadt Augsburg mit Lebensmitteln hat in der letzten Zeit ziemliche Schwierigkeiten bereitet.

Nennenswerte Sicherheitsstörungen haben sich im Regierungsbezirke nicht ereignet.

III.

Am Sonntag, den 12. Mai dieses Jahres, fand in Memmingen die feierliche Übergabe und Nagelung des von Fabrikdirektor und Magistratsrat Neunhöffer[1] gestifteten Kriegswahrzeichens, bestehend aus einem gemalten Glasfenster, im Rathaus statt, das den Einzug siegreicher Truppen in die Stadt Memmingen darstellt und von den Wappen Memminger Bürger umrahmt ist. Hiefür ist bereits die Summe von über 36.000 Mark eingegangen, welche zur Kriegsfürsorge verwendet wird[2].

I. V. gez. Freiherr von Müller, Königlicher Regierungsdirektor

Augsburg, den 27. Mai 1918 **21**

I.

[kein Eintrag]

II.

Die Feldfrüchte stehen ausnehmend gut. Bisher ist lediglich im Bezirke Donauwörth durch Gewitter und Hagelschlag Schaden angerichtet worden. Die Heuernte steht im Beginne.

Nach dem Berichte des Königlichen Bezirksamts Donauwörth brach am Dienstag, 21. laufenden Monats, nachmittags kurz vor ¾ 1 Uhr in der erst seit einem Jahre im Betrieb befindlichen Trockenanlage auf dem Königlichen Staatsgute Neuhof auf bis jetzt unbekannte Weise, vermutlich jedoch durch Selbstentzündung, Feuer aus. Die Trockenanlage, welche in einem früheren Strohstadel von Holz eingebaut war, brannte in kurzer Zeit vollständig nieder. Dem bayerischen Staat erwächst hiedurch ein Gesamtschaden von nahezu 120.000 Mark, welcher aber zum größten Teil durch Versicherung gedeckt ist. Das Feuer entstand in dem Motorraum der Trockenanlage, während diese in Betrieb war und der Dörrmeister sich beim Mittagessen befand. In dem Motorraum stand ein Koksofen, welcher bis zu 110 Grad geheizt wurde. Oberhalb dieses Ofens, etwa 1 ½ Meter entfernt, war eine Bretterdecke, durch die der Kamin – blechernes Rauchrohr – führte. Nach Aussage von Zeugen, welche den Entstehungsherd des

---

1 *Rudolf Neunhoeffer (1864–1932), Eigentümer der Mechanischen Bindfadenfabrik.*
2 *Kriegswahrzeichen in unterschiedlicher Ausführung gab es in vielen deutschen Orten. Das Einschlagen von bereitgelegten Nägeln war mit einer Geldspende verbunden.*

Feuers zuerst sahen und sofort zur Stelle eilten, brach das Feuer im Motorraum beim genannten Rauchrohr aus; letzteres enthält allerdings eine Isolierung, um eine Feuersgefahr hintanzuhalten. Es liegt die Annahme sehr nahe, daß das Holz an der Decke in Folge der fortwährenden Hitze sehr dürr wurde und sich durch das Rauchrohr von selbst entzündet hat.

Die Schwierigkeiten in der Versorgung der Stadt Augsburg mit Lebensmitteln haben angehalten. Der Kommunalverband Augsburg-Stadt wird bis auf weiteres von einer Herabsetzung der Brotration absehen.

Nennenswerte Sicherheitsstörungen haben sich im Regierungsbezirke nicht ereignet.

III.
[kein Eintrag]
I. V. gez. Freiherr von Müller, Königlicher Regierungsdirektor

Augsburg, den 3. Juni 1918 **22**

I.
[kein Eintrag]

II.

Die Aussichten für eine gute Getreideernte sind bis jetzt gegeben. Besonders schön steht im allgemeinen das Winterfeld.

Der Klee hat sich sehr gut entwickelt. Die kalte Nacht vom 27. auf den 28. Mai hat mancherorten den Kartoffeln Schaden zugefügt. Für den Anbau der Rüben und des Flachses ist baldiger Regen erwünscht.

Ein reiches Obstjahr ist kaum zu erwarten, doch darf auf eine mittlere Apfelernte gerechnet werden.

Nennenswerte Sicherheitsstörungen sind im Regierungsbezirke nicht vorgekommen.

III.
[kein Eintrag]
I. V. gez. Freiherr von Müller, Königlicher Regierungsdirektor

Augsburg, den 10. Juni 1918 23

I.

Ihre Königliche Hoheit Prinzessin Therese von Bayern hat am 3. Juni dieses Jahres ihren Aufenthalt auf Schloß Hohenschwangau beendet.

Am 7. Juni dieses Jahres vormittags 7 ½ Uhr durchfuhren Ihre Hoheiten der Herzog[1] und die Herzogin von Braunschweig auf der Durchreise nach München den Augsburger Hauptbahnhof.

II.

Die in den kalten Nächten der abgelaufenen Woche eingetretenen Fröste, insbesondere in der Nacht vom 5. auf 6. Juni, haben den Kartoffeln in großen Teilen des Regierungsbezirkes empfindlichen Schaden zugefügt, so daß jetzt schon mit erheblicher Ernteeinbuße gerechnet werden muß. Auch der Roggen ist stellenweise durch den Frost geschädigt worden. Die andauernde Trockenheit beeinträchtigt stark die Entwicklung des Sommergetreides und der Hackfrüchte. Die bisher vorzüglichen Ernteaussichten haben sich in der letzten Woche erheblich verschlechtert. Der Heuernte war zwar das andauernd gute Wetter günstig, doch bedürfen die Wiesen und Kleefelder nunmehr baldigen ausgiebigen Regens.

Im Bezirke Füssen macht sich bereits ein erheblicher Zufluß von Fremden geltend. Einzelne Gaststätten in Füssen und Hohenschwangau sowie auch Pfronten sind schon nahezu voll besetzt. Namentlich aus Norddeutschland scheint ein starker Zuzug bevorzustehen, wo trotz aller Warnungen in der Presse die Meinung feststeht, daß Bayern noch das Land reichlichster Verpflegungsmöglichkeiten sei.

Der stellvertretende Vorstand[2] des Königlichen Bezirksamts S o n t h o f e n berichtet:
›Der Fremdenverkehr, der im Bezirk ja überhaupt nicht ausgesetzt hatte, hat in letzter Zeit sehr zugenommen. Die Oberstdorfer Fremdenliste vom 3. Juni weist als am 1. Juni 1918 anwesend 632 Kurgäste aus (im Vorjahre waren es am 13. Juni 471!). Die befürchteten Versorgungsschwierigkeiten haben bereits begonnen, namentlich die Fleischversorgung ist zum Beispiel in Oberstdorf ungenügend; ich sehe jedoch soweit irgend möglich strenge darauf, daß die Einheimischen zuerst versorgt werden[3]. Die Bayerische Fleischversorgungsstelle hat für den ganzen Bezirk auf 4 Monate zur Fleischversorgung der Fremden insgesamt 20 Stück Großvieh als Zuschuß zugestanden. Das ist natürlich unzureichend, es sind nur die aus den Abmeldebescheinigungen sich ergebenden Fremdenverpflegstage des Vorjahres zugrundegelegt, die Tausende von Fremden aber, die ohne Abmeldung des Lebensmittelkartenbezugs sich vorübergehend oder länger im Bezirk aufhalten, nicht berücksichtigt. Ich werde neuerlichen Antrag an die Fleischversorgungsstelle richten. Wenn der Fremdenverkehr sich so

---

1 *Ernst August (1887–1953), Herzog zu Braunschweig und Lüneburg, regierte von 1913 bis 1918, vermählt mit Prinzessin Viktoria Luise von Preußen (1892–1980), einzige Tochter Kaiser Wilhelms II.*
2 *Eduard Hilgard.*
3 *Da der Zustrom von Fremden die Versorgung mit Lebensmitteln gefährdete, erließen das bayerische Kriegsministerium und die Kommunalverbände im Jahre 1918 mindestens 20 Verfügungen (siehe ABl, Register: ›Fremdenverkehr‹). Als oberster Grundsatz galt:* Alle im Amtsbezirke verfügbaren Lebensmittel dienen in erster Linie der Ernährung unserer Amtsbevölkerung; *ABl S. 151, Bek vom 24. Mai 1918. Im Bezirksamt Kempten wurde der Fremdenverkehr auf Weisung des Staatsministeriums des Innern für die Zeit vom 1. November bis über den 31. Dezember 1918* hinaus *vollkommen ausgeschaltet; ebd. S. 296, 325, Bek des Bezirksamts Kempten vom 2. November bzw. 3. Dezember 1918.*

weiter entwickelt, wird eine Kontingentierung der Fremdenzahl kommen müssen; die Verkürzung der freien Aufenthaltsdauer allein wird nicht genügen, da es ja für die Versorgung gleichgültig ist, ob zum Beispiel eine Fremdenwohnung in einem Hause innerhalb von 12 Wochen dreimal je 4 Wochen lang oder viermal je 3 Wochen lang vermietet ist.

In dieser Woche kam wieder einmal eine aufgeregte Gruppe von etwa 20 Sonthofener Arbeiterfrauen auf das Amt, um wegen Versorgung mit Fleisch, Brot, Fett, Seife usw. Klage zu führen. Leider mußte sie mehr durch aufklärendes Zureden als durch Zusicherung der Besserung beruhigt werden.‹

In der Allgäuer Presse (Tag- und Anzeigeblatt für Kempten und das Allgäu vom 7. Juni 1918 Nr. 129) sind die bereits in der Hauptversammlung des landwirtschaftlichen Verbands für Schwaben[4] in Memmingen am 14. Mai dieses Jahres und in der des milchwirtschaftlichen Vereins in Dietmannsried am 26. Mai laufenden Jahres vorgebrachten Klagen über die Höchstreise für Zucht- und Nutzvieh in einem Aufsatz des Rechtsanwalts Dr. Stölzle[5] in Kempten neuerlich zum Ausdruck gekommen, der hauptsächlich auf die große Beeinträchtigung der Leistungswilligkeit der Bauern durch die strengen Strafen wegen Höchstpreisübertretung bei dem Verkauf von Nutzvieh hinweist.

Nennenswerte Sicherheitsstörungen haben sich im Regierungsbezirke nicht ereignet.

III.

[kein Eintrag]

I. V. gez. Freiherr von Müller, Königlicher Regierungsdirektor

Augsburg, den 24. Juni 1918   **24**

I.

[kein Eintrag]

II.

Die eingetretene reichliche Feuchtigkeit hat zwar den Futterpflanzen (auch dem zweiten Kleeschnitt) und insbesondere den Kartoffeln sehr wohl getan und bei diesen sogar die Frostschäden zum größten Teil wiedergutgemacht, dagegen der im vollen Gang befindlichen Heuernte erheblichen Schaden zugefügt.

Das Königliche Bezirksamt N e u - U l m berichtet:
›Zahlreiche Landwirte, die bis jetzt zurückgestellt waren, haben sich demnächst bei der Truppe zu gestellen. Wie unter diesen Umständen die landwirtschaftlichen Betriebe weiter geführt werden sollen, erscheint geradezu rätselhaft.‹

Das Königliche Bezirksamt F ü s s e n berichtet folgendes:
›Im Fremdenverkehr ist vorübergehend ein kleiner Rückgang eingetreten; für Juli und August ist aber mit einer erneuten Steigerung zu rechnen. Bei den derzeitigen mißlichen Ernährungsverhältnissen ist es äußerst zweifelhaft, ob der Fremdenverkehr durchgehalten werden kann; selbst in den am Fremdenverkehr beteiligten Kreisen tritt der

---

4 Im Jahre 1903 gegründete Tochterorganisation des 1887 gegründeten ›Milchwirtschaftlichen Vereins im Allgäu‹.
5 Dr. Hans Stölzle (geb. 1870).

Wunsch nach einer Einschränkung des Fremdenverkehrs auf, und der hiesige Fremdenverkehrsverein will nach geeigneten Mitteln und Wegen suchen, wie das Ziel zu erreichen wäre. Für die allgemeine Volksstimmung ist der Fremdenverkehr zweifellos ein Unheil. Angesichts dieser Sachlage wäre es entschieden das Beste, wenn ein Fremdenverkehr überhaupt nicht zugelassen worden wäre. Der hiedurch für die beteiligten Kreise entstehende Schaden wäre entschieden geringer anzuschlagen als der durch die fortgesetzte Verschlechterung der Volksstimmung entstehende Schaden für die Allgemeinheit, zumal schließlich doch Mittel und Wege gefunden werden könnten, um die am Fremdenverkehr beteiligten Kreise wirtschaftlich zu halten. Nach der besonders in der hiesigen Arbeiterschaft verbreiteten Stimmung kann nicht dafür gutgestanden werden, daß nicht eines Tages gewaltsames Vorgehen gegen die Fremden und einzelne Hotels erfolgt. Die Führer der Arbeiterschaft lassen erkennen, daß sie ihrer Leute allmählich nicht mehr sicher sind. Das Amt tritt zwar dem Hamster- und Schleichhandelunwesen[1] mit allem Nachdruck entgegen; ein bemerkenswerter Erfolg läßt sich aber bei der allgemeinen Verbreitung dieses Übels nicht feststellen. Belehrungen helfen den Fremden gegenüber nahezu nichts.‹

Die Tötung eines Hirten auf der Alpe ›Dietle‹ durch einen Blindgänger hat natürlich zu neuen Beschwerden über die Artillerie-Gebirgsschießschule Sonthofen in landwirtschaftlichen Kreisen Anlaß gegeben. Es ist aber nach dem Befund anzunehmen, daß der Hirte an dem Geschoß manipuliert hat; die Schießschule kann dafür keine Schuld treffen, vor der Berührung von Blindgängern ist oft genug gewarnt worden. Suche nach sonstigen Blindgängern, die noch mehrfach vorhanden sein sollen, fand und findet durch Kommandos weiter statt.

Nennenswerte Sicherheitsstörungen haben sich im Regierungsbezirke nicht ereignet.

III.

Das Königliche Bezirksamt Sonthofen hebt hervor, daß nach Mitteilung des Vorstands des Königlichen Hüttenamts Sonthofen die Stimmung der Hüttenamtsarbeiter in den letzten Monaten eine wesentlich schlechtere und unzufriedenere als früher geworden ist, ohne daß die Lebensmittel- und Lohnverhältnisse dazu Anlaß böten. Nach Meinung des Königlichen Bergmeisters[2] ist die Arbeit der sozialdemokratischen und der christlichen Metallarbeiterorganisation[3] daran Schuld, die die Leute nicht in Ruhe läßt.

I. V. gez. Freiherr von Müller, Königlichen Regierungsdirektor

---

1 Unter Schleichhandel verstand man den verbotenen Aufkauf von bewirtschafteten Lebensmitteln und anderen Bedarfsgegenständen zum Zwecke des gewinnbringenden Weiterverkaufs. Der Bekämpfung des Schleichhandels sollte die Verordnung des Bundesrats vom 7. März 1918 (RGBl S. 112) dienen. Sie drohte Tätern Gefängnisstrafen oder/und Geldbußen bis zu 500.000 Mark an. Die ME vom 25. Juli 1918 (StAnz 173) setzte für die Aufdeckung und Anzeige eine hohe Belohnung aus.
2 August Greinwald (1877–1929), von April 1914 bis zu seinem Tod Vorstand des Hüttenamts Sonthofen. Im April 1920 zum Bergrat, im August zum Oberbergrat ernannt. Vorstandsmitglied in der ›Bayerischen Berg-, Hütten- und Salzwerke AG‹.
3 Deutscher Metallarbeiterverband, Stuttgart (im Allgemeinen Deutschen Gewerkschaftsbund) bzw. Christlicher Metallarbeiter-Verband Deutschlands, Duisburg (im Gesamtverband der christlichen Gewerkschaften Deutschlands).

Augsburg, den 1. Juli 1918　　　　　　　　　　　　　　　　　　　　　　　　　　　　25

I.

[kein Eintrag]

II.

Die Beschäftigungslage der Industrie Augsburgs hat sich im Mai 1918 gegenüber den Vormonaten nur wenig geändert. Während in der Druckpapierindustrie fühlbarer Arbeitermangel herrscht, der in erheblichem Sinken der Produktion gegenüber dem Friedensstand zum Ausdruck kommt, ist in der Papierspinnerei infolge Mangels an Spinnpapier teilweise Erwerbslosigkeit eingetreten. Die Möglichkeit größerer Arbeitslosigkeit in weiterarbeitenden Betrieben der Baumwollindustrie besteht noch fort, sie kann nur durch die Zuteilung neuer Heeresaufträge behoben werden. Die Beschäftigungslage des Handels wird durch die immer fühlbarer werdende Warenknappheit ungünstig beeinflußt. Im Eisenhandel wird über das Fehlen von Eisen für Bauzwecke und für die Landwirtschaft, von Blechen für die notwendigsten Schlosser- und Dachdeckerarbeiten, von Draht, Drahtwaren und Drahtstiften aller Art sowie von Geräten für landwirtschaftliche Zwecke und für die Hauswirtschaft geklagt.

III.

Am Freitag, den 28. Juni dieses Jahres, fand in Augsburg in der Gesellschaftsbrauerei eine Versammlung der Vertreter der freien Gewerkschaften statt, in der zwei Redner des Kriegsernährungsamts über Ernährungsfragen sprachen. Am Samstag, den 29. Juni, hielten die Mitglieder des Kriegsausschusses für Konsumenteninteressen in Augsburg eine Versammlung ab, in der die gleichen Redner des Kriegsernährungsamts auftraten. Die beiden Versammlungen erfreuten sich regen Besuches und der größten Aufmerksamkeit der Teilnehmer. Die an die Ausführungen der beiden Redner sich anschließende Aussprache hatte hauptsächlich örtliche Verhältnisse zum Gegenstand.

I. V. gez. von Hauer, Königlicher Regierungsdirektor

Augsburg, den 8. Juli 1918　　　　　　　　　　　　　　　　　　　　　　　　　　　　26

I.

[kein Eintrag]

II.

Die Versorgung der Stadt Augsburg mit Lebensmitteln war in der Woche vom 30. Juni bis 6. Juli dieses Jahres nicht völlig ausreichend. Während die Zufuhr von Gemüsen reichlich war, stockte die Anlieferung von Obst fast ganz, auch die Zufuhr von Milch ist unter dem Einfluß der ungünstigen Witterung beträchtlich zurückgegangen. Seefische gelangten nicht zur Anlieferung, die Nachfrage nach solchen war sehr stark. Die Mehl- und Getreideversorgung war gesichert, die Fleischzufuhr war knapp.

Die ungünstige naßkalte Witterung hat die Heuernte sehr geschädigt und noch nicht zu Ende kommen lassen; auch der Almbetrieb war dadurch schwer beeinträchtigt. Der Graswuchs auf den Almen ist nach verschiedenen Mitteilungen so spärlich, daß jetzt schon Gefahr besteht, daß vorzeitig abgetrieben werden muß.

Die günstige Lage des Arbeitsmarktes hält im allgemeinen an.

In letzter Zeit häufen sich die Diebstähle von Käse und Butter sowie von Vieh. Die Täter sind offenbar, besonders in einigen neuen krassen Fällen, wie aus dem Bezirk Sonthofen gemeldet wird, Militärpersonen.

Im übrigen ist über den Sicherheitszustand im Regierungsbezirke nichts Wesentliches zu berichten.

Die ungünstige Witterung hat auch den Fremdenverkehr im Bezirk Sonthofen beeinträchtigt, so daß zum Beispiel in Oberstdorf in der Zeit vom 23. bis 30. Juni laufenden Jahres die Zahl der Abmeldungen die Zahl der Anmeldungen um 20 % überstieg.

III.

Das Allerhöchste Geburtsfest Ihrer Majestät der Königin am 2. Juli 1918 wurde allenthalben unter reger Beteiligung der Bevölkerung durch Festgottesdienst und Beflaggung feierlich begangen.

I. V. gez. von Hauer, Königlicher Regierungsdirektor

Augsburg, den 15. Juli 1918 27

I.

[kein Eintrag]

II.

Die anhaltende Nässe und Kälte der letzten Wochen hat zu einer Stockung in der Entwicklung der Vegetation geführt; zwar ist in der letzten Woche eine Besserung eingetreten, trotzdem konnte die Bergung der Heuernte immer noch nicht allenthalben erfolgen. Nach Bericht des Vorstandes des Bezirksamts Füssen ist nur wenig über die Hälfte des Heues eingebracht. Leider fehlt es dort auch an Arbeitern; die zur Verfügung gestellten Kriegsgefangenen mußten zu unrechter Zeit wieder abgegeben werden; militärische Ersatzmannschaften wurden nur in geringer Zahl gestellt. Trotz des an sich günstigen Ertrags des diesjährigen Graswuchses muß daher in Füssen mit einem Minderertrag gerechnet werden, der die Aufbringung der Pflichtmenge nachteiligst beeinflussen wird.

Letztgenannter Amtsvorstand führt dann noch aus:

›Wenn – wie auch das Statistische Landesamt in einem Schreiben ausdrücklich hervorhebt – auf die geologischen und klimatischen Verhältnisse eines Bezirks nirgends Rücksicht genommen werden kann, so schaltet man bei den bezüglichen Berechnungen und Aufstellungen eben einen Hauptfaktor willkürlich aus, und ist es dann auch nicht zu verwundern, wenn die Berechnungen auf dem Papier sich so weit von der Wirklichkeit entfernen, daß sie dem Spott der Bevölkerung verfallen und dem Vertrauen in die gerechte Würdigung der Lage seitens der Behörden so fühlbar Eintrag tun.‹

Mit dem Schnitt der Wintergerste, zum Teil auch mit deren Anlieferung, ist begonnen worden. Nach einem Bericht hat der Ertrag unter den vielen Krähen gelitten. Die Krähenplage scheint sich überhaupt nach und nach bedenklich zu gestalten. Mit dem Abschuß der Krähen unter

Setzung von Prämien kann nicht durchgreifend geholfen werden. Lediglich das Vergiften der Krähen im Winter und das Ausnehmen der Krähennester im Frühling dürfte einen Erfolg versprechen.

Am 8. Juli 1918 brannten die Magazin-, Rösterei- und Ökonomiegebäude der Malzfabrik Stuber und Krieger in Günzburg nieder, die Malzfabrik konnte gerettet werden. Brandstiftung erscheint ausgeschlossen. Leider wurden an Vorräten: 3000 Zentner rohe Gerste, 1200 Zentner gerösteter Gerstenkaffee, gegen 200 Zentner getrocknete und geröstete Rübenschnitzel vernichtet.

Verbotswidrige Schlachtungen und Diebstähle, besonders Einbruchsdiebstähle behufs Entwendung von Lebensmitteln, mehren sich; sonst zeigt der Sicherheitszustand keine Änderung.

III.

[kein Eintrag]

I. V. gez. von Hauer, Königlicher Regierungsdirektor

Augsburg, den 22. Juli 1918 28

I.

[kein Eintrag]

II.

Die günstige Witterung der letzten Woche hat die Reife aller Getreidearten so gefördert, daß mit dem Schnitt begonnen werden kann. Dadurch häuft sich die Arbeit sehr, was bei dem großen Mangel an ländlichen Arbeitskräften insbesondere in der Nähe Augsburgs zu sehr mißlichen Zuständen führen kann, wenn nicht sofort die umfangreichsten militärischen Beurlaubungen zu den Erntearbeiten erfolgen.

Von den Landwirten wird mit der allergrößten Erbitterung davon gesprochen, daß sie und ihre noch verbliebenen wenigen Arbeitskräfte sich fast zu tot plagen müssen, während in Augsburg sehr zahlreiche Soldaten ein von ihnen vielfach selbst zugestandenes Faulenzer- und Bummlerleben führen. Sie fragen, ob es denn da wirklich gar keine Kommandogewalt gibt, die diesem unerträglichen Mißstand im Interesse des Volksganzen endlich ein Ende macht! Viele Landwirte erklären, sie ließen, wenn man ihnen nicht helfe, das Getreide einfach auf den Feldern liegen, nachdem ihnen das Militär die männlichen Arbeitskräfte und die Rüstungsindustrie durch ihre sinnlosen Löhne die weiblichen und jugendlich-männlichen Hilfskräfte genommen habe.

Es besteht wirklich alle Veranlassung zu den weitestgehenden Beurlaubungen, soll die in manchen Gemeinden wahrhaft prächtige Ernte nicht Schaden leiden und die Stimmung der Bauernbevölkerung nicht noch tiefer sinken.

Der Fremdenverkehr in Füssen und Hohenschwangau gibt zu täglichen Reibungen verschiedenster Art Anlaß. Die Fremden würdigen den Ernst der Lage keineswegs genügend und fordern täglich behördliches Eingreifen heraus. Die Verlängerung der Aufenthaltsdauer spricht fast die Hälfte aller Besucher von Füssen und Umgebung an.

Der Sicherheitszustand ist unverändert geblieben.

III.

[kein Eintrag]

I. V. gez. von Hauer, Königlicher Regierungsdirektor

Augsburg, den 29. Juli 1918 **29**

I.

Am 22. Juli dieses Jahres durchfuhren Ihre Königliche Hoheit die Großherzogin von Mecklenburg[1], am 23. Juli dieses Jahres Seine Königliche Hoheit der Großherzog von Braunschweig auf der Durchreise von München nach Berlin und am 24. dieses Monats Seine Königliche Hoheit der Großherzog von Mecklenburg[2] auf der Durchreise von Ulm nach Berlin den Regierungsbezirk.

II.

In den Beschäftigungsverhältnissen der Industrie Augsburgs ist im Juni 1918 gegenüber den Vormonaten keine wesentliche Änderung eingetreten. Die berichteten Stockungen in der Bindfaden- und in der Hanfindustrie sind nunmehr behoben, da sowohl die Versorgung mit Spinnpapier wie mit Fasermaterial regelmäßig geworden ist. Die Gefahr, daß durch Ausbleiben von Aufträgen für die weiterarbeitenden Betriebe der Baumwollindustrie eine größere Erwerbslosigkeit eintritt, ist noch nicht behoben.

Über die Beschäftigungslage des Handels ist wesentlich Neues nicht zu berichten. Im Eisenhandel herrscht immer noch Warenknappheit, insbesondere konnte die äußerst rege Nachfrage nach Baueisen nicht befriedigt werden. Im Eisengroßhandel wird darüber geklagt, daß Innungen und Genossenschaften die Besorgung von Waren für Handwerk und Landwirtschaft in immer vermehrtem Maße aufgenommen haben und dadurch eine Ausschaltung des Handels zu befürchten ist.

Mit der Getreideernte wird und ist zum Teil bereits begonnen. Die Witterung war, abgesehen von den beiden letzten Tagen, recht günstig.

Am Bodensee hat die Grummeternte begonnen; sie verspricht besseren Ertrag.

Die Aussichten der Obsternte am Bodensee verschlechtern sich ständig.

Am 18. Juli dieses Jahres ging in Marktoberdorf ein schweres Gewitter mit Hagelschlag und Sturm nieder, das in einzelnen Gemeinden Hagelschäden bis zu 60 % insbesondere am Roggen und größere Schäden an Gebäulichkeiten und vor allem in Waldungen verursachte.

Die Diebstähle mehren sich; ferner wird über vermehrtes Auftreten von Zigeunerbanden geklagt[3].

---

1 Alexandra (1882–1963), Prinzessin von Hannover, Großbritannien und Irland.
2 Friedrich Franz IV. (1882–1945), regierte von 1897 bis 1918.
3 Verfügungen zur besonderen Überwachung der über die Grenze kommenden und im Land umherziehenden, von der Bevölkerung als Landplage empfundenen Zigeunerfamilien hatte das bayerische Innenministerium schon in den 1880er-Jahren erlassen. 1899 richtete das Ministerium bei der Polizeidirektion München eine sog. Zigeunerzentrale ein; MABl S. 111, Bek vom 28.3.1899. Ihr mußten die Ortspolizeibehörden das Erscheinen von Zigeunern telegrafisch oder telefonisch melden. Im Grenzgebiet waren ausländische Zigeuner zurückzuweisen, inländische waren zu überwachen und bei Weiterziehen von den Polizeiorganen, meist Gendarmerie, bis zum nächsten Amtsbezirk zu begleiten. Die Bekanntmachung von 1899 verlangt auch, alle persönlichen Standesveränderungen (Geburten usw.), Straftaten und Bestrafungen der Zentrale mitzuteilen.

Im übrigen ist über den Sicherheitszustand nichts zu berichten.

III.

Seit ungefähr einem Monat kommen in Lindau alle Woche zwei- bis dreimal größere und kleinere Transporte von deutschen Austauschgefangenen, Angehörige des I. Bayerischen Armeekorps an. Sie werden in der Regel von der Musik des Ersatzbataillons, Vertretern der Militärbehörde, der Stadtverwaltung und des Hilfskomitees vom Roten Kreuz begrüßt, in die Kaserne geleitet und dort bewirtet. Bisher waren dies deutsche Verwundete, die schon längere Zeit in der Schweiz interniert waren.

In diesen Tagen kommen zum ersten Male 50 deutsche Soldaten unmittelbar aus der französischen Gefangenschaft in Lindau an. Zu ihrer Begrüßung wird sich auch Ihre Königliche Hoheit Frau Prinzessin Therese am Seehafen einfinden.

I. V. gez. Freiherr von Müller, Königlicher Regierungsdirektor

Augsburg, den 5. August 1918   **30**

I.

Ihre Königliche Hoheit Prinzessin Wiltrud von Bayern ist am 27. Juli abends 10 Uhr 30 Minuten mit dem Personenzug von München in Lindau angekommen und in der Villa am See abgestiegen. Am 29. Juli sind Ihre Königlichen Hoheiten Prinzessin Therese und Wiltrud von Lindau nach Sigmaringen zu Besuch der Fürstlich Hohenzollerschen Herrschaften[1] gereist.

II.

Die Roggenernte ist in vollem Gange, großenteils schon unter Dach. Die Gerste kommt heuer vielerorten ziemlich gleichzeitig zur Reife, da sie meist sehr früh gesät wurde. Der Hafer hat sich größtenteils gut entwickelt und verspricht eine reiche Ernte.

Die Versorgung der Stadt Augsburg mit Lebensmitteln hat sich in der Woche vom 28. Juli bis 3. August gegenüber den Vorwochen wesentlich verschlimmert. Die Knappheit an Fleisch und an Kartoffeln ist gestiegen, auch Milch gelangte nur in unzureichenden Mengen zur Anlieferung. Die Gemüse- und Brotgetreidezufuhr hat sich etwas gebessert. Den Schwerst- und Schwerarbeitern konnten die üblichen Zulagen nicht verabreicht werden.

In den Bezirken Dillingen und Wertingen sind in der letzten Zeit Zigeunerbanden aufgetreten, die viele Diebstähle verübten.

Nennenswerte Sicherheitsstörungen haben sich im Regierungsbezirke nicht ereignet.

III.
[kein Eintrag]
I. V. gez. Freiherr von Müller, Königlicher Regierungsdirektor

---

[1] *Wilhelm, Fürst von Hohenzollern-Sigmaringen (1864–1927), vermählte sich 1915 in 2. Ehe mit Prinzessin Adelgunde von Bayern (1870–1958), einer Tochter des Prinzen (Prinzregenten) Luitpold von Bayern. Aus der 1. Ehe des Fürsten Wilhelm mit Maria Theresia von Bourbon-Sizilien (1867–1909) waren drei Kinder hervorgegangen: Prinzessin Auguste Viktoria (1890–1966), verheiratet 1913 mit Manuel (1889–1932), bis 1910 König von Portugal; Erbprinz Friedrich Viktor (1891–1965, Hauptmann) und sein Zwillingsbruder Prinz Franz Joseph (1890–1964, Leutnant zur See). Fürstin Adelgunde empfing somit Tante Therese und Schwester Wiltrud.*

Augsburg, den 12. August 1918 31

I.

[kein Eintrag]

II.

Die abgelaufene Woche mit ihren täglichen Regenfällen bedeutete einen fast völligen Stillstand der Erntearbeiten. Die Einbringung der Ernte schiebt sich dadurch außerordentlich hinaus. Das Erträgnis selbst verspricht durchschnittlich bei allen Getreidearten ein gutes zu werden, vorausgesetzt, daß es gelingt, die Ernte rechtzeitig einzubringen.

In der Stadt Augsburg ist infolge unzureichender Zufuhren von Frühkartoffeln eine bedenkliche Kartoffelknappheit eingetreten; ebenso war die Milchzulieferung ungenügend.

Die Stimmung ist durch das schlechte Erntewetter, die Ernährungsschwierigkeiten und die Rückschläge an der Westfront[1] eine sehr gedrückte geworden.

Aus dem Bezirke Sonthofen wird berichtet, daß der Fremdenverkehr durch die Einschränkungsmaßnahmen und wohl auch durch das ungünstige Wetter gegenüber dem Vorjahr merkbar zurückgegangen ist.

Beim Bezirksamt Sonthofen gab es am 9. dieses Monats wegen der Fleischversorgung einen Auftritt mit etwa 60 Frauen, die sich bei Amt eingefunden hatten; das Schlachtvieh gibt eben nicht mehr genug Fleisch, auch ist dem Bezirk ein im Verhältnis zur tatsächlichen Bevölkerungszahl zu geringes Schlachtviehkontingent zugestanden.

Die Sicherheitsverhältnisse des Regierungsbezirkes sind unverändert gut.

III.

[kein Eintrag]

I. V. gez. Freiherr von Müller, Königlicher Regierungsdirektor

Augsburg, den 19. August 1918 32

I.

Seine Königliche Hoheit Kronprinz Rupprecht durchfuhren am 14. August dieses Jahres ½ 10 Uhr abends den Augsburger Hauptbahnhof auf der Fahrt von Treuchtlingen nach München.

Am 16. August dieses Jahres vormittags 7 Uhr 55 Minuten trafen Seine Majestät der König von Sachsen[1] von Dresden kommend auf dem Augsburger Hauptbahnhof ein und fuhren vormittags 8 Uhr 10 Minuten nach Oberstdorf weiter.

---

1 *Nachdem die fünf deutschen Großangriffe von März bis Juli nach Anfangserfolgen stecken geblieben oder erfolglos verlaufen waren und nicht die erhoffte Kriegsentscheidung gebracht hatten, begannen die Alliierten noch im Juli ihre Operation an der Marne, die am 8. August mit Hilfe von Tankgeschwadern zu einem tiefen Einbruch in die deutsche Front führte. Das Heer, durch hohe Verluste und durch Grippe geschwächt, zog sich kämpfend auf neue Stellungen zurück.*

1 *Friedrich August III. von Sachsen (1865–1932), König von 1905 bis 1918.*

II.

Die nunmehr eingetretene günstige Witterung hat das Einbringen der Getreideernte sehr gefördert. Doch steht und liegt noch viel Getreide auf dem Felde. Über außerordentlich gute Entwicklung des Hafers wird aus dem Bezirke Neu-Ulm berichtet. Die Aussichten für die Grummeternte sind gut, auch der Klee steht befriedigend.

Im Bezirke Lindau mehren sich neuerdings die Klagen über die zunehmenden Felddiebstähle an Gemüse, Kartoffeln und Obst; als Täter kommt keineswegs die ärmere Bevölkerung in Betracht.

Nennenswerte Sicherheitsstörungen haben sich im Regierungsbezirke nicht ereignet.

III.

[kein Eintrag]

gez. von Praun, Königlicher Regierungspräsident

Augsburg, den 26. August 1918　　　　　　　　　　　　　　　　　　　　　　　　33

I.

[kein Eintrag]

II.

Die günstige Witterung hat weiter das Einbringen der Getreideernte begünstigt. Im allgemeinen steht jetzt nur noch Hafer. Vielerorts ist mit der Grummeternte begonnen worden. Im Bezirke Lindau stellt sich der Ertrag der Grummeternte den bisherigen Erwartungen gegenüber viel ungünstiger heraus.

Die Beschäftigungsverhältnisse der Industrie Augsburgs haben sich im Juli 1918 gegenüber den Vormonaten nicht wesentlich geändert. In der Baumwollindustrie dauern die Schwierigkeiten in der Beschaffung von geeigneten Arbeitskräften fort. Während in der Papiergarnindustrie durch Erteilung neuer Heeresaufträge die Gefahr umfangreicher Arbeitseinstellungen vorläufig behoben ist, lassen die Beschäftigungsverhältnisse der weiterarbeitenden Betriebe der Baumwollindustrie, die bisher nicht mit neuen Heeresaufträgen bedacht worden sind, eine nahe bevorstehende größere Erwerbslosigkeit befürchten.

Das Königliche Bezirksamt A u g s b u r g berichtet:

›Die Klagen der Landwirte über Entzug von Arbeitskräften durch die Industrie, besonders die Kriegsindustrie, mehren sich ständig. Die Kriegsministerialbekanntmachung vom 22. April 1918 (Staatsanzeiger Nr. 94)[1] vermag in dieser Beziehung auch keine erhebliche Besserung zu bringen, weil sie nur für nichthilfsdienstpflichtige Personen gilt, also für männliche Personen vor dem vollendeten 17. und nach dem vollendeten 60. Lebensjahre und für weibliche Personen. Gerade die arbeitsfähigste männliche

---

[1] Sie betrifft die *Sicherung der Ernährung von Heer und Volk im Kriege. Nichtdienstpflichtige Personen, die in den vorausgegangenen 12 Monaten wenigstens sechs Wochen in einem landwirtschaftlichen Betrieb tätig waren, durften in gewerblichen Betrieben und als häusliche Dienstboten nicht beschäftigt oder als häusliche Dienstboten nicht weiter beschäftigt werden. Jugendliche Personen unter 17 Jahren, die sich in vorwiegend landwirtschaftlichen Betrieben aufhielten und bisher noch in keiner Lohnbeschäftigung gestanden hatten, durften in gewerblichen Betrieben oder als häusliche Dienstboten ohne Genehmigung der Distriktspolizeibehörde nicht beschäftigt werden.*

Bevölkerung von 17 bis 60 Jahren wird durch dieselbe aber nicht betroffen, sondern unterliegt lediglich den Bestimmungen des Hilfsdienstgesetzes, welches keine Bestimmungen darüber enthält, daß bisherige landwirtschaftliche Arbeiter nicht in Gewerbe- oder Industriebetriebe übertreten dürfen.

Nach der Bestimmung in § 9 des Hilfsdienstgesetzes[2] könnte der Übertritt einer bisher in der Landwirtschaft beschäftigten Person in die Industrie ja allerdings dadurch verhindert werden, daß der bisherige Arbeitgeber derselben seine schriftliche Zustimmung zu der Aufgabe der Beschäftigung bei ihm verweigert, in welchem Falle der hilfsdienstpflichtige Arbeiter von niemand anderem in Arbeit genommen werden darf.

Es scheint aber, daß die Industriebetriebe das Verbot, Arbeiter ohne solche schriftliche Zustimmungserklärung des bisherigen Arbeitgebers in Beschäftigung zu nehmen, nicht allzu genau nehmen, und außerdem ist es eine bekannte Tatsache, daß ein Dienstbote oder Arbeiter, der den Dienst nicht fortsetzen will, seinen Arbeitgeber durch allerlei Schikanen allmählich ohne Schwierigkeiten dahin bringen kann, daß er seine Zustimmung zum Austritt erteilt.

Es wäre daher entschieden wünschenswert, wenn die für die Nichthilfsdienstpflichtigen getroffenen Bestimmungen auch auf die Hilfsdienstpflichtigen entsprechend ausgedehnt würden und wenn vor allem die Einberufungsausschüsse bei der Zuteilung von hilfsdienstpflichtigen Arbeitskräften die Landwirtschaft besonders berücksichtigen würden.

Auch wäre es sehr zweckmäßig, wenn die größeren Gewerbe- und Industriebetriebe hin und wieder einer Kontrolle daraufhin unterzogen würden, ob sie nicht Personen, welche bisher in der Landwirtschaft tätig waren, entgegen dem Verbot in § 1 der Kriegsministerialbekanntmachung vom 22. April 1918 oder ohne die nach § 9 des Hilfsdienstgesetzes erforderliche Zustimmung ihres bisherigen Arbeitgebers (sogenannter Abkehrschein) in Beschäftigung genommen haben. Diese Kontrollen müßten natürlich in erster Linie in den Städten vorgenommen werden, wo sich die meisten Industrie- und Rüstungsbetriebe befinden und zwar, zur Sicherung einer vollkommenen Unparteilichkeit, von Beamten, die von der betreffenden Stadtverwaltung vollkommen unabhängig sind, am besten vielleicht von Beamten der Wirtschaftsstellen oder Beauftragten der stellvertretenden Generalkommandos.

Wie die beim Bezirksamt gemachten Erfahrungen gezeigt haben, ist es auch sehr zweckdienlich, die Gemeindebehörden anzuweisen, jeden Fall, in welchem eine bisher in der Landwirtschaft beschäftigte Person entgegen den bestehenden Bestimmungen in die Industrie übergetreten ist, dem Bezirksamt zur Anzeige zu bringen. Das letztere kann dann die Entlassung aus dem Industriebetrieb und die Bestrafung der Zuwiderhandlungen veranlassen.‹

Über die Volksstimmung berichtet das Königliche Bezirksamt N ö r d l i n g e n folgendes:
›Die Stimmung auf dem Lande hat sich infolge der guten Ernte wieder etwas gebessert, kann aber nicht als zuversichtlich bezeichnet werden. In weiten Kreisen herrscht die

---

2 *Das ›Gesetz über den Vaterländischen Hilfsdienst vom 4. Dezember 1916‹ (RGBl S. 1333) verpflichtete jeden Deutschen vom 16. bis zum 60. Lebensjahr, sofern er nicht zum Dienst in den Streitkräften einberufen war, zur Arbeit in kriegswichtigen Betrieben. – § 9: Niemand darf einen Hilfsdienstpflichtigen in Beschäftigung nehmen, der bei einer im § 2 bezeichneten Stelle (Behörden, behördliche Einrichtungen, in der Kriegsindustrie, in der Land- und Forstwirtschaft, in der Krankenpflege, in kriegswirtschaftlichen Organisationen jeder Art oder in sonstigen Berufen oder Betrieben, die für Zwecke der Kriegführung oder der Volksversorgung unmittelbar oder mittelbar Bedeutung haben [...]) beschäftigt ist oder in den letzten zwei Wochen beschäftigt gewesen ist, sofern der Hilfsdienstpflichtige nicht eine Bescheinigung seines letzten Arbeitgebers darüber beibringt, dass er die Beschäftigung mit dessen Zustimmung aufgegeben hat [...].*

Auffassung, daß der Krieg für uns verloren sei, das Geld wird für wertlos gehalten und vielfach geradezu vergeudet, bei Versteigerungen von Nachlaßgegenständen zum Beispiel werden für alte Möbel usw. geradezu horrende Erlöse erzielt. Auch werden für Grundstücke, wo solche zu haben sind, die Friedenspreise verdoppelt. Abgesehen von den Rückschlägen an der Westfront und der Unsicherheit der Lage im Osten[3] ist diese Stimmung vor allem hervorgerufen durch die fortgesetzten feindlichen Kundgebungen von ungebrochenem Sieges- und Vernichtungswillen, die überall in der Presse verbreitet und gelesen werden, ohne daß bisher auf unserer Seite jenen Auslassungen mit der notwendigen Aufmerksamkeit entgegengetreten worden ist. Es ist unbedingt notwendig, daß die Aufklärung der Bevölkerung von oben in umfangreichstem Maße einsetzt, wenn wieder bessere Verhältnisse eintreten sollen. Einsichtige Männer vom Lande haben auch meine Erfahrung bestätigt, daß alle Aufklärung von unten, wenn einmal ein gewisses Mißtrauen besteht, nicht viel hilft, weil ihr die notwendige Autorität fehlt, um überzeugend zu wirken.‹

Nennenswerte Sicherheitsstörungen haben sich nicht ereignet.

III.

Für den durch das Ableben des bisherigen Landtagsabgeordneten Friedrich Lutz[4] in Oettingen erledigten Sitz hat der Bayerische Bauernbund, dem Lutz angehörte, als Kandidaten den Bauern Friedrich Fuchs[5] in Heuberg aufgestellt. Die anderen Parteien beabsichtigen mit Rücksicht auf den Burgfrieden[6], von der Benennung eigener Kandidaten abzusehen. Obwohl in Nördlingen bereits zwei sehr gut besuchte öffentliche Versammlungen stattgefunden haben, macht sich bis jetzt auffallend wenig Interesse für die Wahl bemerkbar. Die zurückhaltende Stimmung mag teils auf die arbeitsreiche Jahreszeit teils aber auch darauf zurückzuführen sein, daß der Kandidat bisher wenig in der Öffentlichkeit aufgetreten ist. Nach verschiedenen Anzeigen ist nicht ausgeschlossen, daß von einzelnen Gruppen noch andere Kandidaten vorgeschlagen werden.

gez. von Praun, Königlicher Regierungspräsident

---

3 Die Vorgänge in Russland beobachteten die deutsche Bevölkerung wie auch die Alliierten mit wachsender Besorgnis. Begründet war sie durch mehrere Ereignisse. Die Rote Armee führte mit ihren Gegnern an der Schwarzmeerfront, an der Ostseefront und in Sibirien einen grausamen Bürgerkrieg. Im Verlauf der Kämpfe wurde am 17. Juli die Zarenfamilie ermordet. Ein linker Sozialrevolutionär erschoss am 6. Juli in Moskau den deutschen Gesandten von Mirbach-Harff, ein Gesinnungsgenosse tötete am 30. Juli in Kiew den Oberbefehlshaber der Heeresgruppe E, Generalfeldmarschall von Eichhorn, und seinen Adjutanten. An deutschen Truppen standen im Frühjahr 1918, als der Friedensvertrag von Brest-Litowsk geschlossen wurde, noch etwa eine Million Mann im Land, die für die Offensive an der Westfront um die Hälfte vermindert wurden.
4 Friedrich Lutz (1852–1918), Brauereibesitzer, Landwirt. 1887–1904 MdL (Konservative Partei, ab 1899 Freie Vereinigung), 1912–1918 MdL (BB), 1890–1898 MdR (Deutsch-Konservative Partei).
5 Friedrich Fuchs (1868–1949), Landwirt. 1918 Mitglied des Provisorischen Nationalrats des Volksstaates Bayern, 1918–1919 MdL (BB).
6 Um den Sieg über die Feindmächte zu ermöglichen, bewilligten zu Beginn des Krieges die im Reichstag vertretenen Parteien nicht nur die Kredite zur Heeresvermehrung, sondern verzichteten auch auf die öffentliche Auseinandersetzung untereinander. Dieser sog. Burgfriede hielt bis 1918 und galt auch zwischen Reichstag und Reichsregierung.

Augsburg, den 2. September 1918   **34**

I.

Seine Majestät der König von Sachsen ist am 26. August dieses Jahres nach zehntägiger Anwesenheit in Oberstdorf über Augsburg nach Dresden zurückgereist.

II.

Die Getreideernte ist nunmehr beendet. Die Grummeternte ist in vollem Gange, in einzelnen Strichen bereits beendet. Frühkartoffeln gab es wenig. Dagegen wird in Spätkartoffeln auf eine gute Mittelernte gerechnet. Vielerorten kommen Klagen über starke Mäuseplage; ausgiebige Bekämpfungsmaßnahmen erscheinen dringend notwendig.

Der Rückgang in der Milchversorgung der Stadt Augsburg hielt an, so daß die den Personen über 14 Jahre zustehende tägliche Milchmenge von ¼ Liter auf ⅛ Liter herabgesetzt werden mußte.

Sowohl bei der Getreideanlieferung wie bei der Anlieferung von Frühkartoffeln wird außerordentlich über die schlechte Beschaffenheit der gelieferten Ware geklagt.

Das Königliche Bezirksamt Z u s m a r s h a u s e n berichtet:

›Der Aufkauf des Brotgetreides und des Hafers spielt sich heuer unter recht unerfreulichen Begleiterscheinungen ab. Die Landwirte bringen an die Annahmestellen des Kommunalverbands vielfach ganz mangelhafte Ware, feucht, ungereinigt, so daß sie nicht angenommen werden darf und kann. Wird nun das Getreide abgewiesen, so wird häufig in der gröbsten Weise geschimpft; Äußerungen fallen wie: ›für den Kommunalverband ist es immer noch gut genug!‹, dann verkauf ichs anderweitig‹ oder ›dann verfütter ichs dem Vieh!‹ Es besteht wohl kaum ein Zweifel, daß die Sucht nach der Druschprämie[1] die Landwirte zu ihrem Verhalten bestimmt. Dasselbe beeinträchtigt das Ergebnis des Aufkaufs nicht unwesentlich, und angesichts der Gefahr, die der öffentlichen Bewirtschaftung stets durch das Vorhandensein einer unbeschränkten, zu jedem Preisangebot bereiten Zahl von ungesetzlichen Käufern droht, ist die Drohung, das Getreide anderweitig an den Mann zu bringen, keineswegs auf die leichte Achsel zu nehmen. Es gehört heuer erheblich mehr Geschicklichkeit und Takt für die kommunalen Aufkäufer dazu, diesen Schwierigkeiten mit Erfolg zu begegnen.‹

Nennenswerte Sicherheitsstörungen haben sich im Regierungsbezirke nicht ereignet.

III.

Das Allerhöchste Namensfest seiner Majestät des Königs wurde am Sonntag, den 25. August, allenthalben unter regster Beteiligung der Bevölkerung durch Festgottesdienste und Beflaggung feierlich begangen.

gez. von Praun

---

1 Die Verordnung des Staatssekretärs des Kriegsernährungsamts vom 15. Juni 1918 setzte Höchstpreise für Brotgetreide fest (RGBl S. 657). Sie konnten durch Druschprämien erhöht werden, wenn der Landwirt sein Getreide zeitlich gestaffelt ablieferte (z. B. vor dem 16. Juli eine Prämie von 120 M/Tonne, bis vor dem 1. Oktober 20 M/Tonne).

Augsburg, den 9. September 1918 35

I.

Ihre Königliche Hoheit Frau Prinzessin Therese ist am Montag, den 2. September 1918, zum mehrwöchigen Aufenthalt ins Ausland gereist. Ihre Königliche Hoheit Prinzessin Hildegard[1], die in der Villa am See[2] einige Tage zu Besuch war, ist am Mittwoch, den 4. September, mittags von dort nach München zurückgekehrt.

II.

In der Stadt Augsburg blieb auch in der abgelaufenen Woche die Anlieferung von Milch weit hinter dem notwendigen Bedarf zurück. Kartoffeln wurden zwar in ausreichender Menge angeliefert, doch ließ die Beschaffenheit viel zu wünschen übrig. Ein großer Teil der angelieferten Kartoffeln war unreif und eignete sich nicht zur Verteilung an die Bevölkerung.

Nach Bericht des Stadtmagistrats Lindau gestaltete sich dort die Lebensmittelversorgung im abgelaufenen Monat sehr schwierig, namentlich deswegen, weil die von der Lebensmittelverteilungsstelle zugedachten Verteilungswaren nicht zur rechten Zeit eingetroffen sind. Dies gab sowohl in einer am Dienstag abgehaltenen Lebensmittelausschußsitzung als auch in einer Sitzung des Gemeindekollegiums am 3. September Anlaß zu ausführlichen, erregten Debatten.

Nennenswerte Sicherheitsstörungen haben sich im Regierungsbezirke nicht ereignet.

III.

[kein Eintrag]

gez. von Praun

Augsburg, den 16. September 1918 36

I.

[kein Eintrag]

II.

Das in der abgelaufenen Woche herrschende Regenwetter hat die Beendigung der Grummeternte aufgeschoben; es ist zu befürchten, daß manches Grummet, das noch draußen lag, starken Schaden gelitten hat.

Im Monat August ist in der Milchversorgung der Stadt Augsburg ein weiterer Rückgang eingetreten, es fehlen an der Bedarfsmenge täglich 11.000 bis 12.000 Liter.

Das Königliche Bezirksamt N e u - U l m berichtet:
>›In Weißenhorn fand (jetzt zum dritten Male) eine nach Hunderten zählende Ansammlung der Bewohnerschaft vor dem Rathause wegen ungenügender Fettabgabe statt. Die wiederholt von der Sachlage in Kenntnis gesetzte Landesfettstelle hatte eine genügende

---

1 Prinzessin Hildegard (1881–1948), unverheiratete Tochter König Ludwigs III. von Bayern.
2 Villa ›Amsee‹, Lindau.

Regelung nicht rechtzeitig eintreten lassen. Durch selbständiges Eingreifen gelang es mir, Abhilfe zu schaffen. Nachträglich wurde die Angelegenheit von der Landesfettstelle geordnet.‹

Im Schuhwarengeschäft Friedrich Hämmerle, einem der größten der Stadt Memmingen, wurden große Unterschleife in der Verteilung von Leder, Verkauf von Schuhwaren sowie ein Schleichhandel mit Lebensmitteln entdeckt. Hieran ist auch die Lederfabrik August Boß in Memmingen beteiligt. Die beiden Geschäftsinhaber wurden verhaftet und die Schließung der Geschäfte beim stellvertretenden Generalkommando beantragt. Auch bei der Allgäuer Häute- und Fellverwertungsgenossenschaft in Memmingen scheinen Unregelmäßigkeiten vorgekommen zu sein. Gerichtliche Untersuchung ist eingeleitet.

Größere Sicherheitsstörungen haben sich im Regierungsbezirke nicht ereignet.

III.

Die am 29. September stattfindende Landtagsersatzwahl in Nördlingen wird nicht allein Stimmen für den offiziellen Bauernbunds- und Burgfriedenskandidaten Fuchs aus Heuberg ergeben, sondern auch für Buchdruckereibesitzer Schmidt[1]-Rudelstetten, Bürgermeister Ganzenmüller[2]-Appetshofen und Ingenieur Wolf[3]-Nördlingen. Doch wird wohl an der Wahl des Fuchs nicht zu zweifeln sein, da die anderen Kandidaturen keineswegs über den kleinen Kreis ihrer Anhänger hinaus Anklang finden. Jedenfalls ist die städtische Wählerschaft in Nördlingen ohne sonderliches Interesse für den Kandidaten und seine Gegenkandidaten.

gez. von Praun

Augsburg, den 23. September 1918 37

I.

[kein Eintrag]

II.

Die Kartoffelernte hat begonnen; über deren Ergebnis sind die unterschiedlichsten Urteile zu hören. Während einige den Ertrag so hoch wie im Vorjahre schätzen, namentlich auf höher gelegenen Äckern, klagen andere wieder über geringeren Ertrag und Fäule der Kartoffeln. Im allgemeinen wird ungefähr mit gut drei Vierteilen der vorjährigen Ernte zu rechnen sein.

Die Milchknappheit in Augsburg hielt auch in der letzten Woche an.

Das Königliche Bezirksamt N ö r d l i n g e n berichtet folgendes:
›Der Obstaufkauf ist zwar kommunalisiert und Aufkäufer sind in ausreichender Zahl aufgestellt. Aber die Menge des bisher erfaßten Obstes ist noch sehr gering. Der Ertrag der an sich nicht bedeutenden Obsternte des Bezirkes geht, soweit er nicht an nahe Verwandte abgegeben wird, unter der Hand und unter Überschreitung der Höchstpreise an die benachbarten Städte, auch nach Mittelfranken. Es ist geradezu unglaublich, mit welcher Sucht sich das Publikum auf das Obst stürzt und eigentlich nur zu begreiflich,

---

1 *Johann Schmidt (geb. 1884).*
2 *Johannes Ganzenmüller (1857–1936), Bürgermeister, Landwirt. 1905–1911 MdL (Freie Vereinigung).*
3 *Karl Wolff.*

wenn der Erzeuger lieber das Doppelte und Dreifache nimmt, als das Obst um den Höchstpreis an den Kommunalverband abgibt.‹

Nennenswerte Sicherheitsstörungen haben sich im Regierungsbezirke nicht ereignet.

III.

Gegen die Kandidatur Fuchs-Heuberg bei der bevorstehenden Landtagswahl in Nördlingen machten sich Gegenstimmungen verschiedener Art geltend, die ihren Ausdruck in der Benennung mehrerer anderer Kandidaten, so auch des früheren konservativen Abgeordneten Johannes Ganzenmüller-Appetshofen, gefunden haben. Eine zur Klärung der verworrenen Lage auf den 19. dieses Monats einberufene Vertrauensmännerversammlung gelangte zu dem Beschlusse, an Fuchs festzuhalten. Die Vertreter der Liberalen, Konservativen, des Bundes der Landwirte und der Sozialdemokratie erklärten ebenfalls, diese Kandidatur unterstützen zu wollen, während das Zentrum schon früher parteiamtlich Wahrung des Burgfriedens zugesichert hatte. Es dürfte nunmehr anzunehmen sein, daß Fuchs-Heuberg aus der demnächst stattfindenden Wahl ohne weitere Zwischenfälle als Abgeordneter hervorgehen wird.

gez. von Praun

Augsburg, den 30. September 1918 **38**

I.

[kein Eintrag]

II.

In den Beschäftigungsverhältnissen der Industrie Augsburgs ist im Monat August 1918 gegenüber dem Vormonat eine wesentliche Änderung nicht eingetreten. Die Beschäftigungslage des Kolonialwarenhandels wurde durch die immer mehr zunehmende Warenknappheit sowie durch wesentliche Lohnerhöhungen ungünstig beeinflußt. Im Eisengroßhandel herrscht gleichfalls Warenknappheit. Der Kleinhandel leidet unter der schwierigen Warenbeschaffung und unter der ständigen Steigerung der Ausgaben, welcher die teilweise ungenügende Preisspannung nicht entspricht.

Die alljährliche, heuer infolge der Schlachtviehablieferungen sehr bald einsetzende Milchknappheit hat das Königliche Bezirksamt Sonthofen dazu gezwungen, die Tagesmilchmengen der Erwachsenen um je ¼ Liter zu kürzen bzw. einzuziehen. Die Arbeiterschaft in Blaichach zeigt sich darüber sehr aufgebracht, sie soll in einer Besprechung aufgeklärt und beruhigt werden.

Die Stadt Lindau beklagt sich über mangelhafte Kartoffelanlieferung.

In verschiedenen Gemeinden des Bezirkes Sonthofen wurde in der Nacht vom 25. auf 26. dieses Monats zwischen 1 und ½ 2 Uhr ein Erdstoß mit starkem Geräusch wahrgenommen.

Über den Sicherheitszustand des Regierungsbezirkes ist besonderes nicht zu melden.

III.

Die allgemeine Stimmung ist durch die Ereignisse auf den verschiedenen Kriegsschauplätzen[1] und die politischen Vorgänge im Innern[2] und bei unseren Verbündeten[3] bedeutend verschlechtert worden. Es ist ziemlich sicher anzunehmen, daß die Zeichnungen für die zur Zeit aufliegende Kriegsanleihe ungünstig beeinflußt werden.

Der Stadtmagistrat (Sparkassakommission) Lindau hat daher, um mit gutem Beispiel voranzugehen, die Zeichnung der Sparkasse, die bei der 8. Anleihe 450.000 Mark betrug, auf 750.000 Mark für die gegenwärtige Anleihe erhöht.

Bei der Neuwahl eines Landtagsabgeordneten im Wahlkreis Nördlingen wurde der offizielle Burgfriedenskandidat Friedrich Fuchs in Heuberg gewählt.

I. V. gez. Freiherr von Müller, Königlicher Regierungsdirektor

Augsburg, den 7. Oktober 1918   **39**

I.

Ihre Königliche Hoheit Prinzessin Helmtrudis von Bayern[1] traf am 29. September dieses Jahres im Laufe des Vormittags in Augsburg ein, besichtigten den Garten der Jugendabteilung des Roten Kreuzes vor dem Roten Tor, das Vereinslazarett in Augsburg-Lechhausen, die Kinderheilanstalt und das Kriegerheim und fuhren nachmittags 6 Uhr 45 Minuten nach München zurück.

Am 2. Oktober dieses Jahres durchfuhren Seine Königliche Hoheit der Großherzog von Mecklenburg auf der Durchreise von München nach Treuchtlingen den Regierungsbezirk.

---

1 Die Alliierten weiteten ihre beiden im Hochsommer unternommenen erfolgreichen Angriffe an der Westfront ab 26. September zu einer pausenlos geführten Angriffsschlacht auf einer 400 km langen Front von Flandern bis zur Maas aus. Die deutschen Truppen erlitten hohe Verluste und zogen sich erschöpft und zermürbt auf die deutsche Grenze zurück. In Oberitalien konnten sich die Österreicher nur mit Mühe am Piave halten. In Serbien und Albanien waren sie gezwungen, weiträumiges Gelände dem Gegner zu überlassen. In Mazedonien führten die Kämpfe zum Rückzug und schließlich zur Auflösung der bulgarischen Armee. Am 26. September bot der bulgarische Ministerpräsident einen Waffenstillstand an, der einige Tage danach unterzeichnet wurde. An der vor allem von den Türken verteidigten Front in Palästina gelang den Engländern der Durchbruch. Sie stießen nach Norden vor und besetzten Damaskus, Beirut und Aleppo.
2 In der zweiten Septemberwoche wies Vizekanzler von Payer in einer öffentlichen Versammlung auf die ernste Lage und die gedrückte Volksstimmung hin, übte auch Kritik an zurückliegenden Entscheidungen der politischen und militärischen Führung und sprach sich für einen Verständigungsfrieden ohne Annexionen aus. Zur selben Zeit schwelte eine Kanzlerkrise. Die Mehrheitsparteien im Reichstag bekundeten ihre Unzufriedenheit über Graf Hertling, der weiterhin eine Kriegszielpolitik verfolgte und sich einer Beteiligung von Volksvertretern an der Regierung entgegenstellte. Außerdem gab um diese Zeit die Fraktion der MSPD ihre Bedingungen bekannt, unter denen ihre Vertreter in einer künftigen Regierung mitarbeiten würden.
3 Größtes Aufsehen in der in- und ausländischen Presse hatte der am 14. September veröffentlichte Vorschlag des österreichisch-ungarischen Außenministers Graf Burian hervorgerufen, mit allen kriegführenden Staaten im Ausland vertrauliche Gespräche über Friedensaussichten herbeizuführen. Die um den Durchhaltewillen an der Front und in der Heimat besorgte deutsche Oberste Heeresleitung sah sich durch Generalfeldmarschall von Hindenburg zu einer Presseverlautbarung veranlasst, in der sie darauf hinwies, dass der Kampf nicht unterbrochen werde. Das österreichische Angebot lehnten die Alliierten jedoch ab.
1 Prinzessin Helmtrudis (1886–1977), unverheiratete Tochter König Ludwigs III. von Bayern.

II.

Die Versorgung der Stadt Augsburg mit Lebensmitteln hat sich in der Woche vom 29. September bis 5. Oktober dieses Jahres gegenüber den Vorwochen etwas gebessert. Während die Knappheit in der Milchversorgung anhielt, besserte sich die Zufuhr von Wildbret derart, daß der regen Nachfrage ziemlich entsprochen werden konnte. Auch die Belieferung mit Fischen war zufriedenstellend, es wurden insgesamt 38 Zentner Seefische eingeführt.

Die Versorgung mit Brotgetreide, Kartoffeln und Gemüse war ausreichend.

Nach einer Mitteilung des Bezirksamts Dillingen nimmt trotz schärfster Gegenmaßnahmen die Schwarzlieferung von Brotgetreide an die Mühlen wieder überhand.

Über den Sicherheitszustand des Regierungsbezirkes liegen besondere Berichte nicht vor.

Nach Bericht des Bezirksamts Zusmarshausen hat eine Postkarte, die zu der für die Kolonialkriegerspende[4] bestimmten Reihe gehörte, in geistlichen Kreisen Anstoß erregt. Der Pfarrer in Altenmünster schrieb an das Königliche Bezirksamt: Die Zumutung, eine solch unsittliche Postkarte zu verbreiten, sei eine Beleidigung für einen katholischen Priester. Der Standpunkt des Geistlichen ist unverständlich; ich glaube aber, auf die Sache hinweisen zu sollen.

III.

Die Stimmung der Bevölkerung ist eine sehr gedrückte. Der unternommene Friedensschritt[5] wird allenthalben als Unterwerfung unter den Willen der Feinde angesehen. Dazu kommt in ländlichen Kreisen als ein Hauptgrund der Verbitterung, daß Höchstpreise und Ablieferungszwang zwar für die Erzeugnisse der Landwirtschaft durchgeführt werden, während bei allen anderen Waren schamlose Bewucherung immer weiter um sich greift, ohne daß wirksam dagegen eingeschritten wird. Daß dadurch die Werbetätigkeit für die gegenwärtige Kriegsanleihe sehr beeinträchtigt wird, ist fraglos.

gez. von Praun

---

4 Postkarten und die Druckschrift ›Unsere Jugend, unsere Zukunft‹ durfte die Deutsche Kolonialkriegerspende (Berlin) in Bayern durch Entschließung des Innenministeriums vom 26. Mai 1917 verkaufen (verlängert bis zum 30. September 1918; StAnz 67, MABl/KBl S. 86). Zusätzlich waren dieser Einrichtung im Jahr 1918 das Sammeln von Geldspenden durch Versendung von Werbebriefen sowie ein Opfertag am 23. und 24. März genehmigt worden; StAnz 36 (1918), MABl/KBl S. 50. Die Beträge kamen Kriegsgefangenen, Kriegerwitwen, Kriegswaisen und durch den Krieg geschädigten Kolonialdeutschen zugute.
5 Die aussichtslose Lage des an der Westfront zurückweichenden Heeres bewog die deutsche Regierung in der Nacht vom 3. zum 4. Oktober, den amerikanischen Präsidenten um Vermittlung eines Waffenstillstandes bei den kriegführenden Mächten zu ersuchen. Grundlage sollten Wilsons Friedensprogramme vom 8. Januar und 27. September 1918 (Vierzehn Punkte bzw. Gründung eines Völkerbundes) sein. Der am 3. Oktober unter dem neuen Reichskanzler Prinz Max von Baden mit Vertretern der Mehrheitsparteien des Reichstags gebildeten Regierung misstraute der amerikanische Präsident. Er fragte deshalb in seiner Antwortnote vom 8. Oktober, ob die Reichsregierung die in den Vierzehn Punkten und in seinen folgenden Botschaften niedergelegten Bedingungen annehme und ob die Reichsregierung beim Eintritt in die Erörterungen sich auch wirklich auf deren praktische Anwendung einlassen würde. Einem Waffenstillstand müsse jedoch die Räumung der besetzten Gebiete vorausgehen. Vier Tage nach dem Eintreffen der Note erklärte sich die Reichsregierung zu Verhandlungen bereit und stimmte mit Österreich-Ungarn einer Räumung der besetzten Gebiete zu. Über alle Friedensschritte wurde die deutsche Bevölkerung durch die Presse unterrichtet.

Augsburg, den 14. Oktober 1918   **40**

I.

Am 5. Oktober dieses Jahres durchfuhren Seine Königliche Hoheit der Herzog von Braunschweig auf der Durchreise von München nach Treuchtlingen den Augsburger Hauptbahnhof, desgleichen am 7. Oktober dieses Jahres Seine Königliche Hoheit der Herzog von Sachsen-Coburg-Gotha[1] auf der Durchreise von München nach Treuchtlingen.

II.

Der Vorstand des Königlichen Bezirksamts D i l l i n g e n hat folgendes berichtet:
›Ich habe am 10. dieses Monats in Lauingen und am 11. dieses Monats in Höchstädt an der Donau je eine Vertrauensmännerbesprechung abgehalten; eine einheitliche abzuhalten, war wegen der ungünstigen Verkehrsverhältnisse nicht möglich. Es wohnten ihnen Geistliche, Lehrer, Beamte, Bürgermeister und einflußreiche Landwirte an. Ich habe offen unsere Lage dargelegt, da jetzt Beschönigungen gar keinen Wert haben. Auch die Anwesenden haben rückhaltlos ihre Ansicht ausgesprochen. Es besteht eine unglaublich große Mißstimmung gegen jene, welche die gegenwärtige Lage des Deutschen Reiches verschuldet haben, insbesondere gegen die preußische Militärpartei und gegen die Veranlasser des uneingeschränkten Unterseebootkrieges, der den Eintritt der Vereinigten Staaten von Nordamerika in den Krieg hervorgerufen hat. Auch daß man das Volk über die wahre Lage so lange im unklaren gelassen und sich und andere über die militärischen Kräfte unserer Gegner so getäuscht hat, hat sehr viel Erbitterung hervorgerufen.
Die allgemeine Meinung war: Nunmehr Frieden um jeden Preis! Denn unsere Lage würde von Tag zu Tag schlechter werden. Ich habe aber die eindringliche Aufforderung an alle gerichtet, jetzt ohne Kleinmut und Wankelmut hinter unserer neuen Regierung[2] zu stehen und unseren Feinden zu zeigen, daß wir geschlossen sie stützen wollen. Darin war auch alles einig; ich wurde aber gebeten, die Stimmung der Bevölkerung den vorgesetzten Behörden zur Kenntnis zu bringen. Die Aussichten für die Kriegsanleihe dürften sich etwas gebessert haben; die Vorträge, die im Bezirke stattfinden, tun gute Wirkung; morgen werde ich selbst einen Vortrag in Blindheim halten.‹
Eine große Aufregung hat, wie aus mehreren Berichten hervorgeht, die Mitteilung des Reichstagsabgeordneten von Schulze-Gaevernitz[3] in der Vossischen Zeitung verursacht, die die Runde in der Tagespresse[4] genommen hat. Es wäre sehr wünschenswert, wenn zu dieser beunruhigenden Mitteilung offizielle Aufklärung gegeben werden könnte.

---

1 Carl Eduard (1884–1954), Herzog von Sachsen-Coburg und Gotha, von 1905 bis 1918 Landesherr der Herzogtümer Sachsen-Coburg und Sachsen-Gotha, von 1934 bis 1945 Präsident des Deutschen Roten Kreuzes.
2 Das am 3. Oktober gebildete Kabinett setzte sich zusammen aus dem Reichskanzler Max von Baden, dem Vizekanzler von Payer, den vier parlamentarischen Staatssekretären ohne Geschäftsbereich Gröber (Zentrum), Erzberger (Zentrum), Scheidemann (MSPD), Haußmann (Freiheitliche Volkspartei) sowie den Staatssekretären des Auswärtigen Solf und des Reichsschatzamtes Roeder. Trimborn (Zentrum) stand dem Reichsamt des Innern vor, Bauer (MSPD) dem Reichsarbeitsamt.
3 Dr. Gerhart von Schulze-Gaevernitz (1864–1943), ordentlicher Professor der Volkswirtschaft an der Universität Freiburg i. Br., 1912–1918 MdR (Fortschrittliche Volkspartei), 1919–1920 Mitglied der Deutschen Nationalversammlung, 1919/20 MdR (Deutsche Demokratische Partei).
4 So z. B. Augsburger Postzeitung, Nrn. 470, 487/10. bzw. 20.10.1918. Nach Ansicht von Schulze-Gaevernitz könnten auch deutschfreundliche Amerikaner nicht begreifen, dass die gleiche deutsche Regierung es war, die Anfang 1917 bei der Friedensarbeit mitgearbeitet habe, dann aber, als das Friedenswerk unter Dach gebracht werden sollte,

Das Königliche Bezirksamt S o n t h o f e n berichtet über die Volksstimmung folgendes:
›Die Stimmung ist, wie ja anderwärts auch, der Kriegsanleihezeichnung nicht recht günstig; sie war es nicht vor den neuesten Ereignissen und ist es nun erst recht nicht, weil niemand sagen kann, wie sich die Lage weiter entwickelt. Die Leute lehnen vielfach, zum Beispiel am Bankschalter, eine Belehrung über die Anleihe schroff ab; auch gegen Aufklärung von der Kanzel haben sie sich schon ausdrücklich verwahrt. Selbstverständlich werden die Aufklärungs- und Werbearbeiten fortgesetzt.
Die Entwicklung der Ereignisse wird in Ruhe abgewartet, wobei man dringend auf baldigen Frieden, wenn auch unter wenig günstigen Verhältnissen, hofft. An ein Erwachen des furor teutonicus im Falle schwerer Bedingungen glaube ich nach dem, was ich sehe und höre, nicht; die Friedenssehnsucht, genährt von der Front, ist zu groß.‹

Die Grippe[5] hat vielerorten neuerdings eine größere Verbreitung genommen. In Memmingen ist sie namentlich unter dem Militär stark verbreitet. Innerhalb 14 Tagen sind beim Militär 9 Todesfälle vorgekommen, während von der Zivilbevölkerung eine Person der Krankheit erlag. In der Stadt Oettingen hatte sie unter den Schülern des Progymnasiums, der Haushaltungsschule und der Volksschulen einen solchen Umfang angenommen, daß der Unterricht auf einige Zeit ausgesetzt werden mußte. Ein Schüler des Progymnasiums, Insasse des Johannispensionats, ist der Krankheit erlegen. Im Bezirke Zusmarshausen sind in den letzten Tagen 5 Personen an den Folgen der Grippe verstorben.

Die Sicherheitsverhältnisse des Regierungsbezirks sind unverändert.

III.
[kein Eintrag]

I. V. gez. Freiherr von Müller, Königlicher Regierungsdirektor

---

ihren Erfolg in die Luft sprengte, weil sie den rücksichtslosen U-Bootkrieg erklärte. Reichskanzler Bethmann Hollweg sei zu schwach gewesen und habe sich den U-Bootkrieg aufzwingen lassen. Eine ihm nahe stehende Persönlichkeit erwiderte darauf in der Frankfurter Zeitung: Wilson habe Genaueres über die deutschen Friedensbedingungen erfahren wollen und sich mit dem deutschen Botschafter, Graf Bernstorff, in Verbindung gesetzt. Sein Telegramm sei am 28. Januar 1917 in Berlin eingegangen. Zu diesem Zeitpunkt seien aber die Vorbereitungen zum Beginn des U-Bootkrieges am 1. Februar bereits getroffen und ein Gegenbefehl technisch unmöglich gewesen. Bethmann Hollweg habe dies Wilson mitgeteilt. Zu dem von Schulze-Gaevernitz gebrauchten Ausdruck ›Friedensarbeit‹: Die Friedensbereitschaft des Deutschen Reiches und seiner Verbündeten hatte Reichskanzler Bethmann Hollweg nach Verhandlungen mit dem Vertreter des Präsidenten Wilson am 12. Dezember 1916 vor dem Reichstag dargelegt. Die Feindstaaten antworteten schroff ablehnend. Wilsons Friedensaufruf an die Alliierten blieb ebenfalls ohne Erfolg. Daraufhin trug der Präsident seine Ziele dem Senat vor: Friede ohne Sieg, Selbstbestimmungsrecht der Völker, Freiheit der Meere, Rüstungsbegrenzung, Gründung eines Völkerbundes. Nun versuchte Bethmann Hollweg die inzwischen von der militärischen Führung beschlossene Wiederaufnahme des unbeschränkten U-Bootkrieges – warnungslose Versenkung feindlicher und neutraler Handelsschiffe – zu verhindern, scheiterte jedoch beim Chef des Admiralstabes. Bethmann Hollweg, zermürbt und resigniert, hat sich damit begnügt. Nach der Bekanntgabe des verschärften U-Bootkrieges brachen die Vereinigten Staaten die diplomatischen Beziehungen zum Reich ab und erklärten am 6. April 1917 den Krieg. Die deutsche Bevölkerung war durch die Presse vom Friedensangebot des Reichskanzlers und die alliierte Ablehnung unterrichtet worden, verständlicherweise aber nicht über die kriegsentscheidenden deutsch-amerikanischen Verhandlungen.

5 Die Spanische Grippe trat bereits im Sommer in deutschen Großstädten auf und nahm im September und Oktober epidemische Ausmaße an. Sie erfaßte 1918/19 in Europa 200 Millionen Menschen, von denen 20 Millionen starben. In Deutschland fielen der Seuche 187.884 Personen zum Opfer. Die Todesrate war in Garnisonen und Kriegsgefangenenlagern besonders hoch.

Augsburg, den 21. Oktober 1918   **41**

I.

Am 16. laufenden Monats durchfuhren Seine Königliche Hoheit Prinz Georg von Sachsen[1] auf der Durchreise von Treuchtlingen nach Lindau den Hauptbahnhof Augsburg.

Ihre Königliche Hoheit Frau Prinzessin Therese ist am 14. laufenden Monats nach längerem Aufenthalte in Casarate bei Lugano wieder in die Villa Amsee bei Lindau zurückgekehrt.

II.

Die Stimmung der Bevölkerung ist angesichts der politischen Ereignisse und der Verschlechterung der Friedensaussichten allenthalben eine sehr gedrückte, teilweise eine hoffnungslose. Große Aufregung hat in der Bevölkerung die Veröffentlichung des Professors von Schulze-Gaevernitz über Wilsons[2] frühere Friedensgeneigtheit und Nichtberücksichtigung der Angebote seitens des Reichskanzlers von Bethmann-Hollweg[3] hervorgerufen. Der durch diese Veröffentlichung bei der Bevölkerung wachgerufene Gedanke, es wäre 1916/1917 ein würdiger Friede zu erreichen gewesen und dieser sei nur durch mangelndes Entgegenkommen und eine doppelsinnige Politik der damaligen Reichsleitung gescheitert, gibt zu den erbittertsten Erörterungen Anlaß. Eine unzweideutige und authentische amtliche Aufklärung über die einschlägigen Vorkommnisse wäre zur Beruhigung der Bevölkerung dringend erwünscht und zwar schon deswegen, weil durch die erregten Erörterungen in dieser Angelegenheit die an sich schon ungünstige Stimmung der Bevölkerung gegen Preußen wesentlich verschärft wird.

Die gedrückte Stimmung äußert naturgemäß ihre Wirkung auch auf die Zeichnung der Kriegsanleihe. Die Zeichnungen gehen langsam vor sich und bleiben so ziemlich überall bedeutend hinter den Zeichnungen auf die 8. Kriegsanleihe zurück. Von der durch die Amtsvorstände mit Tatkraft und Umsicht eingeleiteten Werbe- und Aufklärungsarbeit darf vielleicht eine Besserung der Zeichnungsergebnisse erwartet werden.

Das Königliche Bezirksamt F ü s s e n berichtet:

›Ein im Bezirke ansässiger Ordensgeistlicher, welcher auf der Bahnfahrt allzu herausfordernden Auslassungen einiger uniformierter Soldaten entgegentrat, wurde von einem derselben tätlich angegriffen. Mehrere Soldaten, die aus dem Bezirke stammen, sind zufolge Nachforschungen ihres Truppenteils zu diesem aus dem Urlaub nicht mehr zurückgekehrt.‹

Die Königlichen Bezirksämter Augsburg und Kempten heben hervor, daß die Landbevölkerung große Mengen Papiergeld für sich zurückhält, um für den Fall eines feindlichen Einfalles und der Flucht Zahlmittel bereit zu haben.

Die Grippe nimmt im Regierungsbezirke von Tag zu Tag zu; besonderes Anwachsen wurde aus der Stadt Memmingen und vom Königlichen Bezirksamte Nördlingen gemeldet.

---

1 Georg von Sachsen (1893–1943), Oberstleutnant d. R. Nannte sich nach Verzicht des Erstgeburtsrechts Georg, Herzog zu Sachsen und Markgraf von Meißen, wurde 1924 zum Priester der römisch-katholischen Kirche geweiht und trat im folgenden Jahr in den Jesuitenorden (SJ) ein.
2 Woodrow Wilson (1856–1924), von 1913 bis 1921 Präsident der Vereinigten Staaten von Nordamerika.
3 Theobald von Bethmann Hollweg (1856–1921), von 1909 bis 1917 Reichskanzler und preußischer Ministerpräsident.

Der Sicherheitszustand ist, abgesehen von Klagen des Stadtmagistrates Kempten über die Zunahme von Diebstählen und des Stadtmagistrates Günzburg über Zunahme der Zigeunerplage, im ganzen gut.

III.

Das Allerhöchste Namensfest Ihrer Majestät der Königin am 15. laufenden Monats wurde in den Stadtpfarrkirchen beider Konfessionen durch Gottesdienste gefeiert.

gez. von Praun

Augsburg, den 28. Oktober 1918

I.

[kein Eintrag]

II.

Die Grippe greift im Regierungsbezirk mehr und mehr um sich; sie hat verschiedentlich auch zu Todesfällen geführt.

Über den Sicherheitszustand ist wesentlich neues nicht zu berichten.

In der mathematisch-mechanischen Werkstätte der Gebrüder Ott Kempten wurden seit Kriegsbeginn Granaten-Zünderteile für die Aktiengesellschaft Reiniger-Gebbert & Schall in Erlangen als Hauptunternehmerin gefertigt. Zuletzt waren damit 121 Arbeiterinnen beschäftigt, welche täglich etwa 6000 Stück herstellten. Am Samstag, den 19. dieses Monats, wurde den Arbeiterinnen eröffnet, daß dieser Teil des Ott'schen Betriebes wegen Kündigung der weiteren Lieferungen sofort eingestellt werden müsse. Eine Wiederaufnahme des Betriebes hänge von der politischen und Kriegslage ab. Durch diese Maßnahmen wurden von heute auf morgen 121 Frauen und Mädchen bei Eintritt des Winters brotlos. Eine Wiederbeschäftigung der größeren Teile dieser Arbeiterinnen in anderen Betrieben ist bei dem Mangel an Rohstoffen nicht möglich.

Im Ott'schen Betriebe sind dermalen noch 110 männliche gelernte Arbeiter vorhanden, welche mit Herstellung von Gradbögen, Linealen x. für Artilleriewerkstätten beschäftigt sind.

III.

Die Stimmung der Bevölkerung ist nach wie vor eine sehr gedrückte. Wenn auch nicht mit Unruhen gerechnet zu werden braucht, so wird doch ziemlich allgemein der dringende Wunsch des Volkes um Frieden um jeden Preis gemeldet. Von einer starken, wenn nötig zu einem Kampf auf Leben und Tod bereiten Entschlossenheit ist nichts oder doch nur wenig zu verspüren. Ein zersetzender Geist frißt still in der Bevölkerung weiter.

Durch diese Stimmung wird selbstverständlich auch die Zeichnung auf die aufliegende Kriegsanleihe ungünstig beeinflußt.

Trotz der wirklich aufopfernden Tätigkeit der äußeren Behörden, die sie zur Hebung der Volksstimmung entfaltet haben und entfalten, gibt die Gesamtheit der Stimmungsberichte ein recht trübes Bild.

gez. von Praun

Augsburg, den 4. November 1918   **43**

I.

[kein Eintrag]

II.

Die Entwicklung der Verhältnisse in Österreich-Ungarn[1] hat im Regierungsbezirke den tiefsten Eindruck hervorgerufen, umso mehr als der Bevölkerung die Sicherheit der Grenzbezirke gefährdet erscheint. Der Stadtmagistrat Kempten berichtet, daß bereits vermehrte Gesuche dort lebender Personen um Erlaubnis zur Ausreise in die Schweiz eingereicht wurden.

Allenthalben finden im Regierungsbezirke noch Aufklärungsversammlungen statt, wenn auch nicht überall mit dem gewünschten Erfolge[2]. Beruhigung der Bevölkerung ist nötig, nicht zur Verhinderung von Unruhen, sondern zur Behebung der allgemeinen Spannung und Ängstlichkeit vor den kommenden Dingen. Die Mehrzahl der Landtagsabgeordneten stellt sich hiefür anerkennenswerter Weise zur Verfügung.

Die Ablieferungswilligkeit der Landwirte scheint im allgemeinen nachzulassen. Das Königliche Bezirksamt D o n a u w ö r t h berichtet folgendes:

›Der Aufkauf von Kartoffeln seitens der Aufkäufer begegnet umso größeren Schwierigkeiten, je umfangreicher sich die Lieferung gegen Bezugsscheine gestaltet und zwar deshalb, weil in den allermeisten Fällen für Kartoffeln gegen Bezugsscheine die Höchstpreise überschritten werden. Den Aufkäufern wird ständig erklärt, daß keine Kartoffeln abgegeben werden, weil der Kommunalverband einen zu niedrigen Preis bezahle. Die Bauern nehmen keinen Anstand zu sagen, der Kommunalverband stecke die Differenz in seine Tasche. Jeder Bauer sieht zu, gegen Bezugsscheine liefern zu können, weil ihm hiedurch ein höherer Preis gesichert ist. Selbst größere Gutsbesitzer ergreifen diesen Weg der Kartoffelabgabe. Zahlreiche Vermittler sind dabei tätig, Großverbrauchern, Betrieben, Kantinen und dergleichen Erzeugeradressen zuzuführen. Auf diese Weise wird waggonweise gegen Bezugsscheine geliefert und in den allermeisten Fällen zu höheren als den Höchstpreisen. So wurden auf Bezugsscheine allein von zwei Gutsbesitzern in den letzten Tagen 32.000 Kilogramm Kartoffeln ausgeführt. Der Kommunalverband selbst hat im Oktober 12.932,30 Zentner Kartoffeln aufgebracht. Meines Erachtens kann einzig und allein nur dadurch Besserung geschaffen werden, daß sofort radikal vorgegangen und alle Bezugsscheine, auf welche Kartoffeln noch nicht geliefert wurden, für ungültig erklärt und die Ausstellung von Bezugsscheinen bis

---

1 Auf Ersuchen der österreichisch-ungarischen Regierung am 4. Oktober hatte sich Präsident Wilson am 18. Oktober bereit erklärt, einen Waffenstillstand zu vermitteln, forderte aber die Entlassung der Tschechoslowaken und Jugoslawen in die Unabhängigkeit. In ihrer Antwortnote vom 27. Oktober bot die österreichisch-ungarische Regierung den Abschluss eines Separatfriedens an. Am folgenden Tag wurde in Prag die Tschechoslowakische Republik ausgerufen, am 2. November stellten die Ungarn den Kampf ein. Am 3. November unterzeichneten Italien und Österreich-Ungarn einen Waffenstillstand.
2 *Diese Versammlungen wurden in der ersten Oktoberwoche in München mit einer Vortragsfolge eröffnet. In Anwesenheit der Staatsregierung, der Regierungspräsidenten und Landtagsabgeordneten sprach vor einem zahlreich erschienenen Publikum Innenminister Dr. von Brettreich über den Ernst der Lage und führte u. a. aus:* Würde der Krieg mit unserem Zusammenbruch endigen, so könnte sich keiner dem Schicksal des gesamten Volkes entziehen [...] Dieses furchtbare Los von uns abzuwenden, ist die Forderung des Tages, ist der Inhalt unseres Willens zur Abwehr. *Auf dem Land stellten die Redner in gut besuchten Versammlungen ihre Ausführungen unter Themen wie* ›Deutschlands Schicksalsstunde‹ *oder* ›Unsere jetzige Lage‹, *sprachen von Einigkeit, von* ›Kopf-Hoch-Halten‹ *und riefen zur Zeichnung der 9. Kriegsanleihe auf.*

auf weiteres verboten wird. Wer auf Grund von Bezugsscheinen jetzt nicht beliefert wurde, muß eben seinen Bedarf bei der allgemeinen Verteilungsstelle des Kommunalverbandes decken. Nur auf diesem Wege ist es möglich, Kartoffeln in genügender Menge vom Land für die Allgemeinheit hereinzubekommen.‹

Die Zeichnungen zur 9. Kriegsanleihe nehmen ständig ihren Fortgang, wenn auch mancherorten nur in geringer Höhe und in stockender Weise. Die Zeichnungen der Darlehenskassenvereine sollen meist gute sein. Ein Ansturm auf Sparkassen oder Darlehenskassen ist bisher nicht beobachtet worden.

Die Sicherheitsverhältnisse sind in letzter Zeit, zumal in bezug auf Eigentumsdelikte, auf dem Lande, besonders in der Nähe der Städte, schlechter geworden.

Die Grippe nimmt immer noch zu; eine erhebliche Zahl an Todesfällen wird aus Stadt und Land gemeldet.

III.

Außerordentlich bedauerlich sind nachstehende Meldungen über den Geist unserer Truppen:
›Truppen, die am 2. November in Donauwörth nach Ulm transportiert werden sollten, haben sich geweigert, die Wagen zu besteigen und an denselben Aufschriften angebracht des Inhaltes: Nieder mit dem Kaiser[3], Hoch die Revolution, Hoch Wilson. Offiziere forderten zur Entfernung dieser Aufschriften auf, die Soldaten kamen jedoch dieser Aufforderung erst auf wiederholtes Drängen nach. Mit 20 Minuten Verspätung konnte der Zug abfahren.‹

Auch aus L i n d a u wird ähnliches berichtet:
›Als am Montag, den 28. Oktober laufenden Jahres früh 4 Uhr, ein Transport des Lindauer Ersatzbataillons ins Feld rückte, zeigte sich bei den Soldaten, meist ganz junge Burschen, ein sehr renitenter Geist. Mehr als die Hälfte waren schon tags zuvor nicht zum Appell erschienen. Aufrührerische Aufrufe wurden laut, und viele weigerten sich, den Zug zu besteigen. Der Zug mußte ganz langsam anfahren, damit die noch außerhalb der Wagen stehenden Soldaten noch in den Zug verbracht werden konnten. Aus den Wagenfenstern schrieen einige dann noch heraus: ›In Ulm kommen wir doch noch heraus.‹‹

gez. von Praun

---

[3] *Wilhelm II. (1859–1941), Deutscher Kaiser und König von Preußen von 1888 bis 1918.*

Augsburg, den 11. November 1918 44

I.

[kein Eintrag]

II.

Soviel bisher bekannt geworden ist, ist die Sicherheit im Regierungsbezirke durch die neuen Ereignisse, die am 8. November dieses Jahres eingetreten sind[1], nirgends wesentlich gestört worden. Die Versorgung der Bevölkerung mit Nahrungsmitteln ist zur Zeit nirgends gefährdet. Einzelnen Berichten der Distriktsverwaltungsbehörden ist zu entnehmen, daß insbesondere auch die Ablieferung von Kartoffeln weiter fortgeht.

In Augsburg war die Milchanlieferung so gering, daß ein Teil der Bevölkerung keine Milch erhielt.

Die Grippe herrscht immer noch stark, eine Reihe von Todesfällen wird gemeldet.

Das Bezirksamt G ü n z b u r g berichtet folgendes:

›Eine Gefahr können die in den ländlichen Bezirken untergebrachten zahlreichen Kriegsgefangenen bilden. Jedenfalls ist Vorsicht geboten. Ich habe die Bürgermeister angewiesen, auf die Gefangenen ein Auge zu haben, Unbotmäßigkeiten und Zusammenrottungen sofort zu melden. Zu erwägen wäre, ob nicht die Führer der Gefangenen in den einzelnen Orten, besonders die Intelligenz unter ihnen, in vorsichtiger Weise in die Lager abgeschoben werden sollte. Der Kontrolloffizier, mit dem ich bereits vor zwei Wochen und neuerdings gestern in diesem Sinne mich besprach, hält eine Gefahr nicht für gegeben.‹

Das Ergebnis der 9. Kriegsanleihe[2] hat sich da und dort als besser herausgestellt, als man bisher vermutet hatte.

In Buchloe und Umgebung sind starke Truppenmassen einquartiert, deren Verpflegung von München aus erfolgen soll. Sollte diese Verpflegung versagen, so befürchtet der Magistrat Buchloe Ruhestörungen. Das Bezirksamt hat sich an das stellvertretende Generalkommando in München mit einem entsprechenden Ersuchen gewendet.

III.

An politischen Vorgängen sind solche, die nicht bereits in der Presse gemeldet sind, nicht berichtet worden.

gez. von Praun

---

1 Nach einer Friedenskundgebung am 7. November in München hatte sich in der Nacht zum 8. November ein Arbeiter- und Soldatenrat gebildet, der den Freistaat Bayern proklamierte und damit die Monarchie beseitigte. Auf örtlicher Ebene traten ebenfalls Arbeiter- und Soldatenräte, mit zeitlicher Verzögerung auch Bauernräte, zusammen.
2 Die am 6. November geschlossene Zeichnung der Anleihe erbrachte 10 Milliarden Mark, 4 Milliarden Mark weniger als die 8. Kriegsanleihe.

Augsburg, den 18. November 1918 45

    Wochenbericht des Regierungspräsidenten von Schwaben und Neuburg

I. Polizeilich und wirtschaftlich belangreiche Vorkommnisse;
   insbesondere öffentliche Sicherheit, Gesundheitsverhältnisse, Nahrungsstand

Trotz der politischen Umwälzung ist die öffentliche Sicherheit im ganzen Regierungsbezirke eine gute. Wesentliche Sicherheitsstörungen haben sich nicht ereignet. Auf dem Lande sind in vielen Orten Bürgerwehren und Sicherheitswehren errichtet worden[1], um die Landbevölkerung vor Raub und Plünderung zu schützen. In Hindelang und Schöllang, Bezirksamts Sonthofen, bestehen schwere Klagen über zügelloses Wildern durch einzeln und truppweise zur Jagd ausrückende Soldaten. Der Soldatenrat Sonthofen hat strenge Verbote erlassen und Mannschaften zum Jagdschutz bereitgestellt; die praktische Wirkung dieser Maßnahmen wird sich erst zeigen müssen.

Da und dort versuchen Soldatenräte, in die Zuständigkeit der Staats- und Gemeindebehörden überzugreifen[2]. So wurde in Mindelheim ein Versuch des Soldatenrates, in die Geschäftstätigkeit des Kommunalverbandes einzugreifen, vom Bezirksamt zurückgewiesen.

Das Bezirksamt D i l l i n g e n berichtet:
›Die Soldaten- und Arbeiterräte sollen, wie scheinbar überall, verlangen, daß sie Abgeordnete in die städtischen Kollegien mit Stimmrecht entsenden dürfen. Da die Gemeindeordnung[3] noch zu Recht besteht, so dürfte dies unzulässig und bedenklich sein. Jedenfalls wäre es gut, wenn von seiten des Staatsministeriums des Innern hierüber alsbald eine allgemeine Regelung getroffen würde.‹

Das Bezirksamt G ü n z b u r g berichtet:
›Dringend notwendig wäre, wenn für die bevorstehenden Einquartierungen nähere Weisungen und Vorbereitungen getroffen würden. Der hiesige Bezirk als Grenzbezirk mit sehr bedeutenden Durchgangsstraßen wird zweifellos große Truppenmassen aufnehmen müssen, da wohl viele Truppen, insbesondere die berittenen Waffengattungen, auf dem Landwege zurückgeführt werden müssen. Kommt noch dazu, daß viele Truppen regellos zurückströmen – nach der Rede des Reichskanzlers Ebert[4] muß mit der selbständigen Auflösung der Etappenformationen gerechnet werden – so werden die betroffenen Landbezirke in eine äußerst schwierige Lage kommen. Ich habe, soweit es ging, Vorbereitungen für die Unterbringung und Verpflegung der Truppen getroffen, notwendig wäre aber ein enges Zusammenwirken mit den militärischen Stellen, insbesondere den nächstgelegenen Proviantämtern, welche die Ämter mit Brot, Konserven und sonstigen Lebensmitteln unterstützen müssen. Ich habe mich an die Proviantämter

---

1 *Rechtliche Grundlage war die ME vom 12. November 1918; StAnz 264 (1918), MABl/KBl S. 289. Darin wird den Bezirksämtern und Gemeindeverwaltungen ein Aufruf der neuen Regierung zur Kenntnis gebracht, dass sie entschlossen sei,* Leben und Eigentum auf jede Weise zu schützen [...]. Die äußeren Behörden werden aufgerufen, die erforderlichen Schutzmaßnahmen schleunigst s e l b s t mit in die Wege zu leiten, da Gefahr im Verzuge bestehe. *Diese Gefahr sei vorhanden, weil die Demobilmachung teilweise ungeordnet vor sich gehe.*
2 *Gegen solche Übergriffe wandte sich Innenminister Auer in der Bek vom 14. November 1918 (ABl S. 312):* Dies kann nicht geduldet werden, denn hierdurch wird die ordnungsgemäße Belieferung der Bedarfsbezirke geschädigt und einer schrankenlosen Willkür Tür und Tor geöffnet.
3 *Gemeindeordnung vom 29. April 1869; GVBl 1866/69, S. 865.*
4 *Friedrich Ebert (1871–1925), Sattler, Schriftleiter. 1896 Abgeordneter in der Bremer Bürgerschaft, 1912–1918 MdR (SPD). 1918 Reichskanzler, Mitglied im Rat der Volksbeauftragten. 1919 Mitglied der Deutschen Nationalversammlung.*

Neu-Ulm und Augsburg in diesem Sinne gewandt. Notwendig ist es ferner zu wissen, welche Mengen an Lebensmitteln, insbesondere an Brot und Fleisch, die Truppen beanspruchen können. Die Verteilung muß in einfachster Weise vorgenommen werden. Wenn – was wohl sicher anzunehmen ist – die Militärverwaltung die Verpflegung der auf dem Lande untergebrachten Truppen nicht übernimmt und sie den Gemeinden und Kommunalverbänden überweist, so darf auf keinen Fall die Einquartierung mit Verpflegung durch die Quartiergeber verlangt werden. Das würde zu den größten Schwierigkeiten führen. Es muß vielmehr der betreffende Truppenteil die Verpflegung seiner Truppen selbst in der Weise in die Hand nehmen, daß ihm vom Kommunalverband bzw. der Gemeinde die Lebens- und Futtermittel im ganzen täglich gestellt werden und er dann die Verteilung an seine Truppen vornimmt. Weiterhin ist hier die Unterstützung der zentralen Lebensmittelstellen (Bayerische Lebensmittelstelle, Landesfettstelle) unbedingt notwendig.‹

Dem Berichte des Bezirksamts D o n a u w ö r t h ist folgendes zu entnehmen:

›Einige Unruhe verursachte in der jüngsten Zeit die Kontrolle der Mühlen durch die von der Landesgetreidestelle abgeordneten Kontrolleure. Bei Gründung des Bauernrates in Harburg forderte der Besitzer der unteren Reismühle auf, jedem Mühlenkontrolleur künftig den Schädel einzuschlagen. Ein anwesender Vertreter des Soldatenrates Augsburg erklärte, sofort die Beschwerden über die Mühlenkontrolleure beim Soldatenrat in München anbringen zu wollen. Ein zur gleichen Zeit in Oppertshofen tätiger Mühlenkontrolleur konnte sich nur durch das besonnene Dazwischentreten des Bürgermeisters vor Tätlichkeiten schützen. Ich bin telephonisch mit der Landesgetreidestelle ins Benehmen getreten und habe gebeten, die Kontrollen in der nächsten Zeit entweder auszusetzen oder die Mühlenkontrolleure anzuweisen, weniger scharf vorzugehen und ihre Tätigkeit mehr informatorisch und unterweisend zu gestalten.‹

In der abgelaufenen Woche war die Versorgung der Stadt Augsburg mit Lebensmitteln nicht völlig ausreichend. Während Brotgetreide und Schlachtvieh zur Verteilung im Rahmen der Kontingentierung ausreichte, wies die Milchzufuhr einen weiteren Rückgang auf, so daß die den nicht Vorzugsberechtigten zustehende sehr geringe Milchmenge noch weiter gekürzt werden mußte. Die Gemüse-, Wildbret- und Geflügelzufuhr war befriedigend, die Obstzufuhr war äußerst gering. Die Anlieferung von Kartoffeln hat sich etwas gebessert, ist aber doch noch so gering, daß die Kartoffelversorgung nicht gesichert erscheint. Es besteht Gefahr, daß durch die verzögerte Anlieferung der Kartoffeln Frostschaden eintritt.

Die Beschäftigungslage der Industrie Augsburgs hat sich im Oktober 1918 gegenüber den Vormonaten nicht wesentlich geändert. Mitunter hatten die zahlreichen Grippeerkrankungen einen starken Mangel an Arbeitskräften zur Folge. In fast allen Zweigen der Textilindustrie wurde über Stockung in der Zuteilung von Heeresaufträgen berichtet. Auch im Großhandel mit Kolonial- und Eisenwaren haben sich die Verhältnisse nicht geändert, der schon seit langer Zeit herrschende Warenmangel hindert jede Belebung des Geschäftes. Im Kleinhandel besteht gleichfalls große Warenknappheit, im Handel mit Luxuswaren hat außerdem das Inkrafttreten des Gesetzes über die Luxussteuer[5] das Geschäft ungünstig beeinflußt.

Die Demobilisierung hat sich am Augsburger Arbeitsmarkt noch nicht wesentlich bemerkbar gemacht, die Nachfrage nach Arbeitskräften übersteigt auch heute noch das Angebot. Eine Änderung wird hierin aber schon in nächster Zeit eintreten. Ein Teil der Rüstungsbetriebe hat

---

5 *Gemeint sind die §§ 8 bis 11 des Umsatzsteuergesetzes vom 26. Juli 1918; RGBl S. 779, 782. Diese Bestimmungen sehen eine Steuererhöhung bei Lieferung von Luxusgegenständen im Kleinhandel vor.*

bereits in dieser Woche mit Arbeiterentlassungen begonnen. Dies und der Umstand, daß die Rüstungsbetriebe die Umstellung auf den Friedensbetrieb angesichts der noch nicht übersehbaren Schwierigkeiten in der Beschaffung von Rohmaterialien nicht so bald bewerkstelligen können, wird in Verbindung mit den in nächster Zeit zu gewärtigenden Entlassungen Heeresangehöriger eine gewaltige Überfüllung des Arbeitsmarktes mit sich bringen. Der Stadtmagistrat Augsburg hat zur Milderung dieses Mißstandes bereits eine größere Anzahl von Notstandsarbeiten in Aussicht genommen und die hiefür erforderlichen Mittel genehmigt.

Die Betriebe in Füssen, Pfronten[6], Nesselwang[7] und Lechbruck[8] sind im allgemeinen vorerst noch mit Arbeit und Rohstoffen versorgt; doch muß die Seilerwarenfabrik Füssen bereits Einschränkungen der Arbeitszeit vornehmen. Aufträge und Rohstoffe für diesen über 900 Arbeitende beschäftigenden Betrieb wären dringendst erwünscht.

Im Bezirke Neuburg an der Donau nimmt die Kartoffelanlieferung erfreulicherweise jetzt größeren Umfang an.

II. Politisch bedeutsame Vorgänge; insbesondere Haltung der Presse,
    Vorfälle im Versammlungs- und Vereinswesen *[kein Eintrag]*.

I. V. gez. Freiherr von Müller, Königlicher Regierungsdirektor

Augsburg, den 25. November 1918   46

I.

Die öffentliche Sicherheit ist im Regierungsbezirke im allgemeinen nicht gestört worden. Jedoch sind manche Anzeichen bedauerlicher Zuchtlosigkeit unter den Soldaten festzustellen. So berichtet das Bezirksamt S o n t h o f e n folgendes:

›Zahlreiche Klagen über umfangreiches Wildern durch Soldaten, teilweise unter Gefährdung des Jagdschutzpersonals, werden erhoben. Die Soldatenräte der Ersatztruppenteile sind durch entsprechende Bekanntmachungen und Strafandrohungen sowie Abstellung von Sicherheitsmannschaften diesem Treiben entgegengetreten. Die Hauptschuldigen sind aber die Grenzschutztruppen[1]; deren Kommandeure, an die ich mich

---

6   Firma Gebr. Haff.
7   Firma Clemens Riefler, Hersteller von Reißzeug (technisches Zeichengerät) und Präzisionsuhren.
8   Firma Carbidwerke Lechbruck.
1   *Nachdem sich in der zweiten Oktoberhälfte die Auflösung des österreichisch-ungarischen Heeres abzeichnete und im Falle eines Waffenstillstandes des Bundesgenossen mit den Alliierten ein Vordringen der Italiener durch Österreich an die deutsche Grenze zu befürchten war, wurden aus der 4. bayerischen Infanterie-Division und aus Ersatzeinheiten die bayerischen Grenzschutztruppen in Stärke von 20.000 Mann gebildet. Dem Grenzschutz-Kommandeur Süd in München waren fünf Grenzschutz-Kommandos unterstellt. Das Grenzschutz-Kommando I unter Oberstleutnant Hoderlein mit Stabsquartier in Kempten sicherte den Abschnitt Lindau-Hindelang-Immenstadt-Pfronten. Die Truppen aller Kommandos stießen durch die zurückflutenden österreichischen Truppenteile nach Süden vor und erreichten Landeck, Franzensfeste und den Tauerntunnel. Da die Italiener nur langsam vorrückten und die deutschen Einheiten aufgrund eines Beschlusses der neuen bayerischen Regierung bewaffnete Auseinandersetzungen vermeiden sollten, beschränkten sich die Grenzschutztruppen nach Möglichkeit auf die Entwaffnung der meuternden und teilweise plündernden österreichisch-ungarischen Einheiten. Diese Maßnahme entsprach auch dem Willen der Tiroler Bevölkerung (›Schützt uns vor unseren Truppen!‹). Weitere Aktionen vereitelte der Umsturz in München am 7./8. November und der Waffenstillstand am 11. November. Die Schutztruppen zogen sich wieder hinter die Grenze zurück und sollten sich auf den Schutz der Bevölkerung vor Plünderern, Banden und umherstreunenden Kriegsgefangenen konzentrieren. Die Truppe war auch angewiesen, das Treiben von Vieh über die Grenze nach Österreich zu verhindern, wo beim Verkauf höhere Preise erzielt werden konnten. Für das Allgäu war das Grenzschutzkommando Kempten zuständig (Aufruf des*

wandte, erklärten aber, keine Macht zur vollständigen Verhinderung der Wilderei zu haben; sie wollen nun im Benehmen mit den Forstämtern wenigstens einen geordneten beschränkten Abschuß durch militärische Jagdkommandos zur Verbesserung der Truppenverpflegung einleiten.‹

Von den Truppen auf dem Flugplatze Gablingen-Gersthofen wird berichtet, daß sie ärarialische Gegenstände verkaufen. Neulich wurden zwei Mann mit Dienstgewehren wildernd in den Lechauen betroffen, konnten aber nicht festgenommen werden.

Nach dem Bericht des Bezirksamts Mindelheim zeigen die zurückkehrenden Soldaten, insbesondere die jugendlichen vielfach eine kaum zu überbietende Rohheit.

In Kaufbeuren waren in der Nacht von unbekannter Hand die roten Fahnen von einigen Staatsgebäuden und an einem Stadteingang entfernt worden. Darauf zog am folgenden Abend ein Haufen junger Soldaten vor einige staatliche Amtsgebäude und Wohnungen angesehener Bürger, verübte dort Radau und schoß scharf, ohne aber Schaden anzurichten. Einigen älteren Unteroffizieren gelang es später, die jungen Leute zur Besonnenheit zurückzubringen. Eine Bestrafung dieser Elemente erfolgte nach Mitteilung des Bürgermeisters nicht.

Als ein unerfreuliches Zeichen der neuen Zeit wird im Bericht eines Bezirksamts die einreißende Denunziersucht bezeichnet. Äußerungen, die von einflußreichen Persönlichkeiten einmal gebraucht wurden oder noch gebraucht werden, werden häufig in entstellter Form weiterverbreitet und daraus Kapital geschlagen.

Im allgemeinen ist wahrzunehmen, daß nunmehr die Brotgetreideablieferung in den ländlichen Bezirken in vermehrtem Maße einsetzt, da die Grippeerkrankungen zurückgehen und der Hafer ausgedroschen und abgeliefert ist.

Das Bezirksamt D o n a u w ö r t h berichtet:

›Am 19. dieses Monats hat der Viehlieferungsausschuß[2] in der Gemeinde Wolferstadt freigemacht. Als der Ausschuß bei dem Landwirt Joseph Binder Stallnachschau vornehmen wollte, kam der Sohn Xaver Binder in Uniform mit dem Bemerken, ob der Viehlieferungsausschuß einen Ausweis des Soldatenrats habe, im anderen Falle verweigere er den Eintritt in den Stall, er wisse von der höchsten Stelle, daß jeder Beamte, auch die Gendarmerie, einen Ausweis des Soldatenrates haben müßte. Auch dessen Vater und Mutter kamen mit den gleichen Bemerkungen und verweigerten der Kommission den Eintritt in den Stall. Zu diesem Falle erlaube ich zu bemerken, daß trotz fortgesetzter Aufklärung immer noch ab und zu die Meinung, sei es als Vorwand oder aus Irrtum, geäußert wird, als ob die Behörden zur Ausübung ihrer Amtstätigkeit eines Ausweises des Soldatenrates bedürften.‹

Das Bezirksamt N e u b u r g a n d e r D o n a u berichtet:

›In der II. und III. Wagenklasse der Eisenbahn findet man nur selten mehr Platz[3], weil das Personal es nicht wagt, Ordnung zu schaffen.‹

In der abgelaufenen Woche war die Versorgung der Stadt Augsburg mit Lebensmitteln wie in der Vorwoche nicht ausreichend. Besonders in der Milchanlieferung ist gegenüber der Vorwoche ein täglicher Rückgang von ca. 1400 Liter eingetreten. Dagegen war eine Überfülle von

---

Kommandeurs an die Bevölkerung Immenstadts und Umgebung, in: AAB 265 vom 14.11.1918; ABl S. 308, Bek vom 19.11.1918).
2 Die Kommunalverbände setzten für jede Gemeinde eine Ablieferungsquote für Schlachtvieh fest. Die Auswahl des Viehs traf der Viehlieferungsausschuss.
3 Die Inhaber der Fahrkarten für die IV. und III. Wagenklasse benützten widerrechtlich die höheren, besser ausgestatteten Klassen.

weißen Bodenrüben vorhanden, wie überhaupt die Gemüsezufuhr an Weißkohl überreichlich war. An die Bevölkerung wird, um die Ware loszubringen, der Zentner Weißkohl um 5 Mark, sohin unter den Gestehungskosten abgegeben. Die Obstanlieferung war nicht befriedigend. An Kartoffeln sind täglich 2 bis 14 Waggons eingetroffen. Hievon waren 3 Waggons vollständig erfroren. Dieselben wurden der Trocknungsanstalt Feldkirchen bei München überwiesen.

Das Bezirksamt S o n t h o f e n teilt folgendes mit:

›Sehr knapp ist im Allgäu die Butter- und Käseversorgung der Versorgungsberechtigten, da die Landesfettstelle im Interesse des weiteren Landes mit Freigabe von Butter und Käse sehr sparsam ist; die Bevölkerung begreift das vielfach nicht und auch das Amt ist genötigt, ständig auf Freigabe der unbedingt nötigen Mengen zu drängen. In der Getreideversorgung leben wir leider von der Hand in den Mund, die aus den verschiedensten Gründen (mangelhafte Ablieferung, Transportschwierigkeiten, Sackfrage) sehr schleppende Anlieferung hat eine Rücklagenbildung bisher nicht gestattet. Ähnlich ist es mit den Kartoffeln; der Bezirk ist bei weitem noch nicht versorgt.‹

Der Stadtmagistrat G ü n z b u r g berichtet:

›Wir haben hier zur Zeit große Schwierigkeiten mit der Fettversorgung. Zur Zeit können nicht einmal mehr 40 Gramm Butter für die Woche verteilt werden. Die Milchlieferung, insbesondere auch der zum Erzeugergebiet der hiesigen Molkerei gehörenden Landgemeinden, geht ständig zurück und wird bei den zu erwartenden Einquartierungen noch weiter sinken. Trotz unserer Vorstellungen hat die Landesfettstelle uns bisher nur in ganz unzureichendem Maße ausgeholfen. Es ist dies immer noch die alte Ernährungspolitik. Alles in die großen Städte, die kleinen Städte werden sich schon selbst helfen! Ich habe bereits bei anderer Gelegenheit darauf hingewiesen, daß diese Ernährungspolitik dazu beigetragen hat, die Stimmung in den kleinen Städten auf den Nullpunkt herabzudrücken. Trotz aller üblen Erfahrungen geht die Sache im alten Geleise weiter. Man glaubt, das Ernährungsproblem gelöst zu haben, wenn man die großen Städte versorgt. Gewiß, es soll nicht bestritten werden, daß die Versorgung der großen Städte ganz enorme Schwierigkeiten bietet. Aber man sollte doch auch die Schwierigkeiten der kleinen Städte nicht übersehen. Die Leute wissen, daß beispielsweise Rohfette abgeliefert werden, und man darf sich nicht wundern, wenn dann, wie es kürzlich hier im Gemeindekollegium der Fall war, ganz ernsthaft der Vorschlag gemacht wird, daß man einfach zur Selbsthilfe greifen und nicht mehr abliefern soll. Ich bin bisher allen derartigen Versuchen mit Nachdruck entgegengetreten, möchte aber doch nicht verfehlen, auf solche symptomatischen Vorfälle hinzuweisen.‹

In der Kohlenversorgung und Brennstoffzufuhr ist in Augsburg eine außerordentliche Verschlimmerung eingetreten. In der ersten Novemberhälfte sind im ganzen ungefähr 1900 Tonnen Kohlen eingetroffen gegen 6400 Tonnen im Oktober. Der Stadtmagistrat sah sich zur Sicherstellung der Bäckereibetriebe bereits veranlaßt, bei den Großhandlungen die gesamten vorhandenen Brikettvorräte zu beschlagnahmen. Da diese beschlagnahmten Vorräte jedoch nur für 6 Wochen ausreichen, hat der Stadtmagistrat sich in der Sitzung vom 22. dieses Monats mit der Bäckerinnung dahin geeinigt, daß die Bäckereien mit Dampfbacköfen von nun an zu $1/3$ Koks heizen müssen und daß für die übrigen Bäckereien nur mehr $2/3$ in Briketts angewiesen wird. Der Rest muß in Holz gedeckt werden. Auf diese Weise hofft man, die Brennstoffschwierigkeiten in den nächsten Wochen zu überwinden.

Das Gaswerk in Kaufbeuren ist noch auf 3 bis 5 Wochen mit Kohlen versorgt. Zur Einschränkung des Gasverbrauchs sind energische Maßregeln getroffen.

Die Spinnerei Ay[4] klagt insbesondere auch über die ungenügende Kohlenbelieferung und glaubt, ihren Betrieb abstellen zu müssen, wenn bis 8. Dezember keine weiteren Kohlen eintreffen.

Die Kohlenversorgung im Bezirke Kaufbeuren gibt zu ernsten Befürchtungen Anlaß. Das Bezirksamt ist nicht im Stande, die für die Bäcker, Käsereien und das Druschgeschäft erforderlichen Kohlen zu beschaffen. Der Grund liegt in der Zuteilung von viel zu wenig Bezugsscheinen. Vorstellungen beim Reichskommissar[5] blieben bisher ohne Antwort.

Die Rüstungsbetriebe in Augsburg, die bisher noch Kriegsarbeiten ausgeführt haben, setzen ihren Betrieb unter Umstellung auf die Friedensarbeit ohne Entlassungen fort. Die großen Rüstungsbetriebe werden voraussichtlich die Arbeitskräfte 4 Wochen behalten, beschäftigen oder unterstützen. Die übrigen Augsburger Industrien könnten, von der Textilindustrie abgesehen, ihre Betriebe fortführen, wenn die Kohlenversorgung gesichert wäre. Die Textilindustrie wird bald vollzählig nach dem Einstuhlsystem mit 20 % in Gang kommen. Die Kammgarnspinnerei verfügt über Rohstoffe zur Beschäftigung mit 60 %.

Die beiden Rüstungsbetriebe des Landbezirkes Augsburg (Zwirnerei Göggingen und Alpine Maschinenfabrik Augsburg in Göggingen) sind im Begriffe, den Betrieb umzurüsten; ihre Verhältnisse sind zur Zeit noch ungeklärt. Die übrige dortige Industrie (Textilindustrie in Haunstetten und Farbwerke in Gersthofen) ist ebenfalls zur Zeit noch im Unklaren über die nächste Zukunft. Das Handwerk hofft nach Rückkunft der Arbeitskräfte auf reichliche Arbeitsgelegenheit, soweit nicht die Rohstoffe fehlen. Die Landwirtschaft ist sehr aufnahmefähig, da sie am meisten der Arbeitskräfte entbehren mußte.

Dringlich wäre vor allem die Zuweisung von Rohstoffen an die Spinnerei und Weberei in Kaufbeuren, erwünscht die Berücksichtigung der Vereinigten Kunstanstalten Kaufbeuren bei Vergebung von staatlichen Druckaufträgen. Bei dem geringen Kontingent der Brauereien und der eingeschränkten Tätigkeit des Käsereigewerbes, der beiden hauptsächlichen Industrie- und Gewerbezweige der Stadt, sind die Aussichten für künftige Beschäftigung der Arbeiter nicht günstig.

Sehr dringlich wäre die Inangriffnahme des Baues der Lokalbahn Kaufbeuren-Schongau[6] und der Wertachkorrektion als Notstandsarbeiten. Als staatliche Notstandsarbeit und gleichzeitig zur Behebung der Wohnungsnot möchte der Stadtmagistrat Kaufbeuren ferner die Erbauung eines Amtsgebäudes für das Messungs- und Kulturbauamt anregen.

Die Wieland-Werke[7] in Vöhringen, Bezirksamts Illertissen, haben zunächst nur den während des Krieges eingestellten Frauen und Mädchen und solchen gekündigt, die zur Landwirtschaft übertreten können. Aufträge für Friedensarbeit sind reichlich vorhanden. Auch an Rohstoffen ist zunächst kein Mangel, aber die schwerste Gefahr liegt in der Kohlenversorgung, da das Werk nur auf einige Wochen mit Kohlen eingedeckt ist.

Die von den einzelnen Industriebetrieben in Füssen eingeholten Auskünfte über Rohstoffversorgung lauten noch ziemlich günstig; nur die Feinmechanikbetriebe in Pfronten würden dringend Neusilber, Kupferdraht und Platin benötigen und die über 900 Arbeiter beschäftigende mechanische Seilerwarenfabrik Füssen hat zwar vorerst noch Faserrohstoff, muß aber, da

---

4 *Mechanische Baumwollspinnerei und Weberei.*
5 *Reichskommissar für die Kohlenverteilung.*
6 *Die Strecke wurde im Abschnitt Kaufbeuren-Helmishofen am 1. April 1922, im Abschnitt Helmishofen-Schongau am 18. Februar 1923 eröffnet.*
7 *Messingdrahtfabrik.*

demnächst derzeit stilliegende Betriebe wieder erweckt werden sollen, mit einem völligen Abbruch der Zufuhr rechnen, was um so mißlicher ist, als Ersatzstoffe mangeln.

Die Satzung für Erwerbslosenfürsorge[8] in Augsburg ist bereits ausgearbeitet, wird noch in der Woche voraussichtlich beschlossen werden. Unter Voraussetzung genügender Kohlenversorgung werden die gelernten Arbeiter, die aus dem Heere zur Entlassung nach Augsburg kommen, glatt aufgenommen, für ungelernte und gelernte Bauarbeiter besteht ein Bedarf für 3000 bis 3500 Arbeitskräfte.

Für die heimkehrenden Krieger wird in Augsburg in bestmöglichster Weise gesorgt. Truppen und Truppenangehörige werden durch die militärischen Stellen verpflegt. Die Verköstigungsgelegenheit in der Prinzregentenstraße genügt weitgehenden Ansprüchen. In langgestreckten Baracken sind Feldküchen aufgestellt. Ein Teil derselben ist schon seit mehreren Tagen in Betrieb. Für Zivilpersonen, die hier durchkommen oder hier Aufenthalt nehmen wollen, sorgt die Kriegsküchenverwaltung. Diese Stelle arbeitet mit dem Quartierbureau zusammen. Es wird angenommen, daß die Verhältnisse der Zugereisten nach Umfluß einer Woche so geordnet sind, daß sie in die Lebensmittelversorgung der Stadt Augsburg aufgenommen werden können.

II.

Das Bezirksamt F ü s s e n berichtet:
›Der Widerstreit der Meinungen zwischen den Anhängern extremerer Richtung und den gemäßigteren Gruppen verschärft sich auch hier zusehends und finden fortgesetzt Besprechungen und Versammlungen statt. Die Arbeiterschaft huldigt durchweg nicht gerade bolschewistischen Tendenzen, vertritt aber immerhin einen stark radikalen Standpunkt und fordert namentlich vermehrte Einflußnahme auf die Verwaltung und Kontrolle aller staatlichen und kommunalen Betriebe. Der hiesige Arbeiter-Soldaten-Bauernrat hat sich hiewegen vom Ministerpräsidenten eine Bescheinigung ausstellen lassen, welche er dem Unterfertigten vorwies, und nun sollen sämtliche Behörden zur Anerkennung einer mehr oder minder unbedingten Gefolgschaft gegenüber dem A.S.B. Rat veranlaßt und die Bevölkerung in diesem Sinne öffentlich aufgeklärt werden. Wenn hier nicht alsbald feste Direktiven von höchster Stelle erteilt werden, die den äußeren Behörden eine gangbare Richtlinie weisen, so wird sich bei allem Entgegenkommen in kürzester Zeit ein praktischer Einzelfall ergeben, der es einer gesinnungstreuen Beamtenschaft unmöglich machen wird, im Amte zu verbleiben[9].‹

---

8 *Die Verordnung für Erwerbslosenfürsorge vom 13. November 1918 (RGBl S. 1305) wurde in der grundlegenden Proklamation ›mit Gesetzeskraft‹ des Rates der Volksbeauftragten vom Vortag angekündigt (RGBl S. 1298). Die Proklamation verpflichtet die Gemeinden und Gemeindeverbände, eine Fürsorge für Erwerbslose einzurichten, die aber nicht den Charakter der Armenfürsorge tragen durfte. Den Ausführungsbestimmungen für Bayern liegt die Entschließung des am 14. November 1918 neu geschaffenen Staatsministeriums für Soziale Fürsorge zugrunde. Es veröffentlichte eine Mustersatzung (StAnz 271, MABl/KBl S. 298), dessen § 1 lautet: Arbeitsfähige und arbeitswillige Personen, die sich infolge des Krieges durch Erwerbslosigkeit in bedürftiger Lage befinden, werden auf Antrag in Fürsorge genommen.*
9 *In einer vom Provisorischen Landessoldatenrat Bayern und vom Ministerium für militärische Angelegenheiten erlassenen ›Vorläufigen Verordnung für die Soldatenräte‹ vom 26. November 1918 (StAnz 283) heißt es: [...] muß auf Grund übler Erfahrungen nachdrücklichst betont werden, daß die Soldatenräte jeder Instanz zu Eingriffen in nichtmilitärische Gebiete, z. B. in die Zivilverwaltung des Staates und der Gemeinden [...] nicht befugt sind [...]. Vorläufige Richtlinien für die Arbeiter- und Bauernräte erließ das Staatsministerium des Innern am 26. November 1918; StAnz 277 (1918), MABl/KBl S. 321. Endgültige Richtlinien für die Arbeiterräte traten am 17. Dezember 1918 in Kraft; StAnz 295 (1918), MABl/KBl S. 341. Bemerkenswert ist Absatz IX: Den Arbeiter- und Bauernräten sowie den Ausschüssen steht keine Vollzugsgewalt zu. Sie vermeiden jeden Eingriff in die staatliche oder gemeindliche Verwal-*

Das Bezirksamt K a u f b e u r e n berichtet folgendes:
›In Waal, Bezirksamts Kaufbeuren, wurde durch einen Soldaten aus München für 8 Gemeinden ein Bauern-, Bürger- und Arbeiterrat gebildet, dessen Zusammensetzung in der örtlichen Presse abfällig beurteilt wurde. Derartige Gründungen durch Personen, die mit den Verhältnissen nicht vertraut sind, würden besser unterbleiben, da hierdurch leicht die dringend notwendige Einigkeit der Landbevölkerung gestört werden kann.‹

Das Bezirksamt K e m p t e n hebt folgendes hervor:
›Dringend zu wünschen ist, daß die Zuständigkeiten der Arbeiter-, Soldaten- und Bauernräte baldigst abgegrenzt werden und zwar von höchster Stelle, nicht von den Räten selbst. Wohin wir im letzteren Falle kommen, zeigt ein Beschluß, der am 21. dieses Monats in einer Versammlung der Arbeiter-, Soldaten- und Bauernräte des Allgäus gefaßt wurde und der wörtlich folgendermaßen lautet:
›Die Arbeiter-, Soldaten- und Bauernräte wurden durch die Revolution hervorgerufen. Sie haben am Tage derselben die gesamte ausübende Gewalt übernommen, stehen also nicht neben, sondern über allen Behörden der für sie zuständigen Gemeinden oder Bezirke. Diese oberste Gewalt werden sie solange behalten, bis sie durch die allgemeinen Wahlen zu Gemeinden, Staat und Reich überflüssig werden oder ihre Zuständigkeit eingeschränkt wird. Die Behörden werden vor Beschlußfassung grundsätzlicher Natur in Kenntnis gesetzt. Vertreter der Behörden haben in diesem Falle im Arbeiter-, Soldaten- und Bauernrat Beratungsrecht.‹‹

Dem Bericht des Bezirksamts Z u s m a r s h a u s e n ist folgendes zu entnehmen:
›Die nunmehr offenbar grundsätzlich getroffene Anordnung, daß die Verwaltungsbehörde zahlreiche Verfügungen nur im Einvernehmen mit einem aus Vertretern von Arbeitgebern und Arbeitnehmern zu bildenden Ausschuß (zum Beispiel Demobilmachungsausschuß[10], Erwerbslosenfürsorgeausschuß[11]) zu treffen hat, erschwert die amtliche Tätigkeit ungemein; denn die Mitglieder dieser Ausschüsse sollen doch aus dem ganzen Bezirk sich rekrutieren, müssen also auch jeweils aus weitest entfernten Gemeinden zugezogen werden. Daß dies unter Umständen für die Beteiligten einen ganz erheblichen Zeitverlust, für den Staat bzw. Distrikt aber, oder wer sonst für die Kosten aufzukommen hat, einen sehr bedeutenden Kostenaufwand bedeutet, wird sich sehr bald herausstellen. Für die Städte, wo die Ausschußmitglieder leicht zu erreichen sind, mag sich diese Methode empfehlen, fürs flache Land, wo die Leute zum Teil einen halben Tag brauchen, um zu Amt zu kommen, erscheint sie recht wenig geeignet.‹

---

tungstätigkeit. *Die Wahl der Bauernräte regelt die Entschließung vom selben Tag; StAnz 295 (1918), MABl/KBl S. 346. – In der 1. Sitzung des Landesarbeiterrates erklärte Innenminister Auer am 10. Dezember 1918, er habe 600 Telegramme hinausgehen lassen, in denen Beschlüsse der Arbeiter-, Soldaten- und Bauernräte aufgehoben wurden.*

10 *Die Bildung eines Demobilmachungsausschusses bei den Kommunalverbänden erfolgte gemäß Verordnung des Bundesrates über die wirtschaftliche Demobilmachung vom 7. November 1918; RGBl S. 1292. Dieser Ausschuss setzte sich aus Arbeitgebern und Arbeitnehmern unter dem Vorsitz des Bezirksamtmanns als dem Vorstand des Kommunalverbandes zusammen. Der Ausschuss hatte sich u. a. um das Ingangshalten des Wirtschaftslebens zu bemühen und die Eingliederung der Rüstungsarbeiter und Heeresentlassenen in die Volkswirtschaft zu organisieren.*

11 *Mustersatzung § 20: Für die Behandlung der Fürsorgeanträge und der Unterstützungsgesuche wird (werden) ein besonderer Ausschuß (besondere Ausschüsse) gebildet, dem (denen) unter dem Vorsitz des Beauftragten der Gemeinde (des Distrikts) Arbeitgeber und Arbeitnehmer in gleicher Zahl angehören; StAnz 271 (1918), MABl/KBl S. 303.*

Das Verlangen nach baldiger Einberufung der verfassunggebenden Nationalversammlung*12* ist allgemein. Wenn diesem Verlangen Rechnung getragen wird, aber auch nur dann, ist die Einlebung der ländlichen Bevölkerung in die neuen Verhältnisse zu erhoffen.

Auf den im anruhenden Ausschnitt aus der Augsburger Postzeitung vom 24.11.1918 (Vorabendblatt) enthaltenen Einspruch der schwäbischen landwirtschaftlichen Organisationen*13* erlaube ich mir Bezug zu nehmen.

gez. von Praun

Augsburg, den 2. Dezember 1918   **47**

I.

Die öffentliche Sicherheit ist im allgemeinen im Regierungsbezirke ungestört geblieben. Die meisten Bezirksämter berichten, daß Bürgerwehren und Sicherheitswachen bestellt wurden oder in der Errichtung begriffen sind. Das Bezirksamt Schwabmünchen berichtet, daß ganze Trupps von Gefangenen ohne Wachmannschaften die Umgebung des Lagers Lechfeld frequentieren.

In Günzburg zeigte sich auch bei der kürzlich abgehaltenen Versteigerung von ungarischen Pferden, wie weit die Auflösung der Heeresdisziplin und die Moral weiter Kreise bereits gesunken ist. Trotz aller Maßnahmen konnte nicht verhindert werden, daß Pferde, sowie Zaum- und Geschirrzeug zu Spottpreisen von Unberechtigten veräußert wurden.

Die nunmehrige Regelung des Wildabschusses im Bezirke Sonthofen für und allenfalls durch die Grenzschutztruppen ist aus der Beilage zu ersehen.

Allgemein wird beklagt, daß die Sittenbegriffe der Bevölkerung infolge der Kriegseinwirkungen sehr stark im Schwinden begriffen seien. Eigentumsdelikte, allerdings meist geringfügiger Natur, sind an der Tagesordnung, und auch im Zivilrechtsleben wird darüber geklagt, daß niemand mehr sich recht an die bestehenden Gesetze halten will, sondern nur darauf ausgeht, den persönlichen Vorteil bestens zu wahren.

Die militärischen Einquartierungen der aus dem Felde zurückgekehrten Truppen im Landbezirke Augsburg sind bisher ohne Beanstandungen vor sich gegangen. Aus einzelnen Gemeinden des Bezirksamts Augsburg kommen Klagen, daß verheiratete Zahlmeister und Feldwebel ihre Geliebten aus Belgien bzw. Frankreich mitgebracht hätten, worüber die Bevölkerung sehr entrüstet ist. Auch sind die dortigen Landwirte sehr ungehalten darüber, daß nicht wenige

---

12 Darunter ist eine bayerische Verfassungsgebende Nationalversammlung zu verstehen. Am 4. Januar 1919 erließ die Regierung ein ›Provisorisches Staatsgrundgesetz der Republik Bayern‹; GVBl S. 1. Die im rechts- und linksrheinischen Bayern am 12. Januar bzw. 2. Februar 1919 gewählte Nationalversammlung (Landtag) stimmte am 12. August 1919 mit Mehrheit einem von der Regierung vorgelegten Verfassungsentwurf zu. Diese sog. Bamberger Verfassung trat am 15. September 1919 in Kraft; GVBl S. 531.

13 Der Augsburger Arbeiter- und Soldatenrat hatte die Bauern – je zwei aus jedem Ort sollten entsandt werden – zum 25. November nach Augsburg geladen, damit sie u. a. einen Bauernrat für Schwaben und Neuburg wählen. Die landwirtschaftlichen Organisationen lehnten die Einladung mit dem Hinweis ab, dass die Bildung eines schwäbischen Bauernrats ausschließlich den Bauern zustehe. Diese in den Zeitungen veröffentliche Erklärung erfolgte im Namen folgender Verbände: Landwirtschaftlicher Kreisverein für Schwaben und Neuburg (18.000 Mitglieder), Christlicher Bauernverein für Schwaben und Neuburg (20.000), Schwäbischer Kreisverband landwirtschaftlicher Darlehens-Kassenvereine (732 Genossenschaften mit 43.000 Mitgliedern), Landwirtschaftlicher Verband für Schwaben (190 Genossenschaften), Milchwirtschaftlicher Verein im Allgäu (5400 Mitglieder), Schwäbischer Kreis-Ackerbau-Verband (2000 Mitglieder), Allgäuer Herdebuchgesellschaft (112 Genossenschaften), Schutzverband für das schwäbische Fleckvieh (114 Genossenschaften).

Soldaten sich um die mitgebrachten Pferde gar nicht kümmern und ihre Fütterung und Pflege vollständig vernachlässigen, so daß die Tiere oft tagelang nichts zu fressen und trinken bekommen. Bezügliche Vorstellungen werden brutal beantwortet.

Nachteilig für die Anlieferung der Lebensmittel wirkt nach dem Bericht des Bezirksamts Augsburg die letzte generelle Amnestie[1], durch welche sich nun die Bauern frei von aller Strafe fühlen, wie sie auch für die Zukunft die entsprechende Nutzanwendung daraus ziehen werden.

Die Kartoffelanlieferung im Bezirke Neuburg an der Donau insbesondere hat auch in dieser Woche unter Frost stark gelitten; doch dürfte die dem Bezirk auferlegte Zwangslieferung der Menge nach bereits voll erfüllt sein. Eine Kontrolle darüber ist nicht möglich, weil zahlreiche Ausfuhren aus dem Bezirk ohne Verständigung des Kommunalverbandes erfolgten, zum Teil mit Frachtbriefen der Landessaatstelle, hinsichtlich derer mangels bezüglicher Aufschreibungen bei der Saatstelle auch nachträglich seitens des Bezirksamtes kein erschöpfender Aufschluß erlangt werden konnte.

Trotz aller Bemühungen hinsichtlich der Kartoffelablieferungen wird die Lieferschuldigkeit des Bezirksamtes Illertissen nicht erreicht werden können, da die Landeskartoffelstelle auf Grund nicht zutreffender Unterlagen den Hektarertrag auf 210 Zentner im Bezirk festgesetzt hat.

Die Schwierigkeiten in der Brennstoffversorgung in Augsburg dauern fort. Infolge der Demobilmachung, der Abgabe der Waggons und Lokomotiven[2] an die Feinde, der Streiks usw. ist die Kohlenzufuhr bedeutend zurückgegangen; von dem Saar- und Ruhrrevier sowie aus Böhmen ist jede Zufuhr unterbunden, aus Mitteldeutschland geht nur sehr wenig ein und das bayerische Kohlengebiet[3] ist sehr wenig leistungsfähig. Vor allem gilt es, die für die Volksernährung so überaus wichtigen Bäckereibetriebe sicherzustellen. Um dieses zu erreichen, wurde am 27. November vom Stadtmagistrat Augsburg beschlossen, vom 29. November 1918 an die gesamten in Augsburg vorhandenen Braunkohlenbrikettsvorräte und die in Zukunft etwa noch einlaufenden Brikettsendungen zu beschlagnahmen und nur zur Abgabe an Bäckereien freizugeben. Es wird erwartet, daß damit für die Bäckereien wenigstens für 8 Wochen die nötigen Betriebsmittel sichergestellt sind. Die Maßnahme hat die einschneidende Bedeutung, daß vom 29. November an für die übrigen Verbraucher keine Briketts mehr abgegeben werden. Die notwendige Vorsorge für die Volksernährung rechtfertigt aber diese Maßnahmen. Sobald sich eine dauernde Besserung der Zufuhr einstellen sollte, wird die Beschlagnahme wieder aufgehoben werden.

Die städtische Gasanstalt in Lindau ist noch bis Ende des Jahres mit Kohlen versehen. Ebenso die Bevölkerung mit Hausbrandkohle.

Über die Lage des Arbeitsmarktes berichten die beteiligten D i s t r i k t s v e r w a l t u n g s b e h ö r d e n, was folgt:

›Die Lage am Arbeitsmarkt in Augsburg kann vorläufig noch nicht als ungünstig bezeichnet werden. Die Maschinenfabrik Augsburg-Nürnberg hat bisher Arbeiterausstellungen in größerem Maßstab dadurch vermieden, daß sie den Bau von U-Boot-Motoren in vollem Umfange fortsetzt in der Erwartung, daß die Motoren für den Bau

---

1 *Verordnung des Bayer. Staatsministeriums der Justiz vom 22. November 1918; GVBl S. 1237, StAnz 274 (1918).*
2 *Als Folge des Waffenstillstands vom 11. November und als Vorleistung eines künftigen Friedensvertrags sollten u. a. 5000 Lokomotiven und 150.000 Eisenbahnwaggons abgeliefert werden. Tatsächlich bot die deutsche Regierung bis Mitte Dezember 1919 nur 810 Lokomotiven an, von denen die Alliierten nur 206 annahmen. Von den abzuliefernden 150.000 Waggons waren bis dahin nur 15.720 angeboten und 9098 angenommen worden.*
3 *Peißenberg, Penzberg, Hausham.*

von Handelsschiffen Verwendung finden können. Die genannte Firma hat in letzter Zeit lediglich 1800 weiblichen Arbeitskräften und zwar mit vierwöchiger Frist gekündigt.
Die Beschaffung von Arbeitsgelegenheit für entlassene Heeresangehörige ist bisher ohne Schwierigkeiten gelungen. Lediglich bezüglich der dem Kaufmannsstande angehörenden Heeresentlassenen ist die Unterbringung in Arbeitsstellen nicht restlos gelungen. Die Landwirtschaft und das Handwerk haben die ihnen bisher zugewiesenen Arbeitskräfte aufgenommen. An Facharbeitern, besonders an Bauarbeitern, Zimmerleuten und Schreinern herrscht Mangel. Die Vorräte an Rohstoffen sind gering, Bleche und Leder fehlen fast gänzlich. In letzter Zeit wurde bei den beteiligten Wirtschaftsstellen angeregt, die Augsburger Textilbetriebe in ausgedehnterem Maße als bisher mit Aufträgen zu versehen, weil diese Betriebe fast ausnahmslos mit Wasserkraft arbeiten und so Kohlen sparen können; ob diese Bemühungen Erfolg haben werden, steht noch nicht fest.‹

›In den Farbwerken Gersthofen sind insgesamt 20 Arbeitskräfte ausgetreten und 22 eingetreten, in der Zwirnerei Göggingen keine ausgetreten und 14 eingetreten, in der Alpinen Maschinenfabrik Göggingen keine aus- und keine eingetreten. Soweit bei einzelnen Betrieben des Landbezirkes Augsburg noch Rüstungsarbeiten vorliegen, werden sie nach und nach abgebaut. In einzelnen Betrieben liegen kleinere Friedensaufträge vor. Die technische Umstellung der Betriebe ist im Gange. In einigen Betrieben sind noch Rohstoffe für kurze Zeit vorhanden. In der Spinnerei und Weberei Haunstetten sind keine Arbeiter ausgetreten, dagegen 18 eingetreten. Die Ziegeleien stehen noch still. Friedensaufträge stehen in Aussicht, sobald die Rohstoffe durch die Kriegsgesellschaften freigegeben werden. An Betriebsstoffen (Kohlen) ist großer Mangel; manche Betriebe haben nur mehr für einige Wochen.‹

›An Friedensaufträgen für die Industrie des Bezirkes Illertissen fehlt es nicht. In der Holzleistenfabrik von Winkle in Altenstadt vollzieht sich die Umstellung in die Friedenswirtschaft unter allmählicher Auswechslung der weiblichen Arbeitskräfte gegen die vom Felde Zurückkehrenden ohne Störung. In den Wieland-Werken (Vöhringen) reichen die Kohlen infolge der durch den 8-Stunden-Tag herbeigeführten Störungen in der Kohlenförderung nur noch bis Ende dieses Monats. Wenn es nicht gelingt, vom Ruhrgebiet Kohlen heranzuschaffen, wird der Betrieb stillgelegt werden müssen. Es ist aber Vorsorge getroffen, daß die Arbeiter durch Notstandsarbeiten am Kanalbau beschäftigt werden. Die in der letzten Zeit vorgenommene Ausstellung weiblicher Arbeitskräfte wurde von diesen sehr übel vermerkt, obwohl sie plangemäß und im Einklang mit den ergangenen Weisungen hinsichtlich Demobilmachung erfolgte. Die Frauen überbieten sich gegenseitig an wüstem Schimpfen und wollen auch in der nahen Kunstwollfabrik von Bellenberg, wo sie zum Teil aufgenommen werden könnten, nicht Arbeit nehmen. Es wird versucht werden müssen, unter Beiziehung der Arbeitervertreter hier allmählich Klarheit und Beruhigung zu schaffen.‹

›Infolge Kohlenmangels ist die Papierfabrik Hegge, Bezirksamts Kempten, gezwungen, vom nächsten Mittwoch ab ihren Betrieb vollständig einzustellen. Damit werden gegen 200 Arbeiter brotlos. Ihre anderweitige Unterbringung wird schwer halten; es wird voraussichtlich die Arbeitslosenunterstützung eingreifen müssen.‹

›Merkwürdigerweise ist, was die Lage des Arbeitsmarktes in Lindau anbelangt, zur Zeit noch keine große Nachfrage von Arbeitnehmern bei unserem Arbeitsamt, während umgekehrt ein ziemliches Angebot von seiten der Arbeitgeber nach Arbeitskräften, hauptsächlich Erdarbeiten, vorliegt. Mißlich sind die Verhältnisse im Zeppelinwerk Reutin, das eine erhebliche Anzahl von ungelernten Arbeitern entlassen hat. Doch soll für die gelernten Arbeiter insoferne gesorgt werden, als eine Umstellung des Betriebes für Staatsbahnzwecke beantragt ist. Durch die Entlassung eines Teiles der Angestellten und Arbeiter im Zeppelinwerk haben sich die Wohnungsverhältnisse in der Stadt erheblich gebessert, so daß vorläufig weitere Maßnahmen auf dem Gebiet der Wohnungsfürsorge nicht nötig erscheinen.

Als sehr wünschenswert und dringend nötig wurde es erachtet, daß auch die Staatsbehörden in Lindau ungesäumt sich an die Ausführung der vorgesehenen, zum Teil auch schon in Angriff genommenen Arbeiten, wie Ausbau des im Rohbau seit 4 Jahren fertigen Stadtbahnhofes, Fundation des neuen Durchlasses am Eisenbahndamm, Ausführung eines größeren Kanales beim Güterbahnhof Reutin mit aller Energie machen würden.‹

›Das staatliche Hüttenamt Sonthofen wird wenigstens den Hauptteil seiner Arbeiterschaft noch auf Monate hinaus beschäftigen können; es wird zunächst nur den aushilfsweise eingestellten Arbeiterinnen am 3. Dezember mit 28 Tagen Frist kündigen. Die Mechanische Bindfadenfabrik Immenstadt hat nach ihrer Angabe zwar Rohmaterial auf mehrere Monate, reicht aber mit ihren Kohlen, die sie bei der zur Zeit schlechten Wasserkraft mit heranziehen muß, nur bis Ende Dezember. Ganz schlecht sind die Aussichten in der großen Allgäuer Baumwollspinnerei und Weberei Blaichach. Diese wird, soviel wenigstens bisher feststeht, wohl etwas Baumwolle zum Verspinnen haben, aber für ihren gegenwärtigen Hauptbetrieb, die Papierstoffweberei, fehlt es vollständig an Aufträgen sowie an der Möglichkeit, die infolge der notwendigen Verwendung feuchter Papiergarne stark wasserhaltigen Gewebe zu trocknen; die Trocknung erfolgte bisher in Mannheim, dorthin kann zur Zeit nichts verfrachtet werden, die selbst bestellten Trocknungsmaschinen kann die Fabrik derzeit nicht erhalten. Hoffentlich bringt die am 2. Dezember in Augsburg stattfindende Versammlung der Textilbetriebe erfreulichere Aussichten.‹

›In der Pulverfabrik Bobingen, Bezirksamts Schwabmünchen, in der zur Zeit noch 312 männliche und 174 weibliche Arbeiter beschäftigt sind, wurde unterm 25. vorigen Monats 25 % der Arbeiterschaft gekündigt und zwar
1. solchen, welche seit 1. Juli 1918 beschäftigt sind,
2. den Jugendlichen,
3. denjenigen, von deren Familie ein weiteres Mitglied in der Fabrik beschäftigt ist,
4. jenen Arbeitnehmern, in deren Betriebsabteilung genügend Beschäftigungsmöglichkeit nicht mehr vorliegt.

Die Kündigung erfolgte mit einer vierwöchentlichen Frist.‹

›Die Lage des Arbeitsmarktes für die Textil- und Holzindustrie (sonstige Industrie kommt nur ganz unerheblich in Betracht) ist derzeit nicht günstig. Die Spinnerei Ay, Bezirksamts Neu-Ulm, hat inzwischen Kohlenzuweisung erhalten, so daß ihr Fortbetrieb für Dezember gesichert ist. Das Handwerk ist noch mit Bestellungen versehen. Für die Arbeit in der Landwirtschaft ist jetzt die ruhigere Zeit gekommen, gleichwohl kann und wird sie auch jetzt schon gerne sehr zahlreiche Arbeitskräfte aufnehmen; die Frage ist nur, ob sie diese auch erhält, da der Zug in die Stadt stärker ist wie je.‹

›Die Arbeitsmarktlage hat sich in Kempten im Laufe dieser Woche etwas gebessert; es wurden von der Betriebswerkstätte[4], vom Kulturbauamt und Straßen- und Flußbauamt eine Anzahl von Arbeitern angefordert; andere Staatsbauämter werden in den nächsten Tagen folgen, sobald die Arbeiten an die Handwerker vergeben sind.‹

›Die Arbeiten der Rüstungsindustrie im Bezirke Dillingen werden in der nächsten Zeit beendet sein; nur die Tuchfabrik Ludwigsau in Lauingen ist noch 6 Wochen mit Heeresaufträgen versehen, da sie Stoffe für Zivilanzüge anzufertigen hat. Die Fabriken sind mit Friedensaufträgen versehen, lediglich die Sägwerke werden zunächst keine Arbeit haben, wenn nicht noch Aufträge kommen, und Arbeiter ausstellen müssen. Alles wird davon abhängen, daß rechtzeitig Kohlen geliefert werden können; dies muß die Hauptsache sein, der alle Bemühungen gelten müssen. Die Baumwollweberei Zöschlingsweiler mit der Filiale Echenbrunn steht schon seit mehreren Jahren still; Rohstoffe werden sobald hiefür nicht kommen. In der Mechanischen Bindfadenfabrik Schretzheim mangelt es an Kohlen; wenn hierin nicht bald eine Besserung eintritt, muß der Betrieb voraussichtlich eingeschränkt werden. Rohstoffe und Friedensaufträge sind genügend vorhanden. Die Arbeiter, welche vor dem Kriege dort beschäftigt waren, werden nach Rückkehr wieder aufgenommen. Das Handwerk ist genügend beschäftigt, fehlende Arbeitskräfte werden durch zurückkehrende Mannschaften leicht ersetzt werden. Für Bäcker und Schmiede sind ebenfalls Kohlen notwendig.‹

›Die Strohhutindustrie in Lindenberg hat zufolge mangelnder Aufträge voraussichtlich bloß bis Februar kommenden Jahres Arbeit; von da an ist Arbeitslosigkeit zu befürchten.‹

›Es wird gelingen, im Bezirke Donauwörth eine größere Anzahl von Heeresangehörigen sofort in Arbeit zu bringen, wenn die Kriegsgefangenen möglichst bald in die Lager zurückgezogen werden. Der Wirtschaftsoffizier hat sich auf meine Veranlassung bereit erklärt, auf Anforderung der Gemeinden sofort den Rücktransport der Gefangenen in die Lager zu bewerkstelligen. Die Arbeitgeber sind mit den Kriegsgefangenen ohnehin jetzt fast durchgehends unzufrieden, da sie anfangen, sehr lässig und anmaßend zu werden. Bei der Sitzung des Demobilmachungsausschusses wurde auch der Wunsch geäußert, daß die Heeresverwaltung die Gegenstände, die sie zu veräußern beabsichtigt, nicht bloß in München oder in anderen größeren Städten zum Verkauf bringen, sondern möglichst in jedem Bezirksamt die Veräußerung vornehmen soll. Auch wurde die allgemeine Freigabe des Leders angeregt.‹

Die Wohnungsfürsorge in Nördlingen macht insoferne größere Schwierigkeiten, als es bisher noch nicht gelungen ist, den Stadtbaumeister Leutnant d. R. Strehle[5] (Ers. Bat. Res. Inf. Rgts. Nr. 15) vom Heeresdienst freizubekommen. Derselbe hat die Wohnungskommission zu führen, die bezüglich der Wohnungsrationierung und des Wohnungsbaues unverzüglich in Tätigkeit treten sollte.

II.

Das Bezirksamt D o n a u w ö r t h teilt aus der Zuschrift eines Pfarrers nachstehendes mit:
›Sehr betrübend und deprimierend ist es, wie der Geistliche, der, von keiner Seite unterstützt, die meiste heimatliche Kriegsarbeit geleistet, jetzt von oben auf die Seite gesetzt und kaltgestellt werden will und nun auch vielfach von der eigenen Bevölkerung,

---

4 *Betriebswerkstätte der bayerischen Staatseisenbahn.*
5 *Hans Strehle (1883–1970).*

weil er pflichtgemäß den staatlichen Behörden in uneigennütziger Weise ihre Last mittragen half, als Kriegsverlängerer geächtet wird. Es dürfte keine unbillige Bitte an das verehrliche Bezirksamt sein, veranlassen zu wollen, daß durch die Kreisregierungen, die ›regierenden‹ Männer es erfahren sollen, was der Geistliche im Kriege dem Staate gewesen ist[6].‹

Der Wunsch nach baldmöglichster Festsetzung der Wahlen zur bayerischen Nationalversammlung auf einen tunlichst nahen Termin ist allgemein.

gez. von Praun

[Beilage 1 zum Wochenbericht vom 2. Dezember]

Grenzschutzregiment Dessauer[7] Nr. 104　　　　　　　　　　Immenstadt, den 27.11.1918

V e r h a n d l u n g s s c h r i f t

Anwesend: Bezirksamtmann Müller[8], Sonthofen,
Forstmeister Glas[9], Immenstadt,
Forstmeister Müller[10], Burgberg,
Forstassessor Dörr[11], Fischen,
Major Dessauer, Kommandeur des Grenzschutzregiments,
Leutnant Süß, Adjutant des Grenzschutzregiments,
Hauptmann Oertel[12], Kommandeur des bayerischen Grenzbataillons Nr. 5,
Schütze Kosyra vom Soldatenrat des bayerischen Grenzbataillons

Hauptmann Oertel erstattete Bericht über die seitens des Grenzbataillons 5 ergriffenen Maßnahmen zur Einschränkung der unberechtigten Jagdausübung seitens der Mannschaften und berichtet, daß er mit dem Vertreter verschiedener Jagdberechtigter des Allgäus eine Vereinbarung dahin getroffen habe, daß seitens der Jagdberechtigten den Mannschaften in jeder Woche ein Pfund Wildbret für den Mann unentgeltlich als Zuschuß zur Verpflegung zur Verfügung gestellt werde, ferner, daß er Maßnahmen getroffen habe, den Mannschaften, mit Ausnahme

---

6　Das Bischöfliche Ordinariat Augsburg fasste die Aktivitäten der Priester summarisch zusammen: Der Geistliche […] kämpft nicht an der Front und doch weiß das Vaterland, daß seine Arbeit nicht minder wichtig ist als die der kämpfenden Brüder im Felde. Er begleitet unsere Helden hinaus aufs Feld der Ehre, stärkt sie in Not und Gefahr durch die Tröstungen seiner Religion. Er hilft den Sterbenden in ihren letzten Stunden in den Lazaretten, und zu Hause erhält er den Mut der Zurückgebliebenen, tröstet die Traurigen und hilft den Witwen und Waisen. Er kämpft unter den Zeichen des Roten Kreuzes mit ungebrochener Tapferkeit und ausdauerndem Mute. Er hat aufklärend gewirkt in den Fragen der Lebensmittelversorgung und der Goldumwechslung an der Reichsbank. Er hat nicht zuletzt einen großen Anteil an den deutschen Kriegsanleihen; *Amtsblatt für die Diözese Augsburg, Jahrgang 1916, Sonderbeilage, S. 3.*
7　Arthur Dessauer (geb. 1867), Major d. R., ab 1. Mai 1917 Kommandeur des Gebirgs-Infanterie-Ersatzbataillons in Immenstadt. Vom 28. Oktober bis 11. November und wieder ab 2. Dezember 1918 Kommandeur des Grenzschutz-Bataillons 5. In der Zwischenzeit Kommandeur des Grenzschutz-Regiments 104, das vorübergehend ab 12. November zur Sicherung des Abschnitts Lindau-Hindelang eingesetzt war.
8　Karl Müller, 1918 Verweser des Bezirksamts Sonthofen, erhielt am 1. Juli 1918 den Titel ›K. Bezirksamtmann‹, wurde am 1. Oktober 1918 zum K. Bezirksamtmann ernannt und im April 1920 als Regierungsrat an das Bayer. Staatsministerium für Unterricht und Kultus versetzt.
9　Ludwig Glas (1865–1941). 1919 Forstrat, zuletzt Oberforstmeister.
10　Alois Müller (1857–1930).
11　Walter Dörr.
12　Eugen Oertel (1867–1944), Oberlandesgerichtsrat, Hauptmann der Landwehr beim Gebirgs-Infanterie-Ersatz-Bataillon Immenstadt, ab 8. Oktober 1918 Kompanieführer im Grenzschutz-Bataillon 5, vom 18. November bis 1. Dezember Kommandeur des Grenzschutz-Regiments 104.

der auf Wach- und Patrouillendienst Beschäftigten, die Gewehre und die Munition abzunehmen und unter den Verschluß der Kompagnieführer bzw. Feldwachhabenden zu bringen sowie daß er hoffe, diese Maßregel spätestens mit Beendigung der zur Zeit im Gange befindlichen Entlassungen, welche sich auf etwa 50 % der Mannschaften erstrecken werden, allgemein durchführen zu können.

Von sämtlichen Anwesenden wird anerkannt, daß eine derartige Vereinbarung, verbunden mit der Ablieferung der Gewehre, ein geeignetes Mittel sei, um der unbefugten Jagdausübung seitens der Mannschaften, welche in letzter Zeit einen bedenklichen Umfang angenommen hat und deren Eindämmung unter den gegenwärtigen Verhältnissen auf dem üblichen gesetzlichen Wege unmöglich erscheint, tunlichst entgegenzutreten, und es wird der Wunsch ausgesprochen, daß die sämtlichen Jagdberechtigten des Allgäus ihren Beitritt zu dieser Vereinbarung erklären möchten. Festgestellt wird, daß der Abschuß des für die Mannschaften bestimmten Wildes lediglich durch die zuständigen Aufsichtsorgane der Jagdberechtigten zu erfolgen hat; nur wo besondere Verhältnisse es als angezeigt erscheinen lassen, soll einzelnen von den Kompagnieführern namentlich zu bezeichnenden waidmännisch erfahrenen Leuten mit Zustimmung des Jagdberechtigten die Erlaubnis erteilt werden, in Begleitung des zuständigen Jagdaufsehers an der Jagd teilzunehmen. Der anwesende Vertreter des Soldatenrates erklärt, daß seitens der Mitglieder des Soldatenrates mit allem Nachdruck auf die Mannschaften eingewirkt werde, um sie vom Wildern zurückzuhalten und daß unter den angegebenen Voraussetzungen auf einen Erfolg dieser Bemühungen gerechnet werden könne. Festgestellt wurde schließlich, daß ein großer Teil der vorgekommenen Wilddiebereien von Truppen verübt wurde, welche in den letzten Tagen aus dem Bereich des Grenzbatl. 5 weggezogen worden sind. Bezirksamtmann Müller erklärt sich bereit, die sämtlichen beteiligten Jagdberechtigten von vorstehender Vereinbarung zu verständigen und sie um ihr Einverständnis anzugehen.

gez. Dessauer, Major d. R. und Regimentskommandeur

[Beilage 2 zum Wochenbericht vom 2. Dezember]

Füssen, am 30. November 1918

Der Vorstand des Bezirksamts Füssen
An das Hohe Präsidium der Regierung von Schwaben und Neuburg
Betreff: Wochenbericht

Die in den letzten Tagen wieder umlaufenden Gerüchte vom Nahen hungernder Banden aus Tirol und vom bevorstehenden Einrücken der Feinde lassen die Bevölkerung nicht zur Ruhe kommen. Das vielfach zu agitatorischen Zwecken betriebene Aufpeitschen der Leidenschaften im ohnehin schon so erregten Volke treibt die Erregung auf die Spitze und läßt besorgen, daß jugendliche unbesonnene Elemente, die meist noch wenig diszipliniert sind, Gewalttätigkeiten begehen.

Diese Lage verschärft ein Vorkommnis, das sich gestern ereignete. Der Lagerhalter der Hauptabteilung des Kommunalverbandes, Josef Maurus[13] dahier, wurde durch Mitglieder des Arbeiterrates auf Anzeige hin betroffen, wie er in einer sonst ordnungsmäßig zur Beförderung nach Tirol abgehenden Warenfuhr einen Sack mit Schleichware (Mehl, Brot, Salz, Stiefel etc.) beipackte. Maurus ist geständig, gibt aber die Versicherung, daß das Mehl nicht aus dem Bezirk

---

13 Maurus (1876–1935).

stamme und behauptet, nur auf Drängen und uneigennützig sich zur Vermittlung der Schleichware habe bestimmen lassen. Die Kommunalverbandsleitung löste sofort das Vertragsverhältnis, versiegelte die Lagerräume, veröffentlichte dies im Lokalblatte und nimmt nun eine Warenbestandsaufnahme vor. Der Arbeiterrat hatte sich eine eigenmächtige Durchsuchung der Lagerräume und die Absperrung der Telefonverbindung angemaßt. Die Kommunalverbandsleitung, die hiegegen machtlos war, entsandte unter Protest den Geschäftsführer der Abteilung zur Assistenz und Aufklärung.

Die bereits vor Einlauf der Min. Entschl. vom 18. dieses Monats Nr. 2004 b 399 bezirksamtlicherseits veranlaßte Gründung von Bürgerwehren begegnet am Lande starkem Widerstande. Die Landesgemeinden scheuen sich, bürgerliche Elemente zu bewaffnen, da sie damit nur eine den Arbeiter- etc. Räten gegensätzliche Organisation schaffen würden, was bei dem herrschenden Drucke niemand wagt, und andererseits will niemand die radikal gesinnten Elemente am Lande als bewaffnete Wächter der Ordnung sehen. Man versicherte nun dem Amte statt weiteres zu unternehmen, daß keine Besorgnis bestehe und im Bedarfsfalle schon gemeinsam vorgegangen werde. Die Arbeiterräte sind derartigen Organisationen der ländlichen Verteidiger gegenüber von stärkstem Mißtrauen beseelt und hintertreiben vermutlich jeden bezüglichen Versuch eines bewaffneten Selbstschutzes. Zur Sicherung der Königsschlösser[14] ist eine wenig vertrauenerweckende Jägertruppe von 36 Mann eingetroffen; dem sonstigen Grenzschutz etc. dient eine weitere Truppe, die jedoch Befehl hat, beim Anrücken des Feindes von den Waffen keinen Gebrauch zu machen.

Zur Demobilmachungsaufgabe und zur Min. Entschl. vom 14. dieses Monats[15] berichte ich anschließend:

a) Die Bevölkerungsbewegung hat bis heute im Bezirke noch keine merkliche Steigerung erfahren;
b) die Rüstungsbetriebe sind noch in gleichem Arbeitsumfange tätig;
c) d) Industrie und Handwerk haben gegen den Vorbericht keine nennenswerte Änderung ihrer Lagen zu verzeichnen.
e) Die Aufnahmefähigkeit der landwirtschaftlichen Betriebe ist – wie bereits berichtet – hier zu Land gering.
f) Der Arbeitsmarkt dürfte sich in geregelten Bahnen weiter bewegen.
g) Öffentliche Arbeiten haben Stadt und Distrikt Füssen – soweit nur irgend möglich – vorgesehen; nun sollte auch das Strassen- und Flußbauamt, die Wildbachverbauungssektion und das Kulturbauamt die gleichen Anstalten treffen, worüber hier noch nichts bekannt ist.
h) Die Erwerbslosenfürsorge hat der Distriktsausschuß Füssen im Benehmen mit den Nachbarbezirken übereinstimmend nach dem ausgegebenen Musterstatut bereits geregelt.

Der Demobilmachungsausschuß hat sich gestern provisorisch konstituiert, die Geschäftsaufgaben unter sich verteilt und ist in Tätigkeit getreten.

---

14 *Neuschwanstein, Hohenschwangau, Linderhof.*
15 *StAnz 265. In einem Aufruf stellte sich Martin Segitz als neu ernannter bayerischer Staatskommissar für Demobilmachung vor und bestimmte die Regierungspräsidenten als nachgeordnete Staatskommissare. Um Störungen des Wirtschaftslebens infolge der wirtschaftlichen Demobilmachung vorzubeugen oder abzuhelfen hatte der Bundesrat durch Verordnung vom 7. November 1918 (RGBl S. 1292) den Reichskanzler ermächtigt, entsprechende Anordnungen zu erlassen. Die Bundesstaaten wurden aufgefordert, Demobilisierungskommissare und gegebenenfalls auch Staatskommissare zu ernennen. Der Erlass des Rates der Volksbeauftragten vom 12. November 1918 (RGBl S. 1304) schuf ein Reichsamt für die wirtschaftliche Demobilmachung.*

[Beilage 3 zum Wochenbericht vom 2. Dezember]

Kaufbeuren, den 30. November 1918

Bezirksamt Kaufbeuren
An das Präsidium der Regierung von Schwaben und Neuburg, Augsburg
Betreff: Wochenbericht

Im Laufe der Woche hat sich ein Arbeiter-, Bauern-, Bürger- und Beamtenrat in Buchloe gebildet, ferner ein Bauernrat in Lengenfeld.

Die Gründung von Bürgerwehren in den Gemeinden des Bezirkes ist im Gange. Die Wehren werden meist aus den Angehörigen der Feuerwehr oder den heimkehrenden Soldaten gebildet.

Die Kohlenversorgung des Bezirkes hat sich durch eine Sonderzuweisung von Bezugscheinen gebessert.

Bisher hat sich die Demobilmachung auf dem Arbeitsmarkte noch nicht geltend gemacht. Wie schon berichtet, wird die Ernährung, Unterkunft und Beschäftigung der heimkehrenden Krieger im Bezirke keine besonderen Schwierigkeiten machen, da fast nur ländliche Verhältnisse in Betracht kommen.

Die Grippe, die im Bezirke sehr stark aufgetreten ist, scheint nunmehr im Abnehmen begriffen zu sein.

Augsburg, den 9. Dezember 1918   48

I.

Die Sicherheitsverhältnisse sind in der letzten Zeit schlechter geworden. So häufen sich in Augsburg besonders in letzter Zeit die Diebstähle. Man geht wohl nicht fehl, wenn man diesen Mißstand auf die durch die kürzlich ergangene Amnestie veranlaßte Entlassung vieler schwer vorbestrafter Personen aus den Gefängnissen und Zuchthäusern zurückführt. Die Bildung von Bürgerwehren und Sicherheitswachen hat weitere Fortschritte gemacht.

Das Bezirksamt Neuburg an der Donau berichtet:
> ›Die Aufrechterhaltung der öffentlichen Ruhe und Ordnung ist bisher gelungen. Die große Erregung gewisser Elemente der Bevölkerung tritt jedoch fortgesetzt in zum Teile nicht unbedenklichen Erscheinungen zutage. So hat vor 8 Tagen ein hiesiger Maurer, beim Wildern betroffen, mit dem Militärgewehr auf den Jagdinhaber Justizrat Krafft[1] dahier geschossen, ohne zu treffen, worauf er selbst durch einen Schuß lebensgefährlich verletzt wurde; ein solches Vorkommnis ist im Bezirk seit 15 Jahren und länger nicht bekannt geworden. Von einem Müller in der Nähe hörte ich, daß einzelne Bauern das Mahlen ohne Mahlschein[2] verlangen und nur durch Drohung mit Einstellung des Mühlbetriebes von Gewalttätigkeit abgehalten wurden.‹

---

1 *Wilhelm Krafft (geb. 1867), Notar und Justizrat.*
2 *Aufgrund der Bek des Bundesrates vom 28. Juni 1915 über den Verkehr mit Brotgetreide und Mehl (RGBl S. 363) in der Fassung vom 29. Juni 1916 (RGBl S. 613) erhielten Selbstversorger – meist Landwirte – keine Mehl- und Brotmarken, sondern konnten ihr Getreide unter Vorlage eines vom Bezirksamt ausgestellten Mahlerlaubnisscheins in einer Mühle ausmahlen lassen.*

Aus dem Berichte des Bezirksamts F ü s s e n ist folgendes zu erwähnen:
›Einig sind alle nur in dem einen Wunsche, es möge das Grenzsicherungsmilitär möglichst bald abberufen werden, da dieses allem anderen eher dient, als der öffentlichen Sicherheit.‹

Das Bezirksamt A u g s b u r g teilt mit:
›Die militärischen Einquartierungen im Landbezirk Augsburg sind nach den vorliegenden Berichten bisher ohne Störung der öffentlichen Ordnung abgelaufen. Von einigen Gemeinden kamen recht freudige Berichte über das gute Benehmen der Mannschaften herein, von manchen auch wesentlich andere; besonders wird über die Verschleuderung des staatlichen Militärgutes geklagt[3].‹

Die Demobilisation des Heeres macht sich im Bezirk Sonthofen durch Rückkehr Einheimischer und Eintreffen hier zu demobilisierender Truppenteile weiter geltend. Jüngere Jahrgänge der letzteren treten in Geschäften und Wirtschaften vielfach sehr kategorisch auf, wollen und erzwingen durch Drohungen rationierte Lebensmittel ohne Marken usw.

Das Bezirksamt M i n d e l h e i m berichtet:
›Der Soldatenrat Mindelheim hat sich ganz allgemein beim Staatsministerium des Innern wegen der Lebensmittel- und Kohlenverteilung beschwert; er hat es unterlassen, diese Beschwerde zu begründen und hat auch bei dem doch in erster Linie zuständigen Bezirksamt nicht um Abhilfe nachgesucht.‹

Viel Verdruß erregen nach Bericht des Bezirksamts Zusmarshausen die Spazierfahrten junger Soldaten mit dem Auto. Man weist darauf hin, daß die Ärzte mit dem Rade oder zu Fuß ihrer Praxis nachgehen müssen, weil sie für die Kraftfahrzeuge weder Gummi noch Benzin bekommen, während von den städtischen Arbeiter- und Soldatenräten das Material nutzlos vergeudet werde.

Das Bezirksamt D o n a u w ö r t h berichtet:
›Nicht unbedenklich, weil in das bestehende System der Lebensmittelerfassung eingreifend, erscheint eine Kundgebung des Soldatenrates der Stadt Donauwörth, die sich, ohne daß der Soldatenrat Fühlung mit dem Amte genommen hätte, an die Landwirte der Umgebung mit der Bitte wandte, aus ihren Vorräten Mehl, Butter, Schmalz und Eier usw. zur Verpflegung der heimkehrenden Truppen abzugeben. So sehr die Veranstaltung einer solchen Liebesgabensammlung auch zu begrüßen ist, wenn auch, wie bemerkt werden will, die Soldaten ihre volle Verpflegung von der Heeresverwaltung erhalten, so wäre doch die Verständigung und Heranziehung des Kommunalverbandes als die berufene und verantwortliche Stelle am Platze gewesen, weil jeder eigenmächtige Eingriff in das bestehende System der Lebensmittelerfassung notwendig die Kontrolle schwächen und die Erfassung erschweren muß.‹

---

3 Ein Fall kam auf der Sitzung des Kreis-Soldaten-Rats am 23. November zur Sprache: Bauern in der Umgebung des Lagers Lechfeld hatten aus Lazarettzügen Medikamente, Instrumente und Scherenfernrohre im Wert von zwei Millionen Mark weggeschleppt; AAB 276 vom 27. November 1918. Zur Sicherstellung von Heeresgut erließen die Behörden eine Reihe von Verfügungen (z. B. RGBl S. 1343 vom 29. November, S. 1425 vom 14. Dezember; Weisung des bayerischen Staatskommissars: Unberechtigtes erworbenes oder verschleudertes Heeresgut, das von den Polizeiorganen beschlagnahmt oder aufgegriffen wird, ist, wenn sich die sofortige Ablieferung an den Truppenteil, dem es gehört, nicht ermöglichen läßt, an den Kommunalverband abzuliefern [...]. Die Ortspolizeibehörden und Gendarmeriestationen wollen [...] auf möglichste Herbeischaffung solchen Heeresgutes bedacht sein. Bek der Bezirksämter Kempten und Sonthofen vom 28. November 1918, in: ABl S. 321). Die bayerische Regierung errichtete eine Verwertungsstelle für Heeresgut; StAnz 285.

Das Bezirksamt W e r t i n g e n berichtet:
›Die Hamsterer treten der Bevölkerung gegenüber mit großer Aufdringlichkeit auf. Die Gendarmerie wurde mit Weisungen zu möglichst scharfem Vorgehen veranlaßt. Diese schwierige und undankbare Aufgabe wird aber nicht erleichtert, wenn die neu eingeführten Räte auf Ansuchen der Beteiligten gegen die Anordnungen des Amtes in einzelnen Fällen Eingriffe zu machen suchen. So wurden einer alten Frau aus Augsburg vor einigen Monaten in Kühlenthal von der Gendarmerie gelegentlich eines Nachtganges 2 Gänse, 8 Hennen und 2 Kaninchen abgenommen, beschlagnahmt und zugunsten der Allgemeinheit verwertet. Auf Antrag der betreffenden Frau hat der Soldatenrat Augsburg an die Gendarmeriestation Meitingen Weisung erlassen, daß der Frau die abgenommenen Waren zu vergüten seien, bzw. die Angelegenheit an die zuständige Stelle weiterzugeben sei. Das Bezirksamt hatte die Hinausgabe des Erlöses an die betreffende Frau wegen ihrer Ärmlichkeit und da die Sachen zur Ausrichtung einer Hochzeit in der Familie aufgekauft wurden, schon vor 14 Tagen aus eigenem Antrieb verfügt.‹

Dem Berichte des Bezirksamts A u g s b u r g ist nachstehendes zu entnehmen:
›Die Hemmnisse der Volksernährung[4] (schlechte Ablieferung der Lebensmittel, Schwarzschlachten, Schwarzmahlen, Hamstern, Schleichhandel) schreiten, ermutigt durch die letzte umfassende Amnestie[5] und die zunehmende Gewissenlosigkeit, zusehends weiter. Die Leute vertreten vielfach die Ansicht, daß der Kommunalverband ausgespielt habe und niemand mehr zur Anzeige bringen dürfe, da er sonst vom Soldaten- und Bauernrat aufgelöst werde. Alle Aufklärungen hierüber und alle Mahnungen zur redlichen Ablieferung und Sparsamkeit sind erfolglos. Hiebei nehmen auch noch die Einquartierungen viele Lebensmittel hinweg, da die Bevölkerung die heimgekehrten Truppen auch gut verpflegen möchte.‹

Die Versorgung der Stadt Augsburg mit Lebensmitteln war in der Woche vom 1. bis 7. Dezember dieses Jahres nicht ausreichend. Während die Anlieferung von Geflügel, Wildbret und Gemüse befriedigte, waren die Zufuhren von Kartoffeln völlig unzureichend. 290 Zentner Kartoffeln kamen in erfrorenem Zustande an und mußten zur Trocknung nach Feldkirchen bei München geleitet werden. Die Milchanlieferung war so ungenügend, daß den Erwachsenen nicht einmal die gekürzte Tagesmenge von ⅛ Liter ausnahmslos verabreicht werden konnte. Seefische sind in der bezeichneten Woche überhaupt nicht eingetroffen.

Das Bezirksamt N e u b u r g a n d e r D o n a u berichtet:
›Die Anlieferung von Lebensmitteln läßt viel zu wünschen übrig, da sich nur wenige eine Gewissenssache daraus machen, die einschlägigen Vorschriften zu beachten. Schon beginnt die Organisation der Ortssammelstellen zu wanken.‹

---

4 Die ohnehin schlechte Versorgung der Bevölkerung mit Lebensmitteln drohte in den Wochen nach Kriegsende in eine Katastrophe auszuarten. Innenminister Auer hatte sich daher um den 20. November 1918 mit einem Aufruf an die Bauern gewandt (Das Volk ruft nach Brot! Das Volk ruft nach Kartoffeln! – StAnz 270, auch in der Presse) und am 4. Dezember 1918 einen Appell unmittelbar An die Allgäuer Bauern! gerichtet; ABl S. 328. Sie hätten bisher die Fettversorgung des ganzen Landes gewährleistet, nun sei aber ein außergewöhnlicher Rückgang der Milchanlieferung an die Molkereien festzustellen, der unter Berücksichtigung der Rückkehr von fast 500.000 Frontsoldaten die ohnehin bescheidene Fettversorgung der städtischen Bevölkerung in höchstem Maße gefährde: Gebt alle Milch, die nur irgendwie entbehrlich ist, in Eure Käseküche, spart mit dem Verbrauch im Haus und besonders im Stall. Dann aber stellt mir von Euren, Euch für die nächsten Wochen zustehenden Butterbezügen einen Teil freiwillig zur Verfügung [...]. Wenn Ihr Euch nur einen Monat mit 1 Pfund Butter für jede Person des Haushaltes begnügt, werden nahezu 2000 Zentner Butter eingespart.
5 Sie beruhte auf der VO des Rates der Volksbeauftragten über die Gewährung von Straffreiheit und Strafmilderung vom 3.12.1918; RGBl S. 1393. Bayern hatte schon am 22.11.1918 eine Amnestie erlassen; VO des Bayer. Staatsministeriums der Justiz, GVBl S. 1237.

Die Getreideablieferung hat sich im Bezirk Donauwörth in der letzten Zeit seit Beendigung der Felderbestellung wesentlich gebessert; so wurden in dieser Woche über 1000 Zentner Brotgetreide abgeliefert. Allgemein wird aber behauptet, daß die Ernte nicht so gut gewesen sei, wie ursprünglich angenommen wurde; Stroh sei genug vorhanden, aber der Körnerertrag sei, wie das Drescherergebnis beweise, nicht zufriedenstellend.

Über die Lage des Arbeitsmarktes berichten die beteiligten Distriktsverwaltungsbehörden wie folgt:

›Die Entlassung der Heeresangehörigen hat bisher in Augsburg zu Beanstandungen keinen Anlaß gegeben, doch macht sich ihr Einfluß auf die Lage immer mehr bemerkbar. Während für das Handwerk und die Landwirtschaft immer noch geeignete Arbeitskräfte gesucht werden, ist das Angebot an Kaufleuten und an ungelernten Arbeitskräften wesentlich größer als die Nachfrage. Die Lage am Arbeitsmarkte hat sich ferner dadurch verschärft, daß infolge des Kohlenmangels ein großer Teil der Rüstungsbetriebe stillgelegt werden muß. Am 6. Dezember fand in Augsburg eine eingehende Besprechung des Stellvertreters des Staatskommissars, Professor Beck[6], mit dem Kommissar für Demobilisierung[7], den Regierungsreferenten, dem Magistratsvorstande[8], dem Magistratsreferenten und den Mitgliedern des Kreis- und des Distriktsausschusses für Demobilmachung statt, in der die Einstellung der Rüstungsbetriebe und die Regelung der Unterstützungen geprüft wurden. Magistrat Augsburg hat am 3. Dezember die Einführung der Erwerbslosenfürsorge in Augsburg genehmigt und hiefür eine der bayerischen Mustersatzung nachgebildete Satzung[9] aufgestellt.‹

›Als Rüstungsbetriebe kommen im Landbezirke Augsburg nur mehr die Alpine Maschinenfabrik Augsburg in Göggingen und die Farbwerke Gersthofen in Frage. Die Zwirnerei Göggingen hat ihre Kartuschenreinigungsanstalt diese Woche aufgelöst. Aus der Alpinen Maschinenfabrik schied keine Arbeitskraft aus und trat eine neue ein, während in den Farbwerken Gersthofen 9 Arbeitskräfte austraten und 21 neu eingetreten sind. Nur in der Alpinen Maschinenfabrik Augsburg-Göggingen liegen noch Rüstungsaufträge vor. Friedensaufträge haben sämtliche Großbetriebe in hinreichendem Umfange. Die technische Umstellung der Betriebe wird soweit nötig fortgesetzt. Roh- und Betriebsstoffe sind in den Gersthofener Farbwerken noch für einige Wochen vorhanden, in der Alpinen Maschinenfabrik noch für längere bzw. kürzere Zeit.

In der Spinnerei und Weberei Haunstetten sind keine Arbeiter ausgetreten, dagegen 12 neu eingetreten. Friedensaufträge sind genügend vorhanden. Die Rohstoffbeschaffung hängt von den Verfügungen der Kriegsrohstoffabteilung ab. Betriebsstoff (Kohlen) reicht nur mehr 3 bis 4 Wochen aus. Die Löhne sind durch Übereinkommen der Arbeitgeber- und -nehmerverbände geregelt.‹

›Die ruhenden kleineren Webereien Fischen und Sonthofen hoffen, im Januar zu einem Teilbetrieb zu kommen. Die großen Betriebe Blaichach und Immenstadt klagen sehr über das Fehlen von Aufträgen, namentlich über den mit Bekanntmachung vom 30.11.1918[10] verfügten Abbruch der Rüstungsaufträge. Material, im wesentlichen Papier,

---

6 Paul Beck (1859–1921), 1906 Dozent für Fabrikbetrieb und Fabrikverwaltung an der Technischen Hochschule München, im April 1917 zum Vorstand des Kriegsamtes in München ernannt.
7 Regierungspräsident von Praun.
8 Georg Ritter von Wolfram (1851–1923), von 1900 bis 1919 Erster Bürgermeister bzw. Oberbürgermeister (1907) von Augsburg.
9 Erlassen am 18. Dezember 1918; Amts-Blatt der Bayerischen Stadt Augsburg, S. 818.
10 StAnz 281. (Die Kohlenlage zwingt dazu, daß die unwirtschaftliche Herstellung von Kriegsmaterial in kürzester Frist eingestellt wird. Als spätester Termin wird der 6.12.1918 festgesetzt.)

wäre da, die Wasserkräfte haben infolge der Niederschläge wieder ihren Normalzustand erreicht, an Arbeitskräften herrscht Überschuß, aber die Unmöglichkeit der Fertigverarbeitung und die vollständige Unsicherheit des Absatzes lähmen die Betriebe. Für später fehlt es auch an Kohlen.‹

›Die Firma M. Droßbach & Cie.*[11]* in Bäumenheim hat unterm 6. laufenden Monats dem Bezirksamte Donauwörth mitgeteilt, daß in allernächster Zeit, in ungefähr 14 Tagen, der Hauptteil des Fabrikbetriebes infolge Kohlenmangels zum Stillstand gezwungen sein werde, der solange andauern wird, bis wieder mehrere Ladungen Kohle eingetroffen sind. Die Dauer des Stillstandes läßt sich mit Rücksicht auf die Unsicherheit in der Kohlenbelieferung auch nicht annähernd bestimmen. Auch in der Portlandzementfabrik Stein- und Kalkwerke August Märker, G.mb.H., in Harburg ist aus gleichen Gründen mit der Einstellung des Fabrikbetriebes in Bälde zu rechnen.‹

›Die Papierfabrik Hegge, die wegen Mangel an Kohlen ihren Betrieb eingestellt hat, beschäftigt ihre Arbeiter mit Notstandsarbeiten fort. Die übrigen industriellen Betriebe im Landbezirke Kempten arbeiten wie bisher weiter und stellen ihre früheren aus dem Felde zurückkehrenden Arbeiter willig ein.‹

›Die Mechanische Baumwollspinnerei und Weberei A.G. Kaufbeuren hatte sich sofort nach ihrer Stillegung auf die Herstellung von Ersatzstoffen verlegt, so daß es nur zum Stillstand der Weberei kam, die noch nicht wieder betrieben wird. Das Unternehmen wird jedoch seine früheren vom Felde kommenden Arbeiter wieder einstellen. Sehr schlecht ist der Geschäftsgang bei den Vereinigten Kunstanstalten Kaufbeuren. Auch die Regierung wird ersucht, diese Firma mit Druckaufträgen zu unterstützen, da sonst möglicherweise 150 Familien brotlos werden.‹

›In der Stromeyer'schen Fabrik*[12]* in Weiler, Bezirksamts Lindau, ist infolge Einstellens der Kriegsarbeit eine teilweise Arbeitslosigkeit eingetreten, die eine stärkere Inanspruchnahme der Kriegshilfe für die Textilarbeiter nötig macht*[13]*.‹

Das Bezirksamt N e u - U l m berichtet:

›Die Landwirtschaft könnte zahlreiche fremde Arbeitskräfte aufnehmen; doch fällt es sehr schwer, solche zu bekommen, da der Zug in die Städte namentlich wegen der gekürzten Arbeitszeit*[14]* allzu stark ist.‹

Das Bezirksamt N ö r d l i n g e n spricht folgende Bitte aus:

›Einem dringenden Wunsche der Landwirte entsprechend sollte mit der Zuweisung von Leder an die Schuhmacher baldmöglichst begonnen werden, um während des Winters die notwendigen Ausbesserungsarbeiten ausführen zu können.‹

---

11 *Mechanische Baumwollspinnerei und Weberei.*
12 *Mechanische Weberei L. Strohmeyer in Bremenried bei Weiler.*
13 *Die Kriegsfürsorge für erwerbslose Textilarbeiter und erwerbslose Arbeiter der Schuhindustrie beruht auf Entschließungen des Bayer. Staatsministeriums des Innern vom 28. Oktober 1915 (MABl/KBl S. 1121) und vom 16. August 1916 (MABl/KBl S. 1144).*
14 *Bedingt durch die Einführung des 8-Stunden-Tags.*

II.

Der Stadtmagistrat A u g s b u r g berichtet:
>Die Erregung der Bevölkerung über die Vorgänge in Berlin[15] und München hält an, vielfach wird befürchtet, daß die Umtriebe der Anhänger der Spartakusgruppe auch auf das Land übergreifen und zu anarchieähnlichen Zuständen führen können. Eine am 5. Dezember im Ludwigsbau in Augsburg abgehaltene Wählerversammlung der Bayerischen Volkspartei wurde von Angehörigen der Sozialdemokratischen Partei in brutaler Weise gesprengt; der bürgerliche Teil der Bevölkerung ist über diesen offenkundigen Bruch der Versammlungs- und Redefreiheit aufs äußerste empört.<
gez. von Praun

Augsburg, den 16. Dezember 1918 49

I.

Der Sicherheitszustand des Regierungsbezirkes ist durch größere Exzesse nicht gestört worden. Eigentumsdelikte kommen jedoch in außerordentlich vermehrtem Maße nahezu jederorts vor.

Nach dem Berichte des Bezirksamts Augsburg ist die Landbevölkerung insbesondere erbost über die jeder Disziplin bare Haltung der Truppen und über die Verschleuderung des Staatsgutes durch dieselben. Es wurden dem Bezirksamte Augsburg zahlreiche Diebstähle und Einbrüche gemeldet, wobei besonders Lebensmittel in Frage standen. Auch auf dem Flugplatz Gablingen wurde eingebrochen und hiebei eine Summe von 20.000 Mark gestohlen, obwohl ein Militärposten vor der Kanzlei stand. Die Gendarmerie vermutet den Täter unter den Soldaten, welche auf dem Flugplatz ganz nach Belieben schalten und walten.

Auch wird darüber geklagt, daß Soldaten sich in die Lebensmittelregelung nicht fügen wollen und gegen Müller und Bäcker, die Mehl nur gegen Brotmarken hergeben, Drohungen ausstoßen.

---

15 Nach Ausrufung der Republik am 9. November 1918 maßte sich der am folgenden Tag von den Berliner Arbeiter- und Soldatenräten gewählte Vollzugsrat die politische Gewalt im Reich an und bestätigte, sich auf die Legitimation durch die Revolution berufend, die neue Regierung, den Rat der Volksbeauftragten. Fehlende Abgrenzung der Zuständigkeiten führten zu Rivalität und Konfrontation. Sicherheit und Ordnung in der Reichshauptstadt waren insofern gefährdet, weil man außer der Regierung andere an die Macht strebende Gruppen zählte, vor allem der unentwegt gegen den Rat der Volksbeauftragten agierende, die Weltrevolution und die Diktatur des Proletariats fordernde Spartakusbund. Er verfolgte in der Frage der künftigen Verfassung und inneren Gestaltung des Reiches das Ziel, einen völligen staatlichen und gesellschaftlichen Umbruch durch die Einführung einer Rätedemokratie nach russischem Vorbild in die Wege zu leiten. Der Rat der Volksbeauftragten, aus Mitgliedern von MSPD und USPD zusammengesetzt, wollte dagegen an der noch Ende Oktober 1918 geschaffenen parlamentarischen Demokratie festhalten. Die Auseinandersetzungen erreichten einen Höhepunkt, als am 6. Dezember nach einer Versammlung von Deserteuren, Urlaubern und Frontsoldaten eine Gruppe der Teilnehmer zum abgesperrten Regierungsviertel zog und sich dort weigerte, auseinander zu gehen. Regierungstruppen eröffneten das Feuer und töteten 16 Demonstranten. Eine Entscheidung in der Parlamentarismusfrage fiel am 19. Dezember 1918 im 1. Reichskongreß der Arbeiter- und Soldatenräte: Der Reichskongreß [...] der die gesamte politische Macht repräsentiert, überträgt [...] die g e s e t z g e b e n d e u n d v o l l z i e h e n d e G e w a l t d e m R a t d e r V o l k s b e a u f t r a g t e n [...]. Als Termin für die Wahl einer Verfassungsgebenden Nationalversammlung setzte der Kongreß den 19. Januar 1919 fest; RGBl S. 1441. Der Spartakusbund betrachtete diese Entscheidung als Verrat an der Revolution.

Nach dem Berichte des Bezirksamts Füssen wird lebhafte Klage geführt über die Eigentumsfrevel, welche Mannschaften der Grenzsicherungstruppen nach wie vor häufig begehen. Der allgemeine Wunsch der Bevölkerung ist der, daß diese Mannschaften, da sie doch für den Ernstfall kaum verwertbar sind, baldigst wegberufen werden möchten.

Auch aus den von Grenzschutztruppen besetzten Gemeinden des Bezirksamts Lindau wird berichtet, daß die Soldaten bei geringer Beschäftigung und guter Löhnung die größte Zeit über müßig sich umhertreiben, während die Bevölkerung bei geringerem Verdienste streng arbeiten müsse. Bei der in Vorarlberg herrschenden Ruhe hält man auch eine derartige Besetzung der Grenze für überflüssig, nachdem sich überall starke Bürgerwehren bilden.

Das Bezirksamt K e m p t e n berichtet:

›Die Landwirte wünschen nunmehr dringend, daß die Kriegsgefangenen alsbald abtransportiert werden, damit einheimische Kräfte eingestellt werden. Dabei herrscht allgemeine Klage darüber, daß die Kriegsgefangenen sich nicht mehr als Gefangene betrachten, nur widerwillig an die Arbeit gehen, ganze Nachmittage streunend umherziehen, trotzdem aber den vollen Lohn fordern.‹

Die Ablieferung von Getreide und Kartoffeln nimmt nach den Berichten der Ämter ihren glatten Fortgang.

Die Landwirte im Bezirke Augsburg klagen vielfach über die neuen Vorschriften bezüglich der Schweineabschlachtung bis 1. Januar 1919[1]. Bis dahin seien die neuangestellten Schweine noch nicht schlachtreif und geben wenig Fett ab. Hiedurch wären die Bauern gezwungen, für ihre Mehlkost mehr Butter zu verwenden, was wiederum auf die Milchablieferung nachteilig einwirke. Sie meinen, man hätte den erwähnten Termin wenigstens bis 1. Februar 1919 verlängern sollen.

In der Landwirtschaft besteht ein Mangel im Landbezirke Augsburg an Arbeitskräften. Die Landwirte klagen dort, daß sie die nötigen Arbeitskräfte nicht erhalten könnten. Es will niemand mehr sich zu landwirtschaftlichen Arbeiten bereitfinden, weshalb wohl energische Maßnahmen notwendig sein werden, die angeblich Arbeitslosen der Städte wieder der Landwirtschaft zuzuführen.

Das Bezirksamt M e m m i n g e n berichtet:

›Die Ergebnisse der Viehzählung haben wieder gezeigt, daß die Regelung der Fleischversorgungsstelle über die Führung der Viehstandsverzeichnisse praktisch undurchführbar ist. Selbst in Gemeinden mit vollständig loyaler Bevölkerung und sehr tüchtigen Bürgermeistern hat sich herausgestellt, daß die 14tägige Anmeldung aller Veränderungen im Viehstande sich nicht durchführen läßt bei dem außerordentlich großen Viehstande des Bezirkes. Immer wieder werden selbst von Personen, die an Schwarzschlachtungen nicht im entferntesten denken, die Anmeldungen der Veränderungen unterlassen. Die ganze Einrichtung wird von der Bevölkerung nicht mit Unrecht als eine grobe Belästigung empfunden, die unendlich viel Schreibarbeit verursacht, ohne ihren Zweck, Schwarzschlachtungen zu verhüten und nachweisen zu können, zu erfüllen.‹

---

1 Bek der Bayerischen Fleischversorgungsstelle vom 6. Dezember 1918 (StAnz 285) auf Anordnung des Reichsernährungsamtes vom 25. November 1918. Es bestand Sorge, dass durch die unerlaubte Verfütterung von Brotgetreide, Kartoffeln und Milch an Schweine die Versorgung der Bevölkerung mit diesen wichtigen Nahrungsmitteln hätte versagen können. Die Fleischversorgungsstelle wies auf folgendes Missverhältnis hin: Für die Versorgung der Allgemeinheit waren 15.000 Schweine vorgesehen, aber 770.000 Schweine waren für Hausschlachtungen angemeldet.

Die Anlieferung von Kartoffeln in Augsburg war im November 1918 nicht völlig befriedigend, die Beschaffenheit der Kartoffeln war gering; besonders die aus den Bezirken Regensburg und Straubing stammenden Sendungen wiesen starken Erdbesatz auf und waren auch von schlechter Qualität. Die Milchzufuhr in Augsburg ist von täglich 26.416 Litern im Oktober auf 23.750 Liter im November zurückgegangen, sie genügte nicht zur Versorgung der Bevölkerung. In der Woche vom 8. bis 14. Dezember war die Gemüse-, Wildbret- und Kaninchenanlieferung in Augsburg befriedigend, die Geflügelzufuhr dagegen sehr gering. In der Milchversorgung Augsburgs ist eine Besserung gegenüber den Vorwochen nicht eingetreten. 50 Zentner Seefische, welche in dieser Woche eintrafen, genügten nicht zur Befriedigung der äußerst regen Nachfragen. Die Obstzufuhren blieben vollständig aus. Kartoffeln sind in Augsburg 7766,54 Zentner eingetroffen, sie waren fast durchweg von schlechter Beschaffenheit und mußten zum Teil wegen fortgeschrittener Fäulnis Trocknungsanstalten überwiesen werden.

Das Bezirksamt N ö r d l i n g e n berichtet:
>Der Vollzug des Erlasses des Staatsministeriums des Innern vom 2. Dezember laufenden Jahres, wonach ohne Rücksicht auf die Bedürftigkeit die Familienunterstützung vorerst weiter zu gewähren ist – St. Anz. 281 – hat, wie ich höre, unter der Landbevölkerung große Unzufriedenheit ausgelöst, weil vielfach Entlassene in Frage kommen, deren Familien infolge der Rückkehr ihres Ernährers auf die Unterstützung in keiner Weise mehr angewiesen sind und gegenüber den Familien früher Entlassener bevorzugt erscheinen. Eine baldige Änderung dürfte dringend wünschenswert sein[2].<

Über den Stand des Arbeitsmarktes und die Kohlenfrage berichten die beteiligten D i s t r i k t s v e r w a l t u n g s b e h ö r d e n wie folgt:
>Die Brennstoffzufuhr in Augsburg bewegte sich in den gleich niedrigen Bahnen wie in den Vorwochen. Größere Schwierigkeiten sind jedoch in der Hausbrandversorgung bisher nicht entstanden, weil in den Haushaltungen noch die während der Sommermonate zugewiesenen Vorräte vorhanden sind. In der Industrie wurden durch die Stockung der Kohlenzufuhren vielfach längere Arbeitseinstellungen verursacht; es besteht Gefahr, daß die nicht mit Wasserkraft arbeitenden Betriebe völlig stillgelegt werden müssen, wenn nicht baldigst eine Besserung in der Kohlenversorgung[3] eintritt. In der Textilindustrie sollen die stilliegenden Betriebe ihre Tätigkeit wieder aufnehmen, nachdem wieder genügend Arbeitskräfte zur Verfügung stehen; die Wiederaufnahme dieser Betriebe hängt aber von der Möglichkeit der Herbeischaffung von Kohlen und Rohstoffen ab. Die Einstellung der Rüstungsaufträge erfolgte in Augsburg am 12. dieses Monats unter gleichzeitiger Kündigung der in der Rüstungsindustrie beschäftigten Arbeiter, denen der volle Lohn weiter bezahlt wird. Gleichzeitig wurde unter dem Vorsitz des Gewerberats König[4] eine Demobilmachungs- und Schlichtungskommission gebildet,

---

2 Schon kurze Zeit später legte die VO des Reichsamtes für wirtschaftliche Demobilmachung vom 9. Dezember 1918 (RGBl S. 1411; StAnz 293, 295) die Bedingungen für die Auszahlung der Unterstützung genauer fest. Die Unterstützung war weiterhin zu gewähren, wenn die Mannschaften im November 1918 aus dem Dienst entlassen wurden. Über den 31. Dezember hinaus durfte die Familienunterstützung nur gewährt werden, wenn sich die Mannschaften noch nach dem 30. Dezember 1918 bei der Truppe befunden hatten (Nachweis durch Bescheinigung des Truppenteils bzw. des Ersatztruppenteils oder des Bezirkskommandos).
3 Infolge der fast völligen Stockung der Kohlenzufuhr nach Bayern hatte der Staatskommissar für Demobilmachung am 4. Dezember 1918 eine drastische Beschränkung der Arbeitszeit sowie der Beheizung und Beleuchtung verfügt; StAnz 283. Unter anderem bestand ein Beheizungsverbot von Versammlungssälen, Theatern, Kinos und Konzertsälen, ein Beleuchtungsverbot von Schaufenstern, Auslagen und Schaukästen.
4 Georg König (1875–1939).

deren Entscheidungen in Kündigungs- und Lohnzahlungsangelegenheiten unter Mitwirkung des Arbeiterausschusses der betroffenen Betriebe ergehen. Unter dem Einfluß der Demobilmachung ist die Zahl der Rüstungsarbeiter beträchtlich zurückgegangen, die hiedurch freigewordenen Arbeitskräfte strömen großenteils der Textilindustrie zu, die sie aber nicht völlig aufnehmen kann. Die Zahl der weiblichen Dienstboten hat sich wesentlich erhöht. Die Zahl der Arbeitslosen hat sich gegenüber der Vorwoche beträchtlich erhöht; um diesen Erwerbsmöglichkeit zu geben, hat der Stadtmagistrat Augsburg die vorgesehenen Notstandsarbeiten in Angriff genommen.
Die Lage des hiesigen Arbeitsmarktes ist aus der in Abschrift beiliegenden Zusammenstellung des Hauptarbeitsamtes Augsburg ersichtlich.‹

›Die vom Militär entlassenen Arbeiter finden im Landbezirke Augsburg wieder Aufnahme in den industriellen und gewerblichen Betrieben wie bei der Landwirtschaft. Entlassungen bisheriger Arbeiter werden nirgends gemeldet. Der Arbeiterbedarf wäre vollauf gedeckt, doch bestehen Schwierigkeiten, die vorhandenen Arbeiter zu beschäftigen. Die Rüstungsbetriebe haben als solche die Arbeit eingestellt und kommen daher hier nicht mehr in Frage. In der Zwirnerei Göggingen sind 7, in der Haunstetter Spinnerei 5, in der Haunstetter Bleicherei 12 Arbeitskräfte neu aufgenommen worden. Entlassungen fanden nicht statt. Friedensaufträge wären genügend vorhanden, wenn nur die Rohstoffe in hinreichender Menge zur Verfügung stünden, was zur Zeit nicht der Fall ist. Die technische Umstellung der Betriebe ist weiter im Gange. Der Mangel an Kohlen macht sich immer mehr geltend. Die Löhne und die Arbeitszeiten sind durch Übereinkommen der Arbeitgeber und Arbeitnehmer geregelt.‹

›In der Sitzung des Demobilmachungsausschusses Sonthofen vom 12. dieses Monats berichteten Fabrikdirektor Zellweger[5]-Blaichach und Bergmeister Greinwald-Sonthofen über Besprechungen der Textilindustrie und beim Herrn Demobilmachungskommissar in Augsburg. Für die Allgäuer Baumwollspinnerei und Weberei Blaichach ergab sich daraus, daß sie für Ausführung der angekündigten Baumwollaufträge alle Weber wird beschäftigen können, nicht aber alle Hilfsarbeiter und Spinner. Bevor noch diese Aufträge zur Ausführung kommen, hat die Fabrik begründete Aussicht auf Erledigung von Papieraufträgen[6] ab Mitte nächster Woche, mit denen sie alle Spinner wird beschäftigen können und einen Teil der anderen Arbeiter. Bis dahin, also zur Zeit, steht der Betrieb fast völlig; es sind etwa 400 Arbeitskräfte unbeschäftigt, sie beziehen die Textilarbeiterfürsorge. Die Mechanische Bindfadenfabrik in Immenstadt hat zur Zeit wieder Aufträge und genügend Wasser; sie arbeitet täglich, mit Ausnahme des freien Samstag, 8 Stunden. Die kleineren Betriebe Fischen-Berghofen[7] und Sonthofen stehen noch; die Arbeiter genießen Textilarbeiterfürsorge. Das Hüttenamt hat am 3. dieses Monats den 80 weiblichen Arbeitern auf 31. Dezember gekündigt. Zur Zeit sind diese mit Aufräumungsarbeiten usw. beschäftigt. Es bemüht sich weiter, nach und nach die Arbeitskräfte abzustoßen, die als vormalige selbständige Betriebsinhaber oder deren Angestellte, ferner als Besitzer landwirtschaftlicher Betriebe ihr Auskommen finden können, endlich die unständigen Arbeiter; es kann auch nach Amberg Arbeiter abgeben[8]. Größere Arbeitslosigkeit ist zur Zeit hier nicht zu befürchten. Allgemein wurde in

---

5 Rudolf Zellweger (1862–1932), seit 1896 Vorstand der Allgäuer Baumwollspinn- und Weberei Blaichach, vorm. Heinrich Gyr.
6 Spinnpapier.
7 Die Mechanische Weberei Berghofen war ein Zweigbetrieb der Mechanischen Weberei Fischen AG.
8 Diese Personen sollten in der vom Staat betriebenen Luitpold-Hütte beschäftigt werden. Dem Berg- und Hüttenamt Amberg oblag die Verwaltung dieses Betriebs.

der Sitzung festgestellt, daß für auswärtige Arbeitslose kaum auf Unterbringung im Bezirk zu rechnen sei. Der Ausschuß wird sich mit einem Aufruf an die Landwirte usw. wenden, möglichst Arbeitskräfte aufzunehmen.‹

›Die Lage des Arbeitsmarktes im Bezirke Neu-Ulm ist für Holz- und Textilindustrie nicht günstig; insbesondere muß die Holzindustrie bei völligem Mangel an Bestellungen zur Zeit lediglich auf Vorrat arbeiten. Die Rohstoffversorgung war bisher genügend, mit Ausnahme der Gewerbe, die Leder verarbeiten. Die Industriebetriebe sind mit Kohlen nur noch auf einige Wochen versorgt. Zu Befürchtungen gibt die Lage des Arbeitsmarktes für die nächste Zeit keinen Anlaß.‹

›Die Rüstungsbetriebe im Bezirke Dillingen haben ihre Heeresaufträge erledigt und sind zu Friedensaufträgen übergegangen. Die Bindfadenfabrikation hat genügend Aufträge; ihre Erfüllung hängt von der Belieferung mit Kohlen ab. Die Tuchfabrik in Lauingen hat Roh- und Brennstoffe bis Ende Januar, ebenso die dortige landwirtschaftliche Maschinenfabrik; diese arbeitet auf Vorrat, da sich Händler und Landwirte zurückhalten. Die beiden Sägewerke in Lauingen arbeiten auch auf Lager und wollen dies auf die Dauer eines Vierteljahres tun.‹

›Die Lage des Arbeitsmarktes in Lindau hat sich unwesentlich verändert. Die Zahl der Angebote von Arbeitgebern und Arbeitnehmern hält sich jetzt so ziemlich die Waage. Stellenlose Arbeiter wurden hauptsächlich bei den Erdarbeiten am gemeinschaftlichen Friedhof und in Friedrichshafen gesucht und untergebracht. Bis jetzt hat nur ein Erwerbsloser die Erwerbslosenfürsorgestelle in Anspruch genommen. Mit der Ausbaggerung des Kleinen Sees in Lindau konnte noch nicht begonnen werden, da trotz der inzwischen an die drei beteiligten Ministerien gerichteten dringlichen Gesuche wegen Anweisung des Staatszuschusses noch nichts geschehen ist.‹

›Das Kalkwerk (Hartsteinfabrik) Harburg hat einen Bedarf von 50 Arbeitern bei dem in Donauwörth zur Demobilmachung gelangten 12. Landwehr-Infanterie-Regiment angemeldet. Es hat sich jedoch kein Angehöriger des Regiments bereit erklärt, dort in Arbeit zu treten. Die genannte Fabrik hat ihren Arbeiterbedarf nunmehr beim Arbeitsamte in Nördlingen angemeldet. In der Leinenspinnerei und Weberei M. Droßbach & Cie. in Bäumenheim steht die Spinnerei und Rösterei wegen Mangel an Kohlen seit einigen Tagen still. Die Weberei kann mit Wasserkraft noch weiter betrieben werden.‹

›Der Kohlenmangel bei der Industrie des Bezirkes Füssen gestaltet sich immer bedrohlicher. Wenn es nicht gelingt, binnen 14 Tagen ausreichende Mengen beizuschaffen, müssen die Seilerwarenfabrik Füssen und einige kleinere Betriebe feiern.‹

›In der Gemeinde Meitingen, Bezirksamts Wertingen, haben die Bauarbeiten an der Lechkorrektion begonnen und werden dort Arbeiter gesucht.‹

II.

Nach Bericht des Stadtmagistrats Augsburg ist die Stimmung der Bevölkerung niedergeschlagen und gedrückt. Vielfach wird auch über die immer mehr um sich greifende Verrohung weiter Volkskreise, besonders der heranwachsenden Jugend geklagt.

gez. von Praun

[Tabelle zum Wochenbericht vom 16. Dezember]

Meldungen des Hauptarbeitamtes Augsburg über die Arbeitsmarktlage in den bedeutendsten Industriezweigen in der Zeit vom 8. bis 14. Dezember 1918 einschließlich, gemäß der Regg. Entschl. vom 3.12.1918 Nr. 1829.

Wirtschaftszweig	Stellenangebote		Stellengesuche		unerledigte Stellen	
	m.	w.	m.	w.	m.	w.
1. Industrie:						
a. Metall	11	–	106	15	91	15
b. Holz	22	–	10	–	11	–
c. Papier und Leder	65	–	7	–	58	–
d. Bekleidung	32	–	6	39	6	–
e. Textil	–	–	4	10	28	10
2. Handwerk:						
a. Baugewerbe	64	–	27	–	43	–
b. sonstige Berufe	24	–	7	30	17	30
c. Hilfsarbeiter aller Art	283+	57++	550	300	224	35
[Summe]	501	57	717	394	478	90

++ Hievon 30 Stellen für Putzfrauen.
+ Hievon sind 223 Stellen nach auswärts zu besetzen.

Bemerkungen über die allgemeine Lage des Arbeitsmarkts:
Beschäftigungsgelegenheit für Metallarbeiter und ungelernte Arbeiter nicht günstig. In der Leder- und Bekleidungsindustrie sowie im Baugewerbe Mangel an Arbeitskräften.
gez. Stieglitz[9]

---

[9] *August Stieglitz (1873–1924), Oberstadtsekretär.*

[Beilage zum Wochenbericht vom 16. Dezember]

Günzburg, den 17.12.1918

Bezirksamt Günzburg
An das Präsidium der Regierung von Schwaben und Neuburg
Kammer des Innern

Betreff: Wochenbericht

Der Bezirk ist auch in der abgelaufenen Woche ruhig gewesen.

Die Besserung in der Getreidelieferung hat angehalten. Es sind in der Woche bis 15. laufenden Monats angeliefert worden etwa 1500 Zentner Weizen und 900 Zentner Roggen. Außerdem sind zur Anlieferung gekommen rund 400 Zentner Hafer, 200 Zentner Gerste und 1000 Zentner Kartoffel.

Die Erkenntnis der Lage und der Gefahr der Hungersnot hat in der bäuerlichen Bevölkerung Platz gegriffen, so daß weiterhin mit der Erfüllung der Ablieferungspflicht gerechnet werden darf.

Arbeitsmangel besteht bisher nicht.

Die erwarteten Einquartierungen sind bisher nur teilweise eingetroffen; in Leipheim sind einquartiert die 1. u. 2. Batterie des 5. Bayerischen Fußartillerieregiments; die übrigen Teile des Regiments fehlen noch. Das Regiment ist zersprengt worden.

Augsburg, den 23. Dezember 1918 **50**

I.

Die vermehrte Störung der öffentlichen Sicherheit durch Eigentumsdelikte hält an.

Der Stadtmagistrat A u g s b u r g berichtet:
›Die öffentliche Ruhe wurde vielfach von sich arbeitslos hier herumtreibenden, größenteils jugendlichen Personen gestört, die sich weder den Ordnungsorganen des Soldatenrats noch der Schutzmannschaft fügen und deren Anordnungen teilweise ernstlichen Widerstand entgegensetzen. Die öffentliche Sicherheit verschlechtert sich immer mehr; in der Berichtswoche gelangten 25 Einbruchsdiebstähle und 41 sonstige Diebstähle zur Anzeige. Vielfach laufen auch Klagen über das Überhandnehmen von Zigeunern ein, die sich besonders auch bei den zahlreichen Eigentumsvergehen beteiligen.‹

In der Nacht vom 18. auf 19. Dezember kam es in Günzburg zwischen Soldaten zu einer Schlägerei, in deren Verlauf auch geschossen wurde. Mehrere Soldaten trugen Verletzungen davon, die glücklicherweise nicht lebensgefährlich sind. Das 5. Bayerische Fußartillerieregiment, dem der Haupttäter angehört und das in Leipheim abrüstet, mußte, wie der Stadtmagistrat Günzburg berichtet, erklären, daß es nicht einen einzigen verlässigen Mann zur Abholung des Täters zur Verfügung habe.

Die Disziplin der Grenzschutzmannschaften im Bezirke Füssen soll sich etwas gebessert haben.

Der Stand der Wintersaaten ist nach Bericht des Bezirksamts Dillingen nicht günstig; es wird dort vermutlich viel umgeackert werden müssen.

Das Bezirksamt N e u b u r g a n d e r D o n a u berichtet:
›Die Lebensmittellieferung ist andauernd schlecht. Zahlreiche gerichtliche Freisprechungen und Begnadigungen haben zur Folge, daß sich niemand mehr an die bezüglichen Vorschriften halten will. Hinsichtlich der Eierablieferung wurden unlängst 15 schlechte Lieferer aus Heinrichsheim freigesprochen, worauf man überall hören kann: ›Jetzt wird überhaupt nichts mehr abgegeben.‹ Wegen Milchlieferung schreibt ein Molkereibesitzer des Bezirks an das Amt: ›Auf Ihr Schreiben betreff schlechter Milchanlieferung teile Ihnen mit, daß seit ich in Münster bin – 4 Jahre – es noch nie so schlecht war wie jetzt. Grund ist natürlich, daß jeder Bauer sich heute sagt, ich kann jetzt machen was ich will, keine Strafen gibt es nicht mehr, was ja auch stimmt.‹‹

Das Bezirksamt D o n a u w ö r t h berichtet folgendes:
›Trotz aller Bemühungen um Steigerung der Anlieferungen geht die Ablieferung insbesondere von Brotgetreide nur zögernd vor sich. Gerste und Hafer wird abgestoßen; die Brotfrucht wird möglichst zurückgehalten. Belehrungen und Ermahnungen, auch Zwangsmaßnahmen in Einzelfällen, vermögen gegen diese allgemeine Erscheinung wenig auszurichten. Der Landwirt kann heute seine Verbindlichkeiten ohne Schwierigkeiten erledigen und braucht kein Geld. Mühsam muß jede einzelne Gemeinde, die mit ihrer Ablieferung verhältnismäßig bedeutend zurück ist, persönlich bearbeitet und zur Erfüllung ihrer Lieferpflicht angehalten werden. Den Bauernräten eröffnet sich hier ein dankbares Feld für Betätigung und Interesse des Gemeinwohles, wenn sie das Amt tatkräftig unterstützen, persönlich zu den einzelnen Erzeugern hingehen und deren Ablieferungsverpflichtungen wirksam machen.

Auf dem Gebiete der Milch- und Eierbewirtschaftung muß ich ein Moment erwähnen, das vielleicht zu wenig gewürdigt wird und doch von nicht zu unterschätzender Bedeutung für das Lieferungsergebnis ist. Es ist der Erlaß von Strafen, der im großen Umfange auch den schlechten Milch- und Eierlieferern zugute gekommen ist und die Rückwirkung, die dieser Erlaß auf die guten Lieferer geübt hat. Mit einer gewissen Genugtuung war jedesmal in den Gemeinden die Bestrafung eines schlechten Lieferers von den guten begrüßt worden. Waren doch die schlechten Lieferer zumeist dieselben, die zugleich ihre Produkte zu Überpreisen im Schleichhandel- und Hamsterwege zu veräußern wußten und anderen willigen Lieferern dadurch Ärgernis gaben. Nun geschah es, daß diese schlechten Lieferer nach Aufhebung und Unterbindung der einzig noch wirksamen Strafen (Entziehung des Einkochzuckers, Erlaß der gerichtlich erkannten Strafen) sich obendrein über die eifrigen Lieferer lustig machen durften. Die Lieferungsfreudigkeit hat dadurch allenthalben eine nicht geringe Einbuße erlitten.‹

Das Bezirksamt W e r t i n g e n teilt nachstehendes mit:
›Einzelne Gemeinden suchen sich jeder Ablieferung zu entschlagen und bringen nichtige Vorwände. Ein Vorgehen ist jedoch bei der allgemeinen Disziplinlosigkeit schwer.‹

Das Bezirksamt I l l e r t i s s e n berichtet zur Frage der Pferdeabgabe aus Heeresbeständen:
›Das fortwährende Durcheinander von Bestimmungen wegen der Pferdeabgabe[1] beginnt nachgerade zu einem Mißstand allerärgster Art zu werden. Der Zentralbauernrat[2]

---

1 Die Abgabe von Pferden des bayerischen Heeres sollte sich nach der Bek des Staatskommissars für Demobilmachung vom 18. November 1918 (StAnz 270) richten. Pferde konnten demnach nur noch auf dem Wege der Versteigerung erworben werden. Die Bauernräte waren befugt, bei Versteigerungen die Aufsicht zu führen und sich die Ausweise der Steigerer zeigen zu lassen. Da aber Heeresangehörige weiterhin Pferde zum Schätzwert abgaben, übernahm der Zentralbauernrat im Einvernehmen mit dem Ministerium für militärische Angelegenheiten (ME vom 25. November 1918, Nr. 294094a, in: AAB 289 vom 12.12.1918) die Abnahme, Verteilung und Versteigerung der Heerespferde.

verschiebt die Entsendung eines Vertreters von einem Tag auf den anderen, indessen die Pferde bereits in den Unterkunftsorten verschleudert werden. Das Bezirksamt wird mit Anfragen bestürmt, wann die Versteigerungen stattfinden. Wenn der vom Bauernrat gewählte späte Termin durchgeführt wird, wird ein Teil der Pferde bereits verschleudert sein. Bezüglich der Versorgung mit Zuchtstuten wird auch der dringendste Bedarf nicht im entferntesten gedeckt werden, da nach den militärischen Vormusterungen von den 350 zur Abgabe kommenden Pferden nur 4 Zuchtstuten sich befinden. Ich werde nun, um endlich Ordnung zu schaffen, im Benehmen mit dem Regiment und einer Vertretung der örtlichen Bauernräte durch letztere die Versteigerung morgen vornehmen lassen, wenn nicht im letzten Moment gegenteilige Weisung von München kommt.‹

Der Stadtmagistrat A u g s b u r g führt nachstehendes aus:
›Die erste Verpflegung heimkehrender Truppen ist vollständig geordnet vor sich gegangen. Schwieriger wird die Weiterverpflegung der vom Militär entlassenen Personen sich gestalten, nachdem die Milch-, Fett- und Käseversorgung sich auf den bisherigen Ziffern aufbaut, ohne daß der Zuwachs an der Bevölkerungsziffer eine Berücksichtigung erfahren soll. Diese Bestimmung ist unhaltbar. Es muß doch die Menge verfügbar gemacht werden können, welche bisher an das Heer gegeben wurde.‹

Das Bezirksamt N ö r d l i n g e n berichtet:
›Zur Zeit wird von den Bauern wieder mehr Vieh angeboten als gebraucht wird. Sie wünschen deshalb Wiedereinführung der Nutz- und Zuchtviehmärkte. Eine diesbezügliche Eingabe des Bezirksbauernrats ist der Fleischversorgungsstelle vorgelegt worden.‹

Über die Lage des Arbeitsmarktes berichten die beteiligten D i s t r i k t s v e r w a l t u n g s b e h ö r d e n wie folgt:
›Die Lage des Arbeitsmarktes in Augsburg hat sich seit der letzten Berichterstattung wenig geändert. Es zeigt sich auf demselben eine wesentliche Zunahme männlicher und weiblicher Arbeitssuchender infolge Stillegung der Rüstungsindustrie. Ein Überangebot von Männern ist in den Berufsgruppen der Metallverarbeitung, im Baugewerbe und bei den ungelernten Arbeitern zu verzeichnen. Auch im sonstigen Handwerk macht sich ein starkes Anziehen der Stellengesuche bemerkbar. Ein empfindlicher Mangel herrscht an Schuhmachern. In den nächsten Tagen werden von der Stadt Notstandsarbeiten in Angriff genommen. Auswärtige Stellen für ungelernte Arbeiter sind wohl in größerer Anzahl vorhanden, jedoch können sich die Arbeitssuchenden nicht dazu entschließen, auswärts in Stellung zu treten, sei es aus Familienrücksichten, sei es aus sonstigen Gründen.

Auch bei den Frauen macht sich ein Überschuß an Arbeitskräften bemerkbar. Die Landwirtschaft kann mit männlichen und weiblichen Arbeitskräften so ziemlich befriedigt werden. Über das Verhältnis zwischen Angebot und Anfrage am Arbeitsmarkt geben die folgenden, vom hiesigen Arbeitsamte nach dem Stande vom 20. dieses Monats mitgeteilten Ziffern Aufschluß.

---

2 Der Gutsbesitzer Ludwig Gandorfer (1880–1918) hatte wenige Tage nach dem Umsturz in Bayern einen aus 50 Mitgliedern zusammengesetzten Zentralbauernrat berufen.

Wirtschaftszweig	Unerl. Angeb.		Unerl. Nachfrage	
	männl.	weibl.	männl.	weibl.
Land- und Forstwirtschaft, Gärtnerei	47	47	17	12
Metallverarbeitung	12	–	108	10
Holzindustrie	12	–	17	–
Textilindustrie	–	–	20	92
Bekleidungs- und Reinigungsgewerbe	106	–	1	–
Baugewerbe	33	–	63	–
Sonst. Handwerk und Berufe	28	–	115	65
Haus- und Gastwirtschaft	–	151	198	152
Ungelernte Arbeiter aller Art	150	–	298	445
Summe:	388	198	837	776

Im Bereiche des Demobilmachungsausschusses für den Gemeindeverband Augsburg-Stadt hielt auch in der Berichtswoche der Mangel in der Rohstoffversorgung an; auch in der Textilindustrie hat sich seit der letzten Berichterstattung nichts geändert.

Die Kammgarnspinnerei dagegen arbeitet mit einem erheblichen Teil ihrer Arbeiterschaft und stellt immer noch Leute ein, da die Herstellung des Kammgarnes die Voraussetzung für die Tätigkeit der Kammgarnwebereien und der Ausrüstungsbetriebe in der Bekleidungsindustrie ist.

Die Erwerbslosenfürsorge hat eine große Ausdehnung noch nicht angenommen, jedoch ist infolge des Steigens der Zahl der Erwerbslosen in den letzten Tagen die Durchführung der seitens der Stadtgemeinde vorgesehenen Arbeiten beschleunigt worden.

Zur Anmeldung kamen rund 600 Erwerbslose auf eigene Meldung, 263 völlig, 2622 (unter 30 Stunden), 504 (über 30 Stunden) teilweise erwerbslose Textilarbeiter, so daß sich die Gesamtzahl auf rund 4000 Erwerbslose beläuft.

Die Krankenkassenziffern ergaben bei Beginn des Monats folgendes Bild:

	Maschinenarbeiter:		Textilarbeiter:		Dienstboten:	
Oktober:	m.	10220	m.	2092	m.	331
November:	m.	9496	m.	2049	m.	334
Oktober:	w.	4352	w.	4575	w.	4143
November:	w.	4020	w.	4285	w.	4197

Die Ziffern können wöchentlich nicht angegeben werden.

Die Bautätigkeit liegt noch darnieder, die privaten Unternehmer halten mit ihren Aufträgen mit Rücksicht auf die hohen Baukosten und die unklare politische Lage zurück; lediglich die Stadtgemeinde Augsburg hat 7 Millionen Mark für die Bauzwecke und Notstandsarbeiten bereitgestellt und wird diese Arbeiten demnächst in Angriff nehmen. In der Brennstoffversorgung ist gegenüber der Vorwoche eine Änderung nicht eingetreten.‹

›Das Angebot an Arbeitskräften im Landbezirk Augsburg schreitet mit Zunahme der militärischen Entlassungen weiter. Leider gebricht es den Betrieben an Arbeitsgelegenheit, so daß die Aufnahme der Arbeiter nicht im nötigen Maße erfolgen kann. Während in der Zwirnerei Göggingen in der vergangenen Woche Arbeitskräfte nicht entlassen wurden, meldet die Alpine Maschinenfabrik Augsburg in Göggingen die Entlassung von 6 Männern und 3 Mädchen. Die übrigen Betriebe melden keine Änderungen, nur die Zwirnerei Göggingen hat 14 frühere Heeresangehörige in Arbeit genommen. Friedensaufträge liegen in der Alpinen Maschinenfabrik in kleinem Umfang vor. Die Kontingentierung der Arbeit in der Zwirnerei Göggingen durch die Reichsbekleidungsstelle dauert noch ungefähr 4 Monate fort, so daß der bisherige Arbeiterstand bei 45stündiger Arbeitszeit aufrechterhalten werden kann. Gleiches gilt von der Spinnerei und Weberei Haunstetten. Die Bleicherei & Färberei Martini-Haunstetten beschäftigt ihre Arbeiterschaft mit Reinigung von Militäruniformen. Der Mangel an Kohlen tritt immer mehr zutage. Arbeitslöhne und Arbeitszeiten sind durch Übereinkommen der Arbeiter- und Unternehmerorganisationen geregelt. Das Handwerk vermißt die Anmeldung von Arbeitskräften, leidet aber andererseits auch am Mangel der Rohstoffe. In der Landwirtschaft bestehen teilweise die alten Klagen über Arbeitermangel fort. Es wird energischer Maßnahmen bedürfen, um die erwerbslose Arbeiterschaft aufs Land hinauszubringen.‹

›In der Mechanischen Bindfadenfabrik Schretzheim, Bezirksamts Dillingen, mußte sechsstündige Arbeitszeit eingeführt werden, da Rohstoffe und entsprechende Aufträge fehlen. Die Erwerbslosenfürsorge wird hier eintreten. Für Papierware, die bisher hergestellt wurde, fehlen Aufträge. Der Kohlenmangel bleibt für die Industrie immer noch das bedenklichste.‹

›Die Arbeitseinstellung infolge Kohlenmangels rückt im Bezirke Füssen immer bedrohlicher heran und gibt Anlaß zu Kritik an der satzungsmäßigen Regelung der Erwerbslosenunterstützung, deren Bestimmungen vielfach als unzulänglich, mißverständlich und lückenhaft erklärt werden. Das Bezirksamt befaßt sich gerade mit Aufnahme der verschiedenen Beanstandungen und Einvernahme der Beteiligten und wird sodann berichten.‹

›Die Lage des Arbeitsmarktes im Bezirke Illertissen ist zur Zeit noch gut. Bis jetzt wurde nur ein Antrag auf Erwerbslosenfürsorge gestellt und wird es auch hier gelingen, den Mann anderweitig unterzubringen. Die Landwirtschaft hat noch genug offene Stellen für arbeitswillige Personen. Schwieriger werden die Verhältnisse in den nächsten Wochen, wenn es nicht gelingt, für die Holzleistenfabrik Winkle Holz und für die Messingwerke in Vöhringen Kohlen zu bekommen. Einstweilen sind aber auch dort die Verhältnisse noch geordnet. Die von der Firma Wieland auszuführenden Notstandsarbeiten werden dadurch erschwert, daß die Lohnforderungen der Arbeiter immer übertriebener werden. Während bis jetzt pro Stunde 95 Pfennig bezahlt wird, wird bereits ein Stundenlohn von 1.10 Mark verlangt. Die Verhandlungen hierüber schweben noch.‹

›Der Arbeitsmarkt in Memmingen verschlechtert sich; zur Zeit überwiegen beim Arbeitsamt zwar noch die Angebote, weil die meisten Entlassenen sich vorerst noch Urlaub gönnen und die gekündigten Arbeiter noch in Bezahlung stehen. Notstandsarbeiten sind erst in geringem Umfange aufgenommen. Ein Großindustrieller will 33 Arbeiterwohnhäuser, die Baugenossenschaft 44 Wohnungen erstellen; der Beginn dieser Bauarbeiten wird eine wesentliche Entlastung des Arbeitsmarktes bedeuten, wenn nicht die politische Entwicklung den Beginn der Arbeiten vereitelt.‹

›Die Tatsache, daß Kriegsteilnehmer vielfach keine Stellung bekommen, daß sie insbesondere, soweit sie Schriftsetzer der Beckschen Verlagsdruckerei in Nördlingen sind, infolge Arbeitsmangels nicht wieder eingestellt werden können, gibt zu den schwersten Befürchtungen für die nächste Zeit Anlaß. Viel geklagt wird in der Bevölkerung, zumeist natürlich der minderbemittelten, daß die notwendigsten Bedarfsgegenstände der Kleidung, Strümpfe, Wäsche usw. unerschwinglich teuer sind. Hier kann nur die energisch durchzuführende Wiederbelebung der Textilindustrie helfen.‹

›In den Vereinigten Kunstanstalten Kaufbeuren, die sehr wenig Aufträge haben, wird der Betrieb noch aufrechterhalten; nur in der Steindruckerei ist die Arbeitszeit auf 7 Stunden herabgesetzt. Im Käsereigewerbe sind 32 Arbeiter ausgestellt, die aber nach Weihnachten eingestellt werden.‹

›Die schon größtenteils erfolgte Zurückziehung der ca. 800 Kriegsgefangenen und die Abreise der polnischen Arbeiter[3] schufen im Bezirke Donauwörth allenthalben neue Nachfrage nach landwirtschaftlichen Arbeitern. Auch durch öffentliche und sonstige Arbeiten sind oder werden Arbeitsgelegenheiten eröffnet. Ein Teil der einheimischen Arbeitskräfte findet auf mehrere Monate Beschäftigung beim Ausbau der Leitungsstrecke Mertingen-Donauwörth, die gegenwärtig von den Lechelektrizitätswerken ausgeführt wird. Die Kirchenverwaltung Mertingen wird demnächst den Bau eines Leichenhauses und den Neubau eines Pfarrhofes, die katholische Filialkirchenverwaltung Nordendorf Erweiterungsbauten an der dortigen Kirche im Kostenanschlag von 18.000 Mark in Angriff nehmen. Die Vorarbeiten für die Entwässerung des ca. 3000 Tagwerk umfassenden Oberndorfer Riedes beginnen Anfangs Januar. Hier werden auch auswärtige und erwerbslose Industriearbeiter für längere Zeit Arbeit finden können; die Ellgau-Oberndorfer-Riedentwässerungsgenossenschaft wird in einer Sitzung anfangs des nächsten Monats zur Frage der Beschäftigung auswärtiger Arbeiter, die wegen der Unterbringung der Arbeiter und der zu zahlenden hohen Löhne gewisse Schwierigkeiten bietet, Stellung nehmen. Die Beschäftigung der Industrie leidet andauernd unter dem Kohlenmangel. Gleichwohl kann die Portlandzementfabrik Harburg wenigstens vorerst ihren Betrieb noch voll aufrechterhalten. Auch das Hartsteinwerk Wemding, das in den letzten 3 Wochen wegen Arbeiter- und Kohlenmangel seinen Betrieb bedeutend hatte einschränken müssen, wird ihn nach den Weihnachtsfeiertagen wieder voll aufnehmen können, nachdem es die angeforderten 40 Arbeiter voraussichtlich vermittelt erhält und noch über eine kleine Reserve an Kohlen verfügt.‹

›In Blaichach, Bezirksamts Sonthofen, haben sich die Verhältnisse nicht geändert, es sind etwa 400 Arbeiter beschäftigungslos und im Genusse der Textilarbeiterfürsorge. Die Baumwolle kommt überhaupt zu langsam; das Papier für die im vorigen Wochenbericht erwähnten Aufträge ist zwar schon seit 8 Tagen von Ulm wegdisponiert, aber noch nicht eingetroffen. Schwierigkeiten gibt es zur Zeit mit Lohnforderungen, die Arbeitersekretär Deffner[4] unter Hinweis darauf stellt, daß in Augsburg diese Wünsche bereits angenommen seien; Direktor Zellweger betont demgegenüber, daß die Arbeiter in Blaichach vor allem viel billiger wohnen als in Augsburg, sie zahlen in Blaichach

---

3 Von 1915 bis Kriegsende 1918 wurden in den besetzten und unbesetzten Ostgebieten von den deutschen Behörden etwa 240.000 russische und polnische Arbeiter nach Deutschland angeworben.
4 Wilhelm Deffner (1871–1977), Spinner. 1904 Vorsitzender der Freien Gewerkschaften in Augsburg, 1910 Bezirksleiter des Textilarbeiterverbandes Südschwaben und Allgäu (Kempten). 1918 Vorsitzender des Oberallgäuer Arbeiter-, Bauern- und Soldatenrats, 1919 Landesleiter des Textilarbeiterverbandes Bayern, 1918–1919 Mitglied des Provisorischen Nationalrats des Volksstaates Bayern.

zum Beispiel für eine Fabrikwohnung mit 4 Zimmern, Küche und Gartenanteil jährlich 130 Mark. Direktor Zellweger hat mir weiter mitgeteilt, daß allgemeine Verhandlungen, also zwischen den Verbänden der Arbeitgeber und Arbeitnehmer, über diese Lohnfrage in Gang seien und daß er deshalb vorherige Sonderabmachungen für unrichtig halte; nach seiner Berechnung sind die Löhne von 100 % im Jahre 1913 auf 200 % im Sommer 1918, auf 250 % durch den 8-Stunden-Tag und, da nun ein Arbeiter nur einen Stuhl statt deren vier bedienen darf, auf das Vierfache, also 1000 %, gestiegen[5]. In Immenstadt wird wie bisher, mit Ausnahme des Samstags, täglich 8 Stunden mit allen Arbeitern gearbeitet[6] und zwar Flachs und Papier[7]; wegen weiterer Flachszuweisung, die von Berlin aus nun gesperrt werden soll zugunsten der reinen Flachsindustrie, hat die Fabrik mit anderen beteiligten Betrieben Schritte eingeleitet. Die Fabrik arbeitet zur Zeit nur mit Wasser, hat ihre Wasserkraft auch dem sonst mit Kohle arbeitenden Elektrizitätswerk Immenstadt zur Verfügung gestellt; für den Notfall hat sie Dieselmotorenöl erhalten, mit Kohle sieht es schlecht aus.

Das Hüttenamt Sonthofen hat ausreichend Arbeit; es hat seit meinem letzten Bericht 17 Arbeitern (Handwerkern, Landwirten) gekündigt, sonst keine Entlassungen mehr vorgenommen.‹

›Für Unterkunft und Beschäftigung der Entlassenen ist im Bezirke Neu-Ulm genügend gesorgt. Die Lage des Arbeitsmarktes ist die gleiche wie bisher, nicht günstig, aber für die nächste Zeit noch nicht gefahrdrohend. Die Holzindustrie klagt darüber, daß trotz der Wiedereröffnung des Waggonverkehrs mit Württemberg eine Belebung des Geschäftes nicht eintrat. In der Landwirtschaft sind immer noch viele Stellen zu besetzen.‹

›In der Pulverfabrik Bobingen, Bezirksamts Schwabmünchen, sind gegenwärtig noch 321 Arbeiter beschäftigt; entlassen wurden 124. Die meisten entlassenen Arbeiter sind nach Augsburg zurückgekehrt. Die Erwerbslosenfürsorge wurde bisher nicht in Anspruch genommen. Verschiedene Handwerksmeister beklagen sich, daß sie, obwohl zur Zeit Handwerkskundige vorhanden sind, Gesellen nicht erhalten können.‹

›Der Betrieb der Firma Ott in Kempten wird – soweit Rüstungsarbeit in Betracht kommt – bis Neujahr in seinem derzeitigen Umfang aufrechterhalten. Es kommen sodann 50 weibliche Arbeiterinnen zur Entlassung, denen bereits vor 4 Wochen gekündigt worden ist. Nach Neujahr wird der Betrieb auf die frühere Tätigkeit als mathematisch-mechanisches Institut umgestellt. Die bisher dort beschäftigten 40 männlichen Arbeitskräfte können auch fernerhin bei der Firma verbleiben. Im Handwerk ist eine wesentliche Besserung nicht eingetreten. Die allgemeine Lage ist durch den Umstand, daß beim Straßen- und Flußbauamt wie auch bei der Sektion für Wildbachverbauung Kempten ungefähr 100 Arbeitskräfte noch untergebracht werden können, nicht ungünstig. Daß es aber an der Arbeitswilligkeit fehlt, geht daraus hervor, daß von 80

---

5 *Von Auseinandersetzungen zwischen der Arbeitnehmerschaft und dem Betriebsleiter Zellweger der Mechanischen Baumwollspinn- und Weberei Blaichach u. a. wegen niedriger Löhne hat die Öffentlichkeit auch während des Krieges erfahren; AAB 18 und 56 vom 21.1. bzw. 9.3.1917 sowie 261 vom 10.11.1918.*
6 *Den 8-Stunden-Tag hatte der Rat der Volksbeauftragten in seinem Aufruf vom 12. November 1918 (RGBl S. 1303) verkündet. Unausgesprochen richtete er sich an die Industrie-Arbeiter. Für die Angestellten wurde diese Verkürzung am 12. März 1919 (RGBl S. 315), für die gewerblichen Arbeiter am 20. März 1919 (RGBl S. 328) eingeführt. Die Proklamation für Bayern erfolgte für die Industrie- und gewerblichen Arbeiter am 13. November durch die Regierung Eisner; StAnz 270 = MABl/KBl S. 324; Richtlinien vom 18. November ebd. S. 325.*
7 *Die Mechanische Bindfadenfabrik verwendete seit 1916 Spinnpapier zur Herstellung von Bindfäden, Stricken und dünneren Seilen.*

zugewiesenen Arbeitern nur 35 Mann die Erdarbeiten aufgenommen haben. Notstandsarbeiten sind vorgesehen. Da es sich hiebei in erster Linie um Erdarbeiten handelt, wird diese Ausführung insbesondere von der Witterung abhängen.‹
Die Meldung des Arbeitsamts Neu-Ulm lege ich in Abschrift vor.

II.

Sonntag, den 15. Dezember 1918, sprachen in einer äußerst stark besuchten öffentlichen Volksversammlung in Füssen Minister Roßhaupter[8] und der frühere Landtagsabgeordnete Gölzer[9]-Kempten über die Ziele der Regierung und die künftige Entwicklung des Volksstaates und mahnten eindringlich zu Ordnung und Ruhe.

gez. von Praun

[Tabelle 1 zum Wochenbericht vom 23. Dezember]

Meldung des Arbeitsamts Neu-Ulm über die Arbeitsmarktlage am 21.12.1918

Wirtschaftszweig	Unerl. Angeb.		Unerl. Nachfrage	
	a. männl.	b. weibl.	a. männl.	b. weibl.
Land- und Forstwirtschaft, Gärtnerei	4	10	–	–
Metallverarbeitung	–	–	6	–
Holzindustrie	–	–	7	–
Textilindustrie	–	–	–	–
Bekleidungs- und Reinigungsgewerbe	8	–	–	–
Baugewerbe	–	–	–	–
Sonst. Handwerk und Berufe	–	–	5	4
Haus- und Gastwirtschaft	1	6	4	–
Ungelernte Arbeiter aller Art	1	–	5	–
[Summe]	14	16	27	4

---

8 Albert Roßhaupter (1878–1949), Lackierer, Redakteur. 1918–1919 Mitglied des Provisorischen Nationalrats des Volksstaates Bayern, 1918–1919 bayer. Staatsminister für militärische Angelegenheiten. 1907–1918 MdL (SPD), 1919–1933 MdL (MSPD, SPD). 1945 im Kabinett Schäffer zuständig für den Bereich ›Arbeit‹, 1945–1947 bayer. Staatsminister für Arbeit und soziale Fürsorge, stellvertretender Ministerpräsident. 1946 Mitglied der Verfassunggebenden Landesversammlung. 1948 Mitglied des Parlamentarischen Rates (Bonn).
9 Heinrich Gölzer (1868–1942), Schreinermeister. 1912–1918 MdL (SPD), 1918–1919 Mitglied des Provisorischen Nationalrats des Volksstaates Bayern, 1919–1920 MdR (SPD).

Bemerkungen über die Lage des Arbeitsmarkts:
Bei Arbeitsangeboten der männlichen Abteilung ist Landwirtschaft und Bekleidungsindustrie (Schuhmacher) vorherrschend; bei der weiblichen Abteilung Landwirt- und Hauswirtschaft. Ausschlaggebend bei Arbeitsnachfrage ist Metall- und Holzindustrie (Schlosser und Schreiner).

[Tabelle 2 zum Wochenbericht vom 23. Dezember]

Stadtmagistrat Kempten

Aufstellung

über den Stand des Arbeitsmarktes in den bedeutendsten Zweigen der Industrie während der Zeit vom 14. mit 21. Dezember 1918.

Wirtschaftszweig	Unerl. Angeb.		Unerl. Nachfrage	
	a. männl.	b. weibl.	a. männl.	b. weibl.
Metall	–	–	3	–
Holz	–	–	2	–
Leder	–	–	1	–
Textil	–	–	–	–
Sonstiges	150	–	12	3
	Bergbauarbeiter nach Untergriesbach bei Passau			

[Anlage zum Wochenbericht vom 23. Dezember]

Lindau i. B., den 21. Dezember 1918

Bezirksamt Lindau i. B.:
An das Präsidium der Regierung von Schwaben und Neuburg
Betreff: Wochenbericht

Im Amtsbezirke machen sich Strömungen geltend, eine Angliederung Vorarlbergs und der Hohenzollern'schen Enklave Achberg an Bayern[10] herbeizuführen. Mehrere angesehene Männer des Bezirkes haben die Sache in die Hand genommen und sind mit einflußreichen Herren der bezeichneten Landesteile in Fühlung getreten. An mich ergangene Aufforderungen zur

---

10 *Das in einer Verwaltungseinheit mit Tirol zusammengeschlossene Vorarlberg hatte sich am 3. November 1918 im Rahmen des deutsch-österreichischen Staates für selbstständig erklärt. Auf vorarlbergischer Seite verfolgten die Befürworter eines Anschlusses an das bayerische Allgäu wirtschaftliche Ziele (Förderung von Gewerbe, Handel und Fremdenverkehr durch den Bau von Bahnstrecken) und beriefen sich auf die traditionell guten Beziehungen zum Allgäu, auf alte Stammeszugehörigkeit und Gesinnungsverwandtschaft. Die Gegner sammelten Unterschriften für einen Zusammenschluss mit der Schweiz. Ähnliche Bestrebungen entwickelten sich auch im Amtsbezirk Füssen. Dort organisierte am 25. November 1918 der Füssener Arbeiter- und Soldatenrat eine Massenversammlung, in der Bürgermeister Dr. Moser unter begeisterndem Beifall der anwesenden Tiroler die Einverleibung des benachbarten österreichischen Außerferns (Bezirks-Hauptmannschaft Reutte) durch Bayern forderte.*

Beteiligung habe ich mit Rücksicht auf meine dienstliche Stellung abgelehnt. Es dürfte aber nicht zu bezweifeln sein, daß eine Erweiterung des bayerischen Gebietes nach beiden Richtungen für den Bezirk Lindau von außerordentlichem Vorteil sein würde.

Die Einschränkung des Eisenbahnverkehrs so, wie sie droht, wird für die Bereisung des Amtsbezirkes und für das Aufsuchen des Amtes durch die Bevölkerung sehr erschwerend wirken. Bei den großen Entfernungen und bei dem Mangel an Fuhrwerk werden hierdurch wichtige Sachen, wie die Bereitstellung von Arbeiten, die Arbeitslosenfürsorge und dergleichen, unbedingten Schaden leiden.

Die Arbeitslosigkeit wegen wesentlicher Einschränkung der Zeppelinwerke[11] wird entgegen den vielfach vorgebrachten Befürchtungen eine ganz geringfügige bleiben, der ohne besondere Aufwendungen entgegengetreten wird. Größer ist die Erwerbslosigkeit unter den Arbeitern der Firma L. Stromeyer in Weiler; entsprechende Fürsorge ist hier getroffen.

Fast alle Gemeinden besitzen nun eine Bürgerwehr und wartet man auf die bestellten Waffen[12].

Augsburg, den 30. Dezember 1918   51

I.

Der Sicherheitsstand des Regierungsbezirks wurde auch in der abgelaufenen Woche wieder durch Eigentumsdelikte vielfach gestört. Öfters wurde die Wahrnehmung gemacht, daß Zivilisten unberechtigterweise Militäruniformen trugen.

In der vergangenen Woche fand im Lager Lechfeld zwischen gefangenen Russen und Italienern eine große Rauferei statt, die nur durch Einschreiten des Militärs beendigt werden konnte. Nach Mitteilung des Adjutanten des Gefangenenlagers wurden viele verwundet, aber niemand getötet.

Im Exerzierhause der Luitpoldkaserne in Lindau wurde vor 8 Tagen von Soldaten, die nicht ermittelt werden konnten, ein Exzeß dadurch verübt, daß ein großer Teil der Einrichtungsgegenstände, insbesondere eiserne Bettstellen, Telephonapparate usw., mit aller Gewalt zertrümmert und beschädigt wurden.

Das Bezirksamt N e u - U l m berichtet:
›Die Bürgerwehren im Bezirke Neu-Ulm, namentlich in den größeren Gemeinden, lösen sich wieder auf, nachdem der Soldatenrat Neu-Ulm die Abgabe der bereits zugewiesenen Militärgewehre verhindert hat.‹

Am 23. Dezember eingetretene und den ganzen nächsten Tag anhaltende starke Regengüsse verursachten nach Bericht des Stadtmagistrats Kempten Austreten der Iller und Rottach und erhebliche Wasserschäden an den Kunstbauten und Ufern, besonders des letztbezeichneten Flusses, deren Wendung den betreffenden Körperschaften und Personen erhebliche, nach Tausenden zählende Opfer kosten wird.

Ebenso sind an der Donau und an der Wertach größere Überschwemmungen erfolgt.

---

11 In Friedrichshafen und Lindau-Reutin.
12 Die Waffen – nur Gewehre, pro Stück mit 45 Patronen – lieferte an die Bezirksämter auf Weisung der Feldzeugmeisterei München das nächstgelegene Artilleriedepot. Solche Depots gab es im Regierungsbezirk Schwaben und Neuburg in Neu-Ulm, Augsburg und Schwabstadl (Lager Lechfeld).

In der Nacht vom 25. zum 26. laufenden Monats brannte auf der Jungviehweide des Zuchtverbandes für schwäbisches Fleckvieh bei Pfaffenhofen, Bezirksamts Wertingen, die dort befindliche Ochsenstallung mit angebauter Scheune und Wagenremise ab. Mitverbrannt sind 4 hochträchtige Kühe, 4 Schlachtschweine, 16 Stück Stallhasen und 1 Hund. Die dort untergebrachten 4 Ochsen konnten noch gerettet werden, mußten aber infolge Rauchvergiftung in Wertingen notgeschlachtet werden. Der Schaden berechnet sich auf 25.000 Mark. Die Objekte nebst Inhalt und Zubehör waren versichert. Als Brandursache wird Kurzschluß der elektrischen Leitungsanlage bezeichnet, die erst im heurigen Jahre errichtet wurde.

Das Bezirksamt A u g s b u r g berichtet:

›Die Organisation der Volksernährung begegnet draußen immer größeren Schwierigkeiten. Während die Arbeiter-, Bürger- und Soldatenräte die Interessen der Stadtbevölkerung vertreten, arbeiten die Bauernräte für die Bauernschaft. Die Landwirte suchen im gesetzwidrigen Verkehr der Lebensmittel ihre Deckung hinter den Bauernräten. Man hält trotz aller Aufklärungen und Mahnungen der Behörden die gesetzlichen Vorschriften für abgetan und freut sich, daß alle bisherigen Versündigungen gegen das allgemeine Volkswohl durch die beiden letzten Amnestien sühnelos geblieben sind. Hiedurch ist auch eine gewisse Erlahmung im Eifer der Sicherheitsorgane eingetreten, denn sie müssen sich nun den höhnischen Hinweis auf die Erfolglosigkeit ihrer letzten Strafanzeigen gefallen lassen. Es dürfte allerhöchste Zeit sein, daß wir zu geordneten Verhältnissen gelangen, sonst versagt die Volksernährung vollständig.‹

Zur Frage der Pferdeabgabe berichten die Bezirksämter N e u b u r g a n d e r D o n a u und I l l e r t i s s e n:

›Eine große Erregung hat sich der Bauern im Bezirke Neuburg an der Donau deshalb bemächtigt, weil die Neuburger Remontezüchter verhältnismäßig billig Zuchtstuten durch Vermittlung des Landgestüts und des Remontezuchtvereins Neuburg zugewiesen erhielten, während bei der vom Zentralbauernrat vorgenommenen Pferdeversteigerung sehr hohe Preise bezahlt werden mußten. Die Erregung machte sich durch wüste Prügelszenen bei der Versteigerung und durch Massendemonstrationen der Bauern geltend. Da sich die Stutenerwerber zum Teil weigern, wie von ihnen unter versteckten Drohungen verlangt wird, die zugeteilten Stuten zur Neuversteigerung herauszugeben, stehen weitere Gewalttätigkeiten zu erwarten.‹

›Nach mühevollen Verhandlungen mit dem parlamentarischen Bauernrat[1] in München ist es nun endlich soweit gekommen, daß die Pferdeversteigerungen in Illertissen und Babenhausen stattfinden konnten, bevor durch Diebstahl und Austausch von Pferden größere Mißstände erwuchsen. Die Versteigerung ging im wesentlichen glatt vonstatten, ohne daß die anderwärts beachteten Unterschleife und Abgabe zu Schleuderpreisen vorgekommen wären. Die Preise bewegten sich für kleinere leichtere Pferde zwischen 100 und 300 Mark, für schwerere Arbeitspferde bis zu 2000 Mark. Allseitig wird die ungeschickte Regelung bezüglich der Zuchtstutenabgabe bedauert, da von den Züchtern, die sich zum Bezug von Zuchtstuten angemeldet haben, niemand weiß, ob die Bedarfsanmeldung zum Zuge kommt oder ob er sich anderwärts mit älteren Zuchtstuten versehen soll. Die aus dem gesamten Pferdestand des Reserve-Infanterie-Regiments Nr. 19 ausgewählten Zuchtstuten, im ganzen 13 Stück, wurden zur Sammelstelle Kempten transportiert. In welcher Weise von dort aus die Versorgung der Pferdezüchter mit Zuchtstuten erfolgen soll, ist noch nicht bestimmt. Sicher ist, daß der weitaus größte Teil der Züchter die gewünschten Zuchtstuten nicht erhält.‹

---

1 Zentralbauernrat.

Der Stadtmagistrat A u g s b u r g berichtet über die Lebensmittelversorgung folgendes:
›Die Weizenanlieferungen in Augsburg sind gegenüber der Zuteilung noch etwas im Rückstande. Über die Getreideanlieferung im ganzen kann nicht geklagt werden; die Beischaffung stößt nur auf Schwierigkeiten wegen Mangel an Säcken. Gemüse-, Wild- und Kaninchenanlieferung ist befriedigend. Die Geflügelzufuhr ist gering, Obst wird überhaupt nicht mehr angeliefert. Dagegen machen wir die Wahrnehmung, daß Dörrobst auf dem Lande in größeren Mengen vorhanden sein muß. Die Stadt sieht von solchen Dörrobstanlieferungen nur in verbotenen, an Familien abgegangenen Sendungen. In Seefischen erfolgte in der vorigen Woche keine Zufuhr. Die Süßwasserfischlieferungen nach Augsburg sind äußerst gering. Über 1 Zentner wird nie geliefert; wohl aber kommt es vor, daß unter 10 Pfund pro Woche angeliefert werden. Wir sind also nicht in der glücklichen Lage wie München, über eine genügende Süßwasserfischlieferung berichten zu können.
Die Milchzufuhr ist unverändert.
An Kartoffeln sind 33 Waggons mit insgesamt 7352 Zentnern eingetroffen. Die Qualität derselben wird mit jedem Tag schlechter. Die Verpackung läßt sehr zu wünschen übrig; es sind in den letzten Tagen trotz der strengen Vorschriften und trotz wiederholter Mahnungen Kartoffelsendungen ohne jede Strohverpackung und mit offenen Wagenluken angekommen, so zum Beispiel Waggon Nr. 38230 ab Straßkirchen. Der Waggon ist infolgedessen frostbeschädigt. Beanstandet mußten ferner folgende Waggons werden:

Waggon Nr. 16843 mit 7650 kg kleine minderwertige Kartoffeln ab Schrobenhausen (kein Stroh)
Waggon Nr. 39716 mit 9130 kg normale Kartoffeln ab Lauingen (kein Stroh)
Waggon Nr. 20000 mit 7200 kg normale Kartoffeln ab Haßloch (kein Stroh)
Waggon Nr. 11992 mit 14760 kg rote schmutzige unscheinbare Kartoffeln ab Radldorf (kein Stroh)
Waggon Nr. 37802 mit 14620 kg do.
Waggon Nr. 38230 mit 8180 kg rote schmutzig unscheinbare Kartoffeln ab Straßkirchen (kein Stroh)

Waggon Nr. 31033 fehlt Frachtbrief – ab Sulzbach (eine halbe Seite Stroh, eine halbe Seite ungeschützt).
Durch derartige sorglose Verladung gehen bedeutende Mengen Kartoffeln der gedachten Verwendung verloren.
Die Versorgung der Schwerst- und Schwerarbeiter wird nach Wegfall der Versorgung der Rüstungsarbeiter einer Neuregelung zugeführt, welche sich in ähnlichen Bahnen bewegen wird, in denen sie sich vor Versorgung der Rüstungsindustrie befand. Damit wird auch die Versorgung der Arbeiterschaft mit Lebensmittelzusätzen wieder gerechter werden.
Die Versorgung mit Fleisch und Eiern bewegte sich in den normalen Grenzen.‹

Das Bezirksamt Augsburg teilt mit: Die Wintersaaten stehen gut, bräuchten aber jetzt die schützende Schneedecke.

Über die Lage des Arbeitsmarktes und die Beschäftigung der vom Heere Entlassenen berichten die beteiligten D i s t r i k t s v e r w a l t u n g s b e h ö r d e n wie folgt:
›Die stillgelegten Betriebe der Textilindustrie Augsburgs stellen sich zum Teil unter Aufwendung sehr hoher Kosten auf Friedensarbeit ein; bei 15 % der Friedensbeschäftigung werden 30 bis 35 % der Arbeitskräfte Beschäftigung finden. Die Kohlenversorgung der Industrie hat sich gegenüber den Vorwochen nicht verbessert, doch ist infolge

der Regen- und Schneefälle die Erzeugung elektrischer Energie wieder unabhängiger von den Kohlenzufuhren geworden. Die Gesamtlage des Arbeitsmarktes in Augsburg kann in Anbetracht der Jahreszeit und der wirtschaftlichen Demobilmachung im allgemeinen noch als ziemlich befriedigend bezeichnet werden, wenngleich in den einzelnen Berufen Abweichungen mehr oder weniger sich bemerkbar machten. Am günstigsten gestaltete sich die Arbeitsgelegenheit für Männer in der Landwirtschaft, in der Holzindustrie und in der Bekleidungsindustrie. Der bereits gemeldete Mangel an Schuhmachern und Schneidern besteht fort. Unbefriedigend stand es mit der Erwerbsmöglichkeit im Baugewerbe, in der Nahrungs- und Genußmittelindustrie, der Metallverarbeitung, der Textilindustrie, in kaufmännischen und freien Berufen, in der Hauswirtschaft und im Gast- und Schankwirtsgewerbe. In der Landwirtschaft übersteigt das Arbeitsangebot die Nachfrage erheblich. Es fehlt an tüchtigen Arbeitskräften, die alle landwirtschaftlichen Arbeiten verrichten können. Seit dem Monat Dezember wurden der Landwirtschaft 162 Dienstknechte und Stallschweizer zugeführt. Die vorgemerkten arbeitslosen Magazinier, Ausgeher, Hausburschen, Kutscher x. wollen sich nicht entschließen, Notstandsarbeiten beim städtischen Straßenbau anzunehmen. Ledige Leute, die bei ihren Eltern in Augsburg wohnen, sind sehr schwer außerhalb Augsburgs zu vermitteln, sie schützen ihre 4jährige Militärdienstzeit und den überstandenen strengen Frontdienst vor. Bei den Frauen macht sich eine größere Arbeitslosigkeit von Textilarbeiterinnen und Rüstungsarbeiterinnen bemerkbar. Über das Verhältnis zwischen Angebot und Nachfrage am Arbeitsmarkte geben die folgenden, vom hiesigen Arbeitsamte nach dem Stande vom 27. Dezember 1918 mitgeteilten Ziffern Aufschluß:

Wirtschaftszweig	Unerl. Angeb.		Unerl. Nachfrage		Bemerkungen
	a. männl.	b. weibl.	a. männl.	b. weibl.	
Land- und Forstwirtschaft, Gärtnerei	74	55	15	11	
Metallverarbeitung	54	–	223	–	
Holzindustrie	14	–	26	–	
Textilindustrie	4	–	42	233	
Bekleidungs- und Reinigungsgewerbe	153	–	–	9	großer Mangel an Schuhmachern
Baugewerbe	5	–	60	–	
Sonst. Handwerk und Berufe	26	2	217	27	
Haus- und Gastwirtschaft	–	134	268+	192	+ zum größten Teil Ausgeher und Hausburschen
Ungelernte Arbeiter aller Art	110	–	304	583	
Summe:	440	191	1155	1055	

Die Zahl der in der Rüstungsindustrie arbeitslos werdenden Kräfte läßt sich erst Anfang Januar überblicken. Die Zahl der Erwerbslosen ist auf rund 700 gestiegen. Für Januar wird die Errichtung von Zweigstellen der Erwerbslosenfürsorge in den Arbeitervorstädten vorbereitet, um bei den zu erwartenden Entlassungen die Ansammlung größerer Arbeitermassen im Stadtinnern zu verhindern.‹

›Die Entlassungen der Arbeitskräfte beim Heere gehen weiter. Die Betriebe im Landbezirke Augsburg suchen aufzunehmen, was ihnen möglich ist; doch Mangel an Rohstoffen, an Halbfabrikaten, an Betriebsmitteln und auch Zurückhaltung des Unternehmergeistes verhindern die Aufnahme und Beschäftigung der angebotenen Arbeitskräfte. Ausgetreten sind bei der Spinnerei und Weberei Haunstetten kein Arbeiter, bei den Farbwerken Gersthofen 3 weibliche und 6 männliche, bei der Alpinen Maschinenfabrik in Göggingen 2 Arbeiter, bei der Bleicherei und Färberei Martini & Cie. in Haunstetten keine. Dagegen sind neu eingetreten: 10 Arbeiter bei der Spinnerei und Weberei Haunstetten, 57 bei den Farbwerken in Gersthofen, keine Arbeiter bei der Alpinen Maschinenfabrik in Göggingen, 25 bei der Bleicherei und Färberei Martini & Cie. in Haunstetten. Sämtliche Arbeiter der Farbwerke Gersthofen sind voll beschäftigt, zum Teil mit Notstandsarbeiten und kleineren Friedensaufträgen, dagegen berichtet die Alpine Maschinenfabrik Göggingen, daß sie ihre Arbeiterschaft nicht ausreichend beschäftigen könne. Die Textilbetriebe arbeiten nach wie vor im Rahmen ihrer Kontingente und sind auf einige Monate bei 45 Wochenstunden mit Arbeit versehen. Die Rohstoff- und Kohlenversorgung ist gleich schlecht wie bisher. Im Handwerk hat sich die Lage nicht verändert. In der Landwirtschaft bestehen die Klagen über Arbeitermangel fort.‹

›Auf dem Arbeitsmarkt in Lindau macht sich eine bedeutend größere Nachfrage von Arbeitnehmern nach Arbeit geltend. In den letzten Tagen haben sich zahlreiche Vorarlberger, insbesondere von unserer Nachbarstadt Bregenz, um die Erwerbslosenfürsorge bemüht, die natürlich abgewiesen werden mußten.‹

›In der Arbeitslage der Rüstungsindustrie in Kempten ist gegenüber der Vorwoche eine Änderung nicht eingetreten. Es kommt hier lediglich die Firma Ott in Betracht. Bei der Textilindustrie ist die Lage unverändert. Im Handwerk ist eine Besserung nicht eingetreten; das Arbeitsangebot in der Landwirtschaft ist noch gering.
Beim Straßen- und Flußbauamt, bei der Sektion für Wildbachverbauung und beim Kulturbauamt werden ca. 100 Erdarbeiter noch benötigt; die Zuweisung von solchen Leuten ist schwer, da viele keine Erdarbeiten ausführen wollen. Notstandsarbeiten der Stadt sind vorgesehen; die Ausführung derselben hängt lediglich von der Witterung ab.‹

Aufstellung über den Stand des Arbeitsmarktes in den bedeutendsten Zweigen der Industrie während der Zeit vom 21. mit 28. Dezember 1918.

Wirtschaftszweig	Unerl. Angeb.		Unerl. Nachfrage	
	a. männl.	b. weibl.	a. männl.	b. weibl.
Metall	–	–	5	
Holz	3	–	–	–
Leder	–	–	–	
Textil	–	–	–	–
Sonstiges	150	–	13	–
	Bergwerksarbeiter nach Untergriesbach bei Passau			

›Der Zugang an Erwerbslosen in Kaufbeuren beträgt 24, somit beläuft sich die Zahl der Unterstützungsfälle auf 60. Hiezu kommen 12 Personen mit Textilerwerbslosenunterstützung. In der Textilunterstützung sind 38 Personen für Arbeitsaufnahme vorgemerkt. Die Steindruckerei der Vereinigten Kunstanstalten ruht 10 Tage, danach kann wieder mit 7 Stunden gearbeitet werden. Die Brau- und Sägeindustrie arbeitet während der 10tägigen Sperre weiter; erstere hat dem Demobilmachungskommissar entsprechendes Gesuch vorgelegt, letztere benötigt zum Geschäftsbetriebe keine Brennstoffe.‹

›Für Unterkunft und Beschäftigung der Entlassenen im Bezirke Neu-Ulm ist genügend gesorgt. Die Lage des Arbeitsmarktes ist unverändert wie bisher, nicht günstig, aber für die nächste Zeit auch noch nicht gefahrdrohend. In der Landwirtschaft sind immer noch zahlreiche Stellen zu besetzen.‹

›Die Zahl der mit Notstandsarbeiten bei den Wieland-Werken[2], Bezirksamts Illertissen, beschäftigten Arbeiter beträgt nunmehr 90. Die übrigen werden in normaler Weise beschäftigt. Aufträge für Friedensarbeit liegen in genügender Menge vor. In der Schuhleistenfabrik der Gebrüder Winkle in Altenstadt ist zur Zeit irgendwelche Arbeitslosigkeit noch nicht in Erscheinung getreten. Die bisher im Betriebe gestandenen und vom Felde zurückgekehrten Leute werden wieder eingestellt. Ansprüche auf Erwerbslosenfürsorge wurden bis jetzt nur in einem Fall geltend gemacht. Die Landwirtschaft benötigt immer noch Arbeitskräfte, da der Abtransport der französischen Kriegsgefangenen aus den meisten Gemeinden bereits erfolgt ist. Geklagt wird allseitig über die schlechten Arbeitsleistungen der russischen Gefangenen[3], deren Arbeitswilligkeit weder durch Drohungen noch durch erhöhte Trinkgelder zu beleben ist.‹

›Die Demobilmachung scheint für den Bezirk Füssen in der Hauptsache abgeschlossen zu sein; Störungen im Arbeitsmarkt waren dabei nicht zu verzeichnen; auch die allgemeine Erwerbslosenfürsorge wurde seither noch nicht in Anspruch genommen. Dagegen nimmt die Beschäftigungslosigkeit im Handwerk stetig zu, welcher nicht in dem

---

2 *Messingdrahtfabrik.*
3 *Der am 3./7. März 1918 zwischen dem Deutschen Reich und dem unterlegenen Russland abgeschlossene Friedensvertrag von Brest-Litowsk (RGBl S. 479) verpflichtete die Vertragspartner, ihre Kriegsgefangenen in ihre Heimat zu entlassen (Artikel VIII, XII; Zusatzvertrag: Fünftes Kapitel, Artikel 17, ebd. S. 638). Die Rückführung ging aber schleppend vor sich. Bis dahin blieben diese Russen [...] Kriegsgefangene und tritt in deren Behandlung, Verpflegung und Entlohnung keinerlei Veränderung ein [...]; ABl S. 83, Bek der Wirtschaftsstelle Kempten um den 13. März 1918.*

Maße abgeholfen werden kann, als dies wünschenswert wäre. Diese Entwicklung erheischt vom wirtschaftlichen Gesichtspunkte immer höhere Bedachtnahme.‹

›Jene Heeresangehörigen aus dem Bezirke Dillingen, die überhaupt entlassen werden, sind nunmehr fast alle in ihre Heimat zurückgekehrt. Sie haben anscheinend alle Unterkunft und Beschäftigung gefunden. In der Bindfadenfabrik Schretzheim mußte die Arbeitszeit wegen Mangel an Rohstoffen herabgesetzt werden; für den Verdienstentgang tritt die Erwerbslosenfürsorge ein.‹

›Die Arbeitslosigkeit ist im Bezirke Lindau bisher immer noch vereinzelt aufgetreten. Größerer Umfang ist zu befürchten, wenn durch Kohlenmangel die Strohhutfabriken gezwungen werden zu schließen.‹

›Ab 2. Januar können in der Allgäuer Baumwollspinnerei und Weberei Blaichach voraussichtlich etwas mehr Arbeiter als die letzte Zeit wieder beschäftigt werden; die in den letzten Wochenberichten erwähnten erwarteten Papieraufträge sind allerdings nur in geringem Maße verwirklicht worden, als Grund wird die völlige Unsicherheit der inneren Verhältnisse angegeben. Die Bindfadenfabrik Immenstadt steht zur Zeit auf Grund der Verfügung des Staatskommissars für Demobilmachung vom 20.12.1918; die Fabrik könnte zwar auf Wasserkraft arbeiten, will jedoch ihre geringen Rohstoffvorräte möglichst strecken, außerdem wünscht die Arbeiterschaft die Pause bis 1.1.1919 eingehalten. Das mit Kohlen arbeitende Hüttenamt Sonthofen steht. Die kleineren Textilbetriebe Fischen-Berghofen und Sonthofen erwarten die Zusendung der ihnen von der Bremer-Baumwoll-Abrechnungsstelle in Bremen zu liefernden Garne, mit denen sie 15 % ihres Friedensbetriebes, also infolge des Einstuhlsystems (statt der früheren 3 bis 4 Stühle) etwa 50 bis 60 % ihrer Arbeiterschaft von Januar ab beschäftigen könnten. Die Zusendung hat nun dadurch eine Verzögerung erlitten, daß die bezeichnete Abrechnungsstelle sich weigert, den Kaufpreis für die Garne, die Heeresgut sind, in Kriegsanleihe anzunehmen. Es ist, wie wohl nicht näher begründet zu werden braucht, unbedingt notwendig, daß die amtlichen Versprechungen über die Annahme von Kriegsanleihe an Zahlungsstatt[4] bei Heeresverkäufen usw. auch eingehalten werden; ich bitte, dies an geeigneter Stelle betonen zu wollen. Das Arbeitsamt Immenstadt meldet 47 Stellengesuche und 104 offene Stellen; von letzteren sind jedoch nur 4 für gelernte Arbeiter und 100 für Taglöhner zu Arbeiten des Straßen- und Flußbauamts, für Wegarbeiten, während unter den ersteren 47 sich 12 stellenlose landwirtschaftliche Dienstknechte und Käser befinden.‹

Die Meldung des Arbeitsamtes Neu-Ulm liegt an.

II.

Bei einer Sonntag, den 22. Dezember, in Memmingen stattgefundenen Versammlung sprach außer zwei Rednern des Bayerischen Bauernbundes Ministerpräsident Eisner[5].

Das Bezirksamt N e u b u r g a n d e r D o n a u berichtet:
›Vorkommnisse bei mehreren politischen Versammlungen lassen auf die zunehmende Aufregung im Volke schließen. Mehrfach kam es zu Tätlichkeiten und zur Verhinderung der Versammlungsredner am Worte. Durch Gründung eines Bezirksbauernbundes

---

4 Diese Möglichkeit war durch Entschließung des Innenministeriums und des Kriegsministeriums vom 16. März 1918 eingeräumt worden; StAnz 65 (1918), MABl/KBl S. 83.
5 Kurt Eisner (1867–1919), Journalist. 1918–1919 bayer. Ministerpräsident und Staatsminister des Äußern. 1918–1919 Mitglied des Provisorischen Nationalrats des Volksstaates Bayern, 1919 MdL (USPD).

unter Leitung des Fideikommissbesitzers Freiherr von Weveld[6] ist ein Element weiterer Meinungsverschiedenheiten in das Landvolk gekommen[7].‹

gez. von Praun, Regierungspräsident

[Tabelle zum Wochenbericht vom 30. Dezember]

Meldung des Arbeitsamtes Neu-Ulm über die Arbeitsmarktlage am 28.12.1918

Wirtschaftszweig	Unerl. Angeb.		Unerl. Nachfrage	
	a. männl.	b. weibl.	a. männl.	b. weibl.
Land- und Forstwirtschaft, Gärtnerei	10	11	–	–
Metallverarbeitung	–	–	4	–
Holzindustrie	–	–	1	–
Textilindustrie	–	–	–	–
Bekleidungs- und Reinigungsgewerbe	5	3	–	–
Baugewerbe	–	–	–	–
Sonst. Handwerk und Berufe	4	–	13	3
Haus- und Gastwirtschaft	–	11	1	2
Ungelernte Arbeiter aller Art	2	–	10	–
[Summe]	21	25	29	5

Bemerkungen über die Lage des Arbeitsmarktes:
Namentlich in der Landwirtschaft ist Arbeitsangebot in männlicher und weiblicher Abteilung hervorherrschend. In Kleingewerbebetrieb macht sich der Mangel an Arbeit besonders im Schreinerhandwerk bemerkbar.

Neu-Ulm, den 28.12.1918
Städt. Arbeitsamt Neu-Ulm

---

6 Wilhelm Freiherr von Weveld (1883–1935), Gutsbesitzer.
7 Der am 16. November 1918 gegründete Christliche Bauernverein Neuburg a. d. Donau wollte sich auch im Amtsbezirk Neuburg ausdehnen. Dem stellte sich der am 1. Dezember 1918 durch den Bauernbund in Unterhausen gebildete Bezirksbauernrat entgegen.

[Beilage zum Wochenbericht vom 30. Dezember]

Günzburg, den 28. Dezember 1918.

Der Vorstand des Stadtmagistrats Günzburg:
an das Präsidium der Regierung von Schwaben & Neuburg in Augsburg

Betrifft: Wochenbericht

Am letzten Montag fand hier Pferdeversteigerung statt. Am Samstag vorher erschien ein Beauftragter des Münchner Bauernrats namens Aichinger, ein junger Mann von vielleicht 25 Jahren, der einen Ausweis vorzeigte, nach welchem er von dem Amtsvorstand für die Versteigerung einen Schriftführer und einen Kassier zu erbitten hatte. Ferner war in dem Ausweise vermerkt, daß der Versteigerungserlös durch Vermittlung des Amtsvorstands an den Bauernrat in München einzusenden sei. Der Mann erklärte, daß er einen Kassier nicht benötige, er habe selbst jemand dabei. Auf Befragen kam schließlich heraus, daß dieser ›jemand‹ sein eigener Bruder war. Wir gaben dem Mann zu verstehen, daß für uns lediglich der schriftliche Ausweis maßgebend und der Versteigerungserlös durch den Magistrat an den Bauernrat einzusenden sei. Auf telefonische Anfrage bestätigte uns der Bauernrat in München die Richtigkeit unserer Stellungnahme. Der Mann gab sich, wenn auch widerstrebend, damit zufrieden.

Die Versteigerung hatte am Montag kaum begonnen, als die anwesende Menge auf den Bauernratsdelegierten, dessen Benehmen zum mindesten als höchst ungeschickt bezeichnet werden muß, eindrang und ihn zwang, unter dem Schutze des anwesenden Polizeiwachtmeisters mit seinem Bruder das Feld zu räumen. Die Versteigerung wurde unter Leitung des Landrats Dirr von Anhofen fortgesetzt und verlief dann ohne weitere Zwischenfälle. Am Nachmittag des Versteigerungstages erschien der Beauftragte des Bauernrates nochmals beim Magistrat und brachte vor, er habe den Bauernrat in München um telefonische Weisung an den Stadtmagistrat ersucht, daß ihm der Versteigerungserlös auszuhändigen sei. Ich erklärte ihm darauf klipp und klar, daß ich mich auf telefonische Weisungen in einer so wichtigen Geldsache nicht einlassen könne – der Erlös betrug über 102.000 Mark – und mich an seinen schriftlichen Vorweis halte, nach welchem das Geld durch den Amtsvorstand an den Bauernrat München zu übermitteln sei. Erst als Aichinger sah, daß er keine Aussicht hatte, das Geld zu bekommen, empfahl er sich.

Der Fall ist typisch. Es ist geradezu unglaublich, wie mit dem Staatsvermögen gewirtschaftet wird.

Die Sicherheitszustände sind, seit der größte Teil der Mannschaften der hier abrüstenden Truppenteile entlassen ist, besser geworden.

Arbeitslosigkeit in größerem Umfange ist bisher noch nicht aufgetreten.

1919

Augsburg, den 7. Januar 1919 52

Wochenbericht des Regierungspräsidenten von Schwaben und Neuburg

I. Polizeilich und wirtschaftlich belangreiche Vorkommnisse; insbesondere öffentliche Sicherheit, Gesundheitsverhältnisse, Nahrungsstand, Demobilmachung

In der abgelaufenen Woche kamen in Augsburg 28 Einbrüche und Diebstähle zur Anzeige, (Vorwoche: 43) im Monat Dezember 1918 über 200. Die allgemeine Unsicherheit wächst. An den zahlreichen Einbrüchen sind zum großen Teile Soldaten beteiligt. Der Fall, daß Zivilisten in Militäruniform auftreten, ist sehr häufig. Infolge der gelockerten militärischen Disziplin neigen die Soldaten nur zu leicht zu strafbaren Handlungen und Ausschreitungen. Die Polizeiorgane sind oft Anrempelungen und Beleidigungen ausgesetzt.

Der Sicherheitszustand im Landbezirke Augsburg hat sich gleichfalls nicht gebessert, es liegen zahlreiche Anzeigen über einfache und Einbruchsdiebstähle vor. In Haunstetten wurden nacheinander 2 Militärpferde, der 7. Batterie des 4. Feldartillerie-Regiments gehörig, im Werte von 1200 bzw. 2000 Mark aus den verschlossenen Ställen gestohlen. Jedenfalls haben hier Soldaten ihre Hand im Spiele. Die Erhebungen waren bisher ohne Ergebnis.

Am 31. Dezember 1918 wurde der Förster Schilcher[1] in Rettenbach, Bezirksamts Markt Oberdorf, im Walde daselbst erschossen. Der Verdacht lenkte sich auf 2 in Lechbruck wohnhafte Burschen, die schon früher als Wilderer bekannt waren und auch nach ihrer Rückkehr aus dem Felde die Jagd unbefugt ausgeübt haben. Verhaftung der beiden Verdächtigen ist bereits erfolgt. Zusammen mit dem in der Vorwoche vorgekommenen Raubmord[2] sind sonach innerhalb der Zeit von nur 6 Tagen 2 Mordfälle im Amtsbezirk Markt Oberdorf zu verzeichnen.

In den Lechauen bei Thierhaupten ist wieder der Fall vorgekommen, daß zwei mit Militärgewehren bewaffnete Wilderer aus größerer Entfernung auf den Schnurbein'schen Revierjäger und 2 Begleiter schossen, ohne indes zu treffen.

Von den 46 Gemeinden des Bezirkes Wertingen haben sich 40 für alsbaldige Einführung von Gemeindewehren beschlußmäßig ausgesprochen. Angefordert werden 718 Gewehre, 2 Maschinengewehre und 2 Armeepistolen. Mit den Waffen sollen versehen werden die Gemeindeeinwohner, die den Feldzug mitgemacht haben. Mit Rücksicht darauf, daß der Bezirk von Hamsterern sehr fleißig aufgesucht wird, daß die Industriestadt Augsburg in bedrohlicher Nähe liegt und die Verkehrsverhältnisse im Bezirke rasche Hilfeleistung von auswärts nicht ermöglichen lassen, erscheint die Bewaffnung der aufgestellten Wachleute unbedingt geboten, wenn für die Aufrechterhaltung der Sicherheit und Ordnung in den abgelegenen Orten auch nur einigermaßen geordnete Verhältnisse geschaffen werden sollen.

---

1 Der Förster hatte drei Burschen beim Ausweiden eines Rehes angetroffen, zwei flohen, der dritte schoss auf den Förster, angeblich in Notwehr. Die Geflohenen kehrten später an den Tatort zurück und halfen beim Wegschaffen der Leiche. Das Schwurgericht verurteilte die Täter am 14.7.1919 wegen eines Verbrechens der Körperverletzung mit Todesfolge und wegen unbefugter Jagdausübung zu Gefängnisstrafen zwischen 1 Jahr und 3 Monaten bis zu 5 Jahren und 3 Monaten; AAB 3, 31/1919. August Schilcher (geb. 1875).
2 Am 27.12.1918 war der verheiratete Käser Theodor Frei von Ennenhofen ermordet worden; AAB 302/1918.

Der Soldatenrat Neu-Ulm hat nicht nur die weitere Verteilung der Gewehre an die Bürgerwehren im Bezirke Neu-Ulm verhindert, sondern jetzt auch die sofortige Zurückgabe der hinausgegebenen Gewehre verlangt.

Nach Bericht des Bezirksamts Sonthofen haben in den Sennereien Thanners und Seifen etwa 40 Arbeiter, die Hochwasserschäden am Illerdamm ausbessern, durch Drohungen Käse sich verschafft; die Leute meinen immer, im Allgäu gebe es genug Käse, die Beschränkungen (Marken, Kundenlisten) seien nur Schikane, obwohl ja doch der Kommunalverband nicht über die Käse verfügen kann und darf. Die Gendarmerie wurde vom Bezirksamt angewiesen, im Benehmen mit dem Arbeiterrat Immenstadt wieder für Ordnung und Regelung zu sorgen.

Das Bezirksamt Zusmarshausen berichtet:
›Die unerfreulichen Zustände bei der Veräußerung der Heerespferde dauern auch jetzt, wo die Zuständigkeit wieder geändert ist, fort. So kamen z. B. am 31. Dezember 1918 abends 10 Uhr ein Sergeant und 21 Mann mit 63 Armeepferden nach Dinkelscherben, um die Pferde zu versteigern. Die Pferde erwiesen sich zum Teil als räudeverdächtig; das Bezirksamt erfuhr dies am 2. Januar 1919, nachdem auf Grund einer telegraphischen Beschwerde der Gemeinde Dinkelscherben der Amtstierarzt zur Untersuchung der Tiere nach Dinkelscherben abgeordnet worden war. Listen nach der Ministerialentschließung vom 24. Dezember 1918 I A Abs. VIII (Staatszeitung Nr. 302) sind bis heute noch nicht eingetroffen. Die Bevölkerung in Dinkelscherben, in deren Ställe die Pferde ohne weiteres einquartiert wurden, ist gegen den Abgesandten des Bauernrates sehr erregt.‹

Geklagt wird von Landwirten, daß der Bezirk Memmingen vom Bauernrat keine Pferde schweren Schlags, wie sie dort benötigt werden, zur Versteigerung zugewiesen erhält.

Das Bezirksamt Illertissen führt aus:
›Allgemein wird als dringend notwendig die Wiederabhaltung von Zuchtviehmärkten gefordert. Es wäre sehr wünschenswert, wenn diesem Verlangen der Landwirte Rechnung getragen werden könnte.‹

Die Milchversorgung in Augsburg ist wie in den Vorwochen auch in dieser Woche zurückgegangen. Die Versorgung jugendlicher, im Wachstum begriffener Personen, insbesondere solcher zwischen 14–18 Jahren ist unzureichend, da Zulagen im Rahmen der ohnehin ungenügenden allgemeinen Versorgung nicht gewährt werden können.

Das Bezirksamt Augsburg berichtet:
›Die Volksernährung begegnet den alten Schwierigkeiten; die staatlichen Behörden sind gegenüber dem organisierten Widerstand der Bauernräte machtlos. Nach einem Gendarmeriebericht hat der Hauptwortführer der Bauernräte des Bezirks dem Gendarmeriewachtmeister von Göggingen gegenüber die Bemerkung gemacht: ›Ich passe überhaupt nicht mehr auf, fahre in die Mühle, wenn ich Mehl brauche, ob ich einen Mahlschein habe oder nicht. Erschlagen tue ich doch einmal einen und wenn ich ins Zuchthaus komme.‹ Von mir darüber zur Rede gestellt, hat derselbe dann den ersten Teil vorstehender Äußerung wiederholt und mir noch mit zynischer Kälte bemerkt, daß die Bauern sich nicht weiter von den Beamten schikanieren lassen und daß es ihnen ganz gleichgültig sei, wenn alles zugrundegehe. Er fahre einfach in die Mühle, was er brauche, und passe auf den Kommunalverband und das Bezirksamt nicht mehr auf. Wenn auch nicht die ganze bäuerliche Bevölkerung solche Gesinnungen hegt, so ist es doch ein großer Teil und sind es besonders die Wortführer der Bauernschaft, gegen welche die übrigen nicht aufzutreten sich getrauen. Daß unter solchen Verhältnissen trotz aller Mahnungen, Bitten und Aufklärungen die Lebensmittelversorgung sehr im

Argen liegt, bedarf keiner weiteren Darlegung. Gegen solche Auffassung der öffentlichen Pflichten sind die Behörden, denen ohnehin jede Autorität genommen ist, machtlos.‹

Das Bezirksamt N e u b u r g a/D. teilt mit:
›Die freiwillige Ablieferung von Lebensmitteln hat unter den gegenwärtigen Verhältnissen fast gänzlich aufgehört, im Gegenteil blüht das Hamsterunwesen mehr denn je. Man wird wenig Leute finden, die sich ein Gewissen daraus machen, die zur Regelung der Volksernährung erlassenen Vorschriften gänzlich zu mißachten. Strafanzeigen führen regelmäßig zu Freisprechung und Einstellung des Verfahrens, weshalb man die Vorschriften ruhig übertritt und diejenigen für Toren hält, die sich um die Gesetze kümmern.

Ein neuer Mißstand ist dadurch hervorgetreten, daß russische Kriegsgefangene in Menge die um Ingolstadt[3] gelegenen Gemeinden des Bezirks nach Nahrungsmitteln abbetteln, wobei sie sich über erhaltenen Urlaub ausweisen, wenn die Gendarmerie einschreitet.‹

Durch ein neuerliches Hochwasser vom 24. Dezember 1918 sind nicht unerhebliche Schäden in den Gemeindefluren Altdorf und Ebenhofen, Bezirksamts Markt Oberdorf, angerichtet worden. So wurde durch den Austritt der Kürnach der tiefer gelegene Teil Bießenhofens überschwemmt und die Wohnhäuser der Alpursa Fabrik 80 Zentimeter unter Wasser gesetzt. Auch von verschiedenen Wiesen und Feldern wurden größere Stücke, ferner eine Brücke abgerissen und am Neubau des Elektrizitätswerks in Ebenhofen Schaden von einigen Tausend Mark verursacht. Nachdem auch die Regelung der Wasserzulaufverhältnisse beim Elektrizitätswerk Markt Oberdorf auf eine baldige Entscheidung drängt, soll demnächst eine Besprechung der zu durchführenden Maßnahmen mit einem Beamten der Wildbachverbauungssektion[4] stattfinden.

Der ganz ungewöhnlich hohe Seewasserstand, der fast so hoch ist wie sonst im Spätfrühjahr, würde die Inangriffnahme der Baggerungsarbeiten im Kleinen See zu Lindau auch dann unmöglich machen, wenn der Staat die dem Vorsitzenden des Lindauer Arbeiterrates bereits vor vier Wochen im Finanzministerium mündlich gegebene Zusicherung der Anweisung von 100.000 Mark inzwischen erfüllt hätte. Um aber doch nichts zu versäumen, hat der städtische Bauausschuß inzwischen wenigstens auf Grund genauer technischer Erhebungen die Bewilligung von 50.000 Mark zur Errichtung einer Spundwand beantragt, um gegebenenfalls das Baggergut sofort in zweckentsprechender Weise ablagern zu können.

Über die Verhältnisse des Arbeitsmarktes und die Kohlenversorgung sowie den Wohnungsmarkt berichten die beteiligten D i s t r i k t s v e r w a l t u n g s b e h ö r d e n wie folgt:
›Die gesamte Industrie in Augsburg kämpft noch mit großen Schwierigkeiten, besonders infolge ungenügender Kohlenversorgung, infolge Mangel an Roh- und Walzeisen, sowie an Rohprodukten für Textilindustrie und infolge der Transportschwierigkeiten bei der Rohstoffversorgung. Der Unternehmungsgeist wird durch die Unsicherheit vor allem der inneren politischen Lage noch niedergehalten. Die Umstellung der

---

3 In Ingolstadt befand sich ein Gefangenenlager für Offiziere und Mannschaften. Die russischen Gefangenen – und im Gegenzug die deutschen – sollten gemäß Art. VIII des zwischen den Mittelmächten und der Sowjetregierung am 3.3.1918 abgeschlossenen Friedensvertrags von Brest-Litowsk entlassen werden. Das Waffenstillstandsabkommen zwischen den Alliierten und dem Deutschen Reich vom 11.11.1918 und später auch der Friedensvertrag von Versailles vom 28.6.1919 erklärten jedoch den Vertrag von Brest-Litowsk für nichtig. Die Heimkehr der Gefangenen verzögerte sich dadurch.
4 Die Sektion für Wildbachverbauung in Kempten war für die Regierungsbezirke Schwaben und Neuburg, Ober-, Mittel- und Unterfranken zuständig.

Maschinenindustrie auf Friedensbetrieb ist zum Teil noch im Gang, zum großen Teil bereits vollzogen. Werkzeuge und Maschinen werden noch instandgesetzt. Die bis jetzt stillgelegten Textilbetriebe haben zum Teil Arbeiter wieder eingestellt, zum Teil sind sie wieder völlig im Gang. Mehrfach kann festgestellt werden, daß Aufträge auf 2–3 Monate vorhanden sind; ein Betrieb meldet, daß er nur auf Lager arbeite und daß diese Arbeit nicht lange fortgesetzt werden kann.

Rohstoffversorgung: In der Metallindustrie fehlt Roh- und Walzeisen wegen der Transportschwierigkeiten, die sonstige Rohstoffversorgung ist nicht ungünstig. Die Textilindustrie ist innerhalb des kleinen Kontingents auf die nächsten Monate versorgt.

Kohlenversorgung: Einzelne mittlere Rüstungsbetriebe sind mit Kohle versorgt auf einige Wochen, andere Werke fast gänzlich ohne Kohle, verschiedene Werke stehen still.

Arbeitsmarkt: Das Bild hat sich gegenüber der Vorwoche wesentlich verschlechtert; es ist eine erhebliche Steigerung der Andrangziffer männlicher und weiblicher Erwerbsloser auf dem Augsburger Arbeitsmarkt eingetreten. Recht ungünstig gestaltet sich weiter die Erwerbsmöglichkeit für Metallarbeiter aller Art, Bäcker, Metzger, Bierbrauer, Maler, Anstreicher, Textilarbeiter, Sattler, Tapezierer und Buchdrucker. Trostlos ist die Lage für kaufmännische Berufe. Zufriedenstellend war die Beschäftigungsgelegenheit für Schreiner, Maurer, Zimmerleute. Der Mangel an Schuhmachern und Schneidern hat sich noch nicht behoben. An ungelernten Arbeitern ist eine fortwährende Überfüllung vorhanden. Die Vermittlung für landwirtschaftliche männliche Arbeitskräfte geht recht flott. In der Frauenabteilung macht sich ein starkes Überangebot von Textil- und Fabrikarbeiterinnen bemerkbar. Im Bekleidungsgewerbe war die Arbeitsgelegenheit günstig. In der Landwirtschaft mangelt es noch immer an Dienstboten. Im Wirtschaftsgewerbe war für Küchen- und Hausmädchen genügend Arbeitsgelegenheit gegeben, desgleichen für Stellen häuslicher Dienste.

Über das Verhältnis zwischen Angebot und Nachfrage auf dem Arbeitsmarkt gibt die nachfolgende Übersicht des Arbeitsamtes Augsburg nach dem Stande vom 3. Januar 1919 Aufschluß:

Wirtschaftszweig	Unerl. Angeb.		Unerl. Nachfrage	
	a. männl.	b. weibl.	a. männl.	b. weibl.
Land- und Forstwirtschaft, Gärtnerei	70	50	13	12
Metallverarbeitung	4	–	343	3
Holzindustrie	12	–	56	–
Textilindustrie	1	–	77	405
Bekleidungs- und Reinigungsgewerbe	61	–	1	–
Baugewerbe	–	–	115	17
Sonst. Handwerk und Berufe	42	–	454	27
Haus- und Gastwirtschaft	–	128	280	178
Ungelernte Arbeiter aller Art	20	–	507	690
Gesamt-Summe	210	178	1846	1332

Baumarkt: Mit den öffentlichen Notstandsarbeiten wurde bereits begonnen; zur Zeit sind 130 Arbeitslose dabei beschäftigt. Die Lage des öffentlichen Baumarktes ist mangels jeglicher Unternehmungslust der Baugewerbetreibenden und Privatpersonen nach wie vor denkbar ungünstig.‹

›Ausgetreten sind folgende Arbeitskräfte: In der Spinnerei und Weberei Haunstetten, Bezirksamts Augsburg, keine, in der Alpinen Maschinenfabrik Augsburg in Göggingen 1 Arbeiter, in den Farbwerken Gersthofen 8 Arbeiter, in der Zwirnerei und Nähfadenfabrik Göggingen keine Arbeiter. Neu eingetreten sind: In der Spinnerei und Weberei Haunstetten 9, in der Alpinen Maschinenfabrik keine, in den Farbwerken Gersthofen 16, in der Zwirnerei Göggingen keine Arbeitskräfte. In den Farbwerken Gersthofen sind die Arbeiter teilweise mit Notstandsarbeiten voll beschäftigt, in den übrigen Werken nur teilweise, in den Textilbetrieben 45 Stunden in der Woche. Über Friedensaufträge in kleinem Umfange berichten die Alpine Maschinenfabrik in Göggingen und die Farbwerke Gersthofen. In den Textilbetrieben besteht noch Zwangswirtschaft. Die Rohstoff- und Betriebsstoffversorgung hat eine Besserung nicht erfahren. Im Handwerk hat sich die Lage nicht geändert. In der Landwirtschaft bestehen die alten Klagen über Arbeitermangel. Nicht nur die freien Arbeiter wollen nicht aufs Land, sondern auch die vom Land stammenden jungen Soldaten wollen nicht entlassen werden, weil sie beim Militär nichts zu tun haben, die Freuden der Großstadt genießen und nicht schlecht besoldet sind.‹

›Die Kriegsgefangenen sind von den landwirtschaftlichen Betrieben des Bezirksamts Donauwörth zum größten Teil zurückgezogen. Verschiedene Landwirte führen darüber Klage, daß die freigewordenen Stellen nicht besetzt werden können; so hat der Gutsbesitzer Lichti[5] in Ellgau (Herrlehof) seinen Bedarf an landwirtschaftlichen Arbeitern auch bei den Arbeitsämtern nicht decken können, so daß die Kriegsgefangenen wieder zurückgeführt werden mußten. Als Grund dieses Arbeitsmangels wurde mir von verschiedenen Seiten mitgeteilt, daß viele Krieger, die heimgekehrt sind, nicht mehr arbeiten wollen. Es ist wohl damit zu rechnen, daß diese Arbeitsscheu nach erfolgter Eingewöhnung in die alten Verhältnisse langsam wieder verschwindet.‹

›In der Allgäuer Baumwollspinnerei und Weberei Blaichach, Bezirksamts Sonthofen, haben sich die Verhältnisse nicht geändert; es arbeiten im Hauptbetrieb Blaichach 40 Arbeitskräfte (Papier[6]), im Nebenbetrieb Oberstdorf 70 (Baumwolle). Die übrigen Arbeiter beziehen Unterstützung. Wasserkraft wäre zur Genüge da, Kohlen auch bis Ende nächsten Monats, allein es fehlt an Material. Das zu einem Teil inzwischen eingelangte Papier war zu schlecht und nicht zu verarbeiten. Die Baumwollzuteilung durch die Abrechnungsstelle in Bremen geht unendlich langsam vor sich; eine Partie, über die seit 28. November verhandelt wird, ist noch nicht auf dem Transport. Die Bindfadenfabrik Immenstadt arbeitet wieder, wie vor der 10tägigen Pause, mit allen Arbeitern täglich 8 Stunden, außer Samstags, an dem der Betrieb ruht. Material hat sie inzwischen nicht erhalten. Das Hüttenamt Sonthofen arbeitet nun nach Ablauf der Pause wieder, es ist mit Material und Kohlen versehen. Es scheiden die nur als Hilfsarbeiter

---

5 *Dr. agr. E. h. Philipp Lichti (1881–1958), Landesökonomierat. Nach 1945 bekleidete er Ehrenämter in landwirtschaftlichen Organisationen der Bundesrepublik Deutschland. 1951 Ehrendoktor der Technischen Hochschule München; Präsident des Bezirks Schwaben im Bayerischen Bauernverband und von 1953 bis 1958 Mitglied des Bayerischen Senats.*
6 *Wegen des Mangels an Baumwolle oder Hanf waren viele Textilfabriken seit 1915 gezwungen, Papier zu verspinnen.*

während des Rüstungsbetriebes eingestellten Arbeitskräfte wieder aus; Mitte Januar etwa 25, Ende etwa 12 Arbeiter; Schwierigkeiten haben sich bei diesen Kündigungen bisher nicht ergeben. Die kleinen Textilbetriebe Fischen-Berghofen und Sonthofen haben nun, um den Schwierigkeiten in der Annahme von Kriegsanleihe als Zahlung[7] zu begegnen, Kriegsanleihe als Sicherheit hinterlegt, so daß nun die Garne geliefert und in etwa 14 Tagen die Arbeiten aufgenommen werden sollen. Das städtische Arbeitsamt Immenstadt meldet am 4. dieses Monats 36 offene Stellen für männliche (darunter 30 Taglöhner), keine für weibliche Arbeiter; Stellen suchen 39 männliche (meist gewerbliche) und 6 weibliche Arbeiter.

Erwerbslosenfürsorgeanträge liegen bisher 26 bei dem zur Verbescheidung eingesetzten Bezirksausschuß vor, meist aus Kreisen des Kleingewerbes und der Käserei. Nicht hier mitgezählt sind natürlich die Textilarbeiter, die durch ihre Fabriken die bisherige Textilarbeiterfürsorge[8] und deren Ergänzung zur Erwerbslosenfürsorge ausbezahlt erhalten.‹

›Die aus dem Felde Zurückkehrenden haben bis jetzt Arbeit und Unterkommen gefunden und zwar größtenteils in ihren früheren Arbeitsstellen. Da auch die industriellen Betriebe ihre Arbeiter weiter beschäftigen konnten, hat sich auch in dieser Woche eine Arbeitslosigkeit nicht geltend gemacht und ist Arbeitslosenunterstützung[9] nicht beansprucht worden. Die Papierfabrik Hegge, Bezirksamts Kempten, hat etwas Kohlen bekommen und hat ihren gewöhnlichen Betrieb, wenn auch eingeschränkt, wieder aufgenommen. Zwischen der Betriebsleitung dieser Fabrik und den Arbeitern sind Differenzen wegen der Einführung des 8-Stunden-Tages ausgebrochen, mit deren Schlichtung das Amt zur Zeit beschäftigt ist. Durch die letzten Hochwasser sind größere Beschädigungen durch Uferabrisse, Unterspülungen usw. verursacht worden, besonders an der Rottach und Kürnach. Bei Ausbesserung dieser Schäden wird eine größere Anzahl von Arbeitern Beschäftigung finden. Der Vorstand des Kulturbauamtes[10] hat mir gegenüber kürzlich bemerkt, daß die Kulturbauarbeiter bei der Arbeit nicht recht aushalten und sie oft nach kurzer Zeit wieder verlassen, weil ihnen die ganze Geschichte zu naß sei.

Die Bautätigkeit ist durch das milde Wetter günstig beeinflußt worden. 3 industrielle Unternehmungen, die Lactanawerke in Dietmannsried, die neugegründete Papierfabrik[11] in Seltmanns und die Spulenfabrik in Kleinweiler-Hofen führen zur Zeit größere Erweiterungs- und Umbauten aus und beschäftigen eine größere Anzahl von Arbeitern. Im kommenden Frühjahre wird sich die Bautätigkeit voraussichtlich rege gestalten, da die meisten Landwirte ihre Anwesen, an denen während der Kriegszeit so gut wie

---

7 Die am 2.1.1919 fälligen Zinsscheine der 5 %-igen Kriegsanleihe konnten als gesetzliche Zahlungsmittel verwendet werden; RGBl S. 1257, Bek vom 22.10.1918.
8 Infolge der Änderungen der Verordnung des Bundesrats über die Erwerbslosenfürsorge vom 13.11.1918 (RGBl S. 1305) sah sich das Staatsministerium für Soziale Fürsorge zu der Entschließung vom 4.1.1919 veranlasst (StAnz 9 = MABl S. 6, 14 Ziff. 8). Sie stellt fest, dass die Textilarbeiterfürsorge im allgemeinen nicht günstiger ist als die Erwerbslosenfürsorge nach der Verordnung vom 13.12.1918. Sie geht deshalb in letztere über. (Die Verordnung ist nicht am 13.12., sondern am 13.11.1918 erlassen worden.)
9 Die Arbeitslosenunterstützung wurde vom Reich gewährt. Die öffentlich-rechtliche Zwangsversicherung gegen das Risiko der Arbeitslosigkeit wurde erst durch das am 16.7.1927 verabschiedete Gesetz über Arbeitsvermittlung und Arbeitslosenvermittlung eingeführt.
10 Bauassessor Julius Müller.
11 1918 gegründet durch Heinrich Nicolaus.

nichts geschehen ist, einer gründlichen Reparatur werden unterziehen müssen. An Wohnungen herrscht auf dem Lande kein Mangel. In den Industrieorten meines Amtsbezirkes ist zwar eine Knappheit, aber noch kein eigentlicher Wohnungsmangel zu verzeichnen. Kürzlich hat die Spinnerei und Weberei Kottern durch Anschlag in den Fabrikräumen ihre Arbeiter aufgefordert, es mögen sich diejenigen, insbesondere Kriegsgetraute[12], melden, die über Wohnungsschmerzen zu klagen haben. Eingegangen ist eine einzige Meldung und diese ist bald darauf zurückgezogen worden. Um übrigens allen Eventualitäten vorzubeugen, wird der rührige Bau- und Sparverein Kottern demnächst eine größere Anzahl von Arbeiterwohnungen bauen. Alles in allem ist in Anbetracht der Zeitverhältnisse, die allgemeine wirtschaftliche Lage meines Amtsbezirkes keine ungünstige zu nennen. Allerdings steht die Sache dabei so, daß ein Umschwung in das Gegenteil über Nacht eintreten kann.‹

›Die Unsicherheit über die Zukunft lähmt alle Unternehmungslust; wenn je ein Beweis für die Notwendigkeit eines wagenden Unternehmertums für das wirtschaftliche und soziale Leben notwendig war, so ist es die Wirkung der gegenwärtigen Zurückhaltung der Unternehmer, deren Tätigkeit weder erzwungen noch ersetzt werden kann. Sobald eine kraftvolle Regierung Ruhe und Gesetzmäßigkeit garantieren kann und will, würde die allgemeine Tätigkeit rasch wieder aufleben; jetzt schon planen 3 Industrielle umfangreiche Betriebserweiterungen (Kunstdüngerfabrik, landwirtschaftliche Maschinen). Der Arbeitsmarkt hat sich nicht wesentlich verändert, die günstige Witterung kommt ihm zugute; die Erwerbslosenfürsorge wurde bis jetzt nur in sehr geringem Maße in Anspruch genommen, weil die meisten Stellensuchenden vom Stadtbauamt Memmingen als Notstandsarbeiter eingestellt werden konnten. Am Wochenende standen 65 Stellensuchenden 33 Angebote gegenüber; gesucht werden landwirtschaftliche Arbeiter und Bekleidungsgewerbe, Stellensuchende sind hauptsächlich Metallarbeiter und Ungelernte.‹

›Auch im Arbeitsamt Nördlingen muß man leider die Beobachtung machen, daß sehr viele Arbeitslose im Hinblick auf die ihnen zukommende Erwerbslosenunterstützung nur in ihrem alten Berufe arbeiten wollen, keineswegs aber eine andere Arbeit annehmen. Zudem erklären manche, die bisher 12 Mark in irgendeiner Munitionsfabrik bezogen haben, unter einem solchen Einkommen nicht mehr arbeiten zu wollen, lieber würden sie nichts tun und die Erwerbslosenunterstützung beanspruchen. Die Folgen für unser wirtschaftliches Leben sind nicht abzusehen, wenn die Staatsregierung hier nicht in volkswirtschaftlich wünschenswerter Weise eingreift. Stellenangebote sind in großer Zahl vorhanden; Stellengesuche dagegen fast nicht.‹

›Die endgültige Regelung der Erwerbslosenfürsorge in Füssen stößt insofern noch auf Schwierigkeiten, als die Textilindustrie[13] ihre alten Fürsorgeeinrichtungen[14] beibehalten wissen wolle und die Entscheidungssätze dadurch eine zu Mißstimmung führende Ungleichheit erlangen. Die hiesige Fabrikdirektion wollte nun gerade daran gehen,

---

12 Den Standesbeamten war es während der Kriegszeit gestattet, die Ehe eines unter Waffen stehenden Mannes zu erleichterten Bedingungen zu schließen (Wegfallen des Aufgebots oder Verkürzung seiner Dauer).
13 Mechanische Seilerwarenfabrik AG.
14 Die betrieblichen Wohlfahrtseinrichtungen ergänzten die Leistungen aus den staatlichen Versicherungen (Kranken-, Unfall-, Invaliditäts- und Altersversicherung, 1883, 1884, 1889), die durch die Reichsversicherungsordnung vom 19.7.1911 weiterentwickelt wurden.

noch vor den Wahlen eine umfangreiche Ausstellung von Arbeitern vorzunehmen. Auf dringendes Anraten des Amtes wird diese nun einstweilen noch aufgeschoben, bis die einzelnen Textilbetriebe unter sich über die Unterstützungssätze und die weitergehende Fürsorge geeinigt haben werden, was zu erhoffen steht.‹

Die Meldung des Arbeitsamtes Neu-Ulm liegt an.

Das Bezirksamt D o n a u w ö r t h berichtet:

›In der letzten Sitzung der städtischen Kollegien in Wemding wurde einstimmig beschlossen, die durch den Kriegsausbruch 1914 unterbrochene Fortsetzung der Verhandlungen bezüglich des Bahnbaues Wemding-Fünfstetten wieder aufzunehmen, um die noch fehlende kurze Zwischenstrecke von etwa 6 Kilometer bis zur Hauptlinie Treuchtlingen-Donauwörth ihrer Vollendung entgegenzuführen. Es wurde ein Komitee gebildet, in welchem außer den berufenen Vertretern der Gemeinde: Bürgermeister Ritter[15], Gärtnereibesitzer Unger[16], Spediteur Michel[17], Brauereibesitzer Baumann[18], Seilermeister Knoll[19], Sägewerksbesitzer Schneider[20], noch die Herren: Fabrikdirektor Binhammer[21], Kaufmann Singer und Badbesitzer Seebauer, sowie als Schriftführer Herr Stadtsekretär Werler[22] vertreten sind. Eine vor dem Kriege gefaßte Eingabe ist damals vom Landtag zur Würdigung an das Verkehrsministerium weitergegeben worden. Das Komitee beabsichtigt sogleich nach den Landtagswahlen an die Regierung heranzutreten, um die Bahn als Notstandsbau in der jetzigen arbeitslosen Zeit durchzuführen. Mit den Städten Nördlingen und Donauwörth, sowie mit allen in Betracht kommenden Landgemeinden soll alsbald in Verbindung getreten werden[23].‹

II. Politisch bedeutsame Vorgänge, insbesondere Haltung der Presse, Vorfälle im Versammlungs- und Vereinswesen

Anläßlich der bevorstehenden Wahlen[24] ist eine außerordentlich rege Versammlungstätigkeit allenthalben zu beobachten. Besondere Vorfälle sind dabei nicht vorgekommen.

gez. von Praun, Regierungspräsident

---

15 *Wendelin Ritter (1870–1931).*
16 *Friedrich Albert Unger (1858–1929).*
17 *Ludwig Michel (1866–1928).*
18 *Michael Baumann (1883–1962).*
19 *Wendel Knoll (1870–1947).*
20 *Georg Schneider.*
21 *Christian Binhammer (1877–1934).*
22 *Jakob Werler (geb. 1886).*
23 *Die Bahnstrecke wurde nicht gebaut.*
24 *Wahl zur Bayerischen Nationalversammlung (Landtag) im rechtsrheinischen Bayern am 12.1.1919, in der bayerischen Pfalz am 2.2.1919 und zur deutschen Verfassunggebenden Nationalversammlung am 19.1.1919.*

[Anlage zum Wochenbericht vom 7. Januar]

Meldung des Arbeitsamts Neu-Ulm über die Arbeitsmarktlage am 4. Januar 1919

Wirtschaftszweig	Unerl. Angeb.		Unerl. Nachfrage	
	a. männl.	b. weibl.	a. männl.	b. weibl.
Land- und Forstwirtschaft, Gärtnerei	7	8	–	–
Metallverarbeitung	1	–	9	–
Holzindustrie	–	–	–	–
Textilindustrie	–	–	–	–
Bekleidungs- und Reinigungsgewerbe	5	–	1	2
Baugewerbe	–	–	–	–
Sonst. Handwerk und Berufe	3	–	20	3
Haus- und Gastwirtschaft	–	–	–	1
Ungelernte Arbeiter aller Art	–	–	6	–
	16	8	36	6

Bemerkungen über die Lage des Arbeitsmarktes:
Wie in dem Vormonate übersteigt Arbeitsnachfrage die offenen Stellen, mit Ausnahme der Landwirtschaft, woselbst z. Zt. Arbeitsuchende überhaupt nicht zu verzeichnen sind.
Neu-Ulm, den 4. Januar 1919. Städt. Arbeitsamt Neu-Ulm

Augsburg, den 14. Januar 1919 53

I.

Soviel bis jetzt bekannt geworden, ist die Wahl zum neuen Bayerischen Landtag, der ein zumal in den letzten Tagen äußerst heftiger Wahlkampf vorausgegangen war, überall ungestört und verhältnismäßig ruhig verlaufen[1]. Insbesondere sind in Augsburg am Wahltage selbst Ruhestörungen nicht vorgekommen; offensichtlich hatte die umfassende erhöhte Bereitschaft der Truppen den radaulustigen Elementen Eindruck gemacht.

Im einzelnen wird von den D i s t r i k t v e r w a l t u n g s b e h ö r d e n hiezu folgendes berichtet:
›Die am vergangenen Mittwoch stattgefundene Arbeitslosendemonstration in Augsburg verlief im allgemeinen ruhig[2]. Die Wahlpropaganda der bürgerlichen Parteien wurde in

---

1 Mandatsverteilung nach Abschluss der Wahl in der Pfalz: BVP 66, MSPD 61, DVP 25, BB 16, Bayer. Mittelpartei 9, USPD 3. Der Landtag löste den ›Provisorischen Nationalrat des Volksstaates Bayern‹ ab, der zu zehn Sitzungen zusammengetreten war. Diesem Revolutionsparlament hatte Ministerpräsident Eisner am 8.11.1918 sein Koalitionskabinett aus Mitgliedern von MSPD und USPD vorgestellt, das vom Nationalrat durch Akklamation bestätigt wurde.
2 Der Regierungspräsident dürfte sich an die Demonstration am 7. Januar in München erinnert haben. Im Anschluss an eine Versammlung von 4000 bis 5000 Personen war es in der Innenstadt zu Ausschreitungen gekommen, in deren Verlauf zwei Demonstranten erschossen wurden.

den letzten 2 Tagen mit allen Mitteln zu stören versucht. Matrosen, Soldaten und sonstige junge Burschen begnügten sich nicht damit, den verteilenden Frauen und Mädchen die Flugschriften zu entreißen und sie an Ort und Stelle zu verbrennen; Haufen solcher Elemente, gefolgt von neugierigen und radaulustigen Zuschauern drangen in 2 Zeitungsverlage[3] ein und trugen die bereitliegenden Wahlflugschriften zum Verbrennen auf die Straße. Eine Versammlung der Deutschen Volkspartei wurde von einer offenbar organisierten Rotte von Matrosen, Soldaten und Zivilpersonen gesprengt; die Vermutung liegt sehr nahe, daß Spartakisten hiebei beteiligt waren.‹

›Da sich in den letzten Tagen verschiedene fremde Personen in Dillingen einfanden, bestand Verdacht, daß es sich um Spartakusleute handelt, die allenfalls die Wahlhandlung stören sollen. Die nötigen Sicherungen wurden mit den Militärbehörden vereinbart.‹

›Eine von Kottern aus in Füssen inszenierte kommunistische Wahlversammlung fand nur geringen Besuch und Anklang. Besonders lebhafte Werbetätigkeit entfaltet im Bezirke der Bauernbund, die jedoch gegenüber dem Gandorfer'schen Programm[4] eine entschieden gemäßigtere Richtung verteilt. Demselben fallen nur nicht nur von bisherigen Mitgängern der sozialistischen Seite sondern auch von der Bayerischen Volkspartei zahlreiche Stimmen zu, da die Aufstellung eines weiblichen Kandidaten[5] seitens der Volkspartei hier ziemlich allgemein mißbilligt wird und nicht mit Unrecht, wo es sich um einen ländlichen und so viel umstrittenen Bezirk handelt.‹

›Auch im Bezirk Memmingen wird der Sicherheitszustand durch Spartakusleute gestört. Fleischwarenfabrikant Micheler[6] in Ottobeuren erhielt anfangs dieser Woche von der ›Spartakusgruppe Memmingen und Ottobeuren‹ einen Brief, wonach er die über ihn verhängte Todesstrafe mit 5000 Mark abwenden könne, die er auf der von ihm allein vorzunehmenden Fahrt von Ottobeuren nach Memmingen an ein Mitglied des Bundes abzugeben habe. Durch geeignetes Zusammenwirken der Gendarmerie und der hiesigen Schutzmannschaft gelang es am 10. dieses Monats, den Erpresser, einen Maurer von Memmingen als er das Fuhrwerk des Micheler anhielt, festzunehmen. 2 Soldaten, welche bei der Einlieferung des Erpressers in das hiesige Gefängnis seine Freilassung verlangten, wurden heute gleichfalls festgenommen. Doch stecken zweifellos noch mehr Personen hinter der Sache, da sich in Memmingen viele Matrosen und sonstige ortsfremde verdächtige Personen herumtreiben. Es muß auch damit gerechnet werden, daß die morgige Wahl in Memmingen und Umgebung gewaltsam zu stören versucht wird. Zu einem wirksamen Schutz der Wahllokale ist das hiesige Militär, das nur wenige zuverlässige Personen zählt, unzureichend. Die Bürgermeister der Gemeinden habe ich aufgefordert, das gemeindliche Sicherheitspersonal durch geeignete Personen zu verstärken. Von schweren Folgen kann jetzt der Umstand sein, daß den

---

3 Neue Augsburger Zeitung und Augsburger Neueste Nachrichten.
4 Karl Gandorfer (1875–1932), Bürgermeister, Landwirt, Gutsbesitzer. 1918–1919 Vorsitzender des bayerischen Zentralbauernrats bzw. des Landesbauernrats. 1918–1919 Mitglied des Provisorischen Nationalrats des Volksstaates Bayern. 1919 Mitglied der deutschen Verfassunggebenden Nationalversammlung. 1913–1918, 1919–1924 MdL (BB bzw. Bayer. Bauern- und Mittelstandsbund), 1919–1920, 1928–1932 MdR (Bayer. Bauern- und Mittelstandsbund). Obwohl von der kriegsbedingten Zwangswirtschaft hart betroffen, standen die meisten Bauern dem Umbruch von 1918 skeptisch gegenüber. Soweit sie sich mit den Zielen des BB identifizierten, unterstützte eine Minderheit den linken Flügel dieser Partei um die eng mit Eisner zusammenarbeitenden Karl und Ludwig Gandorfer. Ersterer forderte die Trennung von Kirche und Staat, die Aufteilung des Grundbesitzes ab 1000 Tagwerk und sprach sich gegen die Konfessionsschule aus.
5 Aloisia Eberle (geb. 1889), Verbandssekretärin.
6 Eugen Micheler (1883–1934).

ordnungsliebenden Kreisen die Waffen fehlen, während alle möglichen radaulustigen Elemente mit Waffen aller Art und Handgranaten versehen sind.‹

›In der Nacht vom vorigen Donnerstag auf Freitag drangen 3 Soldaten – es wird vermutet, daß es Münchner und Mitglieder der Spartakusgruppe seien – in die in der Gastwirtschaft Zum Pfrontnerhof in Kempten befindlichen Unterkunftsräume einer Abteilung des Grenzschutzbataillons ein und forderten mit vorgehaltenem Revolver die Herausgabe der Waffen. Es wurden ihnen gegen 40 Seitengewehre ausgeliefert, ohne daß von Seite der Angegriffenen irgend ein Widerstand geleistet worden wäre. Die 3 Angreifer konnten bisher nicht ermittelt werden. Ebenso ist Fahndung nach den geraubten Waffen bisher erfolglos geblieben.

Nach verschiedenen mir zugekommenen Mitteilungen sollen Anhänger der Spartakusgruppe aus München sowohl in der Stadt Kempten als auch in den angrenzenden Dörfern meines Amtsbezirkes (Schelldorf, Kottern, Neudorf) ihre Wühlarbeit betreiben, nicht ohne Erfolg. Wie man spricht sollen es gegen 150 Mann sein. Es ist nicht ausgeschlossen, daß die gleichen Personen versuchen werden, die heutigen Wahlen zu stören. Ich habe die Gendarmerie in Kottern verstärken lassen, außerdem sind Truppen bereits gestellt. Ob aber auf diese ein Verlaß ist, ist mehr als zweifelhaft.‹

›Gestern Mittag kurz vor 12 Uhr teilte der Garnisonsälteste[7] in Lindau dem Magistrat dortselbst mit, daß nach einer telefonischen Meldung von Kempten mit dem 12.15 Uhr fahrplanmäßig hier ankommenden Schnellzug 150 Spartakusleute eintreffen werden, die offenbar hier einen Putsch verursachen wollten. Die hievon verständigte Bahnverwaltung ließ den Zug in Hergatz stellen und untersuchen. Als sich ein Resultat nicht ergab, fuhr der Zug weiter. Da man aber militärischerseits Bedenken trug, ob die telefonische Meldung von Hergatz, daß im Zuge nichts Verdächtiges vorgefunden wurde, nicht durch einen Anhänger der Spartakusgruppe veranlaßt worden sei, wurde der Zug vor der Einfahrt in den Bahnhof bei Holben nochmal gestellt und von Offizieren und Mannschaften des Grenzschutzes durchsucht. Inzwischen war durch den stellvertretenden Magistratsvorstand – der unterfertigte Bürgermeister hatte vormittags in Bregenz eine dienstliche Besprechung – die Bevölkerung durch Anschläge und Ausrufen mit der Glocke alarmiert und zur Bildung einer Volkswehr aufgefordert worden. Außerdem hatte der Garnisonsälteste an der Lindenschanze Maschinengewehre postieren lassen. Infolge eines noch nicht aufgeklärten Mißverständnisses feuerte die Bedienungsmannschaft der Maschinengewehre auf den Zug, wobei einige Fenster zertrümmert, glücklicherweise aber sonst kein Unheil angerichtet wurde. In dem Zuge befand sich auch Prinzessin Therese von Bayern, die von München hierher gefahren war. Wohl soll bei dem Anhalten des Schnellzuges an dem Haltepunkt Holben eine Anzahl von unbewaffneten Soldaten den Zug verlassen haben, ob dies aber Anhänger der Spartakusgruppe oder der Unabhängigen waren, läßt sich nicht mehr feststellen. Gegen Abend meldete Ingenieur Groll[8], der Vorsitzende des Arbeiterrats, der inzwischen vom Garnisonsältesten zum Stadtkommandanten ernannt worden ist, daß in der Kammer der Max-Joseph-Kaserne[9] eingebrochen und eine erheblich Anzahl von neuen Mänteln gestohlen worden sei. Es gelang aber, wie heute berichtet wird, den größeren Teil der gestohlenen

---

7 Alfons Ritter von Bram (1865–1951), Oberst und Kommandeur des bayerischen 20. Infanterie-Regiments, dessen Bataillone in Lindau und Kempten stationiert waren.
8 Oskar Groll (1875–1946), Dipl.-Ing., Bezirksgeometer und seit 1900 Vorstand des Vermessungsamtes Lindau. 1919–1928 Mitglied des Kreistags von Schwaben und Neuburg. 1920–1924 MdL (SPD). 1946 Kreispräsident des Landkreises Lindau, nach zwei Tagen im Amt gestorben.
9 Fischergasse 1.

Mäntel wieder zu bekommen, noch ehe die Soldaten, welche sich an der Plünderung beteiligt hatten, abfahren konnten.‹

Ferner berichtet der Stadtmagistrat A u g s b u r g:
›Die täglich sich mehrende Zahl der Arbeitslosen in Augsburg hat im Verein mit den Hunderten unbeschäftigt herumstreunenden Soldaten die öffentliche Sicherheit stark beeinträchtigt. Die Zahl der Diebstähle und Einbrüche, in einem Fall sogar verbunden mit Bedrohung und Erpressung, betrug in der abgelaufenen Woche 57. In mehreren Fällen konnten die Einbrecher noch rechtzeitig vertrieben werden. Ein Raubmordversuch durch eine Frauensperson und ein Selbstmord, beide der bitteren Not entsprungen, sind zu verzeichnen.‹

›Von der Bevölkerung der Umgebung des Fliegerplatzes Gablingen-Gersthofen wird stark über die dort herrschenden Zustände geklagt. Die zahlreichen dort anwesenden Soldaten hätten nichts zu tun, hamstern die Umgegend ab und böten auch durch ihr sonstiges Verhalten viel Ärgernis. Von Gewaltakten wird nicht berichtet.‹

Das Bezirksamt M i n d e l h e i m berichtet folgendes:
›Am 5. dieses Monats wurde dem Bezirksamt Mindelheim durch den A.S.B.-Rat Mindelheim mitgeteilt, daß der Korpssoldatenrat[10] München die Weisung erlassen habe, alle an die Bürgerwehren hinausgegebenen Waffen wieder zurückzuliefern. Ich habe mich an das Ministerium für militärische Angelegenheiten mit dem Ersuchen gewendet, diese Anordnung wieder rückgängig zu machen, da die Bürgerwehren zur Aufrechthaltung der Ruhe und Ordnung sowie zur Unterstützung der Gendarmerie dringend nötig sind.‹

›Der äußerst heftige Wirbelwind, der am Sonntag, den 5. dieses Monats den ganzen Tag und die Nacht über im Bezirk Füssen wütete, hat ungemeinen Sachschaden verursacht. Heuhütten wurden massenhaft zerstört und vertragen, Dächer zu Hunderten beschädigt, Obstanlagen schwer beschädigt und namentlich größere Waldparzellen niedergelegt oder sonstwie vernichtet. Die größten Bäume wurden entweder entwurzelt, geknickt oder längsseits gespalten. Man nimmt an, daß weit mehr als 10.000 Festmeter Holz gefallen sind. Im Buchinger Waldbesitz allein wird der Schaden auf ca. 100.000 Mark geschätzt. Nähere Feststellungen sind im Gang.
Die ohne vorgängige Verständigung der Distriktsverwaltungsbehörde in den Bezirk Füssen hereingeworfenen Pferdebestände, die der Bauernrat versteigern ließ, haben die Pferderäude eingeschleppt, gegen welche nun scharfe Abwehrmaßnahmen eingeleitet wurden.‹

Über die Lage des Arbeitsmarktes, die Kohlenversorgung und den Wohnungsmarkt berichten die beteiligten D i s t r i k t s v e r w a l t u n g s b e h ö r d e n was folgt:
›In der Maschinenindustrie in Augsburg ist die Umstellung auf Friedenswirtschaft zum größten Teil beendet, von den großen Betrieben ist sie nur in einem Betriebe erst im Gange. Die Betriebe der Textilindustrie haben sich zum großen Teil für die Verarbeitung der vorhandenen Vorräte eingerichtet, jedoch fehlen in manchen Betrieben wegen der Transportschwierigkeiten die Garne, die in geringen Entfernungen von Augsburg lagern (z. B. Kolbermoor). Es ist jedoch zu befürchten, daß wegen des Kohlenmangels eine neue Zusammenlegung der Textilbetriebe erfolgen muß, so daß die Betriebe ohne Wasserkraft bei den Wasserkraftbetrieben in Lohn arbeiten müssen. Alle Betriebe klagen über den ungenügenden Zugang an Kohle. Unterstützte Arbeitslose wurden am

---

10 *Soldatenrat des I. bayer. Armeekorps (München).*

letzten Stichtag 1559 gezählt. Von den seit Anfang Dezember zugegangenen Arbeitslosen sind rund 400 bereits wieder in Beschäftigung gebracht worden. Die Errichtung von Zweigstellen für die Durchführung der Fürsorge und die Beibehaltung der Organisation der Kriegsfürsorge für erwerbslose Textilarbeiter hat für die Verteilung der Arbeitslosen auf zahlreiche Zahlstellen günstig gewirkt. Am 8. Januar zogen vom Arbeitsamt mehrere Hundert Arbeitslose vor das Rathaus, um das Programm arbeitsloser Kaufleute zu vertreten, das ohne jede Kenntnis der seitens der Reichs-, Staats- und Gemeindebehörden bereits getroffenen Maßnahmen von in sozialer Arbeit gänzlich unerfahrenen jungen Leuten ausgearbeitet worden war. Der Abordnung wurde eröffnet, daß die Ortslöhne vom Oberversicherungsamt am Tage vorher festgesetzt wurden, daß diese Ortslöhne automatisch als Unterstützungssätze eintreten und daß über die übrigen Forderungen die nächste Magistratssitzung beschließen wird.

Die Durchführung der Meldung beim Arbeitsamt vollzieht sich bei den Männern vollkommen geregelt, die Frauen müssen erst an Ordnung gewöhnt werden. Ebenso geordnet vollzieht sich die Durchführung der Unterstützungen. Die Bewegung unter den Arbeitslosen geht von einer kleinen Gruppe stellungsloser Kaufleute und Matrosen aus, die entweder unter dem Einfluß der Vorbilder in anderen Städten oder nach Direktiven einer Zentrale arbeiten.

Arbeitsmarkt: Auf dem Augsburger Arbeitsmarkt ist ein weiterer bedeutender Zugang an männlichen und weiblichen Arbeitslosen aus der Rüstungsindustrie zu verzeichnen. In der Männerabteilung vermehrte sich seit dem letzten Bericht die Zahl der Erwerbslosen in der Gruppe Metallverarbeitung um rund 400, an ungelernten Arbeitern um 600. Auch in der Textilindustrie für weibliche Personen verdoppelte sich die Zahl der Arbeitslosen um 300, während bei den Männern nur eine Erhöhung von 50 Erwerbslosen eintrat.

Die nachfolgende Übersicht des Arbeitsamtes Augsburg veranschaulicht die Arbeitsmarktlage nach dem Stande vom 10. Januar 1919:

Wirtschaftszweig	Unerl. Angeb.		Unerl. Nachfrage	
	a. männl.	b. weibl.	a. männl.	b. weibl.
Land- und Forstwirtschaft, Gärtnerei	85	59	39	11
Metallverarbeitung	5	–	836	5
Holzindustrie	30	–	96	–
Textilindustrie	–	–	127	785
Bekleidungs- und Reinigungsgewerbe	47	–	22	32
Baugewerbe	9	–	146	–
Sonstige Handwerk und Berufe	6	–	532	41
Haus- und Gastwirtschaft	–	148	325	202
Ungelernte Arbeiter aller Art	–	–	1110	1050
Gesamt-Summe	182	207	3233	2126

Zur Behebung der immer noch bestehenden großen Wohnungsnot in Augsburg sind Wohnungseinbauten in Angriff genommen.

	Wohnungen mit					Bemerkungen
	1	2	3	4	5	
	Zimmern					
an städt. Gebäuden [+]:	4	147	53	8	–	[+] darunter 92 Wohnungen in Baracken
an Privathäusern:	–	1	2	–	–	
an staatl. Gebäuden:	–	–	2	9	2	

Außerdem sind 74 Wohnungseinbauten projektiert.
An Kleinwohnungsbauten seitens Privater sind 26 in Ausführung genommen und 130 projektiert.‹

›Die Heeresentlassungen im Bezirk Augsburg gehen weiter und beschweren den Arbeitsmarkt mit neuen Angeboten. Die Betriebe des Bezirks suchen die Leute nach Möglichkeit unterzubringen. Ausgetreten sind in der Industrie folgende Arbeitskräfte: In der Alpinen Maschinenfabrik Augsburg-Göggingen 24, in den Farbwerken Gersthofen 3, in der Bleicherei & Färberei Martini & Cie. in Haunstetten keine, in der Spinnerei & Weberei Haunstetten keine, in der Zwirnerei & Nähfadenfabrik Göggingen keine. Neu aufgenommen wurden in den vorbezeichneten Betrieben: 4, 19, 5, 9, 20 Arbeitskräfte. Die genannten Betriebe beschäftigen ihre Arbeiter (teilweise mit Notstandsarbeiten) noch ausreichend in 45 Wochenstunden. Friedensaufträge liegen in kleinem Umfange vor. Die Textilbetriebe bleiben in Zwangswirtschaft. Rohstoffe sind noch für einige Zeit vorhanden, die Betriebsmittel reichen nur noch kurze Zeit.‹

›Die Nachfrage nach Arbeit seitens der Arbeitnehmer ist in Lindau fortwährend im Steigen begriffen. Namentlich Schneidergehilfen und ungelernte Arbeiter suchen beim hiesigen Arbeitsamt vergeblich um Arbeit nach. Merkwürdigerweise können dagegen die Anfragen von Arbeitgebern nach Schuhmachergehilfen nicht befriedigt werden. Es wären zur Zeit mindestens 10 Plätze für Schuhmacher zu besetzen. Die Zahl der hiesigen Erwerbslosen, für welche der festgesetzte Beitrag gezahlt wird, ist auf 15 gestiegen. Außerdem sind noch 5 Erwerbslose hier, für welche andere Gemeinden zu zahlen haben.
Was die Heizmaterialien betrifft, so ist die Belieferung an Hausbrandkohle und Briketts in Lindau sehr mangelhaft; noch mehr die Zufuhr an Gaskohle. Sollte diese außerordentlich mangelhafte Zufuhr noch weiter anhalten, so wäre im nächsten Monat mit Schließung der Gasanstalt zu rechnen. Dagegen ist das Elektrizitätswerk infolge des die Wasserkraftstromlieferung begünstigenden hohen Wasserstandes und der leichteren Beschaffung von Teeröl in der günstigen Lage, weniger Kohlen zu benötigen.‹

›Der Zugang im Laufe der Berichtwoche in der Stadt Kempten beziffert sich auf 160 Personen, unter diesen befinden sich 77 Heeresentlassene. Von den bei Firma Ott in der Rüstungsindustrie beschäftigt gewesenen weiblichen Arbeitskräften sind nurmehr 4 vorhanden, welche indes bei der Firma bis auf weiteres verbleiben können. Die Lage in der Textilindustrie ist unverändert. Das Arbeitsangebot im Handwerk ist gegenüber der Vorwoche zurückgegangen, dies gilt insbesondere für das Schneider- und Schreinergewerbe; nur im Schuhmachergewerbe ist Überangebot zu verzeichnen. Die

Unterbringung der arbeitsuchenden Käser, Bäcker, Metzger und Bierbrauer ist mangels Angebot unmöglich.
In der Landwirtschaft werden ebenfalls nur sehr wenig Arbeitskräfte verlangt, ein Aufschwung ist erst anfangs Februar zu erwarten. Das Arbeitsangebot der Sektion für Wildbachverbauung und des Straßen- und Flußbauamtes ist zur Zeit zurückgezogen, da bei den derzeitigen Witterungsverhältnissen die Arbeitsstellen nur mit einer geringen Anzahl Arbeitskräften besetzt werden können. Die Stadt hat mit den Notstandsarbeiten in der Bleicherstraße begonnen, die Einleitung weiterer Arbeiten steht bevor. Die Erwerbslosenfürsorge ist am 1. Januar in Kraft getreten, auf Vorstellung des Arbeiter- und Soldatenrats hat der Magistrat neuerdings bezüglich Erhöhung der Unterstützungssätze Beschluß gefaßt. Ein weiterer Antrag auf Ausbezahlung der Unterstützung mit Rückwirkung ab 1. Dezember 1918 wurde vom Magistrat angenommen. Es kommen hier vorerst 50–60 Personen in Frage, für welche die Stadt die Erwerbslosenfürsorge bereits übernommen hat.‹

›Die Gasanstalt in Kaufbeuren ist, wenn nicht neue, ausreichende Kohlenlieferungen eintreffen, nur noch bis Mitte Januar mit Kohle versehen.‹

›Die Verhältnisse in der Allgäuer Baumwollspinnerei und Weberei in Blaichach, Bezirksamts Sonthofen, haben sich durch Verzögerung der Materialzufuhr verschlechtert, die Fabrik beabsichtigt nun Kündigungen vorzunehmen. Der Demobilmachungsausschuß wird sich in seiner Sitzung am 14. dieses Monats hiermit beschäftigen. In Immenstadt (Bindfadenfabrik) werden nun auch Feierschichten eingelegt werden müssen. Beim Hüttenamt Sonthofen keine Veränderungen. Für Fischen-Berghofen und Sonthofen sind die zugesicherten kleinen Mengen Baumwollgarne nun ab Augsburg unterwegs. Das städtische Arbeitsamt Immenstadt meldet 69 offene Stellen für männliche, 3 für weibliche Arbeiter; Arbeit suchen 38 männliche und 7 weibliche Personen. Die Zahl der Anträge auf Erwerbslosenfürsorge (ohne Textilarbeiter) ist auf 62 gestiegen.‹

›Zum ersten Male sind beim Bezirksamte Kempten in der verflossenen Woche Gesuche um Gewährung von Arbeitslosenunterstützung eingekommen, und zwar beträgt ihre Zahl 15. Die meisten der Gesuche stammen von Personen, die in den letzten Tagen vom Militär entlassen worden sind und denen es offenbar wegen Kürze der Zeit noch nicht gelingen konnte, sich Arbeit zu verschaffen. Es sind darunter unter anderm verschiedene Käser, denen ich hoffe im Laufe der nächsten Zeit wieder Arbeit verschaffen zu können. Die Papierfabrik Hegge, die wie ich in meinem letzten Bericht erwähnt habe, wegen Kohlenmangels ihren Betrieb eingestellt, in der vorigen Woche aber wieder aufgenommen hatte, arbeitete auch diese Woche weiter und konnte ihre sämtlichen Arbeiter beschäftigen. Die in dieser Fabrik entstandenen Differenzen wegen Einführung der achtstündigen Arbeitszeit sind nunmehr beigelegt.‹

›Die Industrien im Bezirke Dillingen arbeiten noch, wenn auch teilweise mit verminderter Arbeitszeit. Die Beischaffung von Rohstoffen wäre jetzt die Hauptsache, um die Betriebe aufrechterhalten zu können.‹

›Die Arbeitslosigkeit hält sich zur Zeit im Bezirke Lindau noch in engen Grenzen. Die Strohhutindustrie wird durchhalten, wenn die nötigen Kohlen geliefert werden und wenn die Absatzverhältnisse sich durch weitere wirtschaftliche Depression nicht verschlechtern.‹

›Die offenen Stellen sind im Bezirk Zusmarshausen noch nicht sämtliche besetzt; es ist keinerlei Zuzug von Arbeitskräften zu bemerken. Zudem sind die aus dem Felde zurückgekehrten Angehörigen der angesessenen Landwirte, die vor dem Krieg in den Städten beschäftigt waren, trotz der dortigen ungünstigen Verhältnisse zumeist dorthin zurückgekehrt. Die Einrichtung der Erwerbslosenfürsorge begegnet angesichts der ohnehin überall zu bemerkenden Abneigung gegen ernstliche Arbeit allgemein sehr herber Kritik.‹

›Für Unterkunft und Beschäftigung der entlassenen heimkehrenden Krieger ist im Bezirke Neu-Ulm genügend gesorgt. In der Landwirtschaft sind noch zahlreiche Stellen offen. Die Spinnerei und Buntweberei Ay teilt mit, daß sie bis Ende März im bisherigen Umfang weiterarbeiten kann, wenn sie bis Ende des Monats frische Kohlen zur Heizung der Arbeitsräume erhalte. Erwerbslose haben sich bis jetzt im Bezirke nur ganz wenig gemeldet.‹

›In der Demobilmachungsangelegenheit ist Bemerkenswertes in Füssen nicht zu verzeichnen. Die Erwerbslosenfürsorge wird schon stark in Anspruch genommen. Größere Arbeitsausstellungen in der Industrie stehen nahe bevor; in hiesiger mechanischen Seilerwarenfabrik erfolgt vorübergehende wechselweise Ausstellung.‹

›Die Arbeitslosigkeit in Memmingen nimmt zu. 22 offenen Stellen für männliche Arbeiter stehen 110 Nachfragen gegenüber.‹

›Hinsichtlich der Demobilmachung ist Bemerkenswertes nicht zu berichten. Um die Erwerbslosenfürsorge tunlichst zu vermeiden und da die in Betracht kommenden, außerhalb des Amtsbezirks gelegenen größeren Arbeitsämter vielleicht doch weniger in Anspruch genommen werden, bemüht sich das Bezirksamt Markt Oberdorf zur Zeit um eine Ergänzung der Tätigkeit der Arbeitsämter durch Gründung einer Vermittlungsstelle für den Amtsbezirk selbst in der Form, daß die offenen Stellen durch die Gemeinde oder unmittelbar bei Amt zur Anmeldung gebracht werden. Es soll hiedurch insbesondere eine einfachere und raschere Arbeitsvermittlung erzielt werden.‹

›Die Lage am Arbeitsmarkt des Bezirks Illertissen hat sich verschlechtert. An Notstandsarbeiten der Firma Wieland wurden in der vergangenen Woche 83 Arbeiter beschäftigt. Arbeitslosenunterstützung wird derzeit nur im Distrikt Illertissen von 7 Personen begehrt. Bei der Firma Winkle haben vorerst noch alle arbeitswilligen Arbeiter Unterkommen gefunden. Um weitere Arbeitsgelegenheit zu schaffen, wird vom Bezirksamt mit allem Nachdruck der Anschluß der Gemeinden Unterroth, Oberroth, Buch, Obenhausen und Dietershofen an das elektrische Versorgungsnetz der Lechwerke betrieben und steht zu erwarten, daß die Arbeiten vielleicht Ende des nächsten Monats bereits in Angriff genommen werden können. Des weiteren ist das Bezirksamt bemüht, im Anschluß an die vorgenannten Arbeiten auch die Gemeinden Ritzisried, Nordholz, Rennertshofen und Gannertshofen mit elektrischem Licht und Kraft zu versorgen.‹

›An Notstandsarbeiten werden derzeit Holzfällungen im Glacis in Neu-Ulm vorgenommen. Die Meldung des Arbeitsamtes Neu-Ulm liegt an.‹

II.

Bereits unter Ziffer I berichtet.

gez. von Praun, Regierungspräsident

[Anlage zum Wochenbericht vom 14. Januar]

Meldung des Arbeitsamts Neu-Ulm über die Arbeitsmarktlage am 11. Januar 1919

Wirtschaftszweig	Unerl. Angeb.		Unerl. Nachfrage	
	a. männl.	b. weibl.	a. männl.	b. weibl.
Land- und Forstwirtschaft, Gärtnerei	8	13	–	–
Metallverarbeitung	–	–	12	–
Holzindustrie	–	–	–	–
Textilindustrie	–	–	–	–
Bekleidungs- und Reinigungsgewerbe	5	–	2	–
Baugewerbe	–	–	1	–
Sonstige Handwerk und Berufe	8	–	22	3
Haus- und Gastwirtschaft	–	–	–	4
Ungelernte Arbeiter aller Art	–	–	16	–
[Summe]	21	20	53	7

Bemerkungen über die Lage des Arbeitsmarktes:
Gleich der Arbeitsmarktlage vom 4. ds. Mts. übersteigt Arbeitsnachfrage die offenen Stellen. Besonders in der Metallindustrie und einschlägige Handwerker ist Überangebot von Arbeitskräften vorhanden.
Neu-Ulm, den 11. Januar 1919. Städt. Arbeitsamt Neu-Ulm.

Augsburg, den 20. Januar 1919 **54**

I.

Auch die Wahlen zur deutschen Nationalversammlung sind im Regierungsbezirke, soweit bisher verlautet ist, allenthalben ungestört verlaufen. Während des vorhergehenden Wahlkampfes sind lediglich in N e u b u r g a/D. Ausschreitungen in der Nacht vom 17. auf 18. Januar vorgekommen, über die das Bezirksamt folgendes berichtet:

›Gestern nachts kam es in Neuburg a/D. zu Gewaltakten, zuerst durch Sprengung einer Wahlversammlung der Bayerischen Volkspartei unter Verjagung bzw. Körperverletzung der Leiter und Redner, dann durch Erbrechen der Schriftleitung der Druckerei des Neuburger Anzeigeblattes, Vernichtung und Verbrennung der bereitgehaltenen Flugblätter und Demonstration mit Fenstereinwurf vor der Wohnung des Landtagskandidaten der Bayerischen Volkspartei, des Malzfabrikanten Loibl[1] dahier.‹

---

1 Martin Loibl (1869–1933), Inhaber der Druckerei des Neuburger Anzeigeblattes. 1905–1918 MdL (Zentrum), 1924–1933 MdR (BVP).

Inzwischen ist die Ordnung dort nicht weiter gestört worden. Die veranlaßten Sicherheitsmaßnahmen wurden im Benehmen mit der 2. Infanterie-Division angeordnet.

Daß die öffentliche Sicherheit durch verschiedene rohe und gemeine Elemente immer noch in hohem Grade gefährdet ist, zeigen nach Bericht des Stadtmagistrats Augsburg 3 Fälle, in denen weibliche Personen in Augsburg von einer Rotte Soldaten überfallen und durch Zubodenwerfen und Betasten von Brust und Schamteilen in der gröbsten Weise mißhandelt wurden. Es waren 2 Dienstmädchen und eine Dame, an denen diese Schandtaten und zwar in der Nähe des Prinzregentenplatzes, des Theaters und der Göggingerbrücke verübt wurden. Es handelte sich um anständige Frauenspersonen, die gegen 11 Uhr abends noch auf der Straße gehen mußten. Die Täter konnten in keinem Falle bis jetzt ermittelt werden.

Am 14. dieses Monats wurden in Lindau auf Veranlassung der Militärbehörde gleichzeitig in 4 Wirtschaften, in denen sehr viele Soldaten verkehren, Haussuchungen nach gestohlenem Heeresgut vorgenommen mit dem Erfolge, daß in 3 Wirtschaften wenigstens ein wenn auch kleiner Teil der gestohlenen Gegenstände: Mäntel, Hosen, Drillichanzüge vorgefunden wurden. Anzeige wurde erstattet.

Das Bezirksamt M e m m i n g e n berichtet:
›Die im vorigen Wochenberichte erwähnten spartakistischen Elemente scheinen sich infolge des kräftigen Zupackens in den letzten Tagen verzogen zu haben, doch ist der Sicherheitszustand im Bezirk immer noch nicht befriedigend, vielmehr kommen immer wieder Einbrüche vor.‹

Der Stadtmagistrat G ü n z b u r g teilt folgendes mit:
›Seitdem das Militär entlassen ist, herrscht im allgemeinen wieder Ruhe und Ordnung. Das Volk scheint sich unserer traurigen Lage noch nicht bewußt zu sein. Es wird gut gelebt und die Abschiedsfeiern, Tanzunterhaltungen usw. wollen kein Ende nehmen. Die Polizeistunde ist nur mit großen Schwierigkeiten durchzuführen. Auf der anderen Seite mehren sich die Gesuche um Erwerbslosenunterstützung, obwohl bei der Stadtgemeinde Arbeitsgelegenheit geboten ist.‹

Der Vorstand des Bezirksamts D i l l i n g e n erhebt folgende Klage:
›Ich habe, wie schon berichtet, die Mitwirkung der Bauern- und Arbeiterräte zur Erfassung des Brotgetreides in Anspruch genommen; wie ich von mehreren Bürgermeistern erfahren habe, scheinen die Räte hiebei aber zu versagen; sie wollen sich mit der Bevölkerung offenbar nicht verfeinden, sondern das unangenehme Geschäft lieber dem Bezirksamtmann, den Bürgermeistern und der Gendarmerie überlassen. Geht man jedoch dann gegen die Säumigen vor, dann wird gegen den Bezirksamtmann wegen seiner angeblichen Strenge gehetzt und er als Tyrann von denen verschrien, die selbst nicht vorgehen wollen, um sich keine Feinde zu machen.‹

Aus dem Bezirksamt N ö r d l i n g e n wird nachstehendes berichtet:
›Die Ablieferungen von Getreide lassen zu wünschen übrig. Die Landwirte halten zurück, weil voraussichtlich die Sommersaat größere Mengen an Saatgut beansprucht, dann aber auch, weil die ungewisse Zukunft überhaupt lähmend wirkt. Es ist auch gar kein Zweifel, daß gegenwärtig viel mehr schwarz gemahlen wird als früher. Die entlassenen Heeresangehörigen wollen sich großenteils keine Vorschriften machen lassen. Mühlenkontrollen der Gendarmerie begegnen mehr und mehr ernsten Schwierigkeiten. Der Viehstand im Bezirk ist, wie bereits mehrfach im Wochenbericht erwähnt, größer als es die Futterverhältnisse erlauben. Nicht die Furcht vor Preisminderungen, sondern die Unmöglichkeit, das Vieh in ausreichender Weise auf die Dauer zu ernähren, ist der

Hauptgrund für das Überangebot. Wenn nicht die Unzufriedenheit der Bauern noch größer werden soll, muß in dieser Richtung entschieden Abhilfe eintreten.‹

Der Stadtmagistrat D i l l i n g e n hebt folgendes hervor:
›In bedenklichem Maß mehren sich die sogenannten Schwarzschlachtungen der Metzgereien; der Grund hiefür ist nach bezirkstierärztlicher Anschauung hauptsächlich darin zu suchen, daß die Landwirte den Metzgern das Vieh förmlich aufdrängen. An die sämtlichen Metzger dahier ergeht heute eine ernste Mahnung mit Androhung von Strafeinschreitung. Wünschenswert wäre es, wenn auch die Landwirte allgemein auf die Gefahren eines solchen Verfahrens für die Volksernährung, hauptsächlich der großen Städte, aufmerksam gemacht und verwarnt würden.‹

Der Stadtmagistrat A u g s b u r g berichtet zur Lebensmittelversorgung nachstehendes:
›In der Woche vom 11. mit 17. Januar 1919 wurden von dem Rückstand an Kartoffeln mit insgesamt 544 Waggons nur 10 Waggons in Augsburg angeliefert. Hierunter war ein Waggon aus Radldorf, Bezirksamts Straubing, der ganz minderwertige und nasse Kartoffeln enthielt, die dem Anlieferer wieder zur Verfügung gestellt werden mußten. Die gelieferten Kartoffeln sind im allgemeinen von schlechter Beschaffenheit; die Klagen der Abnehmer sind durchaus berechtigt. Die Belieferung mit Fett ist völlig ungenügend. Um jedmögliche Einsparung zu erzielen, wurde sogar die Fettbelieferung der Bäcker zur Herstellung von Kranken- und Kinderzwieback vollständig eingestellt. Daß die Befriedigung von 159.000 Einwohnern mit der Zuweisung für 147.642 Einwohner nicht möglich ist, ist ohne weiteres klar; unklar ist uns nur, wo die Fettmengen bleiben, die bisher für das Feldheer Verwendung fanden. Die schon oft beantragte Erhöhung der Rationen an Lebensmitteln ist leider noch nicht verfügt worden. Das Hamstern treibt infolgedessen die schönsten Blüten und demzufolge auch das ›Schwarzmahlen‹ und ›Schwarzschlachten‹. Die Wochenmärkte sind sehr zurückgegangen und beschränken sich in der Hauptsache lediglich auf den Verkauf von Gemüse durch hiesige Gärtner. Geflügel wird von Produzenten und Händlern fast überhaupt nicht mehr auf den Markt gebracht. Bis jetzt wurden im Monat Januar nur 2 Gänse von Erzeugern angeliefert. Kleinere Mengen von Tauben und Hühnern, die einige Male von Händlern zugeführt waren, waren jeweils sofort vergriffen. Infolge der Fleischknappheit und der für die unteren Schichten unerschwinglichen Preise macht sich eine starke Zunahme der Pferdefleischverkaufsstellen bemerkbar. Die Höchstpreise für Pferdefleisch sind aber immer noch zu hoch und stehen keineswegs im Einklang zu den derzeitigen niedrigen Preisen für Schlachtpferde.‹

Die Fettversorgung in Kaufbeuren hat sich weiter verschlechtert, die Fettmenge wird ab nächste Woche dort auf 50 Gramm herabgesetzt werden müssen.

Das Bezirksamt I l l e r t i s s e n bringt vor:
›Allgemein ist der Wunsch der Landwirte nach Einführung von Viehmärkten, wenn auch nur unter Beschränkung auf Marktbesucher aus dem Bezirk. Es wäre sehr wünschenswert, wenn dieser Forderung der Landwirte Rechnung getragen werden könnte.‹

Das Bezirksamt Z u s m a r s h a u s e n führt aus:
›Infolge der Aufhebung der Lohngerbung[2] ist die Not der Landwirte an ledernen Gebrauchsgegenständen noch erheblich größer geworden. Selbst können sie sich solche von den Häuten der eigenen Tiere nicht mehr beschaffen und das den Kommunalverbänden in Aussicht gestellte Leder – M. E. v. 28.12.1918 Nr. 4 307 A 413 – läßt auf

---

2 *Durch Bek des Stellv. Generalkommandos I. Armeekorps vom 19.10.1918; StAnz 245 (1918).*

sich warten. Es sollte, wenn auch nur provisorisch, diesem Übelstande doch abgeholfen werden, denn die volle Aufrechterhaltung der landwirtschaftlichen Betriebe ist jetzt mehr wie je eine unbedingte Notwendigkeit. Man könnte ja vielleicht den Landwirten vorerst die Lohngerbung noch einräumen und solche, die davon Gebrauch machen, von dem Bezug des später zugewiesenen Leders ausschließen.‹

Die Sturmschäden vom 5. dieses Monats sind im Bezirke Sonthofen teilweise sehr erheblich. In den Gemeinden Hindelang und Wertach z. B. liegen hektarweise hunderte von umgerissenen Bäumen. In Buflings, Gemeinde Stiefenhofen, ist bei Aufräumungsarbeiten ein Ökonomenssohn tödlich verunglückt. In Wilhams hat an einem Anwesen der Sturm durch Zerstörung des Daches und des Stadels etwa 20.000 Mark Schaden verursacht.‹

Über die Lage des Arbeitsmarktes, die Kohlenversorgung, den Wohnungsmarkt berichten die beteiligten Distriktsverwaltungsbehörden, was folgt:

›Lage der Industrie in Augsburg: Die Umstellung der Maschinenindustrie auf die Friedenswirtschaft ist noch nicht ganz vollzogen; es müssen vielfach noch Maschinen und Werkzeuge instandgesetzt werden. Ein Großbetrieb hat die Fertigstellung von Buchdruckereimaschinen in größerem Umfange wieder aufgenommen. In der Textilindustrie ist die Umstellung allgemein durchgeführt. Die Rohstoffversorgung ist besonders in der Eisenindustrie völlig ungenügend, während in der Textilindustrie Vorräte für kurze Zeit vorhanden sind. Auch die immer noch gleich gebliebene schwierige Lage der Kohlenversorgung beeinträchtigt sehr stark die Wiederaufnahme von Friedensarbeit. Durch Stillstand ausschließlicher Kriegsbetriebe nahmen die Kündigungen an kaufmännischen und technischen Hilfskräften einen beträchtlichen Umfang an.

Arbeitsmarkt: Die Stellengesuche haben sich in der Berichtswoche wieder um ein weiteres vermehrt; männliche um 594 und weibliche um 868. Die Steigerung der Erwerbslosen entfällt hauptsächlich auf ungelernte Arbeiter, Textilarbeiter und ungelernte Fabrikarbeiterinnen.

Nachstehende Aufstellung des Arbeitsamtes Augsburg vom 17. dieses Monats gibt näheren Aufschluß über die offenen und gesuchten Stellen.

Wirtschaftszweig	Unerl. Angeb.		Unerl. Nachfrage	
	a. männl.	b. weibl.	a. männl.	b. weibl.
Land- und Forstwirtschaft, Gärtnerei	68	82	42	12
Metallverarbeitung	–	12	853	9
Holzindustrie	24	–	110	–
Textilindustrie	–	–	163	878
Bekleidungs- und Reinigungsgewerbe	–	68	–	56
Baugewerbe	1	182	–	–
Sonst. Handwerk und Berufe	26	2	614	116
Haus- und Gastwirtschaft	–	–	314	188
Ungelernte Arbeiter aller Art	10	–	1549	1735
Gesamt-Summa	129	164	3827	2994

Im Baugewerbe kommt in der Hauptsache nur die städtische Bautätigkeit in Frage. An den städtischen Kleinwohnungs- und Barackenbauten werden rund 270 Arbeiter beschäftigt; bei den Notstandsarbeiten sind es zunächst 300. Eine größere Anzahl von Arbeitern kann dann noch bei den Instandsetzungsarbeiten an der Wertach eingestellt werden, die bekanntlich in der Weihnachtswoche durch Hochwasser erhebliche Verwüstungen anrichtete. Die Aufnahme weiterer Notstandsarbeiten steht für die nächste Zeit in Aussicht. In der privaten Bautätigkeit ist immer noch die gleiche Zurückhaltung wahrzunehmen, die wohl als eine Rückwirkung der hohen Arbeiterlöhne, des Baustoffmangels und der hohen Baupreise überhaupt anzusehen ist.
Wohnungsfürsorge in Augsburg: In der Woche vom 8.–14. Januar wurden im Wohnungsamt 121 Wohnungsgesuche abgegeben. Davon entfallen 43 auf Kriegsgetraute, 17 auf dienstlich Versetzte, 13 auf Familien in zu kleinen, überfüllten oder ungesunden Wohnungen, 6 von auswärts zugezogenen Arbeitern, 14 auf Parteien, denen die Wohnung unter Anrufung des Mieteinigungsamtes[3] gekündigt wurde. Diesen Gesuchen stehen zur Zeit nur 8 leere Wohnungen gegenüber. Diese Leerwohnungen sind deshalb unbewohnt, weil in ihnen bauliche Verbesserungen vorgenommen werden müssen. Von den gesuchten Wohnungen sind die meisten Kleinwohnungen mit 2 und 3 Zimmern. Die Bautätigkeit seit März 1918 zeigt folgende Zahlen: Im ganzen wurden 613 Wohnungen errichtet, davon 349 mit 2 Zimmern und 169 mit 3 Zimmern. Von der Stadtgemeinde Augsburg wurden in städtischen und Stiftungsgebäuden 38 Wohnungen fertiggestellt. 212 sind in Ausführung begriffen und 68 projektiert. Von der Stadtgemeinde Augsburg wurden in Privatgebäuden 17 Wohnungen fertiggestellt, 2 sind in Ausführung begriffen und 6 projektiert. Von Privaten wurden selbst errichtet 82 Wohnungen, 34 sind in Ausführung begriffen und 132 projektiert. Vom bayerischen Staat wurden in Staatsgebäuden 6 Wohnungen fertiggestellt, 8 sind in Ausführung begriffen und 8 projektiert.‹

›Die Zahl der Erwerbslosen in Kaufbeuren beträgt 75. Im übrigen ist auf dem hiesigen Arbeitsmarkt keine Änderung eingetreten. Die Einstellung des Gasanstaltsbetriebes dort konnte nur dadurch vermieden werden, daß die Kaufbeurer Spinnerei mit – allerdings minderwertigen – Kohlen aushalf.‹

›Auf dem Wohnungsmarkt in Günzburg ist zur Zeit eine gewisse Entspannung eingetreten, da es durch gemeindliches Eingreifen gelungen ist, einige Wohnungen freizumachen. Eine durchgreifende Besserung ist allerdings erst zu erhoffen, wenn die Bautätigkeit einsetzt.‹

›Nach den in der Sitzung des Demobilmachungsausschusses Sonthofen vom 14. dieses Monats von den Arbeitgebervertretern abgegebenen Erklärungen wird die Lage der Industrie und damit die des Arbeitsmarktes immer trostloser. Die Allgäuer Baumwollspinnerei und Weberei Blaichach steht still, Kündigungen sind noch nicht erfolgt, die Arbeiter sollen eben doch mit Hilfe der Textilarbeiterfürsorge solange als möglich gehalten werden. Es stehen ja keine Rohstoffmengen in Aussicht, die wenigstens etwas Beschäftigung geben. Allerdings ist auch diese Beschäftigung höchst unwirtschaftlich; nach Mitteilung des Direktors treffen auf 54 Mark Löhne für produktive Arbeit (Weben, Spinnen) 300 Mark Löhne für unproduktive (Heizen, Reinigen usw.). In der Mechanischen Bindfadenfabrik Immenstadt sind seit Montag 126 Arbeiter unbeschäftigt;

---

3 Die Errichtung dieser Ämter ermöglichte die VO des Bundesrats vom 4.8.1914 (RGBl S. 327) und vom 15.12.1914 (ebd. S. 511).

es fehlt auch da an Material, ferner an Abnahme der in großen Mengen vorhandenen Papierbindfaden, die von den Verbraucherkreisen in der allerdings vergeblichen Hoffnung auf baldige bessere Fabrikate nicht aufgenommen werden. Etwas besser sind augenblicklich und für die nächste Zeit die Verhältnisse im Hüttenamt Sonthofen, das mit Roh- und Betriebsmaterial sowie mit Aufträgen zur Zeit noch angemessen versehen ist. Für später sind aber auch hier die Aussichten bei der völlig ungenügenden Kohlen- und Erzförderung Deutschlands denkbar schlecht. Fischen-Berghofen und Sonthofen hoffen, mit den nun eingetroffenen Garnen nächste Woche teilweise arbeiten zu können. Das Handwerk hat Aufträge, aber kein Rohmaterial. Arbeitgeber und Arbeitnehmer äußerten sich übereinstimmend dahin, daß es so wie jetzt unmöglich weitergehen könne. Es müsse unbedingt überall gearbeitet werden, es dürften die Erwerbslosenunterstützungen nicht so hoch sein, daß sie förmlich zum Nichtstun herausfordern; eine Katastrophe, auch bis in die kleinsten Erwerbsunternehmungen hinein, sei sonst unausbleiblich. Ferner wurde übereinstimmend betont, daß ein rascher und gründlicher Abbau der Preise für die täglichen Bedarfsgegenstände, vor allem der Lebensmittel, der richtige Weg zu erträglichen Lebensverhältnissen sei, nicht die ständige Lohnsteigerung. Wie allerdings diese Preissenkung unter den gegenwärtigen Verhältnissen möglich gemacht werden solle, konnte niemand angeben; es bestand nur die Hoffnung auf Besserung durch den Friedensschluß. Das städtische Arbeitsamt Immenstadt meldet 20 offene Stellen für männliche, 9 für weibliche Arbeiter; Arbeit suchen 69 männliche und 13 weibliche Personen.‹

›In der Spinnerei M. Droßbach & Cie. in Bäumenheim, Bezirksamts Donauwörth, steht der Betrieb wegen Kohlenmangel seit ungefähr 14 Tagen still. 250 Arbeiter sind erwerbslos und beziehen die Erwerbslosenunterstützung. Diese ist aber den Erwerbslosen zu gering, weshalb sie in der vergangenen Woche bei Amt vorstellig geworden sind. Da sich infolge Erhöhung des Ortslohnes auch die Erwerbslosenunterstützung entsprechend erhöht und für Ehefrauen und Kinder die Zulage erhöht wurde, beruhigten sich die Arbeiter wieder. Kommerzienrat Mey[4] hofft, infolge Einführung von elektrischer Kraft den Betrieb im Laufe des Februar wieder aufnehmen zu können. Die Einführung der Elektrizität erfordert einen Kostenaufwand von 100.000 Mark.‹

›Die Lage am Arbeitsmarkt im Bezirke Illertissen ist zur Zeit noch günstig. Erwerbslosenfürsorge wird nur von 3 Personen vorerst in Anspruch genommen. Bei der Firma Winkle in Altenstadt dürften, nachdem die Eindeckung mit Holz nun sichergestellt ist, sich Schwierigkeiten nicht ergeben. Dagegen wird bei Fortdauer der mangelhaften Kohlenzufuhr in den Wieland Werken in etwa 4 Wochen mit einer Stillegung eines größeren Betriebsteiles zu rechnen sein. In Friedenszeiten hatten die Werke einen Tagesbedarf von 6–8 Waggons Kohlen, derzeit laufen höchstens in der Woche 3 Waggons Braunkohlen ein. Letztere ist nur für einen Teil des Betriebes geeignet und wird, wenn nicht die Kohlenzufuhr sich verbessert, eine Stillegung der Gießerei notwendig werden. Mit Notstandsarbeiten sind in der Berichtswoche 79 Leute beschäftigt gewesen, für weitere Notstandsarbeiten an Kanalbauten ist Sorge getragen. Die Firma ist mit allen Mitteln bestrebt, Kohlen zu beschaffen; ob ihr dies gelingt, wird von der Entwicklung der Verhältnisse im Ruhrgebiet abhängen. In Babenhausen kam ein völlig stillgelegter größerer Schreinereibetrieb wieder in Gang.‹

›Die Eingliederung der vom Felde Zurückgekehrten in das Erwerbsleben begegnet im Bezirke Memmingen im allgemeinen keinen sehr großen Schwierigkeiten, so daß die

---

4 Oskar Mey (1866–1942).

Erwerbslosenfürsorge nur wenig in Anspruch genommen wird. Dagegen gibt es zahlreiche Käser, die in ihrem Beruf nicht unterkommen und in anderen Erwerbstätigkeiten nur schwer untergebracht werden können.‹

›Die Arbeiten zum Bauangriff für die Lokalbahn Kaufbeuren-Schongau werden mit allen Mitteln gefördert, bei einigen Gemeinden des Bezirks Kaufbeuren sind noch Schwierigkeiten wegen Beschlußfassung über die Aufbringung der Grunderwerbskosten aus dem Wege zu räumen.‹

›Die Kohlenzufuhr für das städtische Gaswerk in Lindau hat so sehr nachgelassen, daß in der abgelaufenen Woche die Sperrung der Gasversorgung von früh 9 Uhr bis abends 5 Uhr angeordnet werden mußte, was natürlich besonders von den kleinen Leuten sehr hart empfunden wird.‹

›Die Gemeinde Reisensburg, Bezirksamts Günzburg, hat unterm 16. dieses Monats einstimmig beschlossen, den für die Gemeinde dringend nötigen Neubau einer Brücke über die Donau (die bestehende Brücke ist baufällig) mit einem Kostenaufwand von 280.000 Mark in tunlichster Bälde als Notstandsarbeit durchzuführen.‹

›Beim Arbeitsamt Memmingen stehen 42 offenen Stellen für männliche Arbeiter 137 Nachfragende gegenüber, 45 offenen Stellen für weibliche, 7 Nachfragende.‹

›An Erwerbslosen sind in Nördlingen 140 gemeldet, worunter sich 50 befinden, die von auswärts zugezogen sind. Nicht selten kann man in der arbeitenden Arbeiterschaft Äußerungen hören, daß man nicht nötig habe, zu arbeiten, wenn nicht arbeitende Arbeiter von Staat und Gemeinde unter-, bzw. ausgehalten würden; jedenfalls wären Maßnahmen der Staatsregierung dahingehend, daß mangelnde Berufsarbeit allein den Anspruch auf Erwerbslosenunterstützung bei gesunden, voll arbeitsfähigen Arbeitern prinzipiell noch nicht begründe, solange offene Stellen für unfachliche Arbeit vorhanden sind, außerordentlich zu begrüßen, schon im Interesse der Hebung der Volksmoral.‹

›Die Arbeitslosigkeit im Bezirke Lindau hat noch keinen größeren Umfang angenommen. Die Verhältnisse in der Strohhutindustrie sind noch ungeklärt und es hängt von der Lösung der Kohlenfrage und von den Bestellungen ab, ob und wie lange sie noch weiter arbeiten kann.‹

›Zur wirtschaftlichen Demobilmachung im Landbezirke Augsburg:
 VII. Die Heeresentlassungen weisen eine besondere Einwirkung auf den Arbeitsmarkt nicht mehr auf. Die Betriebe des Bezirkes suchen nach Möglichkeit ihren Arbeiterstand zu erhalten und zu vermehren.
 VIII. Die Industrie: Ausgetreten sind folgende Arbeitskräfte: Alpine Maschinenfabrik Augsburg-Göggingen: 16, Spinnerei und Weberei Haunstetten: keine, Farbwerke Gersthofen: 2, Zwirnerei und Nähfadenfabrik Göggingen: keine.
 Neu aufgenommen wurden in den bezeichneten Betrieben: keine *[Alpine Maschinenfabrik Augsburg-Göggingen]*, 10 *[Spinnerei und Weberei Haunstetten]*, 9 *[Farbwerke Gersthofen]*, keine Arbeitskräfte *[Zwirnerei und Nähfadenfabrik Göggingen]*. Im übrigen sind die Betriebsverhältnisse die gleichen geblieben wie in den Vorwochen.
 IX. Das Handwerk ist trotz der Erwerbslosigkeit vieler mit den nötigen brauchbaren Arbeitskräften noch immer nicht genügend versorgt. Doch fehlen ihm auch vielfach die Rohstoffe und die nötigen Halbfabrikate.

X. Auch die Landwirtschaft ist für Erwerbslose noch immer aufnahmefähig, besonders in den entfernten Gemeinden, wohin Arbeiter nicht gerne gehen.‹

›Arbeitslosigkeit ist nirgends auf dem Lande im Bezirke Neuburg a/D. bemerkbar, vielmehr klagt man allenthalben über Mangel an Dienstboten und Arbeitskräften.‹

›Die Verhältnisse des Arbeitsmarktes sind im Bezirk Zusmarshausen noch unverändert, nach wie vor werden zahlreiche landwirtschaftliche Knechte und Mägde, Holzarbeiter usw. gesucht und nicht gefunden. Ein Schreinermeister von hier, der seinen Sohn in München aufforderte, zu ihm zu kommen, weil er allein mit der Arbeit nicht fertig werde, bekam die Antwort, es falle ihm nicht ein zu kommen, er erhalte in München täglich 8 Mark und brauche nichts zu arbeiten.‹

Die Meldung des Arbeitsamtes Neu-Ulm liegt bei.

II.

Bereits unter I. berichtet.

Außerdem teilt der Vorstand des Bezirksamts N e u b u r g a / D. folgendes mit:

›Ich hörte vertraulich, daß sich die schwedische Gesandtschaft in München mit der Anwerbung von Offizieren und gedienten Mannschaften für die japanische Armee nach Beendigung des Krieges befasse und bei den Beteiligten, die über die gegenwärtige Behandlung erbittert sind, viel Anklang finden soll.‹

gez. von Praun, Regierungspräsident

[Anlage 1 zum Wochenbericht vom 20. Januar]

Meldung des Arbeitsamts Neu-Ulm über die Arbeitsmarktlage am 18. Januar 1919

Wirtschaftszweig	Unerl. Angeb.		Unerl. Nachfrage	
	a. männl.	b. weibl.	a. männl.	b. weibl.
Land- und Forstwirtschaft, Gärtnerei	9	17	1	–
Metallverarbeitung	–	–	10	–
Holzindustrie	–	–	–	–
Textilindustrie	–	–	–	–
Bekleidungs- und Reinigungsgewerbe	9	1	1	–
Baugewerbe	–	–	–	–
Sonst. Handwerk und Berufe	7	–	24	3
Haus- und Gastwirtschaft	–	8	–	8
Ungelernte Arbeiter aller Art	–	–	13	–
[Summe]	25	26	49	11

Bemerkungen über die Lage des Arbeitsmarktes:
Arbeitsnachfrage übersteigt Angebot. Besonderer Mangel an Arbeitskräften herrscht lediglich in der Landwirtschaft, welcher jedoch demnächst behoben werden dürfte, da wieder bedeutende Entlassungen in den vorhandenen Depots stattfinden.
Städt. Arbeitsamt Neu-Ulm.

[Anlage 2 zum Wochenbericht vom 20. Januar]

Füssen, am 18. Januar 1919: Der Vorstand des Königlichen Bezirksamts Füssen an das Hohe Präsidium der Königlichen Regierung von Schwaben und Neuburg.
Betreff: Wochenbericht.
Referent: Regierungsrat, Bezirksamtmann Freiherr von Kreusser[5].
Die abgelaufene Woche verlief ohne jedes bemerkenswertere Vorkommnis in vollkommener Ruhe. Auch die Wahlen selbst vollzogen sich ohne Störung der öffentlichen Ordnung nach außenhin. Die Wahlredner hatten sich durchweg großer Zurückhaltung befleißigt, was auch nicht ohne günstige Rückwirkung auf die Versammlungsteilnehmer blieb. Das Wahlergebnis hat im Bezirk wenig Erregung gezeitigt. Nur einzelnen Führern der Bayerischen Volkspartei waren anonyme Drohungen zugegangen, die den Behörden Anlaß zu vermehrter Sicherheitsvorkehrung gaben.
Die Vorgänge in Berlin[6] werden allgemein aufs Strengste verurteilt und blieben zweifellos nicht ohne Einfluß auf die Abstimmung.
Das Nachlassen der Achtung vor Gesetz und Vorschriften macht sich auch hier immer bemerkbarer. Einzelne mißliebige Verbote (z. B. Grenzüberschreitung ohne Ausweis, Ausfuhrbeschränkung, Wegverbote, Anmeldepflichten usw.) werden immer mehr mißachtet und haben die pflichtgemäß handelnden polizeilichen Organe hiebei den schwersten Widerstand zu überwinden. Den Arbeiter- etc. -räten wird einseitige Begünstigung ja sogar Bestechung unverhohlen vorgeworfen. Je mehr letztere sich Befugnisse staatlicher Organe zusprechen und demgemäß Bewilligungen etc. erteilen, um so mehr drängen sich eigennützige und gewissenlose Elemente an diese heran und suchen sich Sondervorteile zu erringen. Die meist vom besten Willen beseelten, auch durchweg lauter gesinnten Arbeiterführer sind mit den grundlegenden Elementen behördlicher Wirksamkeit noch zu wenig vertraut und waren solchen

---

5 Anton Freiherr von Kreußer (1863–1932). 1908 Bezirksamtmann und Vorstand des Bezirksamts Eschenbrunn, 1908–1920 Vorstand des Bezirksamts Füssen, 1915 Regierungsrat. 1919 für die Dauer eines Jahres und 1920 in den dauernden Ruhestand versetzt.
6 Die in Berlin seit der Novemberrevolution bestehenden politischen Spannungen verschärften sich, als es zu Differenzen zwischen dem sozialdemokratischen Stadtkommandanten Wels und der Volksmatrosendivision wegen ausstehender Löhnung und Fragen der Unterkunft kam. Die nach der Verhaftung von Wels am 24. Dezember ausgebrochenen Straßenkämpfe zwischen den Matrosen einerseits und der republikanischen Stadtwehr und herangeführten Truppen andererseits forderten zahlreiche Tote und Verwundete. – Nachdem der preußische Innenminister am 4.1.1919 den Berliner Polizeipräsidenten Eichhorn (USPD) wegen regierungsfeindlichen Verhaltens und wegen Unregelmäßigkeiten im Amt entlassen hatte, besetzten bewaffnete Arbeiter u. a. mehrere Zeitungsredaktionen, öffentliche Gebäude und Bahnhöfe. Hinter diesen Aktionen standen als treibende Kräfte die Revolutionären Obleute der Berliner Großbetriebe, führende Mitglieder der USPD und der Spartakusbund, der sich am letzten Tag des abgelaufenen Jahres zur ›Revolutionären Kommunistischen Arbeiterpartei (Spartakusbund)‹ konstituierte. Einige Tage später versammelten sich in der Umgebung des Brandenburger Tores Hunderttausende, um gegen die Absetzung Eichhorns zu demonstrieren. Redner forderten die Bewaffnung des Proletariats, sprachen sich gegen die bevorstehende Wahl zur Verfassunggebenden Nationalversammlung aus, riefen zum Generalstreik und zum Sturz der Regierung auf. Regierungstruppen warfen in tagelangen äußerst verlustreichen Kämpfen, bei denen auch schwere Waffen eingesetzt wurden, den Aufstand nieder.

Anfechtungen gegenüber von Anfang an nicht konsequent und fest genug. Nun rächt sich dies, und es erstehen in den eigenen Reihen der Räte arge Mißhelligkeiten, die zum Austritt einzelner aus der Organisation führen und schwere Verbitterung erzeugen.

Am bedenklichsten wird die sicherlich gut gemeinte Parole, man möge die kleinen Verfehlungen polizeilicher Art nicht zu ernst behandeln, seitens des Publikums ausgeschlachtet, das die von ihm angesprochene ›Freiheit‹ so verstanden wissen will, daß ihm nun so ziemlich alles erlaubt sei, was früher verboten war. Sobald diese Elemente wahrnehmen, daß auch jetzt noch Ordnung und Zwang herrschen müssen und es nicht in ihr Belieben gelegt ist, was zu gelten hat und was nicht, schimpfen sie auf die ganze Revolution und erklären, das sei noch nicht die richtige Revolution gewesen, es müsse noch eine gründlichere kommen usw. So werden diese Feinde aller Ordnung der anarchistischen Propaganda in die Arme getrieben, dem zu steuern, ist äußerst schwierig; allein es wäre wenigstens schon ein wirksamer Schritt, wenn von leitender Stelle eine Anzahl der wirklich überlebten und entbehrlichen Zwangsvorschriften und Verbote – wie z. B. das Grenzscheinverfahren in seiner dermaligen Gestalt – aufgehoben und die äußeren Stellen angewiesen werden wollten, ihre Vorschriften daraufhin zu revidieren, welche ohne Bedenken beseitigt werden könnten oder der Abänderung und Anpassung an die neuen Verhältnisse bedürften.

Es darf andererseits nicht verschwiegen werden, daß die schnelle Beseitigung eingelebter Institutionen, wie die geistliche Schulaufsicht, auf dem Lande auch bei sonst weniger befangenen Leuten scharfe Mißbilligung gefunden und tiefgehendes Mißtrauen erzeugt hat[7]. Dies ist namentlich bei der Werbetätigkeit des Bauernbundes im Bezirke vielerorts und schärfstens zu Tage getreten, wobei die Agitatoren sich geradezu genötigt sahen – entgegen dem ursprünglichen Programm dieser Partei – Zusicherungen weitgehendster Art auf dem Gebiete der Beziehungen der Kirche zur Schule zu geben.

In der Demobilmachungssache und in den übrigen Berichtsgegenständen ist nichts weiter zu verzeichnen, als daß die Erwerbslosenfürsorge im Bezirke stetig an Umfang zunimmt und die Arbeitslosen sehr schwer dazu zu bringen sind, anderweitige – ihnen freilich wenig zusagende – Arbeit zu leisten.

Freiherr von Kreusser

---

7 Durch die VO des Gesamtministeriums vom 16.12.1918 (StAnz 294) war die Aufsicht der Volksschulen durch die geistlichen Lokal- und Schulinspektoren mit Wirkung ab dem 1.1.1919 aufgehoben worden. Dagegen hatten die katholischen Bischöfe Bayerns am 18.12.1919 feierlichst Verwahrung eingelegt; Amtsblatt für die Diözese Augsburg 1919, S. 1.

Augsburg, den 27. Januar 1919 55

I.

Der Sicherheitszustand hat eine Besserung nicht erfahren. Besonders die Forstämter der Umgebung Augsburgs klagen über Zunahme der Forstfrevel. Das Waldschutzpersonal wird der Frevler – insbesondere auch Soldaten in Uniform – nicht mehr Herr.

Das Bezirksamt N e u - U l m berichtet über den Sicherheitszustand dortselbst folgendes:
›Es mehren sich die Diebstähle und Einbrüche namentlich in den Gemeinden des Bezirksamts Neu-Ulm, in denen das 2. Fußartillerie-Regiment einquartiert ist. Da gegen die Dauereinquartierung eines Regiments ausschließlich in Bürgerquartieren zerstreuter ländlicher Gemeinden unter den gegenwärtigen Umständen noch andere Gründe (Aufrechterhaltung der Lebensmittelversorgung) sprechen und auch die beteiligte ländliche Bevölkerung die Wegverlegung der Truppen dringend wünscht, wird demnächst förmlicher Antrag in diesem Sinne gestellt werden.‹

Über die Volksstimmung teilt das Bezirksamt L i n d a u nachstehendes mit:
›Im Bezirke Lindau herrscht zweifellos eine große Beunruhigung über die zukünftige Gestaltung unserer Verhältnisse. Die Kohlennot, die Beschaffung der nötigen Lebensmittel, das Hinausschieben der Friedensverhandlungen, die Arbeitslosigkeit, die vielfache Arbeitsunlust, die ständigen Nachrichten von Blutvergießen in den großen Städten[1] und im Osten[2], die drohende Steuerbelastung sind Umstände, die schwer auf dem denkenden Teile der Bevölkerung lasten, wenngleich der Amtsbezirk selbst zur Zeit noch wenig leidet. Die Unternehmungs- und Arbeitslust wird aber bestimmt jetzt schon beeinflußt und wird dies noch mehr der Fall sein, wenn nicht bald in einigen Richtungen eine Besserung eintritt.‹

Zur Lebensmittelversorgung berichtet das Bezirksamt A u g s b u r g:
›Über die Volksernährung ist Neues nicht zu berichten. Auch die bewegtesten Aufrufe und Mahnungen helfen nichts, weil die Leute glauben, daß die Entente schließlich doch, wenn nichts mehr an Lebensmitteln da ist, die Blockade[3] aufheben muß, so daß keine Veranlassung bestehe, sich weiter einzuschränken.‹

Das Bezirksamt D i l l i n g e n hebt folgendes hervor:
›Die Befürchtungen, daß im Frühjahre größere Flächen umgeackert und neu bestellt werden müssen, werden im Bezirke Dillingen immer mehr laut, der Mäuseplage ist man leider trotz umfassender Maßregeln nicht Herr geworden. Über den Mangel an tüchtigen Schweizern wird von den Landwirten vielfach geklagt. Auch wird befürchtet, daß der Kartoffelanbau infolge Fehlens von Arbeitskräften zurückgehen werde, wenn nicht energische Maßregeln ergriffen werden, damit die Arbeitslosen in den Städten der

---

[1] Spartakusaufstand in Berlin. In München waren bei Demonstrationen und Plünderungsversuchen am 7. Januar und in Regensburg am 10. Januar mehrere Personen ums Leben gekommen. Opfer forderten auch die von den Kommunisten angezettelten Unruhen in west-, nord- und mitteldeutschen Städten nach der Ermordung von Karl Liebknecht und Rosa Luxemburg am 15. Januar in Berlin.
[2] Als vor Jahresende 1918 der mit Präsident Wilson befreundete Pianist und Politiker Paderewski in Posen eintraf, wurden in der Stadt polnische und alliierte Fahnen gehisst, polnische Truppen standen Spalier. Die zur selben Zeit von der Front zurückkehrenden deutschen Truppenteile verlangten vom Arbeiter- und Soldatenrat vergeblich die Einziehung der Fahnen und rissen sie daraufhin gewaltsam herunter. Anschließend kam es zu schweren Gefechten. Die Presse berichtete auch von Massenhinrichtungen durch die Bolschewisten in Russland.
[3] Die britische Admiralität hatte am 2.11.1914 die Nordsee zum Kriegsgebiet erklärt und damit die Zufuhr von Handelsgütern aller Art nach Deutschland unterbunden.

Landarbeit zugeführt werden. Die ausreichende Beschaffung von Stickstoffdüngern wird als eine Hauptsache für die Frühjahrsbestellung bezeichnet.‹

Der Stadtmagistrat A u g s b u r g berichtet:
›Vielfach wird jetzt die Meinung vertreten, daß die fleischlosen Tage[4] aufgehoben seien, welcher Ansicht jederzeit unter Hinweis auf die volle Gültigkeit der einschränkenden Bestimmungen über die Lebensmittelversorgung entgegengetreten wird; eine entsprechende Veröffentlichung durch das Ministerium des Innern halten wir für angezeigt.
Eine auffallende Erscheinung zeigt sich in letzter Zeit in dem Bestreben einzelner Gastwirte, eine ungerechtfertigte Erhöhung des Bierpreises vorzunehmen. Es werden zur Begründung die Veranstaltungen und Versammlungen angeführt, die einen erhöhten Aufwand an Beheizung, Beleuchtung, Bedienung, Reinigung usw. verursachen. Dieses Bestreben, das auch auf der Meinung beruht, man dürfe bei Erhöhung des Bierpreises lediglich dem Stadtmagistrate Kenntnis geben, muß vielfach beanstandet und hintangehalten werden.‹

Das Bezirksamt W e r t i n g e n berichtet nachstehendes:
›Die Zahl der auswärtigen Hamsterer nimmt von Woche zu Woche mehr zu. Ihre Überwachung seitens der Gendarmeriemannschaft wird zusehends schwieriger. Besonders aufgeregt zeigen sich diejenigen, welche in feldgrauer Uniform erscheinen. Sie glauben, auf Grund ihrer Beteiligung im Heeresdienst das Privilegium der Gesetzlosigkeit für sich in Anspruch nehmen zu können.‹

Der Stadtmagistrat L i n d a u führt folgende Klage:
›Immer empfindlicher macht sich der Mangel an Kartoffeln in Lindau auf dem Gebiete der Lebensmittelversorgung bemerkbar. Den von der Lebensmittelkommission bereits früher gefaßten Beschluß, durch Zuweisung von Kartoffeln aus den Beständen derjenigen Haushaltungen, die ihre Vorräte für den ganzen Winter eingelagert haben, an die übrigen Haushaltungen einen Ausgleich zu schaffen, müssen wir in der nächsten Woche vollziehen, trotzdem wir überzeugt sind, daß der Vollzug auf große Schwierigkeiten stoßen wird.‹

Das Bezirksamt I l l e r t i s s e n betont neuerlich:
›Sehr wünschenswert wäre, wenn die Fleischversorgungsstelle den Handel mit Zucht- und Nutzvieh in allernächster Zeit wieder freigeben würde, so daß bei auf den Bezirk beschränkten Märkten wenigstens ein Austausch von Tieren innerhalb des Bezirks stattfinden könnte.‹

Über die Lage des Arbeitsmarktes, den Stand der Erwerbslosenfürsorge, die Kohlenversorgung und den Wohnungsmarkt berichten die beteiligten D i s t r i k t s v e r w a l t u n g s b e h ö r d e n wie folgt:
›Lage der Industrie in der Stadt Augsburg:
Die Textilindustrie kommt allmählich wieder in Gang, die Zahl der in Betrieb gesetzten Webstühle und Spindeln ist ständig im Steigen begriffen. Die Versorgung der Maschinenindustrie mit Rohstoffen ist für eine Anzahl von Betrieben zufriedenstellend, sie

---

4 Sie wurden im Kriegsjahr 1915 eingeführt und beruhten auf der VO des Bundesrats vom 28.10.1915 (RGBl S. 714): § 1: Dienstags und Freitags dürfen Fleisch, Fleischwaren und Speisen, die ganz oder teilweise aus Fleisch bestehen, nicht gewerbsmäßig an Verbraucher verabfolgt werden [...]. An Samstagen war in Gastwirtschaften die Abgabe von Schweinefleisch, an Montagen und Donnerstagen die Abgabe von mit Fett gebratenen, gebackenen oder geschmorten Speisen nicht gestattet (§ 2). Als Ersatz boten die Kommunalverbände Brot, Mehl, Kunsthonig, Zwiebeln, Feigenkaffee an.

haben Vorräte bis zu 3 und 4 Monaten, während andere wieder wegen Transportschwierigkeiten über völligen Rohstoffmangel klagen. So ist z. B. Guß-, Walz- und Fassoneisen sehr schwer erhältlich, ebenso Blech und Profileisen. Die allgemeine Kohlennot übt nach wie vor ihre hemmende Wirkung auf alle Industriezweige aus. Aus diesem Grunde müssen selbst beim Vorhandensein ausreichender Mengen Rohstoff sowohl Textil- wie Maschinenbetriebe stilliegen. Die Bayerische Nesselaufschließungsanstalt steht bereits seit Oktober 1918, die Bleicherei, Färberei, Druckerei und Appretur Augsburg seit nahezu 2 Monaten still. Die bereits in der Vorwoche gemeldeten Kündigungen von technischem Personal, sowie von männlichen und weiblichen kaufmännischen Angestellten nehmen weiteren Umfang an. Es handelt sich dabei vielfach um Ausstellungen von Aushilfskräften, die für Kriegsteilnehmer eingestellt worden waren. Die Zahl der Erwerbslosen betrug ca. 5000, von denen etwa 500 wieder Beschäftigung finden konnten. Nach Mitteilungen aus industriellen Kreisen wirken die Anregungen über Sozialisierung[5] gewerblicher Betriebe vielfach äußerst lähmend auf den Unternehmungsgeist größerer Betriebe. Um dem entgegenzuarbeiten, müsste von maßgebender Stelle einmal klar ausgesprochen werden
1. welche Betriebe sozialisiert werden sollen,
2. in welchem Grade die Sozialisierung durchgeführt werden soll,
3. wann die Sozialisierung beginnt.
Im Bauhandwerk waren nach den Beobachtungen des Gewerbegerichts die Vorschriften über Kündigungsfristen von großem Nachteil für die Arbeiterschaft, da in diesen Betrieben die Einflüsse der Witterung eine besondere Rolle spielen. Die Unternehmer haben sich deshalb bei Einstellung von Arbeitern auf das Notwendigste beschränkt, um nicht dann, wenn bei eintretendem Regen- oder Frostwetter die Arbeit ausgesetzt werden muß, eine große Anzahl von Arbeitern ohne entsprechende Arbeitsleistung entlohnen zu müssen.
Arbeitsmarkt: Aus nachstehender Zusammenstellung des Arbeitsamtes Augsburg vom 24. dieses Monats ist gegen die Vorwoche eine weitere Zunahme männlicher und weiblicher Erwerbsloser ersichtlich. Die Zunahme ist bei den Frauen um 944 ziemlich erheblich. Geringfügiger bei den Männern um 323. Einen kleineren Rückgang männlicher Erwerbsloser weist das Baugewerbe, die Metallverarbeitung, die Holz- und Textilindustrie auf. Die Erhöhung der männlichen Erwerbslosenziffer ist hauptsächlich bei den ungelernten Arbeitern, bei den Frauen in den Berufsgruppen der Textil- und Bekleidungsindustrie und bei ungelernten Arbeiterinnen aller Art, eingetreten. Die landwirtschaftliche Arbeitsvermittlung bei den Männern geht rüstig vorwärts. Die Frauen sind nur äußerst schwer der Landwirtschaft zuzuführen.

---

5 Sie steht im Gegensatz zur kapitalistischen Orientierung der Wirtschaft und meint im engeren Sinn die Überführung von Privatbetrieben in Gemeineigentum. Als Folge der in der Presse und in den Parteien lebhaft geführten Diskussion hatte die Regierung (Rat der Volksbeauftragten) am 5.12.1918 eine Kommission zur Vorbereitung von Sozialisierungsmaßnahmen eingesetzt. Sie empfahl die Sozialisierung der Kohle- und Eisenindustrie und wollte bei anderen Branchen die Sachlage prüfen.

Wirtschaftszweig	Unerl. Angeb.		Unerl. Nachfrage	
	a. männl.	b. weibl.	a. männl.	b. weibl.
Land- und Forstwirtschaft, Gärtnerei	38 52	86	38	18
Metallverarbeitung	14	–	793	8
Holzindustrie	34	–	92	–
Textilindustrie	1	–	159	1032
Bekleidungs- und Reinigungsgewerbe	45	–	2	83
Baugewerbe	5	–	151	–
Sonst. Handwerk und Berufe	11 4	8	11 479	196
Haus- und Gastwirtschaft Haus- Gastwirtschaft	– –	– –	330 142	– –
Jugendliche	–	159	57	201
Fuhrleute	–	–	149	–
Ungelernte Arbeiter aller Art	–	–	1570	2400[+]
Jugendliche	–	–	147	–
Summe Gesamtsumme d. Vorwoche	204 197	253 140	4150[6] 3827	3938 2994

[+] hievon 410 jugendl.

Baumarkt: Die Lage im offenen Baumarkt ist immer noch durch Mangel an jeglicher Unternehmungslust gekennzeichnet. Die Gemeinde ist gezwungen, in immer größerem Umfange Notstandsarbeiten aufzunehmen. Zur Zeit beschäftigt sie über 400 Arbeitslose und hofft, für eine Höchstzahl von 1500 Mann Arbeit schaffen zu können. Die Ausführung der Bauarbeiten ist vielfach durch das Fehlen von Zement aufgehalten.

Wohnungsfürsorge: Die Zahl der Wohnungsgesuche hat sich erheblich vermehrt. Unter 593 Suchenden sind 216 Kriegsgetraute, 77 wegen anerkannten Kündigungen des Mieteinigungsamtes, 53 wegen dienstlicher Versetzung, 47 wegen Entlassung vom Militär, 44 wegen zu kleiner Wohnung, die übrigen wegen Zuzug mit ständiger Arbeit, wegen ungesunder Wohnungen, Interimswohnungen, Todesfällen, Hausverkauf, Tausch und Scheidung.

---

6 Die tatsächliche Summe ist: 4120.

Die nachstehende Aufstellung gibt ein Bild des besorgniserregenden Wohnungsmangels.

Zimmerzahl	vermietet	leer
1 Z. u. K.	886	–
2 Z. u. K.	8094	1
3 Z. u. K.	12.716	1
4 Z. u. K.	6518	1
5 Z. u. K.	3574	2
6 Z. u. K.	1721	–
7 Z. u. K.	2114	–
Gesamtzahl aller Wohnungen:	35.623	5
Daher Leerwohnungsziffer in Prozent		0,014 %.‹

›Zur wirtschaftlichen Demobilmachung im Landbezirk Augsburg:
1. Die Industrie: Ausgetreten sind in der Alpinen Maschinenfabrik Augsburg-Göggingen: keine Arbeiter, in den Farbwerken Gersthofen: 2, in der Haunstetter Spinnerei & Weberei: keine, in der Bleicherei & Färberei Martini-Haunstetten: keine und in der Zwirnerei Göggingen: keine Arbeiter. Eingetreten in den vorbezeichneten Betrieben: 3, 1, 2, 1, keine Arbeiter. Die genannten Betriebe suchen ihre Arbeiterschaft zu erhalten und tunlichst zu vermehren. Sie sind 45 Wochenstunden beschäftigt mit Notstands- und kleinen Friedensarbeiten, ihre Rohstoffe und Kohlenvorräte dauern nur noch einige Wochen.
2. Die Landwirtschaft klagt fortgesetzt über Mangel an Arbeitskräften. Man klagt auf dem Lande über die ziellose Erwerbslosenfürsorge, denn sehr viele ungelernte Arbeiter könnten bei der Landwirtschaft Beschäftigung finden, wenn sie überhaupt arbeiten wollten, was eben bei sehr vielen solange nicht der Fall sei, als sie von der genannten Fürsorge ausreichend unterstützt würden.
3. Die Erwerbslosenfürsorge nimmt nun auch im Bezirke weitere Dimensionen an. Die Erwerbslosen verlangen auch im Landbezirke Erhöhung ihrer Bezüge, was angesichts der Erhöhung der städtischen Sätze nicht zu umgehen sein wird. Allerdings sind die Distriktsausschußmitglieder hiezu nur sehr schwer bereit zu finden, solange auf dem Lande Arbeitermangel herrscht. Bisher ist alles in Ruhe abgelaufen.‹

›Nach der Meldung des Arbeitsamtes Lindau wurden in der abgelaufenen Woche 40 offene Stellen angemeldet, darunter 13 für Schreiner. Von den in der vorigen Woche bereits angemeldeten offenen 14 Stellen für Schuhmacher konnte nur 1 besetzt werden. Von Arbeitssuchenden wurden 24 Stellen angemeldet. Außerdem haben noch 40 Durchreisende nach Stellen gefragt. Auffallend ist, daß von landwirtschaftlichen Arbeitgebern keine offenen Stellen angemeldet werden. Es wurden deshalb die Bezirksämter Lindau und Sonthofen sowie die Oberämter Tettnang und Wangen hievon verständigt. Die Zahl der in Erwerbslosenfürsorge Befindlichen ist von 23 auf 27 gestiegen. Dazu kommen noch 7 Erwerbslose, für welche andere Gemeinden zu sorgen haben.
Um dem Mangel an Kleinwohnungen in Lindau abzuhelfen, hat die Hospitalverwaltung einen durch Aufhebung des Vereinslazarettes freigewordenen Gebäudeflügel für 3 Wohnungen, die ab 1. Februar bezogen werden können, zur Verfügung gestellt. Von Hausbesitzern, die ihre Dachgeschosse für Kleinwohnungen ausbauen wollen, haben sich bis jetzt auf das magistratische Ausschreiben nur 3 gemeldet. Wir haben außerdem uns an die Militärbehörde gewandt, damit ein Flügel der alten Max-Joseph-Kaserne für Kleinwohnungen eingerichtet wird.

Die Kohlenzufuhr in Lindau reicht gerade noch hin, um bei den in der Vorwoche angeordneten großen Einschränkungen den Gaswerksbetrieb noch etwa 10–14 Tage aufrechtzuerhalten. Glücklicherweise haben wir uns mit Holz ziemlich vorgesehen, so daß an Feuerungsmaterial in der Stadt kein empfindlicher Mangel zu konstatieren ist.‹

›Die Lage am Arbeitsmarkt in Illertissen beginnt sich allmählich zu verschlechtern, da nunmehr die in der Münchner Kriegsindustrie tätig gewesenen Leute, soweit sie aus dem Bezirk sind, in diesen zurückkehren. Die Zahl der Erwerbslosenunterstützungsgesuche ist zur Zeit noch keine nennenswerte. Eine schwere Sorge bleibt die Kohlenbelieferung der Wielandwerke in Vöhringen, die bei Fortdauer der mangelhaften Kohlenzufuhr allmählich ihren Betrieb einstellen müßten. Die eingetretene Kälte gestattet auch die Vornahme von Erdarbeiten an den Kanalbauten nicht mehr, so daß bei Fortdauer ungünstiger Witterung Schwierigkeiten vorauszusehen sind. Die Holzleistenfabrik in Altenstadt arbeitet mit ihrem alten Arbeiterstamme ohne Störung vorerst weiter.‹

›Die Spinnerei der Firma M. Droßbach & Cie. in Bäumenheim, Bezirksamts Donauwörth, steht wegen Mangel an Kohlen still, zur Zeit beziehen 250 Personen dortselbst die Erwerbeslosenunterstützung. Augenblicklich wird in der Fabrik die elektrische Kraft eingeführt; im Lauf des Februars soll dann die Spinnerei wieder in Betrieb genommen werden. Außer den Fabrikarbeitern in Bäumenheim und ihren Familienangehörigen wird noch 5 Personen im Amtsbezirk Erwerbslosenfürsorge zuteil.‹

›Der Mangel geeigneter Arbeitskräfte in der Landwirtschaft ist im Bezirke Neuburg a/D. fortgesetzt groß. Wenn deshalb das Landvolk von der Arbeitslosigkeit in den Großstädten und der dortigen Erwerbslosenunterstützung hört und liest, bemächtigt sich derselben eine erbitterte Mißstimmung. Überall wird die sofortige Ausweisung der vom Lande stammenden Erwerbslosen in die Heimat verlangt, die anderen Erwerbslosen solle man, so wird gewünscht, im Austausch gegen die Kriegsgefangenen nach Frankreich und Belgien zu den Wiederherstellungsarbeiten schicken. Ich würde es nicht für unzweckmäßig halten, aus den Arbeitslosen geeignete Kräfte auszuwählen und diese unter straffer und zuverlässiger Leitung in kleineren Abteilungen zu gemeinnützigen Arbeiten in einzelnen Bezirken zu verwenden. Strenge militärische Zucht wäre unerläßliche Voraussetzung. Die Erwerbslosenunterstützung wäre teilweise fortzuentrichten, die Leute im übrigen einzuquartieren. Als Arbeiten kämen vorzugsweise in Betracht Kulturunternehmen, Straßenverbesserung, Anlage betonierter Düngerstätten, Waldarbeit.‹

›Die Zahl der Gesuche um Erwerbslosenunterstützung in Günzburg steigt, es handelt sich aber vielfach um Leute, denen der Wille zur Arbeit fehlt. Die Leute meinen, sie müßten unbedingt in ihren früheren Sparten wieder beschäftigt werden und sind sehr erstaunt, wenn man ihnen eine andere angemessene Arbeit zumutet. Der Ausschuß für Erwerbslosenfürsorge hat aber bisher mit Zustimmung der Arbeitervertreter derartige Gesuche abgewiesen.‹

›In der Allgäuer Baumwollspinnerei und Weberei Blaichach, Bezirksamts Sonthofen, hat sich nichts wesentliches geändert. Die Spinnerei hat mit einer kleinen Menge wieder angefangen; die Weberei kann auch wieder zu einem Teil arbeiten, sobald zu dem inzwischen eingetroffenen Kettengarn auch das noch ausstehende Schußgarn da ist. Kündigungen sind nicht erfolgt oder beabsichtigt. Auch in der Mechanischen Bindfadenfabrik fanden und finden solche nicht statt. Dort feiern zur Zeit immer abwechselnd 150 Arbeiter 14 Tage lang, sie erhalten die Textilarbeiter- bzw. Erwerbslosenfürsorge. Die Fabrik hat kein neues Rohmaterial erhalten; ihre massenhaft aufgestapelten

Papiergarnvorräte will ihr niemand abnehmen. Die kleinere Weberei Fischen-Berghofen hat mit den zugeteilten Garnen diese Woche in Fischen mit 15–20 Mann zu arbeiten begonnen, Weberei Sonthofen folgt diese Woche. In etwa 14 Tagen sollen dann die Betriebe mit 50–60 % der Arbeiterschaft laufen. Mit Rohmaterial, Kohlen und Aufträgen (Baumaschinen, landwirtschaftliche Maschinen) ist das Hüttenamt Sonthofen für mehrere Monate versehen; es hat seit 14 Tagen keine Kündigung mehr vorgenommen, beabsichtigt vorerst auch keine mehr, kann allerdings auch nicht andere Arbeiter – mit Ausnahme einiger Lehrlinge für die Eisengießerei – mehr aufnehmen. Die Preise für die Produkte sind allerdings sehr ungünstig, es werden nur die Löhne und etliche sonstige Unkosten aufgebracht. Bemerkenswert ist, daß das Hüttenamt durch Vermittlung einer vollkommen zuverlässigen langjährigen Vertretung in der Schweiz einen namhaften Baumaschinenauftrag für Belgien hätte bekommen können, wenn nicht der belgische Abnehmer, der selbst die Maschinen gerne genommen hätte, ein schweizerisches Ursprungsattest hätte verlangen müssen; so kann nun der Auftrag nicht ausgeführt werden. Der Wirtschaftskrieg gegen Deutschland wird also auf solche Weise auch ohne amtlichen Charakter aufs wirksamste geführt. Das städtische Arbeitsamt Immenstadt meldet Stellensuchende männlich 81, weiblich 25, offene Stellen männlich 15 weiblich 6; nicht eingerechnet sind die zeitweise feiernden Textilarbeiter.‹

›Der Distrikt Wertingen beginnt am Montag, den 27. dieses Monats mit der Ausführung von Notstandsarbeiten, die nach dem jetzigen Preisstande die Summe von 199.850 Mark erfordern. Unter der Voraussetzung, daß die in Aussicht gestellten Zuschüsse seitens des Reiches und Staates geleistet werden, hat der Distrikt aus eigenen Mitteln die Summe von fast 111.000 Mark hiefür aufzubringen. Es bedarf aller Anstrengungen und der Heranziehung aller im Bezirke wohnenden Arbeiter, wenn die Projekte bis zum 15. August laufenden Jahres fertiggestellt sein sollen. Die Hauptschwierigkeit bei der Ausführung bietet der Bezug von Eisen, Zement und Basaltschottersteinen.‹

›Im Distrikt Nördlingen ist Erwerbslosenunterstützung bis jetzt nur an verhältnismäßig wenig Personen bewilligt worden. Vorerst dürfte auch nur eine geringe Zahl von Bezugsberechtigten für den Distrikt Oettingen in Frage kommen.‹

Die Meldung des Arbeitsamtes Neu-Ulm liegt an.

II.
[kein Eintrag]

gez. von Praun, Regierungspräsident

[Anlage 1 zum Wochenbericht vom 27. Januar]

Meldung des Arbeitsamts Neu-Ulm über die Arbeitsmarktlage am 25. Januar 1919.

Wirtschaftszweig	Unerl. Angeb.		Unerl. Nachfrage	
	a. männl.	b. weibl.	a. männl.	b. weibl.
Land- und Forstwirtschaft, Gärtnerei	10	18	2	–
Metallverarbeitung	2	–	10	–
Holzindustrie	–	–	6	–
Textilindustrie	–	–	–	–
Bekleidungs- und Reinigungsgewerbe	8	–	1	–
Baugewerbe	–	–	1	–
Sonst. Handwerk und Berufe	4	3	5 Kfm. 13	1 –
Haus- und Gastwirtschaft	–	–	–	12
Ungelernte Arbeiter aller Art	1	3	11	–
[Summe]	25	24	49	13

Bemerkungen über die Lage des Arbeitsmarktes:
Für die Landwirtschaft speziell in der weibl. Abteilung sind Arbeitskräfte nicht aufzubringen trotz Abschub der weibl. Kräfte in Fabrik- und Heeresindustrie.

In der männlichen Abteilung sind überschüssige Arbeitskräfte in der Metallindustrie vorhanden. Mangel an Arbeitskräften hat das Schuhmacherhandwerk aufzuweisen.

Städt. Arbeitsamt Neu-Ulm

[Anlage 2 zum Wochenbericht vom 27. Januar]

Füssen, am 25. Januar 1919: Bezirksamt Füssen an das Präsidium der Regierung von Schwaben und Neuburg in Augsburg

Betreff: Wochenbericht

Die abgelaufene Berichtswoche verlief im Bezirk ohne besonders bemerkenswerte Vorkommnisse; nur zwei Lebensmitteldiebstähle sind zu verzeichnen, wobei den Einbrechern nicht unbeträchtliche Mengen von Butter bzw. Käse zum Opfer fielen. Die Diebe müssen mit den Lokalverhältnissen vertraut gewesen sein und zählen ohne Zweifel zu den Einheimischen. Trotz der Lieferungen von Lebens- und Futtermitteln nach Tirol blüht der Schmuggel verschiedener Waren hinüber und herüber noch immer. Insbesondere haben es die Tiroler auf Kartoffeln abgesehen.

Gegen den Anschluß Tirols an Bayern macht sich übrigens jenseits der Grenzen eine starke Agitation bemerkbar. Es werden verschiedenerorts Unterschriften gegen den Anschluß gesammelt, wobei anscheinend die bevorstehenden Maßnahmen in kirchenrechtlicher Beziehung eine bedeutende Rolle spielen.

Der massenhafte Absatz minderwertigen Pferdematerials durch den Zentralbauernrat im Bezirke hat diesen in größerem Umfange mit Pferderäude verseucht, sodaß der Distrikt sich entschließen mußte, eine eigene Anlage zur Heilbehandlung der Pferde nach Muster der Heeresverwaltung zu errichten. Da die Tiroler großen Bedarf an Pferden haben, die sie eher zu füttern vermögen als das Rindvieh, und da hier jedermann trachtet, die für ihn unverwertbaren Pferde weiter mit Gewinn anzubringen, wäre die Aufhebung der Grenzsperre für Pferde von Seite der Reichsleitung äußerst wünschenswert.

In den Sitzungen des Distriktsrates sind in letzter Zeit die hiefür eigens abgeordneten Vertreter hiesigen Arbeiter- und Bauernrates anwesend gewesen, was seitens der Distriktsausschußmitglieder teilweise mit Fernbleiben von den Sitzungen, teils mit passivem Protest, beantwortet wurde. Diese Form der Überwachung der gesamten distriktiven Verwaltungstätigkeit wird in der Tat unerträglich und führt dazu, dass jede freie Meinungsäußerung schließlich unterbleibt. Die Arbeiterräte stützen sich auf ihr formell nicht zu bestreitendes Recht und die Distriktsräte andererseits auf das Selbstverwaltungsrecht, das ihnen dadurch verkümmert werde. Wenn hier nicht von maßgebender Seite ein gangbarer Ausweg gewiesen wird, so läßt sich eine ersprießliche Verwaltungstätigkeit nicht mehr erzielen.

Die Inanspruchnahme der Erwerbslosenfürsorge nimmt stetig zu. Auch das darniederliegende Handwerk fällt letzterer anheim. Verwirrend und aufreizend wirken hier Zeitungsnotizen, die von einmaligen Entschädigungen bis zu 1000 M aus Erwerbslosen-Fürsorge-Mitteln sprachen.

In der Demobilisierungsangelegenheit sowie im Übrigen ist nichts zu berichten.

Frhr. v. Kreusser

[Anlage 3 zum Wochenbericht vom 27. Januar]

Memmingen, den 25. Januar 1919: Der Vorstand des Stadtmagistrates Memmingen an das Präsidium der Regierung von Schwaben und Neuburg in Augsburg

Betreff: Wochenberichte

Die Wahlen sind bei großer Wahlbeteiligung ohne jeden Zwischenfall verlaufen.

Arbeitslosigkeit nimmt zu. 51 offenen Stellen für Männliche stehen 224 Gesuche gegenüber; die Weigerung, Stellen in der Landwirtschaft zu übernehmen, ist noch nicht überwunden.

Der Wohnungsmarkt ist unverändert; die große Zahl der Heiratslustigen steigert die Nachfrage.

Zu bemerken ist, daß die Nachfrage nach den städtischen Bauplätzen mit Gleisanschluß steigt; die Unternehmer scheinen wieder etwas mehr Hoffnung auf die künftige Entwicklung zu setzen.

Augsburg, den 3. Februar 1919 56

I.

Der Sicherheitszustand ist noch kein guter zu nennen. Um den Holzfrevel in den westlichen Wäldern Augsburgs zu steuern, laufen zur Zeit beim Bezirksamt Augsburg Verhandlungen über Einrichtung von militärischen Streifen. Die vielfache Wilderei hat am Samstag, den 25. Januar 1919, zu einer blutigen Auseinandersetzung zwischen dem Schloßkastellan Schramm[1] von Wellenburg und 3 Wilderern im Walde hinter Wellenburg geführt, wobei der Erstgenannte einen schweren, aber nicht tödlichen Schuß in die linke Brustseite erhielt. Die Wilderer, von denen einer durch einen Schuß verletzt wurde, entkamen und sind trotz eifrigster Suche bis heute nicht ermittelt. Der Handel mit militäreigenen Gegenständen blüht immer noch sehr stark, was durch die verschiedenen im ›Gambrinuskeller‹ und in der ›Herberge zur Heimat‹ in Augsburg vorgenommenen Streifen neuerdings bewiesen wurde. Die Ausführung dieser Streifen erfolgte jeweils durch 3–4 Kriminalschutzleute mit militärischer Sicherheitswache.

Das Bezirksamt N e u b u r g a / D . klagt in seinem Bericht wie folgt:
›Der Bettel kriegsgefangener, in Ingolstadt untergebrachter Russen in den benachbarten Gemeinden des Bezirks Neuburg a/D. ist zu einer förmlichen Landplage ausgeartet. Die Ursache ist offenbar Mangel an Nahrungsmitteln im Lager. Reklamationen bei dem zuständigen Aufsichtskommando sind ergebnislos geblieben. Die Klagen werden wohl erst nach völligem Abtransport der Gefangenen verstummen.‹

Das Bezirksamt A u g s b u r g teilt folgendes mit:
›Letzte Woche fand in Augsburg eine Kreisversammlung der Gendarmerie statt, wobei besonders die jüngeren Mannschaften sich sehr respektwidrig gegen die unmittelbaren Vorgesetzten benahmen. Es soll das reinste Haberfeldtreiben gegen eine Reihe von Oberwachtmeistern gewesen sein. Man will künftig nur unter die Aufsicht der Regierung gestellt sein, auch der Bezirksamtmann soll den Herrschaften nichts mehr zu sagen haben.‹

Das Bezirksamt W e r t i n g e n berichtet:
›Die Tanzepidemie greift im Bezirke unter der jüngeren und auch älteren Bevölkerung beiderlei Geschlechts um sich. Tanzstunden, Tanzmusiken und Vereinsfestlichkeiten finden fast alle Tage statt. Selbstverständlich werden die bestehenden polizeilichen Bestimmungen besonders von den Kriegsteilnehmern nicht beachtet. Im Interesse der Staatsautorität wäre es dringend gelegen, daß entweder den Ämtern volle Freiheit zur Bestimmung der Polizeistunde eingeräumt oder die bestehenden Vorschriften allerorts strengstens durchgeführt würden. Die jetzige Halbheit und Systemlosigkeit trägt nur zur Untergrabung des Ansehens der Behörden bei.‹

Der Stadtmagistrat A u g s b u r g hebt über die Volksernährung nachstehendes hervor:
›Die Ernährungsverhältnisse sind ungünstig. Die rationierten Lebensmittel sind zu gering, um den Körper des Erwachsenen auf dem Gleichgewichte zu erhalten. Infolge der bestehenden Unterernährung haben auch die Todesfälle an Tuberkulose und im höheren Alter im Jahre 1918 wieder zugenommen.

---

1 Adam Schramm.

Es starben in der Stadt Augsburg im Alter von

	60–70	70–80	über 80 Jahre	Gesamt
1913:	335	307	127	769
1914:	356	334	152	842
1917:	400	424	171	995
1918:	423	433	167	1023

Die Sterblichkeit hat besonders beim weiblichen Geschlecht im höheren Alter zugenommen.
Eine erhöhte Sterblichkeit weisen auch die Erkrankungen an Tuberkulose auf.
Es starben im allgemeinen an Tuberkulose im Jahre
1913:   353
1914:   328
1917:   394
1918:   410 Personen.
Davon starben an offener Tuberkulose:
1913:   286
1914:   259
1917:   313
1918:   343 Personen.
Am schwersten empfunden wird der Mangel an Fett. Das Kriegsbrot[2], das weniger vom Körper ausgenützt werden kann, und rasche Entleerungen durch seinen Reiz im Darm hervorruft, trägt zur Unterernährung bei.‹

Ferner berichtet der Stadtmagistrat L i n d a u :
›In der Lebensmittelversorgung der Stadt Lindau macht sich vor allen Dingen der Mangel an Kartoffeln sowie die ungenügende Fettversorgung empfindlich fühlbar. In der Fettversorgung ist die Lieferung der Molkereien um mehr als die Hälfte zurückgegangen und ist zu befürchten, daß die Ablieferung soweit verschlechtert, daß nicht einmal mehr 62 ½ Gramm wöchentlich verteilt werden können. Die Ursache liegt vor allen Dingen darin, daß die Bauern ihrer Milchablieferungspflicht nicht mehr nachkommen, sondern durchwegs selbst buttern und die Butter über den Höchstpreis verkaufen. Ebenso macht sich bemerkbar, daß die Zahl der Schwarzschlachtungen sehr zunimmt. Erst heute wurde wieder ein Fuhrwerk angehalten, das einen großen Koffer mit etwa 3 Zentner Fleisch in die Stadt brachte und vermutlich in Wirtschaften absetzen wollte. Wenn nicht mit rücksichtsloser Strenge gegen die Schwarzschlachtungen vorgegangen wird, ist zu erwarten, daß in wenigen Wochen, sobald die Grünfütterung beginnt, auch in der Fleischversorgung empfindliche Störungen eintreten.‹

---

2 *Müller und Bäcker hatten sich seit November 1914 an Verfügungen zu halten, die die Mehlmenge bzw. das Brotquantum erhöhen sollten. Roggen und Weizen mussten in zunehmendem Maße ausgemahlen werden. Die Bäcker waren verpflichtet, Roggenmehl dem zu backenden Weizenbrot sowie Kartoffelmehl oder gekochte oder geriebene Kartoffeln dem Roggenbrot beizumengen. Nach der am 25.2.1915 verordneten Einführung des Kriegs- oder Einheitsbrots durften hergestellt werden: Weizengebäck nur mehr in runden Laibchen mit 25 bis 30 Gramm, Roggenbrot in runden Laiben von 1 bis 2 Pfund unter Beimischung von 10 % Kartoffeln, Reis-, Hafer- oder Gerstenmehl. Das Backen anderer Brotsorten war nicht mehr erlaubt. Als Beispiele mögen die Anordnungen der Kommunalverbände Kempten und Sonthofen dienen. Ab 23.11.1917 mussten zur Herstellung von Hausbrot (Einheitsbrot 95 Teile Mehl und 15 Teile frische Kartoffeln oder 95 Teile Mehl und 5 Teile Kartoffelwalzmehl verwendet werden; ABl S. 294. Ab 1.10.1918 galt ein neues Mischungsverhältnis: 90 Teile Mehl und 30 Teile frische Kartoffeln oder 90 Teile Mehl und 10 Teile Kartoffelwalzmehl; ebd. S. 260. Alle erlassenen Vorschriften zur Brotstreckung hob das Kriegsernährungsamt mit Wirkung ab 1.12.1918 auf; ebd. S. 353.*

Das Bezirksamt Markt O b e r d o r f berichtet:
›Zur Entschließung des Militärministeriums Nr. 30 6259 A vom 24.12.1918 (Staatsanzeiger Nr. 302, 2. Bl.), betreff Seuchenmaßnahmen zur Verhütung der Verschleppung von Tierseuchen bei der Demobilmachung, ist festzustellen, daß diese Anordnungen von den Pferde abgebenden Stellen nicht beachtet werden. Der Amtsbezirk Markt Oberdorf hat schon 2 Transporte bekommen, die offensichtlich mit Räude behaftet waren und solche, bei denen keine Blut- oder Malleinaugenprobe[3] vorgenommen wurde. Die Verseuchung des Bezirkes ist deshalb eine sehr starke und zwar gilt dies zunächst von Räude. Die Seuchenbekämpfung ist namentlich wegen des auf Seite der betroffenen Pferdebesitzer zu beobachtenden Mangels an Verständnis und am guten Willen zur Befolgung der Sperrvorschriften zur Zeit eine sehr schwierige.‹

Über die Lage des Arbeitsmarktes und den Stand der Erwerbslosenfürsorge, ferner über die Kohlenversorgung und den Wohnungsmarkt berichten die beteiligten D i s t r i k t s v e r w a l t u n g s b e h ö r d e n was folgt:

›Lage der Industrie: Die ungünstige Lage der Maschinen- und Textilindustrie in Augsburg hat sich im Vergleich zur Vorwoche im allgemeinen wenig gebessert. Die Kohlenversorgung ist nach wie vor vollkommen ungenügend, ebenso die Aufbringung der verschiedenen Eisensorten. Die Kündigungen des technischen und kaufmännischen Personals haben auch in der vergangenen Woche noch zugenommen. Es handelt sich dabei meist um Kündigungen zur Wiederaufnahme von Kriegsteilnehmern. Die Zahl der Erwerbslosen einschließlich der Textilarbeiter beläuft sich auf rund 10.000 Personen.

Baumarkt: Eine Besserung ist noch nicht zu verzeichnen. Sie ist schon deshalb nicht möglich, weil sich neuerdings der Baustoffmangel, insbesondere beim Bezuge von Zement, in starkem Maße bemerkbar macht. So mußten beispielsweise die Arbeiten im städtischen Kanalbau unterbrochen werden, weil es nicht möglich war, den notwendigen Zement beizubringen.

Arbeitsmarkt: Die Zahl der Erwerbslosen war zu Beginn der Woche durch Vermittlungen unter ihren Höchststand gesunken, stieg aber in den letzten Tagen wieder infolge weiterer Arbeitseinstellungen größerer Betriebe, so daß gegen die Vorwoche die Zahl der männlichen Erwerbslosen um 309, die der Frauen um 243 stieg.

Aus nachstehender Aufstellung des städtischen Arbeitsamtes nach dem Stande vom 31. Januar ergibt sich, daß in der Land- und Forstwirtschaft ein Überangebot von Stellen besteht, während in der Metall- und Textilindustrie und namentlich unter den ungelernten Arbeitern die Zahl der Arbeitsuchenden in erschreckender Weise zunimmt.

---

3 Allergische Proben zum Nachweis des Rotzes. Zur Untersuchungsmethode vgl. Amtsblatt 1914 der K. Staatsministerien des Königlichen Hauses und des Äußern und des Innern, S. 1 und Anlage A, S. 6–8.

Wirtschaftszweig	Unerl. Angeb.		Unerl. Nachfrage	
	a. männl.	b. weibl.	a. männl.	b. weibl.
Land- und Forstwirtschaft, Gärtnerei	110	88	53	17
Metallverarbeitung	17	–	904	9
Holzindustrie	27	–	153	–
Textilindustrie	1	–	164	1105
Bekleidungs- und Reinigungsgewerbe	53	–	20	86
Baugewerbe	3	–	350	–
Sonst. Handwerk und Berufe	32	8	680	244
Haus- und Gastwirtschaft	–	277	564	220
Ungelernte Arbeiter aller Art	10	–	1571	2500
Summe:	253	373	4459	4181
Gesamtsumme der Vorwoche	204	253	4150	3938

Die Zahl der eingestellten Notstandsarbeiter hat sich nunmehr auf 750 Mann erhöht. Die Einstellung weiterer Arbeiter wird in der übernächsten Woche möglich sein, da umfassende Notstandsarbeiten bereitgestellt werden konnten. Bei den städtischen Hochbauten bzw. Neubauten sind außerdem noch etwa 300 Arbeiter beschäftigt.
Wohnungsfürsorge: Die rasche Bereitstellung weiterer Wohnungen leidet sehr unter dem großen Baustoffmangel.‹

›Die Industrie im Landbezirke Augsburg meldet geringe Änderungen im Arbeiterstande: Ausgetreten sind in den Industriegroßbetrieben des Bezirks keine Arbeitskräfte; eingetreten sind in der Alpinen Maschinenfabrik Augsburg-Göggingen 1 Arbeiter, in der Bleicherei Martini Haunstetten 3 Arbeiter, in der Zwirnerei Göggingen 6 Arbeiter, in der Spinnerei Haunstetten 7 Arbeiter. Es wird wie in den Vorwochen weitergearbeitet. Rohstoffe und Kohle gehen immer mehr zu Ende.
Die Arbeitslosenfürsorge erhält nach und nach ein immer weiteres Feld. Der Distriktsausschuß Augsburg hat die Erhöhung der Unterstützungsbeträge in den Vororten Göggingen, Haunstetten und Gersthofen auf die gleiche Höhe wie in der Stadt Augsburg beschlossen und auch in den übrigen Gemeinden diese Beträge angemessen erhöht. Gleichzeitig wurde die bisherige Textilarbeiterunterstützung der 3 Fabrikbetriebe in die allgemeine Erwerbslosenfürsorge in der Weise hinübergeleitet, daß die Werke die Auszahlung und Kontrolle freiwillig für den Distrikt übernehmen.‹

›Die ständig zunehmende Zahl der Erwerbslosenunterstützung beziehenden Personen in Kempten beläuft sich in dieser Woche auf annähernd 330.‹

›Die Lage des Arbeitsmarktes in Memmingen hat sich wiederum verschlechtert; 77 offenen Stellen für Männliche stehen 192 Gesuche gegenüber. Um Wohnungen für kinderreiche Familien zu erhalten, hat der Stadtmagistrat Memmingen in seiner Sitzung vom 30. Januar beschlossen, mit einem Kostenaufwande von 80.000 Mark das sogenannte Spitäle abbrechen zu lassen und an dessen Stelle einen Neubau aufzuführen, in dem 5 Familien mit je 6 oder mehr Kindern untergebracht werden können.‹

›Mißlich ist nach wie vor die Kohlenversorgung der Stadt Kaufbeuren. Die Gasanstalt ist noch bis kommenden Montag, 3.2.1919 mit Kohlen versehen.‹

›Auf dem Gebiete der Demobilmachung sind es, wie schon bisher, hauptsächlich Fälle von Erwerbslosenfürsorge, die das Bezirksamt Markt Oberdorf beschäftigen. Soweit sich dabei Schwierigkeiten ergeben, ist die Ursache hievon in der Regel nicht eine große Zahl der Fälle, sondern die besondere Gelagertheit derselben. Erwerbslose Käser z. B. wenden fast immer ein, daß sie ihres Erachtens nicht verpflichtet seien, sich in einem beliebigen anderen Berufe verwenden zu lassen, sondern darauf bestehen zu dürfen glauben, daß ihnen durch Entlassung der während des Krieges eingestellten Aushilfskräfte wieder Plätze verschafft werden. Die Firma Gabler-Saliter in Obergünzburg macht darauf aufmerksam, daß bei dem Bestreben, zurückgekehrten Käsern Milchen zu verschaffen, natürlich andere Leute in den Trockenmilchfabriken allenfalls arbeitslos gemacht würden, weil in solchen der seitherige Betrieb dann nicht mehr aufrechterhalten werden kann. Denn die milchverarbeitenden Fabriken beschäftigen in der Regel für das gleiche Quantum Milch 3 Arbeiter, wofür im Käsereihandbetrieb 1 Mann genügt. Im übrigen schweben in dieser Angelegenheit ohnedies Verhandlungen seitens des Betriebsinhabers mit der Landesfettstelle, so daß weiteres vorerst nicht veranlaßt erscheint.‹

›Die Arbeitsmarktlage in Lindau ist im allgemeinen unverändert. Die Zahl der offenen Stellen beträgt zur Zeit 41, denen 30 Arbeitsuchende gegenüberstehen. Unter den 41 Stellen sind 14 Schreiner- und 10 Schuhmacherstellen enthalten. Dagegen mangelt es an offenen Stellen für landwirtschaftliche Arbeiter und Bauarbeiter. 44 durchreisenden Arbeitsuchenden der letzten Woche konnte Arbeit nicht vermittelt werden. Mangel an offenen Stellen besteht ferner für Eisenarbeiter, sonstige Berufe (mit Ausnahme von Schreinern und Schuhmachern) sowie im Gastwirtschaftsgewerbe. Die Zahl der Erwerbslosen ist von 27 auf 32 gestiegen. Die Hausbrandanlieferungen an Kohlen in Lindau waren ganz minimal, für das Gas- und Elektrizitätswerk wurde fast gar keine Kohle beigebracht. Glücklicherweise ist es uns gelungen, für unsere Dieselmotore Teeröl zu erhalten.‹

›Der Weiterbetrieb der Strohhutindustrie des Amtsbezirkes Lindau hängt davon ab, daß die Kohlen in der bisherigen Weise weitergeliefert werden und daß die Reichsbank die Mittel zum Aufkauf des 4. Kontingentes der Rohstoffe in der Schweiz überweist. Da letzteres infolge Mangels von Devisen zweifelhaft ist, ist eine Betriebseinstellung nicht außer dem Bereiche der Möglichkeit und sind für diesen Fall die vorbereitenden Schritte getan, um die Arbeitslosen zu unterstützen und, soweit möglich, ihnen andere Arbeit zu bieten. Im übrigen hat sich die Erwerbslosenfürsorge noch nicht wesentlich erweitert.‹

›Die Kohlenversorgung der gewerblichen Betriebe im Bezirke Neu-Ulm ist ganz unzulänglich geworden. Betriebe, die bisher mit Dampf gearbeitet hatten, müssen jetzt Elektromotoren aufstellen. Die Spinnerei und Buntweberei Pfersee, Abteilung Ay, teilt mit, daß ihr Betrieb im Laufe der nächsten Woche zum Stillstand kommt, falls die kalte Witterung anhält und die Fabrik keine Kohlen zum Heizen der Arbeitsräume erhält. Im Holzgeschäft hat sich jetzt endlich nach langer Zeit eine kleine Belebung gezeigt.‹

›Der Betrieb der Pulverfabrik Bobingen ist nunmehr vollständig eingestellt.‹

›Über die Arbeitsverhältnisse im Bezirke Sonthofen ist wesentlich Neues nicht zu berichten. In Blaichach (Allgäuer Baumwollspinnerei und Weberei) ist etwas Material an Baumwolle und Kunstbaumwolle neu eingetroffen, so daß einige Leute mehr beschäftigt werden können. Die Textilarbeiterschaft, sozialdemokratisch und christlich Organisierte für sich, hatte letzten Samstag und Sonntag Versammlungen in Immenstadt, Blaichach und Oberstdorf. Es handelte sich um Lohnfragen, insbesondere wurde die Art der Auszahlung mit unvollständiger Berechnung, die dem Arbeiter keine Nachprüfung gestattet, beanstandet, der die Fabriken inzwischen abzuhelfen erklärt haben. Ferner wurden Erwerbslosenfürsorgeanträge beschlossen und gestern hier vorgelegt, die aber über die inzwischen erschienenen Reichssätze, Ortsklasse E[4], hinausgehen; die Beschlußfassung der Distriktsvertretungen (bevollmächtigte Sonderausschüsse) wird sofort nach Erscheinen der neuen bayerischen Mustersatzung[5] erfolgen. Das städtische Arbeitsamt meldet Stellensuchende männlich 103, darunter 50 Textilarbeiter, die auf 14 Tage ausgestellt sind, weiblich 26; offene Stellen männlich 14, weiblich 5.‹

›Der hohe Schneefall hat viele Arbeitsmöglichkeiten im Bezirke Füssen eingeschränkt und die Last der Erwerbslosenfürsorge gesteigert. Letztere wird vielfach von arbeitsscheuen Elementen angesprochen, die aus der einen Arbeitsstelle freiwillig austreten, sich in ihre Heimat begeben und dort dann, wo man ihre früheren Verhältnisse nicht kennt, sich unterstützen lassen, bis der Schwindel aufkommt. Die Lage des kleinen Handwerks wird immer trostloser; mancher Handwerksmeister mußte sich schon zur Arbeit auf der Straße oder im Holze entschließen. Hier müßte die freilich weit zu gering dotierte Gewerbestands-Nothilfe nun wirksamst in Tätigkeit treten. Der Distriktsausschuß hat vorgestern bereits 3 solche Gesuche verbeschieden. Die Seilerwarenfabrik Füssen sieht sich angesichts der gelichteten Vorräte an Rohstoff, die bis Juni anhalten sollen, genötigt, von heute ab die Arbeitszeit auf 4 Stunden herabzusetzen. Die darum dem Distrikte erwachsenen Lasten sind für diesen Zweckverband allzu schwer und müßte irgendwie Beihilfe angesprochen werden, nachdem die Fabrik selbst nun nicht mehr an den Fürsorgelasten teilnimmt. Die Kohlenzufuhr stockt nun auch bereits völlig, so daß auch die Bäckereibetriebe, welche auf Kohlenheizung eingestellt sind, nun zur Holzfeuerung übergehen müssen. Das Bezirksamt faßt die Notwendigkeit der Zusammenlegung einiger Betriebe bereits ins Auge.‹

›Was den Arbeitsmarkt in Neu-Ulm anlangt, so ist von Mitte des Monats ab größere Arbeitslosigkeit zu befürchten, da wegen Kohlenmangel Ulmer Großfirmen, von denen viele Arbeiter in Neu-Ulm wohnen, große Kündigungen für Mitte des Monats betätigt haben. Es ist dringend erwünscht, daß für Notstandsarbeiten, welche ja keine einigermaßen volle wirtschaftlichen Werte schaffen, nicht die Tarifverträge und Teuerungszuschläge des Baugewerbes maßgebend sind, sondern besondere Anordnungen getroffen werden. Bei hohen Löhnen der Notstandsarbeiten fällt jeder Reiz weg, besser gelohnte Arbeit selbst zu suchen, und nur durch Suchen der Arbeit von den Arbeitern selbst in ihrem eigenen Interesse kann der Arbeitsmarkt auf allmähliche Ausgleichung rechnen. Landwirte, die im Winter weniger Arbeit haben, sollen bei den Notstandsarbeiten des Staates und Kreises nicht verwendet werden dürfen, da sie ohne dringende Not den Verdienst wegnehmen.
Die Meldung des Arbeitsamtes Neu-Ulm liegt an.‹

---

4 Nach der VO vom 15.1.1919 (RGBl S. 82) betreffend die Abänderung der VO vom 13.11.1918 (ebd. S. 1305) standen in den Ortsklassen D und E männlichen Personen über 21 Jahren 3,50 M, weiblichen Personen über 21 Jahren 2,25 M zu.
5 Sie erschien am 23.2.1919; StAnz 53 (1919).

II.

[kein Eintrag]

gez. von Praun, Regierungspräsident

[Anlage zum Wochenbericht vom 3. Februar]

Meldung des Arbeitsamts Neu-Ulm über die Arbeitsmarktlage am 1. Februar 1919.

Wirtschaftszweig	Unerl. Angeb.		Unerl. Nachfrage	
	a. männl.	b. weibl.	a. männl.	b. weibl.
Land- und Forstwirtschaft, Gärtnerei	10	14	3	1
Metallverarbeitung	3	–	9	–
Holzindustrie	–	–	–	–
Textilindustrie	–	–	–	–
Bekleidungs- und Reinigungsgewerbe	7	–	–	–
Baugewerbe	–	–	–	–
Sonst. Handwerk und Berufe	6	–	22	–
Haus- und Gastwirtschaft	–	8	–	13
Ungelernte Arbeiter aller Art	3	–	8	–
[Summe]	29	22	42	14

Bemerkungen über die Lage des Arbeitsmarkts:
Für Landwirtschaft besteht wie in den Vorberichten Mangel an Arbeitkräften; desgl. im Bekleidungsgewerbe. Überschüssige Kräfte sind vorhanden in der Metallindustrie und im Schreinergewerbe.
Städt. Arbeitsamt Neu-Ulm.

Augsburg, den 10. Februar 1919

I.

Der Sicherheitszustand ist im allgemeinen nicht mehr so häufig gestört worden wie in den Vorwochen. Dem Berichte des Bezirksamts F ü s s e n ist folgendes zu entnehmen:
›Kennzeichnend für die Lage ist die Tatsache, daß die radikaleren Elemente in Stadt und Land immer mehr von den bisherigen Parteigenossen abrücken und den gemäßigteren Arbeiterführern die Gefolgschaft verweigern. Vereinzelt zeigt sich wilder Haß gegen diese, denen der Tod ›die erste Kugel‹ angedroht wird. Es scheint, daß die zahlenmäßig bisher noch nicht allzu starken spartakistischen Arbeiter von Kottern aus bearbeitet und verhetzt werden und nach vertraulicher Mitteilung eines hiesigen Arbeiterführers gewinnt das schon lange umlaufende Gerücht, daß hier Maschinengewehre

versteckt gehalten werden, an Wahrscheinlichkeit. Aber selbst die mit den Verhältnissen vertrautesten Arbeiterführer haben bisher noch nichts Greifbares zu ermitteln vermocht.‹

Der Stadtmagistrat A u g s b u r g berichtet:
›Der Bekämpfung des Schleichhandels und Kriegswuchers wurde in letzter Zeit erhöhte Aufmerksamkeit zugewiesen. Hierfür wurde am 1. Oktober 1918 eine eigene Kriegswirtschafts-Polizeistelle ins Leben gerufen. Seit dieser Zeit wurden rund 250 Fälle behandelt; hiervon wurden 15 durch gebührenpflichtige Verwarnung, 25 durch gerichtliche Strafen erledigt, gegen eine größere Anzahl wurde das Verfahren durch Amnestieerlaß eingestellt, die übrigen Fälle sind noch nicht abgeschlossen.‹

Über die Abhaltung von Tanzmusiken berichten der Stadtmagistrat Augsburg und das Bezirksamt A u g s b u r g wie folgt:
›Um den auch in Augsburg überhandnehmenden Tanzunfug zu steuern, wurde bestimmt, daß Tanzunterhaltungen im allgemeinen nur mehr solchen Wirten und Vereinen gestattet werden, welche schon vor dem Jahre 1914 Tanzunterhaltungen veranstaltet haben. Außerdem wird darauf gedrungen, daß die Polizeistunde bei Tanzunterhaltungen streng eingehalten wird. Empfehlenswert wäre es, wenn eine generelle Regelung der Bestimmungen über Tanzunterhaltungen, allenfalls im Anschluß an die K.A.V.[1] vom 18. Juni 1862, die Abhaltung öffentlicher Tanzmusiken betreffend, erfolgen würde.‹

›Man tanzt weiter, nicht zuletzt auf Seite der Erwerbslosen. So wurde zu 6 Tanzmusiken für heute und Morgen die bezirksamtliche Genehmigung erholt. Ein Teil der Bevölkerung nimmt an diesem Gebaren zur Jetztzeit lebhaftes Ärgernis und kann es nicht verstehen, daß man diesem Unfug nicht generell einen Riegel vorschiebt. Das einzelne Bezirksamt kann hiegegen nicht ankämpfen, zumal in der Großstadt, wie hier die öffentlichen Einladungen zeigen, alles in Freuden lebt wie vor dem Kriege.‹

›Nach Bericht des Bezirksamts Neu-Ulm zeigt sich in Weißenhorn und den umliegenden Gemeinden wachsende Mißstimmung, ja Erbitterung über die lange Dauer der Einquartierung des 2. Fußartillerie-Regiments. Auch auf die Ablieferung wirkt diese Einquartierung höchst nachteilig ein.‹

Über die Erfüllung der Pflicht zur Ablieferung des Brotgetreides durch die Landwirte berichten die Bezirksämter A u g s b u r g, D o n a u w ö r t h, S c h w a b m ü n c h e n, Z u s m a r s h a u s e n folgendes:
›Bis jetzt sind an den Kommunalverband Augsburg-Land 50 % der nach der Ernteschätzung als Ablieferungspflicht festgesetzten Brotgetreidemengen abgeliefert worden. Viel mehr wird aus den Landwirten nicht mehr herauszubringen sein. Denn bisher war schon eine sehr große Anzahl von Bauern bei Amt, welche gegen die ihnen seinerzeit mitgeteilte Ablieferungsschuldigkeit mehr oder minder lebhaft protestierten. Die Schätzung sei viel zu hoch gewesen. Es sei ihnen unmöglich, die noch abzuliefernden Mengen wirklich aufzubringen, denn nach der Schätzung hätten Reif, Hagelschlag, Weter und Mäusefraß noch sehr große Schäden angerichtet, welche bei der Schätzung noch nicht berücksichtigt worden seien.

---

1 *Königliche Allerhöchste Verordnung (Regierungsblatt, S. 138. Das Verweilen in Gaststätten war längstens erlaubt bis 24 Uhr in Städten, bis 23 Uhr in Märkten und Landgemeinden).*

Auch in der am letzten Mittwoch von mir einberufenen Bauernratssitzung wurden mir die gleichen Einwendungen gemacht und insbesondere betont, daß gar nicht daran zu denen sei, daß 35.073 Doppelzentner Brotgetreide im Bezirke geerntet worden seien. Besonders die Weizenernte sei in manchen Gemeinden des Bezirkes äußerst schlecht ausgefallen und durch die leidige Druschprämie verleitet, hätten viele Bauern ihr Getreide erst halbreif schon geschnitten und dann ganz schlecht hereingebracht. Zu diesen Einwendungen gesellt sich leider noch die Tatsache, daß sehr viel Getreide und Mehl auf Schleichwegen nach Augsburg gelangt.‹

›Die Ablieferung des Brotgetreides leidet zur Zeit im Bezirke Donauwörth besonders schwer darunter, daß jedermann die Gesetze als gelockert betrachtet. Die kleineren Leute und Feldzugsteilnehmer sind erbost, daß sie ihr Getreide zu den billigeren normalen Höchstpreisen abgeben sollen und keine Gelegenheit hatten, wie die Lieferer schlechten und nassen Getreides, sich die hohen Druschprämiensätze zu sichern. Es darf freimütig erklärt werden, daß trotz Polizei- und Strafbestimmungen ein unerlaubter Verkehr mit Getreide und Mehl, der sich der Überwachung zu entziehen weiß, im Schwung ist und daß die Hinweise auf die große Not der Städte und das allgemeine Wohl gegenüber der lockenden Gelegenheit des Schwarzverkaufes zu hohen Preisen wenig oder nicht fruchten. Solange das Getreide nicht gleich nach der Ernte in die öffentliche Hand kommt, werden wohl immer Verfütterung, Verheimlichung und Verschleuderung trotz aller Vorkehrungen den ablieferungspflichtigen Bestand dezimieren.‹

›Die Ablieferung von Getreide an den Kommunalverband Schwabmünchen erfolgt nur sehr spärlich, die Erzeuger, besonders die aus dem Felde Zurückgekehrten weigern sich direkt, Getreide abzugeben.‹

›Es hat den Anschein als ob die weitere Anlieferung von Brotgetreide ohne Zwangsmaßnahmen nicht zu erreichen wäre. So hat erst jüngst wieder ein entlassener Krieger bei Amt in Zusmarshausen erklärt, er sei nicht so dumm wie seine Frau, die 4 Jahre lang an den Kommunalverband Getreide geliefert habe; zuerst komme er, dann erst die andern. Man gewinnt den Eindruck, als ob die Leute ohne Rücksicht auf die Allgemeinheit sich zunächst aus den eigenen Beständen für die schmalen Kriegsjahre entschädigen wollten.‹

Der Stadtmagistrat Augsburg bezeichnet als dringend notwendig eine Erhöhung des Rationssatzes an Mehl und Brot, mindestens aber Herabsetzung des derzeitigen Ausmahlungssatzes von 94 %.

Das Bezirksamt N ö r d l i n g e n hebt folgendes hervor:
›Ebenso wie die Kaufpreise für Pferde sind auch die Ferkelpreise wieder bedeutend gestiegen. So wurden heute auf dem Nördlinger Schweinemarkte für das Paar Saugschweine durchschnittlich 340 Mark bezahlt. Bei Versteigerungen von Heeresgerät durch die Verwertungsstelle glaubten sich die Teilnehmer ebenfalls überbieten zu sollen, so daß für geringwertige Gegenstände unverhältnismäßig hohe Preise erzielt werden konnten. Da die Mäuse hauptsächlich die Kleeäcker heimgesucht haben, ist die Grünfutterernte stark gefährdet, weshalb jetzt eine lebhafte Nachfrage nach Saatwicken besteht, die im Interesse der künftigen Viehhaltung möglichst befriedigt werden sollte. Die Landessaatstelle ist um Zuweisung tunlichst großer Mengen Saatgut gebeten worden.‹

Über die Lage des Arbeitsmarktes, den Stand der Erwerbslosenfürsorge, sowie über die Kohlen- und Rohstoffversorgung, endlich den Wohnungsmarkt berichten die beteiligten D i s t r i k t s v e r w a l t u n g s b e h ö r d e n, was folgt:

›Lage der Industrie in Augsburg: Der vollständige Mangel an Kohle und Rohstoffen übt nach wie vor die nachteiligsten Wirkungen aus. Die Textilindustrie kann bei Ausnützung von Wasserkräften und bei Verwendung elektrischer Kraft allmählich Fortschritte machen, wenn auch eine ausreichende Besserung einerseits wegen Rohstoffmangels anderseits wegen Stocken des Absatzes von Papierfabrikaten in nächster Zeit nicht in Aussicht steht. Die Firma Epple & Buxbaum hat zur Ablieferung an die Entente 100 Sämaschinen bis 22. Februar 1919 herzustellen[2]. Da Modelle und Einrichtungsgegenstände hiefür nicht in genügender Zahl vorhanden sind, beabsichtigt der Betrieb die Arbeitszeit bis zu der Ablieferungsfrist von 45 auf höchstens 50 Stunden zu erhöhen und hat durch den Demobilmachungsausschuß um Genehmigung beim Staatskommissar nachgesucht; Antwort steht noch aus. Die Vertreter der Gewerkschaften befürchten jedoch, daß die Arbeiter anderer Betriebe gegen eine Erhöhung der Arbeitszeit demonstrieren würden. Für Aufklärung der Arbeiter wurden den Gewerkschaftsführern Unterlagen an die Hand gegeben. Die Maschinenfabrik Augsburg-Nürnberg hat Aufträge für Lokomotivreparaturen, wobei aber verhältnismäßig wenig Leute beschäftigt werden können. Weitere Aufträge erstrecken sich auf Lokomotivkessel und Steuerungseinrichtungen. Im übrigen arbeitet das Unternehmen auf Fabrikation von Buchdruckereimaschinen auf Vorrat. Die Maschinenindustrie beschäftigt gegenwärtig mehr Arbeiter als vor dem Kriege, jedoch nicht zur vollen Arbeitszeit. Dieser hohe Stand an Arbeitspersonal kann natürlich nur unter großen Opfern seitens der Unternehmer gehalten werden. Die Kündigungen des während des Krieges eingestellten technischen und kaufmännischen Aushilfepersonals haben weiteren Umfang angenommen.

Baumarkt: Die Lage hat sich in keiner Weise gebessert; die Zementnot wirkt noch im besonderen hemmend. Private Wohnhausneubauten sind gegenwärtig nur 5 in Ausführung, von denen 3 seit Kriegsbeginn, einer wegen hoher Arbeitslöhne und die anderen wegen Kälte eingestellt sind. Auch die verzögerte Anlieferung der Kanalröhren beeinträchtigte die Fortführung der Arbeiten. Im ganzen sind etwa 1000 Arbeiter im städtischen Baugewerbe, einschließlich der Trinkwasserversorgung und der Gartenbauinspektion beschäftigt.

Arbeitsmarkt: Nachstehende Aufstellung des städtischen Arbeitsamtes vom 7. Februar 1919 gibt Aufschluß über die Bewegungen auf dem Arbeitsmarkt:

---

2 *Die aufgrund des Waffenstillstandsabkommens vom 11.11.1918 an die westlichen Siegermächte abzuliefernde Gütermenge bestimmte die Waffenstillstandskommission. Außer rollendem Material wie Lokomotiven, Eisenbahnwagen und Kraftfahrzeugen mussten auch landwirtschaftliche Maschinen und Geräte übergeben werden, darunter 6500 Sämaschinen.*

Wirtschaftszweig	Unerl. Angeb.		Unerl. Nachfrage		Bemerk.
	a. männl.	b. weibl.	a. männl.	b. weibl.	
Land- und Forstwirtschaft, Gärtnerei	88	88	–	16	
Metallverarbeitung	17	–	874	8	
Holzindustrie	24	–	90	–	
Textilindustrie	1	–	159	901	
Bekleidungs- und Reinigungsgewerbe	47	–	15	75	
Baugewerbe	–	–	553	–	
Sonst. Handwerk und Berufe	14	1	393	220	
Haus- und Gastwirtschaft	–	140	388	313	45 jugendl. m.
Ungelernte Arbeiter aller Art	–	–	1669	1681	166 jugendl. m. 135 jugendl. w.
Summa:	191	229	4141	3214	346 jugendl.
Gesamtsumme der Vorwoche:	253	373	4459	4181	

Der Bedarf der Land- und Forstwirtschaft an männlichen Arbeitern hat sich erheblich gesteigert. Am Stichtage (7. Februar) standen den 88 Stellenangeboten keine Stellengesuche mehr gegenüber, während in der Vorwoche noch 53 Arbeitsuchende vorhanden waren. An weiblichen landwirtschaftlichen Arbeitskräften besteht der Mangel fort. Die Zahl der Stellensuchenden aus der Metallverarbeitung und der Maschinenindustrie, der Holzindustrie und dem sonstigen Handwerk und Berufe hat sich verringert. Auch in der weiblichen Abteilung hat sich eine Abnahme der Textilindustriearbeiterinnen und der sonstigen ungelernten Arbeiterinnen gezeigt. Eine Zunahme von männlichen ungelernten Arbeitern fand neuerdings statt. Die Gesamtzahl der Erwerbslosen einschließlich der Textilarbeiter beträgt rund 9500.

Wohnungsfürsorge: Die Gesamtzahl der Wohnungsgesuche hat sich in der Berichtswoche von 670 auf 763 erhöht; davon fallen ⅓ auf Brautleute und Kriegsgetraute. Von 35.634 Wohnungen sind nur 3 leer, das ist 0,008 %. Durch Errichtung von Kleinwohnungsbauten und Wohnungseinbauten wird diesem krassen Wohnungsmangel nach Möglichkeit gesteuert. Der Stand der Wohnungsbauten vom 4. Februar 1919 ist folgender:

I. Von der Stadtgemeinde in städtischen und Stiftungsgebäuden:
    a) bereits fertiggestellt   11 Wohnungen
    b) in Ausführung begriffen   224 Wohnungen
    c) geplant   55 Wohnungen
II. Von der Stadtgemeinde in Privathäusern:
    a) bereits fertiggestellt   1 Wohnung
    b) in Ausführung begriffen   6 Wohnungen
    c) geplant   3 Wohnungen

III. Von Privaten selbst errichtet:
   a) bereits fertiggestellt   2 Wohnungen
   b) in Ausführung begriffen   37 Wohnungen
   c) geplant   144 Wohnungen
IV. Vom Bayerischen Staate in Staatsgebäuden errichtete
    Kleinwohnungen:
   a) bereits fertiggestellt   7 Wohnungen
   b) in Ausführung begriffen   1 Wohnung
   c) geplant   9 Wohnungen
Zusammen: 499 Wohnungen‹

›Eine Änderung der Arbeitsmarktlage in Kempten ist nicht eingetreten. Die Landwirtschaft hält mit den Arbeitsangeboten noch zurück. In der Metall-, Leder- und Nahrungsmittelindustrie werden nur ganz wenig Arbeitergesuche eingebracht. Im Baugewerbe herrscht völlige Ruhe. Die öffentlichen Arbeiten werden, soweit es die jetzige Witterung gestattet, weitgehendst gefördert. Der Höhepunkt der Gesuche um Gewährung der Erwerbslosenunterstützung dürfte erreicht sein; die Zahl der in Fürsorge genommenen Personen beträgt 335.‹

›Die Zahl der offenen Stellen beim Arbeitsamt Lindau beträgt zur Zeit 73, gegenüber 41 in der Vorwoche. Arbeitsuchende sind 24 vorgemerkt; in der Vorwoche 30. Besonders gesucht werden immer noch Schuhmacher und Schreiner. Für andere Berufe ist wenig Arbeit vorhanden. Keine Arbeit ist im Baugewerbe, da die Bautätigkeit infolge der ungünstigen Witterung ruht. Das Angebot für landwirtschaftliche Stellen hat sich gebessert. Hilfsarbeiter konnten als Erd- und Eisarbeiter untergebracht werden. Die Zahl der Erwerbslosen ist von 32 auf 24 gefallen. Behufs Verbesserung und Behebung der Wohnungsnot im Stadtbezirk Lindau haben wir weitere Anträge an das Verkehrsministerium gestellt, damit die z. Zt. freistehenden Zimmer in den Dachgeschoßräumen des großen Postgebäudes und des früheren Badhotels einstweilen den hierher versetzten Bahn- und Postbeamten, die ein ziemliches Kontingent der Wohnungssuchenden bilden, vermietet werden. Ferner hat sich auf Anregung des Arbeiterrats Lindau ein gemeinsamer Wohnungsausschuß für die Stadt und die 6 hauptsächlich von Fremden besuchten Seegemeinden gebildet, welcher die einheitliche Regelung des Wohnungswesens, die Feststellung der leeren Wohnungen, die Zuteilung an etwa Zuziehende und auch des Fremdenverkehrs in die Hand nehmen und ständig überwachen soll.
Die Hausbrandlieferung an Kohlen stockt vollständig. Die Schließung des städtischen Gaswerkes in Lindau ist nur noch eine Frage von Tagen. An Holz beschafft unsere Ortskohlenstelle was möglich ist. Allein trotzdem wird es mit der Feuerungsmateriallieferung immer schwieriger.‹

›Der Direktor der Allgäuer Baumwollspinnerei und Weberei Blaichach teilte mit, daß seine zur Zeit noch teilweise arbeitenden Betriebe bald zum völligen Stillstand kommen werden, da es am Rohmaterial fehlt. In der Mechanischen Bindfadenfabrik Immenstadt feiert immer noch ein Teil der Arbeiter in 14-tägigem Wechsel; die übrigen arbeiten nur mehr 24 Stunden wöchentlich, da nach Weisung aus Berlin die Vorräte an Rohstoffen bis in den Juni hinein gestreckt werden müssen. Die beiden kleineren Webereien Fischen-Berghofen und Sonthofen arbeiten mit ihrem 15 %igen Baumwollkontingent in kleinem Umfang. Das Hüttenamt ist auf längere Zeit hinaus ausreichend beschäftigt. Arbeitsamt Immenstadt meldet 104 männliche, 41 weibliche Arbeitsuchende, dagegen 15 offene Stellen für männliche, 4 für weibliche Arbeiter.‹

›Gelegenheitsarbeiten, wie Schneeräumen, Eismachen, sind bei den Arbeitslosen in Kaufbeuren nicht sehr begehrt. Am Ende des Monats Januar waren 127 Arbeitslose zu unterstützen. Nach wie vor macht sich bei dem städtischen Gaswerk Kaufbeuren die Kohlenknappheit mißlich geltend, dies um so mehr als die Stadt keine elektrische Lichtversorgung hat.‹

›Die Erwerbslosenfürsorge ist im Bezirk Memmingen nur von geringem Umfange, da den Erwerbslosen fast immer Arbeit im Gemeindewald oder dergleichen nachgewiesen werden kann. Schwierigkeiten bieten hauptsächlich nur die vielen vom Militär entlassenen Käser, deren Unterbringung in Käserstellen oft nicht möglich ist. Doch werden auch diese vielfach mit anderen Arbeiten vorübergehend beschäftigt. Schwierigkeiten entstehen jedoch für das Bezirksamt dadurch, daß in benachbarten Bezirken die Erwerbslosenunterstützung an die Käser ohne weiteres ausbezahlt wird, wenn sie in ihrem Berufe nicht unterkommen können.‹

›Die veröffentlichten Bestimmungen über die Beschäftigung der Dienstboten in der Landwirtschaft haben unter den Landwirten lebhafte Beunruhigung hervorgerufen. Die Folge des Vollzugs dieser Anordnungen wird sein, daß die Bauern des Bezirks Lindau den Betrieb durch Verkauf von Vieh so einschränken, daß sie keine Dienstboten mehr brauchen. Sie selbst werden auf diese Weise ihren vollen Lebensunterhalt haben, die Allgemeinheit wird aber durch die verminderte Produktion von notwendigen Lebensmitteln wesentlich leiden.‹

›Die Industrie im Landbezirke Dillingen arbeitet im bisherigen Umfange fort. In der Bindfadenfabrik Schretzheim werden die Arbeiter abwechselnd beschäftigt, im übrigen von der Erwerbslosenfürsorge unterstützt. Die Maschinenfabrik von Ködel & Böhm in Lauingen ist zur Not noch beschäftigt, doch könnten dort leicht Stockungen eintreten, wenn in der Lieferung von Kohlen oder Rohmaterial sich Störungen ergeben sollten.‹

›In wiederholten Verhandlungen mit der Firma Wieland in Vöhringen habe ich derselben nahegelegt, die Gefahr einer größeren Arbeitslosigkeit in Vöhringen dadurch abzuwenden, daß sie einen größeren Teil der Arbeiter, insbesondere die schon lange dort beschäftigten, ansässigen und lediglich auf ihr Arbeitseinkommen angewiesenen Leute mit Aufräumungs-, Instandsetzungs- und sonstigen Arbeiten weiter beschäftige. Der Distrikt hat keinerlei Notstandsarbeiten auszuführen. Die Basaltlieferungen haben schon seit 4 Monaten ausgesetzt, obwohl der Distrikt mit 3 Firmen in Unterhandlung steht. Außer den Mitteilungen über Preiserhöhungen und den Zusicherungen, je nach den Transportmöglichkeiten liefern zu wollen, haben wir nichts erhalten. Sonach sind weder im Straßenbau noch auch in Gestalt von Instandsetzungsmaßnahmen Notstandsarbeiten möglich. Ich hatte beabsichtigt, zur Beschaffung von Arbeitsgelegenheit im Frühjahr ein schon seit Jahren in der Schwebe befindliches größeres Projekt, die Verlegung der Illereicher-Steige, durch die Ortsgemeinde Illereichen mit Hilfe von distriktiven und Kreisfondszuschüssen ausführen zu lassen. Durch wiederholte Verhandlungen ist es mir auch gelungen, die bisherigen Hemmungen gegen das Projekt zu beseitigen. Allein bei den ganz unsicheren Verhältnissen ist sehr wahrscheinlich die geregelte Beifuhr des Bruchsteinmaterials für den Straßenunterbau nicht zu erwarten, so daß ich das Risiko eines solchen Unternehmens nicht auf mich nehmen will. Ich bin mit allen Forstämtern des Bezirks ins Benehmen getreten, um einen Teil der ledigen Wieland'schen Arbeiter bei den staatlichen Fällungsarbeiten unterzubringen. Doch besteht nur für 20 Arbeiter eine Arbeitsmöglichkeit. Auch habe ich bereits Schritte unternommen, im Benehmen mit den örtlichen Bauernräten jüngere, erst aus der Landwirtschaft zur Rüstungsindustrie übergegangene Arbeitskräfte der Landwirtschaft wieder zuzuführen. Ich hatte gehofft, auch bei den Arbeiten zur Erhöhung des Illerschutzdammes zwischen Dietenheim und Unterbalzheim, welche von einer Stuttgarter Tiefbaufirma ausgeführt werden, einen Teil der Arbeiter unterzubringen. Allein es können nach einer mir heute zugegangenen Mitteilung der Firma dort überhaupt nur 50 Mann beschäftigt werden, welche selbstverständlich in erster Linie aus Dietenheim und Unterbalzheim zu entnehmen sind. Bei dieser Sachlage wird von der Firma weitgehendes Entgegenkommen erwartet werden müssen, um möglichst viele Leute selbst unter größeren finanziellen Opfern im eigenen Betrieb zu behalten. Ich werde meine Bemühungen in dieser Richtung nachdrücklichst fortsetzen, von der Überzeugung durchdrungen, daß die Firma, welche in den Jahren 1914 und 1915 bei noch recht mäßigen Löhnen erhebliche Gewinne erzielte, diese Opfer auch tragen kann. Übrigens habe ich jüngst in Ulm gehört, daß die Firma Versuche macht, ihre Glühöfen mit Teeröl zu betreiben. Die Versuche sollen nicht ganz unbefriedigend gewesen sein. Gelingt es, Teeröl in größerer Menge beizuschaffen, würden die Schwierigkeiten erheblich verringert sein. Um aber für alle Fälle Vorsorge getroffen zu haben und die Kontrolle der Erwerbslosen möglichst zu erleichtern, bin ich daran, in Vöhringen selbst einen Arbeitsnachweis zu errichten.‹

›Wegen Kohlenmangels mußte die Gasfabrik Schwabmünchen ihren Betrieb stark einschränken; in einigen Tagen kann Gas überhaupt nicht mehr erzeugt werden. Dies ist äußerst mißlich, da elektrisches Licht nicht zur Verfügung steht.‹

›Nachdem die Spinnerei der Firma M. Droßbach & Cie. in Bäumenheim, Bezirksamts Donauwörth, wegen Kohlenmangel schon seit längerer Zeit still steht, ist seit 6. laufenden Monats auch die Weberei, welche bisher mit Wasserkraft betrieben wurde, infolge eingetretenen Wasserschwierigkeiten zum Stillstand gekommen. Erwerbslosenfürsorge für die arbeitslos Gewordenen wurde eingeleitet.‹

›Die Kohlenversorgung der gewerblichen Betriebe im Bezirke Neu-Ulm wird immer unzulänglicher. Besonders schlimm steht es mit der Versorgung der Schmiede. Die Spinnerei in Ay konnte diese Woche ihren Betrieb noch fortführen, glaubt aber nächste Woche wegen Kohlenmangel schließen zu müssen.‹

›Die Landwirte und ländlichen Handwerksmeister im Bezirke Zusmarshausen sind eifrig dabei, sich Rohmaterialien, insbesondere Bauholz, zu sichern. Mit Beginn der Bauzeit ist zweifellos mit einer sehr stattlichen Menge von Instandsetzungs-, Erneuerungs- und Erweiterungsbauarbeiten zu rechnen. Die hiefür benötigten Arbeitskräfte stehen zur Zeit noch nicht zur Verfügung, wie auch der Bedarf an landwirtschaftlichen Arbeitskräften noch keineswegs gedeckt ist. Größeren Kulturarbeiten steht der krasse Widerspruch zwischen den für die dabei beschäftigten Arbeiter vorgesehenen Löhnen und dem ortsüblichen Taglohn (4,50 Mark) hindernd im Wege.‹

›Es wäre sehr erwünscht, wenn die nicht mehr voll besetzten Räume der Kaserne in Neu-Ulm für die verheirateten Unteroffiziere als Wohnungen in Benützung genommen würden, damit die von solchen benützten Wohnungen in Privathäusern der bürgerlichen Bevölkerung zur Verfügung stehen würden.
Die Meldung des Arbeitsamtes Neu-Ulm liegt an.‹

II.

[kein Eintrag]

gez. von Praun, Regierungspräsident

[Anlage zum Wochenbericht vom 10. Januar]

Meldung des Arbeitsamts Neu-Ulm über die Arbeitsmarktlage am 8. Februar 1919.

Wirtschaftszweig	Unerl. Angeb.		Unerl. Nachfrage	
	a. männl.	b. weibl.	a. männl.	b. weibl.
Land- und Forstwirtschaft, Gärtnerei	4	11	6	1
Metallverarbeitung	2	–	11	–
Holzindustrie	–	–	–	–
Textilindustrie	–	–	–	–
Bekleidungs- und Reinigungsgewerbe	6	–	1	–
Baugewerbe	–	–	–	–
Sonst. Handwerk und Berufe	7	–	17	Kfm. 2
Haus- und Gastwirtschaft	–	6	–	18
Ungelernte Arbeiter aller Art	–	–	14	1
[Summe]	19	17	49	22

Bemerkungen über die Lage des Arbeitsmarktes:
Arbeitsnachfrage übersteigt Angebot. Auffallend ist Nachfrage der weiblichen Kräfte in Haus- und Gastwirtschaft, was auf die entlassenen Arbeitskräfte aus der Heeresindustrie zurückzuführen sein dürfte.
Neu-Ulm, den 8.II.1919,   St*[ädtisches]* Arbeitsamt Neu-Ulm.

Augsburg, den 17. Februar 1919   **58**

I.

Größere Störungen der öffentlichen Sicherheit haben sich nicht ereignet.

Das Bezirksamt N e u b u r g a / D . berichtet über die bettelnd umherziehenden Kriegsgefangenen folgendes:

> ›Trotz vieler Beschwerden bei dem Gefangenenlager Ingolstadt hat der Bettel kriegsgefangener Russen in zum Teil weit entlegenen Gemeinden des Bezirks Neuburg a/D. nicht abgenommen. Überall begegnet man diesen Gefangenen, die Mehl, Butter sackweise fortschleppen, sich mit Urlaubsausweisen legitimieren und behaupten, die Lebensmittel gegen Abgabe von Marken aufgekauft zu haben. Könnte man diese traurigen

Bettler nicht besser zur Arbeit aufs Land hinausgeben, wenn man sie im Lager nicht genügend ernähren kann?‹

Der Stadtmagistrat L i n d a u hebt nachstehendes hervor:
›Nachdem in Lindau bisher noch keine Ursache zu Befürchtungen von etwaigen Anschlägen gegen die bestehende Staatsordnung gegeben war, erregt es bei der Einwohnerschaft sehr unliebsames Aufsehen, daß nach Zeitungsnachrichten, die von der Militärbehörde bestätigt werden, eine größere Anzahl von Matrosen und Marineinfanterie hierher verlegt werden soll. Wenn dieselben auch bayerischer Abstammung sind, so ist doch nach allen den Vorgängen in Kiel[1], Hamburg[2], Bremen[3] und Lübeck die Besorgnis nicht von der Hand zu weisen, daß durch diese zum großen Teil bolschewistisch verseuchten Mannschaften nicht nur die bisher noch leidlich disziplinierten einheimischen Truppen noch angesteckt und die ordnungsliebende Bevölkerung terrorisiert werden wird. Es wäre deshalb sehr wünschenswert, wenn man das flache Land von diesen zerstörenden Elementen möglichst verschonen würde.‹

Der Stadtmagistrat A u g s b u r g betont folgendes:
›Die in neuester Zeit erlassenen einschränkenden Bestimmungen hinsichtlich Verlängerung der Polizeistunde und der Abhaltung von Tanzvergnügen[4] werden in manchen Fällen recht mißmutig aufgenommen und die vollziehenden Polizeiorgane sind hiedurch manchen Anrempelungen und widerwärtigen Auseinandersetzungen ausgesetzt. Jedoch besteht bei der großen Allgemeinheit Einverständnis mit diesen Bestimmungen. Auf Grund der Ministerialbekanntmachung vom 31. Januar 1919[5] erfolgte im Zusammenwirken mit dem Soldatenrat eine verschärfte Kontrolle über Einhaltung der Polizeistunde. Leider sind die von den Gerichten verhängten Strafen viel zu gering, um abschreckend auf die Wirtschaftsinhaber zu wirken. Eine bessere Wirkung hat die Sperrung des Kohlenbezuges bzw. Androhung der Entziehung der Wirtschaftskonzession erzielt.‹

---

1 Am 5. Februar war ein von Spartakisten, Mitgliedern des Soldatenrats und Unabhängigen Sozialdemokraten organisierter Demonstrationszug zum Gouvernementsgebäude gezogen und hatte die Bewaffnung der Arbeiterschaft gefordert. Als einige Gruppen in eine Kaserne eindringen wollten, verloren fünf Personen ihr Leben. Zwei Tage später wurde über die Stadt der Belagerungszustand verhängt, ebenso über Wilhelmshaven, wo es zu blutigen Zusammenstößen zwischen Regierungstruppen und Spartakisten kam.
2 Hier stürmten Arbeitslose und Spartakisten mehrere Wachlokale, die einige Tage danach von der Sicherheitswehr wieder besetzt wurden. Am 5. Februar befreite eine Rotte von 80 Mann durch Handgranatenangriffe auf den Justizpalast 160 Gefangene. Im Laufe desselben Tages weigerte sich der Direktor des Telegrafenamts, die rote Flagge auf dem Dienstgebäude zu hissen und wurde deshalb vom Arbeiter- und Soldatenrat verhaftet. Daraufhin legten die Beamten und Beamtinnen, später auch die Bediensteten der Eisenbahn aus Protest die Arbeit nieder. Wegen Kohlenmangels arbeitslos gewordene Arbeiter zogen vor das Stadthaus und verlangten die Entwaffnung der Volkswehr.
3 Am 19.1.1919 proklamierten USPD und Spartakusbund die ›Unabhängige sozialistisch-kommunistische Räterepublik Bremen‹. Der Senat wurde ausgeschaltet und die Arbeit des neugewählten, mehrheitlich mit MSPD-Mitgliedern besetzten Arbeiterrats behindert. Regierungstruppen eroberten die Stadt am 4. Februar in verlustreichen Kämpfen. In allen größeren Küstenstädten brachen Sympathiestreiks aus.
4 VO des Staatskommissars für Demobilmachung vom 13.2.1919 über Einschränkung der Tanzlustbarkeiten (StAnz 44 = MABl S. 50). § 1: Alle Tanzlustbarkeiten, auch geschlossene, sind bis auf weiteres nur mit besonderer polizeilicher Erlaubnis zulässig; § 5: Verboten ist jede Veranstaltung von Maskenfesten, Redouten, Bal parés u. dergl., sowie das maskierte Erscheinen auf den Straßen.
5 Bek des Bayer. Staatsministeriums des Innern über Ersparnis von Brennstoffen und -Beleuchtungsmitteln (StAnz 32). Sie ändert die Bek vom 16.11.1918 (StAnz 269). Nun wurden die Distriktspolizeibehörden (Bezirksämter) ermächtigt, die Polizeistunde an Samstagen und Sonntagen bis 23.30 Uhr zu verlängern. An den übrigen Wochentagen blieb sie auf 22 Uhr festgesetzt.

›Die Preisprüfungsstelle Augsburg hielt in der Zeit vom 7. bis 14. Februar 1919 2 Sitzungen ab, in denen die Preise für Brot und Mehl und für Schweinefleisch behandelt wurden. Beide Sitzungen hatten das Ergebnis, daß die Preise infolge der höheren Spesen, die durch Einführung des 8-Stunden-Tages und durch Mehrforderung an Löhnen entstanden, erhöht werden mußten. Es dringt allmählich die Überzeugung durch, daß der 8-Stunden-Tag dem von allen Seiten der Bevölkerung so sehr angestrebten Preisabbau auf sämtlichen Gebieten hindernd im Wege steht, da hiedurch die bisherigen Preise nicht einmal gehalten, viel weniger noch herabgesetzt werden können. Zu der in München stattgefundenen Sitzung der Landespreisprüfungsstelle über dieses Thema war von der Preisprüfungsstelle Augsburg schon vorher ein Gutachten erstattet worden, das sich mit der Frage beschäftigte, wann und mit welchen Mitteln ein Preisabbau in die Wege geleitet werden könnte.‹

Das Bezirksamt N ö r d l i n g e n berichtet:
›Schon jetzt werden Stimmen laut, daß sich die Aufbringung des Viehbedarfs in Zukunft nicht mehr so leicht gestalten wird, wie dies in den abgelaufenen letzten Monaten der Fall war. Zweifellos ist daran der unzulässige Mehrverbrauch an Fleisch mit schuld. Vielfach wurden Metzger zum Aufkauf zugelassen, die, vom Felde heimgekehrt, ihr Geschäft wieder betreiben und ihre Zulassung als Schlachtviehaufkäufer im eigenen Interesse ausnützen. Besonders sollen viele Kälber auf diese Weise dem allgemeinen Verbrauche zugeführt werden.‹

Aus dem Bezirke L i n d a u wird folgendes gemeldet:
›Infolge der nicht günstigen Ernte macht sich bei manchen Landwirten Futtermangel bemerkbar; dies hat eine große Nachfrage nach Heu zur Folge, welches, wie ich unter der Hand erfuhr, vielfach weit über dem Höchstpreis bezahlt wird[6].‹

Das Bezirksamt Z u s m a r s h a u s e n berichtet wie folgt:
›Die aus den Heeresbeständen herrührenden Pferde sind allmählich in immer höherem Maße Gegenstand eines schwunghaften Handels geworden. Nicht nur die Landwirte selber sondern auch alle möglichen Händler und Schmuser haben sich an diesem Handel erheblich bereichert. Die Landwirte haben die soeben erst gekauften Pferde größtenteils wieder mit Gewinn veräußert und schon ist wieder eine größere Nachfrage nach Ochsen im Gange, die aber natürlich schwer zu befriedigen ist. Dem entspricht es auch, wenn die Überlieferung an Vieh, die in den letzten Wochen zu verzeichnen war, nunmehr wieder einem wenn auch geringen Fehlbetrag gewichen ist.
Die Hoffnungen, welche man maßgebenderseits – hier wurden sie nicht geteilt – auf die Mitwirkung der Bauernräte bei der Bekämpfung des Hamster- und Schleichhandelwesens gesetzt zu haben scheint, haben sich nirgends auch nur im geringsten Maße erfüllt. Die Bauernräte sind eben auch Bauern und es gilt der Satz, daß eine Krähe der anderen die Augen nicht aushackt. Trotz aller Ermahnungen ist es bisher nicht gelungen, die Einwohnerschaft der Dörfer zu geschlossener Mitwirkung bei der Bekämpfung des Schleichhandels zu bewegen. Die besseren Elemente, die ja wohl in der Überzahl

---

6 *Die Höchstpreise beruhten noch auf der VO des Kriegsernährungsamts über den Verkehr mit Heu, Stroh und Häcksel vom 24.5.1918 (RGBl S. 421 = MABl S. 134), das für Heu aus Kleearten 180 M/Tonne und 160 M/Tonne für Wiesen- und Feldheu festgesetzt hatte. Zusätzlich durften aber seit März 1919 die mit Aufkauf von Heu und Stroh beauftragten Vereinigungen (z. B. die Bayerische Zentraldarlehenskasse) bei Absatz des von ihnen erworbenen Heus zu den Erzeugerpreisen einen Zuschlag von 16 M/Tonne erheben (Bek der Bayer. Heu- und Strohverteilungsstelle vom 1.3.1919: StAnz 56). Seine VO vom 24.5.1918 hob das Kriegsernährungsamt durch VO vom 26.6.1919 (RGBl S. 618) auf.*

sind, scheuen sich, ihre Nachbarn der polizeilichen Gewalt in die Hand zu spielen und ohne diese Mitwirkung ist das kleine Häufchen Gendarmerie allein nicht im Stande, mit dem nötigen Erfolg zu arbeiten.‹

Vom Bezirksamt Donauwörth wird nachstehendes berichtet:
›Die Preise für Ferkel sind neuerdings wieder bedeutend in die Höhe gegangen; als Durchschnittspreis ist für das Paar 300 Mark anzunehmen. Die bedeutende Preissteigerung erscheint veranlaßt durch die große Nachfrage, die mit der unbeschränkten Zulassung der Händler zum Markte eingesetzt hat. Beim Rindvieh ist zur Zeit die Nachfrage nach Milchkühen und trächtigen Kalbinnen sehr groß, eine Folge der zur Aufbringung von Schlachtvieh seinerzeit notwendig gewesenen starken Eingriffe in die weiblichen Jungviehbestände. Vielfach werden Stimmen laut, die nach einer Wiedereinführung der Viehmärkte rufen. Dies hätte jedoch sicher einen ungemein hemmenden Einfluß auf die Schlachtviehlieferung zur Folge. Mit der Zulassung des freien Handels setzen auch die Höchstpreisüberschreitungen in Masse wieder ein, der Bauer setzt sein überschüssiges Vieh nach seinem größten finanziellen Vorteil an den Händler ab und stellt die Produktion von Schlachtvieh in den Hintergrund. Ein Heer von angeblichen Viehhändlern würde das Land überschwemmen und dem Schleichhandel und der Schwarzhandelschaft, die sich schon jetzt bei dem Überangebot an Vieh breitmachen, wäre Tür und Tor geöffnet.‹

›In der Landwirtschaft ist dauernd ein großer Pferdebedarf zu beobachten. Mancher Landwirt hat Pferde gekauft und Zugochsen abgesetzt, der früher nie Pferde gehabt hat. Die Gespannhaltung kann im Frühjahr infolge des Mangels an Pferden und des Fehlens der Zugochsen wieder eine etwas prekäre Frage werden.‹

Über die seitens der Beamten des Kriegswucheramtes vorgenommenen Kontrollen der Viehbestände berichten die Bezirksämter Donauwörth, Mindelheim, Markt Oberdorf:
›Die Zu- und Abgangsanzeigen zu den Viehstandsverzeichnissen laufen beim Bezirksamte Donauwörth nur mangelhaft ein. Die Meldepflicht nach der Bekanntmachung der Bayerischen Fleischversorgungsstelle vom 5. September 1918[7] hat sich nach den gemachten Beobachtungen noch wenig eingelebt, wie dies insbesondere auch eine am 16., 17., 27. und 28. vorigen Monats durch Beamte des Bayerischen Kriegswucheramtes in einigen Gemeinden stattgefundene Kontrolle der Viehbestände gezeigt hat. Da vielfach die Anzeigen von den Pflichtigen nicht erstattet worden waren, hat das Kriegswucheramt in allen diesen Fällen (es handelt sich um rund 60 gesonderte Fälle) das Amt um Vornahme von Erhebungen, Nachprüfung des Entschuldigungsvorbringens und Durchführung von Beschlagnahmen ersucht. Durch dieses Verfahren, wonach die Überwachungsbeamten des Kriegswucheramtes ohne materielle Sachprüfung lediglich die Unterlassung der Anzeige feststellen und die vorläufige Beschlagnahme erklärten, alles andere aber, insbesondere die Erledigung der fast in jedem Falle zu erwartenden Einsprüche usw. der Distriktsverwaltungsbehörde überlassen, wird für das ohnehin mit Arbeiten auf allen Gebieten überlastete Bezirksamt eine kaum mehr zu bewältigende Mehrarbeit geschaffen, die wohl in keinem Verhältnis zu dem Zweck der Kontrollmaßregel steht und bei strenger Durchführung nur geeignet wäre, unnötige Erbitterung in den landwirtschaftlichen Kreisen hervorzurufen. Daher glaubt das Amt bei den derzeitigen Verhältnissen und bis die Anzeigepflicht sich eingelebt hat, von Strafanzeigen,

---

7 Die Bek, datiert vom 7.9.1918 (StAnz 208), verpflichtet die Viehhalter, am 1. und 16. Tag jeden Monats die Zu- und Abgänge von Rindvieh, Schweinen, Schafen und Ziegen der Gemeindebehörde des Tierstandorts anzuzeigen.

Beschlagnahmen und weiteren Erhebungen vorerst Abstand nehmen zu dürfen, vielmehr die Anzeigepflicht erneut unter Hinweis auf künftige Strafeinschreitung einzuschärfen und nur bei denjenigen Tierhaltern, die vorsätzlich die Meldepflicht verletzen, die Abnahme ihrer nicht gemeldeten Tiere durch die Viehlieferungsausschüsse für den Bedarf der Fleischversorgung ins Auge zu fassen.‹

›In dieser Woche haben Beamte der Fleischversorgungsstelle Viehstandskontrollen im Bezirke Mindelheim vorgenommen. Gegen Mitte der Woche trafen zu gleichem Zweck nicht weniger als 9 Kriminalbeamte des Kriegswucheramtes ein. Kontrollen mit einem solchen Aufgebot von Beamten vorgenommen, wirken erbitternd auf die Bevölkerung und machen die Landwirte noch widerspenstiger, worunter am meisten die Ablieferungen zu leiden haben.‹

›Eine Sicherheitsstörung von immerhin erheblicher Bedeutung hat sich im Bezirke Markt Oberdorf in der Berichtswoche anläßlich der Abordnung von 10 Kriminalbeamten des Kriegswucheramts in München zwecks Nachprüfung der Viehbestandslisten ergeben. Ich erlaube mir hinsichtlich des Sachverhalts im allgemeinen auf den beiliegenden Zeitungsausschnitt Bezug zu nehmen. Nicht erwähnt in demselben ist allerdings, daß offenbar von Markt Oberdorf aus durch eine telefonische Mitteilung das Verhalten der Landwirte in Hausen in ungünstigem Sinne beeinflußt worden ist. Im übrigen wurde es vom Führer der abgeordneten Kriminalbeamten selbst übernommen, dem Kriegswucheramt eingehenderen Bericht über den Vorfall zu erstatten. Soweit die Stellungnahme des Bezirksamts in Betracht kam, so konnte selbstverständlich den Beamten des Kriegswucheramts der Beginn ihrer Tätigkeit nicht verwehrt und ebenso die begonnene Tätigkeit nicht einfach von hier aus eingestellt werden. Nachdem die Beamten bei Amt sich gemeldet hatten und mit ihnen vereinbart war, daß sie erst nach Verständigung des Bürgermeisters und in Begleitung eines Gendarmen die Stallungen aufsuchen würden, konnten an sich Bedenken gegen die beabsichtigte Sachbehandlung nicht bestehen. Eine vorherige Bekanntgabe des Eintreffens würde dem Zweck einer unvermuteten Kontrolle zuwidergelaufen sein. Es scheint, daß hauptsächliche irrige Gerüchte über den ganzen Zweck der Abordnung mit die Schuld an dem Vorkommnis trugen. Übrigens war der Gandorfer'sche Aufruf, den Beamten des Kriegswucheramts keinerlei Widerstände entgegenzusetzen, gerade die letzten beiden Tage vorher in den Lokalblättern abgedruckt gewesen. Auf keinen Fall erscheint meines Erachtens das Verhalten der Landwirte in Hausen, die der Kommission schon von vornherein mit Prügeln entgegentraten und dieselbe auch mit Mistgabeln bedrohten, entschuldbar. 2 Bauernräten von Markt Oberdorf, die bei mir schon im Laufe des Vormittags vorstellig wurden, habe ich empfohlen, sich an einer für den Abend anberaumten Besprechung mit den Kriminalbeamten zwecks näherer Aufschlußerholung über deren Absichten usw. zu beteiligen, was dann auch geschah. Man einigte sich dahin, daß die Fortsetzung der Kontrollen nur nach Verständigung der örtlichen Bauernräte und in Begleitung derselben erfolgen sollte. Die Behauptung der Bauernräte, daß – auch nach Mitteilung des parlamentarischen Bauernrates[8] – diese Beiziehung der örtlichen Bauernräte überhaupt ›Vorschrift‹ sei, wurde meinerseits als unzutreffend und die nun vorgeschlagenen Maßnahmen nur als solche aus Zweckmäßigkeitsgründen erklärt. Im übrigen habe auch ich angeboten, beim Kriegswucheramt vorstellig zu werden im

---

8 Landesbauernrat.

Sinne einer Einstellung der weiteren Kommissionstätigkeit. Das Kriegswucheramt teilte auf telefonischen Anruf dann auch mir mit, daß es mit sofortiger Zurückberufung seiner Beamten, die vorsorglich selbst bis zu dieser Entscheidung ihre Tätigkeit nicht wieder aufnahmen, einverstanden sei. An sich bin auch ich allerdings der Ansicht, daß bei der Opferwilligkeit der Bevölkerung durch die Kontrollen vielleicht mehr geschadet als genützt werden könnte.‹

Gesonderten Bericht über diese Kontrollen des Kriegswucheramtes wird die Regierung außerdem dieser Tage erstatten.

Über die Lage des Arbeitsmarktes, den Stand der Erwerbslosenfürsorge, über die Kohlen- und Rohstoffversorgung, endlich über den Wohnungsmarkt berichten die beteiligten D i s t r i k t s v e r w a l t u n g s b e h ö r d e n, was folgt:

›Lage der Industrie in Augsburg: Transportschwierigkeiten und Kohlenmangel beeinflussen alle Betriebe des wirtschaftlichen Lebens auf das Nachteiligste. Der Maschinenindustrie mangelt nach wie vor Walz- und Fassoneisen, alle Arten von Guß sind schwer erhältlich. Epple & Buxbaum hat zur Zeit Auftrag für 100 Sämaschinen für die Waffenstillstandskommission. In dem Betrieb wird mit Genehmigung des Gewerberates von Schwaben und Neuburg Überarbeit bis 54 Wochenstunden geleistet. Die Textilindustrie kann eine allmähliche Steigerung der in Betrieb gesetzten Spindeln und Webstühle verzeichnen, hat aber im allgemeinen nur bis 10 % der Friedenszahl erreicht. Die Aktiengesellschaft für Bleicherei, Druckerei usw. steht wegen Kohlenmangel seit Wochen still, die Aktiengesellschaft Union stellt die Stillegung des Betriebes aus dem gleichen Anlaß für die nächste Zeit in Aussicht. Die Kälteperiode hat einen außerordentlichen Niederwasserstand zur Folge; der Lech förderte an Tagen mit großer Kälte nur 22 Kubikmeter pro Sekunde. Schneefälle und Kälteperiode haben zur teilweisen Einstellung der Notstandsarbeiten im Baugewerbe und der Kulturbauarbeiten geführt.

Baumarkt: Die private Bautätigkeit ist kaum nennenswert, und es ist für die nächste Zeit auch nicht das geringste Anzeichen zu einer Besserung vorhanden. Es sind zur Zeit im Bau: 1 Hauptgebäude mit Wohnungen, 4 ohne Wohnungen, 2 Nebengebäude, 1 untergeordnete Baulichkeit, 8 Um-, An- und Aufbauten und 14 Bauänderungen. Die städtische Bautätigkeit, welche mit der Herstellung von Kleinwohnungen, Wohnbaracken, mit Einbau von Notwohnungen und mit Kanal- und Straßenbahnbauten beschäftigt ist, hat immer noch unter der unregelmäßigen und ungenügenden Zufuhr der nötigen Baumaterialien zu leiden. Die Arbeiten mußten durch den Einbruch der Kälte vielfach eingestellt werden.

Arbeitsmarkt: Übersicht des hiesigen Arbeitsmarktes nach dem Stande vom 14. Februar 1919:

Wirtschaftszweig	Unerl. Angeb.		Unerl. Nachfrage		Bemerkungen
	a. männl.	b. weibl.	a. männl.	b. weibl.	
Land- und Forstwirtschaft, Gärtnerei	2	93	94	32	
Metallverarbeitung	18	–	948	6	
Holzindustrie	40	–	70	–	
Textilindustrie	–	–	165	903	
Bekleidungs- und Reinigungsgewerbe	93	–	–	65	
Baugewerbe	2	–	439	–	
Sonst. Handwerk und Berufe	2	2	693	212	
Haus- und Gastwirtschaft	–	181	363	333	40 jugendl. m.
Ungelernte Arbeiter aller Art	–	–	1220	1654	36 jugendl. m. 140 jugendl. w.
Summe:	167	276	3992	3205	216 jugendl.

In der Zahl der Arbeitsuchenden trat gegenüber der Vorwoche für Männerarbeit eine weitere rückläufige Bewegung in der Gesamtsumme ein, obwohl durch Frost eine erhebliche Anzahl weiterer Arbeitsuchender sich anmeldete. Bei den weiblichen Arbeitsuchenden trat gegenüber der Vorwoche eine wesentliche Veränderung der Erwerbslosen nicht ein. In der Landwirtschaft sind offene Stellen für Männer nicht mehr frei, so daß die Arbeitsuchenden von hier aus an die anderen schwäbischen Arbeitsämter überwiesen werden mußten. Ein neuer Zugang der erwerbslosen männlichen Arbeiter machte sich in der Metallverarbeitung, hauptsächlich an ungelernten Arbeitern bemerkbar. In der Holzindustrie hat die Erwerbsmöglichkeit zugenommen, in dem Bekleidungs- und Reinigungsgewerbe, in welchem bisher Arbeitslose nicht zu verzeichnen waren, sind zum ersten Mal 15 Arbeitslose gemeldet. Im Baugewerbe trat eine unbedeutende Erhöhung in der Erwerbslosenziffer ein. In der Gruppe ›im sonstigen Handwerk‹ ist eine Erhöhung der Erwerbslosen zu verzeichnen. Bei der Abteilung ›ungelernte Arbeiter aller Art‹ nahmen die Erwerbslosen um 449 ab. In der weiblichen Abteilung stieg die Zahl der Erwerbslosen gegen die Vorwoche, trotz der vielen Vermittlungen. Die Zahl der hier unterstützten Erwerbslosen beträgt gegenwärtig 7964; für diese mußten im Monate Januar 619.817 Mark Unterstützung bezahlt werden, wovon 150.072 Mark auf die Textilarbeiter entfallen.
Wohnungsfürsorge: Vom 4. Februar bis zum 10. Februar 1919 wurden im städtischen Wohnungsamt 84 Wohnungen gesucht, davon entfallen auf Kriegsgetraute 30, auf dienstlich Versetzte 7, auf Familien in zu kleinen, überfüllten und ungesunden Wohnungen 6, auf von auswärts Zugezogene 6, auf Parteien, deren Wohnung unter Anrufung des Mieteinigungsamtes gekündigt wurde, 17. Gesucht sind meistens Kleinwohnungen. Diese 84 Wohnungssuchenden sind zur Zeit alle untergebracht, teils bei Verwandten, teils in möblierten Zimmern, teils in zu kleinen oder gekündeten Wohnungen.

Diesen Gesuchen stehen am 10. Februar 1919 nur 3 leere Wohnungen gegenüber, welche gegenwärtig instand gesetzt werden. Die Bautätigkeit zeigt folgende Zahlen seit 1. Januar 1919. Im ganzen wurden 27 Wohnungen zum Beziehen fertiggestellt, davon 9 mit 2 Zimmern und 3 mit 3 Zimmern. Von der Stadtgemeinde Augsburg wurden in städtischen und Stiftungsgebäuden 11 Wohnungen fertiggestellt, 223 sind in Ausführung begriffen und von 46 liegen Eingabepläne bei der Baupolizei vor bzw. sind Verhandlungen im Bauamt eingeleitet. Von der Stadtgemeinde Augsburg wurden in Privatgebäuden 1 Wohnung fertiggestellt, 6 sind in Ausführung begriffen und von 2 liegen Eingabepläne bei der Baupolizei vor bzw. sind Verhandlungen im Bauamt eingeleitet. Von Privaten selbst wurden 8 Wohnungen fertiggestellt, 29 sind in Ausführung begriffen und von 164 liegen Eingabepläne bei der Baupolizei vor bzw. sind Verhandlungen im Bauamt eingeleitet. Vom bayerischen Staat wurden in Staatsgebäuden 7 Wohnungen fertiggestellt, 1 ist in Ausführung begriffen und von 9 liegen Eingabepläne bei der Baupolizei vor bzw. sind Verhandlungen im Bauamt eingeleitet.‹

›Zur wirtschaftlichen Demobilmachung im Landbezirke Augsburg:
a) Die Bewegung der Arbeitskräfte bietet nichts Neues.
b) Die Industrie: Arbeiterentlassungen: Alpine Maschinenfabrik Augsburg in Göggingen: keine, Farbwerke Gersthofen: 15 männliche und 5 weibliche freiwillig ausgetreten, Haunstetter Spinnerei und Weberei: keine, Haunstetter Bleicherei und Färberei: keine, Gögginger Zwirnerei: keine. Neu eingetreten bei vorstehenden Firmen: 2, 27, 4, 5, 2 Arbeitskräfte. Die Betriebe beschäftigen ihre vorhandenen Arbeiter, so gut es bei den vorhandenen geringen Aufträgen und den schmalen Roh- und Betriebsstoffen geht, 45 Stunden in der Woche weiter. Die Nähfadenfabrik Göggingen berichtet, daß bei den heutigen Arbeitslöhnen eine Konkurrenz mit dem Auslande nicht mehr möglich sei.
c) Im Handwerk dauern die alten Verhältnisse fort.
d) In der Landwirtschaft wird eine Besserung der Arbeiterverhältnisse gemeldet. Soweit ich durch Umfragen erfahren konnte, haben die Mehrzahl der Landwirte ihren Dienstbotenbedarf zu Lichtmeß gedeckt. Nur fehlt es in der Nähe der Stadt noch an weiblichen Dienstboten.‹

›Der Demobilmachungsausschuß in Sonthofen hatte diese Woche sich mit einem Streit zu befassen, der zwischen der Direktion der Allgäuer Baumwollspinnerei und Weberei in Blaichach und einer Gruppe von Werkstättenarbeitern über die Umrechnung der Löhne von der bisherigen Arbeitszeit zur neuen 48stündigen Arbeitszeit entstanden war; die Arbeiter hatten sich durch die von der Fabrikleitung gewählte Umrechnungsart verkürzt gefühlt. Der Demobilmachungsausschuß einschließlich der ihm angehörenden Arbeitnehmervertreter stellte fest, daß die Umrechnung in Ordnung sei und keine Benachteiligung der Arbeiter zur Folge habe. Die Beteiligten haben daraufhin die Arbeit wieder aufgenommen. Der Betrieb in Blaichach und 2 Filialen läuft zu einem kleinen Teil; auf Besserung ist nicht zu hoffen; im Gegenteil lauten die Mitteilungen des Direktors, der in Berlin an Verhandlungen der beteiligten Betriebe und Behörden teilgenommen hat, sehr ungünstig: Aus dem Ausland seien keine Rohstoffe zu erwarten, da man sie nicht zahlen könne und, soweit sie bezahlt seien, nicht bewegen dürfe; im Inland stocke die Zufuhr des noch Vorhandenen durch die Unruhen in Bremen und Hamburg, die Fabrik habe im November ½ Million für Rohstoffe bezahlt und noch nichts erhalten. In Immenstadt (Mechanische Bindfadenfabrik) wird zur Zeit nur 24 Stunden in der Woche gearbeitet und müssen trotzdem rund 150 Arbeiter 14-tagweise feiern; die große Kälte (die allerdings seit gestern gebrochen scheint) verursachte auch Wassermangel und deshalb Betriebsverminderung. Papierrohmaterial hat die Fabrik für 4 Monate, jedoch keine Bestellungen; es liegen außerdem bereits 50–60.000 Kilogramm Fertigware ohne Absatzmöglichkeit da. Die kleinen Webereien Fischen-Berghofen und Sonthofen beschäftigen mit dem ihnen zugewiesenen Garn etwa die Hälfte ihrer Arbeitskräfte. Das Hüttenamt ist mit Aufträgen, insbesondere unerwarteterweise auf Baumaschinen, reichlich versehen, hat auch auf einige Zeit noch genügend Rohmaterial, kann also seine Arbeiter beschäftigen. Die Verkaufspreise der Erzeugnisse decken allerdings nicht die Herstellungskosten. Das städtische Arbeitsamt Immenstadt meldet 123 männliche und 49 weibliche Arbeitslose, nur 11 offene Stellen für männliche und 4 für weibliche Arbeitskräfte; offene Lehrstellen 9, gesuchte 2.‹

›Nach wiederholten Verhandlungen mit der Firma Wieland in Vöhringen, Bezirksamts Illertissen, und dem Arbeiterrate ist es vorerst gelungen, die auf 15. Februar ausgesprochene Kündigung um 2 Wochen, bis Samstag, den 1. März hinauszuschieben. Ferner hat die Firma Wieland auf wiederholtes Drängen des Bezirksamtes zugesagt, mit Aufräumungs- und Instandsetzungsarbeiten auch nach diesem Zeitpunkte möglichst viele Arbeiter zu beschäftigen. Denjenigen Arbeitern, welche nach dem 1. März infolge Brennstoffmangels vorübergehend entlassen werden müssen, werden von der Firma besondere Zuschüsse bezahlt und zwar bei gänzlicher Erwerbslosigkeit neben der Erwerbslosenunterstützung die Differenz zwischen dieser und 85 % des zuletzt gehabten Lohnes, den mit staatlichen – oder privaten – Notstandsarbeiten Beschäftigten die Differenz zwischen Notstandsarbeitswochenverdienst und 90 % des zuletzt gehabten Lohnes. Durch die verschiedenen Abstufungen dieser Zuschüsse sollte ein Anreiz zur Aufnahme von Notstandsarbeiten gegeben werden. Die Versuche, mit Teeröl die Glühöfen zu betreiben, werden fortgesetzt; einen besonderen Ausschlag für die Betriebsfortführung oder -einstellung dürften diese Versuche, wie sich herausgestellt hat, nicht haben, da die Öfen erst umgebaut werden müssen und selbst bei günstigen Ergebnissen der angestellten Versuche nur einem beschränkten Teil der Arbeiter die Fortsetzung der Arbeiten ermöglichen werden. Voraussichtlich können, nachdem ich mit allen Forstämtern in Benehmen getreten bin, etwa 50 Arbeiter bei Fällungsarbeiten Verwendung finden. Weiterhin wurde die Errichtung eines Arbeitsamtes in Vöhringen in die Wege geleitet, so daß dasselbe in den nächsten Tagen seinen Betrieb wird aufnehmen können.‹

›Beim Arbeitsamt Memmingen stehen 29 offenen Stellen 201 Gesuche gegenüber. Die Zahl derjenigen Personen, welche Erwerbslosenunterstützung beziehen, beträgt heute 131.‹

›Die Zahl der Arbeitslosen in Kaufbeuren hat nunmehr 180 erreicht, von denen allerdings 40 wieder in Wegfall gekommen und weitere 30 bei dem Bahnbau Arbeit gefunden haben. Mit den Erdarbeiten für die Lokalbahn Kaufbeuren-Schongau wurde in dieser Woche begonnen. Es ist zu hoffen, daß bei diesen Arbeiten, günstige Witterung vorausgesetzt, allmählich die meisten Arbeitslosen Beschäftigung finden.‹

›Über die mangelhafte Rohstoffversorgung wird im Bezirke Neu-Ulm mehr und mehr geklagt, sowohl seitens der Industrie als seitens der Handwerker (Schmiede, Schlosser, Schuhmacher). Die Kohlenversorgung ist ganz auf dem toten Punkte angelangt und zwar für Industrie und Gewerbe, sowohl als für Hausbrand. Die Spinnerei in Ay hat ihren Betrieb durch Zuhilfenahme von Koks noch weiterführen können. Seitens der

Holzindustrie wird mitgeteilt, daß infolge der jüngsten Erleichterungen für den Holzversand nach den besetzten Gebieten[9] dort einige Einkäufe gemacht wurden, um die erschöpfte Lage wieder etwas zu ergänzen. Dagegen liegt der Baumarkt so darnieder, daß hier eine Entwicklung des Holzgeschäftes zur Zeit ausgeschlossen ist.‹

›In der vergangenen Woche hat in Lindau das Gaswerk, das Elektrizitätswerk, die Ortskohlenstelle, die Privaten und auch die Industrie keine Kohlen erhalten. Wir sind zur Zeit ausschließlich auf den Holzbrand angewiesen. Die Ortskohlenstelle verfügt noch über Vorräte an Holz. Das Gaswerk hat auch keine Vorräte an Koks mehr. Es fällt auch keiner an, da die derzeitig vergaste Kohle keinen Koks ergibt. Wir sind deshalb in bezug auf die Unterfeuerung der Gasöfen noch auf Zufuhren von Koks angewiesen. Die Lage kann daher nur als trostlos bezeichnet werden.‹

›Die Erwerbslosenunterstützungsanträge in der Stadt Günzburg sind zurückgegangen, seitdem die Gesuchsteller merken, daß der Ausschuß unbedingt an der Arbeitspflicht festhält. Bei dieser Gelegenheit möchte ich eine allgemeine Anmerkung zur Frage der Ausschüsse überhaupt beifügen. Die Bildung von Ausschüssen ist gewiß in manchen Fällen gut. Allein, wenn die Ausschüsse anfangen, jede Verwaltungstätigkeit zu überwachen, so sind sie eine Hemmung und keine Förderung. So wie die Verhältnisse zur Zeit liegen, ist es kaum mehr möglich, die Zeit für die Ausschußsitzungen herauszubringen, auch wenn man die Zeit heranzieht, in der nach den einschlägigen Bestimmungen eigentlich das Amt geschlossen sein sollte. Es ist doch nicht nötig, daß wegen jeder Sache ein Ausschuß zusammentritt, der in der Regel die eigentliche Arbeit doch der Behörde überläßt. In den meisten Fällen würde eine entsprechende Fühlungnahme mit den beteiligten Kreisen völlig genügen. Das Rezept der ›Ausschüsse‹ hat insoferne noch etwas Gefährliches, als man sich leicht mit dem Gedanken beruhigt, daß für diese oder jene Sache ja ein Ausschuß besteht und die Angelegenheit damit aufs beste besorgt sei. Das ist, wie die Erfahrung lehrt, eine Täuschung. Weniger Vorschriften, weniger Ausschüsse, weniger Reden und mehr Taten, das wäre, was man im Interesse des Ganzen wünschen möchte.‹

›Die Zahl der Personen, die im Bezirke Mindelheim um die Gewährung der Erwerbslosenfürsorge nachsuchen, nimmt weiter zu. Zur Zeit wird diese Unterstützung ca. 50 Familien bzw. Einzelpersonen gewährt. Mit den von den beiden Distrikten Mindelheim und Türkheim vorgesehenen Notstandsarbeiten konnte infolge der ungünstigen Witterung noch nicht begonnen werden. Die Gemeinden Mittelrieden, Oberrieden und Pfaffenhausen haben in dieser Woche beschlossen, die Wasserleitungsbauarbeiten, die bei Beginn des Krieges wegen Arbeitermangel eingestellt werden mußten, als Notstandsarbeiten durchzuführen und mit dem Bau alsbald zu beginnen. Unter Berücksichtigung der Übertetuerung sind die Baukosten auf 467.000 Mark veranschlagt, zu denen Reich und Staat die zugesicherten Zuschüsse leisten.‹

›Für die abgelaufene Woche sind besondere Vorkommnisse und Wahrnehmungen weder auf dem Arbeits- noch Wohnungsmarkte zu berichten. Wir gestatten uns jedoch zu bemerken, daß es zweckmäßig sein dürfte, daß bei Versetzungen von Beamten die Behörden besorgt sind, daß die Besetzung freiwerdender Wohnungen für die Nachfolger vorbehalten bleibt, da sonst den neuen Beamten durch die Gemeinden unmöglich

---

[9] *Rheinprovinz, Rheinpfalz und Saargebiet, besetzt gemäß Art. V Abs. 1 des Waffenstillstandsabkommens vom 11.11.1918.*

Wohnungsgelegenheit verschafft werden kann. Die Meldung des Arbeitsamtes Neu-Ulm liegt an.‹

Nach den bisher von den Bezirksämtern eingelaufenen Berichten war es den Landwirten in der Hauptsache möglich, an Lichtmeß ihren Bedarf an Knechten und Mägden zu decken; bisher sind nur aus den Bezirken Illertissen und Neu-Ulm Schwierigkeiten gemeldet worden. Im Bezirke Neuburg a/D. sind zwar Dienstboten nicht rar, aber die Einigung über den Lohn ist eine Quelle der Schwierigkeiten geworden. Im allgemeinen muß der Landwirt für einen tüchtigen Knecht 700–800 Mark Jahreslohn in bar (nebst freier Station, zum Teil auch noch die früher üblichen Reichnisse – Kleidung –) aufwenden; in einzelnen Fällen soll sogar bereits ein Jahreslohn von über 1000 Mark bedungen worden sein. An Mägde wird ein Lohn von 400–600 Mark (nebst freier Station usw.) gewährt; für jugendliche Knechte muß ungefähr 200–300 Mark (nebst freier Station) und für jugendliche Mägde 150–200 Mark (nebst freier Station) aufgewendet werden.

II.

In Wemding hat am 9. laufenden Monats eine stark besuchte, vom Vorstand des Katholischen Männervereins einberufene Protestversammlung stattgefunden, in welcher gegen den bekannten Erlaß des Kultusministeriums bezüglich des Religionsunterrichtes[10] energisch Stellung genommen wurde. Es wurde folgende Resolution einstimmig angenommen:
›Die Hochwürdigsten Herren Bischöfe sagen am Schluß ihres Protestes vom 26. Januar laufenden Jahres gegen die Verordnung des Ministers für Unterricht und Kultus über den Religionsunterricht in den Schulen:
›Nunmehr haben die Eltern das Wort.‹ – Die heute am 9. Februar in Wemding zahlreich versammelten Männer und Frauen ergreifen jetzt das Wort und verurteilen aufs schärfste die durch die ministerielle Verfügung beabsichtigte Herabwürdigung des Religionsunterrichtes. Sie verbitten sich den darin versteckten Eingriff in ihre heiligsten Rechte und verlangen mit aller Entschiedenheit die Aufhebung einer Maßnahme, die nicht einmal nach dem vom Gesamtministerium am 4. Januar erlassenen Staatsgrundgesetz[11] gefordert werden kann. Darin steht solches nur als Programmgesetz ohne Gesetzeskraft. Wir lassen die Schule nicht entchristlichen.‹ Eine ähnliche Protesterklärung haben die Kirchenvorstände und Kirchenverwaltungen des protestantischen Dekanatsbezirks Ebermergen am 10. laufenden Monats in Nördlingen abgegeben.
gez. von Praun, Regierungspräsident

---

10 VO des Bayer. Staatsministeriums für Unterricht und Kultus vom 25.1.1919 über den Besuch des Religionsunterrichts und die Teilnahme der Schüler und Schülerinnen an religiösen Übungen; GVBl S. 25. Die VO löste bei den christlichen Konfessionen einen Sturm der Entrüstung aus. Er äußerte sich in Protestversammlungen und Pressemitteilungen von Laienorganisationen, Pfarrgemeinden, der Bayerischen Volkspartei und auch in einem Protest der katholischen bayerischen Bischöfe; Amtsblatt für die Diözese Augsburg vom 31.1.1919 S. 13. Das protestantische Oberkonsistorium verlangte die Aufhebung der VO und die Übertragung dieser Frage an den Landtag. Abs. I und Kernsatz der VO lautet: Gegen den Willen des Erziehungsberechtigten darf ein Kind nicht zur Teilnahme am Religionsunterricht oder Gottesdienst angehalten werden.
11 GVBl S. 1. Dieses Staatsgrundgesetz wurde am 17.3.1919 durch das ›Vorläufige Staatsgrundgesetz des Freistaates Bayern‹ ersetzt; ebd. S. 109.

[Anlage 1 zum Wochenbericht vom 17. Februar]

Ausschnitt aus Nr. 37 des Markt Oberdorfer Landboten.
Lokales

Markt Oberdorf, 14. Februar. Aus bäuerlichen Kreisen wird uns geschrieben: Zu Beginn dieser Woche traf vom Kriegswucheramt München eine Kommission, bestehend aus zehn Herren, dahier ein, um anscheinend im Amtsbezirk nach Lebensmitteln zu forschen. Gleich nach der Ankunft derselben kursierten hier die tollsten Gerüchte, wie das Eintreffen einer Spartakistengruppe usw. und danach richtete sich auch die Aufnahme dieser Herren. Nach der Vorstellung beim Bezirksamt, Klarlegung des Zweckes und der Aufgabe ihres Hierseins, begann am Mittwoch Vormittag in Begleitung eines hiesigen Gendarmerie-Wachtmeisters die Kommission ihre ›Tour‹ in der Gemeinde Bertoldshofen. Die Aufgabe der Herren bestand darin, dem immer mehr überhand nehmenden Schleichhandel entgegenzutreten und nach den bestehenden Viehlisten zu prüfen, ob Schwarzschlachtungen vermieden werden. Die Bauern der Gemeinde ließen die Herren, wenn auch mit Widerwillen, die Nachschau ungestört vollenden. Minder erging es denselben im benachbarten Hausen, wo die Bauern die Herren am Ortseingang mit allerlei Waffen empfingen und den Eintritt in den Ort auf das entschiedenste verwehrten. Wohl oder übel mußten die Kontrolleure den ›Rückzug‹ antreten. Inzwischen erhielt man hier von dem ›Zwischenfall‹ Kenntnis; es wurden von einigen Herren und dem Bauernrat Vorstellungen bei den Herren Abgeordneten Batzer[12] und Gandorfer, die z. Zt. in München weilen, und beim Bezirksamt gemacht, die den Zweck haben sollten, der Kommission ihre Tätigkeit einzustellen. Auf Veranlassung der beiden Herren kam dann gestern Vormittag vom Kriegswucheramt die telefonische Weisung, die Herren Kontrolleure müssen den Bezirk verlassen und nach München zurückkehren. – Einsender dieser Zeilen ist der Absicht, daß es Sache der maßgebenden Stellen gewesen wäre, frühzeitig von dem Eintreffen dieser Kommission und über deren Aufgabe die Bevölkerung in Kenntnis zu setzen und nicht so ohne weiteres auf der Bildfläche zu erscheinen, dann wären auch so unliebsame Vorkommnisse, die übrigens noch gut abgelaufen sind, vermieden worden. Auf gütlichem Wege läßt sich bei unseren Bauern mehr erreichen als durch Gewaltmaßnahmen. In manchen Gegenden des Landes mögen solche ›Besuche‹ vielleicht angebracht sein, aber bei uns, wo man der Ablieferungspflicht mehr als nachkommt, sind sie nicht notwendig. Ich erinnere nur an die Viehablieferung, Eierversorgung, Aufnahme von Stadtkindern usw. Die Lieferfreudigkeit wird durch solche Eingriffe nicht gehoben, das wird die Zukunft lehren. – Die Diätenschinderei scheint im neuen Staate viel mehr zu blühen wie im alten, wenn ich an die Tagegelder dieser zehnmännigen Kommission denke. Dies nur so nebenbei bemerkt, weil man immer gerne von gewisser Seite über Sparsamkeit spricht. -le.

---

12 Georg Batzer (1881–1951), Landwirt, Gutsbesitzer. 1918–1919 Mitglied des Provisorischen Nationalrats des Volksstaats Bayern, 1919–1924 MdL (BB).

[Anlage 2 zum Wochenbericht vom 17. Februar]

Meldung des Arbeitsamts Neu-Ulm über die Arbeitsmarktlage am 15. Februar 1919.

Wirtschaftszweig	Unerl. Angeb.		Unerl. Nachfrage	
	a. männl.	b. weibl.	a. männl.	b. weibl.
Land- und Forstwirtschaft, Gärtnerei	–	15	8	1
Metallverarbeitung	–	–	13	–
Holzindustrie	–	–	–	–
Textilindustrie	–	–	–	–
Bekleidungs- und Reinigungsgewerbe	8	–	2	–
Baugewerbe	–	–	–	–
Sonst. Handwerk und Berufe	9	–	14	Kfm. 2
Haus- und Gastwirtschaft	–	6	–	17
Ungelernte Arbeiter aller Art	2	–	22	1
[Summe]	19	21	59	21

Bemerkungen über die Lage des Arbeitsmarktes:
Wie in den Vorberichten ist Mangel an Arbeitskräften beim Bekleidungsgewerbe. Bei der weibl. Abtl. fehlt es immer noch an landw. Dienstboten. Bei Arbeitsnachfrage ist z. Zt. Überschuß an männl. landw. Hilfskräften, außerdem wie in den Vorberichten in der Metall-Industrie.
Neu-Ulm, den 15.II.1919, Städt. Arbeitsamt Neu-Ulm

Augsburg, den 24. Februar 1919 59

I.

Am 21. Februar laufenden Jahres abends gegen ½ 7 Uhr zog eine Rotte halbwüchsiger Burschen und Gesindel durch die Stadt Augsburg, stürmte die Neue Augsburger Zeitung, demolierte Druckmaschinen und verbrannte Schriftstücke und zog dann zu den Augsburger Neuesten Nachrichten, wo in gleicher Weise vorgegangen wurde. Außerdem zogen sie vor die Wohnung des Oberbürgermeisters[1], der in Amtsgeschäften verreist war. Inzwischen war der Haufe auf mehrere Hundert angewachsen und da die Schutzmannschaft unmöglich ausreichte, wurde militärische Hilfe erbeten. Die Horde plünderte dann eine Reihe von Läden; ein anderer Haufe drang dann in das Strafvollstreckungsgefängnis ein und befreite sämtliche Gefangene. Ebenso drang ein Haufe in das bischöfliche Palais ein und demolierte verschiedene Räume. Auch in das Justizgebäude wurde eingebrochen, eine Menge Akten herausgeworfen und auf der Straße verbrannt. Im Artilleriedepot wurden Gewehre, Pistolen, mehrere Maschinengewehre und Munition geraubt. Nun beschloß der Arbeiter- und Soldatenrat mit dem Garnisonsrat die Leitung der militärischen Maßnahmen für die Sicherheit der Stadt und ihrer Bewohner dem Platzmajor, Hauptmann Mahler[2], zu übertragen. Die Bahnhofswache wurde zweimal angegriffen, die Angreifer konnten jedoch jedesmal zurückgewiesen werden. Gegen 3 Uhr morgens kehrte Ruhe ein. Bei den verschiedenen Zusammenstößen zwischen den Plünderern und dem Militär wurden 1 Militärperson und 2 Zivilpersonen getötet sowie mehrere Personen schwer und leicht verwundet[3]. Der Bahnverkehr wurde gestern (21.2.1919) abend eingestellt; heute ruht der Straßenbahnverkehr, ferner die Arbeit in den Fabriken. Um 9 Uhr vormittags des 22.2.1919 war ein großer Demonstrationszug, veranstaltet vom Arbeiter- und Soldatenrat, an welchem sich auch die Truppen, soweit sie nicht zu Patrouillen- oder Wachdienst verwendet wurden, beteiligten; der Zug verlief in Ordnung und ohne Zwischenfall.

Mittlerweile hat der Arbeiter- und Soldatenrat Augsburg bekanntgegeben, daß über die Stadt Augsburg und die Gemeinde Göggingen der Belagerungszustand verhängt sei und daß von abends 7 Uhr bis morgens 5 Uhr niemand ohne Ausweis die Straßen betreten dürfe. Die Ruhe wurde seitdem nicht mehr gestört.

Das Bezirksamt A u g s b u r g berichtet hiezu außerdem:
›Die in der Nacht vom 21. auf 22. dieses Monats in der Stadt Augsburg vorgekommenen Tumulte haben sich auch auf den Gemeindebezirk Göggingen ausgedehnt, wo von ungefähr 200 Personen ein Einbruch in das Artilleriedepot erfolgte, wobei zahlreiche Waffen in die Hände der Plünderer fielen. Nach verlässigen Mitteilungen wurden auch von verschiedenen Personen Drohungen gegen den Kommunalverband Augsburg-Land ausgesprochen, weshalb ich mir eine Schutzwache vom Soldatenrat erbat, welche mir auch sofort zur Verfügung gestellt wurde.‹

Der Vorstand des Bezirksamts F ü s s e n berichtet:
›Vergangenen Dienstag wurde die Ruhe und Ordnung in Füssen durch einen Auflauf gestört, der seinen Ausgang in der Sprengung einer abendlichen Protestversammlung gegen den Religionsunterrichtserlaß nahm. Ich bitte, hiewegen für das einzelne auf den

---

1 Kaspar Deutschenbaur.
2 Franz Mahler (1882–1933). Bei seiner Entlassung aus dem Militärdienst im Jahre 1920 zum Major a. D. befördert.
3 Diese Vorfälle waren eine Reaktion auf die Ermordung des Ministerpräsidenten Eisner in München kurz vor 10 Uhr desselben Tages.

Zeitungsbericht anliegenden Blattes Bezug nehmen zu dürfen. Die vor dem Bezirksamte nachts gegen 9 Uhr demonstrierende Menge bestand größtenteils aus halbwüchsigen Burschen und Frauen, die sich in herausfordernster Weise benahmen. Einzelne überstiegen die Zäune und umstellten das Haus auch von der Rückseite, wo sie mit Zündhölzern hantierten und sich an der Holzlege zu schaffen machten; der starke Regen verhinderte wohl ein allenfalls beabsichtigtes Zünden. Durch wilde Rufe aufmerksam gemacht, öffnete Unterfertigter[4] das Fenster des Büros, in dem er noch an der Arbeit saß und erklärte, er werde selbst zur Menge hinunter kommen. Diese war inzwischen durch die herbeigeeilten Arbeiterführer einigermaßen beruhigt worden; letztere nahmen, als Unterfertigter vor das Tor trat, hinter ihm Aufstellung, gleichsam zum Schutze desselben. Unterfertigter ließ sich nun die Wünsche der Menge durch einzelne Wortführer vortragen, die sich auf Verhinderung des Fremdenverkehrs und Entfernung mißliebiger Angestellter des Kommunalverbands zumeist bezogen, und sicherte zu, die einzelnen Beschwerdepunkte mit dem Arbeiterausschuße andern Tags eingehend zu prüfen und hiewegen – soweit veranlaßt – bei den höheren Stellen vorstellig werden zu wollen. Es wurde dann nach Abzug der Menge vom Bezirksamte noch bei verschiedenen Magistratsbeamten in gleich herausfordernder Weise demonstriert.‹

Das Bezirksamt S o n t h o f e n berichtet folgendes:

›In Sonthofen und Immenstadt veranstalten morgen Sonntag, den 23.2.1919, vormittags die Arbeiter- und Soldatenräte Trauerversammlungen anläßlich der Ermordung des Ministerpräsidenten Eisner. Anschließen soll sich hier wie dort ein Demonstrationsumzug, um zu zeigen, daß die Arbeiterschaft die Errungenschaften der Revolution hochhalten und gegenüber der Reaktion auf dem Posten sein will. Die Veranstalter gaben die bestimmte Zusicherung, für unbedingte Ruhe und Ordnung sorgen zu wollen und, soweit sie dies übersehen, zu können.‹

Über die Volksstimmung sind nachstehende Berichte eingekommen:

›Begreiflicherweise herrscht unter der Bevölkerung des Bezirkes Nördlingen über die jüngsten Ereignisse in München[5] und in den Großstädten[6] große Beunruhigung, die durch das Auftreten der Hamsterer und Schleichhändler aus der Stadt noch vermehrt

---

4 *Bezirksamtmann Freiherr von Kreußer.*
5 *Nach der Ermordung Eisners war der Landtag am Vormittag in erregter Stimmung zusammengetreten, doch tagte er nur wenige Minuten, weil ein Linksradikaler durch Revolverschüsse Minister Auer schwer verwundete und zwei andere Personen tötete. Die Regierung löste sich auf, die Macht übte vorläufig ein neugebildeter ›Provisorischer Zentralrat der Republik Bayern‹ aus. Den Vorsitz übernahm der 28-jährige Lehrer Ernst Niekisch. Fast alle Münchner Zeitungen wurden für zehn Tage verboten, Geiseln wurden genommen und Waffen an die sozialistischen Arbeiter zum ›Kampf gegen die Reaktion‹ ausgegeben. Der Landtag ging auseinander. Mit diesen Maßnahmen begann die zweite Revolution. Sie stand im Zeichen einer wachsenden Radikalisierung. Am 28. Februar übertrug der Rätekongress die Wahrnehmung der Regierungsgeschäfte einem 33-gliedrigen Aktionsausschuss, der aus seiner Mitte einen 7-gliedrigen Zentralrat wählte.*
6 *Zwischen dem 10. und 20. Februar war es in mehreren Städten des rheinisch-westfälischen Industrierreviers zu Ausschreitungen bewaffneter Spartakisten gekommen. In Düsseldorf verhinderten sie die Wahlen zur Stadtverordnetenversammlung, forderten die sofortige Sozialisierung der Schwerindustrie, besetzten mehr als 100 Zechen und etwa 40 Gemeindeverwaltungen und zwangen aus Protest gegen das Vordringen der Regierungstruppen ein Drittel der Bergleute zum Generalstreik. In Braunschweig stürmten Arbeitslose den Landtag und misshandelten Abgeordnete. In Nürnberg besetzten linksradikale Soldaten den ›Fränkischen Kurier‹ und drangen unter Verlusten in das Generalkommando ein. Sie protestierten damit gegen den am 12. Februar herausgegebenen Erlass des Militärministeriums zur Bildung eines Volksheimatschutzes (StAnz 43), in dem sie in Erinnerung an die antibolschewistische Armee in Russland eine ›Weiße Garde‹ zu erkennen glaubten. In Breslau forderte der Sturm von Arbeitslosen, Matrosen und Halbwüchsigen auf das Gerichtsgefängnis 20 Tote und Verwundete.*

wird, und bei vielen Landbewohnern die Ablieferungsfreudigkeit so stark beeinträchtigt, daß man allerorten die Auffassung vertreten hören kann, es solle überhaupt nicht mehr in die Städte geliefert werden, bevor nicht für Ruhe und Ordnung in denselben gesorgt sei.‹

›Die Stimmung der Bevölkerung im Landbezirke Augsburg ist insbesondere durch die letzten Vorgänge in München und Augsburg sehr erregt. Die ländliche Bevölkerung hat von dem Zusammentreten des Landtags eine baldige Beruhigung der politischen Lage und die Rückkehr geordneter Verhältnisse, worauf es ihr allein ankommt, erwartet und ist nun in dieser Erwartung sehr enttäuscht. Es entspricht nicht den Tatsachen, daß auf dem Lande die Reaktion auf dem Marsche sei. Die Leute wünschen nichts sehnlicher als endlich Ruhe und Ordnung und würden sich, sobald diese eintritt, mit den durch den Umsturz geschaffenen Verhältnissen abfinden.‹

›Die politische Erregung der letzten Tage klingt auch in der Provinz nach. Die Verhältnisse in der Stadt Günzburg waren in der letzten Zeit zufriedenstellend. Es herrschte im allgemeinen Ruhe und Ordnung. Jetzt beginnen die Köpfe aber wieder unruhig zu werden. Man fragt sich, ob es denn wirklich nötig ist, alle spartakistischen Umtriebe bis ins kleinste Detail in den Zeitungen zu bringen. Solche Vorgänge machen Schule, und man muß auch in der Provinz mit ernsten Vorkommnissen rechnen, wenn nicht einmal gründlicher Wandel geschaffen wird.‹

Über die Eierablieferung berichten die Bezirksämter D i l l i n g e n , I l l e r t i s s e n , N e u - U l m was folgt:

›Von allen Seiten kommen Klagen, daß die Eierabgabe an den Kommunalverband Dillingen noch sehr gering ist. Der Grund hiefür liegt darin, daß den Geflügelhaltern der Preis von 16 Pfennig zu niedrig ist. Ich habe schon vor längerer Zeit bei der Eierversorgungsstelle den Antrag auf Erhöhung des Grundpreises auf 20 Pfennig gestellt gehabt, namentlich mit Rücksicht auf den in Württemberg geltenden Preis von 25 Pfennig. Leider ist die Eierversorgungsstelle darauf nicht eingegangen. Die Folge wird ein erheblicher Rückgang in der Eierablieferung sein. Ich stelle die Bitte, es wolle der Lebensmittelstelle wiederholt die Sachlage geschildert und eine Erhöhung des Aufkaufpreises angeregt werden.‹

›Obwohl die Eierablieferung im erweiterten Kommunalverbandsausschuß Illertissen eingehend besprochen wurde und dem erweiterten Kommunalverbandsausschuß auch die 6 Distriktsbauernräte als vollgültige Mitglieder angeschlossen wurden, begegnet die Eierablieferung in diesem Jahre besonderem Widerwillen, angeblich deshalb, weil alle Vorstellungen wegen des zu geringen Preises bei der Regierung kein Gehör fanden. Schon jetzt gehen viele Eier nach Württemberg, namentlich nach Ulm, wo 30–40 Pfennig bezahlt werden.‹

›Die Ernährung im Bezirke Neu-Ulm ist geordnet; ebenso die Anlieferung von Lebensmitteln. Nur die Ablieferung der Eier läßt bis jetzt recht zu wünschen übrig. Dies ist auf den ganz ungenügenden Erzeugerpreis und die württembergische Nachbarschaft zurückzuführen, wo der Erzeugerpreis 25 Pfennig beträgt. Fortgesetzt wird über die unzulässige Beanspruchung von Lebensmitteln und über die Hamsterei des in Weißenhorn und Umgebung noch immer einquartierten 2. Fußartillerie-Regiments geklagt.‹

Der Stadtmagistrat L i n d a u erhebt über die Fettversorgung folgende Klage:

›Durch die nunmehrige Milchlieferung nach Lindau aus der Dampfmolkerei Rotkreuz, die bisher aus der Milchfabrik Rickenbach erfolgte, ergab sich eine Stockung in der Versorgung der Stadt mit Milch. Außerdem ist die Fettversorgung völlig ungenügend.

Die Landesfettstelle hat wohl die auf die Versorgungsberechtigten treffende Wochenkopfmenge zugewiesen. Die Molkereien liefern jedoch nur bis zur Hälfte der Lieferungspflicht ab, so daß die Wochenkopfmenge von 62,5 Gramm nicht abgegeben werden kann, wenn uns nicht weitere Mengen zur Verfügung gestellt werden.‹

Der Vorstand des Bezirksamts Donauwörth teilt folgendes mit:
›Manche Dienstherrschaften, welche eine größere Anzahl von Dienstboten beschäftigen, erklären, die Lohnsteigerung verlange gebieterisch die Erhöhung der Getreidepreise, sonst könne nicht weiter gewirtschaftet werden.‹

Der Stadtmagistrat Augsburg berichtet folgendes:
›Die Wahrnehmungen der Preisprüfungsstelle Augsburg in der Berichtswoche ergaben, daß die Fälle von Preisüberforderungen auf allen Gebieten, hauptsächlich aber bei Tabakwaren, bei Obst und Gemüse und bei Waschmitteln eher im Zu- als im Abnehmen begriffen sind. Die Folge davon ist, daß die Nachfrage nach diesen Gegenständen reger wird, was natürlich auch auf die Preise einen außerordentlichen Einfluß hat. Bemerkenswert ist, daß die Preisüberforderungen bei Schuhwarenreparaturen allmählich abnehmen; der Grund hiefür dürfte darin zu suchen sein, daß es größeren Teilen, wenigstens der minderbemittelten Bevölkerung gelungen ist, sich aus Heeresbeständen Leder oder vollständige Schuhe anzuschaffen.‹

Über den Stand des Arbeitsmarktes, der Erwerbslosenfürsorge, über die Kohlen- und Rohstoffversorgung, sowie über den Wohnungsmarkt berichten die beteiligten Distriktsverwaltungsbehörden wie folgt:
›Lage der Industrie in Augsburg: Die Rohstoff- und Kohlenversorgung verschlechtert sich andauernd. Maschinenindustrie klagt über den Mangel aller Eisenarten, besonders Guß- und Fassoneisen. Die Kündigung weiblicher Angestellter nimmt weiteren Umfang an. Einige Textilbetriebe arbeiten unter günstigen Bedingungen.

Baumarkt in Augsburg: Die private, wie die städtische Bautätigkeit hat keine Besserung erfahren. Die Rohmaterialienbeschaffung und die unsteten Zeitverhältnisse bereiten in dieser Hinsicht die größten Schwierigkeiten.

Arbeitsmarkt in Augsburg: Gegenüber der Vorwoche ist die Zahl der Arbeitsuchenden weiter zurückgegangen. Die infolge des Frostwetters ausgestellten Arbeiter wurden meist wieder in Beschäftigung genommen. Die offenen Stellen der Landwirtschaft können meist besetzt werden. In der Metallindustrie ist die Zahl der Arbeitsuchenden noch weiter gestiegen. In der Holz- und Nahrungsmittelindustrie ist die Lage wie bei den kaufmännischen Berufen gleich ungünstig. Eine geringe Besserung zeichnet das Baugewerbe. Die Zahl der ungelernten Arbeiter sank infolge Vermittlung von Notstandsarbeiten; für jugendliche Ungelernte hat sich das Arbeitsangebot noch nicht vermehrt. An Schneidern, Schuhmachern besteht dauernd größter Mangel. Auch in der weiblichen Abteilung sank die Zahl der Arbeitsuchenden, während sonst sich die Lage nicht verändert hat. Zahlenmäßigen Aufschluß gibt nachstehende Aufstellung des städtischen Arbeitsamtes nach dem Stande vom 21. Februar 1919:

Wirtschaftszweig	Unerl. Angeb.		Unerl. Nachfrage		Bemerkungen
	a. männl.	b. weibl.	a. männl.	b. weibl.	
Land- und Forstwirtschaft, Gärtnerei	18	73	94	25	
Metallverarbeitung	12	–	1023	5	
Holzindustrie	28	–	77	–	
Textilindustrie	–	–	168	647	
Bekleidungs- und Reinigungsgewerbe	118	–	–	52	
Baugewerbe	30	–	429	–	
Sonst. Handwerk und Berufe	–	2	742	153	
Haus- und Gastwirtschaft	–	160	321	300	44 jugendl. m.
Summe:	206	235	3853[7]	2735[8]	
Gesamtsumme der Vorwoche:	191	229	4141	3214	

Die Zahl der unterstützten Erwerbslosen hat sich in der Berichtswoche um 1453 gesteigert und beträgt zur Zeit 9417 Personen.
Wohnungsfürsorge in Augsburg: Die Gesamtzahl der Wohnungsgesuche ist auf 953 angelaufen. Von 35.639 hiesigen Wohnungen sind nur 2 leer. Vom 11.2. bis zum 17.2.1919 wurden im städtischen Wohnungsamt 106 Wohnungen gesucht, davon entfallen auf Kriegsgetraute 52, auf dienstlich Versetzte 8, auf Familien in zu kleinen, überfüllten und ungesunden Wohnungen 20, auf von auswärts Zugezogene 4, auf Parteien, deren Wohnungen unter Anrufung des Mieteinigungsamtes gekündigt wurden, 7. Gesucht sind meistens Kleinwohnungen. Diese 106 Wohnungssuchenden sind zur Zeit alle untergebracht, teils bei Verwandten, teils in möblierten Zimmern, teils in zu kleinen oder gekündeten Wohnungen. Diesen Gesuchen stehen am 18.2.1919 nur 2 leere Wohnungen gegenüber, welche gegenwärtig instand gesetzt werden. Die Bautätigkeit seit 1. Januar 1919 zeigt folgende Zahlen: Im ganzen wurden 35 Wohnungen zum Beziehen fertiggestellt, davon 10 mit 2 Zimmern und 9 mit 3 Zimmern. Von der Stadtgemeinde Augsburg wurden in städtischen und Stiftungsgebäuden 18 Wohnungen fertiggestellt, 250 sind in Ausführung begriffen und von 16 liegen Eingabepläne bei der Baupolizei vor bzw. sind Verhandlungen im Bauamt eingeleitet. Von der Stadtgemeinde Augsburg wurden in Privatgebäuden 2 Wohnungen fertiggestellt, 6 sind in Ausführung begriffen und von 1 liegt der Eingabeplan bei der Baupolizei vor bzw. sind Verhandlungen im Bauamt eingeleitet. Von Privaten wurden selbst 8 Wohnungen fertiggestellt, 29 sind in Ausführung begriffen, und von 178 liegen Eingabepläne bei der Baupolizei vor bzw. sind Verhandlungen im Bauamt eingeleitet. Vom bayerischen Staat wurden in Staatsgebäuden 7 Wohnungen fertiggestellt, 1 ist in Ausführung begriffen und von 9

---

7 *Die tatsächliche Summe ist: 2854.*
8 *Die tatsächliche Summe ist: 1182.*

›liegen Eingabepläne bei der Baupolizei vor bzw. sind Verhandlungen im Bauamt eingeleitet.‹

›Die Industriebetriebe im Landbezirke Augsburg beschäftigen ihre vorhandenen Arbeiter weiter, solange die vorhandenen Rohstoffe und die Kohlen ausreichen, wöchentlich 45 Stunden. Die Arbeitslosenfürsorge geht ohne besondere Vorkommnisse und ohne Störung weiter. Die hohen Unterstützungsbeträge haben zur Folge, daß gegen mäßigen Lohn niemand mehr eine Arbeit übernehmen will.‹

›Die Arbeitsmarktlage in Lindau hat sich nur unwesentlich geändert. Zur Zeit besteht ein Überangebot an offenen Stellen. Sehr gesucht werden immer noch Schuhmacher und Schreiner. Für Metallarbeiter, Textil- und sonstige Industriearbeiter ist keine Arbeit vorhanden. Erfreulicherweise sind in den letzten Tagen von Baugeschäften Gesuche um Zuweisung von Arbeitskräften eingegangen; Maurer und Bautaglöhner können vorerst in größerer Anzahl untergebracht werden. Auch die Erdarbeiten konnten durch den Eintritt günstiger Witterung wieder aufgenommen werden und finden Hilfsarbeiter reichlich Beschäftigung. In der Landwirtschaft hat sich trotz Rundschreiben und Fühlungnahme mit den betreffenden Stellen die Nachfrage nach Arbeitskräften noch nicht gebessert. Die Zahl der Erwerbslosen beträgt zur Zeit 22, gegenüber 24 der letzten Woche.
Die Belieferung an Hausbrandkohle in Lindau ging in der vorigen Woche noch mehr zurück. Es mußten die bereits nicht sehr großen Koksvorräte der Saalbesitzer beschlagnahmt werden.‹

›Die Baumwollweberei Zöschlingsweiler, Bezirksamts Dillingen, beschäftigt wieder 80 Arbeiter, nachdem ihr aus Heeresbeständen Rohstoffe zur Verarbeitung zugewiesen worden sind. Auch in der mechanischen Bindfadenfabrik Schretzheim wird in den nächsten Wochen der Betrieb fast vollständig durchgeführt werden können.‹

›Die Rohstoffversorgung der Industrie im Landbezirk Neu-Ulm ist äußerst mangelhaft; die Fabriken landwirtschaftlicher Geräte und Maschinen wissen kaum noch etwas hereinzubringen. Eine Gerätefabrik in Weißenhorn mußte bereits ihren Betrieb (mit 20 Arbeitern) einstellen. Die Sägeindustrie klagt darüber, daß die Militärverwaltung das geschnittene Holz am Verbrauchsorte weit billiger abgibt als die staatlichen Forstämter das Rohmaterial im Walde; auch wurde seitens der Holzindustrie äußerst mißlich empfunden, daß die Forstämter erheblich Holz zurückgehalten hätten und nunmehr zu Taxen abgeben, die trotz entgegenstehender ministerieller Erklärung[9] gegenüber dem Vorjahre erhöht seien. Die Kohlenversorgung stockt vollständig. Die Spinnerei und Buntweberei in Ay, die infolge der starken Kälte der letzten 10 Tage mangels Betriebswassers ihr Werk zum Teil abstellen lassen mußte, erklärt, ihr Kohlenvorrat reiche noch 5–6 Tage, dann käme es zum Stillstand, wenn keine Kohlen zum Beheizen der Arbeitsräume eintreffen. Die Erwerbslosenunterstützung hat ebenfalls eine kleine Zunahme erfahren; doch kämen im Bezirk im ganzen zur Zeit nur 28 Fälle in Betracht. Arbeiter, die in industriellen Betrieben nicht untergebracht werden können und sich zur Beschäftigung in der Landwirtschaft mangels entsprechender Vorkenntnisse nicht eignen, finden größtenteils in der Forstwirtschaft Beschäftigung.‹

---

9 *Bek der Staatsministerien des Innern, der Finanzen und für Soziale Fürsorge über die Holzabgabe für den Kleinwohnungsbau und Hausratherstellung vom 19.2.1919; StAnz 52 (1919).*

›Das städtische Arbeitsamt Immenstadt meldet an Arbeitsuchenden: 148 männliche, 53 weibliche, ferner 7 Lehrlinge; an offenen Stellen: 11 für männliche, 5 für weibliche, 8 für Lehrlinge.‹

›Die Not an Kohlen machte sich im Bezirk Zusmarshausen insofern überall bemerkbar, als trotz fortgesetzter eifriger Bemühungen es nicht möglich war, die erforderlichen Schmiedekohlen hereinzubringen. Trotzdem bereits ein Ausgleich unter den Vorräten der im Bezirk ansässigen Schmiede selber herbeigeführt wurde, mußten schon einige Schmiede ihren Betrieb einstellen, weil sie die nötigen Kohlen nicht bekommen konnten. In den letzten Tagen sind nun 2 Waggon eingetroffen, womit wenigstens für einige Wochen die Not wieder behoben sein wird. Allein nun beginnt es wieder an dem nötigen Eisen zu mangeln, so daß abermals Stillstand dieser für die Landwirtschaft unentbehrlichen Betriebe droht.‹

›Besondere Schwierigkeiten für die Unterkunft und die Beschäftigung in Neu-Ulm droht durch den Umstand, daß aus Elsaß ausgewiesene Bayern[10] entweder in Neu-Ulm von Ulm aus, wohin sie von Baden aus auf öffentliche Kosten geschickt werden, eintreffen und Versorgung verlangen oder daß von Baden aus nach München derart beförderte Bayern in München wieder fortgeschickt werden und dann an der bayerischen Grenze in Neu-Ulm Versorgung verlangen[11]. Die Meldung des Arbeitsamtes Neu-Ulm liegt an.‹

›Die Arbeitsmarktlage in Kempten hat sich etwas gebessert. Das Arbeitsangebot in der Landwirtschaft läßt noch zu wünschen übrig. In der Metall-, Leder- und Nahrungsmittelindustrie ist seit der letzten Berichterstattung eine Änderung nicht eingetreten. Der Bedarf an Arbeitern im Bekleidungsgewerbe konnte nicht gedeckt werden. Im Baugewerbe besteht für die nächste Zeit Aussicht auf Besserung. Öffentliche Arbeiten werden ausgeführt; solche werden für die nächste Zeit noch mehr geschaffen. Die Zahl der Erwerbslosen hat sich auf ungefähr 200 reduziert.‹

›Die Zahl der Arbeitslosen in Memmingen nimmt zu; beim Arbeitsamt stehen 43 offenen Stellen 161 Stellengesuche gegenüber.‹

II.

Bereits unter Ziffer I. berichtet.

gez. von Praun, Regierungspräsident

---

10 Bereits während des Krieges flüchteten Reichsdeutsche aus den Kampfgebieten Elsass-Lothringens. Nach der Räumung durch deutsche Truppen aufgrund des Waffenstillstandsabkommens vom 11.11.1918 begannen die französischen Behörden mit der Ausweisung von deutschen Staatsbürgern. Sie ging unter harten Begleitumständen vor sich (Mitnahme von 30 kg Gepäck, Hinterlassung des Mobiliars). Für die Betroffenen richtete das elsass-lothringische Flüchtlingskomitee eine Zentralstelle in Kehl ein, die Auskünfte erteilte. Später wurden die Flüchtlinge von der Abteilung für Fürsorge des Bayer. Landesvereins vom Roten Kreuz betreut; StAnz 30 (1918), MABl S. 34.
11 In Augsburg arbeitete eine Ortsgruppe des ›Hilfsbundes für die Elsaß-Lothringer im Reich‹. Die im Regierungsbezirk Schwaben durchgeführten Wäsche-, Kleider- und Geldsammlungen erzielten gute Ergebnisse.

[Anlage zum Wochenbericht vom 24.Februar]

Meldung des Arbeitsamts Neu-Ulm über die Arbeitsmarktlage am 22. Februar 1919.

Wirtschaftszweig	Unerl. Angeb.		Unerl. Nachfrage	
	a. männl.	b. weibl.	a. männl.	b. weibl.
Land- und Forstwirtschaft, Gärtnerei	1	13	9	1
Metallverarbeitung	–	–	13	–
Holzindustrie	–	–	–	–
Textilindustrie	–	–	–	–
Bekleidungs- und Reinigungsgewerbe	9	1	–	–
Baugewerbe	1	–	1	–
Sonst. Handwerk und Berufe	5	–	29	2 Kfm.
Haus- und Gastwirtschaft	–	4	4	20
Ungelernte Arbeiter aller Art	–	–	26	1
[Summe]	16	18	82	24

Bemerkungen über die Lage des Arbeitsmarkts:
Arbeitsnachfrage übersteigt Arbeitsangebot bei weitem. Speziell sind überschüssige Arbeitskräfte vorhanden in Metall-, Leder- und Nahrungsmittelindustrie.
Städt. Arbeitsamt Neu-Ulm.

Augsburg, den 3. März 1919   60

I.

Nach den Unruhen, verbunden mit Plünderungen in der Nacht vom 21. auf 22. Februar, sind in Augsburg zufolge des ab 22. Februar verhängten Belagerungszustandes, der die Polizeistunde auf 7 Uhr feststellte, und auf Grund der scharfen Handhabung der getroffenen Bestimmungen durch die Truppen und die bewaffnete organisierte Arbeiterschaft im Verein mit den Augsburger Polizeiorganen weitere Ausschreitungen nicht mehr vorgekommen.

Das Bezirksamt A u g s b u r g berichtet folgendes:
› Die Stimmung der Bevölkerung ist durch die politischen Vorgänge in München[1] und die hiedurch hervorgerufene weitere Unsicherheit des öffentlichen Lebens sehr beunruhigt.

---

1 Da von der Regierung nur mehr vier Minister im Amt geblieben waren, wählte der Rätekongress am 1. März den bisherigen Staatskommissar Martin Segitz (MSP) zum Ministerpräsidenten. Sein Kabinett setzte sich zusammen aus Mitgliedern der MSPD (4), USPD (3), des Bayerischen Bauernbunds (1) und 1 Parteilosen. Die von der Mehrheit des Kongresses erstrebte Einigung der zerstrittenen Sozialisten scheiterte, weil die Linksradikalen (u. a. Kommunisten und Anarchisten) die Ausrufung einer Räterepublik nicht durchsetzen konnten und deshalb den Zentralrat verließen. Diese Minderheit rief in den folgenden Tagen die Bevölkerung Münchens zu Demonstrationen, Streiks und Sabotage auf. Sozialdemokraten, Gewerkschafter und Vertreter der Münchner Kasernen sprachen von »Lumpengesindel« und

Man wünscht sich nichts sehnlicher als endliche Ruhe und Ordnung im Staat, um das wirtschaftliche Leben wieder mit einiger Hoffnung auf Erfolg aufnehmen zu können. Insbesondere verlangen weite Kreise der ländlichen Bevölkerung nach einer endlichen ruhigen Tagung des Landtags, der allein als der wirkliche Vertreter des ganzen Volkes anzusehen sei. Die Leute versichern, sie könnten sich mit der Republik abfinden, wenn dieselbe die Kraft hätte, dem von Vertretern aller Volkskreise zu schaffenden neuen Recht und Gesetz Geltung zu verschaffen. Wenn diese Bürgschaften gegeben sind, denkt niemand in der Landbevölkerung an Gegenrevolution.‹

Das Bezirksamt M e m m i n g e n teilt nachstehendes mit:
›Befürchtet wird, daß bei dem Weitergreifen der Unordnung die Städter schließlich auf das Land kommen, um sich Lebensmittel mit Gewalt zu holen. Dies wird sich aber der Bauer nicht gefallen lassen,‹

ferner das Bezirksamt N e u b u r g a/D.:
›Der Bevölkerung im Bezirke Neuburg a/D. hat sich infolge der ungeklärten Lage in München eine erhebliche Erregung bemächtigt. Einige unruhige Elemente machen sich die allgemeine Unsicherheit zunutze und setzen sich in gewalttätiger und drohender Weise über die Gesetze hinweg. In der Stadt Neuburg hat ein Soldatenrat sich mit Handgranaten bewaffnet und den Regimentskommandeur zum Rücktritt zu zwingen versucht; das Unternehmen mißlang nur deshalb, weil der Soldatenrat schließlich vom Soldaten- und Arbeiterrat als solcher im Stich gelassen wurde.‹

Dem Berichte des Vorstandes des Bezirksamts D i l l i n g e n ist folgendes zu entnehmen:
›Infolge der ungeklärten politischen Lage läßt die Ablieferungsfreudigkeit der Landwirte im Bezirke Dillingen erheblich nach. Auch sonst hat der Umsturz bezüglich der Ablieferung von Brotgetreide, Kartoffeln usw. sehr geschadet, nachdem ein großer Teil der Landwirte der Meinung war, alle Gesetze und Verordnungen seien aufgehoben und sie könnten über ihre Produkte frei verfügen. Im Verkehr mit Vieh sind durch die Zulassung einer großen Anzahl von Aufkäufern bedenkliche Zustände eingetreten, so daß eine wirksame Kontrolle nicht mehr möglich ist. Unter diesen Umständen muß angenommen werden, daß in etwa 2 Monaten der Viehstand derart verringert wird, daß die Fleischversorgung gefährdet erscheint.‹

Das Bezirksamt Z u s m a r s h a u s e n führt nachstehendes aus:
›Für das Verhalten eines Teiles der landwirtschaftlichen Bevölkerung gegenüber den Ernährungsvorschriften bezeichnend ist die Tatsache, daß Getreide- und Mehlvorräte, die in 2 Mühlen vom Kontrolleur der Landesgetreidestelle beschlagnahmt worden waren, von den Eigentümern einfach wieder abgeholt worden sind. Es wird schwer fallen, diese Vorräte für den Kommunalverband noch zu sichern, es soll aber versucht werden.‹

Das Bezirksamt D o n a u w ö r t h hebt folgendes hervor:
›Durch die beständigen Viehkontrollen, die seit einiger Zeit neben der Bezirkskontrolle seitens der Fleischversorgungsstelle und des Kriegswucheramtes stattfinden, ist in allen Kreisen der Landwirtschaft im Bezirke Donauwörth eine außerordentliche Erbitterung und Gereiztheit entstanden. Die Tätigkeit der Bezirkskontrolleure ist fast lahm gelegt. Gewalttätigkeit und Widerspenstigkeit gegen amtliche Anordnungen nehmen zu, die Ablieferungswilligkeit hat bedeutende Einbuße erlitten. Ich gehe nicht fehl, wenn ich

vom »Terror der Straße und einer gewissenlosen Clique«; Karl-Ludwig AY, Appelle einer Revolution, München 1968, Anlagen 60, 62.

für die zunehmenden Schwierigkeiten hauptsächlich die allzuvielen Viehkontrollen verantwortlich mache, und möchte zur Erwägung anheimgeben, ob denn gerade die überzahlreichen Viehkontrollen der Zentralstellen noch im Verhältnis zu ihrem Zweck stehen. Sicher sind die vom Kriegswucheramt und Fleischversorgungsstellen veranlaßten Nachprüfungen gut gemeint und sollen die Viehhalter zur pünktlichen An- und Abmeldung erziehen und den Viehstand der öffentlichen Bewirtschaftung sichern. Allein die Zwangswirtschaft wird nicht solange dauern, um ein Einleben dieser Vorschriften herbeizuführen. Die Meldepflicht bringt für den Viehhalter eine außerordentliche Belästigung mit sich und ist sehr zeitraubend; einem Zwang in diesem einen Punkt fügt der auf anderem Gebiet umso freiere Landwirt sich umso weniger, als der Straf- und Verwaltungsvollzug schließlich doch weitgehende Rücksicht auf seine Verhältnisse nehmen muß. Ein Vorgehen bei den meisten Verfehlungen gegen die Anzeigepflichtigen ist deshalb zwecklos, weil erfahrungsgemäß immer wieder hauptsächlich mit dem guten Willen der Landwirtschaft gearbeitet werden muß und weil trotz Kontrolle und Strafen auch nicht mehr Vieh abgeliefert wird; der Mittel und Wege sind zu viele, um trotz Bestandserhebung und Überwachung Vieh und andere Produkte unter der Hand verschwinden zu lassen und der gesetzmäßigen Ablieferung zu entziehen. Eingehende polizeiliche Erhebungen und Feststellungen in jedem einzelnen Falle von Verfehlung gegen die Meldepflicht, vollends wie sie dem Amt von der Fleischversorgungsstelle und dem Kriegswucheramte in bereits weit über 100 Fällen angesonnen sind, bessern die Sache nicht, sondern vergiften noch den guten Willen der Bevölkerung, auf den die Verwaltungstätigkeit gerade in der gegenwärtigen Zeit angewiesen ist, will sie einigermaßen noch produktiv arbeiten. Auch bei der Versammlung der Bezirksbauernräte am 25. vorigen Monats wurde die Beseitigung der Anmeldepflicht seitens der Viehbesitzer mit allem Nachdruck gefordert, um so mehr als sie bisher schon nicht eingehalten worden sei, und auch künftig nicht eingehalten werden könne. Sie sei auch überflüssig, weil doch alle Vierteljahre eine Viehzählung stattfinde und man durch Kontrollen in der Zwischenzeit sich auch über die Viehstandsbewegung vergewissern könne.‹

Vom Bezirksamt A u g s b u r g wird berichtet:

›Die Volksernährung erleidet nach verlässigen Mitteilungen weiter dadurch Abbruch, daß die Landwirte aus Angst vor Plünderungen ihre Lebensmittel möglichst zu verbergen und zu verheimlichen suchen. Auch mit der Viehablieferung soll aus dem gleichen Grunde zurückgehalten werden. Die Leute meinen, wenn sie den Plünderern einige Viehstücke ausantworten, daß sie dann vor weiteren Schäden bewahrt blieben. Es erscheint daher auch von diesem Gesichtspunkte aus ein besserer Schutz der Landbewohner angezeigt.‹

Der Stadtmagistrat A u g s b u r g berichtet folgendes:

›Auffallenderweise mehren sich allmählich die Anzeigen, aus denen hervorgeht, daß mit Heeresbeständen vielfach Mißbrauch getrieben wird, und Vorräte aus Heeresgut zu Preisen in den Handel gelangen, die als übermäßig bezeichnet werden müssen. Vielfach ist hieran der wilde Handel und der Kettenhandel beteiligt, da nur Elemente, die das Licht der Öffentlichkeit scheuen, mit dem Verkauf von derartigen Waren sich befassen. Eine straffe Erfassung der gesamten Bestände von Proviantämtern und Militärverwaltungen erscheint angezeigt, insbesondere wäre es zu begrüßen, wenn eine allgemeine Vorschrift erlassen würde, wonach derartige Waren nur unter Angabe des Namens des Verkäufers und des Preises, zu dem die Waren abgegeben werden sollen, verkauft werden dürfen. Die Preisprüfungsstelle Augsburg hat zwar schon früher in der

Presse bekanntgegeben, daß es sich empfiehlt, bei derartigen freihändigen Verkäufen eine Bescheinigung auszustellen, woraus der Name des Verkaufenden und der Preis der Ware ersichtlich ist, doch scheint diese Vorschrift nicht eingehalten zu werden. Es dürfte demnach veranlaßt sein, an die Zentralbehörden dementsprechend zu berichten, damit eine diesbezügliche Vorschrift allgemein bekanntgegeben werden kann, die hier Abhilfe zu schaffen vermag. Nur so wäre die Möglichkeit gegeben, daß der Weg einer Ware genau verfolgt und eine eventuell sich ergebende Preisüberforderung nachgewiesen werden kann.‹

Am Mittwoch den 1.3. dieses Jahres brach infolge der Explosion eines Ölbehälters in den Farbwerken zu Gersthofen Großfeuer aus, wobei 3 Arbeiter durch Verbrennen ihr Leben verloren haben. Der Brand konnte auf das betreffende Gebäude beschränkt werden. Ob hier strafbares Verschulden oder vis major vorliegt, konnte nicht festgestellt werden, zumal die 3 an der Brandstelle beschäftigten Arbeiter durch die Explosion getötet wurden.

Über die Lage des Arbeitsmarktes, der Erwerbslosenfürsorge, über die Kohlen- und Rohstoffversorgung, sowie den Wohnungsmarkt berichten die beteiligten Distriktsverwaltungsbehörden wie folgt:

›Lage der Industrie in Augsburg: Die Gesamtindustrie vermag sich durch die ungünstige Lage der Rohstoff- und Kohlenversorgung von ihrem Tiefstand nicht zu erheben. Walz- und Profileisen sind immer noch nicht erhältlich. Textilrohstoffe bleiben zum großen Teil beschlagnahmt. Durch Vermittlung der Demobilmachungsstelle München konnten für 2 Textilbetriebe hier auf einige Zeit Kohlen beschafft werden. Die Textilindustrie verzeichnet bei der Inbetriebnahme von Webstühlen und Spindeln eine gleichmäßige Steigerung. Meldungen über Kündigungen von kaufmännischem und technischem Personal werden seltener.

Baumarkt in Augsburg: Die trostlose Lage des Baumarktes hat sich noch nicht gebessert. Bei städtischen Bauarbeiten, zu welchen die Errichtung von Kleinwohnungen und Wohnbaracken, der Einbau von Notwohnungen, die Herstellung von Anlagen und öffentlichen Plätzen, die Wasser- und Straßenbauarbeiten und die Arbeiten für die Trinkwasserversorgung gehören, sind gegenwärtig 974 Mann beschäftigt. Bei privaten Bauvorhaben sind 490 Arbeiter beschäftigt. Die private Bautätigkeit beschränkt sich größtenteils auf bauliche Änderungen; nur 1 Wohnhausneubau ist darunter.

Arbeitsmarkt in Augsburg: Auf dem Arbeitsmarkt blieb die Zahl der Erwerbslosen gegen die Vorwoche ziemlich auf gleicher Höhe. Wenngleich eine erhebliche Anzahl von Arbeitsuchenden untergebracht wurde, so konnte sich die Zahl der Arbeitsuchenden infolge Neumeldungen nicht vermindern. Die Lage im Baugewerbe und in der Holz- und Nahrungsmittelindustrie ist unverändert, ebenso in der Metallverarbeitung. Dagegen zeigt sich Mangel an Gemüsegärtnern. Der Mangel an Schneidern, Schuhmachern dauert an. Bei dem Haus- und Wirtschaftspersonal und den Kutschern sind oft kriegsbeschädigte Leute, die schwer unterzubringen sind. Ungelernte, Taglöhner, Erdarbeiter können meist zu Notstandsarbeiten verwendet werden. In der weiblichen Abteilung ist die Lage ziemlich unverändert. Zahlenmäßigen Aufschluß gibt nachstehende Aufstellung des städtischen Arbeitsamtes vom 28. Februar 1919:

Wirtschaftszweig	Unerl. Angeb.		Unerl. Nachfrage	
	a. männl.	b. weibl.	a. männl.	b. weibl.
Land- und Forstwirtschaft, Gärtnerei	22	84	97	25
Metallverarbeitung	26	–	1053	5
Holzindustrie	46	–	63	–
Textilindustrie	2	–	178	702
Bekleidungs- und Reinigungsgewerbe	122	–	–	52
Baugewerbe	–	–	416	–
Sonst. Handwerk und Berufe	12	8	829	153
Haus- und Gastwirtschaft	–	180	319	283
Ungelernte Arbeiter aller Art	–	–	858	1504
Summe:	230	272	3813	2724
Gesamtsumme der Vorwoche:	206	235	3853	2735

Erwerbslosenunterstützung beziehen hier 8633 Personen, gegenüber 9617 der Vorwoche.

Wohnungsfürsorge in Augsburg: Vom 18.2.–25.2.1919 wurden im städtischen Wohnungsamt 81 Wohnungen gesucht, davon entfallen auf Kriegsgetraute 36, auf dienstlich Versetzte 2, auf Familien in zu kleinen, überfüllten und ungesunden Wohnungen 12, auf von auswärts Zugezogene 6, auf Parteien, deren Wohnung unter Anrufung des Mieteinigungsamtes gekündigt wurde 6. Gesucht sind meistens Kleinwohnungen. Diese 81 Wohnungssuchenden sind zur Zeit alle untergebracht, teils bei Verwandten, teils in möblierten Zimmern, teils in zu kleinen oder gekündeten Wohnungen. Diesen Gesuchen steht am 25.2.1919 nur 1 leere Wohnung gegenüber, welche gegenwärtig instand gesetzt wird. Die Bautätigkeit seit 1. Januar 1919 zeigt folgende Zahlen: Im ganzen wurden 37 Wohnungen zum Beziehen fertiggestellt, davon 11 mit 2 Zimmern und 10 mit 3 Zimmern. Von der Stadtgemeinde Augsburg wurden in städtischen und Stiftungsgebäuden 18 Wohnungen fertiggestellt, 250 sind in Ausführung begriffen und von 16 liegen Eingabepläne bei der Baupolizei vor bzw. sind Verhandlung im Bauamt eingeleitet. Von der Stadtgemeinde Augsburg wurden in Privatgebäuden 2 Wohnungen fertiggestellt, 6 sind in Ausführung begriffen und von einer liegen Eingabepläne bei der Baupolizei vor bzw. sind Verhandlungen im Bauamt eingeleitet. Von Privaten selbst wurden 10 Wohnungen fertiggestellt, 29 sind in Ausführung begriffen, und von 190 liegen Eingabepläne bei der Baupolizei vor bzw. sind Verhandlungen im Bauamt eingeleitet. Vom bayerischen Staat wurden in Staatsgebäuden 7 Wohnungen fertiggestellt, 1 ist in Ausführung begriffen und von 9 liegen Eingabepläne bei der Baupolizei vor bzw. sind Verhandlungen im Bauamt eingeleitet. An Flüchtlingen sind hier 4 männliche und 2 weibliche Österreicher und 3 männliche Elsässer gemeldet.

Der Einlauf an Hausbrandbrennstoffen in Augsburg hat sich weiter verschlechtert, insbesondere infolge der Besetzung des linksrheinischen Gebiets[2] und der Arbeiteinstellungen. Die amtliche Verteilungsstelle in Köln teilt mit, daß die rechtsrheinischen Lager erschöpft seien und daß die Engländer die Einfuhr aus dem linksrheinischen Gebiet immer noch nicht zuließen, so daß sie die Zuweisungen einstellen müsse. Die amtliche Verteilungsstelle in Dresden teilt mit, daß die Werke des mitteldeutschen Braunkohlenreviers die gesamten Lieferungen einzustellen gezwungen seien, da der Generalstreik[3] ausgebrochen sei. Somit sind die beiden letzten größeren Lieferungsgebiete für uns auch noch verschlossen und es bleibt nur noch das kleine oberbayerische Produktionsgebiet.‹

›Die Arbeitslosenfürsorge im Landbezirk Augsburg geht ohne Störung nach den gegebenen Vorschriften weiter. Nach wie vor klagen die Arbeitgeber über die hohen Unterstützungsbeträge, welche den notwendigen Abbau der Löhne verhindern und zum Müßiggang anreizen.‹

›Der Bedarf an Arbeitskräften für das Baugewerbe in Lindau hat sich infolge einer ziemlich lebhaft einsetzenden Bautätigkeit noch weiter vermehrt. In den übrigen Berufen mit Ausnahme des Schreiner- und Schuhmacherhandwerks, ist wenig Arbeit vorhanden. Die Zahl der Erwerbslosen ist von 24 der letzten Woche auf 12 gefallen. Die Bemühungen der Stadtverwaltung Lindau und des Wohnungsausschusses dort zur Behebung der Wohnungsnot sind im allgemeinen von Erfolg begleitet gewesen. Noch mehr wird dies der Fall sein, wenn, wie es den Anschein hat, die Max-Joseph-Kaserne zu Kleinwohnungen eingerichtet wird.
Eine Besserung in der Anlieferung von Hausbrandkohle ist nicht eingetreten. Dagegen ist es der Ortskohlenstelle Lindau gelungen, größere Holzvorräte, allerdings zu enorm hohen Preisen, aus den Staatswaldungen angeliefert zu erhalten.‹

›Die Rohstoffversorgung der Industrie im Bezirke Neu-Ulm ist äußerst mangelhaft; die Kohlenversorgung ruht vollständig. Von der Erwerbslosenunterstützung wird immer nur noch in ganz vereinzelten Fällen Gebrauch gemacht; sie entfiele beinahe vollständig, wenn die Kohlenversorgung fortginge. Die Spinnerei und Buntweberei Ay konnte ihren Betrieb bis jetzt fortsetzen.‹

›Der Versuch, aus sozialen Rücksichten die beim Kommunalverband Zusmarshausen beschäftigten weiblichen Arbeitskräfte durch Kriegsinvaliden zu ersetzen, ist bisher nicht gelungen. Trotz mehrfachen Ausschreibens von 3 Stellen hat sich bisher kein eigentlich Kriegsinvalider gemeldet, es sind im ganzen nur 4 Gesuche eingelaufen von denen eines wieder zurückgenommen wurde. Dieses Ergebnis dürfte einen Beweis bilden für geringe Arbeitslust und für die Abneigung gegen den Aufenthalt auf dem platten Lande.‹

›In den Distrikten Dillingen und Lauingen wird demnächst der Umbau der Straße von Ziertheim nach Reistingen als Notstandsarbeit in Angriff genommen werden.‹

›Mit den Arbeiten am Bau der Wasserleitung in Pfaffenhausen, Bezirksamts Mindelheim, ist bereits begonnen worden; die übrigen Notstandsarbeiten, deren Ausführung beschlossen wurde, werden in allernächster Zeit in Angriff genommen werden. Vorläufig nimmt die Zahl der Erwerbslosen noch langsam zu.‹

---

2 *In diesem liegen die Kohlereviere um Aachen und im Saarland.*
3 *Der Streik wurde in Leipzig (Sachsen) und Thüringen zur Unterstützung von Sozialisierungsbestrebungen ausgerufen.*

›Beim Arbeitsamt Memmingen stehen 48 offenen Stellen 195 Stellenangebote gegenüber. Die Zahl der unterstützten Erwerbslosen ist gleich geblieben.‹
Die Meldung des Arbeitsamtes Neu-Ulm liegt an.

II.

Bereits unter Ziffer I berichtet.

gez. von Praun, Regierungspräsident

Wirtschaftszweig	Unerl. Angeb.		Unerl. Nachfrage	
	a. männl.	b. weibl.	a. männl.	b. weibl.
Land- und Forstwirtschaft, Gärtnerei	2	5	9	–
Metallverarbeitung	–	–	6	–
Holzindustrie	1	–	–	–
Textilindustrie	–	–	–	–
Bekleidungs- und Reinigungsgewerbe	6	1	3	–
Baugewerbe	1	–	1	–
Sonst. Handwerk und Berufe	10	–	20	3 Kfm.
Haus- und Gastwirtschaft	–	8	1	11
Ungelernte Arbeiter aller Art	–	–	33	1
[Summe]	20	14	73	15

Bemerkungen über die Lage des Arbeitsmarkts.
Arbeitsnachfrage und Angebote gleichen sich aus mit Ausnahme der ungelernten Arbeitssuchenden der männlichen Abtlg.
Städt. Arbeitsamt Neu-Ulm.

Augsburg, den 10. März 1919   **61**

I.

Aus vielen Bezirken wird eine, mitunter erhebliche Verschlechterung des Sicherheitszustandes gemeldet.
Das Bezirksamt Mindelheim berichtet, daß die Vergehen gegen das Eigentum insbesondere Diebstähle zunehmen. Plünderungen sind dort zwar noch nicht vorgekommen, jedoch ist immerhin damit zu rechnen; das Bestehen bewaffneter Bürgerwehren ist daher ein dringendes Bedürfnis.
Einbrüche und Diebstähle in Käsereien des Bezirkes Markt Oberdorf wollen kein Ende nehmen; es scheint sich um eine organisierte Bande zu handeln.

Das Bezirksamt K a u f b e u r e n führt aus:
›Der Sicherheitszustand ist nach wie vor schlecht, weil das beständige Untergraben jeglicher staatlichen Autorität vor wie nach der Umsturzbewegung den sittlichen Halt eines großen Teils der Bevölkerung erschüttert hat.‹

Das Bezirksamt A u g s b u r g teilt folgendes mit:
›Der Sicherheitszustand im Landbezirke Augsburg ist der gleiche geblieben wie in der Vorwoche. Dagegen nimmt in der Landbevölkerung die Angst vor Plünderungen durch Städter zu. In der heutigen Distriktsausschußsitzung wurde mir von den anwesenden Landwirten die dringende Bitte vorgetragen, ja dafür zu sorgen, daß die Landbevölkerung bewaffnet wird. Die Erbitterung über das bisherige Mißtrauen der maßgebenden Stellen gegen ihre Bewaffnung sei sehr gewachsen und man höre allgemein die Drohung, daß man die Lieferung der Nahrungsmittel gänzlich einstellen werde, wenn dem Landvolke nicht bald Sicherheit gegen den Stadtmob durch Lieferung von Waffen geschaffen werde. Ich habe daraus Anlaß genommen, in einem besonderen Schreiben an den Stadtkommandanten von Augsburg die Abgabe von Waffen wenigstens an die größeren Gemeinden zu erwirken.‹

Die im Lager Lechfeld untergebrachten russischen Kriegsgefangenen durchziehen bettelnd den Bezirk Schwabmünchen und bilden hiedurch nicht nur für diese Gegend eine Landplage, sondern entziehen auch der Allgemeinheit eine nicht unerhebliche Menge von Lebensmitteln.

Dem Bericht des Stadtmagistrats A u g s b u r g ist folgendes zu entnehmen:
›Der Mitte Januar eingetretene und zum Teil durch die landwirtschaftlichen Verhältnisse (Futtermangel, Trächtigkeit der Kühe) bedingte Rückgang in der Milchanlieferung in Augsburg hat in der letzten Zeit zugenommen, so daß die Versorgung der erwachsenen Personen mit $1/8$ Liter Milch pro Tag nicht mehr möglich war; es konnten durchschnittlich höchstens $1/12$ Liter verabreicht werden. Die als Vorzugsmilch bezeichnete Menge konnte ungeschmälert abgegeben werden.

Die Anlieferung von Fleisch in Augsburg ist gegenwärtig unbefriedigend; es müssen die Gefrier- und Konservenbestände herangezogen werden.

Bei der Augsburger Preisprüfungsstelle sind besondere Vorkommnisse nicht zu erwähnen; bemerkenswert ist nur das eine, daß sich die Beschwerden wegen Preisüberforderung bei Tabakwaren in auffälliger Weise mehren. Es wird dies darauf zurückzuführen sein, daß nurmehr aus den alten Beständen der Kasinos und Marketendereien Tabakwaren zu hohen Preisen abgegeben werden, die durch wilden und Kettenhandel dem Kleinverkäufer zugeführt werden und von diesem zu Preisen verkauft werden müssen, die als übermäßig zu bezeichnen sind. Wie schon im vorigen Bericht erwähnt, könnte diesem Mißstand dadurch abgeholfen werden, daß eine allgemeine Vorschrift erlassen wird, wonach bei jedem Kaufabschluß zwischen einem Zwischenhändler und einem Wiederverkäufer genaue Adresse des Verkaufenden und der Preis der zu verkaufenden Ware angegeben werden muß, damit sich der betreffende Käufer jederzeit über Ursprungsort und Einkaufspreis der Ware ausweisen kann.‹

Das Bezirksamt N e u b u r g a/D. hebt nachstehendes hervor:
›Die Befürchtung, daß nach der regen Ablieferung an Schlachtvieh ein Rückschlag eintreten wird, hat sich leider bestätigt; die Landwirte weigern sich, jetzt Vieh abzuliefern, da sie angeblich alle Stücke zur Frühjahrsbestellung benötigen. Bei der zur Zeit vorgenommenen Stallnachschau durch Kriminalbeamte des Kriegswucheramtes zeigte sich die Gleichgültigkeit, um nicht zu sagen Widersetzlichkeit, der Landwirte gegen alle bestehenden Vorschriften, besonders auch gegen die An- und Abmeldungen der

Veränderungen im Viehstand. Durch die frühe Schlachtung von Schweinen sind viele Landwirte nicht in der Lage, sich für die Sommermonate genügend mit Fleisch einzudecken, weshalb eine größere Zuweisung an Schlachtvieh für den Kommunalverband unerläßlich ist; bei Ausrechnung des Schlachtungskontingents für die Zeit vom 1. Februar 1919 bis 30. April 1919 wurden sämtliche Hausschlachtende als Selbstversorger von dem Bezug von anderen Fleischarten ausgeschaltet. Die meisten Hausschlachtenden fordern jedoch auf Grund des geringen Fleischvorrats, als Teilselbstversorger behandelt zu werden.‹

Über die Lage des Arbeitsmarktes, den Stand der Erwerbslosenfürsorge, die Kohlen- und Rohstoffversorgung, sowie den Wohnungsmarkt berichten die beteiligten Distriktsverwaltungsbehörden wie folgt:

›Lage der Industrie in Augsburg: Eine Besserung der Lage von Industrie und Handel ist gegenüber unserem letzten Bericht nicht eingetreten. Außerordentlich ernst ist die Frage der Kohlenversorgung. Wenn auch, insbesondere in der Textilindustrie, die Rohstoffversorgung sehr ungünstig ist, so ist es doch immer wieder der schlechte Stand der Kohlenversorgung, der auch da, wo an sich Beschäftigungsmöglichkeit vorhanden wäre, zu Betriebsstörungen führt. Ohne eine durchgreifende Besserung in der Kohlenversorgung ist es unmöglich, zu geordneteren Verhältnissen zu kommen. Eine Verschlechterung der Verhältnisse ist in der Hanfspinnerei und Bindfadenfabrikation eingetreten. Dort kann in der Woche nur mehr 20 bzw. 24 Stunden gearbeitet werden. Wenn auch dort zunächst die Entlassung überzähliger Arbeitskräfte noch nicht in Aussicht genommen ist, so wird sich diese Maßnahme doch nicht vermeiden lassen, wenn die Verhältnisse nicht bald in diesem Industriezweig eine günstige Wendung nehmen. Im Eisenhandel besteht in den Artikeln Stabeisen, Formeisen, Blechen vollkommener Mangel. Wenn nicht verschiedene Fabriken der Kleineisenindustrie ab und zu etwas Ware liefern würden, so würden die Geschäfte des Eisenhandels überhaupt völlig lahmgelegt. Auch der Kleinhandel leidet dauernd unter erheblichem Warenmangel.

Baumarkt in Augsburg: Die städtische Bautätigkeit wird trotz der bekannten Schwierigkeiten auf das Bestmögliche gefördert. Die Stadt beschäftigt beim Wohnbarackenbau, Neubau von Kleinwohnungen und bei Erstellung von Notwohnungen, im Straßenbau, Wasserbau und in der Trinkwasserversorgung, bei Straßenbahnbauten, Abbrucharbeiten und in Kiesgruben gegenwärtig 865 Mann. Ein Unternehmer eines Schwemmkanalbaues weigert sich, mit den Arbeiten zu beginnen, weil er glaubt, unter den gegenwärtigen Verkehrsverhältnissen die erforderlichen Materialien nicht alle beizubringen; die Zementnot hindert auch noch immer den flotten Weitergang mancher Arbeiten. Die private Bautätigkeit, die sich gegenwärtig mit der Herstellung von 4 Wohnhausbauten, sonst aber meist nur mit Um- und Anbauten befaßt, beschäftigt lediglich 70 Arbeiter.

Arbeitsmarkt in Augsburg: Die Lage auf dem Augsburger Arbeitsmarkt ist im wesentlichen unverändert. Männliche Ungelernte konnten zu Notstandsarbeiten herangezogen werden. Für jugendliche Ungelernte ist die Arbeitsmöglichkeit geringer.

Die Landwirtschaft verzeichnet ein geringes Überangebot von Arbeitskräften. Die Holzindustrie bietet vermehrt Arbeitsgelegenheit, während Metall-, Textil-, Nahrungs- und Genußmittelindustrie ebenso wie Baugewerbe und kaufmännische Berufe unveränderte Lage zeigen. Der Mangel an Schneidern und Schuhmachern besteht andauernd. Die erhöhte Zahl erwerbsloser Ungelernter in der weiblichen Abteilung beruht auf der Umstellung eines hiesigen Werkes auf Friedensbetrieb. Nachstehende Übersicht des städtischen Arbeitsamtes nach dem Stande vom 7. März 1919 gibt zahlenmäßigen Aufschluß über den Arbeitsmarkt.

Wirtschaftszweig	Unerl. Angeb.		Unerl. Nachfrage		Bemerkungen
	a. männl.	b. weibl.	a. männl.	b. weibl.	
Land- und Forstwirtschaft, Gärtnerei	24	62	78	17	
Metallverarbeitung	20	–	1039	5	
Holzindustrie	28	–	43	–	
Textilindustrie	2	–	176	687	
Bekleidungs- und Reinigungsgewerbe	90	–	–	63	
Baugewerbe	5	–	297	–	
Sonst. Handwerk und Berufe	15	3	672	215	
Haus- und Gastwirtschaft	–	145	266	267	34 jugendl. m.
Ungelernte Arbeiter aller Art	–	–	498	1666	74 jugendl. m. 97 jugendl. w.
Summe:	184	210	3069	2920	205 jugendl.
Gesamtsumme der Vorwoche:	230	272	3813	2724	

An Erwerbslosen werden dahier 7486 Personen, gegenüber 8633 der Vorwoche unterstützt; es ist also ein stetes, wenn auch langsames Abnehmen der Erwerbslosigkeit festzustellen. Etwa 130 Erwerbslosen wurde vom 9. März ab die Unterstützung gekündet; 20 Unterstützte sind aus den besetzten Gebieten.
Wohnungsfürsorge in Augsburg: Vom 25.2.–3.3.1919 wurden im städtischen Wohnungsamt 70 Wohnungen gesucht, davon entfallen auf Kriegsgetraute 30, auf dienstlich Versetzte 4, auf Familien in zu kleinen, überfüllten und ungesunden Wohnungen 12, auf von auswärts Zugezogene 1, auf Parteien, deren Wohnung unter Anrufung des Mieteinigungsamtes gekündigt wurde, 6. Gesucht sind meistens Kleinwohnungen. Diese 70 Wohnungssuchenden sind zur Zeit alle untergebracht, teils bei Verwandten teils in möblierten Zimmern teils in zu kleinen oder gekündeten Wohnungen. Diesen Gesuchen steht am 3.3.1919 nur 1 leere Wohnung gegenüber, welche gegenwärtig instandgesetzt wird.
Die Bautätigkeit seit 1. Januar 1919 zeigt folgende Zahlen: Im ganzen wurden 38 Wohnungen zum Beziehen fertiggestellt, davon 11 mit 2 Zimmern und 11 mit 3 Zimmern. Von der Stadtgemeinde Augsburg wurden in städtischen und Stiftungsgebäuden 18 Wohnungen fertiggestellt, 250 sind in Ausführung begriffen und von 16 liegen Eingabepläne bei der Baupolizei vor bzw. sind Verhandlungen im Bauamt eingeleitet. Von der Stadtgemeinde Augsburg wurden in Privatgebäuden 2 Wohnungen fertiggestellt, 6 sind in Ausführung begriffen und von 1 liegen Eingabepläne bei der Baupolizei vor

bzw. sind Verhandlungen im Bauamt eingeleitet. Von Privaten selbst wurden 11 Wohnungen fertiggestellt, 37 sind in Ausführung begriffen, und von 187 liegen Eingabepläne bei der Baupolizei vor bzw. sind Verhandlungen im Bauamt eingeleitet. Vom bayerischen Staat wurden in Staatsgebäuden 7 Wohnungen fertiggestellt, 1 ist in Ausführung begriffen und von 9 liegen Eingabepläne bei der Baupolizei vor bzw. sind Verhandlungen im Bauamt eingeleitet.‹

›Über die Wohnungsfürsorge im Landbezirke Augsburg ist neues nicht zu berichten. Ich komme hier wieder auf die Anregung zurück, die umfangreichen Wohnräume des Flugplatzes Gablingen-Gersthofen zur Steuerung der Wohnungsnot heranzuziehen. Die Bevölkerung der Umgebung klagt bitter über die dort herrschenden Zustände; die Mannschaften sollen dort, unbeschäftigt und ganz sich selbst überlassen, ein Leben führen, das in den Nachbardörfern das größte Ärgernis erregt. Es wäre jedenfalls besser, die dortigen Wohnräume der wohnungsbedürftigen Bevölkerung von Gersthofen zu überlassen.‹

›Die Arbeitsmarktlage in der Landwirtschaft hat sich in Kempten nicht gebessert; ebenso verhält sich die Lage in der Industrie. Für Erd- und Bauarbeiter ist reichlich Arbeit vorhanden. Die Zahl der Erwerbslosen ist auf 100 zurückgegangen; diese verteilen sich auf 64 männliche und auf 36 weibliche. Unter den 64 männlichen Erwerbslosen befindet sich ein großer Teil Kriegsdienstbeschädigter, die nur zu leichterer Arbeit verwendbar sind. Diese in ein geordnetes Arbeitsverhältnis zu bringen, wird sehr schwer sein, da in ganz seltenen Fällen Angebote solcher Art eingehen.‹

›Die Strohhutindustrie im Bezirke Lindau kann anscheinend noch einige Zeit durchhalten; im übrigen hält sich die Arbeitslosigkeit auch im wesentlichen gleichen Stande.‹

›Die Demobilmachung im Bezirke Markt Oberdorf gibt zu besonderen Bemerkungen keinen Anlaß. Doch möchte ich nicht unerwähnt lassen, daß die Durchführung von Demobilmachungsmaßnahmen mitunter auch etwas schiefe und gewiß unbeabsichtigte Wirkungen mit sich bringt. So werden z. B. durch Zuweisung von Milchen an Kriegsteilnehmer häufig wiederum Käser brotlos, bei denen der Entzug der bisherigen Stelle zu noch größeren Härten führt. In einem vorgekommenen Einzelfall erhielt die Milchen ein Interessent mit Frau und 1 Kind während ein Käser mit Frau und fünf Kindern erwerbslos wurde.‹

›Vergangenen Montag wurde seitens der Stadtgemeinde Memmingen mit den Kanalisationsarbeiten Buxacherstraße-Kaiserpromenade-Schweizerberg begonnen. Für diese Arbeiten konnten bisher 80 Arbeitslose eingestellt werden; ab 10. dieses Monats wird sich diese Zahl auf 110 erhöhen. Die wirtschaftliche Lage hat eine Änderung nicht erfahren. Beim Arbeitsamt Memmingen stehen 46 offenen Stellen 112 Stellenangebote gegenüber. Die Zahl der unterstützten Erwerbslosen ist durch den Beginn der eingangs erwähnten Arbeiten gefallen (41 gegen 108).‹

›In der Zimmermann'schen Konservenfabrik Thannhausen ist infolge unzureichender Belieferung mit Schlachtvieh zeitweise Arbeitslosigkeit eingetreten, die jedoch voraussichtlich in Bälde wieder behoben sein wird.‹

›Der Bedarf an Arbeitskräften für das Baugewerbe in Lindau hält an, insbesondere werden Maurer, Zimmerleute, Bautaglöhner gesucht. Besondere Nachfrage ist nach Schreinern und Schneidern. In allen übrigen Erwerbszweigen keine Änderung. Die Zahl der Erwerbslosen in Lindau beträgt 9, gegenüber 12 der Vorwoche. Die Bemühungen der Stadtverwaltung Lindau zur Behebung der Wohnungsnot waren insoferne von Erfolg

begleitet, als jetzt militärischerseits der Stadtgemeinde in der Max-Joseph und der Lindenschanzkaserne[1] Räume für insgesamt 18–20 Kleinwohnungen überlassen wurden. Das Magistratskollegium hat auch in seiner gestrigen Sitzung, einer Anregung des Ministeriums für Soziale Fürsorge entsprechend, beschlossen, gemeinsam mit den nächstliegenden Landgemeinden einen Wohnungsverband zu gründen.
Die Kohlenbelieferung in Lindau betrug in der abgelaufenen Woche für Hausbrand 3, Privatindustrie 1 und für das städtische Gaswerk 1 Waggon Kohle. Gegen die Vorwoche bedeutet dies eine kleine Verbesserung, doch ist die Lage nach wie vor trostlos, da die geringen Vorräte bald ganz zusammengeschmolzen sein werden.‹
Die Meldung des Arbeitsamtes Neu-Ulm ruht an.

›Eine Besserung in der vollständig ungenügenden Rohstoff- und Kohlenversorgung im Landbezirke Neu-Ulm ist nicht eingetreten. Die an sich nicht bedeutende Erwerbslosenunterstützung entfiele so gut wie ganz, wenn die Kohlenversorgung fortginge. Die Spinnerei und Buntweberei in Ay konnte auch in dieser Woche ihren Betrieb fortsetzen.‹

›Die Allgäuer Baumwollspinnerei und Weberei Blaichach, Bezirksamts Sonthofen, hat nunmehr etwas Baumwolle, die seit Monaten unterwegs war, aus Bremen erhalten; sie wird infolgedessen im Laufe der nächsten 14 Tage soweit kommen, daß 20 % ihrer Arbeiterschaft beschäftigt sind. In der Mechanischen Bindfadenfabrik Immenstadt arbeiten immer noch 80 % der Arbeiterschaft wöchentlich 20 Stunden, 20 % feiern in stetem Wechsel. Die kleineren Webereien Fischen-Berghofen sowie Sonthofen arbeiten zur Zeit mit 40–50 % ihres Friedensarbeiterstandes. Das Hüttenamt Sonthofen ist ausreichend beschäftigt. Das städtische Arbeitsamt Immenstadt meldet 151 männliche und 55 weibliche Arbeitsuchende, 16 offene Stellen für männliche, 4 für weibliche Arbeitskräfte; 8 Lehrlinge suchen, 3 finden Stellen.‹

II.

[kein Eintrag]

gez. von Praun, Regierungspräsident

---

1 Ehemalige Luitpold-Kaserne, Uferweg 3–5; Max-Josephs-Kaserne, Fischergasse 1.

[Anlage zum Wochenbericht vom 10. März]

Meldung des Arbeitsamts Neu-Ulm über die Arbeitsmarktlage am 8. März 1919.

Wirtschaftszweig	Unerl. Angeb.		Unerl. Nachfrage	
	a. männl.	b. weibl.	a. männl.	b. weibl.
Land- und Forstwirtschaft, Gärtnerei	2	7	7	–
Metallverarbeitung	1	–	6	–
Holzindustrie	–	–	–	–
Textilindustrie	–	–	–	–
Bekleidungs- und Reinigungsgewerbe	5	1	3	2
Baugewerbe	–	–	1	–
Sonst. Handwerk und Berufe	8	–	17	2 Kfm.
Haus- und Gastwirtschaft	2	5	2	4
Ungelernte Arbeiter aller Art	–	–	30	7
[Summe]	18	13	66	15

Bemerkungen über die Lage des Arbeitsmarkts:
Gegenüber dem Vorberichte vom 26.II.1919 ist bei Arbeitssuchenden ein Minus von 25 zu verzeichnen. Zahl der offenen Stellen gleicht sich aus.
Städt. Arbeitsamt Neu-Ulm.

Augsburg, den 17. März 1919   **62**

I.

Das Bezirksamt F ü s s e n berichtet folgendes:
›Am Dienstag, den 11.3. trafen 5 italienische Offiziere mit Kraftfahrzeug in Füssen ein, kauften einige Kleinigkeiten ein und fuhren dann in schnellstem Tempo wieder über die Grenze. Den Zolleinnehmer wiesen sie ab; der militärische Grenzschutzmann ließ sie ruhig passieren, weshalb ich mich bei dem Grenzbataillon Kempten über die Instruktionen der Grenzschutzwachen, deren Daseinsberechtigung immer wieder in Zweifel gezogen werden muß, erkundigte. Antwort ist noch nicht eingelaufen.‹

Am 11. dieses Monats fand vor der Handelskammer in Augsburg eine Demonstration der Textilarbeiter statt, an der sich etwa 4000 Personen beteiligten. Nachdem ihr Vertreter verkünden konnte, daß die Lohnforderungen seitens der Betriebsleitungen genehmigt seien, zogen die Demonstranten in Ruhe wieder ab.

Das Bezirksamt S o n t h o f e n teilt nachstehendes mit:
›Im Amtsbezirk Sonthofen nehmen, wie anderwärts auch, die Diebstähle von Lebensmitteln und Bedarfsgegenständen zu. Vor einigen Tagen wurde hier sogar ein Paar

Pferde nachts aus dem Stalle gestohlen. Die Täter sind nicht in allen Fällen zu ermitteln. Bei ›Diebstählen‹ von Butter und Käse in Sennereien besteht mehrfach der Verdacht, daß der betreffende Senne von der Sache weiß. Unter den Landwirten macht sich verstärkter Widerstand gegen die Pflichtlieferungen, vor allem bei Vieh und bei Eiern geltend.‹

Dem Berichte des Stadtmagistrats A u g s b u r g ist folgendes zu entnehmen:
›Mit der dringenden Notwendigkeit eines möglichst raschen Preisabbaues läßt sich das Vorgehen einzelner Landesstellen nicht vereinbaren, die beispielsweise für Käse und Gemüse von Monat zu Monat höhere Erzeugerpreise bewilligen, auf deren Grundlage dann auch wieder höhere Kleinverkaufspreise dem Handel zugebilligt werden müssen. Soll ein Preisabbau mit Aussicht auf Erfolg in die Wege geleitet werden, so kann dies nur dadurch geschehen, daß auf der untersten Stufe, nämlich beim Erzeuger, mit dem Preisabbau begonnen wird. Ein Fall, in dem ein Zahlmeister an einen Feldwebel für ca. 4000 Mark Marketenderwaren verkaufte, gibt Veranlassung, darauf hinzuweisen, daß es wohl geboten sein dürfte, künftig im Interesse der Allgemeinheit alle Sonderverkäufe von Lebensmitteln aus Heeresbeständen an Einzelabnehmer nachdrücklichst zu verbieten und anzuordnen, daß solche nur an Kommunalverbände zur Abgabe kommen dürfen.‹

Das Bezirksamt I l l e r t i s s e n berichtet:
›Die Getreidebestandsaufnahme hat ergeben, daß von den Vorräten, die im Bezirke Illertissen nach der Ernteschätzung noch vorhanden sein sollten, rund 5000 Zentner fehlen. Wer den Geist kennt, der zur Zeit auf dem Lande herrscht und der zum großen Teil jede Befolgung der Vorschriften über die Einschränkung der Ernährung grundsätzlich ablehnt, braucht über die Gründe dieser bedauerlichen Tatsache kein Wort zu verlieren.‹

Der Stadtmagistrat N e u - U l m teilt folgendes mit:
›Durch den Landeshilfsverein in München wurde für elsaß-lothringische Flüchtlinge in Neu-Ulm eine Übernahme bzw. Durchgangsstelle errichtet. Die Flüchtlinge werden in militärischen Räumen untergebracht und vom Militär auf Rechnung des Roten Kreuzes verpflegt. Die Unterbringung der Flüchtlinge in Bayern wird uns wohl manche Schwierigkeiten bereiten.‹

Über die Lage des Arbeitsmarktes, den Stand der Erwerbslosenfürsorge, die Rohstoff- und Kohlenversorgung, sowie den Wohnungsmarkt berichten die beteiligten D i s t r i k t s v e r w a l t u n g s b e h ö r d e n, wie folgt:
›Lage der Industrie in Augsburg: Die Lage der Kohlen- und Rohstoffversorgung verschlechtert sich fortlaufend. Alle Arten von Fasson- und Profileisen sind für die Eisenindustrie nicht erhältlich. Die Textilindustrie verzeichnet weiterhin eine mäßige Steigerung der in Betrieb gesetzten Spindeln und Webstühle.
Baumarkt in Augsburg: Die Verhältnisse haben sich wenig geändert. Die städtische Bautätigkeit ist in der vergangenen Woche wieder gesteigert worden; es sind 1043 Arbeiter gegenüber 865 Mann der Vorwoche beschäftigt. Die private Bautätigkeit liegt immer noch darnieder und beschäftigt lediglich 538 Mann.
Arbeitsmarkt in Augsburg: Die Lage auf dem Arbeitsmarkt ist unwesentlich verändert. Gegenüber der Vorwoche hat die Zahl der Erwerbslosen in der männlichen Abteilung eine weitere Abnahme, in der weiblichen Abteilung eine geringe Zunahme erfahren. Die Landwirtschaft vermag die ihr zur Verfügung stehenden männlichen Arbeitskräfte meist nicht alle unterzubringen, während es ihr an geeigneten weiblichen meist fehlt.

Metallverarbeitung, Holz-, Textilindustrie, Nahrungs- und Genußmittelindustrie zeigen unveränderte Lage, ebenso das Baugewerbe. Das Bekleidungsgewerbe bietet reichlich Arbeitsgelegenheit. In Haus- und Gastwirtschaft steht dem Arbeitsangebot eine größere Zahl Erwerbsloser gegenüber. Die männlichen Ungelernten, meist Jugendliche und Arbeitsbeschränkte können schwer ein Unterkommen finden im Gegensatz zu kräftigen Leuten, die mehr und mehr gesucht sind. Die Zahl der weiblichen Ungelernten hat um ein Geringes zugenommen. Zahlenmäßigen Aufschluß gibt nachstehende Übersicht des städtischen Arbeitsamtes vom 14. März 1919:

Wirtschaftszweig	Unerl. Angeb.		Unerl. Nachfrage		Bemerkungen
	a. männl.	b. weibl.	a. männl.	b. weibl.	
Land- und Forstwirtschaft, Gärtnerei	11	66	85	18	
Metallverarbeitung	24	–	1028	5	
Holzindustrie	31	–	43	–	
Textilindustrie	2	–	170	716	
Bekleidungs- und Reinigungsgewerbe	92	–	–	74	
Baugewerbe	3	–	271	–	
Sonst. Handwerk und Berufe	11	3	652	235	
Haus- und Gastwirtschaft	–	162	253	272	26 jugendl. m.
Ungelernte Arbeiter aller Art	–	–	402	1714	64 jugendl. m. 75 jugendl. w.
Summe:	174	231	2904	3034	165 jugendl.
Gesamtsumme der Vorwoche:	184	210	3069	2920	205 jugendl.

Nach dem Stande vom 8. März 1919 hatten wir 3428 männliche und 2170 weibliche Erwerbslose zu unterstützen, das sind zusammen 5598 Personen. Hierzu kommen noch 1329 ganz erwerbslose Textilarbeiter und 4159 teilweise erwerbslose Textilarbeiter. Seit Beginn der Erwerbslosenfürsorge sind im ganzen 5492 Personen wieder in Arbeit getreten.
Wohnungsfürsorge in Augsburg: Vom 4. März bis 10. März 1919 wurden im städtischen Wohnungsamt 87 Wohnungen gesucht, davon entfallen auf Kriegsgetraute 25, auf dienstlich Versetzte 5, auf Familien in zu kleinen, überfüllten und ungesunden Wohnungen 15, auf von auswärts Zugezogene 4, auf Parteien, deren Wohnung unter Anrufung des Mieteinigungsamtes gekündigt wurde, 13. Gesucht sind meistens Kleinwohnungen. Diese Wohnungssuchenden sind zur Zeit alle untergebracht, teils bei Verwandten teils in möblierten Zimmern teils in zu kleinen oder gekündeten Wohnungen. Diesen Gesuchen steht am 10. März 1919 nur 1 leere Wohnung gegenüber, welche gegenwärtig instandgesetzt wird. Die Bautätigkeit seit 1. Januar 1919 zeigt folgende Zahlen: Im ganzen wurden 38 Wohnungen zum Beziehen fertiggestellt, davon 11 mit

2 Zimmern und 11 mit 3 Zimmern. Von der Stadtgemeinde Augsburg wurden in städtischen und Stiftungsgebäuden 18 Wohnungen fertiggestellt, 250 sind in Ausführung begriffen und von 16 liegen Eingabepläne bei der Baupolizei vor bzw. sind Verhandlungen im Bauamt eingeleitet. Von der Stadtgemeinde Augsburg wurden in Privatgebäuden 2 Wohnungen fertiggestellt, 6 sind in Ausführung begriffen und von 1 liegen Eingabepläne bei der Baupolizei vor bzw. sind Verhandlungen im Bauamt eingeleitet. Von Privaten wurden selbst 11 Wohnungen fertiggestellt, 40 sind in Ausführung begriffen und von 186 liegen Eingabepläne bei der Baupolizei vor bzw. sind Verhandlungen im Bauamt eingeleitet. Vom bayerischen Staat wurden in Staatsgebäuden 7 Wohnungen fertiggestellt, 1 ist in Ausführung begriffen und von 9 liegen Eingabepläne bei der Baupolizei vor bzw. sind Verhandlungen im Bauamt eingeleitet.‹

›Die allgemeine Lage ist im allgemeinen in Memmingen unverändert; die Zahl der Erwerbslosen ist infolge der Notstandsarbeiten auf 33 zurückgegangen; der Mangel an Zement kann aber dazu führen, daß wir zur Einstellung der Notstandsarbeiten gezwungen werden. Beim Arbeitsamt stehen 59 offene Stellen für Männliche 101 Stellengesuche gegenüber. Im übrigen ist festzustellen, daß die Unternehmer in Memmingen zur Zeit große Lust zu Erweiterungen und Vergrößerungen an den Tag legen, die Stadtgemeinde verhandelt zur Zeit über nicht weniger als 10 Projekte für gewerbliche Niederlassungen mit Gleisanschlüssen an das städtische Industriegleisnetz; wenn nur einigermaßen Aussicht auf dauernde Ruhe und Ordnung ist und der dringendste Mangel an Kohlen und Rohmaterialien beseitigt wäre, würde das wirtschaftliche Leben hier rasch wieder in Gang kommen.‹

›Die Arbeitslosen des Landbezirkes Augsburg machen bereits gegen die Herabsetzung der Unterstützungsbeträge ab 1. kommenden Monats mobil.‹

›Die allgemeine Lage des Arbeitsmarktes in Lindau ist gegenüber der Vorwoche unverändert. Der Bedarf an Arbeitskräften für das Baugewerbe ist ziemlich gedeckt, gesucht werden noch Maurer und Zimmerleute. Besonders gesucht sind Schneider und Schreiner. Für alle anderen Berufe einschließlich Landwirtschaft wenig Angebote. Die Zahl der Erwerbslosen beträgt noch 9. Die Wohnungsnot in der Stadt Lindau besteht trotz aller dagegen getroffenen Maßnahmen immer noch fort. Die Zahl der vom Militär in den beiden Kasernen zur Verfügung gestellten Wohnungen verringert sich leider dadurch erheblich, daß die Garnisonsverwaltung nicht auch die zu einer Wohnung gehörigen Räume auf dem Speicher abgibt. Da in der Kaserne auch keine Keller vorhanden sind, muß ein Teil der für Wohnzwecke bestimmten Räume für solche untergeordnete Zwecke verwendet werden. Ich werde nicht unterlassen, mit Hilfe des Soldatenrats noch einen Versuch zu machen, daß auch die Speicher der Kaserne zur Verfügung gestellt werden. Zur Zeit sind 14–15 angemeldete Parteien ohne Wohnung. Es sind dies aber fast ausschließlich Familien, die von auswärts zuziehen. Es erübrigt deshalb auch nichts weiter, als daß der Zuzug in die Stadt bis auf weiteres untersagt wird. Eine Reihe von früher für Wohnzwecke nicht benützter Räume in Villen der Nachbargemeinden wurde von dem gemeinsamen Wohnungsausschuß für Wohnungen in Beschlag genommen und nach entsprechender Adoptierung vermietet, so insbesondere in dem ausgedehnten Gut der Villa Toscana[1], der früheren Großherzoginwitwe von Toscana[2] gehörig. Die Kohlenanlieferung in Lindau ist jammervoll. Die Gasfabrik

---

1 Bregenzer Straße 6. Das Gebäude wurde 1876 als Sommersitz für den im bayerischen Exil lebenden Großherzog Ferdinand IV. von Toskana errichtet.
2 Alice, Prinzessin von Bourbon-Parma (1849–1935). Ferdinand IV. hatte sie 1868 in zweiter Ehe geheiratet.

erhielt nichts, für den Hausbrand in der ganzen Stadt wurde ein Wagen zugefahren; das Elektrizitätswerk erhielt 2 Wagen Grobkoks.‹

›Die wirtschaftliche Depression ist im Bezirke Lindau im Zunehmen begriffen. Vielfach dringt die Anschauung durch, daß weder das Reich noch der Staat in der Lage sein werden, ihren Verbindlichkeiten nachzukommen. Die geforderten hohen Arbeitslöhne und die hiedurch herbeigeführten hohen Preise aller Sachen haben die Bevölkerung zu einer großen Zurückhaltung im Bestellen und Kaufen gebracht. Die Geschäftsleute stellen auch nur die Hilfskräfte ein, die sie unbedingt nötig brauchen und verzichten lieber auf Ausdehnung ihres Arbeitskreises. So kommt es, daß dringende Arbeiten, die um jeden Preis ausgeführt werden sollen, stellenweise im Bezirke Lindau nicht in Angriff genommen werden, weil sich kein Unternehmer findet. Notstandsarbeiten würden auch mehr gemacht werden, wenn nicht die Furcht bestünde, die zugesagten Reichs- und Staatszuschüsse könnten nicht flüssig gemacht werden.‹

›Die Verlegung des Illerhochwasserdammes bei der Gemeinde Au, Bezirksamts Illertissen, wurde durch die in Aussichtstellung eines Distriktszuschusses von 3500 Mark und durch Verhandlungen mit den beteiligten Gemeinden gefördert. Hiedurch wird Arbeitsgelegenheit für eine ziemlich große Anzahl der bei der Firma Wieland in Vöhringen ausgestellten Arbeiter geschaffen werden.‹

›Das städtische Arbeitsamt Immenstadt hat für 174 männliche und 60 weibliche Arbeitsuchende nur 17 bzw. 6 offene Stellen; 8 Lehrlinge suchen und ebensoviele finden Stellen.‹

›Arbeitsgelegenheit ist nunmehr im Bezirke Wertingen für die einheimische Arbeiterschaft in reichlichem Maße zur Verfügung, da die Entwässerungsarbeiten der Genossenschaft Pfaffenhofen, Ober- und Unterthürheim wieder aufgenommen, von den neuen Besitzern des Gutes Schwaighof bei Holzen mit umfassenden Bauarbeiten begonnen worden und der Distrikt in einer Kiesgrube bei Wertingen einige 1000 Kubikmeter Schottermaterial werfen läßt.‹

Die Meldung des Arbeitsamtes Neu-Ulm liegt an.

II.

Vergangenen Dienstag, 11.3., abend fand in Memmingen eine von dem ›Schwabenkapitel‹[3] in Ulm veranlaßte Versammlung statt, in welcher die Vereinigung der gesamten deutschen Schwabenstämme zu einem Bundesstaat ›Schwaben‹ erörtert wurde. Näherer Bericht folgt.

gez. von Praun, Regierungspräsident

---

3 Dr. Karl Magirus (1856–1939), Rektor einer höheren Mädchenschule in Ulm, gründete Anfang 1919 das sog. Schwabenkapitel. Seine Mitglieder warben für ein Reichsland Großschwaben mit der Hauptstadt Stuttgart, das durch den Anschluss des österreichischen Vorarlberg und des bayerischen Schwaben an Württemberg geschaffen werden sollte. Magistrat und Gemeindekollegium Kemptens unterstützten den Vorschlag.

[Anlage zum Wochenbericht vom 17. März]

Meldung des Arbeitsamts Neu-Ulm über die Arbeitsmarktlage am 15. März 1919.

Wirtschaftszweig	Unerl. Angeb.		Unerl. Nachfrage	
	a. männl.	b. weibl.	a. männl.	b. weibl.
Land- und Forstwirtschaft, Gärtnerei	1	5	5	–
Metallverarbeitung	–	–	5	–
Holzindustrie	–	–	–	–
Textilindustrie	–	–	–	–
Bekleidungs- und Reinigungsgewerbe	7	1	3	4
Baugewerbe	3	–	1	–
sonst. Handwerk und Berufe	7	–	13	2 Kfm.
Haus- und Gastwirtschaft	1	9	2	4
Ungelernte Arbeiter aller Art	1	–	31	1
[Summe]	20	15	60	11

Bemerkungen über die Lage des Arbeitsmarktes:
In der männl. Abteilung besteht immer noch Überangebot von Arbeitskräften. Weibl. Abteilung gleicht sich aus.
Städt. Arbeitsamt Neu-Ulm.

Augsburg, den 24. März 1919 **63**

I.

In den letzten Tagen kamen 3 fleckfieberverdächtige Erkrankte aus Augsburg-Lechhausen in das städtische Krankenhaus zu Augsburg, die sich als an Fleckfieber erkrankt erwiesen. Die Überragungen stammen aus einer Familie Albig, Augsburg, Waterloostr. 51. Der Ehemann Albig kam krank aus der Ukraine und starb am 25. Januar 1919 unter der Diagnose Pneumonia crouposa. Die Ehefrau und 5 Kinder erkrankten ebenfalls, ein Kind liegt noch krank darnieder.

Die Kartoffellieferungen nach Augsburg waren auch in dieser Woche ungenügend; es sind im ganzen nur 17 Waggons mit 3401,20 Zentner Kartoffeln eingetroffen. Mit der Ablieferung sind die Bezirke Aichach, Dillingen, Kitzingen, Mallersdorf, Marktheidenfeld, Ochsenfurt, Straubing und Würzburg-Land noch weit im Rückstande.

In der Milchzufuhr nach Augsburg ist ein weiterer Rückgang eingetreten und zwar beträgt dieser pro Tag ca. 600 Liter.

Im Amtsbezirke Lindau werden die Futtermittel sehr knapp. Der Zentner Heu wird im Schleichhandel mit 30–35 Mark bezahlt.

Das Bezirksamt K a u f b e u r e n berichtet folgendes:
›Am schwierigsten gestaltet sich heuer die Eierablieferung. Vielen Hühnerhaltern ist der Erzeugerpreis von 16 Pfennig zu niedrig. Einige Gemeinden haben die Abgabe zu diesem Preis glatt verweigert, was voriges Jahr in keiner Gemeinde vorkam. Bei der Lebensmittelstelle wurde nach einstimmigem Beschluß des Kommunalverbandsausschusses und Bezirksbauernrats beantragt, den Erzeugerpreis alsbald auf 20 Pfennig hinaufzusetzen, wenigstens für körnerarme Bezirke.‹

Über die Lage des Arbeitsmarktes, die Erwerbslosenfürsorge, die Rohstoff- und Kohlenversorgung, sowie den Wohnungsmarkt berichten die beteiligten D i s t r i k t s v e r w a l t u n g s b e h ö r d e n, wie folgt:
›Lage der Industrie in Augsburg: Die Umstellung der Augsburger Maschinen- und Textilindustrie ist nahezu beendet; nur einige Betriebe sind noch in der Umstellung begriffen. Die Lage der Rohstoffversorgung ist gegenüber der Vorwoche unverändert. Die Zündholzfabrik hat nur mehr einen kleinen Vorrat von Fichtenstammholz, der für wenige Arbeitstage ausreicht. Da Mangel an Eisenbahnwagen zur Beförderung von Stammholz herrscht und die Holzabfuhr aus dem Walde der schlechten Wegverhältnisse halber unmöglich ist, wird demnächst die Herstellung von Zündhölzern eingestellt werden müssen.

Baumarkt in Augsburg: Die städtische Bautätigkeit, welche sich in der Hauptsache erstreckt auf Herstellung von Wohnbaracken, Kleinwohnungsbauten und Einbau von Notwohnungen, Anlagen- und Friedhofbau, Schwemmkanalneubauten, Straßenherstellung und Straßenneubauten, Uferschutzbauten und Reinigung und Instandhaltung der Werkkanäle, befindet sich in mäßiger Zunahme. Es sind in der Berichtswoche im ganzen 1409 Arbeiter gegenüber 1043 der Vorwoche beschäftigt. Die private Bautätigkeit ist immer noch auf dem gleichen Tiefstand. Es werden gegenwärtig 2 Neubauten mit Wohnungen und 5 ohne Wohnungen, 8 Nebengebäude und 3 untergeordnete Baulichkeiten, 12 Um-, An- und Aufbauten, 21 Bauänderungen, 1 Einfriedung und 3 Fassaden- und Ausbesserungsarbeiten durchgeführt und dabei 534 Mann beschäftigt (Vorwoche 538).

Arbeitsmarkt in Augsburg: Die Lage auf dem Arbeitsmarkt ist unverändert. In der männlichen wie in der weiblichen Abteilung zeigt sich eine geringe Abnahme der Erwerbslosen. In der Landwirtschaft kann noch ein großer Teil männlicher Arbeitskräfte nicht untergebracht werden; dagegen ist empfindlicher Mangel an weiblichen Arbeitskräften. Metall-, Holz- und Textilindustrie zeigen noch immer gleich geringe Aufnahmefähigkeit. Das Baugewerbe zeigt geringe Besserung. Bekleidungs- und Reinigungsindustrie zeigt Mangel an männlichen, einen Überfluß an weiblichen Arbeitskräften. Die Anmeldung von stellensuchenden Kaufleuten, die am 1.4. ausgestellt werden, nimmt zu. Für Haus- und Gastwirtschaft steht dem Arbeitsangebot eine größere Zahl, meist ungeschulter Arbeitskräfte gegenüber. Männliche Ungelernte, meist Arbeitsbeschränkte und Jugendliche, sind weniger begehrt. Die Zahl der weiblichen Arbeitslosen hat sich um ein Geringes vermindert. Nachstehende Übersicht des städtischen Arbeitsamtes Augsburg vom 21. März 1919 gibt zahlenmäßigen Aufschluß über die Bewegung auf dem Arbeitsmarkt:

Wirtschaftszweig	Unerl. Angeb.		Unerl. Nachfrage		Bemerkungen
	a. männl.	b. weibl.	a. männl.	b. weibl.	
Land- und Forstwirtschaft, Gärtnerei	21	57	69	17	
Metallverarbeitung	34	–	1020	5	
Holzindustrie	58	–	43	–	
Textilindustrie	2	–	166	670	
Bekleidungs- und Reinigungsgewerbe	85	–	1	61	
Baugewerbe	7	–	207	–	
Sonst. Handwerk und Berufe	16	–	726	208	
Haus- und Gastwirtschaft	–	163	236	256	22 jugendl. m.
Ungelernte Arbeiter aller Art	–	–	344	1708	72 jugendl. m. 95 jugendl. w.
Summe:	223	220	2812	2925	189 jugendl.
Gesamtsumme der Vorwoche:	174	231	2904	3034	165 jugendl.

Nach dem Stand vom 15. März 1919 hatten wir 3125 männliche und 2123 weibliche, zusammen 5248 erwerbslose Personen zu unterstützen. Hierzu kommen noch 1329 ganz und 4159 teilweise Erwerbslose der Textilindustrie, so daß im ganzen 10.736 Personen unterstützt werden mußten, gegenüber 11.086 der Vorwoche. Seit Beginn der Erwerbslosenfürsorge sind 6188 Personen wieder in Arbeit getreten.
Wohnungsfürsorge in Augsburg: Vom 10.3.–17.3.1919 wurden im städtischen Wohnungsamt 125 Wohnungen gesucht, davon entfallen auf Kriegsgetraute 58, auf dienstlich Versetzte 3, auf Familien in zu kleinen, überfüllten und ungesunden Wohnungen 20, auf von auswärts Zugezogene 1, auf Parteien, deren Wohnung unter Anrufung des Mieteinigungsamtes gekündigt wurde 15. Gesucht sind meistens Kleinwohnungen. Diese 125 Wohnungssuchende sind zur Zeit alle untergebracht, teils bei Verwandten teils in möblierten Zimmern teils in zu kleinen oder gekündigten Wohnungen. Diesen Gesuchen steht am 17.3.1919 bei 35.661 hiesigen Wohnungen nur 1 leere Wohnung gegenüber, welche gegenwärtig instandgesetzt wird. Die Bautätigkeit seit 1. Januar 1919 zeigt folgende Zahlen: Im ganzen wurden 59 Wohnungen zum Beziehen fertiggestellt, davon 21 mit 2 Zimmern und 21 mit 3 Zimmern. Von der Stadtgemeinde Augsburg wurden in städtischen und Stiftungsgebäuden 37 Wohnungen fertiggestellt, 236 sind in Ausführung begriffen und von 11 liegen Eingabepläne bei der Baupolizei vor bzw. sind Verhandlungen im Bauamt eingeleitet. Von der Stadtgemeinde Augsburg wurden in Privathäusern 4 Wohnungen fertiggestellt, 4 sind in Ausführung begriffen und von 1 liegen Eingabepläne bei der Baupolizei vor bzw. sind Verhandlungen im Bauamt eingeleitet. Von Privaten selbst wurden 11 Wohnungen fertiggestellt, 42 sind in Ausführung begriffen und von 188 liegen Eingabepläne bei der Baupolizei vor bzw.

sind Verhandlungen im Bauamt eingeleitet. Vom bayerischen Staat wurden in Staatsgebäuden 7 Wohnungen fertiggestellt, eine ist in Ausführung begriffen und von 9 liegen Eingabepläne bei der Baupolizei vor bzw. sind Verhandlungen im Bauamt eingeleitet.‹

›Die Zwirnerei Göggingen, Bezirksamts Augsburg, klagt über die ins Ungeheuerliche anwachsenden Arbeitslöhne, welche eine Konkurrenz mit dem Auslande ausschließen.‹

›Die Arbeitsmarktlage in Lindau ist nach wie vor im allgemeinen unverändert. Im Baugewerbe besteht fortwährend Nachfrage nach Zimmerleuten, Maurern und Bauhilfsarbeitern. Bei der Bahnmeisterei I und II in Lindau werden seit einigen Tagen eine größere Anzahl Bahnarbeiter benötigt. Besonders gesucht sind noch Schreiner und Schneider, für die übrigen Berufe ist wenig Arbeit vorhanden. Auch landwirtschaftliche Arbeitskräfte werden nur wenig angefordert. Es ist dies wohl darauf zurückzuführen, daß eine Anzahl Landgemeinden des Bezirks eigene Arbeitsnachweise eingerichtet haben und so den Bedarf ihrer Landwirte ohne Zuhilfenahme des Arbeitsamtes decken. Die Zahl der angemeldeten offenen Stellen beträgt zur Zeit 105, denen 23 Arbeitsuchende und 11 Erwerbslose gegenüberstehen. Auf die Beschaffung von Arbeitsgelegenheit für Erwerbslose wird ein besonderes Augenmerk gerichtet. Die Wohnungsnot in Lindau besteht trotz aller Bemühungen der Stadtverwaltung, des Wohnungsausschusses und des Arbeiterrates noch fort. Benötigt werden mindestens 3–5 Kleinwohnungen und 14 Mittelwohnungen. Magistrat hat unterm 19. März beschlossen, den Fremdenzuzug von besonderer Erlaubnis abhängig zu machen.‹

›Die Distriktsausschüsse Mindelheim und Türkheim haben beschlossen, die Straßenbauten Oberkammlach-Oberrieden, Markt Wald-Oberneufnach und Türkheim-Wörishofen als Notstandsarbeiten baldigst zur Ausführung zu bringen. Die Arbeiten am Baue der Wasserleitung in Pfaffenhausen schreiten befriedigend vorwärts; man hofft, wenn die nötigen Baumaterialien rechtzeitig eintreffen, die Wasserleitung bis zum 15. Juli dieses Jahres fertigzustellen. Wegen der Herstellung einer Wasserleitung für die Gemeinde Hausen wurden Verhandlungen eingeleitet. Da nunmehr hinreichend für Arbeitsgelegenheit gesorgt ist, hat die Zahl der Erwerbslosen im Bezirke Mindelheim in letzter Zeit etwas abgenommen.‹

›Die Ziegeleien im Bezirke Kaufbeuren sowie die Leimfabrik in Oberbeuren liegen noch still. An Zement und anderen Baustoffen herrscht ebenfalls empfindlicher Mangel. Man klagt darüber, daß die Abgabe von Heeresgut, worunter man viel Baumaterial vermutet, nicht besser organisiert wird.‹

Die Meldung des Arbeitsamtes Neu-Ulm liegt an.

II.

[kein Eintrag]

gez. von Praun, Regierungspräsident

[Anlage zum Wochenbericht vom 24. März 1919]

Meldung des Arbeitsamts Neu-Ulm über die Arbeitsmarktlage am 22. März 1919.

Wirtschaftszweig	Unerl. Angeb.		Unerl. Nachfrage	
	a. männl.	b. weibl.	a. männl.	b. weibl.
Land- und Forstwirtschaft, Gärtnerei	1	4	5	–
Metallverarbeitung	3	–	3	–
Holzindustrie	3	–	1	–
Textilindustrie	–	–	–	–
Bekleidungs- und Reinigungsgewerbe	6	1	1	2
Baugewerbe	2	–	2	–
Sonst. Handwerk und Berufe	2	–	15	2
Haus- und Gastwirtschaft	2	8	8	5
Ungelernte Arbeiter aller Art	1	–	26	2
[Summe]	20	13	61	11

Bemerkungen über die Lage des Arbeitsmarktes:
Arbeitsmarktlage gegenüber den Vorberichten unverändert.
Städt. Arbeitsamt Neu-Ulm.

Augsburg, den 31. März 1919 **64**

I.

Die Tätigkeit der Schutzmannschaft in Augsburg und der dortigen militärischen Wachen und Patrouillen zur Aufrechterhaltung der öffentlichen Ordnung wird unterstützt durch eine aus organisierten Arbeitern gebildete ›Schutzwache‹. Diese arbeitet unter dem Stadtkommandanten[1] im Benehmen mit der Polizei; sie zählt zur Zeit über 300 Mitglieder.

Das Bezirksamt S c h w a b m ü n c h e n berichtet:
›Ein Wagentransport von im Artilleriedepot Lager Lechfeld entwendeten Gegenständen im Werte von 2300 Mark wurde von der hiesigen Gendarmerie angehalten. Die Täter sind ermittelt.‹

Dem Bericht des Bezirksamts S o n t h o f e n ist folgendes zu entnehmen:
›Eine Zunahme von Diebstählen im Bezirke Sonthofen ist in letzter Zeit nicht mehr zu verzeichnen; dagegen wird wieder mehrfach gewildert, die Gendarmeriestation Oberstdorf hat allein letzter Tage 6 Jagdvergehen gemeldet.‹

---

1 Der Gewerkschaftssekretär Hans Edelmann, stellvertretender Vorsitzender des Arbeiter- und Soldatenrats, übte dieses Amt vom 1.3. bis zum 21.4.1919 aus.

Der Stadtmagistrat A u g s b u r g hebt folgendes hervor:
›Die Einführung des 8-Stunden-Tages macht sich bei der Preisfrage immer mehr bemerkbar. So haben die hiesigen Mühlenbesitzer in einer Eingabe eine Erhöhung der Mahl-, Fuhr- und Mischlöhne gefordert, die von der Preisprüfungsstelle auch teilweise begutachtet wurde. Diese Erhöhung wird sich in einer weiteren Erhöhung des Mehl- und Brotpreises auswirken. Infolge Erhöhung der Tarifsätze im Gastwirtsgewerbe hat auch dieser Berufszweig um Erhöhung der Kaffee- und Bierpreise gebeten. Das Gesuch befindet sich zur Zeit in Instruktion. Statt daß ein allgemeiner Preisabbau in die Wege geleitet würde, stehen wir infolge der hohen Lohnforderungen und der Einführung der 8-stündigen Arbeitszeit vor der Notwendigkeit, in fast sämtlichen Betrieben den erhöhten Auslagen durch Genehmigung höherer Verkaufspreise Rechnung zu tragen.‹

Das Bezirksamt L i n d a u berichtet nachstehendes:
›Durch den Bezirk Lindau geht anscheinend ein großer Schleichhandel von Käse und auch von Schnaps über Württemberg nach Baden. Nach den bestehenden Anhaltspunkten verlassen die Händler in Oberreitnau die Bahn und setzen zu Fuß die Reise nach Württemberg fort. Der Gendarmerie ist es trotz eifrigster Tätigkeit bisher nicht gelungen, dem Treiben eine Schranke zu setzen.‹

Das Bezirksamt D i l l i n g e n teilt über den Saatenstand folgendes mit:
›Über den Stand der Saaten im Bezirke Dillingen lauten die Berichte sehr verschieden; während er in einzelnen Gemeinden gut ist, muß in einer großen Anzahl von Gemeinden infolge des Mäusefraßes Umackerung erfolgen. Es wird gemeldet, daß dies für $\frac{1}{6}$ bis zu $\frac{1}{3}$ der Winterbaufläche notwendig sei. Wenn von 2 Gemeinden die Hälfte der Fläche als zum Umbau bestimmt angegeben wird, so dürfte dies übertrieben sein. Die Witterung war allerdings in der letzten Zeit nicht günstig, und die Saaten konnten sich nicht erholen.‹

Aus dem Bezirke N ö r d l i n g e n wird hiezu folgendes gemeldet:
›Der Stand der Wintersaaten läßt vielerorts zu wünschen übrig, die Mäuse haben zum Teil erhebliche Schäden angerichtet. Eine Neubestellung der Felder mit Sommergetreide wird in größerem Umfang notwendig werden.‹

Das Bezirksamt Z u s m a r s h a u s e n berichtet zur Schlachtviehablieferung folgendes:
›Angesichts der durchaus ungenügenden Lieferung an Schlachtvieh in der letzten Zeit wurde gestern eine Besprechung mit sämtlichen Schlachtviehaufkäufern abgehalten, wobei diese ebenfalls darüber sich beklagten, daß sie von den Bürgermeistern und Bauernräten so wenig unterstützt würden. Es wird allgemein erklärt, daß um die bisherigen Preise nichts abgegeben wird; das Schwarzschlachten nimmt anscheinend immer überhand. Ich habe heute eine eindringliche und energische Aufforderung an die Bürgermeister und Bauernräte hinausgegeben, sich um die Aufbringung des nötigen Schlachtviehs mehr wie bisher zu bemühen und den Aufkäufern dabei an die Hand zu gehen. Viel Wirkung verspreche ich mir leider auch hievon nicht. Freilich sind die Viehbestände auch sehr zusammengeschmolzen; der Amtstierarzt hat auf einer 2-tägigen Reise durch mehrere Gemeinden nur 6 zur sofortigen Ablieferung geeignete Großstücke festzustellen vermocht.‹

Das Bezirksamt M i n d e l h e i m berichtet:
›Dahier machen sich Bestrebungen geltend, welche auf Erhebung Mindelheims zur unmittelbaren Stadt abzielen.‹

Über die Lage des Arbeitsmarktes, die Erwerbslosenfürsorge, die Kohlen- und Rohstoffversorgung, ferner den Stand des Wohnungsmarktes berichten die beteiligten D i s t r i k t s v e r w a l t u n g s b e h ö r d e n, wie folgt:

›Lage der Industrie in Augsburg: Die ungünstige Lage der Kohlen- und Rohstoffversorgung ist unverändert geblieben. Die Bayerischen Rumplerwerke, A.G.[2] haben ihren Betrieb auf die Erzeugung landwirtschaftlicher Maschinen umgestellt. Rohstoffe und Halbzeuge sind dafür zum Teil schon vorhanden zum Teil im Anrollen begriffen. Aktiengesellschaft für Bleicherei, Färberei, Appretur und Druckerei hat ihren Betrieb wieder aufgenommen und wird die Arbeiten einige Wochen fortsetzen können. Die Zündholzindustrie verfügt über einen knappen Vorrat an Kohle und Langholz, so daß die Aufrechterhaltung des Betriebes nur noch für kurze Zeit gewährleistet werden kann.

Baumarkt in Augsburg: Die städtische Bautätigkeit, die sich nur auf die notwendigsten Bauvornahmen und Notstandsarbeiten beschränkt, ist etwas zurückgegangen. Die Zahl der beschäftigten Arbeiter betrug 1387 gegenüber 1409 der Vorwoche. Die private Bautätigkeit beschäftigte in der abgelaufenen Woche 602 Mann. Die so notwendige, vermehrte Erbauung von Wohngebäuden will immer noch nicht einsetzen. Der Grund liegt in den hohen Löhnen, in dem übermäßig teuren und knappen Arbeitsmaterial und in der Ungewißheit, wie sich die Zukunft gestalten wird.

Arbeitsmarkt in Augsburg: Die Zahl der Erwerbslosen hat sich im Laufe der letzten 8 Tage um rund 800 in der männlichen und 400 in der weiblichen Abteilung gemindert. Die offenen Stellen in der Landwirtschaft können in der männlichen Abteilung fast durchwegs sofort besetzt werden, an Dienstmägden besteht noch Mangel. In der Metallindustrie zeigt sich ein starker Rückgang von Erwerbslosen teils wegen Einstellung in Fabriken teils durch Eintritt in die Schutzwache (siehe unter öffentlicher Ordnung). Während in der Bekleidungsindustrie ein Mangel an Gehilfen besteht, ist im Baugewerbe und in der Textil- und Holzindustrie noch ein großer Teil arbeitslos. Bei letzterer fehlt es teilweise an geschulten Kräften. Bei den männlichen Ungelernten ist eine größere Zahl erwerbsbeschränkt; nach kräftigen Leuten jedoch besteht lebhafte Nachfrage. Von den weiblichen Ungelernten ist ein kleiner Teil in den alten Arbeitsstellen wieder angestellt worden. Nachstehende Übersicht des städtischen Arbeitsamtes Augsburg vom 28. März 1919 gibt zahlenmäßigen Aufschluß über die Bewegung auf dem Arbeitsmarkt:

---

2 Die 1908 in Berlin-Johannisthal von Edmund Rumpler (1872–1940) gegründete erste deutsche Flugzeugfabrik hatte 1916 in Haunstetten bei Augsburg eine Zweigniederlassung eröffnet und bis 1919 die bayerische Fliegertruppe beliefert.

Wirtschaftszweig	Unerl. Angeb.		Unerl. Nachfrage		Bemerkungen
	a. männl.	b. weibl.	a. männl.	b. weibl.	
Land- und Forstwirtschaft, Gärtnerei	41	75	43	15	
Metallverarbeitung	21	–	534	3	
Holzindustrie	15	–	30	–	
Textilindustrie	–	–	60	430	
Bekleidungs- und Reinigungsgewerbe	42	–	8	48	
Baugewerbe	34	–	176	–	
Sonst. Handwerk und Berufe	17	1	637	195	
Haus- und Gastwirtschaft	–	161	271	267	18 jugendl. m.
Ungelernte Arbeiter aller Art	–	–	333	1573	60 jugendl. m. 70 jugendl. w.
Summe:	170	237	2092	2531	148 jugendl.
Gesamtsumme der Vorwoche:	223	220	2812	2925	189 jugendl.

Nach dem Stande vom 22. März 1919 hatten wir 2795 männliche und 2084 weibliche, zusammen 4879 erwerbslose Personen zu unterstützen. Hierzu kommen noch 1329 ganz Erwerbslose und 4159 teilweise Erwerbslose der Textilindustrie, so daß im ganzen 10.367 Personen unterstützt werden mußten, gegenüber 10.736 der Vorwoche. Seit Beginn der Erwerbslosenfürsorge sind 6790 Personen wieder in Arbeit getreten. Einer Herabsetzung der Erwerbslosenunterstützung konnte der Stadtmagistrat angesichts der tatsächlich noch starken Arbeitsnot nicht näher treten.

Wohnungsfürsorge in Augsburg: Der Mangel an Wohnungen wird immer größer; rund 1400 sind gegenwärtig in Augsburg gesucht. Trotz Einbau von Notwohnungen, Errichtung von Wohnbaracken und Kleinwohnungsbauten, konnte diesem Mißstand nicht abgeholfen werden. Durch die getroffenen Maßnahmen werden in der Woche nur etwa 5–6 Wohnungen bezugsfertig. Die Zunahme der Wohnungssuchenden ist ganz erheblich größer, als die Zahl der beziehbar werdenden Wohnungen. Inwieweit die neuerlichen verschärften Maßnahmen über Wohnungsbeschaffung durch Aufteilung zu großer Wohnungen und Einbau von Wohnungen in geeignete Geschäftsräume die mißliche Lage zu bessern vermögen, muß erst abgewartet werden. Doch darf wohl heute schon gesagt werden, daß auch diese Maßnahme, die ohne Zweifel auch in den meisten Fällen einen scharfen Eingriff in das Hausrecht der Wohnungsinhaber bedeutet, eine Beseitigung des Übelstandes kaum bringen und nur eine Linderung bedeuten wird. Die Arbeiten des städtischen Mieteinigungsamtes legen in unzweideutiger Weise klar, da die Schwierigkeiten auf dem Gebiete der Wohnungsfürsorge schon sehr ernste sind und immer noch größere werden. Während beispielsweise 1917 1–2 Sitzungen in der Woche mit je 7–8 Fällen zu erledigen waren, sind es jetzt 3 wöchentliche Sitzungen mit je 18–20 Fällen; die Zahl der Fälle ist überdies stark im Steigen begriffen. Es wird wohl nur durch ausgiebige Wohnungsneubauten dem großen Wohnungselend gesteuert werden können.‹

›Die Bautätigkeit im Bezirke Augsburg-Land wurde durch den Beginn der Wiederherstellung der brandbeschädigten Essigsäurefabrik der Farbwerke in Gersthofen gefördert. Hier finden 30–35 Mann auf etwa 4 Wochen Beschäftigung.
Nach den vorliegenden Berichten sind

	ausgetreten	eingetreten
in der Alpinen Maschinenfabrik Göggingen	1	2 (nicht Heeresangehörige)
in der Zwirnerei und Nähfadenfabrik Göggingen	–	1 (Heeresangehöriger)
in der Spinnerei und Weberei Haunstetten	–	2 (Heeresangehörige)

Über augenblicklichen Mangel an Roh- und Betriebsstoffen wird nicht besonders geklagt; die beiden letztgenannten Betriebe haben für 1–2 Monate Betriebsstoffe (insbesondere Kohlen). Die Zwirnerei und Nähfadenfabrik wiederholt ihre Klagen, daß bei den heutigen fortwährend noch steigenden Arbeitslöhnen eine Konkurrenz mit dem Auslande nicht mehr möglich sei.‹

›Die Fabriken im Bezirke Dillingen arbeiten noch, wenn auch mit Schwierigkeiten. Das Kleingewerbe und Handwerk ist in günstiger Lage; die Beschaffung von Schmiedekohlen ist schwierig, doch sollen demnächst solche wieder geliefert werden. Nicht gut steht das Baugewerbe; es kommen nur kleinere Bauten zur Ausführung, da die Stoffe sehr hoch im Preise stehen und die Löhne fast unerschwinglich sind.‹

›Die Zahl der Erwerbslosen in Kaufbeuren ist wesentlich zurückgegangen infolge Einstellung von Pflegepersonal bei der Heilanstalt und von Arbeitern beim Bahnbau. Im Textilgewerbe sind 40 Arbeitslose vorgemerkt.‹

›Die Zahl der Erwerbslosen in Memmingen ist auf 28 zurückgegangen. Beim Arbeitsamt stehen 81 offenen Stellen nur 59 Stellengesuche gegenüber.‹

›In der Kohlenversorgung der gewerblichen Betriebe im Bezirke Neu-Ulm ist eine kleine Wendung zum Bessern eingetreten; dadurch hat sich auch die an sich nicht große Zahl der Erwerbslosen noch gemindert (auf etwa 25). Dagegen liegt die Versorgung mit Schmiedekohlen ganz im Argen.‹
Die Meldung des Arbeitsamtes Neu-Ulm liegt an.

II.
[kein Eintrag]
gez. von Praun, Regierungspräsident

[Anlage zum Wochenbericht vom 31. März]

Meldung des Arbeitsamts Neu-Ulm über die Arbeitsmarktlage am 29. März 1919.

Wirtschaftszweig	Unerl. Angeb.		Unerl. Nachfrage	
	a. männl.	b. weibl.	a. männl.	b. weibl.
Land- und Forstwirtschaft, Gärtnerei	4	4	5	–
Metallverarbeitung	4	–	2	–
Holzindustrie	3	–	–	–
Textilindustrie	–	–	–	–
Bekleidungs- und Reinigungsgewerbe	4	–	1	4
Baugewerbe	5	–	1	–
Sonst. Handwerk und Berufe	3	–	15	–
Haus- und Gastwirtschaft	–	9	4	3
Ungelernte Arbeiter aller Art	5	–	14	–
[Summe]	28	13	42	7

Bemerkungen über die Lage des Arbeitsmarktes:
Im Vergleiche von Stellenangeboten und Stellensuchenden ist fast durchweg ein Gleichbleiben festzustellen.
Städt. Arbeitsamt Neu-Ulm.

Augsburg, den 8. April 1919   65

I.

Am Donnerstag, den 3. April abends 7 Uhr fand im Ludwigsbau in Augsburg eine Versammlung der Sozialdemokratischen Partei statt, Herr Niekisch[1], Vorsitzender des Zentralrates, hielt eine zweistündige Rede über die zweite Revolution, an welche sich eine dreistündige, äußerst lebhafte Aussprache knüpfte, in der hauptsächlich die Vertreter der Unabhängigen Sozialdemokratischen Partei die Forderungen nach Ausrufung der Räterepublik stellten und eine diesbezügliche Resolution faßten, die mit überwiegender Mehrheit angenommen wurde. Für Freitag, den 4. April, war ein eintägiger Generalstreik mit großem Demonstrationszug der Arbeiter und Angestellten der hiesigen größeren Werke angesetzt, der auch zur Durchführung kam und sich in völliger Ruhe und Ordnung vollzog. Die Straßenbahn verkehrte von morgens

---

1 *Ernst Niekisch (1889–1967), Lehrer, Journalist. 1918–1919 Mitglied des Provisorischen Nationalrats des Volksstaats Bayern, 1919 Vorsitzender des bayerischen Provisorischen bzw. des Revolutionären Zentralrats, 1919–1923 MdL (MSPD, USPD). 1939 wegen Vorbereitung zum Hochverrat vom Volksgerichtshof zu lebenslangem Zuchthaus verurteilt, 1948–1954 Professor an der Humboldt-Universität in Berlin/Ost, Mitglied der Volkskammer der Deutschen Demokratischen Republik. 1954 Niederlegung aller Ämter und Übersiedlung nach Berlin/West.*

8 Uhr an nicht mehr. Die bürgerlichen Zeitungen erschienen nicht. Samstag, den 5. April, wurde die Arbeit wieder aufgenommen, die Straßenbahn verkehrt wieder, und die bürgerlichen Zeitungen sind wieder erschienen. Am Sonntag, den 6. April, wurde der Regierungspräsident durch den A.u.S. Rat Augsburg in seiner Wohnung inhaftiert. Am Montag, den 7. April, mittags fand vor dem Rathause in Augsburg die Ausrufung der Räterepublik[2] statt. Alle Arbeit ruhte am 7. April, ausgenommen in den Lebensmittelgewerben, der Elektrizitäts-, Gas- und Wasserversorgung und dem Eisenbahn- und Straßenbahnbetriebe.

Am 4. dieses Monats veranstalteten 160 Arbeiter einen Demonstrationszug von Schwabstadel nach Kloster Lechfeld, woselbst sie erklärten, daß die Reichsregierung nicht anzuerkennen und die Vereinigung Bayerns mit Württemberg und Baden anzustreben sei. Die Demonstration verlief ohne Störung.

Das Bezirksamt N e u b u r g a/D. berichtet:

›Die Vorarbeiten für die Felderbestellung haben begonnen, der Saatenstand ist als günstig anzusprechen.‹

Die in Augsburg gemeldete Fleckfiebererkrankung blieb auf den Einzelfall beschränkt.

In der ungenügenden Lebensmittelversorgung von Augsburg hat sich eine Änderung nicht ergeben. In der abgelaufenen Woche mußte wegen mangelhafter Anlieferung von Frischfleisch größtenteils Pökelfleisch zur Ausgabe gelangen.

Über die Lage des Arbeitsmarktes, die Rohstoff- und Kohlenversorgung, ferner den Wohnungsmarkt und die Erwerbslosenfürsorge berichten die beteiligten D i s t r i k t s v e r w a l t u n g s b e h ö r d e n wie folgt:

›Lage der Industrie in Augsburg: Kohlen- und Rohstoffmangel sowie die Unsicherheit der politischen Lage beeinflussen das Wirtschaftsleben in ungünstiger Weise. Die Maschinenfabrik Augsburg-Nürnberg, Werk Augsburg, ist gegenwärtig genügend beschäftigt, sie hat in den letzten Wochen 500 Arbeiter eingestellt. Kohlen und Rohstoffe sind jedoch sehr knapp. Halbzeuge werden im Betriebe selbst hergestellt, was die Produktion wesentlich verteuert. Das Unternehmen hofft auf Monate hinaus keine Arbeiter entlassen zu müssen, wobei Voraussetzung ist, daß es immer wieder mit Kohlen versorgt wird. Die auf den 31. März 1919 ausgesprochenen Kündigungen von technischen und kaufmännischen Angestellten wurden in verschiedenen Betrieben zum Teil wieder zurückgenommen.

---

2 Die am 1. März vom Rätekongress gewählte Regierung war nicht in Tätigkeit getreten, weil die Minister sich geweigert hatten, ihre Ämter zu übernehmen. Führende Vertreter von SPD, USPD und Bauernbund waren mit der Wahl durch den Kongress unzufrieden und forderten eine Regierung, die ihre Legitimation von der gewählten Volksvertretung ableiten konnte. Der von ihnen schon am 4. März zum Ministerpräsidenten vorgeschlagene bisherige Kultusminister Johannes Hoffmann sah sich erst am 17. März in der Lage, ein Kabinett aus Mitgliedern der SPD, USPD, Bauernbund und einem Parteilosen zusammenzustellen. Der Zentralrat bestand aber weiter, sein Vorsitzender nahm an den Ministerratssitzungen teil. Mit dieser Entwicklung unzufrieden und begünstigt durch die wachsenden wirtschaftlichen Probleme (Arbeitslosigkeit, Wohnungsnot, Lebensmittelmangel, Energieknappheit, Preissteigerung, Wucher und Schleichhandel) sah die linksradikale Agitation in der Ausrufung einer Räterepublik die Lösung aller Schwierigkeiten. Diese besonders zwischen dem 3. und 6. April in Versammlungen erhobene Forderung unterstützten viele Arbeiter und auch überzeugte Sozialdemokraten. Am 7. April schließlich proklamierte der ›Revolutionäre Zentralrat Baiern‹ die ›Räterepublik Baiern‹, verkündete die Absetzung der Regierung, die Auflösung des Landtags und die Diktatur des Proletariats. Die dritte Revolution nahm damit ihren Anfang. Die Regierung Hoffmann begab sich nach Nürnberg, später nach Bamberg, und stellte noch am 7. April in einem Erlass fest, dass sie nicht zurückgetreten sei.

Baumarkt in Augsburg: Die städtische Bautätigkeit ist gegen die vorige Berichtswoche wieder etwas zurückgegangen. Es wurden im ganzen 1327 Arbeiter gegenüber 1387 der Vorwoche beschäftigt. Die private Bautätigkeit beschäftigte 566 Arbeiter gegenüber 602 der Vorwoche. Der Rückgang der Bauarbeiten ist hauptsächlich auf die starken Schneefälle zurückzuführen; mußten deshalb viele Arbeiten vorübergehend eingestellt werden.

Arbeitsmarkt in Augsburg: Die Lage des Arbeitsmarktes bessert sich mehr für die männliche, wenig für die weibliche Abteilung. Bei Mangel an landwirtschaftlichen Dienstmädchen ist es in der männlichen Abteilung möglich, die meisten offenen Stellen innerhalb kurzer Frist zu besetzen. Die Aufnahmefähigkeit der Metallindustrie, des Baugewerbes, hat mäßig zugenommen. In der Holzindustrie ist die Nachfrage reger geworden, insbesondere Möbelschreiner sind lebhaft verlangt. Nahrungs- und Genußmittelindustrie zeigt noch keine Belebung des Arbeitsmarktes. Infolge der umfangreichen Notstandsarbeiten kann der größere Teil der Ungelernten untergebracht werden. Der Rest besteht hauptsächlich aus Jugendlichen und Erwerbsbeschränkten. In der weiblichen Abteilung ist die Unterbringungsmöglichkeit noch nicht besser geworden. Nachstehende Übersicht des städtischen Arbeitsamtes Augsburg vom 4. April 1919 gibt zahlenmäßigen Aufschluß über die Bewegung auf dem Arbeitsmarkt.

Wirtschaftszweig	Unerl. Angeb.		Unerl. Nachfrage		Bemerkungen
	a. männl.	b. weibl.	a. männl.	b. weibl.	
Land- und Forstwirtschaft, Gärtnerei	71	62	17	14	
Metallverarbeitung	30	–	494	3	
Holzindustrie	52	–	40	–	
Textilindustrie	1	–	61	375	
Bekleidungs- und Reinigungsgewerbe	39	–	4	65	
Baugewerbe	12	–	158	–	
Sonst. Handwerk und Berufe	16	5	444	252	
Haus- und Gastwirtschaft	–	179	275	257	15 jugendl. m.
Ungelernte Arbeiter aller Art	–	1	256	1533	81 jugendl. m. 55 jugendl. w.
Summe:	221	247	1749	2499	151 jugendl.
Gesamtsumme des Vormonats:	170	237	2092	2531	148 jugendl.

Nach dem Stande vom 29. März 1919 hatten wir 2597 männliche und 2028 weibliche, zusammen 4625 erwerbslose Personen zu unterstützen. Hiezu kommen noch 1329 ganz und 4159 teilweise Erwerbslose in der Textilindustrie, so daß im ganzen 10.113 Personen unterstützt werden mußten, gegenüber 10.736 in der Vorwoche. Seit Beginn der Erwerbslosenfürsorge sind 7155 Personen wieder in Arbeit getreten.

Wohnungsfürsorge in Augsburg: Vom 24. März bis zum 31. März 1919 wurden im städtischen Wohnungsamt 131 Wohnungen gesucht, davon entfallen auf Kriegsgetraute keine, auf dienstlich Versetzte 4, auf Familien in zu kleinen, überfüllten und ungesunden Wohnungen 36, auf von auswärts Zugezogene 10, auf Parteien, deren Wohnung unter Anrufung des Mieteinigungsamtes gekündigt wurde, 15. Gesucht sind meistens Kleinwohnungen. Diese 131 Wohnungssuchenden sind zur Zeit alle untergebracht teils bei Verwandten teils in möblierten Zimmern teils in zu kleinen oder gekündeten Wohnungen. Diesen Gesuchen steht am 1. April 1919 nicht eine leere Wohnung gegenüber. Die Bautätigkeit seit 1. Januar 1919 zeigt folgende Zahlen: Im ganzen wurden 154 Wohnungen zum Beziehen fertiggestellt, davon 94 mit 2 Zimmern und 39 mit 3 Zimmern. Von der Stadtgemeinde Augsburg wurden in städtischen und Stiftungsgebäuden 120 Wohnungen fertiggestellt, 169 sind in Ausführung begriffen und von 31 liegen Eingabepläne bei der Baupolizei vor bzw. sind Verhandlungen im Bauamt eingeleitet. Von der Stadtgemeinde Augsburg wurden in Privatgebäuden 8 Wohnungen fertiggestellt, keine sind in Ausführung begriffen und von 1 liegen Eingabepläne bei der Baupolizei vor bzw. sind Verhandlungen im Bauamt eingeleitet. Von Privaten selbst wurden 19 Wohnungen fertiggestellt, 42 sind in Ausführung begriffen und von 204 liegen Eingabepläne bei der Baupolizei vor bzw. sind Verhandlungen im Bauamt eingeleitet. Vom bayerischen Staat wurden in Staatsgebäuden 7 Wohnungen fertiggestellt, 2 sind in Ausführung begriffen und von 55 liegen Eingabepläne bei der Baupolizei vor bzw. sind Verhandlungen im Bauamt eingeleitet.‹

›Die allgemeine Lage des Arbeitsmarktes in Lindau ist wie in den Vorwochen durchwegs günstig zu nennen. Es bietet sich insbesondere reichlich Arbeitsgelegenheit für Bauhandwerker und Hilfsarbeiter. Die Zahl der offenen Stellen übersteigt bei weitem die der Stellengesuche. Sehr zu wünschen übrig läßt noch die Anmeldung offener Stellen durch die Landwirte. Die Zahl der Erwerbslosen beträgt zur Zeit 11. Der Wohnungsausschuß in Lindau entfaltet weiters rege Tätigkeit, um den Wohnungsmangel zu steuern. Besitzer größerer Wohnungen wurden bereits mit Erfolg aufgefordert, ihre Wohnungen zu teilen. Die Verhandlungen bezüglich der Errichtung von Notwohnungen in den Kasernen sind noch im Gange, mit den Arbeiten wurde jedoch bereits begonnen. In der vergangenen Woche betrug der Hausbrandeingang in Lindau 2 Waggon, während für das Gas- und Elektrizitätswerk 4 Waggon eingelaufen sind.‹

›Die ungünstige Witterung nötigte zur Einstellung aller Notstandsarbeiten im Bezirke Illertissen, weshalb etwa 100 Arbeiter der Erwerbslosenfürsorge anheim fallen. Weitere Betriebsbeschränkungen wurden in den Wielandwerken vorerst noch nicht durchgeführt. Bei der Firma Winkle ist die Weiterbeschäftigung von etwa 60–70 Arbeitern von der Zufuhr weiteren Holzes aus Oberfranken und Thüringen abhängig. Der derzeitige Holzvorrat der Fabrik wird in kurzer Zeit aufgearbeitet sein.‹

›Die Schlachtviehanlieferungen zum Zimmermann'schen Betrieb in Thannhausen sind nahezu völlig eingestellt, so daß eine weitere Verringerung der Arbeiterzahl bevorsteht.‹

›Der Arbeitsmarkt in Memmingen hat sich etwas gebessert; beim Arbeitsamt stehen 63 offenen Stellen für Männliche nur 46 Stellengesuche gegenüber. Die Zahl der Arbeitslosen beträgt 29.‹

›Am 25. März 1919 nachmittags stellten 2 Taglöhner des Dampfsägewerks Schneider und Klump in Wemding, Bezirksamts Donauwörth, die Forderung auf Erhöhung ihres bisherigen Stundenlohnes von 80 Pfennig auf 1,10 Mark. Als diese Forderung abgelehnt wurde, legten sie die Arbeit sofort nieder und veranlaßten auch die übrigen Taglöhner und 3 Säger dieses Betriebes – im ganzen 35 Mann – die Arbeit einzustellen. Alle zusammen zogen dann vor die Hartsteinfabrik Wemding und veranlaßten die dortigen Arbeiter – 50 Mann – ebenfalls die Arbeit niederzulegen. Diese Arbeiter stellten gar keine Forderungen, sondern streikten nur aus Sympathie. Vergleichsverhandlungen, die das Bezirksamt vorschlug, wurden abgelehnt, einerseits, weil die verlangte Lohnerhöhung nicht gewährt werden könne und andererseits, weil man von Anfang an annahm, daß sämtliche Arbeiter nach ein paar Tagen von selbst wieder zu arbeiten beginnen würden. Tatsächlich haben in der Hartsteinfabrik am 28. März 30 Mann und in dem Dampfsägewerk 15 Mann die Arbeit ohne weiteres und ohne daß eine Lohnerhöhung stattgefunden hätte, wieder aufgenommen. Nunmehr ist der Streik sowohl im Dampfsägewerk Schneider und Klump wie auch in der Hartsteinfabrik beendigt. Da es sich um einen wilden Streik handelte, wurden den Streikenden wie ihren Organisationen Streikgelder verweigert. Dies dürfte auch der Hauptgrund sein, warum der Streik so rasch beendigt war.‹

›Die Feller'sche Tuchfabrik in Lauingen steht seit 26. März wegen Maschinendefekt still. Am 7. dieses Monats kann die Arbeit voraussichtlich wieder aufgenommen werden. Für die Zeit der Arbeitslosigkeit tritt die Erwerbslosenfürsorge ein.‹

Die Meldung des Arbeitsamtes Neu-Ulm liegt an.

II.

Bereits unter I. berichtet.

i. V. gez. von Hauer, Regierungsdirektor

[Anlage 1 zum Wochenbericht zum 8. April]

Meldung des Arbeitsamts Neu-Ulm über die Arbeitsmarktlage am 9. April 1919.

Wirtschaftszweig	Unerl. Angeb.		Unerl. Nachfrage	
	a. männl.	b. weibl.	a. männl.	b. weibl.
Land- und Forstwirtschaft, Gärtnerei	7	6	4	1
Metallverarbeitung	1	–	2	–
Holzindustrie	3	–	–	–
Textilindustrie	–	–	–	–
Bekleidungs- und Reinigungsgewerbe	10	1	–	–
Baugewerbe	4	–	–	–
Sonst. Handwerk und Berufe	4	–	15	–
Haus- und Gastwirtschaft	3	15	1	3
Ungelernte Arbeiter aller Art	15	–	18	–
[Summe]	47	22	40	4

Bemerkungen über die Lage des Arbeitsmarktes.

Die Arbeitsmarktlage ist schwankend. Im Bekleidungsgewerbe fehlt es hauptsächlich an Schuhmachern. Die übrigen gewerblichen Berufszweige verteilen sich. Bei ungelernten Arbeitern gleicht sich Angebot und Nachfrage aus. In der weibl. Abteilung sind unerl. Angebote vorherrschend gegenüber der Nachfrage.

Städt. Arbeitsamt Neu-Ulm

[Anlage 2 zum Wochenbericht vom 8.April]

Lindau, den 29. März 1919: Der Vorstand des Magistrats der königlich bayerischen Stadt Lindau im Bodensee an das Präsidium der Regierung von Schwaben und Neuburg in Augsburg

Betreff: Wochenbericht

1.) Öffentliche Ruhe, Ordnung und Sicherheit

Am Dienstag, den 25. März 1919, vormittags zwischen 10 und 11 Uhr fand vor der Geschäftsstelle der Lindauer Volkszeitung, am Reichsplatz, von etwa 20–30 Militärpersonen, teils mit Gewehr bewaffnet, eine Demonstration statt. Sie richtete sich gegen einen Artikel ›Das entsetzliche Los unserer Kriegsgefangenen‹ namentlich gegen die Zusätze der Schriftleitung in Nr. 69 der beiliegenden Lindauer Volkszeitung. Mehrere Militärpersonen traten in das Geschäftslokal ein und skandalierten dort über das Erscheinen solcher Artikel, drohten mit Beschlagnahme der Zeitung und Verbrennen der Exemplare. Es werde in Zukunft jeden Tag die Zeitung vor der Ausgabe geprüft werden.

Am 26. März sind dann wieder ein paar Militärpersonen in der Geschäftsstelle erschienen und haben die Zeitung durchgeschaut. Auch vor dem Magistratsgebäude waren am 25. März 2 Posten mit Obergewehr und Mannschaften mit 2 Maschinengewehren aufgestellt. Vor dem Postgebäude standen ebenfalls 2 Posten mit Gewehr. Anläßlich dieses Vorfalles haben sich auf dem Bismarckplatz etwa 100 Personen angesammelt, teils Neugierige und teils solche, welche den Vorfall besprachen. Auf Befragen, was denn los sei, erhielt man von militärischer Seite dahin Auskunft, es handle sich um einen Probealarm. Vom 27. März an wurde die Zeitung nicht mehr geprüft.

Es scheint aber doch dieses Vorkommnis ein Anzeichen dafür zu sein, daß unter den Soldaten auch in Lindau die radikalere Richtung Oberwasser bekommen hat. Am Donnerstag abends fand, nachdem fast der gesamte Soldatenrat in das Lager der Unabhängigen geschwenkt war, im Seelager eine stürmisch verlaufende Sitzung statt, die bis nach Mitternacht sich hinzog. Dabei wurden die unsinnigsten Anträge gestellt und diskutiert, so Ausrufung einer Republik Lindau, Einziehung der Kriegsgewinne von Lindauer Kapitalisten etc. Der Bürgermeister, der Bezirksamtsvorstand, der Direktor des Elektrizitätswerks sollen mit Gewalt von ihren Ämtern beseitigt werden. Der Vorsitzende des Arbeiter- und Soldatenrats, Dipl. Ingenieur Groll, mit dem ich bis nach 11 Uhr zu einer Besprechung in städtischen Angelegenheiten beisammen war, wurde vom Schützengarten zu der Versammlung im Seegarten geholt und seiner Autorität und seinen ernsten Mahnungen gelang es, die rabiaten Leute einigermaßen zu beruhigen. Heute abend findet im Gasthause zum Hirschen in Reutin eine Versammlung der Unabhängigen statt.

2.) In der Lebensmittelversorgung ist nichts besonderes zu berichten.

3.) Auf dem Arbeitsmarkt überwiegt die Zahl der Stellenangebote immer noch die der Stellengesuche; die Zahl der ersteren beträgt zur Zeit 99, die der letzteren 30. Besonders können

Erd- und Hilfsarbeiter bei verschiedenen Baugeschäften und beim Bau der Trockenmilchfabrik in Schlachters eingestellt werden. Außerdem werden noch Schneider und Schuhmacher besonders gesucht. Dagegen mangelt es an offenen Stellen für landwirtschaftliche Arbeitskräfte, für Hotelangestellte (wenigstens männliche), für Eisenarbeiter, Bäcker und an geeigneter Arbeitsgelegenheit für nur beschränkt Arbeitsfähige, wie z. B. Ausgeher, Laufdiener, Packer, Magazinere usw. Die Zahl der Erwerbslosen beträgt zur Zeit 10.

4.) Die Behebung der Wohnungsnot, soweit die in Aussicht genommene Verwendung von militärischerseits zur Verfügung gestellten Räumen in den beiden Kasernen in Frage kommt, ist dadurch auf unerwartete Schwierigkeiten gestoßen, daß die der Stadt zugemuteten Einrichtungskosten auf nahezu 27.000 Mark kommen. Da die Stadt nicht Eigentümerin der auszubauenden Gebäude ist, der Staat aber selbst nicht daran denkt, die in seinem Eigentum stehenden Räume für Wohnungen umbauen zu lassen, können die Bestimmungen des Bundesrats für die Gewährung von Baukostenzuschüssen aus Reichsmitteln nicht wohl zur Anwendung kommen. Andererseits drängt die Wohnungsnot auf möglichste Abhilfe. Um aus diesem Dilemma möglichst bald herauszukommen, hat der Magistrat beschlossen, die Lindenschanzkaserne für die Stadt käuflich zu erwerben und alsbald ausbauen zu lassen, die Einbauten in die Max-Joseph-Kaserne nur dann vorzunehmen, wenn der Staat entweder auf jede Miete verzichtet und der Stadt eine 10jährige Unkündbarkeit einräumt oder wenn Baukostenzuschüsse für die Übertreuerung aus Reichs- und Staatsmitteln gewährt werden. Zur beschleunigten Erledigung dieser Angelegenheit begibt sich morgen eine Deputation des Magistrats- und Arbeiterrats nach München.

5.) In gesundheitlicher Beziehung ist nichts besonderes zu berichten.

6.) Betreff Aufnahme stillgelegter Betriebe erstatte ich unter Bezugnahme auf den Wochenbericht vom 14. Dezember 1918 Fehlanzeige.

7.) In der Woche vom 21. bis 27. März betrug der Hausbrandeingang 5 Waggon, während für die Industrie ebenfalls 5 Waggon eingelaufen sind. Es bedeutet dies eine erhebliche Besserung des Eingangs gegenüber der Vorwoche.

i. V. Riesch

Augsburg, den 15. April 1919   **66**

I.

Der Regierungspräsident wurde am Abend des 8. April wieder aus der vom revolutionären A.u.S.-Rat verhängten Haft entlassen.

Die neuerliche politische Umwälzung zur Räterepublik[1] hat in breite Bevölkerungsschichten große Unruhen getragen, die sich in starkem Andrang zu den Banken und Sparkassen zur Abhebung von Geld[2] bemerkbar machten. Besonders schädliche Wirkungen haben die Erlasse des Zentralrats und des revolutionären Arbeiter-, S.u.B.-Rats Augsburg auf das Vertrauen ausgeübt, das bisher die Bevölkerung zur Staatsbank hatte. Die Abhebungen der dort hinterlegten Werte werden große Dimensionen annehmen; denn in weitesten Kreisen wird nunmehr das Geld bei der Staatsbank als am meisten gefährdet erachtet. Damit wird dem früher so außerordentlich blühenden Institute, das der Staatskasse große Summen trug, größter Schaden zugefügt werden.

Über die Volksstimmung berichtet das Bezirksamt A u g s b u r g folgendes:
›Die Stimmung der Bevölkerung ist gegenüber der letzten Wendung der politischen Dinge geteilt. Während ein Teil der Arbeiterbevölkerung den Ausruf der Räterepublik begrüßt hat, steht der andere Teil demselben kritisch gegenüber. Die Landbevölkerung verhält sich dagegen vollständig ablehnend und hat teilweise mit der Einstellung der Lebensmittelzufuhr nach Augsburg gedroht. Insbesondere das Vorgehen gegen die Banken hat außerordentliche Aufregung verursacht, weil viele kleine Sparer ihre Ersparnisse bedroht glaubten.‹

Der Stadtmagistrat M e m m i n g e n berichtet folgendes:
›Am Montag, den 7. April 1919, hat sich in Memmingen eine provisorische Arbeitsgemeinschaft der Mehrheitssozialisten und der Vertreter der Unabhängigen Sozialdemokratie gebildet. Dieselbe hat einen Stadtkommandanten[3] ernannt und sorgt dieser mit der gleichfalls neu errichteten Schutzgarde für die Aufrechterhaltung der öffentlichen Ordnung und Sicherheit. Diese Arbeitsgemeinschaft hat am 9. dieses Monats die bisherigen beiden städtischen Kollegien in Memmingen außer Wirksamkeit gesetzt und die Führung der Geschäfte der Stadtgemeinde selbst in die Hand genommen. Am 10. April fand nachmittags bereits die 1. Sitzung dieser Arbeitsgemeinschaft statt, die sich den Namen ›Stadtverordnetenversammlung‹ beigelegt hat. Die beiden rechtskundigen Magistratsmitglieder haben ihre Referate wie sonst erstattet. Die meisten staatlichen Behörden und der Magistrat in Memmingen haben Aufsichtspersonen zugeteilt erhalten.

---

1 Am 7. April, dem Tag, an dem die Räterepublik ausgerufen wurde, übernahmen die Arbeiter-, Soldaten- und Bauernräte in fast allen größeren Orten die vollziehende Gewalt und befolgten mit Hilfe gehorsamer Behördenvorstände gewissenhaft alle aus München eintreffenden Weisungen: halbstündiges Glockengeläut, der 7. April Nationalfeiertag, Kontrolle der Verwaltung, Sparkassen und Banken, Kontrolle der Presse in Form der Zensur mit Ausnahme der sozialistischen und bauernbündlerischen Zeitungen, Einsetzung von Revolutionstribunalen. Die Kommunisten lehnten von vornherein die Mitarbeit ab, sprachen von einer Schein-Räterepublik und sahen in ihr eine Verwässerung des Rätegedankens. Das Proletariat könnten nur die Betriebsräte und weder die USPD noch die MSPD vertreten.
2 In München hatten schon vor dem 7. April führende Soldatenräte in Versammlungen gefordert, alle Vermögenswerte auf dem kürzesten Wege in den Besitz der Allgemeinheit zu überführen. Da auch in der Landeshauptstadt in erheblichem Umfang Geld abgehoben wurde, versuchte der Revolutionäre Zentralrat beruhigend auf die Bevölkerung einzuwirken (›Niemand denkt daran, Eure Sparkassenguthaben anzutasten!‹; faksimiliertes Plakat in: Karl-Ludwig AY, Appelle einer Revolution, München 1968, Anlage 69). Der Aufruf blieb ohne Wirkung, so dass wegen der schnell zunehmenden Knappheit von Bargeld die Abhebung von täglich bis 600 Mark und wöchentlich bis 1200 Mark erlaubt wurde.
3 Anton Nägele (1865–1919), Baumeister. Mitglied der USPD. 1919 Vorsitzender der Revolutionären Stadtverordnetenversammlung in Memmingen.

In der Bürgerschaft werden die neuen Verhältnisse zur Zeit noch als ungeklärt erachtet; auf jeden Fall kann gesagt werden, daß diese Kreise die Dauer der jetzigen Zustände auf längere Zeit wohl nicht billigen.‹

Über die Lebensmittelversorgung der Stadt A u g s b u r g ist folgendes zu berichten:
›In der Milchanlieferung nach Augsburg ist eine weitere Verschlechterung eingetreten; der Ausfall gegenüber der Vorwoche beträgt täglich 900 Liter. Die Vorzugsmilch wird nach wie vor in Augsburg in der zustehenden Menge abgegeben; dagegen konnten erwachsene Personen nur mehr 2–3mal in der Woche den zustehenden ⅛ Liter bekommen. Die Anlieferung der Eier in Augsburg ist gegenüber dem Vorjahre bedeutend zurückgegangen. Wenn die schlechte Anlieferung so weiter geht, besteht keine Möglichkeit, jede Woche ein Ei für den Kopf der Bevölkerung abzugeben. Die Zufuhren an Fleisch in Augsburg deckten nicht den Bedarf. Es mußten die Gefrierfleischbestände bis auf ⅓ derselben und ein Teil des vom Proviantamt übernommenen Pökelfleisches ausgegeben werden. Der Ausfall kommt hauptsächlich daher, daß die angeforderte Menge Vieh nicht angeliefert wurde und das Vieh, das zur Anlieferung gelangte, größtenteils leicht und auch minderwertig war. Statt 1997 Stück Vieh erhielt die Stadt nur 1641 Stück. Von Gänse- und Entenküken war trotz der neuerlichen Regelung der Preise bis jetzt nichts zu sehen. Die Festsetzung dieser Preise wird vom Stadtmagistrat als unglücklich bezeichnet, da nach Aussage von Händlern die Erzeuger für Küken aus dem Ei schon den Höchstpreis und für einige Wochen alte Küken Phantasiepreise verlangen und auch erhalten.‹

Am 8. und 9. dieses Monats verursachte Hochwasser erhebliche Schäden in der Gemeinde Altdorf, Bezirksamts Markt Oberdorf; die Fabrikwohnhäuser der Alpursa[4] in Biessenhofen standen einen halben Meter im Wasser. Das im Bau begriffene Elektrizitätswerk Ebenhofen hat schwer gelitten.

Am 10. dieses Monats langte in Schwabmünchen ein mit ca. 25 Mann, teils Soldaten teils Arbeiter, vom Artilleriedepot Schwabstadel besetztes Automobil, das mehrere Maschinengewehre mit sich führte, an. Die Insassen forderten die vom Ersatzbataillon des 1. Fußartillerie-Regiments der Marktgemeinde seinerzeit übergebenen Karabiner, mit denen die Schutzwehr in Schwabmünchen ausgerüstet wurde, unter dem Vorwande, die Waffen müßten wieder eingeliefert werden, von den Besitzern ab. Das gleiche geschah in Langerringen. Zu diesem Vorgehen hatten diese Leute keinerlei Befugnisse. Beide Gemeinden sind nun gegen etwaige Plünderungen vollständig schutzlos.

Über die Lage des Arbeitsmarktes, die Erwerbslosenfürsorge, die Rohstoffversorgung, den Wohnungsmarkt berichten die beteiligten D i s t r i k t s v e r w a l t u n g s b e h ö r d e n wie folgt:
›Lage der Industrie in Augsburg: Eine Veränderung der Lage ist nicht eingetreten. Mangelnde Rohstoffversorgung und Kohlenknappheit sind die Hemmnisse eines erwünschten und notwendigen Aufschwunges. Auch die gespannten wirtschaftlichen und politischen Verhältnisse sind mitschuldig an dem Tiefstand der Industrie.
Baumarkt in Augsburg: Die städtische Bautätigkeit ist stark zurückgegangen; es mußten viele Arbeiten wegen schlechter Witterung vorübergehend eingestellt werden. Es waren im ganzen nur 949 Mann gegenüber 1327 der Vorwoche beschäftigt. Die unbedeutende private Bautätigkeit beschäftigte 553 Mann gegenüber 566 der Vorwoche.

---

4 Alpursa AG. Im schweizerischen Emmenthal hatte 1892 die Berner Alpenmilchgesellschaft ein Werk zur Herstellung sterilisierter Milchprodukte, vor allem von ungezuckerter Kondensmilch, unter dem Namen ›Bärenmarke‹ errichtet. 1903 entstand das Zweigwerk Biessenhofen, in dem außer Milchpulver auch Schokolade mit der Bezeichnung ›Alpursa‹ erzeugt wurde.

Arbeitsmarkt in Augsburg: Die Lage des Arbeitsmarktes hat sich gegenüber der Vorwoche wenig verändert. Die offenen Stellen in der Landwirtschaft für männliche Arbeitskräfte können meist rasch besetzt werden, an weiblichen Kräften besteht andauernd Mangel. Holzindustrie, Baugewerbe, Haus- und Gastwirtschaft zeigt verbesserte Aufnahmefähigkeit gegen die Vorwoche. Unveränderte Lage zeigen dagegen Metall- und Textilindustrie. Im Bekleidungsgewerbe besteht noch Mangel an Gehilfen. Die Zahl der stellenlosen Kaufleute hat durch Entlassungen männlicher und weiblicher Kräfte Anfangs April zugenommen. Die für Erdarbeiten geeigneten Ungelernten können zu Notstandsarbeiten verwendet werden, bei Gelernten ist starker Widerwille gegen solche Arbeit festzustellen. Die weibliche Abteilung zeigt für Ungelernte noch immer ungenügende Beschäftigungsmöglichkeit. Nachstehende Übersicht des städtischen Arbeitsamtes Augsburg vom 11. April 1919 gibt zahlenmäßigen Aufschluß über die Bewegung auf dem Arbeitsmarkt:

Wirtschaftszweig	Unerl. Angeb.		Unerl. Nachfrage		Bemerkungen
	a. männl.	b. weibl.	a. männl.	b. weibl.	
Land- und Forstwirtschaft, Gärtnerei	66	62	10	–	
Metallverarbeitung	33	–	510	3	
Holzindustrie	48	–	20	–	
Textilindustrie	2	–	58	330	
Bekleidungs- und Reinigungsgewerbe	45	–	2	70	
Baugewerbe	30	–	85	–	
Sonst. Handwerk und Berufe	37	5	635	325	
Haus- und Gastwirtschaft	–	172	223	284	18 jugendl. m.
Ungelernte Arbeiter aller Art	–	–	319	1556	78 jugendl. m. 64 jugendl. w.
Summe:	261	239	1862	2568	160 jugendl.
Gesamtsumme der Vorwoche:	221	247	1749	2499	151 jugendl.

Nach dem Stand vom 5. April 1919 hatten wir 2390 männliche und 1977 weibliche, zusammen 4367 erwerbslose Personen zu unterstützen. Hiezu kommen noch 1194 ganz erwerbslose und 3132 teilweise erwerbslose Textilarbeiter, so daß im ganzen 8693 Personen unterstützt werden mußten, gegenüber 10.113 der Vorwoche. Seit Beginn der Erwerbslosenfürsorge sind 7506 Personen wieder in Arbeit getreten.
Wohnungsfürsorge in Augsburg: Durch eine in dieser Woche stattfindende Erhebung wird festgestellt, in welcher Weise große Wohnungen und Lagerräume besser ausgenützt werden können. Inwieweit jedoch diese Maßnahme dem bestehenden Wohnungsmangel Abhilfe schafft, muß erst abgewartet werden. Jedenfalls besteht Veranlassung,

›darauf hinzuweisen, daß nur durch den vermehrten Bau von Wohnungen eine durchgreifende Besserung zu erzielen sein wird.‹

›Der Arbeitsmarkt hat in Memmingen sich leider wieder verschlechtert; beim Arbeitsamt stehen 50 offenen Stellen für Männliche 71 Stellengesuche gegenüber. Die Zahl der Erwerbslosen beträgt 27.‹

›Die Firma L. Strohmeyer & Cie. in Weiler, Bezirksamts Lindau, Segeltuchfabrik, muß ihren Betrieb einschränken und wird eine größere Zahl Arbeiter teilweise Erwerbslosenunterstützung erhalten.‹

›Die Mechanische Bindfadenfabrik Immenstadt wird, da sie etwas Flachs erhalten hat, ab nächster Woche wieder 4 Stunden mehr arbeiten können; im übrigen sind die Verhältnisse unverändert. Die Allgäuer Baumwollspinnerei und Weberei Blaichach kann nun die Weber in Blaichach alle beschäftigen, kann auch in Bad Oberdorf und später in Oberstdorf ihre Betriebe zum Teil wieder aufnehmen. Im Spinnbetrieb keine Besserung. Im Hüttenamt Sonthofen keine Änderung. Das städtische Arbeitsamt hat 89 männliche, 75 weibliche Stellensuchende sowie 59 Lehrlinge vorgemerkt; Stellen sind offen für 30 männliche, 14 weibliche Personen und 6 Lehrlinge.‹

Die Meldung des Arbeitsamtes Neu-Ulm liegt an.

II.

Bereits unter I. berichtet.

gez. von Praun, Regierungspräsident

[Anlage zum Wochenbericht vom 15. April]

Meldung des Arbeitsamts Neu-Ulm über die Arbeitsmarktlage am 12. April 1919.

Wirtschaftszweig	Unerl. Angeb.		Unerl. Nachfrage	
	a. männl.	b. weibl.	a. männl.	b. weibl.
Land- und Forstwirtschaft, Gärtnerei	5	5	6	–
Metallverarbeitung	–	–	2	–
Holzindustrie	3	–	2	–
Textilindustrie	–	–	–	–
Bekleidungs- und Reinigungsgewerbe	10	1	2	–
Baugewerbe	5	–	–	–
Sonst. Handwerk und Berufe	2	–	14	–
Haus- und Gastwirtschaft	3	G 3 H 9	1	6
Ungelernte Arbeiter aller Art	5	1	16	–
[Summe]	33	19	43	6

Bemerkungen über die Lage des Arbeitsmarktes:
Arbeitssuchende in der Metallindustrie sind merklich zurückgegangen. Mangel an Arbeitskräften besteht lediglich in der Bekleidungsindustrie. Die übrigen Berufe sind schwankend. In der Landwirtschaft gelangen weibl. Arbeitskräfte (Dienstmägde) nicht zur Vormerkung; bei der männl. Abteilung werden zumeist jüngere Kräfte gesucht.
Städt. Arbeitsamt Neu-Ulm

Augsburg, den 24. April 1919   67

I.

Über die Entwicklung der Lage in Augsburg bis zum Osterdienstag[1] gibt die anruhende Nr. 89 der Neuen Augsburger Zeitung Aufschluß, auf die ich mir zu verweisen erlaube. Derzeit ist äußerlich Ruhe in der Stadt; die Arbeit ist in den Fabriken zum größeren Teil heute früh wieder aufgenommen worden. Es ist jedoch dringend notwendig, daß vorderhand ausreichende Truppenteile längere Zeit zur Aufrechterhaltung der Ruhe und Sicherheit hier verbleiben.

Der Stadtmagistrat M e m m i n g e n berichtet:
›Sonntag, den 13. dieses Monats verlangten Vertreter des Bauernbundes den sofortigen Rücktritt des Stadtkommandanten. Dies wurde innerhalb der Bürgerschaft bekannt und sofort begaben sich bewaffnete Männer aus der Einwohnerschaft auf das Rathaus, um ebenfalls das gleiche Verlangen zu stellen. Nach langen Verhandlungen endigte die Sache damit, daß Stadtkommandant Nägele zurückgetreten ist und daß damit das Ende der Räterepublik in Memmingen als besiegelt galt.‹

Das Bezirksamt M i n d e l h e i m hebt folgendes hervor:
›Die Bevölkerung fürchtet, daß bolschewistische Banden das flache Land heimsuchen könnten; die Distriktsbauernräte haben daher darum nachgesucht, daß die Landbevölkerung in ausreichender Weise mit Waffen versorgt wird. Dieser Wunsch muß als durchaus begründet bezeichnet werden. In einer Versammlung der Bauernräte des Distriktes Türkheim am 13. dieses Monats sprachen sich alle Erschienenen gegen die Räterepublik aus; auch wurde gegen die Amtsenthebung des Bezirksamtsvorstandes[2] Stellung genommen.‹

Am letzten Sonntag abgehaltene Volksversammlungen in Illertissen und Babenhausen lehnten einstimmig die Räterepublik ab. Im Bezirke Zusmarshausen hat die Räterepublik ausschließlich durch einen Vertreter ihren Einfluß geltend zu machen versucht, der aber nur die Dauer von einem Tag erreichte. Der gesamte Bezirk stand und steht einmütig zur Regierung Hoffmann[3], brachte dies aber wegen der Nähe Augsburgs in der ersten kritischen Woche nicht offen zum Ausdruck.

---

1 22. April.
2 *Dr. Friedrich Steinbach (1870–1953), von 1916 bis 1933 Vorstand des Bezirksamts Mindelheim. Zwischen ihm und dem Mindelheimer Arbeiter-, Soldaten und Bauernrat (ASBR) herrschte schon seit dem Umsturz im November 1918 ein gespanntes Verhältnis. Nach der Ausrufung der Räterepublik am 7. April gab Steinbach die vom ASBR verlangte Verpflichtungserklärung für die neue Regierung ab, zog die Erklärung aber am folgenden Tag wieder zurück. Daraufhin enthob ihn der ASBR seines Amtes.*
3 *Um den 15. April wandten sich die Räte auf dem Land und in fast allen Städten aus unterschiedlichen Gründen von der Räterepublik ab und erklärten sich für die Regierung Hoffmann. Eine Wendung erfolgte auch in München. Dort hatte am 13. April ein Teil der Republikanischen Schutztruppe erfolglos versucht, die Räteherrschaft zu beseitigen. Daraufhin setzte ein unter der Führung der Kommunisten Leviné, Levien und Axelrod gegründeter viergliedriger ›Vollzugsrat der Betriebs- und Arbeiterräte Münchens‹ den Zentralrat ab und übertrug die gesetzgebende und*

Am 10. April fand im Stadtgarten in Günzburg eine aus allen Schichten der Bevölkerung stark besuchte Volksversammlung statt. Es kam eine Entschließung zur Annahme, wonach sich die Versammlung auf den Boden der Regierung Hoffmann stellte. Die Versammlung verlief in bester Ordnung. Am 11. April faßten die Gemeindekollegien in Günzburg ebenfalls den Beschluß, sich hinter die Regierung Hoffmann zu stellen.

Zur Lebensmittelversorgung berichtet der Stadtmagistrat A u g s b u r g folgendes:
›Unsere Lebensmittelversorgung liegt bekanntlich immer noch im Argen. Die Bevölkerung erhofft sehnlichst die baldige Verteilung der von der Entente gelieferten Lebensmittel. Im besonderen wäre noch zu berichten: Am 14. dieses Monats wurde vom Bayerischen Kriegswucheramt München eine zwölfgliedrige Kommission anher beordert mit der Aufgabe, die hiesigen Gastwirtschaftsbetriebe zwecks wirksamerer Bekämpfung des Schleichhandels mit Lebensmitteln einer Kontrolle zu unterziehen. Nach einer Vorbesprechung, bei welcher außer der Kontrollkommission auch der Magistrat sowie der Arbeiter- und Soldatenrat vertreten war, wurden geeignete Wirtschaften namhaft gemacht und insbesondere darauf hingewiesen, daß Wirtschaften, in welchen vorzugsweise Arbeiterbevölkerung verkehrt, im Interesse der Aufrechterhaltung der Ordnung und Ruhe tunlichst schonend zu behandeln seien. Unter dieser Voraussetzung wurde der Kommission seitens des Magistrats die Abstellung von 11 Kriminalbeamten, seitens des Arbeiter- und Soldatenrates die Abstellung von je 2 verlässigen Soldaten zur Unterstützung in Aussicht gestellt. Die Kommission begann am 16. dieses Monats vormittags 9 Uhr ihre Tätigkeit, mußte diese aber vorzeitig abbrechen, da ein Vertreter des Gastwirtsgehilfenverbands im Verein mit einem Mitglied des Arbeiter- und Soldatenrates die Tätigkeit der Kommission aufs schärfste mißbilligte und den sofortigen Gastwirtsstreik in Aussicht stellte, falls nicht sofortige Bekanntgabe des Ergebnisses der Durchsuchung bzw. Rückgabe der enteigneten Lebensmittel oder deren Wertersatz erfolge. In einer alsbald einberufenen Versammlung der Gastwirtsinteressenten wurde der Konflikt durch teilweises Entgegenkommen des Stadtmagistrats wieder beigelegt. Zu diesem bedauerlichen Vorkommnis ist zu bemerken: Es mutet wohl sonderbar an, daß, wie es in diesen Versammlungen zum Ausdruck kam, in einer, lediglich von der Sorge um das Allgemeininteresse diktierten Kontrollmaßnahme eine Spitze gegen die Arbeiterschaft erblickt werden will, während eine solche Maßnahme zur wirksamen Bekämpfung von Schwarzschlachtung, Vieh- und Fleischschleichhandel für Kenner der Verhältnisse als unbedingt zweckdienlich und notwendig erscheinen muß; in richtiger Erkenntnis dessen hat sie denn auch der hiesige Stadtmagistrat selbst im Herbste vorigen Jahres als wünschenswert bezeichnet mit dem zutreffenden Hinweis, daß in einer kleineren Stadt wie Augsburg die ortsansässigen Polizeiorgane bei den Gastwirten bald bekannt werden und ein Erfolg damit in Frage gestellt werden könnte. Tatsache ist, daß

---

vollziehende Gewalt einem 15-gliedrigen Aktionsausschuss, dem sechs Kommunisten angehörten. Dieser Ausschuss begann nun die kommunistische Räterepublik durchzusetzen. Diesem Ziel sollten u. a. dienen: der in einer hoffnungslosen wirtschaftlichen Lage ausgerufene Generalstreik, die neuerliche Entwaffnung der Bürger, Geiselverhaftungen und die beschleunigte Aufstellung einer Roten Armee in Kenntnis vom Vorrücken der Regierungstruppen auf München. Am 27. April gelang es der Gruppe um Toller, Maenner und Klingelhöfer im Aktionsausschuss, die Kommunisten abzuwählen und einen neuen Vollzugsrat der Betriebs- und Arbeiterräte – 15 Arbeiter, 5 Soldaten – zu konstituieren. Die folgenden Tage standen im Zeichen der Diktatur der Roten Armee unter ihrem Kommandeur Egelhofer, der die Landeshauptstadt um jeden Preis ›gegen die Konterrevolution der Weißen Garden‹ verteidigen wollte. Am Vormittag des 1. Mai drangen Regierungstruppen kämpfend in die Außenbezirke Münchens ein, während zur gleichen Zeit bürgerliche Kampfgruppen gemeinsam mit Soldaten einer Kaserne öffentliche Gebäude in der Innenstadt besetzten. Bei den mehrtägigen Kämpfen, standrechtlichen und willkürlichen Erschießungen verloren mindestens 720 Soldaten und Zivilisten ihr Leben.

der Schleichhändler als solcher strafrechtlich direkt nur sehr schwer zu überführen ist und daß daher nichts anderes übrig bleibt, als ihn indirekt zu bekämpfen. Verstopft die Behörde dem Lebensmittelschleichhändler die Absatzmöglichkeit – und das sind vorzugsweise die Gastwirtschaftsbetriebe –, so trifft sie damit den Schleichhändler; und diese unwiderlegliche Tatsache scheint auch für das Kriegswucheramt bestimmend gewesen zu sein, an derartige Wirtschaftskontrollen zu gehen. Es wäre deshalb wünschenswert, dafür zu sorgen, daß die Durchführung derartiger, im Interesse der Sicherung unserer Volksernährung leider nur zu notwendigen Maßnahmen durch Drohung mit gewaltsamen Gegenmaßnahmen nicht in Frage gestellt werden könnte; denn fraglos werden diese Einwände angeblicher Gefährdung der Arbeiterinteressen von den Gastwirten nur als Mittel zum Zweck vorgeschützt, um die dem Wohl der Arbeiterschaft dienenden Schritte der Behörde zu Gunsten der Sonderinteressen der Wirte zu vereiteln.‹

Über die Lage des Arbeitsmarktes, die Rohstoffversorgung, die Brennstoffbeschaffung und die Wohnungsnot berichten die beteiligten Distriktsverwaltungsbehörden, wie folgt:
›Lage der Industrie in Augsburg: Die Unsicherheit der politischen Lage, Transportschwierigkeiten, Kohlen- und Rohstoffmangel beeinträchtigen das Wirtschaftsleben aufs Nachteiligste. Das Baugewerbe steht vor der Stillegung, wenn der Mangel an Rohstoffen weiterhin zunimmt.

Baumarkt in Augsburg: Die Stadt beschäftigt beim Bau von Kleinwohnungen und Wohnbaracken und beim Einbau von Notwohnungen insgesamt 319 Arbeiter. Bei den Straßenbauten, den 2 Straßenbahnbauten und in den städtischen Kiesgruben sind insgesamt 317 Arbeiter beschäftigt, bei den städtischen Schwemmkanalarbeiten werden auf 9 Baustellen 408 Arbeiter beschäftigt. Die Arbeiten sind stark behindert durch den Mangel an Zement. Bei der städtischen Trinkwasserversorgung, den Hausentwässerungsanlagen und dem Wasserbau sind zusammen 267 Arbeiter beschäftigt, zusammen 1311 Arbeiter. Damit erreichten wir annähernd den Stand in der der letzten Berichtswoche vorhergehenden Woche (1327). Die private Bautätigkeit, die 20 neu begonnene, 56 in Fortführung begriffene – darunter nur 3 Wohngebäude –, 15 eingestellte und 12 vollendete Baulichkeiten aufweist, beschäftigte im ganzen 560 Arbeiter und blieb damit gegenüber der Vorwoche auf dem seitherigen Tiefstand.

Arbeitsmarkt in Augsburg: Die Lage des Arbeitsmarktes hat sich diese Woche nicht verändert. Die Feiertage bringen eine geringe Zahl von Anmeldungen in der Landwirtschaft mit sich. Die Metallindustrie zeigt noch immer wenig Aufnahmefähigkeit. Die Textilindustrie zeigt gegenüber der Vorwoche keine Veränderung. In der Holzindustrie sind hauptsächlich Möbelschreiner verlangt. Das Bekleidungsgewerbe geht im Angebot von Arbeit zurück. Vermehrtes Arbeitsangebot zeigt die Haus- und Gastwirtschaft, hauptsächlich aber nur für weibliches und besonders geschultes Personal. Männliche Ungelernte können bei guter Arbeitskraft durchwegs untergebracht werden. Für weibliche Ungelernte ist die Lage noch unverändert ungünstig. Nachstehende Übersicht des städtischen Arbeitsamtes vom 19. April 1919 gibt zahlenmäßigen Aufschluß über die Bewegung auf dem Arbeitsmarkt:

Wirtschaftszweig	Unerl. Angeb.		Unerl. Nachfrage		Bemerkungen
	a. männl.	b. weibl.	a. männl.	b. weibl.	
Land- und Forstwirtschaft, Gärtnerei	35	85	14	10	
Metallverarbeitung	21	–	524	3	
Holzindustrie	38	–	21	–	
Textilindustrie	–	–	58	322	
Bekleidungs- und Reinigungsgewerbe	44	–	2	56	
Baugewerbe	18	–	85	–	
Sonst. Handwerk und Berufe	41	6	622	338	
Haus- und Gastwirtschaft	1	202	219	205	17 jugendl. m.
Ungelernte Arbeiter aller Art	–	–	285	1560	68 jugendl. m. 60 jugendl. w.
Summe:	198	293	1830	2494	145 jugendl.
Gesamtsumme des Vormonats:	261	239	1862	2568	160 jugendl.

Nach dem Stand vom 12. April 1919 hatten wir 2425 männliche und 2103 weibliche, zusammen 4528 erwerbslose Personen zu unterstützen. Hiezu kommen noch 1194 ganz erwerbslose und 3132 teilweise erwerbslose Textilarbeiter, so daß im ganzen 8858 Personen unterstützt wurden gegenüber 8693 der Vorwoche, die Zahl hat sich also wieder um einige Hundert vermehrt.

Wohnungsfürsorge in Augsburg: Vom 8. April 1919 bis zum 15. April 1919 wurden im städtischen Wohnungsamt 639 Wohnungen gesucht, davon entfallen auf Kriegsgetraute 259, auf dienstlich Versetzte 14, auf Familien in zu kleinen, überfüllten und ungesunden Wohnungen 196, auf von auswärts Zugezogene 35, auf Parteien, deren Wohnung unter Anrufung des Mieteinigungsamtes gekündigt wurde, 63. Gesucht sind meistens Kleinwohnungen. Diese 639 Wohnungssuchenden sind zur Zeit alle untergebracht teils bei Verwandten teils in möblierten Zimmern teils in zu kleinen oder gekündeten Wohnungen. Diesen Gesuchen steht am 15. April 1919 nicht eine leere Wohnung gegenüber. Die Bautätigkeit seit 1. Januar 1919 zeigt folgende Zahlen: Im ganzen wurden 157 Wohnungen zum Beziehen fertiggestellt, davon 97 mit 2 Zimmern und 40 mit 3 Zimmern. Von der Stadtgemeinde Augsburg wurden in städtischen und Stiftungsgebäuden 120 Wohnungen fertiggestellt, 169 sind in Ausführung begriffen und von 51 liegen Eingabepläne bei der Baupolizei vor bzw. sind Verhandlungen im Bauamt eingeleitet. Von der Stadtgemeinde Augsburg wurden in Privatgebäuden 8 Wohnungen fertiggestellt, von 1 liegen Eingabepläne bei der Baupolizei vor bzw. sind Verhandlungen im Bauamt eingeleitet. Von Privaten selbst wurden 22 Wohnungen fertiggestellt, 39 sind in Ausführung begriffen und von 244 liegen Eingabepläne bei der Baupolizei vor, bzw. sind Verhandlungen im Bauamt eingeleitet. Vom bayerischen Staat wurden in Staatsgebäuden 7 Wohnungen fertiggestellt, 7 sind in Ausführung begriffen und von

58 liegen Eingabepläne bei der Baupolizei vor bzw. sind Verhandlungen im Bauamt eingeleitet.

Die Lage der Brennstoffversorgung in Augsburg hat sich seit dem letzten Bericht geradezu katastrophal verschlechtert. Infolge der Ausrufung der Räterepublik ist der Stadt Augsburg die Zufuhr von allen außerbayerischen Kohlenerzeugungsgebieten abgeschnitten worden. Die Rücknahme dieser Erklärung hat wohl die Aufhebung der Sperre zur Folge; bis jedoch eine Zufuhr wieder eintreten wird, werden Wochen vergehen. Es sind Maßnahmen getroffen, daß die Bäckereibetriebe und Krankenanstalten sichergestellt werden. Ob dieses Ziel erreicht werden kann, ist noch zweifelhaft. Es hängt alles davon ab, ob die Zufuhren aus Oberbayern ausbleiben oder nicht. Am 16. April 1919 hat uns die oberbayerische Zufuhr noch erreicht.‹

›Die industriellen Betriebe im Bezirke Kempten haben mit außerordentlichen Schwierigkeiten wegen des Kohlenmangels zu kämpfen. So war die Camembertfabrik von Höfelmayer in Aich daran, ihren Betrieb einzustellen. Es gelang in letzter Minute, von der Bahn einen Waggon Kohlen zu erhalten. Wir steuern auf diesem Gebiete allmählich geradezu trostlosen Verhältnissen entgegen.‹

Die Meldung des Arbeitsamtes Neu-Ulm liegt an.

II.

Bereits zu I. berichtet.

gez. von Praun, Regierungspräsident

[Anlage zum Wochenbericht vom 24. April]

Meldung des Arbeitsamts Neu-Ulm über die Arbeitsmarktlage am 19. April 1919.

Wirtschaftszweig	Unerl. Angeb.		Unerl. Nachfrage	
	a. männl.	b. weibl.	a. männl.	b. weibl.
Land- und Forstwirtschaft, Gärtnerei	3	6	2	–
Metallverarbeitung	–	–	3	–
Holzindustrie	3	–	2	–
Textilindustrie	–	–	–	–
Bekleidungs- und Reinigungsgewerbe	12	1	3	–
Baugewerbe	5	–	–	–
Sonst. Handwerk und Berufe	13	–	16	–
Haus- und Gastwirtschaft	2	11	5	7
Ungelernte Arbeiter aller Art	11	–	10	–
[Summe]	49	18	41	7

Bemerkungen über die Lage des Arbeitsmarktes.

In der Landwirtschaft macht sich immer noch Mangel an weibl. Arbeitskräften bemerkbar. Bei der männl. Abteilung fehlt es an Arbeitskräften besonders im Bekleidungsgewerbe, überschüssige Arbeitskräfte sind noch im kaufm. Berufe vorgemerkt.

Städt. Arbeitsamt Neu-Ulm.

Augsburg, den 29. April 1919   **68**

I.

In Augsburg herrscht derzeit äußerlich Ruhe. Die Belassung ausreichender militärischer Detachements in der Stadt wird aber zweifellos die unumgängliche Voraussetzung für die weitere Erhaltung der Ordnung und Sicherheit sein. Der Stadtmagistrat A u g s b u r g hat über die Ereignisse der vergangenen Woche folgenden Bericht erstattet:

›Am Ostersonntagmorgen[1] gegen 4 Uhr zogen die Regierungstruppen unvermutet in die Stadt und die bewaffnete Arbeiterschaft setzte sich an verschiedenen Stellen, teilweise sehr hartnäckig zur Wehr. Es kam dadurch zu starken Kämpfen, die 37 Verluste an Menschenleben und großen Schaden an Gebäuden und Wohnungseinrichtungen verursachten. Der Straßenbahnverkehr war für 3 Tage unterbrochen. Die seitherige Zivilschutzwache wurde aufgelöst und die Bildung einer staatlichen Volkswehr[2] und einer Stadtwehr in die Wege geleitet. Die Tätigkeit der Polizei in der abgelaufenen Woche bestand in der Hauptsache in der Festnahme von Personen, die sich an den Osterkämpfen beteiligt haben und solchen, bei denen Waffen in größerer Zahl gefunden wurden. Ferner werden seit Donnerstag planmäßige Haussuchungen nach Waffen in allen Stadtteilen vorgenommen. Die Arbeit wurde Donnerstag, den 24. April 1919 fast restlos wieder in allen Betrieben aufgenommen.‹

Der Stadtmagistrat L i n d a u meldet folgendes:

›Württembergische Truppen erschienen am 18. April 1919 nachts vor Lindau, um im Auftrag der Reichsregierung als Abgesandte des württembergischen Kriegsministeriums für eine Festigung der Regierung Hoffmann einzutreten. Der Einmarsch in die Stadt selbst wurde verhindert. Bereits nachts fanden Sitzungen des Magistrats mit dem Arbeiterrat statt, wobei u. a. eine Einigung darüber erzielt wurde, daß der Bürger so viel gelte wie der Arbeiter und daß künftig eine neue Zusammensetzung des Arbeiterrates unter Berücksichtigung von Handel und Gewerbe in die Wege geleitet werden müsse. Weitere Verhandlungen fanden auf der Mitte der Landtorbrücke mit den städtischen Korporationen, dem A.u.S.-Rat und dem Führer der württembergischen Truppen statt. Um den Willen der Lindauer Bevölkerung kennenzulernen und den Württembergern unterbreiten zu können, fand um ½ 11 Uhr vormittags auf der nördlichen Seeauffüllung eine Volksabstimmung über die Regierung Hoffmann statt. Diese Handlung

---

1 20. April.
2 *Um die allmählich ins Chaos gleitende Räteherrschaft in München zu beseitigen, betrieb die inzwischen nach Bamberg ausgewichene Regierung Hoffmann die Aufstellung einer Volkswehr. Regierung, Freikorpsführer und ehemalige Offiziere warben durch Plakate, Flugblätter und Inserate in der Presse mit unterschiedlichem Erfolg zum Beitritt; die wichtigsten Aufrufe abgedruckt bei: Daniel RITTER VON PITROF, Gegen Spartakus in München und im Allgäu, München 1937, S. 28 f., 31, sowie bei: Karl-Ludwig AY, Appelle einer Revolution, München 1968, Anlagen 93–95. Da die Regierung über keine Truppen verfügte, bat Ministerpräsident Hoffmann am 14. April den Reichswehrminister Noske um die Hilfe der Reichswehr, die zwei Tage später zugesagt wurde.*

wurde eingeleitet mit einer Ansprache des Herrn Groll, Vorsitzender des Arbeiterrates, an die sich eine solche des Herrn Meng[3], Gemeindebevollmächtigter, anschloß, worauf dann noch verschiedene andere Versammlungsteilnehmer kurz das Wort ergriffen. Die Abstimmung ergab eine erdrückende Mehrheit für das Ministerium Hoffmann. Dieser Beschluß wurde von den aufgestellten Bevollmächtigten dem württembergischen Befehlshaber mitgeteilt. Der Verkehr über die Landtorbrücke und den Eisenbahndamm war von mittags ½ 1 Uhr an wieder möglich. Zu Unruhen oder Ausschreitungen ist es nicht gekommen.‹

Aus dem Bezirke K a u f b e u r e n wird nachstehendes berichtet:
›Die politischen wie militärischen Ereignisse haben seit Karsamstag erhöhte Unruhe in den Bezirk Kaufbeuren hereingetragen. Die Aufrufe der Regierung Hoffmann wurden am Ostermontag durch Anschlag in den Gemeinden und mündliche Bekanntgabe an die Bürgermeister und Bauernräte öffentlich bekanntgegeben. Der Arbeiterrat Kaufbeuren beschlagnahmte zwar die gemeinsam für Stadt- und Landbezirk gedruckten Aufrufe, gab sie aber nach dreistündiger Verhandlung frei und nahm in der Stadt durch einen auf rotem Papier gedruckten Gegenaufruf dagegen Stellung. In dem Landbezirk reichte seine Tätigkeit weniger hinaus. In Buchloe nimmt aber auch der radikal gesinnte Teil der Arbeiterschaft gegen die Regierung Hoffmann Stellung. In Buchloe gelang es jetzt, die überwiegende Zahl der Einwohnerschaft für die Regierung Hoffmann zu gewinnen und unter Mitwirkung des Arbeiter- und Bauernrats, sowie Magistrats eine freiwillige Volkswehr zu gründen, die jedenfalls auch eine Anzahl abkömmlicher Leute zu dem Freikorps[4] entsenden wird. Übergriffe in Verwaltungsgeschäfte wurden nicht bekannt. Die örtliche Presse hat alle militärischen und Regierungsaufrufe veröffentlicht.‹

Das Bezirksamt F ü s s e n berichtet:
›Während die Bauernschaft zum allergrößten Teile hinter der Regierung Hoffmann steht, scheint die Arbeiterschaft insbesondere Füssen immer noch eine abwartende Stellung einnehmen zu wollen. Am Ostermontag hielten die Bauernräte des Bezirkes in Füssen eine Versammlung ab, in der eine Entschließung ›nur die Regierung Hoffmann anzuerkennen‹ angenommen werden sollte. Auf Anregung des rechtskundigen Bürgermeisters Dr. Moser[5], als Vertreter des Füssener Arbeiterrates, wurde jedoch eine resolutionsmäßige Stellungnahme unterlassen.‹

Ferner das Bezirksamt G ü n z b u r g:
›In verschiedenen Versammlungen im Bezirke Günzburg: In Bühl, Jettingen, Ichenhausen, Burgau wurde zur Frage der Räterepublik Stellung genommen. Mit verschwindenden Ausnahmen stellten sich die Versammlungen auf den Standpunkt des vom Volke gewählten Landtages und des Ministeriums Hoffmann. Nur in Bühl waren 3 und in Burgau 28 Stimmen für die Räterepublik.‹

---

3 Meng, 2. Bürgermeister von Lindau.
4 Gemeint ist das Freikorps Schwaben, das Major Ritter von Pitrof um den 19. April unter der Bezeichnung ›Allgäuer Volkswehr‹ in Memmingen aufgestellt hatte.
5 Dr. Adolf Moser (1881–1965), 1915–1929 Rechtskundiger Bürgermeister der Stadt Füssen, 1922–1933 Mitglied des Kreistags von Schwaben und Neuburg.

Der stellvertretende Amtsvorstand[6] in M i n d e l h e i m berichtet:

›Am 22. April dieses Jahres abends nach 8 Uhr fand in Mindelheim ein Arbeiterdemonstrationszug statt, der von der Sozialdemokratischen Partei anscheinend im Einverständnis mit dem hiesigen Arbeiterrat veranstaltet wurde. Eingeladen wurde zu dem Umzuge unter dem Hinweis, daß die Interessen der Arbeiterschaft schwer gefährdet seien. An demselben beteiligen sich 2–300 Personen. Die Menge zog zunächst vor das Bezirksamtsgebäude und verlangte den Amtsvorstand zu sprechen. Als derselben eröffnet wurde, daß dieser nicht anwesend sei, versuchte sie, in das Gebäude einzudringen. Nur mit Mühe gelang es dem Amtsdiener und 2 Gendarmen in Zivil, die Menge abzuhalten und davon zu überzeugen, daß der Amtsvorstand nicht anwesend sei. Nach Schmähungen und Drohungen gegen den Amtsvorstand zog die Menge ab und vor meine Wohnung. Die Führer der Menge verlangten mit mir zu sprechen, wozu ich mich bereit erklärte. Zunächst stellten sie die Forderung, daß Bezirksamtmann Dr. Steinbach, dessen derzeitigen Aufenthalt sie von mir wissen wollten, nicht mehr nach Mindelheim zurückkehre, da bei der erregten Stimmung der Arbeiterschaft gegen ihn für seine persönliche Sicherheit keine Gewähr mehr geleistet werden könne. Ich versprach, der Regierung hierüber zu berichten. Sodann übten sie abfällige Kritik an der Tätigkeit des Regierungskommissärs gelegentlich seiner Anwesenheit in Mindelheim am 17. April dieses Jahres. Aus der Menge heraus wurde auch die Forderung gestellt, daß die Strafversetzung des Gendarmeriewachtmeisters Rössner[7] wieder zurückgenommen werde. Hierauf zog die Menge, die sich ruhig verhalten hatte, wieder ab nach der Wohnung des Oberstleutnants Mann[8], dessen Haus durchsucht wurde, da man Dr. Steinbach dortselbst vermutete. Letzterer hatte anscheinend von der beabsichtigten Demonstration Kenntnis erhalten und sich Dienstag früh vom Amte entfernt. Eine Mitteilung über seinen derzeitigen Aufenthalt habe ich bis heute nicht erhalten. Bis weitere Weisung ergeht, führe ich das Amt weiter. Bei der gereizten Stimmung der hiesigen Arbeiterschaft erscheint die persönliche Sicherheit des Amtsvorstandes gefährdet, weshalb es geraten erscheint, daß derselbe vorerst Mindelheim fernbleibt, da er sonst dem Terror der aufgereizten Massen schutzlos preisgegeben ist.‹

Die Berichte über die Zugänge zur Volkswehr lauten vom flachen Lande noch wenig erfreulich, so klagen besonders über geringe Meldungen die Bezirksämter Schwabmünchen, Nördlingen, Füssen, Neu-Ulm, Zusmarshausen, Markt Oberdorf, Neuburg a/D., Augsburg. Bessere Erfolge werden aus der Stadt Augsburg, der Stadt Nördlingen und dem Bezirke Donauwörth gemeldet. Vielfach ist der Mangel an Waffen für die ländlichen Bürgerwehren die Ursache, daß die junge waffenfähige Mannschaft vom Lande nicht zur Volkswehr eilt. Denn man fürchtet, daß sonst Haus und Hof auf dem Lande schutzlos zurückbleiben. Die eilige Waffenabgabe an die organisierten Wehren des flachen Landes wird deshalb nachhaltigst zu fördern sein. Ich habe in diesem Sinne das Militärministerium um unverzügliche Verfügung telegrafisch ersucht. Einem Berichte des Bezirksamts N e u b u r g a / D. ist folgendes zu entnehmen:

›Die freiwilligen Meldungen zur Volkswehr sind bis jetzt im Landbezirke Neuburg gering gewesen. Geeignete Kräfte sind gerade gegenwärtig in der Landwirtschaft sehr nötig, Erwerbslose fast nicht vorhanden. War schon früher die Lust gegen den auswärtigen Feind zu kämpfen bei der Landbevölkerung verschwindend, so zeigt sich jetzt

---

6 *Karl Feigel.*
7 *Michael Rössner (geb. 1891).*
8 *Christian Ritter von Mann, Edler von Tiechler (1854–1920), anlässlich seiner Versetzung in den Ruhestand im Jahr 1920 zum Oberst befördert.*

gar keine Willigkeit zum Wehrdienst gegen die eigenen Landsleute. Überall kann man hören, solange kein Zwang zum Heeresdienst besteht, wolle man von freiwilligen Meldungen nichts wissen, weil ohne Zwang doch nichts Rechtes zustande komme.‹

Das Bezirksamt S c h w a b m ü n c h e n hebt folgendes hervor:
›Sehr erwünscht wäre eine ausdrückliche Erklärung der Staatsregierung darüber, daß Angehörige der Volkswehr, die bei dem Vorgehen gegen die Rote Garde verstümmelt werden, Invalidenrente erhalten; hierdurch würde der Zuzug zur Volkswehr zweifellos wesentlich gefördert.‹

Das Bezirksamt D o n a u w ö r t h berichtet nachstehendes:
›Der Unteroffizier und Kasernenrat Meyer des 1. Feldartillerieregiments München hat sich während der Feiertage in Wemding aufgehalten und ist bereits wieder unbekannt wohin in Richtung München abgereist. Er erklärte im Gespräche dem Gendarmeriewachtmeister in Wemding, daß ein großer Teil des Militärs in München unter einem gewissen Zwange gehandelt habe. Er sei überzeugt, daß die ganze Garnison zu den Regierungstruppen übertreten werde, wenn sich durch Erfolge der letzteren eine solche Möglichkeit biete.‹

Über den Stand der Frühjahrsfelder berichten die Bezirksämter N ö r d l i n g e n und D i l l i n g e n, wie folgt:
›Die Frühjahrsfeldbestellung im Bezirke Nördlingen ist in vollem Gang und abgesehen von der Kartoffelaussaat, zum großen Teil beendet. Soweit die Wintersaaten nicht durch Mäusefraß gelitten haben, stehen sie nicht schlecht, viele mußten aber mit Sommerweizen oder Gerste neu angebaut werden, soweit Saatgut vorhanden war. Die Kleeäcker lassen viel zu wünschen übrig. Wenn die Witterung noch längere Zeit so kühl bleibt, wie sie gegenwärtig ist, wird es um die Futterverhältnisse schlecht bestellt werden.‹

›Der Stand der Wintersaaten im Bezirke Dillingen ist nicht besonders gut, die Witterung ist zu kalt. Im Donautal und einigen anderen Gemeinden mußten bedeutende Flächen ausgeackert werden. Die Frühjahrsfeldbestellung ist im vollen Gange, doch wird sie durch das Wetter auch ungünstig beeinflußt. Kleefelder und Wiesen sind im Wachstum noch weit zurück, so daß erhebliche Futterknappheit herrscht. Arbeitskräfte sind in genügender Zahl vorhanden.‹

Der Stadtmagistrat A u g s b u r g berichtet über die Milchversorgung der Stadt folgendes:
›Die am Ostersonntag in Augsburg aufgetretenen Unruhen, insbesondere die Unterbindung des Bahnverkehrs auf den Linien Dinkelscherben, Donauwörth und Aichach hatten eine wesentliche Beeinträchtigung der Milchversorgung zur Folge. Infolge der unzureichenden Milchzufuhr konnten die Händler zum größten Teil nur insoweit mit Milch beliefert werden, als zur Versorgung der Kinder bis zum 4. Lebensjahre notwendig war, während einige Händler der Vororte Pfersee und Oberhausen infolge der örtlichen Verhältnisse überhaupt nicht beliefert werden konnten; der Ausfall der Milchzufuhr bezifferte sich auf etwa 7–8000 Liter pro Tag. Am 23. dieses Monats haben Arbeiter in den Vororten Oberhausen und Lechhausen die für das Stadtinnere bestimmten Milchfuhrwerke zurückgehalten und die Milch eigenmächtig an die Händler bzw. die Einwohner dieser Stadtteile verteilt. Um die Milchversorgung einigermaßen aufrechterhalten zu können, wurde am 23. dieses Monats aus den wichtigsten Milchlieferungsgebieten (Richtung Donauwörth, Günzburg, Dinkelscherben und Horgau) die Milch mittels Kraftwagens der städtischen Straßenreinigungsanstalt zugeführt; das

Gesamtquantum betrug 3500 Liter. Die Zugverbindungen nach diesen Richtungen sind nunmehr wieder aufgenommen und erfolgt die Beförderung der Milch wieder mit der Bahn. Lediglich aus Egling wird die Milch (600 Liter täglich) seit 19. dieses Monats mittels Postautos befördert, da diese Linie ebenso wie die Linie nach Aichach noch gesperrt ist; bezüglich der letztgenannten Strecke wurde heute die Milchbeförderung mittels Kraftwagens in die Wege geleitet. Die gegenwärtig angelieferte Milchmenge reicht zur Versorgung der Vollmilchberechtigten nicht aus, es ist jedoch anzunehmen, daß bei Wiederaufnahme des Bahnverkehrs der Vollmilchbedarf gedeckt werden kann. Erwachsene Personen können bereits seit Mitte des Monats Milch nicht mehr erhalten.‹

Über die Lage des Arbeitsmarktes, die Rohstoffversorgung, die Wohnungsfrage und die Brennstoffversorgung berichten die beteiligten Distriktsverwaltungsbehörden folgendes:

›Lage der Industrie in Augsburg: Der durch die gegenwärtigen Zeitverhältnisse und die damit verbundenen Verkehrsschwierigkeiten bedingte Kohlenmangel machen sich in Industrie und Handwerk immer nachteiliger bemerkbar. Hievon werden auch die Gaswerke betroffen. Infolge Gasmangels der Gaswerksfiliale Lechhausen mußte die Uhrfedernfabrik Mader & Cie. ihren Betrieb schließen.

Baumarkt in Augsburg: Die städtische Bautätigkeit hat sich um ein Geringes gehoben; es wurden 1356 Mann gegenüber 1311 der Vorwoche beschäftigt. Die private Bautätigkeit beschäftigte im ganzen 536 Arbeiter gegenüber 560 der Vorwoche. Der dringend notwendige Bau von Wohngebäuden findet immer noch keine Unternehmer; die Gründe hiefür sind bereits wiederholt erwähnt worden.

Arbeitsmarkt in Augsburg: In der Berichtswoche hat sich die Zahl der männlichen Erwerbslosen um 200 erhöht, was auf die Auflösung der Zivilschutzwache zurückzuführen ist. Die Zahl der weiblichen Erwerbslosen hat keine Veränderung erfahren. Durch die ab 24. dieses Monats erfolgte Verkehrssperre wird voraussichtlich der Materialmangel zunehmen und besonders im Baugewerbe die Ausstellung von Arbeitern zu erwarten sein. Die Vermittlung nach auswärts wird ebenso erschwert, wenn nicht fast ganz unterbunden. Die Arbeitsmöglichkeit ist für sämtliche Berufe noch gleich ungünstig. Die Nachfrage nach Schneidern flaut ab, Schuhmacher sind noch immer sehr begehrt, auch Möbelschreiner und Gärtner. Sehr ungünstig ist die Lage für stellenloses kaufmännisches Personal. In der weiblichen Abteilung ist die Lage andauernd ungünstig mit Ausnahme des hauswirtschaftlichen Personals, das – vielfach ungeschult – immer in ungenügendem Maße vorhanden ist. Nachstehende Übersicht des städtischen Arbeitsmarktes vom 25. April 1919 gibt zuverlässigen Aufschluß über die Bewegung auf dem Arbeitsmarkt:

Wirtschaftszweig	Unerl. Angeb.		Unerl. Nachfrage		Bemerkungen
	a. männl.	b. weibl.	a. männl.	b. weibl.	
Land- und Forstwirtschaft, Gärtnerei	41	56	14	10	
Metallverarbeitung	22	–	536	3	
Holzindustrie	20	–	39	–	
Textilindustrie	–	–	68	323	
Bekleidungs- und Reinigungsgewerbe	26	–	3	62	
Baugewerbe	18	–	134	–	
Sonst. Handwerk und Berufe	30	4	668	337	
Haus- und Gastwirtschaft	–	213	253	180	16 jugendl. m.
Ungelernte Arbeiter aller Art	–	–	315	1585	65 jugendl. m. 63 jugendl. w.
Summe:	157	273	2030	2500	144 jugendl.
Gesamtsumme des Vormonats:	198	293	1830	2494	145 jugendl.

Nach dem Stande vom 19. April 1919 hatten wir 2408 männliche und 2152 weibliche, zusammen 4560 Arbeitslose zu unterstützen.

Wohnungsfürsorge in Augsburg: Vom 15.4.–22.4.1919 wurden im städtischen Wohnungsamt 753 Wohnungen gesucht, davon entfielen auf Kriegsgetraute 286, auf dienstlich Versetzte 15, auf Familien in zu kleinen, überfüllten und ungesunden Wohnungen 237, auf von auswärts Zugezogene 49, auf Parteien, deren Wohnung unter Anrufung des Mieteinigungsamtes gekündigt wurde, 77. Gesucht sind meistens Kleinwohnungen. Diese Wohnungssuchenden sind zur Zeit alle untergebracht teils bei Verwandten teils in möblierten Zimmern teils in zu kleinen oder gekündeten Wohnungen. Diesen Gesuchen steht am 22.4.1919 nicht eine leere Wohnung gegenüber. Die Bautätigkeit seit 1. Januar 1919 zeigt folgende Zahlen. Im ganzen wurden 160 Wohnungen zum Beziehen fertiggestellt, davon 97 mit 2 Zimmern und 42 mit 3 Zimmern. Von der Stadtgemeinde Augsburg wurden in städtischen und Stiftungsgebäuden 120 Wohnungen fertiggestellt, 169 sind in Ausführung begriffen und von 51 liegen Eingabepläne bei der Baupolizei vor bzw. sind Verhandlungen im Bauamt eingeleitet. Von der Stadtgemeinde Augsburg wurden in Privatgebäuden 8 Wohnungen fertiggestellt und von 1 liegen Eingabepläne bei der Baupolizei vor bzw. sind Verhandlungen im Bauamt eingeleitet. Von Privaten selbst wurden 25 Wohnungen fertiggestellt, 38 sind in Ausführung begriffen und von 245 liegen Eingabepläne bei der Baupolizei vor bzw. sind Verhandlungen im Bauamt eingeleitet. Vom bayerischen Staat wurden in Staatsgebäuden 7 Wohnungen fertiggestellt, 7 sind in Ausführung begriffen und von 59 liegen Eingabepläne bei der Baupolizei vor bzw. sind Verhandlungen im Bauamt eingeleitet.

Die verworrenen politischen Zustände der letzten Tage haben die Brennstoffzufuhr in Augsburg vollkommen zum Stocken gebracht. Seit Donnerstag, 16. April ist kein Waggon oberbayerischer Kohle nach Augsburg gekommen. Unsere dringenden telegrafischen und brieflichen Vorstellungen bei der Demobilmachungsstelle Nürnberg, dem Reichskohlenkommissar in Berlin, dem Kohlenkontor Mannheim, den amtlichen Verteilungsstellen in Halle, Essen und Dresden blieben ohne Antwort.‹

›Die Industriebetriebe des Bezirkes Dillingen leiden immer noch an Rohstoffmangel und können den Betrieb nur zur Not aufrechterhalten. Die Schmiede haben noch Mangel an Schmiedekohlen, der kaum zu beheben sein wird, der aber auf die Landwirtschaft auch ungünstig einwirkt, indem die Instandsetzung der Geräte und Wagen aufgehalten ist.‹

Die Meldung des Arbeitsamtes Neu-Ulm liegt an.

II.

Bereits zu I. berichtet.

gez. von Praun, Regierungspräsident

[Anlage 1 zum Wochenbericht vom 29. April]

Meldung des Arbeitsamts Neu-Ulm über die Arbeitsmarktlage am 26. April 1919.

Wirtschaftszweig	Unerl. Angeb.		Unerl. Nachfrage	
	a. männl.	b. weibl.	a. männl.	b. weibl.
Land- und Forstwirtschaft, Gärtnerei	4	7	5	–
Metallverarbeitung	–	–	3	–
Holzindustrie	5	–	2	–
Textilindustrie	–	–	–	–
Bekleidungs- und Reinigungsgewerbe	11	2	3	–
Baugewerbe	7	–	1	–
Sonst. Handwerk und Berufe	8	–	19	1
Haus- und Gastwirtschaft	1	12	3	4
Ungelernte Arbeiter aller Art	5	1	16	5
[Summe]	41	22	52	10

Bemerkungen über die Lage des Arbeitsmarktes:
In der männl. Abteilung sind offene Stellen vorherrschend in Bekleidungsindustrie. Die übrigen Berufe verteilen sich. Bei der weibl. Abtlg. sind speziell landw. Dienstboten nicht beizuschaffen.

Städt. Arbeitsamt Neu-Ulm

[Anlage 2 zum Wochenbericht vom 29. April]

Memmingen, den 26. April 1919: Stadtmagistrat Memmingen an die Regierung von Schwaben und Neuburg, Kammer des Innern, in Augsburg

Betreff: Wochenbericht

Im Laufe dieser Woche haben sich besondere politische Vorkommnisse nicht ereignet.

Memmingen bildet den Sammelpunkt für das Freikorps ›Schwaben‹; der Zugang zu diesem ist sehr erfreulich. Der Magistrat stellt jedem Memminger, der sich freiwillig zu diesem Korps meldet, einen Betrag von 100 Mark zur Verfügung.

Der für die kurze Zeit der Räteregierung tätig gewesene Stadtkommandant Nägele ist infolge Lungenentzündung mit Tod abgegangen.

Die städtischen Kollegien haben ihre Tätigkeit wieder aufgenommen. Es wäre erwünscht, baldigst zu erfahren, wieviele Mitglieder der neue Stadtrat erhält. Die Wahlvorbereitungen sind abgeschlossen.

Beim Arbeitsamt stehen 82 offenen Stellen für Männliche 101 Stellengesuche gegenüber. Die Zahl der Arbeitslosen hat sich auf 34 gesteigert.

Verschiedene Streiks stehen in sicherer Aussicht.

i. V. Bingger

[Anlage 3 zum Wochenbericht vom 29. April]

Lindau, den 26. April 1919: Der Vorstand des Magistrats der königlich bayerischen Stadt Lindau im Bodensee an das Präsidium der Regierung von Schwaben und Neuburg in Augsburg

Betreff: Wochenbericht

Das württembergische Militär ist im Laufe des Ostersonntags wieder abgerückt, ohne daß es zu einem Einschreiten der Stadt gegenüber gekommen wäre. Am Ostermontag ließ sich der Soldatenrat verschiedene Angehörige des Regiments[9] vorführen, welche die Bewegung auf Seite des württembergischen Militärs mitmachten und legte ihnen nahe, sich ruhig zu verhalten, da sonst eine Garantie für ihre Sicherheit nicht übernommen werden könne. Inhaftierungen erfolgten nicht. Die anläßlich der Vorkommnisse am 19.4. zurückgetretenen Vorsitzenden des Arbeiter- und Soldatenrates wurden am 22.4. wiedergewählt. 50 Mann des württembergischen Militärs, welche die Expedition gegen Lindau nicht mitmachten, wurden in Friedrichshafen entlassen und vom hiesigen Soldatenrat in die hiesige Sicherheitskompanie aufgenommen. Wir halten jedoch eine Vergrößerung derselben für durchaus überflüssig.

Zu Ziffer 2.) Durch die unterbrochene Verbindung mit München erfolgen keinerlei Zuteilungen an Nährmitteln. Die Mehlversorgung ist für weitere 14 Tage gesichert.

Zu Ziffer 3.) Wesentliche Änderungen sind in der Lage des hiesigen Arbeitsmarktes gegenüber den letzten Berichten nicht eingetreten. Die Zahl der Stellenangebote und Stellengesuche hält sich annähernd die Waage. Einiger Mangel herrscht an gelernten Arbeitern, hauptsächlich Schreinern, Schneidern und Schuhmachern. Bau- und sonstige Hilfsarbeiter wurden in der letzten Woche wenig verlangt. Der ziemlich starke Zuzug von Hilfsarbeitern aller Art aus dem

---

9 *Lindau war Standort des 20. bayerischen Infanterie-Regiments.*

benachbarten Vorarlberg machte sich auf die Lage des hiesigen Arbeitsmarktes wesentlich bemerkbar. Es ist die Beobachtung gemacht worden, daß die österreichischen Arbeiter von den Arbeitgebern den deutschen Arbeitern vorgezogen werden, weil sie einerseits in der Regel etwas billiger arbeiten und auch arbeitswilliger als die deutsche Arbeiter seien. Da es sich durchwegs um Deutsch-Österreicher handelt, konnte gegen den Zuzug dieser Leute nichts eingewendet werden. Nachdem aber andererseits die Vorarlberger Landesregierung deutschen Arbeitern den Eintritt aus politischen und wirtschaftlichen Gründen verweigert, sind mit den zuständigen Stellen Vereinbarungen getroffen worden, welche den Zuzug deutsch-österreichischer Hilfsarbeiter überwachen und weitere ungünstige Beeinflussung des hiesigen Arbeitsmarktes zu Ungunsten der deutschen Arbeiter vermeiden sollen.

Die Zahl der Erwerbslosen beträgt immer noch 8.

Zu Ziffer 4.) An der Herstellungen von Notwohnungen in den Kasernen wird mit allem Nachdruck gearbeitet. Der Erfassung größerer Wohnungen zur Aufteilung in kleinere wird sowohl in Stadt als Land weiters scharfe Aufmerksamkeit gewidmet.

Zu Ziffer 5 und 6 erstatten wir Fehlanzeige.

Zu Ziffer 7.) An Brennstoffen sind eingelaufen: 1 Wagen Kohlen für Gaswerk, 1 Wagen für die Inselbrauerei und 3 für Hausbrand.

i. V. Riesch

Augsburg, den 6. Mai 1919   **69**

I.

Die öffentliche Ordnung in der Stadt Augsburg ist bislang nicht mehr gestört worden. Die weitere Belassung der noch hier vorhandenen Truppen ist dringend erforderlich. Der Stadtmagistrat A u g s b u r g berichtet:

›Der Aufruf zur Bildung einer Volks- und einer Stadtwehr hat in der Bevölkerung von Augsburg lebhaften Anklang gefunden; zahlreiche Freiwillige aller Stände meldeten sich in Scharen zu der staatlichen Volkswehr und zu der Stadtwehr. Zur Zeit bereitet die Stadt die Bildung von Stadtwehrkompanien vor, welche zur Unterstützung der Polizei im Patrouillen- und Wachdienst sowie zur Unterstützung der staatlichen Volkswehr bei besonderen Ereignissen (Unruhen usw.) verwendet werden. Die Stadtwehr wird ihren Dienst voraussichtlich am Montag, den 5. Mai 1919 beginnen. (Bis jetzt rund 1500 Teilnehmer.)‹

Über die Stimmung der Landbevölkerung berichtet das Bezirksamt A u g s b u r g folgendes:

›Die Stimmung der Bevölkerung des Landbezirkes Augsburg ist angesichts der Erfolge gegen München wieder zuversichtlicher geworden. Es besteht nur überall die Befürchtung, daß gegen die Aufrührer nicht mit der durch die Verhältnisse und das Verlangen breitester Volksschichten gebotenen Rücksichtslosigkeit nach dem Vorbild anderer deutscher Staaten vorgegangen wird, damit endlich einmal Ruhe und Sicherheit ins Land kommt und der völlige wirtschaftliche Ruin vermieden wird. Sehr ergrimmt ist die Landbevölkerung gegen das Treiben im öffentlichen Leben der Großstadt, gegen die fortgesetzten Streiks und Feiertage, Lohntreibereien, Tanzbelustigungen und Vergnügungen aller Art, die nicht entfernt zum Ernst unserer wirtschaftlichen Lage paßten. Die Bauern klagen heftig darüber, daß sie vom frühen Morgen bis zum späten Abend angestrengt arbeiten müßten, um die Faulenzer und Unruhestifter in den Städten zu ernähren. Sie möchten endlich einmal Ruhe und Ordnung im Staate und würden schließlich wie die Arbeiter auch zum Streik greifen, wenn das nicht endlich anders wird.

In der Landwirtschaft bestehen die alten Klagen der Landwirte fort, daß die Schlachtviehpreise immer noch tief gehalten werden, während die Nutz- und Zugviehpreise ins Ungemessene steigen. Dadurch wird der Schwarzschlächterei Tür und Tor geöffnet. Der redliche Landwirt, der gewissenhaft an den Kommunalverband sein Vieh abliefert, erleide, wenn er sich wieder Nutzvieh verschaffen muß, große wirtschaftliche Nachteile, der unredliche dagegen heimse große Gewinne im Schwarzschlachten ein. So gehe noch der letzte Rest von Redlichkeit im Volke verloren. Für die Landwirte habe man in allen Produkten Höchstpreise, aber die Kaufleute und Geschäftsleute seien in der Preisbildung völlig souverän. Das verbittere das Landvolk außerordentlich und töte jeden Unternehmungsgeist und jede Schaffensfreude. Man sehe nicht ein, warum die Staatsregierung nicht auch den Kauf- und Geschäftsleuten gegenüber einmal Höchstpreise festsetzen und der Lohntreiberei der Arbeiter ein Ziel setzen könne und warum ausgerechnet wieder der Bauer mit dem Abbau der Preise beginnen soll, während die anderen Berufsstände nicht entfernt daran dächten, ihre Forderungen einzudämmen. Besonders temperamentvolle Bauern drohen mit der Einschränkung ihrer Betriebe auf das für den eigenen Lebensbedarf Nötige und wollen es den übrigen Ständen überlassen, sich selbst zu ernähren. Diese Punkte wurden in einer jüngsten Distriktsausschußsitzung von den anwesenden Landwirten sehr lebhaft besprochen, wobei ich ersucht wurde, diese Klagen der Regierung vorzutragen.‹

Nach Bericht des Stadtmagistrats Kaufbeuren stellte sich in einer großen Volksversammlung in Kaufbeuren am 1. Mai 1919, in der Dr. Loewenfeld[1] berichtete, Arbeiterrat, Sozialdemokratische Partei und Freies Gewerkschaftskartell hinter das soziale[2] Ministerium Hoffmann.

Das Bezirksamt K a u f b e u r e n berichtet:
›Der 1. Mai verlief im Bezirke Kaufbeuren ruhig. In Buchloe veranstalteten die Sozialdemokraten ihre 1. Maifeier. Genosse Linder[3] aus Kempten hielt einen Vortrag, worauf sich die Versammlung, an welcher auch Bürger teilnahmen, einmütig hinter die Regierung Hoffmann zu stellen erklärte. Auch ein Bauernbundssekretär namens Edelmann[4] aus Landsberg trat als Redner auf.‹

Das Bezirksamt K e m p t e n teilt folgendes mit:
›Die beiden sozialdemokratischen Parteien haben sich im Bezirke vereinigt, zugleich aber von der Organisation losgesagt. Sie hoffen durch ihr Vorgehen den Anstoß dazu zu geben, daß die Einigung im ganzen Lande vor sich geht.‹

Das Bezirksamt F ü s s e n berichtet über die dortige Lage, wie folgt:
›Die letzte Woche brachte auch für den Bezirk Füssen kritische Tage voller Aufregung und Spannung. Die tollsten Gerüchte waren unterwegs und insbesondere in der Stadt Füssen hatte sich breiter Bevölkerungskreise große Angst und Niedergeschlagenheit bemächtigt. Den Hauptanlaß bot die Tatsache, daß vor kurzem eine Ortsgruppe der Unabhängigen in Füssen sich bildete unter Führung radikaler Elemente, die schon immer im Rufe spartakistischer Gesinnung gestanden hatten. Die bürgerlichen Kreise sahen

---

1 *Wahrscheinlich Dr. Walter Löwenfeld (gest. 1925). Er war Sprecher der bayerischen Sozialdemokraten und erläuterte nach dem Ende der Räteherrschaft in Versammlungen die Politik der Regierung Hoffmann.*
2 *Der Berichterstatter meint ›sozialistisches‹ Ministerium.*
3 *Josef Linder (1883–1940), Schlossermeister. 1919–1933 Mitglied des Kreistags von Schwaben und Neuburg.*
4 *Emmanuel Edelmann, 1919 Generalsekretär des BB.*

mit großem Bangen der Zukunft entgegen und waren Gerüchten aller Art um so mehr zugänglich, als gegen den rechtskundigen Bürgermeister Dr. Moser seit seinem Übertritt zur Sozialdemokratischen Partei weitgehendes Mißtrauen zu bestehen scheint.
Ich nahm Anlaß, den Versuch zu machen, ein etwas vertrauensvolleres Verhältnis zwischen Bürgerschaft einerseits und Arbeiterschaft und Bürgermeister andererseits anzubahnen. Ich besprach mit letzterem in erschöpfender Weise die ganzen Verhältnisse und erbot mich, jederzeit zu vermitteln und auch zur Zurückweisung der oft vollständig aus der Luft gegriffenen Behauptungen mitzuwirken, so daß mit der Zeit eine ruhigere Stimmung Platz greifen könnte. Ein Erfolg dürfte bereits sein, daß man sich über die sofortige Errichtung einer aus Arbeitern und Bürgern zusammengesetzten Sicherheitswehr einigte und daß der Arbeiterrat sich nunmehr unzweideutig auf den Boden der Regierung Hoffmann stellte. Sehr zur Beruhigung hat in den letzten Tagen beigetragen, daß sich die unabhängige Parteigruppe infolge der festen Haltung der Mehrheitssozialisten wieder auflöste.‹

Über den Bezug des amtlichen Organs ›Der Freistaat‹ berichten die Bezirksämter D o n a u w ö r t h und M a r k t O b e r d o r f nachstehendes:
›Obwohl das amtliche Organ der bayerischen Landesregierung – Der Freistaat – vom Bezirksamt sofort nach Erscheinen[5] bestellt wurde, konnten doch nicht mehr alle Nummern nachgeliefert werden. Es besteht daher die Möglichkeit, daß amtliche Erlasse nicht zur Kenntnis aller Behörden gelangt sind und von diesen daher auch nicht vollzogen werden können.‹

›Von dem seitens der Regierung Hoffmann herausgegebenen Organ ›Der Freistaat‹ sind nur einzelne Nummern hierher gelangt; von manchen Bestimmungen erfährt das Amt erst aus der Tagespresse oder aus irgendwelchen Zufällen. Ob die Wahlen nun stattfinden oder nicht, ist bis jetzt noch nicht mit Bestimmtheit bekanntgeworden.‹

Auch bei der Regierung sind bisher die Nummern 1–9 des ›Freistaats‹ nicht eingekommen.

Die Werbungen zur Volkswehr sind allenthalben unter rühriger Beteiligung der Bezirksämter im Gange. Der Zugang ist ungleich; er läßt verschiedenerorten noch sehr zu wünschen übrig. Da in der Zwischenzeit die Bewaffnung ländlicher Wehren fortgeschritten ist, steht auch ein vermehrter Zugang zur Volkswehr zu hoffen. Das Bezirksamt K e m p t e n berichtet:
›Bei der Anwerbung zur Volkswehr hat sich bereits ein Unfug – anders kann ich es nicht bezeichnen – insoferne eingeschlichen, als Gemeinden in den Nachbarämtern Memmingen und Markt Oberdorf Handgelder in Beträgen bis zu 1000 Mark geben. Das wird sich herumsprechen und Schule machen und die Folge haben, daß auch die anderen Gemeinden die gleiche oder ähnlich hohe finanzielle Aufwendungen werden machen müssen.‹

Über den Stand der Frühjahrsfelder berichten die Bezirksämter L i n d a u, K e m p t e n und G ü n z b u r g:
›Die fortwährende schlechte Witterung hat eine Futternot im Bezirke Lindau hervorgerufen, deren Folgen in stark verminderter Milchlieferung bald in die Erscheinung treten werden. In den am Bodensee gelegenen Gemeinden bildet die Weide, die in den übrigen Gemeinden noch nicht möglich ist, eine kleine Erleichterung. Auch die nach dem Blütenansatze zu erwartende reiche Obsternte schwebt in großer Gefahr.‹

---

5 *Die Nr. 1 war am 8. April erschienen.*

›Die anhaltende schlechte Witterung, die den Weidetrieb noch immer verzögert, läßt bei der Landbevölkerung des Bezirkes Kempten die Sorge aufsteigen, es möchten die schon recht knappen Heuvorräte ausgehen. Die Heupreise sind trotz Höchstpreisfestsetzung zu der unglaublichen Höhe von 25–30 Mark pro Zentner (im Frieden 4–5 Mark) hinaufgegangen. 2000 Zentner Heu, die dem Kommunalverband vom Remontedepot Benediktbeuren zugesagt waren, können nicht geliefert werden, weil der dortige Bezirksbauernrat das Heu unter die dortigen Bauern kurzerhand verteilt hat.‹

›Durch die ungünstige Witterung haben die Wintersaaten im Bezirke Günzburg Schaden gelitten. Die Kälte hindert den Gras- und Kleewuchs, was bei den knappen Futtervorräten sehr schwer empfunden wird.‹

Über die Lage des Arbeitsmarktes, die Rohstoffversorgung, die Wohnungsfrage, sowie die Erwerbslosenfürsorge berichten die beteiligten D i s t r i k t s v e r w a l t u n g s b e h ö r d e n, was folgt:

›Lage der Industrie in Augsburg: Die allgemeine Lage des Augsburger Industrie- und Geschäftslebens hat sich in der vergangenen Woche wenig geändert. Der Kohlenmangel und die dadurch bedingten Transportschwierigkeiten bestehen fort, Rohstoffe und Halbfabrikate sind schwer zu erhalten.

Baumarkt in Augsburg: Die städtische Bautätigkeit hat sich gegenüber der Vorwoche etwas geändert; es wurden 1126 Mann gegenüber 1356 der Vorwoche beschäftigt. Die private Bautätigkeit beschäftigte im ganzen 591 Arbeiter gegenüber 536 der Vorwoche. Für das Baugewerbe mangeln besonders Zement und Ziegelsteine, wodurch die Ausführung von Notstandsarbeiten ungünstig beeinflußt wird.

Arbeitsmarkt in Augsburg: Die Lage des Arbeitsmarktes gegen die Vorwoche ist unverändert. Die Zahl der Arbeitslosen, die vorige Woche durch Auflösung der Zivilschutzwache zugenommen hat, ist diese Woche durch Beitritt zur Volkswehr wieder niedriger geworden. Die Landwirtschaft verzeichnet ein größeres Stellenangebot besonders für Dienstbuben. Die Besetzung dieser Stellen findet Schwierigkeiten, weil die Eltern jugendlicher Stellensuchender diese nicht zur Landwirtschaft geben wollen. Reichlich Arbeitsgelegenheit bietet die Holzindustrie besonders für Möbelschreiner. Metallverarbeitung, Papier- und Textilindustrie zeigen noch reichlich Überschuß an Arbeitskräften. Das Bekleidungsgewerbe flaut ab im Arbeitsangebot. Das Baugewerbe zeigt infolge steigenden Materialmangels einen Stillstand. Für kaufmännisches Personal ist die Lage noch immer ungünstig. Ungelernte Männliche – mit Ausnahme der Erwerbsbeschränkten und Jugendlichen – finden reichlich Beschäftigung. Unverändert ungünstig ist die Lage des Arbeitsmarktes für Weibliche. Nachstehende Übersicht des städtischen Arbeitsamtes vom 2. Mai 1919 gibt Aufschluß über die Bewegung auf dem Arbeitsmarkte:

Wirtschaftszweig	Unerl. Angeb.		Unerl. Nachfrage		Bemerkungen
	a. männl.	b. weibl.	a. männl.	b. weibl.	
Land- und Forstwirtschaft, Gärtnerei	57	47	14	9	
Metallverarbeitung	18	–	556	3	
Holzindustrie	26	–	38	–	
Textilindustrie	1	–	69	347	
Bekleidungs- und Reinigungsgewerbe	13	–	2	68	
Baugewerbe	15	–	120	–	
Sonst. Handwerk und Berufe	49	5	498	359	
Haus- und Gastwirtschaft	3	191	231	188	18 jugendl. m.
Ungelernte Arbeiter aller Art	–	–	324	1412	64 jugendl. m. 55 jugendl. m.
Summe:	182	243	1852	2386	137 jugendl.

Nach dem Stande vom 26. April 1919 hatten wir 2407 männliche und 2206 weibliche, zusammen 4613 Arbeitslose zu unterstützen. Seit Beginn der Erwerbslosenfürsorge sind 6456 männliche und 2089 weibliche Personen, zusammen 8545 Personen bis zu obigem Tage wieder in Arbeit getreten.
Wohnungsfürsorge in Augsburg: Vom 22. April 1919 bis zum 28. April 1919 wurden im städtischen Wohnungsamt 849 Wohnungen gesucht, davon entfallen auf Kriegsgetraute 315, auf dienstlich Versetzte 15, auf Familien in zu kleinen überfüllten und ungesunden Wohnungen 272, auf von auswärts Zugezogene 49, auf Parteien, deren Wohnung unter Anrufung des Mieteinigungsamtes gekündigt wurde, 87. Gesucht sind meistens Kleinwohnungen. Diese Wohnungssuchenden sind zur Zeit alle untergebracht teils bei Verwandten teils in möblierten Zimmern teils in zu kleinen oder gekündeten Wohnungen. Diesen Gesuchen steht am 29. April 1919 nicht eine leere Wohnung gegenüber. Die Bautätigkeit seit 1. Januar 1919 zeigt folgende Zahlen. Im ganzen wurden 172 Wohnungen zum Beziehen fertiggestellt: Davon 101 mit 2 Zimmern und 48 mit 3 Zimmern. Von der Stadtgemeinde Augsburg wurden in städtischen und Stiftungsgebäuden 128 Wohnungen fertiggestellt, 169 sind in Ausführung begriffen und von 51 liegen Eingabepläne bei der Baupolizei vor bzw. sind Verhandlungen im Bauamt eingeleitet. Von der Stadtgemeinde Augsburg wurden in Privatgebäuden 8 Wohnungen fertiggestellt, keine sind in Ausführung begriffen und von 1 liegen Eingabepläne bei der Baupolizei vor bzw. sind Verhandlungen im Bauamt eingeleitet. Von Privaten wurden selbst 29 Wohnungen fertiggestellt, 36 sind in Ausführung begriffen und von 245 liegen Eingabepläne bei der Baupolizei vor bzw. sind Verhandlungen im Bauamt eingeleitet. Vom bayerischen Staat wurden in Staatsgebäuden 7 Wohnungen fertiggestellt, 7 sind in Ausführung begriffen und von 59 liegen Eingabepläne bei der Baupolizei vor bzw. sind Verhandlungen im Bauamt eingeleitet.‹

›Die wirtschaftliche Lage in der Industrie des Landbezirkes Kempten ist die gleich prekäre wie seit Wochen. Nur dem sozialdenkenden Unternehmertum ist es zu verdanken, wenn bisher keine Arbeitseinstellungen erfolgt sind.‹

›Die Verhältnisse am Arbeitsmarkt im Bezirke Illertissen haben eine wesentliche Änderung nicht erfahren. Jedoch ist für die Firma Wieland die Kohlenbelieferung eine derart mangelhafte, daß eine teilweise Betriebseinstellung in naher Zeit notwendig ist, wenn es nicht in allernächster Zeit gelingt, Kohlen herbeizuschaffen.‹

Die Meldung des Arbeitsamtes Neu-Ulm liegt an.

II.

Bereits unter I. berichtet.

gez. von Praun, Regierungspräsident

[Anlage zum Wochenbericht vom 6. Mai]

Meldung des Arbeitsamts Neu-Ulm über die Arbeitsmarktlage am 3. Mai 1919.

Wirtschaftszweig	Unerl. Angeb.		Unerl. Nachfrage	
	a. männl.	b. weibl.	a. männl.	b. weibl.
Land- und Forstwirtschaft, Gärtnerei	5	9	3	–
Metallverarbeitung	–	–	2	–
Holzindustrie	2	–	–	–
Textilindustrie	–	–	–	–
Bekleidungs- und Reinigungsgewerbe	10	2	3	2
Baugewerbe	3	–	2	–
Sonst. Handwerk und Berufe	9	–	20	1
Haus- und Gastwirtschaft	1	16	8	5
Ungelernte Arbeiter aller Art	5	1	13	4
Summe:	35	28	51	12

Bemerkungen über die Lage des Arbeitsmarktes.
Wie im Bericht vom 26.4.19
Städt. Arbeitsamt Neu-Ulm.

Augsburg, den 13. Mai 1919

I.

Die Ruhe und Ordnung ist in der abgelaufenen Woche in Augsburg nicht gestört worden. Die Bildung der Augsburger Stadtwehr ist soweit gediehen, daß zur Zeit etwa 25 Stadtwehrkompanien zu je 50–100 Mann aufgestellt werden konnten, welche am Montag, den 5. Mai erstmals ihren Dienst begannen. Die Stadtwehrleute sind militärisch uniformiert und tragen zum Unterschied von der staatlichen Volkswehr Armbinden in den Stadtfarben (rot-grün-weiß). Die Stadtwehrmänner machen alle 4–8 Tage 12 Stunden Dienst. Die Teilnehmerzahl ist ständig im Wachsen begriffen und beträgt zur Zeit rund 2500 Mann.

Die Werbung für die Volkswehr hat im Regierungsbezirke nunmehr auch nahezu allenthalben erfreulichere Ergebnisse gezeitigt, so daß mit einem starken Zugang aus den schwäbischen Bezirken gerechnet werden kann.

In der Stadt Kempten, ebenso in Nördlingen ist die Bildung einer aus Bürgern, Arbeitern und Bauern bestehenden Stadtwehr im Gange. In der Stadt Füssen ist nunmehr eine starke zu gleichen Teilen aus Bürgern und Arbeitern bestehende Sicherheitswehr gebildet mit einer ständigen Sicherheitswache, die in den nächsten Wochen die Zufahrtstraßen Tag und Nacht abpatrouilliert.

Das Bezirksamt W e r t i n g e n berichtet:
›Das fahrende Volk wie Zigeuner, Hausierer usw. nimmt auf den Straßen wieder stark überhand. Gruppen mit 4 und 5 Wägen sind häufig anzutreffen. Der Sicherheitszustand wird hiedurch wesentlich verschlechtert. Sie nähren sich in der Hauptsache von Diebstahl und Bettel. Die zur Verfügung stehende Gendarmeriemannschaft ist kaum mehr in der Lage, ihnen wirksam entgegenzutreten.‹

Über den Stand der Felder berichten die Bezirksämter A u g s b u r g und L i n d a u folgendes:
›Die Wintersaat hat durch die kalte Witterung des vergangenen Monats, besonders in den Niederungen, ziemlich gelitten; die Landwirte meinen aber, daß sie sich bei Fortdauer des jetzigen warmen Wetters und einigen ausgiebigen Niederschlägen wieder erholen werde. Die Bestellung der Sommerfelder ist infolge des schlechten Aprilwetters nicht unerheblich zurückgeblieben, doch kann bei der jetzigen günstigen Witterung das Versäumte rasch nachgeholt werden.‹

›Das eintretende schöne Wetter hat die Weide im Bezirke Lindau ermöglicht und die Ernährung des Viehs etwas verbessert; an vielen Orten des Bezirkes wurden jedoch Tannenzweige gefüttert.‹

Der Stadtmagistrat A u g s b u r g berichtet zur Lebensmittelversorgung:
›Die Versorgung war unverändert. Im einzelnen wird bemerkt: Wegen Mangels an Milch kann den erwachsenen Personen vorerst Milch nicht abgegeben werden. Die Eingänge an Eiern sind äußerst gering; hiezu tragen vor allem auch die schlechten Verkehrsverhältnisse bei. Die Nachfrage nach Wintergemüse konnte bei weitem nicht mehr gedeckt werden und frisches Gemüse steht noch sehr hoch im Preise.‹

Das Bezirksamt W e r t i n g e n hebt folgendes hervor:
›Die Bauernbevölkerung will von Lebensmittelablieferung fast gar nichts mehr wissen. Die Aufkäufer hatten noch auf mindestens 10 Waggons Kartoffeln gerechnet, die aber deswegen nicht mehr zu bekommen sind, weil der Schleichhandel für den Zentner 12 Mark bezahlt. Auch die Eierablieferung ist gegenüber dem Vorjahre weit zurückgeblieben. Die Viehablieferung begegnet von Woche zu Woche einem mehr um sich

greifenden Widerstand. Wenn nicht andere Maßnahmen ergriffen werden und den Ämtern nicht ein größeres und zuverlässiges Gendarmeriepersonal zugewiesen wird, steht der Zusammenbruch unseres ganzen Ernährungswesens, soweit es auf Zwangswirtschaft beruht, mit Sicherheit zu befürchten. Die Autorität der Behörden hat unter den Revolutionswirren ungeheuer gelitten und die mammonsüchtige Bevölkerung weiß die dadurch herbeigeführte Schwäche und Einflußlosigkeit der Behörden gut auszunützen.‹

Das Bezirksamt N ö r d l i n g e n berichtet:
›Die festgesetzten Höchstpreise für Ferkel[1] wären an sich gut, werden aber nicht eingehalten und treiben die Ferkel, wie man hört, zum Land hinaus ins Württembergische, wo in den letzten Tagen bis zu 480 Mark für ein Paar bezahlt wurde. Eine Einschränkung der Ausfuhr aus dem Bezirk ist notwendig, wenn der Zweck, auch dem kleineren Mann zu angemessenen Preisen die Anschaffung zu ermöglichen, erreicht werden soll.‹

Über die Lage des Arbeitsmarktes, die Rohstoffversorgung, die Erwerbslosenfürsorge, den Wohnungsmarkt berichten die beteiligten D i s t r i k t s v e r w a l t u n g s b e h ö r d e n, was folgt:
›Lage der Industrie in Augsburg: Die Lage der Industrie und des Gewerbes ist gegenüber der Vorwoche im allgemeinen unverändert. Kohlenmangel und mangelhafte Verkehrsverhältnisse beeinträchtigen das Wirtschaftsleben nach wie vor sehr ungünstig. Die Unternehmungslust ist infolge der politischen Ereignisse unbedeutend. Notstandsarbeiten können wegen Mangel an Rohstoffen vielfach nicht ausgeführt werden. Sehr ungünstig liegen die Verhältnisse bei der Baumwollindustrie, einem in unserem Bezirk hauptsächlich vertretenen Geschäftszweige. Die noch aus Heeresbeständen vorhandenen geringen Vorräte gehen zur Neige. Für eine weitere Beschäftigung ist dieser Industriezweig auf Zufuhr von Baumwolle aus dem Ausland angewiesen. Die Beschäftigung beträgt kaum 15 % der normalen. Arbeitskräfte wären für eine weit größere Beschäftigung vorhanden. Dabei ist die Beschäftigung keine gleichmäßige, da einerseits Stockungen in der Kohlenzufuhr wiederum einen Stillstand bedingen und andererseits Arbeitseinstellungen den Fortgang der ohnehin sehr geringen Produktion hemmen. Bei diesem Industriezweig zeigt sich am augenfälligsten, wie sehr durch die bestehenden Verhältnisse das Erzeugnis verteuert werden muß. Sehr schlecht sind auch die Beschäftigungsverhältnisse in der Hanfspinnerei und Bindfadenfabrikation. Dort besteht eine Arbeitszeit von 24 Wochenstunden. Mit einer völligen Aufarbeitung der kärglichen Vorräte ist in Bälde zu rechnen. Wenn nicht in den nächsten Wochen Rohstoffe eingeführt werden können, so droht hier eine vollständige Stillegung des Betriebes. Was den Handel anbelangt, so ist ein großer Teil desselben infolge der Entwicklung der Verhältnisse in der Kriegswirtschaft ausgeschaltet. Soweit der Kolonialwarengroßhandel zur Verteilung von dem Kommunalverband herangezogen wird, ist der ihm gewährte Bruttonutzen von durchschnittlich 4 % so außerordentlich gering, daß dieser Zweig des Handels tatsächlich mit erheblichem Verlust arbeitet. Im Eisenhandel herrscht Mangel an Waren jeglicher Art. Das trifft auch für landwirtschaftliche Bedarfsgegenstände zu. Während die Nachfrage nach Waren immer stärker wird, werden die Zufuhren von den Werken infolge des Kohlenmangels und sonstiger Schwierigkeiten immer geringer. Die Preise für Eisen und Eisenwaren steigen fortgesetzt

---

1 Bek der Bayer. Fleischversorgungsstelle vom 2.4.1919 über Höchstpreise für Zucht- und Nutzferkel: § 1. Der Preis [...] bis zu einschließlich 30 Pfund Lebendgewicht darf nicht übersteigen: 1. beim Verkaufe durch den Züchter (Erzeugerpreis): a) beim Verkauf über Kopf: 120 M das Stück; b) beim Verkauf nach Lebendgewicht: 4 M für das Pfund. 2. beim Verkaufe durch den Händler (Händlerpreis): a) beim Verkauf über Kopf: 130 M für das Stück; b) beim Verkauf nach Lebendgewicht: 4,35 M das Pfund; StAnz 88 (1919).

höher. Es werden jetzt Preise gefordert, welche bei vielen Artikeln das 4-, 5- und Mehrfache der Friedenspreise ausmachen. Auch der Kleinhandel hatte unter den besonders ungünstigen Verhältnissen der letzten Wochen zu leiden. Durch die Einstellung des Personenverkehrs, die langsame Güter- und Postbeförderung ist er sehr in Mitleidenschaft gezogen worden. Auch die Abschließung der Stadt München, mit der noch lebhafte Beziehungen bestehen, hat störend gewirkt.

Baumarkt in Augsburg: Die städtische Bautätigkeit hat sich gegenüber der Vorwoche etwas gebessert; es wurden 1286 Mann gegenüber 1126 der Vorwoche beschäftigt. Die private Bautätigkeit beschäftigte im ganzen 594 Arbeiter gegenüber 591 der Vorwoche.

Arbeitsmarkt in Augsburg: Die Lage des Arbeitsmarktes gegen die Vorwoche ist unverändert. Die Zahl der Arbeitslosen hat eine geringe Zunahme erfahren. Die Landwirtschaft sucht gegenwärtig hauptsächlich Dienstbuben, auch Gärtner sind sehr begehrt. Ungünstiges Angebot besteht in der Metallverarbeitung. Dagegen zeigt die Holzindustrie zunehmendes Arbeitsangebot, insbesondere für Möbelschreiner. Eine Abnahme an Arbeitslosen läßt sich im Baugewerbe bemerken. Das Bekleidungs- und Reinigungsgewerbe verzeichnet eine zunehmende Zahl von weiblichen Arbeitslosen. In der Haus- und Gastwirtschaft steigert sich das Arbeitsangebot für weibliches Personal. Ungenügend geschultes Personal, das weniger gerne eingestellt wird, ist genügend vorhanden. Kräftige, auch ungelernte Arbeiter aller Art können sofort untergebracht werden, im Gegensatz zu Erwerbsbeschränkten und Jugendlichen. Für kaufmännisches und technisches Personal ist der Arbeitsmarkt sehr flau, insbesondere für ungenügend ausgebildete Arbeitskräfte. Für Weibliche ist die Lage des Arbeitsmarktes noch immer ungünstig. Nachstehende Übersicht des städtischen Arbeitsamtes vom 9. Mai 1919 gibt Aufschluß über die Bewegung auf dem Arbeitsmarkt.

Wirtschaftszweig	Unerl. Angeb.		Unerl. Nachfrage		Bemerkungen
	a. männl.	b. weibl.	a. männl.	b. weibl.	
Land- und Forstwirtschaft, Gärtnerei	75	45	5	15	
Metallverarbeitung	12	–	560	3	
Holzindustrie	31	–	29	–	
Textilindustrie	–	–	84	362	
Bekleidungs- und Reinigungsgewerbe	20	–	4	83	
Baugewerbe	10	–	94	–	
Sonst. Handwerk und Berufe	45	2	618	359	
Haus- und Gastwirtschaft	2	222	216	202	9 jugendl. m.
Ungelernte Arbeiter aller Art	–	–	365	1482	31 jugendl. m. 50 jugendl. w.
Summe:	195	269	1985	2506	90 jugendl.
Gesamtsumme der Vorwoche:	182	243	1852	2386	137 jugendl.

Nach dem Stande vom 3. Mai 1919 hatten wir 2253 männliche und 2199 weibliche, zusammen 4451 Arbeitslose zu unterstützen. Seit Beginn der Erwerbslosenfürsorge sind hier 6786 männliche und 2180 weibliche Personen, zusammen 8966 Personen wieder in Arbeit getreten.
Wohnungsfürsorge in Augsburg: Vom 29. April bis zum 6. Mai 1919 wurden im städtischen Wohnungsamt 945 Wohnungen gesucht, davon entfallen auf Kriegsgetraute 346, auf dienstlich Versetzte 16, auf Familien in zu kleinen überfüllten und ungesunden Wohnungen 316, auf von auswärts Zugezogene 66, auf Parteien, deren Wohnung unter Anrufung des Mieteinigungsamtes gekündigt wurde 94. Gesucht sind meistens Kleinwohnungen. Diese Wohnungssuchenden sind zur Zeit alle untergebracht, teils bei Verwandten teils in möblierten Zimmern teils in zu kleinen oder gekündigten Wohnungen. Diesen Gesuchen steht am 6. Mai 1919 nicht eine leere Wohnung gegenüber. Die Bautätigkeit seit 1. Januar 1919 zeigt folgende Zahlen: Im ganzen wurden 179 Wohnungen zum Beziehen fertiggestellt, davon 104 mit 2 Zimmern und 51 mit 3 Zimmern. Von der Stadtgemeinde Augsburg wurden in städtischen und Stiftungsgebäuden 132 Wohnungen fertiggestellt, 165 sind in Ausführung begriffen und von 51 liegen Eingabepläne bei der Baupolizei vor bzw. sind Verhandlungen im Bauamt eingeleitet. Von der Stadtgemeinde Augsburg wurden in Privatgebäuden 8 Wohnungen fertiggestellt, keine ist in Ausführung begriffen und von 1 liegt Eingabeplan bei der Baupolizei vor bzw. sind Verhandlungen im Bauamt eingeleitet. Von Privaten wurden selbst 32 Wohnungen fertiggestellt, 39 sind in Ausführung begriffen und von 244 liegen Eingabepläne bei der Baupolizei vor bzw. sind Verhandlungen im Bauamt eingeleitet. Vom bayerischen Staat wurden in Staatsgebäuden 7 Wohnungen fertiggestellt, 7 sind in Ausführung begriffen und von 59 liegen Eingabepläne bei der Baupolizei vor bzw. sind Verhandlungen im Bauamt eingeleitet.‹

›Die Nähfadenfabrik Göggingen berichtet, daß infolge Verkehrsschwierigkeiten in der Rohstoffzufuhr und wegen Kohlenmangels die Arbeitszeit teilweise auf 5 Stunden im Tage abgemindert werden mußte und daß sie nur noch für ungefähr 1 Monat Rohstoffe übrig habe. Im übrigen klagen die Betriebe über die hohen Arbeitslöhne, welche eine Konkurrenz mit dem Auslande ausschlössen.‹

›Die Allgäuer Baumwollspinnerei und Weberei Blaichach ist wegen Materialmangels wieder zu weiteren Betriebseinschränkungen genötigt. Im übrigen ist aus der Industrie neues nicht zu melden. Beim städtischen Arbeitsamt Immenstadt suchen 79 männliche, 76 weibliche Personen und 48 Lehrlinge Stellen; offen sind 41 bzw. 12 bzw. 6 Stellen.‹

›Beim Arbeitsamt Memmingen stehen 62 offenen Stellen für Männliche 44 Stellengesuche gegenüber. Die Zahl der Erwerbslosen beträgt 39. Größere Arbeitseinstellungen sind zu erwarten, wenn nicht in möglichster Bälde eine bessere Kohlenbelieferung eintritt.‹

›Das Kulturbauamt Kaufbeuren könnte bei Bertoldshofen etwa 100 Arbeiter beschäftigen; auch beim Bahnbau wäre Arbeit für weitere 30 Leute. Der Bedarf kann örtlich nicht gedeckt werden.‹

Die Meldung des Arbeitsamtes Neu-Ulm liegt an.

II.

Bereits unter I. berichtet.

gez. von Praun, Regierungspräsident

[Anlage zum Wochenbericht vom 13. Mai]

Meldung des Arbeitsamts Neu-Ulm über die Arbeitsmarktlage am 10. Mai 1919.

Wirtschaftszweig	Unerl. Angeb.		Unerl. Nachfrage	
	a. männl.	b. weibl.	a. männl.	b. weibl.
Land- und Forstwirtschaft, Gärtnerei	1	5	1	1
Metallverarbeitung	–	–	3	–
Holzindustrie	3	–	–	–
Textilindustrie	–	–	–	–
Bekleidungs- und Reinigungsgewerbe	6	2	5	–
Baugewerbe	1	–	–	–
Sonst. Handwerk und Berufe	3	–	10	1
Haus- und Gastwirtschaft	3	H 12 G 9	2	H 1 G 3
Ungelernte Arbeiter aller Art	10	5	15	1
Summe:	27	33	36	7

Bemerkungen über die Lage des Arbeitsmarktes.
Bei der männl. Abtl. macht sich noch Mangel an Arbeitskräften von gelernten Schuhmachern bemerkbar. In der weibl. Abtlg. ist Angebot in der Landwirtschaft sowie Gast- und Hauswirtschaft vorherrschend. Bei ungelernten Arbeitern gleichen sich Angebot und Nachfrage in ständigem Wechsel aus.
Städt. Arbeitsamt Neu-Ulm

Augsburg, den 19. Mai 1919   71

I.

Der Stadtmagistrat A u g s b u r g berichtet:
> ›Die vergangene Woche verlief in Augsburg ohne Störung; die polizeiliche Tätigkeit bewegte sich in den gewöhnlichen Bahnen; die Polizei findet eine wesentliche Untertützung durch die Stadtwehr. Die Haussuchungen nach Waffen sind im allgemeinen als abgeschlossen zu betrachten. Die Ergebnisse sind gering.‹

Die Stadt Kempten und die Orte Schelldorf, Neudorf und Kottern der Gemeinde St. Mang sind am Dienstag, 13. dieses Monats vormittags von den Regierungstruppen (Gruppe Hierl) besetzt worden[1]. Widerstand wurde keiner geleistet. Die Einnahme ging ohne Blutvergießen vor sich.

---

1 Zu dem am 30. April gegen das Allgäu angelaufenen Unternehmen waren Truppen aus Memmingen, Augsburg und München herangeführt worden. Sie standen unter dem Befehl des Reichswehrgruppen-Kommandos West in Ulm und waren in der Gruppe des Majors Hierl zusammengefasst.

Die Regierungstruppen bestanden aus ungefähr 2000 Mann Infanterie, einem Zug schwerer Feldgeschütze und 700 Mann Kavallerie.

Hiezu berichtet das Bezirksamt K e m p t e n:

›Mit der Besetzung durch Truppen geht auch die Entwaffnung der Bevölkerung Hand in Hand. Zu welchen Resultaten sie bisher geführt hat, ist mir nicht bekannt, wie ich auch von den militärischen Maßnahmen bisher keine nähere offizielle Mitteilung erhalten habe. Ich glaube kaum, daß man eine besondere Beute machen wird, da schon seit längerer Zeit unter der Arbeiterschaft bekannt war, daß von Regierungsseite etwas unternommen werde, und die Leute somit hinreichend Gelegenheit hatten, die Waffen in sicheren Verstecken unterzubringen oder nach auswärts zu schaffen. In einer gestern gehabten Kommissionssitzung, an der auch der die Gruppe Hierl begleitende Regierungsvertreter Landtagsabgeordneter Högg[2] teilgenommen hat, wurde die Frage der Gründung einer Ortswehr für Kottern und Umgebung erörtert. Man kam zum Schlusse, von der Bildung einer solchen abzusehen. Dagegen sind fast in allen Landgemeinden Ortswehren errichtet worden, durchgehends aus Feldzugsteilnehmern bestehend. Die Werbetätigkeit für die Volkswehren oder Freikorps fällt immer noch auf keinen besonders günstigen Boden. Doch hat sich der Zugang in der letzten Zeit etwas gebessert.‹

Das Bezirksamt S o n t h o f e n berichtet:

›Am Mittwoch, 14. dieses Monats früh wurde überraschend Immenstadt, im weiteren Verlaufe des Tages auch Blaichach und Sonthofen von Regierungstruppen besetzt. Widerstand trat nirgends auf. Der Führer des ganzen Unternehmens, Major Hierl[3], suchte mich am Nachmittag mit dem I. Staatsanwalt[4] von Kempten auf, die Führer der in Immenstadt und Sonthofen liegenden Detachements am nächsten Tage. Als Zweck der Unternehmung wurde angegeben, Verhaftung einiger verdächtiger Personen und Demonstration der Machtmittel der Regierung Hoffmann. In Immenstadt waren schon vor der Rücksprache verhaftet die Arbeiterräte Schneider[5], Helfer[6], Bösl[7], Brey[8]. Ich vertrat dem Herrn Major und seinem Begleiter gegenüber die Meinung, daß soweit ich es beurteilen könne, Verhaftungsgründe gegen Bösl kaum, noch weniger gegen Helfer, am wenigsten gegen Brey vorliegen würden[9]. Der Herr Bürgermeister von Immenstadt[10] war der gleichen Ansicht. Brey wurde noch am Mittwoch abends, Bösl und Helfer nach kurzer gerichtlicher Untersuchung gestern Abend entlassen. Beabsichtigt war auch die Verhaftung des Arbeiterratsvorsitzenden Bauer[11] in Immenstadt, die Mittwoch vormittags nur durch zufällige Abwesenheit des Bauer unterblieb und die ich dann nachmittags lebhaft widerriet, da Bauer, Mehrheitssozialist, sich immer als das mäßigende Element im Immenstädter Arbeiterrat erwiesen hatte. Die Verhaftung, die ich als einen schweren Mißgriff erachtet hätte, unterblieb dann auch. Ein, auch von Major Hierl als solcher bezeichneter Mißgriff eines Unterführers, der unnötigerweise in der

---

2 *Clemens Högg (1880–1945), Schmied, Parteisekretär. 1919–1920, 1924–1933 MdL (MSPD, SPD).*
3 *Konstantin Hierl (1888–1955), Berufsoffizier. Stellte 1919 als Major im Lager Lechfeld eine Freiwilligenformation auf und schlug mit ihr den Spartakistenaufstand in Augsburg nieder. 1924 als Oberst verabschiedet. 1934 Reichskommissar für den Arbeitsdienst, 1935–1945 Reichsarbeitsführer. 1930–1945 MdR (NSDAP).*
4 *Gustav Sellner.*
5 *Hans Schneider (geb. 1889), Bankbeamter.*
6 *Josef Helfer (1882–1961), Fabrikarbeiter.*
7 *Stanislaus Bösl (1863–1925), Eisenbahnsekretär.*
8 *Josef Brey (1874–1946), Fabrikarbeiter.*
9 *Der Arbeiterrat protestierte beim Detachement Schaaf und verlangte die sofortige Freilassung der Verhafteten.*
10 *Dr. Hermann Stenger (1885–1954), 1916–1935 Rechtskundiger Bürgermeister der Stadt Immenstadt.*
11 *Michael Bauer (1867–1942), Bahnarbeiter.*

Mechanischen Bindfadenfabrik Immenstadt Militärposten aufgestellt hatte, brachte die dortige Arbeiterschaft in starke Erregung, namentlich auch die Frauen; ein Arbeiter drang im Wortwechsel auf einen Posten ein, der dann einen Schreckschuß abgab. Die Posten wurden auf mein und des Bürgermeisters von Immenstadt Ersuchen wenigstens vor dem abendlichen Fabrikschluß eingezogen, weitere Zwischenfälle ergaben sich in Immenstadt nicht; die Truppen sind mit Ausnahme einer Batterie heute wieder abgezogen.

In Sonthofen wurden auf Grund unserer Aussprache Verhaftungen nicht vorgenommen, es lief alles glatt ab, wesentlich wohl auch infolge des ruhigen und netten Auftretens des hiesigen Führers, Hauptmann Fahrmbacher[12]. Dieser ist befehlsgemäß heute Früh mit seinen Truppen (Kampfzug mit Geschütz und Maschinengewehren, Panzerauto) wieder abgezogen.

In Blaichach scheinen Arbeiter Soldaten auf der Straße beschimpft zu haben; als ich davon hörte, ersuchte ich den militärischen Führer, sich mit dem Bürgermeister und dem Arbeiterratsvorsitzenden sofort zu benehmen, um Ruhe zu schaffen. Weitere Anstände sind mir nicht bekannt geworden.‹

Auch in Füssen sind in der Nacht vom 16. zum 17. Mai Regierungstruppen eingetroffen[13].

Das Bezirksamt D o n a u w ö r t h berichtet:

›Der ehemalige Maschinenmeister Ludwig Morsack[14], seit 5.1.1918 zu Harburg mit kurzen Unterbrechungen wohnhaft, wurde kürzlich durch Regierungstruppen festgenommen und ist nun in Untersuchungshaft wegen Hochverrats. Über dessen Tun und Treiben ist folgendes bekannt: Morsack verschaffte sich am 19.4.1919 bei Augsburg Kenntnis über die Stärke der dort lagernden Regierungstruppen, gemeinsam mit einem gewissen Beck von Donauwörth. Das weitere Vorhaben der beiden Personen, nämlich daß Beck nach München fliehen und dort den Spartakisten über den Erfolg seiner Erkundigung Mitteilung machen sollte, wurde durch die inzwischen erfolgte Festnahme vereitelt. Morsack wollte auch nach seinem eigenen Geständnis unter Anwendung von Waffengewalt am 1. Mai 1919 in Donauwörth die Räterepublik ausrufen. Dieses sein Vorhaben brachte derselbe auch Anfang April zu Harburg unzweideutig zum Ausdruck, wobei er noch weiter erklärte, dahin arbeiten zu wollen, daß niemand mehr über ein Besitztum verfügen kann. Die Festnahme des Morsack hat nicht nur in Harburg, sondern auch in der Umgebung mit verschwindend kleinen Ausnahmen bei der Bevölkerung große Genugtuung hervorgerufen.‹

Das Bezirksamt A u g s b u r g berichtet folgendes:

›Durch die Wiederherstellung der Ruhe und Ordnung in Bayern und die Beseitigung des Terrors in München ist wieder mehr Zuversicht ins Volk zurückgekehrt. Doch hört man da und dort Bemerkungen, daß die Kommunisten ihre Rolle noch lange nicht für ausgespielt erachten, so daß bei günstiger Gelegenheit ein neuerliches Aufleben des Terrors zu befürchten steht.‹

Die Werbung für den Beitritt zur Volkswehr hat in einigen Bezirken sehr gute, in anderen wieder nur geringe Ergebnisse gebracht; das Bezirksamt M e m m i n g e n berichtet folgendes:

›Die Meldungen aus dem Bezirk Memmingen für die Freikorps haben sich auf ca. 550 Mann erhöht; die örtlichen Sicherheitswehren mit zusammen 2100 Mann, die ich

---

12 Wilhelm Fahrmbacher (1880–1970), Berufsoffizier. 1941 General der Artillerie, 1944/45 Kommandeur der Atlantikfestung Lorient, 1951–1958 Berater der ägyptischen Armee.
13 Auf Füssen und die Gegend um den Kochelsee war das Detachement des Majors Seutter von Lötzen angesetzt.
14 Ludwig Morsack (geb. 1882).

in den einzelnen Gemeinden besuche, stehen fast überall unter geeigneter Führung und sind befähigt, nicht nur innerhalb der Gemeinden für Ruhe und Ordnung zu sorgen, sondern auch, namentlich bei entsprechendem Zusammenwirken der Gemeinden, etwas später drohende Angriffe von auswärtigen spartakistischen Elementen nachdrücklich abzuwehren.‹

Das Bezirksamt N e u - U l m führt folgendes aus:

›Die Werbearbeit für das Landesschützenkorps[15] geht vorwärts. Es sind bis jetzt aus dem Bezirk schon über 200 Mann eingetreten, darunter aus einzelnen Gemeinden 10–15 Mann. Die Werbearbeit wird eifrig fortgesetzt.‹

Zur Einrichtung der Sicherheitswehren heben die Bezirksämter Illertissen, Neuburg a/D. und Markt Oberdorf folgendes hervor:

›Die Bildung der Volkswehren ist in allen Gemeinden des Bezirkes Illertissen zum Abschluß gekommen, nur in den hauptsächlich mit Industriearbeitern bevölkerten Gemeinden stößt die Bildung von Volkswehren noch auf Schwierigkeiten, da von Seite der Gegner der Waffenverteilung reaktionäre Absichten unterschoben werden. Ich hoffe jedoch, die in den Arbeiterkreisen hervorgetretene Abneigung in Bälde beseitigen zu können, so daß dann in allen Gemeinden Volkswehren in Tätigkeit sind. Die größten Schwierigkeiten bestehen in Illertissen selbst, wo der sehr radikale Arbeiterrat und der sozialdemokratische Verein, welcher in seiner überwiegenden Mehrheit sehr stark nach links neigt, ausgesprochene Gegner der Waffenverteilung sind.‹

›In der am 11. dieses Monats in Neuburg a/D. abgehaltenen Delegiertenversammlung sämtlicher Ortswehren des Bezirks Neuburg a/D. wurde die Organisationsbestimmung mit unwesentlichen Änderungen des Vorentwurfes angenommen. Zum Bezirksführer wurde der Ökonom Merkel[16] in Bittenbrunn, vormaliger Feldwebelleutnant beim 15. Infanterieregiment dahier, gewählt.‹

›Widerspruchsvoll oder doch jedenfalls für die Bezirksämter nicht genügend verständlich, scheinen zur Zeit die Anordnungen der Militärbehörden zu sein. Während das auch für Schwaben als zuständig bezeichnete Generalkommando II. A.K. in Würzburg die Militärlandpolizei organisiert und die gemeindlichen Sicherheitswehren in die M.L.P.[17] überführen will, frägt das Generalkommando I. A.K. in München telegrafisch nach der Zahl der Waffen usw. und erbittet Vorschläge für Organisation der Einwohnerwehr[18]. Vom Standpunkte des Amtsbezirks aus ist und bleibt Hauptsache, daß

---

15 Bayerisches Schützenkorps (Teil des bayerischen Kontingents der Reichswehr), kommandiert vom Obersten Franz Ritter von Epp.
16 Johann Merkl (1870–1962), Landwirt. 1922–1933 MdL (BVP).
17 Militär-Landpolizei. Da die auf dem Land vorhandenen Sicherheitsorgane zum Schutz der Bevölkerung nicht ausreichten, wurde im April 1919 diese ›Polizei‹ durch die Generalkommandos in Zusammenarbeit mit den Distriktsverwaltungsbehörden aus ortsansässigen Männern gebildet, die im Krieg dem Heer angehörten; StAnz 117 (1919), MABl S. 132. Sie sind offensichtlich in die Einwohnerwehr überführt worden.
18 Alle Ortswehren, auch wenn sie ihre ursprünglichen Bezeichnungen ›Sicherheitswehr‹ oder ›Stadtwehr‹ beibehielten, gingen in der Einwohnerwehr auf; StAnz 127 (1919), Bek des Bayer. Staatsministeriums des Innern und für militärische Angelegenheiten vom 17.5.1919; Bewaffnung: StAnz 129. Die Wehr sollte nicht nur die öffentliche Sicherheit im eigenen Wohnbezirk gewährleisten, sondern auch Polizei- und Regierungstruppen in ihrer schweren Aufgabe – Kampf gegen Diebstahl, Plünderung und Aufruhr unterstützen. Die Organisation übernahm Forstrat Dr. Georg Escherich, der, unterstützt durch die Regierung und die drei Generalkommandos, bis 1920 den mitgliederstärksten bayerischen Wehrverband schuf (300.000 Mann bei einer Bevölkerungszahl von 7,3 Millionen. Die in Preußen durch eine Verfügung des Innenministers vom 18.3.1919 gebildete Einwohnerwehr umfaßte 630.000 Mann bei einer Bevölkerungszahl von 33,3 Millionen).

zunächst wenigstens bewaffnete gemeindliche Sicherheitswehren für alle Fälle vorhanden sind und diese Tatsache der Bevölkerung ein gewisses Sicherheitsgefühl gibt – mag nun die weitere Organisation, die unter solchen Umständen jedenfalls nicht eilt, sich gestalten wie immer.‹

Der Stadtmagistrat N ö r d l i n g e n berichtet zur Gemeindewahl nachstehendes:
›Die Gemeindewahlbewegung ist in der Stadt Nördlingen bisher ruhig verlaufen. Da Bestrebungen unter den Parteien im Gange sind, einen gemeinsamen Wahlvorschlag – mit Einschluß der Sozialdemokratie – aufzustellen, so dürfte mangels irgend eines zu erwartenden Gegenvorschlages die Gemeindewahl nur eine Formalie sein.‹

Über das Ernährungswesen berichtet das Bezirksamt A u g s b u r g :
›Die Volksernährung bewegt sich in den alten Bahnen. Die Landwirte wollen jetzt auch die enteigneten Schlachtviehstücke nicht mehr abliefern, so daß sie mit Hilfe der Gendarmerie herausgeholt werden müssen. Besonders lebhaft ist in den Industrieorten jetzt die Nachfrage nach Speisekartoffeln, welche fast überall zu Ende gegangen sind. Es werden daher zur Zeit durch Kommissionen die letzten Reste an Kartoffeln bei den Erzeugern herausgeholt. Gelingt es, hier noch größere Vorräte zu erfassen, dann ist die Gefahr schwerer Unruhen beseitigt. Die Landwirte wollen aber des niederen Höchstpreises wegen mit den Kartoffeln nicht herausrücken, da ihnen im Hamsterwege wesentlich höhere Beträge bezahlt werden‹, ferner der Stadtmagistrat A u g s b u r g :
›Die Milchanlieferung in Augsburg war in dieser Woche derart ungünstig, daß sogar an einigen Tagen einem Teil der Vorzugsmilchberechtigten Milch nicht abgegeben werden konnte.‹

Das Bezirksamt N ö r d l i n g e n führt aus:
›Die Ablieferung an Brotgetreide hat seit Februar im Bezirke Nördlingen derart abgenommen, daß Gefahr besteht, daß dem Bezirk die genügende Mehlmenge zur Versorgung der eigenen Nichtlandwirte bis zur neuen Ernte nicht zur Verfügung steht. Eine Kontrollkommission, bestehend aus dem Vertreter der Geschäftsstelle, dem Vorsitzenden des Bezirksbauernrats und einem Bürgermeister, geht zur Zeit von Gemeinde zu Gemeinde, die Ergebnisse sind zum Teil ganz trostlose. Es ist kein Zweifel, daß, abgesehen von dem überall herrschenden Mangel an Lieferungsfreudigkeit, der Mäuseschaden und die Notwendigkeit viele Winterfelder umzubauen, zu diesem Sachverhalt wesentlich beigetragen hat.‹

Das Bezirksamt M i n d e l h e i m berichtet:
›Infolge der günstigen Witterung in den letzten Tagen konnte die Feldbestellung nunmehr durchgeführt werden. Der Stand der Winterfrucht läßt stellenweise zu wünschen übrig. Vereinzelt mußte dieselbe wegen des Mäusefraßes umgeackert und das Feld mit Sommerfrucht bestellt werden. Die warme Witterung hat das Wachstum des Grünfutters gefördert, so daß mit dem Weidegang begonnen werden konnte. Der Klee ist stellenweise in der Entwicklung noch sehr zurück.‹

Über die Lage des Arbeitsmarktes, die Rohstoffversorgung, die Erwerbslosenfürsorge, ferner den Stand des Wohnungsmarktes berichten die beteiligten D i s t r i k t s v e r w a l t u n g s b e h ö r d e n, wie folgt:
›Lage der Industrie in Augsburg: Der anhaltende Kohlenmangel hat eine Besserung der Lage hinsichtlich der Zufuhr von Rohstoffen gegenüber der Vorwoche nicht aufkommen lassen. Die Metallindustrie ist gut beschäftigt, die Textilindustrie leidet nach wie vor unter dem Mangel von Rohstoffen. Die Weiterführung der Notstandsarbeiten

insbesondere im Baugewerbe wird vielfach ebenfalls durch den Mangel an Kohle und Rohstoffen beeinträchtigt.

Baumarkt in Augsburg: Die städtische Bautätigkeit hat sich gegenüber der Vorwoche gebessert. Es wurden 1484 Mann gegenüber 1286 beschäftigt. In der privaten Bautätigkeit wurden im ganzen 620 Arbeiter gegenüber 594 der Vorwoche beschäftigt.

Arbeitsmarkt in Augsburg: Abgesehen von geringen Schwankungen ist die Lage des Arbeitsmarktes unverändert. Die Anmeldung offener Stellen durch die Landwirtschaft ist lebhaft, doch kann der Bedarf vorläufig noch gedeckt werden. Eine langsame Besserung ist bei dem Holzgewerbe zu beobachten. Baugewerbe und Textilindustrie haben infolge des Materialmangels auch keine Arbeitsgelegenheit. Ungelernte Arbeiter können untergebracht werden. In der weiblichen Abteilung besteht Mangel an landwirtschaftlichen Dienstmägden und Mägden für Hauswirtschaft. Sonst ist die Arbeitsgelegenheit wenig umfangreich. Nachstehende Übersicht des städtischen Arbeitsamtes vom 16. Mai 1919 gibt Aufschluß über die Bewegung auf dem Arbeitsmarkt:

Wirtschaftszweig	Unerl. Angeb.		Unerl. Nachfrage		Bemerkungen
	a. männl.	b. weibl.	a. männl.	b. weibl.	
Land- und Forstwirtschaft, Gärtnerei	75	46	5	12	
Metallverarbeitung	1	–	650	3	
Holzindustrie	34	–	29	–	
Textilindustrie	–	–	82	375	
Bekleidungs- und Reinigungsgewerbe	26	–	4	109	
Baugewerbe	22	–	85	–	
Sonst. Handwerk und Berufe	21	–	532	368	
Haus- und Gastwirtschaft	3	230	210	190	9 jugendl. m.
Ungelernte Arbeiter aller Art	–	–	318	1465	32 jugendl. m. 54 jugendl. w.
Summe:	182	276	1915	2522	95 jugendl.
Gesamtsumme des Vormonats:	195	269	1985	2506	90 jugendl.

Nach dem Stande vom 10.5.1919 hatten wir 2036 männliche und 2122 weibliche Arbeitslose, zusammen 4158 Arbeitslose zu unterstützen (gegenüber der Vorwoche 2253 männliche und 2199 weibliche, zusammen 4451). Seit Beginn der Erwerbslosenfürsorge sind hier 7209 männliche und 2337 weibliche Personen, zusammen 9546 Personen wieder in Arbeit getreten.

Wohnungsfürsorge in Augsburg: Vom 7. Mai bis zum 15. Mai 1919 wurden im städtischen Wohnungsamt 1081 Wohnungen gesucht, davon entfallen auf Kriegsgetraute 386, auf dienstlich Versetzte 20, auf Familien in zu kleinen, überfüllten und ungesunden Wohnungen 370, auf von auswärts Zugezogene 78, auf Parteien, deren Wohnung unter Anrufung des Mieteinigungsamtes gekündigt wurde, 100. Gesucht sind meistens Kleinwohnungen. Diese Wohnungssuchenden sind zur Zeit alle untergebracht teils bei Verwandten teils in möblierten Zimmern teils in zu kleinen oder gekündeten Wohnungen. Diesen Gesuchen steht am 15. Mai 1919 nicht eine leere Wohnung gegenüber. Die Bautätigkeit seit 1. Januar 1919 zeigt folgende Zahlen: Im ganzen wurden 184 Wohnungen zum Beziehen fertiggestellt, davon 106 mit 2 Zimmern und 53 mit 3 Zimmern. Von der Stadtgemeinde Augsburg wurden in städtischen und Stiftungsgebäuden 134 Wohnungen fertiggestellt, 163 sind in Ausführung begriffen und von 51 liegen Eingabepläne bei der Baupolizei vor bzw. sind Verhandlungen im Bauamt eingeleitet. Von der Stadtgemeinde Augsburg wurden in Privatgebäuden 8 Wohnungen fertiggestellt, keine sind in Ausführung begriffen und von einer liegen Eingabepläne bei der Baupolizei vor bzw. sind Verhandlungen im Bauamt eingeleitet. Von Privaten wurden selbst 35 Wohnungen fertiggestellt, 40 sind in Ausführung begriffen und von 280 liegen Eingabepläne bei der Baupolizei vor bzw. sind Verhandlungen im Bauamt eingeleitet. Vom bayerischen Staat wurden in Staatsgebäuden 7 Wohnungen fertiggestellt, 7 sind in Ausführung begriffen und von 59 liegen Eingabepläne bei der Baupolizei vor bzw. sind Verhandlungen im Bauamt eingeleitet.‹

›Die wirtschaftlichen Verhältnisse sind im Bezirksamt Kempten die gleichen wie in den Vorwochen bzw. sie haben sich noch insoferne verschlechtert, als die Zwirnerei der Gebrüder Denzler in Neudorf ihren Betrieb wegen Mangel an Rohstoff einstellen mußte. Die Zahl der erwerbslosen Textilarbeiter ist damit auf 785 gestiegen. Die Zahl der übrigen Arbeiter, für die die Erwerbslosenfürsorge eintreten muß, beträgt 44. Auch im landwirtschaftlichen Betriebe ist nicht alles so wie es sein sollte. Die anhaltende trockene Witterung mit ihren kühlen Nächten hält ein rasches, üppiges Wachstum hintan, so daß die Aussichten auf eine gute Ernte ziemlich trübe sind. Die Belebung der Bautätigkeit scheitert an dem Mangel an Baumaterialien, hauptsächlich Zement. Doch ist es bisher gelungen, alle Leute wohnlich unterzubringen.‹

›In den Betriebsverhältnissen der Industrie im Bezirke Sonthofen hat sich nichts geändert. Beim städtischen Arbeitsamt stehen für 91 Männliche, 79 Weibliche und 45 Lehrlinge: 47, bzw. 16, bzw. 6 Stellen offen.‹

›Die Verhältnisse am Arbeitsmarkt im Bezirke Illertissen haben eine wesentliche Änderung nicht erfahren. In den beiden großen Betrieben in Vöhringen und Altenstadt wird, ohne daß größere Ausstellungen erfolgen mußten, weiter gearbeitet. Der Demobilmachungsausschuß bemüht sich andauernd, für die Firma Winkle bei den zuständigen Bahnstellen den Abtransport der von der Firma gekauften Hölzer zu erwirken. Leider wird die Bewilligung für einzelne Waggons nur auf sehr kurze Zeit erteilt, so daß, bis die Hölzer zur Bahn gebracht sind, die Genehmigungsfrist schon verstrichen ist, was weitere umständliche Verhandlungen erfordert. Die Belieferung der Wieland'schen Werke mit Koks und Teeröl hat sich in den letzten Tagen wieder etwas gebessert.‹

›Aus der Ziegeleiindustrie des Landbezirkes Augsburg kommen bewegte Klagen über den Mangel an Kohlen und Arbeitskräften, wodurch die Schaffung von Bausteinen, nach denen eine ganz gewaltige Nachfrage besteht, hintan gehalten wird.
Die Erwerbslosenfürsorge für die 3 großen Vorortsgemeinden Göggingen, Gersthofen und Haunstetten des Bezirksamts Augsburg ist nunmehr durch das städtische Kriegsfürsorgeamt Augsburg vollständig übernommen worden.‹

Die Meldung des Arbeitsamtes Neu-Ulm ruht an.

II.

Im allgemeinen bereits unter I. berichtet.

Außerdem meldet das Bezirksamt Füssen folgendes:
›Am 15. Mai erschien in Füssen mit Kraftwagen ein italienischer General, anscheinend von Innsbruck kommend; er kehrte am gleichen Tage wieder zurück.‹

gez. von Praun, Regierungspräsident

[Beilage 1 zum Wochenbericht vom 19. Mai]

Meldung des Arbeitsamts Neu-Ulm über die Arbeitsmarktlage am 17. Mai 1919

Wirtschaftszweig	Unerl. Angeb.		Unerl. Nachfrage	
	a. männl.	b. weibl.	a. männl.	b. weibl.
Land- und Forstwirtschaft, Gärtnerei	6	8	–	–
Metallverarbeitung	–	–	4	–
Holzindustrie	4	–	–	–
Textilindustrie	–	–	–	–
Bekleidungs- und Reinigungsgewerbe	6	1	5	–
Baugewerbe	1	–	–	–
Sonst. Handwerk und Berufe	–	1	8	1
Haus- und Gastwirtschaft	1	H 11 G 9	–	H 2 G 1
Ungelernte Arbeiter aller Art	3	–	16	–
Summe:	21	30	33	4

Bemerkungen über die Lage des Arbeitsmarktes:
In der männl. wie weibl. Abtlg. der Landwirtschaft melden sich verhältnismäßig wenig Arbeitsuchende, weshalb ständig offene Stellen vorhanden sind. In Bekleidungsgewerbe fehlt es hauptsächlich an Schuhmachern, während überschüssige Arbeitskräfte im Friseurgewerbe vorhanden; desgl. beim Bäcker- und Metzgerhandwerk Arbeitsuchende nicht unterzubringen sind. Derzeit übersteigt merklich Arbeitsangebot die Nachfrage im Haus- und Gastwirtschaftsgewerbe der weibl. Abteilung.

Städt. Arbeitsamt Neu-Ulm.

[Beilage 2 zum Wochenbericht vom 19. Mai]

Zusmarshausen, den 16. Mai 1919: Bezirksamt Zusmarshausen an das Präsidium der Regierung von Schwaben und Neuburg, Kammer des Innern

Betreff: Wochenbericht

Im Laufe der Woche kam in Kruichen, Gemeinde Adelsried ein Diebstahl vor, bei dem 1000 Mark gestohlen wurden, ferner in Adelsried selbst ein Einbruch, bei dem die Bewohner des Hauses auch körperlich mißhandelt wurden. Die genaueren Erhebungen über beide Vorfälle sind noch im Gange. Es ist die gleiche Gegend, wo vor einiger Zeit auch zwei Mordtaten verübt wurden, deren Täter immer noch nicht festgestellt sind. Es besteht die Vermutung, daß die nunmehrigen Täter vielleicht auch die früheren Verbrechen verübt haben könnten. Die Gegend an der Weldener Bahn wird fortgesetzt von Gesindel aus Augsburg heimgesucht, und es ist sehr zu bedauern, daß das fortgesetzte Bestreben, für die Bewaffnung der dortigen Bürgerwehren mehr Waffen zu bekommen, bisher vergebens gewesen ist.

Auch der Schleichhandel blüht mehr wie je. Zumeist sind es Feldzugsteilnehmer, die sich als Zubringer betätigen. Fast täglich werden größere oder kleinere Mengen Fleisch beschlagnahmt. Bei der Einschränkung der Verkehrsverhältnisse bedienen sich die Schleichhändler jetzt des Pferdefuhrwerks. Zumeist verkehren sie in der Nacht; es ist deshalb ein Bewachungsdienst auf den Hauptzufahrtstraßen des Bezirks eingerichtet, der bisher gute Früchte getragen hat, aber noch weiteren Ausbaues bedarf. Hiezu ist die Einrichtung der Militär-Landgendarmerie sehr willkommen.

Der Zugang zur Volkswehr bzw. zu den Freikorps dauert wenn auch in recht geringem Maße fort. Die gemeindlichen Berichte darüber liegen noch nicht vor, nach amtlicher Kenntnis sind im Laufe der Woche wieder 9 Leute aus 2 Gemeinden eingerückt.

Die Gemeindebehörden haben sich nicht bewegen lassen, für die Werbung sich einzusetzen, wie überhaupt die Wahrnehmung zu machen ist, daß die seitherigen Bürgermeister in Voraussicht der Wahlen geneigt sind, alles zu ›schieben‹. Es mußte in dieser Richtung bei einer jüngst stattgefundenen Versammlung eine ernste Mahnung zur Pflichterfüllung an sie gerichtet werden.

Auch die Gemeindeausschüsse sind schwer zu irgendwelchem Entschlusse zu bewegen, weil sie alles gerne dem neuen Gemeinderat überlassen möchten.

Dr. Hermann

Augsburg, den 27. Mai 1919 72

I.

Der Vorstand des Bezirksamts F ü s s e n berichtet folgendes:

›Wie bereits berichtet, sind in der Nacht vom 16. auf 17. Mai laufenden Jahres in Füssen Regierungstruppen eingerückt, bestehend aus Infanterie, Artillerie und Maschinengewehrabteilung. Es waren Württemberger. Da in den letzten Wochen in der Stadt Füssen vollkommene Ruhe und Ordnung geherrscht hatte, auch nachweisbare spartakistische Umtriebe nicht stattgefunden hatten, erregte die Besetzung durch Truppen Erstaunen und brachte, das muß leider gesagt werden, neue Aufregung unter die Arbeiterschaft. Verschiedenen Bürgern und Beamten wurde der Vorwurf gemacht, sie hätten die Truppen herbeigerufen und eine Zeitungspolemik setzte ein. Wahrscheinlich durch eine Indiskretion von Bahnbeamten war die Ankunft der Truppen vorher bekannt geworden und der Arbeiterrat mit dem rechtskundigen Bürgermeister Dr. Moser versuchte im letzten Augenblick durch Benehmen mit den Münchner Stellen die Besetzung abzuwenden. Die Truppen kamen aber an und in der Nacht wurden noch Erhebungen und Vernehmungen gepflogen. In den Tagen darauf wurde die Waffenablieferung angeordnet und wurden einzelne Haussuchungen bei verdächtigen Personen vorgenommen. Belastungsmaterial wurde nicht vorgefunden, so daß von Verhaftungen abgesehen werden konnte. Am 19. Mai mittags sind die Truppen wieder abgezogen. Sehr auffällig mußte erscheinen, daß die Führung der Truppen, abgesehen von einer Vernehmung des Assessors Dr. Pollak[1], die gleich bei Ankunft stattfand, von sich aus in keinerlei Fühlung mit dem Bezirksamte und dessen Vorstand trat. Ich wartete bis etwa 2 Stunden vor Abgang des Zuges und hielt es dann für meine Pflicht, meinerseits den Kommandeur aufzusuchen, um authentische Mitteilung über das Ergebnis der Untersuchungen zu erhalten und hierin nicht auf Umfragen bei anderen Personen angewiesen zu sein. Der in Frage kommende Hauptmann sah ein, daß hier ein Versäumnis vorgelegen habe und fühlte sich zur Entschuldigung veranlaßt. Damit dürfte diese Angelegenheit erledigt sein, wenn man es auch als eine Selbstverständlichkeit bezeichnen muß, daß eingreifende Regierungstruppen ungesäumt mit den Zivilverwaltungsbehörden ins Benehmen treten.‹

Das Bezirksamt L i n d a u berichtet:
›Der Einmarsch der Regierungstruppen in Lindau[2] hat im ganzen Bezirke Lindau sehr beruhigend gewirkt. Man erwartet von einer verlässigen Garnison in Lindau und der Bildung von Volkswehren, daß die wenigen unruhigen Persönlichkeiten, die zu Gewalttaten stets geneigt sind, im Zaume gehalten werden. Allgemein ist im Bezirke Lindau der Wunsch nach Auflösung der Grenzschutztruppen, die in ihrer Tätigkeit kein Vorbild sind und mehr eine Belastung bilden, als Vorteile ersehen lassen.‹

Der Vorstand des Bezirksamts S o n t h o f e n hebt folgendes hervor:
›Vor dem Abzug des letzten Restes der Regierungstruppen aus Sonthofen ereignete sich noch ein Vorfall, der auf Angehörige dieser Truppen ein schlechtes Licht warf und die Bevölkerung, vor allem die Arbeiter, in ihrer Kritik am Erscheinen dieser Truppen wieder recht bestärkte. Mannschaften der Regierungstruppen, die im Hüttenamt Benzin fassen wollten, schnitten von einem dort für die Heeresgutverwertungsstelle verwahrten Lastauto die Lederpolster herunter, nahmen die Laternen, Kabel und noch einiges weg; sie konnten erst durch energisches Auftreten des Bergmeisters, den seine Arbeiter benachrichtigten, zur Herausgabe dieser Sachen gezwungen werden. Einer der Soldaten hatte auch einem Arbeiter sein Gewehr mit Munition zum Kauf um 30 Mark angeboten, was aber der Arbeiter ablehnte. Die Batterie in Immenstadt ist am 20. dieses Monats wieder abgezogen, so daß nun der ganze Bezirk wieder frei von Truppen ist.‹

Das Bezirksamt N e u b u r g a/D. berichtet:
›Der Sicherheitszustand im Bezirke Neuburg a./D. ist beeinträchtigt durch immer häufiger werdenden Viehdiebstahl besonders zur Nachtzeit und durch Wilddieberei, die namentlich im angrenzenden Bezirk Aichach mit einzelnen Wilderergemeinden größeren Umfang anzunehmen scheint.‹

---

1 Dr. Ludwig Pollak (1882–1953). 1932 Bezirksoberamtmann und Vorstand des Bezirksamts Wertingen, 1938–1945, 1948 Landrat des Landkreises Wertingen.
2 Die Einnahme erfolgte am 17. Mai durch die Gruppe Hierl und dem aus Richtung Friedrichshafen vorstoßenden württembergischen Detachement des Hauptmanns Rommel.

Über die Ernteaussichten und den Stand der Fluren berichten die Bezirksämter Dillingen und Wertingen nachstehendes:

›Infolge der anhaltenden Trockenheit und kühler Temperatur ist der Futtermangel für die Landwirte nachgerade zu größter Kalamität geworden, zumal auch die Abgabe von Futter durch das Proviantamt Dillingen den bestehenden Bedürfnissen auch nicht einigermaßen Rechnung tragen konnte. Auch mit Grünfutter ist in der nächsten Zeit noch nicht zu rechnen. Der Landwirte hat sich daher eine große Mißmut bemächtigt. Auch die Trockenheit wirkte auf die Förderung des Wachstums immer noch hemmend. Ausgiebige Niederschläge wären dringend erforderlich.‹

Allgemein herrscht die Klage über Futtermangel und große Besorgnis wegen der allgemein bevorstehenden Futternot, da in der vergangenen Woche wiederum kein Regen über die Fluren niedergegangen ist. Die rauhen Winde und Reife halten die Entwicklung der jungen Saaten, des Klees und der Wiesen ungemein zurück. Wenn nicht bald ein ausgiebiger Regen uns beschieden wird, besteht die größte Gefahr für die kommende Getreide- und Heuernte. Gleiches wird auch aus anderen Gegenden des Regierungsbezirkes gemeldet.

Über die Ferkelhöchstpreise berichten die Bezirksämter Augsburg, Donauwörth und Nördlingen folgendes:

›Einzelne Landwirte führen Klagen darüber, daß die Schweinemärkte nicht mehr beschickt werden, weil die Händler hauptsächlich von Stall zu Stall handeln und dadurch künstlich die Preise hochhalten.‹

›Seit Erlaß der Vorschrift, in welcher die Höchstpreise für Ferkel festgesetzt wurden, geht auf den Ferkelmärkten das Angebot an Ferkeln auffallend zurück. Auf dem vorletzten Markt in Monheim wurden noch 6 Stück angeboten, der letzte Markt in dieser Woche blieb ganz leer, obwohl viele Käufer, besonders aus der minderbemittelten Bevölkerung erschienen waren. Die Ursache dieses völligen Ausbleibens der Ware ist der Ankauf der Tiere durch gewerbsmäßige Händler, welche zahlreich landauf, landab fahren und meist unter bedeutender Überschreitung der Höchstpreise die Ware zusammenkaufen. Besonders die Schweinehändler aus Weißenburg betreiben solchen Aufkauf in großem Umfange. Bei den kleineren Leuten, welche nicht einmal unter Überbietung der Höchstpreise in der Lage sind, eines oder 2 Ferkel zu erwerben, herrscht ob dieser Zustände große Erbitterung, die Arbeiter- und Bauernräte wurden von verschiedenen Seiten ersucht, Abhilfe zu schaffen. Es wurde vorgeschlagen, einen Erlaß dahin zu erwirken, daß Ferkel nur auf den Schweinemärkten verkauft werden dürfen und daß auch dort Händler erst etwa nach Verlauf einer Stunde vom Beginn des Marktes an unter strengster Einhaltung des Höchstpreises ihren Bedarf decken dürfen.‹

›Die Klagen über Auswanderung der Saugschweine und die hiedurch drohende Gefährdung des künftigen Schweinebestandes, namentlich der kleineren Landwirte und Gewerbetreibenden, werden immer heftiger und lassen baldigste Abhilfe als notwendig erscheinen. Bei einer Besprechung mit den Distriktsausschüssen und dem Bezirksbauernrat wurde die Aufhebung der Höchstpreise und ein Verbot des Aufkaufs durch die Händler behufs Wiederherstellung der Märkte als vordringlich bezeichnet. Auf alle Fälle wäre es angezeigt, die in großem Umfange stattfindende Ausfuhr von Ferkeln nach außerbayerischen Gegenden erfolgreich einzuschränken, da tatsächlich ernste Schwierigkeiten für die künftige Fleischversorgung zu befürchten sind.‹

Über Viehanlieferung und Viehhöchstpreise heben die Bezirksämter D i l l i n g e n und W e r t i n g e n nachstehendes hervor:

›Die Anlieferung von Vieh für die Fleischversorgungsstelle gestaltet sich nach Mitteilung des Bezirkskommissärs Lorenz immer schwieriger. Das verhältnismäßig wenige noch angelieferte Vieh leidet dazu noch unter starker Mindergewichtigkeit. Auch mit dem besten Willen bei fortgesetzter Aufklärungstätigkeit durch Amt, Amtstierärzte und trotz fortgesetzter Freimachungen von Vieh ist es kaum möglich, eine wesentliche Besserung dieser unerfreulichen Zustände in nächster Zeit zu erreichen.‹

›In der Bevölkerung im Bezirke Wertingen besteht allgemein die Hoffnung, daß schon in kürzester Zeit die Vieh- und Getreidepreise eine namhafte Erhöhung erfahren werden. In einzelnen Gemeinden wird mit Rücksicht auf die angeblich kommenden höheren Preise nichts mehr abgeliefert. Genährt wird die Hoffnung auf höhere Preise durch den Beschluß der Bezirksobmannschaft des Bauernbundes vom 18. laufenden Monats, welcher in der Anlage mitfolgt. Er hat auch in der Presse Verbreitung gefunden und wird deshalb umso mehr an seinen Erfolg geglaubt. Ob nun wirklich Aussicht auf eine Preiserhöhung gegeben ist, entzieht sich vollständig der Kenntnis des Unterfertigten. Nur möchte bereits heute bemerkt werden, daß sie im Interesse der Volksernährung und der Bekämpfung des Schleichhandels für unbedingt notwendig gehalten wird.‹

Ein Pfarramt im Bezirke Donauwörth hat angeregt, daß das während der sogenannten Trauerwoche[3] bestandene Tanzverbot im Hinblick auf den Ernst der Lage auch für die nächsten Monate bestehen bleibe.

In vielen Gemeinden des Bezirkes Donauwörth wird jetzt das anruhende gegen die Juden gerichtete Flugblatt verbreitet.

Über die Lage des Arbeitsmarktes, die Rohstoffversorgung, die Erwerbslosenfürsorge, sowie den Stand des Wohnungsmarktes berichten die beteiligten D i s t r i k t s v e r w a l t u n g s b e h ö r d e n wie folgt:

›Lage der Industrie in Augsburg: Die Maschinenindustrie ist zufriedenstellend beschäftigt. Durch den neuen Kollektivvertrag ist sie erheblich belastet, so daß Aufträge wegen der hohen Preisgestaltung nicht zu erhalten sind. Die Intensität der Arbeit, die früher sehr zu wünschen übrig ließ, hat sich in einzelnen Betrieben infolge der Wiederherstellung der öffentlichen Ordnung wesentlich gehoben. Material ist knapp; Einschränkungen der Arbeitszeit waren notwendig. Textilindustrie war unverändert. Bauindustrie hat Materialmangel. Bekleidungsgewerbe findet keine Arbeitskräfte, da diese noch in den Bekleidungsämtern zurückgehalten werden und dort weniger zu leisten haben als im Gewerbe. Die Zwangseinstellung von Arbeitskräften muß sehr individuell durchgeführt werden, da die Maschinenindustrie mehr Arbeiter als im Frieden beschäftigt, Textil-, Web- und Bekleidungsindustrie aber keine Rohstoffe haben.

Baumarkt in Augsburg: Die städtische Bautätigkeit hat sich gegenüber der Vorwoche etwas vermindert. Es wurden 1240 Mann gegenüber 1484 Mann beschäftigt. An privaten Bauten wurden im ganzen 613 Arbeiter gegenüber 620 der Vorwoche beschäftigt.

---

3 Wegen der Ermordung des Ministerpräsidenten Eisner am Freitag, dem 21. Februar, hatten die Behörden ein Tanzverbot erlassen. Eine vom Vorstand des Bezirksamts Sonthofen am 22. Februar unterzeichnete und drei Tage später veröffentlichte Bek lautet: Der Ernst der Zeit, die Kohlen- und Lebensmittelknappheit, vor allem aber die Ereignisse des gestrigen Tages gebieten jedermann Zurückhaltung. Mit Rücksicht auf diese Sachlage werden bis auf weiteres alle öffentlichen Vergnügungen einschließlich der Bierkonzerte, insbesondere alle Tanzunterhaltungen mit und ohne Musik [...] verboten; ABl S. 60. Das Verbot wurde mit Wirkung ab Sonntag, dem 2. März, aufgehoben; ebd. S. 65.

Arbeitsmarkt in Augsburg: Die Lage des Arbeitsmarktes zeigt eine Abnahme der Arbeitslosen, welche teilweise auf die etwas vermehrte Materialzufuhr besonders für das Baugewerbe zurückzuführen ist. Die Landwirtschaft verlangt immer mehr Arbeitskräfte, besonders wird der Mangel an Dienstmägden stark empfunden. Ungünstig wie bisher ist die Lage der Textilindustrie. Die Holzindustrie zeigt mehr Arbeitsangebot, besonders für Möbelschreiner. Schneider und Schuhmacher fehlen noch immer. Im Baugewerbe sind Zimmerleute lebhaft verlangt. Papier- und Lederindustrie sind noch immer wenig beschäftigt. Männliches kaufmännisches Personal konnte teilweise für Aushilfsstellen verwendet werden, dagegen ist für weibliches kaufmännisches Personal ein Arbeitsangebot fast gar nicht vorhanden. In der Hauswirtschaft besteht noch immer Mangel an geschultem Personal. Ungelernte Arbeiter mit Ausnahme der Erwerbsbeschränkten und Jugendlichen können meist innerhalb kurzer Zeit untergebracht werden. In den letzten Tagen kann aus den Reihen der Ungelernten ein Zugang zur Landwirtschaft festgestellt werden. Ungelernte Arbeiterinnen, die meist während des Krieges in der Rüstungsindustrie beschäftigt waren, gehen ungern in ihren früheren Beruf zurück und sind deswegen schwer unterzubringen. Weibliche Arbeitskräfte der Textilindustrie finden wenig Arbeitsgelegenheit. Der Zugang zu Lehrstellen wird durch die Gewährung von Erwerbslosenunterstützung an Jugendliche im Alter bis zu 16 Jahren ungünstig beeinflußt.

Nachstehende Übersicht des städtischen Arbeitsamtes vom 23. Mai 1919 gibt Aufschluß über die Bewegung auf dem Arbeitsmarkt:

Wirtschaftszweig	Unerl. Angeb.		Unerl. Nachfrage		Bemerkungen
	a. männl.	b. weibl.	a. männl.	b. weibl.	
Land- und Forstwirtschaft, Gärtnerei	93	44	4	22	
Metallverarbeitung	17	–	514	3	
Holzindustrie	39	–	20	–	
Textilindustrie	1	–	90	298	
Bekleidungs- und Reinigungsgewerbe	26	–	5	70	
Baugewerbe	20	–	54	–	
Sonst. Handwerk und Berufe	25	3	589	359	
Haus- und Gastwirtschaft	–	213	112	208	6 jugendl. m.
Ungelernte Arbeiter aller Art	–	–	242	1350	32 jugendl. m. 40 jugendl. w.
Summe:	221	260	1630	2310	78 jugendl.
Gesamtsumme des Vormonats:	182	276	1915	2522	95 jugendl.

Nach dem Stande vom 17. Mai 1919 hatten wir 1941 männliche und 2057 weibliche, zusammen 3998 Arbeitslose zu unterstützen. Seit Beginn der Erwerbslosenfürsorge sind hier 7561 männliche und 2505 weibliche Personen, zusammen 10.066 Personen wieder in Arbeit getreten.
Wohnungsfürsorge in Augsburg: Vom 16. Mai bis zum 23. Mai 1919 wurden im städtischen Wohnungsamt 1193 Wohnungen gesucht, davon entfallen auf Kriegsgetraute 429, auf dienstlich Versetzte 22, auf Familien in zu kleinen überfüllten und ungesunden Wohnungen 409, auf von auswärts Zugezogene 94, auf Parteien, deren Wohnung unter Anrufung des Mieteinigungsamtes gekündigt wurde, 105. Gesucht sind meistens Kleinwohnungen. Diese Wohnungssuchenden sind zur Zeit alle untergebracht teils bei Verwandten teils in möblierten Zimmern teils in zu kleinen oder gekündigten Wohnungen. Diesen Gesuchen steht am 22. Mai 1919 nicht eine leere Wohnung gegenüber. Die Bautätigkeit seit 1. Januar 1919 zeigt folgende Zahlen: Im ganzen wurden 184 Wohnungen zum Beziehen fertiggestellt, davon 106 mit 2 Zimmern und 53 mit 3 Zimmern. Von der Stadtgemeinde Augsburg wurden in städtischen Stiftungsgebäuden 134 Wohnungen fertiggestellt, 163 sind in Ausführung begriffen und von 51 liegen Eingabepläne bei der Baupolizei vor bzw. sind Verhandlungen im Bauamt eingeleitet. Von Privaten selbst wurden 35 Wohnungen fertiggestellt, 40 sind in Ausführung begriffen und von 275 liegen Eingabepläne bei der Baupolizei vor bzw. sind Verhandlungen im Bauamt eingeleitet. Vom bayerischen Staat wurden in Staatsgebäuden 7 Wohnungen fertiggestellt, 7 sind in Ausführung begriffen und von 59 liegen Eingabepläne bei der Baupolizei vor bzw. sind Verhandlungen im Bauamt eingeleitet. Von der Stadtgemeinde Augsburg wurden in Privatgebäuden 8 Wohnungen fertiggestellt und von einer liegen Eingabepläne bei der Baupolizei vor bzw. sind Verhandlungen im Bauamt eingeleitet.‹

›Außer der bereits in Ausbau befindlichen Straßenstrecke Hürnheimer Höhe-Christgarten im Bezirke Nördlingen, an der gegenwärtig 45 Arbeiter beschäftigt sind, wurde im Laufe dieser Woche der Straßenzug Staatsstraße-Ederheim-Ölmühle in Angriff genommen, so daß Handarbeitern reichlich Gelegenheit zum lohnenden Verdienst geboten ist. Die Lohnforderungen sind in der letzten Zeit von 82 Pfennig Stundenlohn für Erdarbeiter auf 1,65 Mark gesteigert worden. Eine endgültige Vereinbarung dürfte demnächst erfolgen.

Bei den Entwässerungsunternehmungen im Bezirk Nördlingen ergeben sich insoferne Schwierigkeiten, als die auswärtigen Arbeiter nur im Taglohn und zwar gegen eine Bezahlung von 2,50 Mark für die Stunde arbeiten wollen. Diese Löhne erscheinen den Landwirten als zu hoch, zumal keine Gewähr besteht, daß die Unternehmungen auch entsprechend gefördert werden. Die Baulust ist außerordentlich rege, erfährt aber eine große Hemmung durch die immer stärker auftretende Baustoffnot. Es fehlt hauptsächlich an Backsteinen, Dachplatten, Kalk und Zement, obwohl alle Maßnahmen zur Unterstützung der einschlägigen heimischen Kalkwerke und Ziegeleien nach Möglichkeit getroffen wurden.‹

›In den Betrieben des Bezirks Sonthofen hat sich nichts geändert. Beim städtischen Arbeitsamt Immenstadt stehen für 94 Männliche, 75 Weibliche und 44 Lehrlinge offen: 57 bzw. 25 bzw. 7 Stellen.‹

›Der Zahl der Erwerbslosen im Bezirke Lindau ist etwas zurückgegangen; doch hört man immer noch Klagen über Mangel an Arbeitskräften, was seine Ursache darin hat, daß die Stellenvermittlung trotz aller Bemühungen, die selbstverständlich fortgesetzt werden, noch nicht in vollkommener Weise wirkt und die Bevölkerung eine Abneigung hat, unbekannte Arbeitskräfte, zu deren Arbeitslust und Führung man kein Zutrauen hat, einzustellen.‹

›Beim Arbeitsamt Memmingen stehen 83 offenen Stellen für Männliche 31 Stellengesuche gegenüber. Die Zahl der Erwerbslosen beträgt 29.‹

›Gegenwärtig sind in Kaufbeuren 14 männliche und 1 weibliche Person arbeitslos. In der Textilindustrie haben 15 Personen vorübergehend die Arbeit ausgesetzt.‹

›Die wirtschaftlichen Verhältnisse im Landbezirke Kempten haben keine Wendung zum Besseren genommen. In der Industrie sind sie trostlos wie bisher. In der Landwirtschaft wird über die große Trockenheit geklagt, die die Aussicht auf eine schlechte Ernte eröffnet. Der Graswuchs ist sehr spärlich; insbesondere fehlen die feineren nahrhaften Gräser. Die Getreidefelder weisen große Lücken auf.‹

›Der Vollzug des Gesetzes[4] bezüglich der Sonntagsruhe[5] hat in allen Kreisen des gewerblichen Mittelstandes starke Verstimmung ausgelöst, da gerade in Nördlingen mit seiner großen landwirtschaftlichen Umgebung der Ladenverkauf an Sonntagen bisher die größten Einnahmen während der Woche erzielt hat. Die Landwirte besuchen hauptsächlich nur an Sonntagen die Stadt, insbesondere der ländliche Dienstbote und die Söhne und Töchter der Landwirte, da sie zur Frühlings-, Sommer- und Herbstzeit mit landwirtschaftlichen Arbeiten derart überhäuft sind, daß sie an Werktagen nicht abkommen können, um ihre Einkäufe in der Stadt zu machen. Umso mehr ist das jetzt der Fall, da alle Arme auf dem Land dringend benötigt sind, um die Produktion auf der notwendigen Höhe zu halten. Die Folge des Gesetzes und der Verhältnisse wird sein, daß der Hausierhandel das Warenabsatzgebiet des ortsansässigen Gewerbes an sich reißt und der gewerbliche Mittelstand zu den wirtschaftlichen Einbußen des Krieges noch weitere schwerste Verdiensteinbußen zu gewärtigen hat, ein Zustand, der bezüglich der vielen zu bezahlenden Steuern und Umlagen für den Staats- und den Stadtsäckel unerfreuliche Folgen haben wird. Dazu wird, wie von Interessenten ständig mitgeteilt wird, der Vollzug des Gesetzes in den verschiedenen umliegenden mittelbaren und unmittelbaren Städten[6] sehr verschieden, meistens sehr milde gehandhabt, so daß

---

4 *Es muss heißen: Verordnung.*
5 *Die VO vom 5.2.1919 – in Kraft ab 1. April – über Sonntagsruhe im Handelsgewerbe und in Apotheken (RGBl S. 176) ersetzt den § 105b der Gewerbeordnung und bestimmt: Im Handelsgewerbe dürfen Gehilfen, Lehrlinge und Arbeiter an Sonn- u. Festtagen nicht beschäftigt werden. Eine um den 4.4.1919 erlassene ME stellt fest, dass diese Bestimmung nicht gilt für das Bedürfnisgewerbe (Handel mit Milch, Molkereierzeugnissen, Fleisch, Bäckereien und Bäckerei- und Konditoreiwaren, Obst, Blumen, Zeitungen und Mineralwasser), Fotografen, Friseure und Wirtschaften. Weitere Ausnahmeregelungen erließen die Bezirksämter im Laufe des Jahres.*
6 *In mittelbaren Städten bestand als Verwaltungsbehörde der Magistrat und als Vertretung der Einwohner das Kollegium der Gemeindebevollmächtigten. Die Aufsicht über diese Städte führte das Bezirksamt. Die unmittelbaren Städte unterstanden der Kreisregierung und besaßen hinsichtlich der Polizeiverwaltung dieselben Befugnisse wie ein Bezirksamt. Für die Verwaltung war der Magistrat zuständig, die Einwohner wurden durch das Kollegium der Gemeindebevollmächtigten vertreten. Folgende kreisunmittelbare Städte gab es 1919 im Regierungsbezirk Schwaben: Augsburg, Dillingen, Donauwörth, Günzburg, Kempten, Lindau, Memmingen, Neuburg a. D., Neu-Ulm und Nördlingen. Das Selbstverwaltungsgesetz vom 22.5.1919 (GVBl S. 239) behielt die Aufsicht über die unmittelbaren Städte durch die Kreisregierung und für die übrigen Gemeinden – mittelbare Städte gab es nicht mehr – durch das Bezirksamt bei. An die Stelle des Magistrats und des Gemeindekollegiums trat bei den Städten der Stadtrat. Bis zu den Gemeindewahlen am 15.6.1919 konnten jedoch Magistrat und Gemeindekollegium ihre Funktionen weiter ausüben.*

ein ordnungsgemäßer, straffer Vollzug den einheimischen Gewerben noch größere Schädigungen verursacht, da die Konkurrenten in den Nachbarorten die hiesige Landkundschaft an sich ziehen. Es wäre dringend erwünscht, daß zum mindesten ein gleichheitlicher, straffer Vollzug allerorts durchgeführt wird.‹

Die Meldung des Arbeitsamtes Neu-Ulm liegt an.

II.

Bereits unter I. berichtet.

gez. von Praun, Regierungspräsident

[Beilage 1 zum Wochenbericht vom 27. Mai]

Wertingen, 18. Mai 1919: An das Bezirksamt Wertingen

Betreff: Preiserhöhung aller landwirtschaftlichen Erzeugnisse

Bei der heute abgehaltenen Versammlung der Obmänner des Bauernbundes im Bezirk Wertingen wurde folgende Resolution einstimmig angenommen:

›Durch die enorme Preissteigerung aller, namentlich für die in der Landwirtschaft benötigten Bedarfsartikel fordern wir eine Preiserhöhung aller landwirtschaftlichen Produkte zwar bei Schlachttieren eine solche von 40–50 % bei Großvieh, 200 % bei Kleinvieh, bei Gangochsen keine Vermittlungsgebühr und 100 % bei den Getreideprodukten. Die Forderungen sind gerechter Natur, eine Zurücksetzung der Preise können wir uns nie mehr gefallen lassen. Um dem Wohle der Allgemeinheit zu dienen, ist eine Preiserhöhung unbedingt notwendig, um möglichst alle Lebensmittel der öffentlichen Bewirtschaftung zuzuführen.

Von einer Preiserhöhung sehen wir ab, wenn bei den Bedarfsartikeln ein Preisabbau sofort einsetzt und ein gesundes Preisverhältnis hergestellt wird.

Obige Resolution wird umgehend an das Bezirksamt sowie Ministerium für Land- und Forstwirtschaft geleitet.‹

Die Bezirksobmannschaft:

gez. Joseph Mannes, Bezirksobmann
Xaver Schmid, Beisitzer
Johann Seibold, Beisitzer
Karl Mayr, Schriftführer

[Beilage 2 zum Wochenbericht vom 27.Mai]

Übersicht über die Arbeitsmarktlage am 24. Mai 1919.

Wirtschaftszweig	Unerl. Angeb.		Unerl. Nachfrage	
	a. männl.	b. weibl.	a. männl.	b. weibl.
Land- und Forstwirtschaft, Gärtnerei	3	8	–	–
Metallverarbeitung	–	–	1	–
Holzindustrie	7	–	–	–
Textilindustrie	–	–	–	–
Bekleidungs- und Reinigungsgewerbe	5	1	3	–
Baugewerbe	2	–	–	–
Sonst. Handwerk und Berufe	4	–	9	1
Haus- und Gastwirtschaft	1	H 7 G 5	1	–
Ungelernte Arbeiter aller Art	2	4	14	–
Summe:	24	25	28	1

Bemerkungen über die Lage des Arbeitsmarktes:
In der männl. Abtlg. findet zieml. Ausgleich zwischen Arbeitsangebot und Nachfrage statt. Bei weibl. Personen mangelt es an landw. Dienstboten, gleichzeitig für Haus- und Gastwirtschaft.
Städt. Arbeitsamt Neu-Ulm.

Augsburg, den 2. Juni 1919 **73**

I.

Außerordentliche Klagen über die schlimmen Wirkungen der anhaltenden Trockenheit kommen aus allen Teilen des Regierungsbezirks; so berichten die Bezirksämter D i l l i n g e n, D o n a u w ö r t h, K e m p t e n, M e m m i n g e n hierzu folgendes:

›Die Wintersaaten im Bezirke Dillingen stehen teilweise recht schlecht, Fesen und Weizen haben sich in letzter Zeit etwas erholt, Roggen dagegen sieht sehr wenig versprechend aus. Die Aussichten für die Heu- und Kleernte sind schlecht, wenn nicht bald ergiebige Regengüsse eintreten. Es besteht fast durchgehends eine bedenkliche Futterknappheit, was auf Milch- und Fetterzeugung einen ungünstigen Einfluß ausübt.‹

›Höchst wünschenswert wäre Regen. Folge der Trockenheit ist die mangelhafte Milch- und Fettversorgung. So konnte in der Stadt Donauwörth schon 3 Wochen keine Butter mehr verteilt werden.‹

›Die Landwirte im Bezirke Kempten klagen sehr über die anhaltende Trockenheit. Wenn nicht bald ausgiebiger Regen kommt, ist mit einem den Viehbestand bedeutend in Mitleidenschaft ziehenden Ausfall am Ernteertrag zu rechnen. Auf jeden Fall verzögert sich die Ernte um 14 Tage bis 3 Wochen.‹

›Die Saaten und der Graswuchs im Bezirke Memmingen leiden ganz bedeutend unter der anhaltenden Trockenheit, die durch den am vergangenen Dienstag nur in ganz geringfügiger Menge gefallenen Regen in keiner Weise gemildert wurde. Namentlich die bereits abgeweideten Wiesenflächen zeigen keinerlei Nachwuchs, so daß für den Weidegang des Viehes immer neue Flächen herangezogen werden müssen. Dadurch wird der an sich sehr spät und gering zu erwartende Heuertrag noch mehr beeinträchtigt.‹

Das Bezirksamt Neu-Ulm hebt nachstehendes hervor:

›Im letzten Wochenbericht habe ich schon die Schwierigkeiten hervorgehoben, die sich für die Eierablieferung aus dem Preisunterschied ergeben, der hier zwischen Bayern und Württemberg besteht. Nun wurde neuerdings in Württemberg der Erzeugerpreis für Milch auf 45 Pfennig pro Liter, also um 16 Pfennig höher festgesetzt als bei uns. Daß unter solchen Umständen, wenn nicht eine sofortige Angleichung der Preise wenigstens in den Grenzbezirken erfolgt, die Erfüllung der Lieferungspflicht denkbar erschwert wird, liegt auf der Hand. Vorstellungen in diesem Sinne gingen an das Landwirtschaftsministerium und die Landesfettstelle ab.‹

Nach Bericht des Bezirksamts Kaufbeuren wurde in einer Milchproduzentenversammlung am 26. vorigen Monats in Buchloe die Forderung nach Erhöhung des Lokalgeldes um 5 Pfennig erhoben; außerdem wurde die Erhöhung der Schlachtviehpreise namentlich für Kälber als angemessen bezeichnet, da die Aufzucht sich nicht lohne und die jetzigen Preise den Schleichhandel begünstigen.

Das Bezirksamt Dillingen führt folgendes aus:

›Infolge der anhaltenden Lebensmittelknappheit dehnt sich der Schleichhandel immer mehr aus. Die Achtung vor den Gesetzen ist geschwunden und Habsucht greift unter den Landwirten um sich. Ein großer Teil der Landwirte ist mit den ohnehin ziemlich hohen Preisen für ihre Erzeugnisse nicht mehr zufrieden und sucht seine Erzeugnisse heimlich mit Überschreitung der Höchstpreise zu verkaufen. Seit Höchstpreise für Ferkel bestehen, sind solche auf Märkten nicht mehr zu haben. Durch die ungemein milden Urteile der Schöffengerichte kann all diesen Mißständen von der Gendarmerie nicht wirksam entgegengetreten werden. Geringe Geldstrafen üben bei dem unter Landwirten und Händlern herrschenden Geldüberfluß keine Wirkung aus.‹

Das Bezirksamt Kempten berichtet:

›Die Viehablieferung läßt sehr zu wünschen übrig. Schuld daran sind die niedrigen Viehpreise, die in keinem Verhältnisse mehr stehen zu den Preisen für die übrigen Nahrungsmittel. Jeder Landwirt, der eine halbwegs annehmbare Kuh abliefert, hat einen Schaden von einigen Hundert Mark. Baldige Abhilfe ist dringend notwendig.‹

Über den Sicherheitszustand im Bezirk Neuburg a/D. berichtet das Bezirksamt folgendes:

›Der Sicherheitszustand im Bezirke Neuburg a/D. wird immer ungünstiger. Diebstähle werden ganz offen vorgenommen; so wurde in den letzten Tagen der hiesige Schießplatz an der Bittenbrunner Straße radikal ausgeraubt. Tagelang schleppten die Neuburger kleinen Leute, hauptsächlich Frauen und Kinder Holz und anderes karrenweise herein; was nicht mitgenommen werden konnte, wurde vernichtet. Die Sache kam längere

Zeit nicht auf, weil der Schießplatz nicht mehr bewacht ist und jeder Unbeteiligte annahm, es handle sich um rechtmäßige Veräußerungen.
Forstfrevel aller Art sind an der Tagesordnung, so daß sich das Forstamt Neuburg a/D.-Ost veranlaßt sah, zur besseren Abhilfe die Verstärkung der Gendarmeriestationen Bruck und Karlshuld zu beantragen. Solange Mangel am billigen Brennmaterial herrscht, durften alle bezüglichen Maßnahmen versagen.
Das Wildererunwesen nimmt, vom Bezirk Aichach her ausgehend, mehr und mehr überhand. Banden bis zu 8 Personen, mit Militärgewehren bewaffnet, wurden an der südlichen Grenze des Bezirks beobachtet. Dieselben halten förmliche Treibjagden ab. Das Bezirksamt Aichach wurde ersucht, besonders in den bekannten Wildererorten mit strengen Maßnahmen einzuschreiten.‹

Zur Frage der Einwohnerwehren führt das Bezirksamt N e u b u r g a / D . folgendes aus:
›Nach Ziffer 8 der Min. Bek vom 17. vorigen Monats, betreff Einwohnerwehren, kommt der Militärfiskus für die Dienstbeschädigten und Hinterbliebenenfürsorge nur dann auf, wenn und solange die Einwohnerwehren einem militärischen Verbande angegliedert sind und auf Anordnung einer militärischen Stelle Dienst tun. Es ergibt sich deshalb die Notwendigkeit bezüglich einer privaten Versicherung; in Preußen hat die Invaliden- und Hinterbliebenenfürsorge der Schutzverband deutscher Landwirtschaft durch Versicherung bei der Versicherungsaktiengesellschaft ›Hohenzollern‹ übernommen. Zur Förderung der Wehren dürfte sich eine ähnliche Einrichtung für Bayern empfehlen.‹

Der rechtskundige Bürgermeister Hofrat Dr. Schützinger[1], der durch die Arbeitsüberlastung der letzten Jahre an seiner Gesundheit schwer Schaden erlitten und zur Zeit an einer Lungenentzündung darniederliegt, hat an die städtischen Kollegien in Lindau sein Rücktrittsgesuch für 1. Oktober laufenden Jahres eingereicht.

Über die Lage des Arbeitsmarktes, die Rohstoffversorgung, ferner die Erwerbslosenfürsorge, sowie den Wohnungsmarkt berichten die beteiligten D i s t r i k t s v e r w a l t u n g s b e h ö r d e n , was folgt:
›Lage der Industrie in Augsburg: Die wirtschaftliche Lage der Industrie ist gegenüber der Vorwoche ohne Änderung geblieben.
Baumarkt in Augsburg: Die städtische Bautätigkeit hat sich gegenüber der Vorwoche etwas gebessert. Es wurden 1356 Mann gegenüber 1240 Mann der Vorwoche beschäftigt, durch private Baugeschäfte wurden im ganzen 683 Arbeiter gegenüber 613 der Vorwoche beschäftigt.
Arbeitsmarkt in Augsburg: Die Lage des Arbeitsmarktes zeigt eine Zunahme des Arbeitsangebotes und eine Minderung der Zahl der Arbeitslosen. In der Landwirtschaft können die Arbeitsstellen für männliche Kräfte durchwegs rasch besetzt werden, während an weiblichen Dienstboten ein geringes Angebot herrscht. Die Metallindustrie verzeichnet einen geringen Rückgang an Arbeitslosen, verlangt werden hier nur Former. Die Holzindustrie bietet vermehrt Arbeit an, sowohl für Bau- als für Möbelschreiner. Das Bekleidungsgewerbe hat neuerdings starken Mangel an Gewerbsgehilfen. Im Baugewerbe wird das Angebot noch nicht lebhafter; doch ist Mangel an Zimmerleuten. Haus- und Gastwirtschaft ist lebhaft beschäftigt, doch zeigt sich hier bei der größeren

---

1 Dr. Heinrich Schützinger (1857–1920), von 1894 bis 1919 Rechtskundiger Bürgermeister der Stadt Lindau, 1899–1919 Mitglied des Landrates von Schwaben und Neuburg.

Zahl der Arbeitslosen, daß sie zu wenig geschult sind. Ungelernte Arbeitskräfte sind bei Notstandsarbeiten und Kulturunternehmungen beschäftigt, so daß nur Erwerbsbeschränkte und Jugendliche verbleiben. Das Interesse für Lehrstellen ist merklich gering. Nachstehende Übersicht des städtischen Arbeitsamtes vom 30. Mai 1919 gibt Aufschluß über die Bewegung auf dem Arbeitsmarkte.

Wirtschaftszweig	Unerl. Angeb.		Unerl. Nachfrage		Bemerkungen
	a. männl.	b. weibl.	a. männl.	b. weibl.	
Land- und Forstwirtschaft, Gärtnerei	55	48	7	20	
Metallverarbeitung	29	–	411	3	
Holzindustrie	58	–	14	–	
Textilindustrie	–	–	62	300	
Bekleidungs- und Reinigungsgewerbe	59	–	4	55	
Baugewerbe	9	–	50	–	
Sonst. Handwerk und Berufe	31	3	459	358	
Haus- und Gastwirtschaft	–	186	171	197	9 jugendl. m.
Ungelernte Arbeiter aller Art	–	–	288	1218	9 jugendl. m. 36 jugendl. w.
[Summe]	241	237	1466	2151	54 jugendl.

Nach dem Stande vom 24. Mai 1919 hatten wir 1805 männliche und 2006 weibliche Arbeitslose, zusammen 3811 Arbeitslose zu unterstützen. Seit Beginn der Erwerbslosenfürsorge sind hier 7940 männliche und 2710 weibliche Personen, zusammen 10.650 Personen wieder in Arbeit getreten.
Wohnungsfürsorge in Augsburg: Vom 23.5. bis 30.5.1919 wurden im städtischen Wohnungsamt 1288 Wohnungen gesucht, davon entfallen auf Kriegsgetraute 466, auf dienstlich Versetzte 23, auf Familien in zu kleinen überfüllten und ungesunden Wohnungen 436, auf von auswärts Zugezogene 102, auf Parteien, deren Wohnung unter Anrufung des Mieteinigungsamtes gekündigt wurde, 118. Gesucht sind meistens Kleinwohnungen. Diese Wohnungssuchenden sind zur Zeit alle untergebracht teils bei Verwandten teils in möblierten Zimmern teils in zu kleinen oder gekündigten Wohnungen. Diesen Gesuchen steht am 30. Mai 1919 nicht eine leere Wohnung gegenüber. Die Bautätigkeit seit 1. Januar 1919 zeigt folgende Zahlen: Im ganzen wurden 184 Wohnungen zum Beziehen fertiggestellt, davon 106 mit 2 Zimmern und 53 mit 3 Zimmern. Von der Stadtgemeinde Augsburg wurden in städtischen Stiftungsgebäuden 134 Wohnungen fertiggestellt, 163 sind in Ausführung begriffen und von 51 liegen Eingabepläne bei der Baupolizei vor bzw. sind Verhandlungen im Bauamt eingeleitet. Von der Stadtgemeinde Augsburg wurden in Privatgebäuden 8 Wohnungen fertiggestellt, keine ist in Ausführung begriffen und von 1 liegen Eingabepläne bei der Baupolizei vor bzw. sind Verhandlungen im Bauamt eingeleitet. Von Privaten wurden selbst 35 Wohnungen

fertiggestellt, 40 sind in Ausführung begriffen und von 282 liegen Eingabepläne bei Baupolizei vor bzw. sind Verhandlungen im Bauamt eingeleitet. Vom bayerischen Staat wurden in Staatsgebäuden 7 Wohnungen fertiggestellt, 7 sind in Ausführung begriffen und von 59 liegen Eingabepläne bei der Baupolizei vor bzw. sind Verhandlungen im Bauamt eingeleitet.‹

›In der Arbeitsmarktlage in Lindau haben sich keine wesentlichen Änderungen vollzogen. Von den Baugeschäften werden seit einigen Tagen insbesondere Maurer gesucht. Besonderes Angebot liegt noch vor für Schreiner und Schuhmacher. Landwirtschaftliche Arbeiter werden wenig gesucht; für die Heuernte sind noch keine Bedarfsanmeldungen eingegangen. Die Zahl der Erwerbslosen beträgt zur Zeit 4.

Die Notwohnungen der Lindenschanzkaserne sind nun alle beziehbar und zum Teil schon bezogen. Die Notwohnungen in der Max-Kaserne gehen ihrer Vollendung entgegen, sind aber auch schon alle vergeben. Die definitive Beziehung der Wohnungen kann bis 15. Juli gesichert werden. Der Mangel an Wohnungen ist hauptsächlich auf die vielen Versetzungen von Beamten und Bediensteten des Eisenbahn- und des Zollwesens zurückzuführen und wäre es wohl kein unbilliges Verlangen, wenn auch diese Behörden sich etwas der Wohnungsfürsorge widmen und zum mindesten selbst die Unterbringung ihrer Beamten und Bediensteten übernehmen würden.‹

›In den Fabriken des Bezirkes Sonthofen sind die Beschäftigungsverhältnisse im wesentlichen unverändert. Die Textilfabriken hoffen auf baldige Rohstoffzufuhr nach Friedensschluß. Das städtische Arbeitsamt Immenstadt hat für 88 Männliche, 76 Weibliche und 43 Lehrlinge: 54 bzw. 26 bzw.7 offene Stellen.‹

›Die Betriebsverhältnisse in Altenstadt und Vöhringen, Bezirksamts Illertissen, haben eine wesentliche Erschwerung nicht erfahren.‹

›Das Gewerbe im Landbezirke Dillingen ist entsprechend beschäftigt. Im Baugewerbe mangelt es sehr an Baustoffen, so daß nur die dringendsten Bauarbeiten ausgeführt werden können.

Die Industrie ist nur mangelhaft beschäftigt. In der Bindfadenfabrik Schretzheim mußte der Betrieb in letzter Zeit wieder 14 Tage wegen Mangel an Rohstoffen eingestellt werden und in der Baumwollweberei Zöschlingsweiler wird nur mit großer Einschränkung gearbeitet.‹

Die Meldung des Arbeitsamtes Neu-Ulm ruht an.

II.

Keine besonderen Vorfälle.

gez. von Praun, Regierungspräsident

[Beilage zum Wochenbericht vom 2. Juni]
Übersicht über die Arbeitsmarktlage am 31. Mai 1919.

Wirtschaftszweig	Unerl. Angeb.		Unerl. Nachfrage	
	a. männl.	b. weibl.	a. männl.	b. weibl.
Land- und Forstwirtschaft, Gärtnerei	3	8	–	–
Metallverarbeitung	2	–	2	–
Holzindustrie	6	–	–	–
Textilindustrie	–	–	–	–
Bekleidungs- und Reinigungsgewerbe	5	1	3	–
Baugewerbe	1	–	–	–
Sonst. Handwerk und Berufe	5	–	8	1
Haus- und Gastwirtschaft	–	H 6 G 7	–	H 1 G 2
Ungelernte Arbeiter aller Art	2	4	11	4
[Summe]	24	26	24	8

Bemerkungen über die Lage des Arbeitsmarktes.
In der Landwirtschaft fehlt es immer noch an männl. und weibl. Arbeitskräften. Im Bekleidungsgewerbe ist Mangel an Schuhmachern. Die übrigen Berufe gleichen sich aus.
Städt. Arbeitsamt Neu-Ulm.

Augsburg, den 10. Juni 1919   74

I.

Der Stadtmagistrat A u g s b u r g berichtet folgendes:
›Die standrechtliche Aburteilung des Kommunistenführers Levinees[1] fand in den ordnungsliebenden Kreisen der Arbeiterschaft und des Bürgertums Zustimmung.
Die Stadtwehr in Augsburg zählt jetzt etwa 3800 Mitglieder und kann als eine durchaus aktionsfähige Truppe auch für besondere Ereignisse angesprochen werden. Dringend notwendig ist die Beschaffung weiterer Uniformen, da die zuletzt eingetretenen 500 Mann in Zivilkleidern Dienst machen müssen. Auf eine besondere Vorstellung an das Ministerium für militärische Angelegenheiten vom 26. Mai 1919 haben wir leider bisher keine Antwort erhalten. Wir bitten, dieses Gesuch nachdrücklichst unterstützen zu wollen, da der weitere Zugang zur Stadtwehr wesentlich davon abhängt, ob die

---

1 *Dr. Eugen Leviné (1883–1919), aus Russland stammender Redakteur. 1918 Agitator für USPD, Spartakusbund und KPD im Rhein-Ruhrgebiet, 1919 von der Berliner KPD-Zentrale nach München entsandt, seit 13. April führendes Mitglied des Vollzugsrates der Betriebs- und Soldatenräte der (kommunistischen) Räterepublik in München. Am 3. Juni zum Tode verurteilt und am 5. Juni durch Erschießen hingerichtet.*

260

Mannschaften uniformiert werden können. Bei dem derzeitigen Mangel an Bekleidungsstücken kann auch billiger Weise nicht verlangt werden, daß für einen freiwillig übernommenen Dienst die wertvollen Zivilkleider abgenützt werden.‹

Der Stadtmagistrat G ü n z b u r g meldet:
›Zur Stadtwehr Günzburg haben sich seinerzeit 550 Mann aus allen Bevölkerungsschichten gemeldet. Die Wehr ist nach den 4 Stadtteilen eingeteilt in 4 Kompanien mit je 1 Kompanieführer, 3 Zugführern und der erforderlichen Anzahl Gruppenführer. An der Spitze steht ein Kommandant mit einem Adjutanten. Die Führer sind von der Mannschaft gewählt. Außerdem ist ein Maschinengewehrzug gebildet mit einem eigenen Führer und einigen Unterführern. Ein Waffenmeister ist ebenfalls bestellt. Für jede der 4 Kompanien ist ein eigener Alarmplatz bestimmt. Ein regelmäßiger Dienst ist bei der Stadtwehr nicht eingeführt, doch kann das Kommando, das sich in engster Fühlung mit dem Stadtvorstand zu halten hat, die Stadtwehr von Zeit zu Zeit zu Übungen, Besprechungen usw. zusammenrufen. Das Kommando hat auch mit den Führern des Bezirkes Fühlung zu halten und die nötigen Maßnahmen für den Ernstfall vorzubereiten. Die Stadtwehr kann im Bedarfsfall auch außerhalb des eigentlichen Stadtbezirkes zur Unterstützung der Wehren des Landbezirkes verwendet werden. Wir haben bisher mit der Einrichtung der Stadtwehr die besten Erfahrungen gemacht. Die bis zur Errichtung der Stadtwehr chronische Krisenstimmung ist dem Gefühl allgemeiner Sicherheit gewichen. Die unverantwortlichen Schreier und Hetzer, die der Arbeiterschaft selbst die größten Schwierigkeiten bereiteten, haben ihren auf Terror gegründeten Einfluß eingebüßt. Alles atmet erleichtert auf. Es steht außer Zweifel, daß die Einwohnerwehren richtig, d. h. aus allen ordnungsliebenden Schichten der Bevölkerung zusammengesetzt und entsprechend organisiert, die beste Bürgschaft für Aufrechterhaltung der Ruhe und Ordnung und eines verträglichen Nebeneinanderlebens aller Bevölkerungsschichten bilden.‹

Das Bezirksamt N ö r d l i n g e n führt folgendes aus:
›Einwohnerwehren sind in allen Gemeinden des Bezirkes Nördlingen gebildet. Auch sind überall ein Führer und bei größeren Wehren Unterführer bestimmt. Über den örtlichen Bereich hinaus ist die Organisation bis jetzt nicht gediehen. Nur wurde den Wehren empfohlen, sich gegebenenfalls gegenseitig, wie es bei den Feuerwehren üblich ist, zu unterstützen. Meines Erachtens sollten mehrere Einwohnerwehren zu einem Gauverband und die Gauverbände zu einem Bezirksverband unter besonderen Führern vereinigt werden. Nur so ließe sich eine leistungsfähige Wehr schaffen. Dazu käme weiter, daß den Mitgliedern bei Unfällen im Dienst Versorgungsgebührnisse wie den Soldaten zustünden. Solange dies nicht der Fall ist, wird die Rücksicht auf die eigene Sicherheit eine umfangreichere Verwendung der Einwohnerwehren unmöglich machen.‹

Die vom Bezirksamt gegebenen Anregungen verdienen Beachtung.

Zu den Gemeindewahlen[2] berichten die Bezirksämter I l l e r t i s s e n und M a r k t O b e r d o r f:
›Die bevorstehenden Wahlen haben in der Mehrzahl der Gemeinden des Bezirks Illertissen dazu geführt, daß man sich vereinbarte, keine Wahlvorschläge aufzustellen. Nur in solchen Gemeinden, in denen ein erheblicher Teil Industriebevölkerung ihren

---

2 Der Termin für die Gemeinde-, Bezirks- und Kreistagswahlen in Bayern rechts des Rheins wurde auf den 15.6.1919, in der bayerischen Pfalz auf den 18.4.1920 festgesetzt. Sie beruhen auf folgenden rechtlichen Grundlagen mit Datum vom 15.4.1919: Wahlgesetz (GVBl S. 171), Wahlordnung (ebd. S. 174), Vollzugsbekanntmachung (ebd. S. 189), Gesetz, das durch einen Zusatz das Wahlgesetz ergänzt (ebd. S. 281), Bek dazu (ebd. S. 282).

Wohnsitz hat, nimmt der Parteikampf erregtere Formen an und wurden Wahlvorschläge eingereicht.‹

›Soweit ich bis jetzt über die Gemeindewahlbewegung unterrichtet bin, scheinen nicht allzu viel Wahlvorschläge eingereicht worden zu sein; die Bevölkerung zieht es offenbar vor, ihren freien Willen durch Wahl nach den Grundsätzen der Mehrheitswahl zur Geltung zu bringen, und es wurden deshalb sogar Wahlvorschläge wieder zurückgezogen. Auch in Markt Oberdorf selbst findet Mehrheitswahl statt.‹

Auch in mehreren anderen Bezirken sind Wahlvorschläge in der Mehrzahl der Gemeinden nicht eingereicht worden.

Das Bezirksamt K r u m b a c h berichtet:

›Die andauernde Trockenheit gibt zu ernster Besorgnis hinsichtlich der Futter- und Körnerernte Anlaß. Die Niederschläge der vergangenen Woche waren durchaus ungenügend.‹

Die Heuernte hat im südlichen Teile des Bezirkes Lindau begonnen, liefert aber nur mäßigen Ertrag.

Das Bezirksamt I l l e r t i s s e n hebt hervor:

›Von Brotgetreide sind nunmehr 85 % erfaßt. Wesentliche weitere Mengen werden nicht mehr hereingenommen werden können. Die Kartoffelablieferung wurde in den letzten Wochen mit allem Nachdruck betrieben. Von 62.000 Zentnern Liefersoll sind 55.000 Zentner abgeliefert. Die Eierablieferung gestaltet sich günstiger wie im Vorjahre. Dagegen wachsen die Schwierigkeiten bei der Viehablieferung. Die in den letzten Tagen eingetretenen Niederschläge, welche eine günstige Entwicklung des Grünfutters in Aussicht stellen, geben nunmehr erst recht Veranlassung, mit der Viehabgabe zurückzuhalten. Die in Württemberg bezahlten höheren Viehpreise bilden selbstverständlich ein weiteres Hindernis. Auch versuchen einzelne Gemeinden, durch ihre Bauernräte unter Ausschaltung der bisherigen Aufkäufer ihr Liefersoll aufzubringen, so daß das Bezirksamt fortwährend neuen Schwierigkeiten gegenübersteht.‹

Das Bezirksamt N e u - U l m berichtet:

›Die Ernährungsverhältnisse im Bezirk Neu-Ulm sind geordnet. Dagegen steigen die Schwierigkeiten für die Anlieferung von Milch, Butter, Vieh und Eiern fortgesetzt, da im benachbarten Württemberg für diese Produkte Preise festgesetzt sind, die mit den bayerischen in gar keinem Verhältnisse stehen. Bei der ländlichen Bevölkerung des Bezirks, die mit der württembergischen fortgesetzt im engsten Nachbarverkehr steht, ist dadurch große Erregung hervorgerufen worden, zumal die in Württemberg festgesetzten Preise gewiß nicht als zu hoch zu bezeichnen sind. Ich habe den maßgebenden Stellen in Bayern über die Verhältnisse schon oft und auch neuerdings wieder berichtet. Bisher allerdings ohne Erfolg. Wenn eine Änderung hier nicht bald eintritt, können die Folgen, die auf der Hand liegen, nicht ausbleiben. Ich möchte dabei nochmals feststellen, daß gerade der Bezirk Neu-Ulm bisher stets von allen Behörden fast auf allen Gebieten als bestliefernder Kommunalverband ausdrücklich anerkannt worden ist.‹

Der Stadtmagistrat N ö r d l i n g e n berichtet:

›Der Schleichhandel blüht wie nie zuvor, nachdem die militärische Schleichhandelswache plötzlich aufgelöst wurde. Es ist, wie wenn sich überhaupt niemand mehr um Gesetz und Verordnung kümmern würde. Die Nähe Württembergs begünstigt den Schleichhandel ungemein. Es wäre dringend notwendig, daß sich das Kriegswucheramt dieser Verhältnisse annimmt.‹

Über die Lage des Arbeitsmarktes, die Rohstoffversorgung, die Erwerbslosenfürsorge und den Wohnungsmarkt berichten die beteiligten D i s t r i k t s v e r w a l t u n g s b e h ö r d e n, was folgt:
›Lage der Industrie in Augsburg: Die wirtschaftliche Lage der Industrie hat sich infolge anhaltenden Kohlenmangels gegenüber der Vorwoche nicht gebessert.
Baumarkt in Augsburg: Die städtische Bautätigkeit hat sich wenig verändert. Es wurden 1399 Mann gegenüber 1240 Mann der Vorwoche beschäftigt. Durch private Baugeschäfte wurden im ganzen 700 Arbeiter gegenüber 683 der Vorwoche beschäftigt.
Arbeitsmarkt in Augsburg: Es ist im allgemeinen eine Abnahme der Zahl der Erwerbslosen zu verzeichnen. In der Landwirtschaft ist immer noch starker Bedarf an männlichen, weniger an weiblichen Kräften. Die Metallverarbeitung zeigt noch nicht mehr Beschäftigungsgelegenheit. In der Holzindustrie besteht kein Arbeitsmangel. Die Textilindustrie leidet ebenso wie das Baugewerbe unter Mangel an Material. Kaufmännisches Personal kann zum Teil bei Aushilfsarbeiten verwendet werden, dagegen ist die Lage für weibliches kaufmännisches Personal immer noch sehr ungünstig. Haus- und Gastwirtschaft sucht ständig geschultes Personal. Unter den vorhandenen ungelernten Arbeitern ist der größte Teil erwerbsbeschränkt. Jugendliche finden gegenwärtig schwer ein Unterkommen, trotzdem ist das Interesse für Lehrstellen gering. Von den ungelernten weiblichen Arbeitskräften konnten einige bei der Gastwirtschaft untergebracht werden. Nachstehende Übersicht des städtischen Arbeitsamtes vom 6. Juni 1919 gibt Aufschluß über die Bewegung auf dem Arbeitsmarkt:

Wirtschaftszweig	Unerl. Angeb.		Unerl. Nachfrage		Bemerkungen
	a. männl.	b. weibl.	a. männl.	b. weibl.	
Land- und Forstwirtschaft, Gärtnerei	94	61	–	12	
Metallverarbeitung	15	–	408	3	
Holzindustrie	37	–	12	–	
Textilindustrie	–	–	55	299	
Bekleidungs- und Reinigungsgewerbe	–	–	–	60	
Baugewerbe	14	–	52	–	
Sonst. Handwerk und Berufe	76	8	434	351	
Haus- und Gastwirtschaft	–	170	162	160	7 jugendl. [sic!]
Ungelernte Arbeiter aller Art	–	–	272	1080	29 jugendl. m. 28 jugendl. w.
Summe:	236	239	1395	1965	64 jugendl.
Gesamtsumme der Vorwoche:	241	237	1466	2151	54 jugendl.

Nach dem Stande vom 31. Mai 1919 hatten wir 635 männliche und 785 weibliche Arbeitslose, zusammen 3420 Arbeitslose zu unterstützen. (Vorwoche: 1805 männliche, 2006 weibliche, 3811 zusammen). Seit Beginn der Erwerbslosenfürsorge sind hier

8209 männliche und 2926 weibliche Personen, zusammen 11.135 Personen wieder in Arbeit getreten.
Wohnungsfürsorge in Augsburg: Bis zum 2. Juni 1919 wurden im städtischen Wohnungsamt 1322 Wohnungen gesucht, davon entfallen auf Kriegsgetraute 484, auf dienstlich Versetzte 23, auf Familien in zu kleinen überfüllten und ungesunden Wohnungen 444, auf von auswärts Zugezogene 104, auf Parteien, deren Wohnung unter Anrufung des Mieteinigungsamtes gekündet wurde, 124. Gesucht sind meistens Kleinwohnungen. Diese Wohnungssuchenden sind zur Zeit alle untergebracht teils bei Verwandten teils in möblierten Zimmern teils in zu kleinen oder gekündigten Wohnungen. Diesen Gesuchen steht am 3. Juni 1919 keine leere Wohnung gegenüber. Die Bautätigkeit seit 1. Januar 1919 zeigt folgende Zahlen: Im ganzen wurden 185 Wohnungen zum Beziehen fertiggestellt, davon 107 mit 2 Zimmern und 53 mit 3 Zimmern. Von der Stadtgemeinde Augsburg wurden in städtischen und Stiftungsgebäuden 134 Wohnungen fertiggestellt, 163 sind in Ausführung begriffen und von 51 liegen Eingabepläne bei der Baupolizei vor bzw. sind Verhandlungen im Bauamt eingeleitet. Von der Stadtgemeinde Augsburg wurden in Privatgebäuden 8 Wohnungen fertiggestellt, keine ist in Ausführung begriffen und von 1 liegen Eingabepläne bei der Baupolizei vor bzw. sind Verhandlungen im Bauamt eingeleitet. Von Privaten selbst wurden 36 Wohnungen fertiggestellt, 43 sind in Ausführung begriffen und von 278 liegen Eingabepläne bei der Baupolizei vor bzw. sind Verhandlungen im Bauamt eingeleitet. Vom bayerischen Staat wurden in Staatsgebäuden 7 Wohnungen fertiggestellt, 7 sind in Ausführung begriffen und von 59 liegen Eingabepläne bei der Baupolizei vor bzw. sind Verhandlungen im Bauamt eingeleitet.‹

›In den Fabriken des Bezirkes Sonthofen sind die Beschäftigungsverhältnisse unverändert. Die Mechanische Bindfadenfabrik Immenstadt hat im Benehmen mit dem Arbeiterausschuß Einleitung getroffen, beschäftigungslose Arbeiter der Reichswehr zuzuführen; die Verhandlungen werden nächste Woche fortgesetzt. Das Arbeitsamt Immenstadt hat für 79 Männliche und 63 Weibliche sowie 38 Lehrlinge zur Zeit 4 bzw. 23 bzw. 3 Stellen offen. Bei den nunmehr vom Distrikt Sonthofen an den Unternehmer Reichenbach[3] in Markt Oberdorf vergebenen Bauarbeiten der Distriktsstraße Wertach-Haslach werden voraussichtlich Arbeitslose in entsprechender Zahl Beschäftigung finden können.‹

›Arbeitslos sind in Kaufbeuren 16 Personen, darunter 2 weibliche. Beim Bahnbau Kaufbeuren-Schongau werden Arbeiter gesucht. In der Textilindustrie sind 15 unbeschäftigte Personen vorgemerkt.‹

›Die wirtschaftlichen Verhältnisse im Bezirke Zusmarshausen gestalten sich immer unerfreulicher. Die Ansätze wirtschaftlichen Lebens, die vor einigen Wochen sich einstellten, beginnen infolge vollständigen Mangels an Kohlen, Kalk, Ziegel usw., teilweise auch infolge Arbeitermangels wieder einzuschlafen, die begonnenen Neubauten können nicht fortgesetzt werden und auch der Distrikt bemüht sich seit Wochen vergeblich für seine Bauvornahmen das notwendige Material zu erhalten, muß aber zusehen, wie da und dort solches im Schleichwege bezogen wird. Auch die einzige Ziegelei, die mühsam wieder in Betrieb gesetzt worden war, droht wegen Kohlenmangels wieder den Betrieb einzustellen.‹

Die Meldung des Arbeitsamtes Neu-Ulm liegt an.

---

3 Martin Reichenbach (1863–1933).

II.
[kein Eintrag]

gez. von Praun, Regierungspräsident

[Beilage zum Wochenbericht vom 10. Juni]

Übersicht über die Arbeitsmarktlage am 7. Juni 1919.

Wirtschaftszweig	Unerl. Angeb.		Unerl. Nachfrage	
	a. männl.	b. weibl.	a. männl.	b. weibl.
Land- und Forstwirtschaft, Gärtnerei	2	5	2	–
Metallverarbeitung	1	–	4	–
Holzindustrie	7	–	–	–
Textilindustrie	–	–	–	–
Bekleidungs- und Reinigungsgewerbe	5	–	1	–
Baugewerbe	3	–	1	–
Sonst. Handwerk und Berufe	4	–	7	–
Haus- und Gastwirtschaft	3	H 9 G 1	–	H 5 G 1
Ungelernte Arbeiter aller Art	2	2	21	6
Summe:	27	17	36	12

Bemerkungen über die Lage des Arbeitsmarktes.
Mangel an Arbeitskräften herrscht z. Zt. an Schreinern (Möbelschreiner). Die übrigen Berufe gleichen sich aus. Bei ungelernten Arbeitern ist Arbeitsnachfrage ziemlich rege. In der Landwirtschaft fehlt es immer noch an weibl. Dienstboten.

Augsburg, den 16. Juni 1919 75

I.

Den über die Pfingstfeiertage in Augsburg etwa beabsichtigt gewesenen Putschen wurde durch erhöhte Bereitschaft der Stadtwehr begegnet. Auch war die Bahnhofüberwachung eine verschärfte. Es kam jedoch zu keinen Ruhestörungen. Die vorbereitenden Versammlungen der politischen Parteien für die Stadtrats- und Kreiswahlen sind alle ruhig verlaufen. Für die Sicherung der Wahlhandlungen waren verstärkte Bereitschaften der Stadtwehr vorgesehen. Soviel bisher bekannt geworden ist, sind die Gemeinde-, Bezirks- und Kreiswahlen ohne Störung verlaufen.

Das Bezirksamt Z u s m a r s h a u s e n erwähnt folgendes:
›Bei den Gemeindewahlen haben soviel sich bisher beurteilen läßt, die meisten Gemeinden an dem früheren Wahlmodus festgehalten, nur in wenigen sind überhaupt Wahlvorschläge eingereicht worden. Der Grund ist darin zu erblicken, daß sich die Bevölkerung mit den neuen Vorschriften noch nicht zurechtfindet. Des öfteren wurde der Wunsch laut, es möchte das Bezirksamt oder von ihm bestimmte Beamte die Wahlleitung übernehmen, wie dies bisher der Fall war. Störungen der Ruhe und Ordnung wurden bisher durch die Wahlen nicht verursacht.‹

Der Stadtmagistrat N ö r d l i n g e n berichtet:
›Die Wahlbewegung in Nördlingen hat nun auch zur Veranlassung gehabt, daß sich eine Unabhängige Sozialdemokratische Parteigruppe gebildet hat.‹

Der Stadtmagistrat A u g s b u r g bringt folgendes vor:
›Unsere Stadtwehr – fast 4000 Mann – benötigt dringend Uniformstücke aus dem Bestande der Heeresverwaltung. Die Dienstleistung in Zivilkleidung ist vielfach ein Hemmschuh für den Beitritt zu unserer Wehr. Auch würde die Zuweisung von Rauchmaterialien die Arbeitsfreudigkeit der Wehrmänner ganz wesentlich erhöhen. Leider konnte in beiden Fällen bis jetzt ein Entgegenkommen seitens der zuständigen Militärbehörden nicht gefunden werden.‹

Das Bezirksamt Z u s m a r s h a u s e n hebt nachstehendes hervor:
›Erhebliche Klagen kommen fortgesetzt aus dem Bezirk über die Unzuverlässigkeit und Langsamkeit der Postbeförderung. Insbesondere hat auch der Kommunalverband mit der Versendung der Lebensmittelmarken schon recht unerfreuliche Erfahrungen gemacht, und auf diesem Gebiet sind postalische Mißgriffe bei der Ungeduld des Publikums besonders unangenehm. Kleine Landgemeinden beschweren sich, daß der Postzustellungsdienst oft ganz der Willkür der Postboten ausgeliefert sei, die, wenn sie für eine Ortschaft nur wenige Briefe zuzustellen haben, den Besuch einfach unterlassen und die Postsachen für mehrere Tage zusammenkommen lassen. Auch der diesamtliche Betrieb leidet unter diesen Verhältnissen; so mußte jüngst eine Versammlung unterbleiben, weil die Ladungsschreiben bei der Post verloren gegangen waren.‹

Über den Stand der Felder berichten die Bezirksämter D i l l i n g e n , K e m p t e n und N e u b u r g a/D.:
›Es sind inzwischen einige Regengüsse niedergegangen, die zwar noch nicht ausgiebig waren, aber den Stand der Feldfluren im Bezirke Dillingen doch günstig beeinflußten. Insbesondere waren sie für das Setzen der Rübenpflanzen von Vorteil. Die Ernährung der Bevölkerung ist insoferne etwas gefährdet, als Anlieferungen von Brotgetreide kaum mehr erfolgen und die Versorgung der Bevölkerung mit Brot und Mehl bis zur

neuen Ernte in Frage gestellt ist, nachdem die Landesgetreidestelle bei der schlechten Ablieferung seitens der Landwirte kaum geneigt sein wird, dem Kommunalverband Getreide zuzuweisen. Um Zuweisung von Gerste habe ich gebeten, aber noch keine Antwort erhalten. Was die Aussichten für die Obsternte betrifft, so versprechen Birnen, Beeren und vor allem Weichseln eine gute Ernte; Äpfel und Zwetschgen werden jedoch wenig Ertrag bringen.‹

›Die Heuernte im Bezirke Kempten hat begonnen. Infolge der anhaltenden Trockenheit wird sie sich quantitativ kaum über das Mittel erheben. Doch wird was hier fehlt, durch die gute Beschaffenheit des Heues zum größten Teil ersetzt werden.‹

›Die Entwicklung der Saaten im Bezirke Neuburg a/D. wurde durch die seitherige ungünstige Witterung (zunächst Kälte, Frost, Reif, rauhe Winde, dann Trockenheit mit kalten Nächten und heißen Tageszeiten) im Monat Mai erheblich verzögert, so daß die Ernte um 2–3 Wochen später als in normalen Jahren stattfinden wird. Am 9. dieses Monats wurde ein Teil des Bezirkes in der Umgebung der Gemeinde Straß von ziemlich heftigem Hagelschlag heimgesucht, der bis zu 50 % Schaden verursacht haben soll. Die erforderlichen Maßnahmen zur hemmungslosen Durchführung des Frühdrusches sind bereits eingeleitet.‹

Zur Schlachtviehaufbringung berichten die Bezirksämter A u g s b u r g, G ü n z b u r g, I l l e r t i s s e n, K e m p t e n, S o n t h o f e n was folgt:

›Zahlreiche Bauern des Landbezirkes Augsburg weigern sich direkt, das bereits enteignete Schlachtvieh abzulassen und wollen es auf Zwang ankommen lassen. In der gestrigen Distriktsratsversammlung kam es in dieser Richtung zu einer sehr heftigen Aussprache. Die dem Bauernstand angehörigen Distriktsratsmitglieder – die weitaus größere Mehrzahl der Versammlung – führten heftig Klage über die Tiefhaltung der Preise ihrer Produkte insbesondere auch der Schlachtviehpreise gegenüber der zügellosen Preistreiberei im sonstigen Handel und Wandel, gegen welche die Staatsregierung gar keine Paragraphen finden könne. Die Bauern hätten es nunmehr satt, immer die guten Lappen zu spielen und auf sich allein herumtreten zu lassen. Auf meine Einwendung, daß eine Preiserhöhung in den Lebensmitteln immer zu einer solchen in den anderen Bedarfsartikeln führe, wurde erwidert, daß die Staatsregierung eben endlich auch einmal Maßnahmen zur Preisregulierung in den übrigen Bedarfsgegenständen und Löhnen eintreten lassen müsse. Wenn das nicht bald geschehe, könnten die Bauern nicht mehr weiter schaffen. Auch der Ehrlichste und Gewissenhafteste werde so zum Schleichhändler und lieber ginge alles zugrunde, als daß sie sich künftig weiter so behandeln ließen. Man habe oben vor den Arbeitern Angst, jetzt solle man sie auch vor den Bauern bekommen, wenn man nicht bald ein Einsehen habe. In diesem Ton ging es lange fort und schließlich wurde verlangt, daß ich hievon die vorgesetzten Stellen durch Aufnahme einer entsprechenden Vormerkung in der Sitzungsniederschrift verständige.‹

›Die in Württemberg vorgenommene Erhöhung der Viehpreise hatte die Wirkung, daß die Landwirte des Bezirkes Günzburg sich mit allen Mitteln weigern, Vieh abzugeben. Es steht außer Zweifel, daß die Viehpreise bei der starken Erhöhung der Produktionskosten nicht mehr entsprechen. Eine sofortige Erhöhung der Viehpreise ist ein Gebot der Stunde, wenn eine ernste Gefährdung der Vieh- und Fleischversorgung abgewendet werden will. Die Durchführung von Enteignungsverfahren verbietet sich insolange, als nicht die Frage der Erhöhung der Viehpreise endgültig in bejahendem oder verneinendem Sinne erledigt ist.‹

›Angesichts der Witterungsungunst ist die Stimmung der Bevölkerung im Bezirke Illertissen eine sehr erregte, die noch gesteigert wird durch die ungeklärte Lage hinsichtlich der Preiserhöhung für Schlachtvieh. Trotz viermaliger Versuche konnte weder von der Fleischversorgungsstelle noch von dem Kreisbevollmächtigten in Erfahrung gebracht werden, ob eine Preiserhöhung in Aussicht steht. Folge davon ist, daß die Viehablieferung den allergrößten Schwierigkeiten begegnet und die Tiere selbst nach der Enteignung nicht gebracht werden. Unter diesen Umständen ist das Bezirksamt nur in der Lage, den eigenen Bedarf, nötigenfalls durch Enteignung aufzubringen, während es unmöglich ist, auch die nach auswärts zu versendenden Tiere sämtliche im Wege der Enteignung aufzubringen.‹

›Die Viehablieferung im Bezirke Kempten ist noch weiter zurückgegangen. Sie wird ganz bankrott machen, wenn die Viehpreise nicht alsbald in die Höhe gehen. Es bleibt kein anderes Mittel, um die Ablieferung zu heben. Behördliche Ermahnungen und gütliche Einwirkungen sind gänzlich wirkungslos – Zwangsmaßnahmen verbittern die Bauern und reizen sie erst recht zum Widerstande. Hamsterei und Schleichhandel blühen wie zuvor.‹

›Heute erfahre ich, daß die Schlachtviehanlieferung, die ja nunmehr nach dem Alpauftrieb überhaupt sehr ungünstig wird, besonders darunter leidet, daß die Viehbesitzer des Bezirkes Sonthofen in der Hoffnung auf Erhöhung der Schlachtviehpreise (wie sie aus ländlichen Kreisen in letzter Zeit auch in der Presse wiederholt verlangt worden ist) möglichst mit der Viehabgabe zurückhalten. Herr König[1] von Grünenbach habe auf Grund einer Besprechung in München Bezirksangehörigen Mitteilung vom Bevorstehen einer Schlachtviehpreiserhöhung gemacht. Es ist dringend notwendig, daß die maßgebenden Stellen in München umgehend über diesen Punkt Klarheit schaffen, sonst wird die Schlachtviehaufbringung in allernächster Zeit völlig unmöglich. Gegen zwangsweises Vorgehen würde, solange nicht Klarheit besteht, zweifellos Widerstand geleistet werden, denn auf vermittelnde Tätigkeit der Gemeindebehörden und Bauernräte ist nicht zu rechnen. Die alten Gemeindebehörden tun nichts mehr, die neuen jedenfalls noch nichts Unangenehmes, und die Bauernräte, namentlich die dem Bauernbund angehören, sind selbst keine Freunde der Viehablieferung.‹

Das Bezirksamt N e u - U l m hebt folgendes hervor:

›Die Schwierigkeiten in der Anlieferung von Lebensmitteln sind, wie schon im letzten Wochenbericht gemeldet, infolge der unglückseligen Preisdifferenzen zwischen der bayerischen und württembergischen Regierung fortgesetzt im Steigen. Da die Stadt Ulm für aus Bayern angelieferte Milch im Einverständnis mit der bayerischen Landesfettstelle die hohen württembergischen Preise zahlt, ergibt sich jetzt häufig in ein und derselben Gemeinde für die Milchlieferer eine Preisdifferenz von 18 Pfennig pro Liter. Daß solche Zustände unerträglich sind, liegt auf der Hand. Viele Landwirte haben dann auch schon erklärt, daß sie die Milch nicht mehr weiter zu den niederen Preisen liefern werden. Alle meine Vorstellungen bei der zuständigen Stelle waren, wie gewöhnlich, umsonst. Auf Sonderverhältnisse wird bei uns niemals Rücksicht genommen; es wird alles nach einer Schablone behandelt. Und dabei überläßt man alle Verantwortung nach außen den Bezirksämtern.‹

---

1 Johann Georg König (1856–1931), Landwirt und weithin bekannter Viehzüchter. 1928 Ökonomierat.

Das Bezirksamt K a u f b e u r e n berichtet:
›Die Wegnahme der russischen Gefangenen[2] unmittelbar vor der Heuernte hat zu Klagen Anlaß gegeben, weil gerade diese wenigen Russen zuverlässige, arbeitsame und brauchbare Leute waren. Dagegen wird vielfach über die arbeitsscheuen, höchst anspruchsvollen, unzuverlässigen einheimischen Elemente, welche von den Arbeitsämtern zugewiesen werden, geklagt. Einzelstehende Landwirtsfrauen, wie Kriegerwitwen, die noch keine erwachsenen Kinder haben, sind völlig der Willkür der aufgehetzten landwirtschaftlichen Dienstboten preisgegeben.‹

Die von Füssen bestellten ausländischen Kartoffel, von denen bisher 3 Eisenbahnwagen angekommen sind, haben arg enttäuscht. Nahezu ⅔ kamen vollständig verfault und ungenießbar an, so daß der Zentner der einigermaßen brauchbaren Kartoffel dem Kommunalverband auf 44 Mark zu stehen kommt.

Über die Lage des Arbeitsmarktes, die Rohstoffversorgung, ferner die Erwerbslosenfürsorge, den Stand des Wohnungsmarktes berichten die beteiligten D i s t r i k t s v e r w a l t u n g s b e h ö r d e n, was folgt:

›Lage der Industrie und des Handels in Augsburg: Gegenüber den letzten Berichten hat sich in der Beschäftigungslage der Industrie nichts Wesentliches geändert. Nach wie vor sind es hauptsächlich die Schwierigkeiten der Kohlenbeschaffung, welche eine geregelte Fortführung der Betriebe unmöglich machen. Dazu kommt dann insbesondere in den Betrieben der Baumwollindustrie Rohstoffmangel. Ein Betrieb der Baumwollzwirnerei stand vollständig still. In der Hanfspinnerei und Bindfadenfabrik kann der Betrieb mit einer wöchentlichen Arbeitszeit von 20–24 Stunden noch ungefähr 2 Monate aufrechterhalten werden. Ob sich bis dahin die Beschaffung von Rohmaterialien ermöglichen lassen wird, läßt sich heute noch nicht übersehen. Was die Lage des Handels betrifft, so war der vergangene Monat für den Einzelhandel nicht ungünstig, da lebhafte Nachfrage nach allen Artikeln bestand. Die Warenbeschaffung ist allerdings noch sehr schwierig, insbesondere für den reellen Handel, während erfahrungsgemäß der Schleichhandel in der Lage ist, größere Mengen Waren zu beschaffen.

Baumarkt in Augsburg: Hinsichtlich der städtischen Bautätigkeit ist zu erwähnen: Bei den Kleinwohnungsbauten, dem Einbau von Wohnungen und der Herstellung von Wohnbaracken handelt es sich meistens noch um den handwerksmäßigen Ausbau. Die in den nächsten Wochen der Vollendung entgegensehenden Kleinwohnungen sind aber immer noch völlig unzureichend. Die Herstellung einer Volkswiese und verschiedener Anlagen beschäftigt viele Arbeiter. Neben mehreren Straßenbauten sind gegenwärtig 3 Straßenbahnlinien in Ausführung. Die Arbeiten am Lech und an den Werkkanälen beanspruchen eine Reihe von Arbeitskräften. Der Schwemmkanalbau, der auf 11 Arbeitsstellen 420 Arbeiter beschäftigt, ist hauptsächlich behindert durch den Mangel an Zement und Zementröhren. Die Hausentwässerung und Trinkwasserversorgung ist mäßig beschäftigt. Im ganzen beschäftigte die städtische Bautätigkeit 1375 Mann gegen 1399 der Vorwoche. In der Privatbautätigkeit sind es 3 Hauptgebäude mit Wohnungen, 5 solche ohne Wohnungen, 1 Rückgebäude mit Wohnung, 10 Nebengebäude mit Werkstätten und Stallungen, 11 untergeordnete Baulichkeiten, 23 Um-, An- und

---

2 *Das Stellv. Generalkommando I. Armeekorps hatte bekanntgegeben, dass* sämtliche in landwirtschaftlichen, industriellen oder in sonstigen Betrieben verwendeten russischen Kriegsgefangenen [...] unverzüglich bei ihren Stammlagern, von denen sie abgestellt oder aus denen sie entwichen sind, eingegliedert werden *müßten. Durch diese Maßnahme sollten Arbeitsgelegenheiten für Erwerbslose geschaffen werden; Bayer. Staatszeitung 133 vom 25.5.1919.*

Aufbauten, 34 Bauänderungen, 2 Einfriedungen und 17 Fassaden- und Ausbesserungsarbeiten, die im ganzen 647 Mann beschäftigen, gegenüber 700 der Vorwoche. Es ist also im Stande der städtischen wie privaten Bauarbeiten ein kleiner Rückgang zu verzeichnen. Die so notwendige Hebung der Bautätigkeit kann unter den gegebenen Verhältnissen auch für die nächste Zeit nicht erwartet werden.

Arbeitsmarkt in Augsburg: Die Lage des Arbeitsmarktes hat sich im Laufe der Berichtswoche nicht geändert. Die vorhandenen Arbeitskräfte der Landwirtschaft konnten größtenteils untergebracht werden; es besteht auch weiterhin lebhafte Nachfrage nach solchen. Die Holzindustrie ist lebhaft beschäftigt, besonders werden Bau- und Möbelschreiner gesucht. An Zimmerleuten besteht Mangel. Das Baugewerbe leidet noch unter Materialmangel. Textil- und Metallindustrie verzeichnen noch immer ungünstige Beschäftigungsverhältnisse. Schneider und Schuhmacher sind sehr gesucht und können nicht in genügender Zahl beigeschafft werden. Die Hauswirtschaft sucht geschulte Kräfte. In der Gastwirtschaft könnte für Saisonstellen eine größere Anzahl vermittelt werden, wenn die Reisebeschränkungen nicht den Bedarf an solchen Kräften von selbst begrenzen würden. Ungelernte Arbeiter, in der Hauptsache Jugendliche und Erwerbsbeschränkte können bei Notstandsarbeiten und bei Kulturunternehmungen beschäftigt werden. Ungelernte Weibliche finden wenig Gelegenheit unterzukommen, da die Industrie noch nicht über genügend Material verfügt. Der Rückgang der weiblichen Arbeitskräfte zu den früheren geübten Berufen wird ungerne vollzogen. Das Interesse für Lehrstellen ist nicht groß. Nachstehende Übersicht der Tätigkeit des städtischen Arbeitsamtes nach dem Stande vom 13. Juni 1919 gibt zahlenmäßigen Aufschluß über die Bewegung auf dem Arbeitsmarkte.

Wirtschaftszweig	Unerl. Angeb.		Unerl. Nachfrage		Bemerkungen
	a. männl.	b. weibl.	a. männl.	b. weibl.	
Land- und Forstwirtschaft, Gärtnerei	89	51	12	1	
Metallverarbeitung	31	–	398	3	
Holzindustrie	48	–	10	–	
Textilindustrie	–	–	55	310	
Bekleidungs- und Reinigungsgewerbe	88	–	3	48	
Baugewerbe	21	–	37	–	
Sonst. Handwerk und Berufe	10	4	424	343	
Haus- und Gastwirtschaft	–	136	164	112	8 jugendl. m.
Ungelernte Arbeiter aller Art	–	–	273	1190	24 jugendl. m. 27 jugendl. w.
Summe:	287	191	1376	2007	59 jugendl.
Gesamtsumme der Vorwoche:	236	239	1395	1965	64 jugendl.

Nach dem Stande vom 7. Juni 1919 hatten wir 1563 männliche und 1599 weibliche, zusammen 3162 Erwerbslose (Vorwoche 1645 männliche, 1785 weibliche, 3420 zusammen), hiezu kamen 1650 gänzlich erwerbslose und 3704 teilweise erwerbslose Textilarbeiter, so daß im ganzen 8516 Arbeitslose zu unterstützen waren. Seit Beginn der Erwerbslosenfürsorge sind 11.575 Unterstützte wieder in Arbeit getreten.
Wohnungsfürsorge in Augsburg: Die große Wohnungsnot wird gegenwärtig in der Hauptsache durch Wohnungsrationierung bekämpft. Die getroffenen Maßnahmen erweisen sich aber als unzureichend. Es wird nichts anderes übrig bleiben, als mit allen Mitteln danach zu trachten, daß die Herstellung von Wohnungsneubauten wenigstens den gemeinnützigen Baugenossenschaften möglich gemacht wird.‹

›Die Mechanische Seilerwarenfabrik in Füssen, die zur Zeit etwa 1100 Arbeiter halbtägig beschäftigt, sah sich genötigt, wegen immer drückenderen Mangels an Rohstoffen die Entlassung von 120–150 Arbeitern anzukündigen. Dies brachte viel Erregung in die hiesige Arbeiterschaft und veranlaßte den Arbeiterausschuß, die Demobilmachungsstelle in München um Vermittlung anzurufen. In einer Sitzung, an der auch ich teilnahm, kam man darüber überein, die Entlassungen auf die gesetzlichen Freimachungen zu beschränken und im übrigen mit Wochenschichten unter jeweiliger Ausstellung eines Teiles der Arbeiter den Betrieb aufrechtzuerhalten.‹

›Die Lage des Arbeitsmarktes im Bezirke Neu-Ulm ist unverändert. Die Zahl der Erwerbslosen ist auf 8 gesunken. Die Spinnerei und Buntweberei Ay setzt in der nächsten Woche einen Teil ihres Werkes in Gerlenhofen wieder neu in Betrieb, wodurch weitere 45 Arbeiter Beschäftigung finden. Die Voraussetzungen für Freimachung von Arbeitsstellen und Einstellung von Arbeitslosen liegen für den Bezirk nach Prüfung des Demobilmachungsausschusses nicht vor.‹

›Die Arbeitsverhältnisse in Vöhringen und Altenstadt haben eine Änderung nicht erfahren. Das Bezirksamt bemüht sich andauernd, für die Firma Winkle Holz beizuschaffen, damit der Betrieb aufrechterhalten werden kann. In Vöhringen wird in der bisherigen Weise weiter gearbeitet.‹

›In den Fabrikbetrieben des Bezirkes Sonthofen haben sich wesentliche Änderungen nicht ergeben. Beim städtischen Arbeitsamt Immenstadt stehen für 84 Männliche, 54 Weibliche und 37 Lehrlinge offen: 37 bzw. 15 bzw. 3 Stellen. Die Anmeldung des Arbeiterbedarfs aus der Landwirtschaft (Heuernte) ist trotz aller öffentlichen und gelegentlichen Hinweise auf die gesetzliche und moralische Verpflichtung der Landwirte zu dieser Anmeldung recht mangelhaft.‹

›Beim Arbeitsamt Memmingen stehen 64 offenen Stellen für Männliche 51 Stellenangebote gegenüber. Die Zahl der Erwerbslosen beträgt 41.‹

›Erwähnen möchte ich lediglich noch, daß von Arbeitslosigkeit in irgendwie nennenswertem Umfang im Amtsbezirk Markt Oberdorf keine Rede sein kann. Wer Arbeit sucht, findet solche zum Beispiel jederzeit beim Forstamt Sulzschneid, das ständig Angebote von Arbeit während der ganzen Sommerszeit in den Zeitungen ausschreibt; auch bei der Geltnachkorrektion, zu der vom Kulturbauamt Kaufbeuren erst kürzlich sogar 40 Arbeiter von auswärts beigezogen wurden.‹

›Die Zahl der Arbeitslosen in Kaufbeuren ist auf 8 zurückgegangen. Im Textilgewerbe sind 15 beschäftigungslose Personen vorgemerkt.‹

Die Übersicht des Arbeitsamtes Neu-Ulm ruht an.

II.

Bereits unter I. berichtet.

i. V. gez. Stahl, Regierungsdirektor

[Anlage zum Wochenbericht vom 16. Juni]

Übersicht über die Arbeitsmarktlage am 14. Juni 1919.

Wirtschaftszweig	Unerl. Angeb.		Unerl. Nachfrage		Bemerkungen
	a. männl.	b. weibl.	a. männl.	b. weibl.	
Land- und Forstwirtschaft, Gärtnerei	4	7	2	–	
Metallverarbeitung	2	–	4	–	
Holzindustrie	9	–	1	–	
Textilindustrie	–	–	–	–	
Bekleidungs- und Reinigungsgewerbe	3	–	2	–	
Baugewerbe	1	–	2	–	
Sonst. Handwerk und Berufe	2	–	8	–	
Haus- und Gastwirtschaft	2	H 12 G 4	2	H 1 G 1	
Ungelernte Arbeiter aller Art	3	–	23	9	
Summe:	26	23	44	11	

Bemerkungen über die Lage des Arbeitsmarktes:
In der männl. Abteilung sind ungelernte Arbeitskräfte überschüssig. Arbeitsmangel besteht z. Zt. hauptsächlich in der Holzindustrie (Schreiner). Bei der weibl. Abteilung sind landw. Dienstboten nicht aufzubringen und es fehlt z. Zt. auch an häusl. Dienstboten.

Städt. Arbeitsamt Neu-Ulm.

Augsburg, den 23. Juni 1919 76

I.

Die Augsburger Stadtwehr hatte in vergangener Woche viele Austritte zu verzeichnen, weil sie diese Mannschaften nicht uniformieren konnte. Der Dienst bei der Stadtwehr in Zivilkleidern wird ungern gemacht. Es wäre daher dringend nötig, der Stadtwehr Uniformen aus den Beständen der Heeresverwaltung zuzuweisen.

Das Bezirksamt W e r t i n g e n berichtet:

›In Blankenburg haben sich im heurigen Frühjahr mehrere Hochschulstudenten niedergelassen und seitdem mit Gemüsebau beschäftigt. Auffällig war, daß sie kaum mit der Bevölkerung verkehrten, hingegen einen regen Briefverkehr mit auswärts unterhielten. 6 dieser Personen, darunter eine Frauensperson, wurden auf Anordnung der Polizeidirektion München am 18. Juni 1919 verhaftet und vorläufig mit Lastkraftwagen nach Augsburg verbracht. Die Bevölkerung vermutet hinter den Leuten Spartakistenführer. Näheres ist zur Zeit nicht bekannt.‹

Dem Berichte des Bezirksamts M i n d e l h e i m ist folgendes zu entnehmen:

›In der Fabrik A. Lehne[1] in Türkheim, Bezirksamts Mindelheim, sind sämtliche Arbeiter wegen Lohnstreitigkeiten in den Ausstand getreten. Einigungsverhandlungen durch einen Vertreter der Demobilmachungsstelle sind im Gange.‹

Das Bezirksamt D o n a u w ö r t h hebt nachstehendes hervor:

›Die Gemeindewahl in Mertingen, Bezirksamts Donauwörth, fand am 15. dieses Monats nicht statt und zwar aus folgendem Grunde: Die Bayerische Volkspartei und der Bauernbund hatten zusammen einen Wahlvorschlag eingereicht, ihn aber, weil er auf größeren Widerspruch in der Bevölkerung stieß, wieder rechtzeitig zurückgezogen. Es sollte also freie Wahl ohne Wahlvorschläge stattfinden. Die Bayerische Volkspartei ließ nun Wahlzettel mit ihren Kandidaten drucken und am 14. dieses Monats abends in der Gemeinde verteilen. Dadurch fühlte sich der Bauernbund benachteiligt und seine Mitglieder gerieten in eine solche Erregung, daß sie am 15. dieses Monats erklärten, die Gemeindewahl dürfe nicht stattfinden und sie würden die Abhaltung der Wahl mit allen Mitteln verhindern. Dadurch erreichten sie, daß tatsächlich keine weißen Stimmzettel in die Wahlurne kamen. Die Gemeindewahl wird nun am 29. dieses Monats stattfinden. Die Bezirks- und Kreiswahl wurde abgehalten. Ähnlich war es in Wolferstadt, Bezirksamts Donauwörth, wo die Gemeindewahl ebenfalls am 15. dieses Monats nicht stattfand. Es sollte auch dort die Wahl ohne Wahlvorschläge vor sich gehen. Als dann am 14. und 15. dieses Monats Wahlzettel mit einigen Bürgerkandidaten verteilt wurden, stürmten einige Bauernbündler ins Wahllokal und verlangten Wahlzettel für ihre Partei. Als ihnen bedeutet wurde, daß keine vorhanden sei, daß die Beschaffung der Wahlzettel vielmehr Sache der einzelnen Parteien sei, schlugen sie derart Lärm, daß die Wahl nicht stattfinden konnte. Die Wahl erfolgte dann am Donnerstag, den 19. dieses Monats.‹

Nach Bericht des Stadtmagistrats Kaufbeuren wird zur Zeit auch in Kaufbeuren eine Ortsgruppe der U.S.P. gegründet.

---

1 Jakob Sigle, Gründer der Salamander-Werke in Kornwestheim, erwarb 1917 die Holzschleiferei Lehne und baute sie in eine Kunstlederfabrik mit dem Firmennamen A. Lehne GmbH um. Die Erstlingsprodukte verließen im März 1919 das Werk.

In politischer Hinsicht ist ein Schreiben des Vorsitzenden des Bezirksbauernrates des Bezirkes Kelheim nebst Beschlußbeilage bemerkenswert, in der zur Bildung einer Organisation für alle Bauern in ganz Bayern aufgefordert wird. 2 bezügliche Abdrücke ruhen an.

Über den Stand der Felder und die Ernteaussichten äußern sich die Bezirksämter A u g s b u r g, D i l l i n g e n, I l l e r t i s s e n, S c h w a b m ü n c h e n, Z u s m a r s h a u s e n, wie folgt:

›Die Landwirtschaft klagt im Bezirke Augsburg sehr über den Mangel an Regen. Das Gras verdorrt bereits am Halme, die Kartoffeln bleiben im Wachstum zurück, auch der Klee läßt sehr nach. Wenn nicht bald Regen kommt, ist Schlimmes zu befürchten.‹

›Die Heuernte hat im Bezirke Dillingen begonnen; während die Güte befriedigt, ist die Menge namentlich auf trockenen Wiesen recht gering.‹

›Trotz einiger unbedeutender Niederschläge in der verflossenen Woche sind wegen der anhaltenden Trockenheit die Ernteaussichten im Bezirke Illertissen sehr trübe. Nach allgemeiner Anschauung ist die Qualität des Heues gut, der Menge nach wird aber kaum ein halber Ertrag erwartet. Die Kleefelder sind für den zweiten Schnitt vollständig ausgebrannt. Allgemein befürchtet man eine vorzeitige Reife des Roggens. Das Sommergetreide hat bereits schweren Schaden gelitten. Die Kartoffeln stehen gut. An Arbeitskräften für die Heuernte besteht kein Mangel, jedoch wird lebhaft über die sprunghafte Steigerung der Dienstbotenlöhne geklagt. Der Wochenlohn beträgt nunmehr im allgemeinen 18–20 Mark für Knechte. An einzelnen Orten im Distrikt Babenhausen unternommene Streikversuche der landwirtschaftlichen Arbeiter wurden durch Lohnzulagen wieder beigelegt.‹

›Die immer noch andauernde Trockenheit ist für die Heuernte des Bezirkes Schwabmünchen verhängnisvoll, auch für die Entwicklung des Sommergetreides und der Kartoffeln von großem Nachteil. Die Lechfeldgemeinden, die im vorigen Jahre schon durch Mäusefraß schwer gelitten, werden auch im heurigen Jahr einen starken Ernteausfall erleiden.‹

›Eigentlich sollte die Heuernte im Bezirke Zusmarshausen schon überall begonnen haben, allein die große Trockenheit hält die Landwirte vielfach davon ab, weil nach dem Schnitt die Wiesen zu sehr austrocknen. Der Mangel an Niederschlägen hat schon vielerorts erheblichen Schaden verursacht. Ein Teil der Kleeäcker ist vollständig verbrannt. Ebenso leiden die neubestellten Krautäcker. Auch macht sich hie und da Wassermangel geltend.‹

Zur Frage der Aufbringung des Schlachtviehs berichten die Bezirksämter I l l e r t i s s e n, S o n t h o f e n und Z u s m a r s h a u s e n folgendes:

›Sobald die Verordnung wegen der Viehpreiserhöhung erlassen wird[2], dürfte die Schlachtviehablieferung wieder mehr in Gang kommen. Im Distrikt Babenhausen war gleichwohl die Viehablieferung noch eine gute, während sie im Distrikt Illertissen, wo mehr und mehr die Bauernräte die Viehablieferung in die Hand nahmen, erheblich hinter dem Liefersoll zurück blieb. Hieraus ist von neuem ersichtlich, daß die Bauernräte überall da, wo sie als Stütze der Ernährungswirtschaft auftreten sollen, im gegenteiligen Sinne wirken.‹

›Die Schlachtviehanlieferung stockt nun fast völlig, in der nächsten Woche bringt der Kommissionär voraussichtlich weder für auswärts (München) noch für den hiesigen

---

2 Bek der Bayer. Fleischversorgungsstelle vom 22.6.1919 über Höchstpreise für Schlachtrinder, Schlachtkälber und Schlachtschafe (StAnz 155); Bek der Bayer. Fleischversorgungsstelle vom 25.6.1919 über die Preise für Zucht- und Nutzrindvieh (StAnz 157).

K.V. auch nur ein Stück auf, weil die Viehbesitzer auf die nun auch in der Presse angekündigten höheren Schlachtviehpreise warten. Ich habe gestern deshalb die Fleischversorgungsstelle in München angerufen, die erklärte, von Weisungen aus Berlin abhängig zu sein und nun dort monieren will. Der hiesige K.V. gibt nun seine im Spätwinter hergestellten Konserven aus.‹

›Im übrigen ist zur Zeit die Viehablieferung nahezu auf dem Nullpunkt angelangt. Die Nachrichten, daß Württemberg für sein Vieh einen höheren Preis erzielt bzw. verlangt, ferner der Einfluß der im Bezirk zahlreich tätigen Arbeiter der Lechelektrizitätsgesellschaft, die sich ihrer hohen Löhne und geringen Arbeitszeit rühmen, haben die Landwirte nun dazu gebracht, daß sie den öffentlichen Aufkäufern überhaupt nichts mehr liefern wollen. Die verfügbaren Zwangsmittel wären hiegegen machtlos und würden überdies bewirken, daß der Verwaltungsbehörde überhaupt nirgends mehr Folge geleistet würde. Zudem steht fest, daß viele Aufkäufer und auch der größte Teil der Metzger ihre Hände von unbefugtem Viehhandel oder Schwarzschlachtungen nicht rein halten. Es müssen nächstens mehreren Aufkäufern die Ausweise entzogen werden. Die öffentliche Moral sinkt fortgesetzt in einem bedenklichen Maß.‹

Über den Stand der Erwerbslosenfürsorge, die Lage des Arbeitsmarktes, die Rohstoffversorgung und den Wohnungsmarkt berichten die beteiligten D i s t r i k t s v e r w a l t u n g s b e h ö r d e n, was folgt:

›Lage der Industrie in Augsburg: Eine wesentliche Änderung gegenüber den letzten Berichten ist nicht zu verzeichnen.

Baumarkt in Augsburg: Die Lage des Baumarktes ist sehr ernst geworden. Ein hiesiges Baugeschäft wird nächste Woche etwa 200 Arbeiter wegen Stoffmangel entlassen müssen. Die städtische Bautätigkeit beschäftigte in der abgelaufenen Woche 1219 Mann gegenüber 1375 Mann der Vorwoche; die private Bautätigkeit ist gleichfalls von 700 Mann auf 656 Mann zurückgegangen. Es wird eine vordringliche Aufgabe sein, für die Beschaffung der notwendigsten Baustoffe Sorge zu tragen.

Arbeitsmarkt in Augsburg: In der Lage des Arbeitsmarktes tritt allmählich eine Besserung ein. Die Zahl der offenen Stellen hat sich wesentlich erhöht. In der Landwirtschaft nimmt das Arbeitsangebot wesentlich zu. Es würde ein Mangel an landwirtschaftlichen Arbeitskräften eintreten, wenn nicht durch Freimachung von Stellen bei der Industrie landwirtschaftliche Arbeitskräfte entlassen und ihrem ursprünglichen Beruf wieder zurückgeführt werden würden. Die Metallindustrie ist noch gleich ungünstig beschäftigt, doch besteht hier ein Mangel an Formern. Bau- und Möbelschreiner sowie Zimmerleute werden von der Holzindustrie lebhaft gesucht. Schneider und Schuhmacher finden reichlich Arbeitsgelegenheit. Die Textilindustrie bietet noch immer keine Arbeitsgelegenheit. Das Baugewerbe zeigt geringe Besserung der Lage. In Handel und Gewerbe werden Stellen für kaufmännisches Personal wenig angeboten. Haus- und Gastwirtschaft sucht für hier und auswärts Personal und nimmt zum Teil sogar ungeschultes Personal an. Ungelernte Arbeiter können durchwegs in kürzester Frist untergebracht werden; schwieriger ist es dagegen, Erwerbsbeschränkte und Jugendliche unterzubringen. Infolge des geringen Interesses für Lehrstellen vollzieht sich die Lehrlingsvermittlung sehr zäh. Ungelernte Weibliche können schwer unterkommen und müssen zum Teil in andere Erwerbszweige übertreten. Nachstehende Übersicht der Tätigkeit des städtischen Arbeitsamtes nach dem Stande vom 13. Juni 1919 gibt zahlenmäßigen Aufschluß über die Bewegung auf dem Arbeitsmarkte:

Wirtschaftszweig	Unerl. Angeb.		Unerl. Nachfrage		Bemerkungen
	a. männl.	b. weibl.	a. männl.	b. weibl.	
Land- und Forstwirtschaft, Gärtnerei	123	52	10	2	
Metallverarbeitung	45	–	420	3	
Holzindustrie	54	–	9	–	
Textilindustrie	–	–	62	305	
Bekleidungs- und Reinigungsgewerbe	99	–	3	44	
Baugewerbe	31	–	29	–	
Sonst. Handwerk und Berufe	15	3	201	312	
Haus- und Gastwirtschaft	200	201	154	97	6 jugendl. m.
Ungelernte Arbeiter aller Art	–	–	240	1190	24 jugendl. m. 25 jugendl. w.
Summe:	367	256	1128	1953	55 jugendl.
Gesamtsumme des Vormonats	287	191	1376	2007	59 jugendl.

Nach dem Stande vom 14. Juni 1919 hatten wir 1473 männliche und 1502 weibliche, zusammen 2975 Erwerbslose. Hiezu kommen 1650 gänzlich erwerbslose und 3704 teilweise erwerbslose Textilarbeiter, so daß im ganzen 8329 Arbeitslose zu unterstützen waren gegenüber 8516 in der Vorwoche. Durch die durch Verordnung des Ministeriums für soziale Fürsorge vom 16. April 1919[3] und des Reichsministeriums für wirtschaftliche Demobilmachung vom 28. März 1919[4] angeordnete Kündigung werden sehr viele Arbeitskräfte der Land- und Hauswirtschaft zugeführt, so daß mit einem weiteren Rückgang der Zahl der Arbeitslosen gerechnet werden kann.
Wohnungsfürsorge in Augsburg: Die Frage der Wohnungsbeschaffung wird immer ernster. Es ist beispielsweise fast nicht möglich, die zur Einführung des 8-Stunden-Tages hieher versetzten Verkehrsbeamten unterzubringen und es wäre für die Eisenbahndirektion eine unabweisbare Pflicht, mit den schon längst geplanten Wohnhäuserbauten anzufangen.‹

›Beim Arbeitsamt Memmingen stehen 100 offenen Stellen für Männliche nur 44 Stellenangebote gegenüber. Die Zahl der Erwerbslosen beträgt 25.‹

›Die Mechanische Bindfadenfabrik Immenstadt kann immer noch 24 Stunden wöchentlich mit etwa 80 % ihrer Arbeiter arbeiten. Die Allgäuer Baumwollspinnerei und Weberei Blaichach hat sehr ungünstige, im einzelnen je nach dem Fortgang der Fabrikation wechselnde Beschäftigungsverhältnisse: Zur Zeit arbeiten etwa 12 % der Arbeiterschaft. Die beiden vorgenannten Fabriken hoffen bei Friedensschluß auf Rohstoffe,

---

3 Besser: 19. April 1919; StAnz 112–114.
4 RGBl S. 369.

die zur Einfuhr schon bereitliegen, bei Nichtunterzeichnung werden sie alsbald stillstehen. Im Hüttenamt Sonthofen hat sich noch nichts geändert. Beim städtischen Arbeitsamt suchen Stellen 68 Männliche, 50 Weibliche, 38 Lehrlinge; finden Stellen 66 Männiche (darunter 27 Holzarbeiter), 21 Weibliche, 3 Lehrlinge.‹

›Die Lage des Arbeitsmarktes im Bezirke Neu-Ulm ist unverändert. Die Spinnerei und Buntweberei in Ay hat einen Teil ihrer Spinnerei in Gerlenhofen wieder in Betrieb genomen: Zur Zeit laufen etwa 300 Spindeln auf Zellulengarn. Die Inbetriebnahme einer weiteren größeren Spindelzahl ist in Aussicht genomen und soll nach und nach erfolgen.‹

Die Meldung des Arbeitsamtes Neu-Ulm liegt an.

II.

Bereits unter I. berichtet.

gez. von Praun, Regierungspräsident

[Anlage zum Wochenbericht vom 23. Juni]

Übersicht über die Arbeitsmarktlage am 20. Juni 1919.

Wirtschaftszweig	Unerl. Angeb.		Unerl. Nachfrage		Bemerkungen
	a. männl.	b. weibl.	a. männl.	b. weibl.	
Land- und Forstwirtschaft, Gärtnerei	6	9	–	–	
Metallverarbeitung	2	–	4	–	
Holzindustrie	7	–	1	–	
Textilindustrie	–	–	–	–	
Bekleidungs- und Reinigungsgewerbe	9	–	1	–	
Baugewerbe	1	–	2	–	
Sonst. Handwerk und Berufe	1	–	10	1	
Haus- und Gastwirtschaft	4	H 11 G 9	3	H 2 G 2	
Ungelernte Arbeiter aller Art	5	–	16	5	
Summe:	35	29	37	10	

Bemerkungen über die Lage des Arbeitsmarktes.
In landw. Betrieben fehlt es in der männl. wie weibl. Abteilung an Arbeitskräften. Gleicher Mangel herrscht z. Zt. in der Holzindustrie und Bekleidungsgewerbe (Schreiner und Schuhmacher).

Im Haus- und Gastwirtschaftsgewerbe mangelt es z. Zt. ebenfalls an weibl. Dienstboten.
Städt. Arbeitsamt Neu-Ulm.

Augsburg, den 30. Juni 1919 **77**

I.

Der Stadtmagistrat A u g s b u r g berichtet:
›Die gemäß Generalkommandoverfügung vom 5. und 20. Juni 1919 angeordnete Überwachung der politischen Versammlungen[1] ist mit großer Entrüstung aufgenommen worden. Die Unabhängige Sozialdemokratische Partei hat in einer Versammlung ihre Tagesordnung überhaupt nicht erledigt und in einer anderen Versammlung dieselbe nur über belanglose Sachen ausgedehnt. Es wurde beschlossen, durch Beschwerde auf die Aufhebung dieser Maßregel energisch hinwirken zu wollen. Die Sozialdemokratische Mehrheitspartei hat eine zu überwachende Sektionsversammlung überhaupt nicht abgehalten, sondern beschlossen, schärfsten Protest durch den Stadtmagistrat an die Staatsregierung zu richten zwecks Aufhebung genannter Generalkommandoverfügung.‹

Der Ausstand bei der Firma Lehne in Türkheim dauert fort, da vom Besitzer die beanspruchte Lohnerhöhung verweigert wird.

Das Bezirksamt K a u f b e u r e n berichtet:
›Die allgemeine Sicherheit hat sich gebessert; es hat sich gezeigt, daß nur die altbewährte bayerische Gendarmerie im Stande ist, dem Einbrecher- und Räubergesindel das Handwerk zu legen. Die angebahnte Verstärkung einiger Stationen sowie Errichtung von Einzelposten und ihre Besetzung mit wohl diszipliniertem, ausgebildetem Personal führt allein zur Besserung der öffentlichen Sicherheit.‹

Der Stadtmagistrat K a u f b e u r e n berichtet:
›Die Unterzeichnung des Friedens[2] wird ziemlich interesselos aufgenommen. Man scheint sich in der Bevölkerung noch wenig im Klaren zu sein über die Folgen. Ein kräftiger, markiger Aufruf an das Volk, der in allen Gemeinden anzuschlagen wäre, und eine ernstliche Einwirkung auf die Presse aller Richtungen, endlich das Gezänk über die Schuld am Kriegsausgang und die Revolution ruhen zu lassen und in fortschrittlich-demokratischem Sinne für die Einigung zu wirken, dürfte noch von Wirkung sein können.‹

Der Stadtmagistrat A u g s b u r g hebt neuerlich folgendes hervor:
›Unsere Stadtwehr benötigt dringend Uniformen, Leibriemen, Seitengewehr- und Patronentaschen. Eine Unterstützung seitens der Militärbehörden nach dieser Richtung wäre dringend geboten. Die Stadtwehr steht für etwa ausbrechende Unruhen im engsten Einvernehmen mit der Reichswehr und der städtischen Schutzmannschaft.‹

---

1 Anordnung des Stellv. Generalkommandos I. Armeekorps, Ziffer 5: Für politische Versammlungen ist die Genehmigung des Generalkommandos einzuholen. Alle übrigen Versammlungen sind nur den Distriktsverwaltungsbehörden anzumelden, von diesen nach eigenem Ermessen zu genehmigen und zu überwachen; ABl S. 179.
2 Der Friedensvertrag zwischen den Siegermächten und dem Deutschen Reich wurde am 28.6.1919 in Versailles unterzeichnet.

Über den Stand der Felder und die Ernteaussichten berichten die Bezirksverwaltungsbehörden was folgt:

›Die Niederschläge in den letzten Tagen sind im Bezirke Markt Oberdorf von außerordentlich günstiger Wirkung auf die infolge der langen Trockenheit Schaden leidenden Felder und vor allem für die im Amtsbezirk so überaus wichtigen Wiesen und Weiden gewesen. Nun hat allerdings infolge dieser Niederschläge eine ganz empfindliche Kälte eingesetzt, die aber im Bezirke wenigstens den Weidegang des Viehes nicht hindert, wie in den Bergen, wo der frisch gefallene Schnee weit herunter reicht.‹

›Die im Bezirke Lindau nunmehr beendete Heuernte hatte infolge der vielen trockenen Winde im Mai und des Mangels an Regen ein geringes Ergebnis. Dagegen läßt der starke Regen, der in der letzten Woche eingesetzt hat, auf eine bessere Grummeternte hoffen.‹

›Der Wettersturz dieser Woche brachte im Bezirke Sonthofen Schneefall bis ins Tal herab; glücklicherweise ist's nun wieder warm, so daß eine Gefährdung des Alpbetriebes nicht mehr zu befürchten steht.‹

›Die Landwirtschaft ist durch die letzten Regenfälle wieder hoffnungsfroher geworden. Das im Bezirke Augsburg geerntete Heu sei, sagte man mir, infolge der Trockenheit weniger reichlich, aber sehr ergiebig. Ein Schafhalter erklärte, seine Schafe seien noch nie so gut genährt gewesen wie jetzt. Sehr wünschenswert wäre ein allgemeines Verbot der Tanzmusiken während der Erntezeit.‹

›Am 23. dieses Monats trat im Donaumoos starker Frost auf, der besonders in den Kartoffeläckern großen Schaden verursachte; von dem nun endlich eingetretenen Regen erhofft man jedoch einen teilweisen Ausgleich. Gelegentlich einer zur Besprechung der Organisation des Frühdrusches abgehaltenen Versammlung des Bezirksamts Neuburg a/D. wurde mit großem Nachdruck die Erhöhung der Getreidepreise und die Abschaffung der Druschprämien für die neue Ernte verlangt. Die Gründe hiefür sind ohnehin zur Genüge bekannt und bedürfen daher keiner näheren Darlegung. Gleichzeitig wurde für den Fall der Nichtberücksichtigung mit der Verhinderung des Frühdrusches durch passive Resistenz gedroht.‹

›Die Heuernte wird demnächst beendet sein, aber kaum die Hälfte des gewöhnlichen Ertrages bringen. In den letzten Tagen ist endlich Regen gefallen, der die Aussichten für die Ernte der Sommerfrucht und Hackfrucht, die infolge der anhaltenden Trockenheit stark gelitten hatten, wenigstens etwas gebessert hat. Die unglückseligen Preisunterschiede für Lebensmittel zwischen Bayern und Württemberg sind abgesehen von den Preisen für Schlachtvieh, bis jetzt immer noch nicht beseitigt. Kein Wunder, daß infolgedessen die Anlieferungen in einem Grenzbezirke, wie Neu-Ulm, immer mehr nachlassen.‹

Der Stadtmagistrat Nördlingen berichtet:

›Es wird in der Bevölkerung außerordentlich beklagt, daß seitens der Staatsregierung bzw. der betreffenden Landesstellen der freie Handel mit der Schweiz und anderen Anrainern immer noch nicht gestattet wird, nachdem bereits vielfach nicht zu teure Lebensmittelangebote von dorther erfolgen. In der weiteren strengen Aufrechterhaltung der Absperrung durch uns selbst liegt unseres Erachtens eine nicht unbedenkliche Gefährdung der innerpolitischen Verhältnisse, da die auf neue Putschversuche hinzielenden Bestrebungen durch die vielen Leuten ganz unverständliche Beibehaltung der Rationierung in der Bevölkerung auf umso fruchtbareren Boden fallen müssen.‹

›Von den ausländischen Lebensmitteln[3] (amerikanischer Speck, Fleischkonserven und holländische Kartoffeln), die in Augsburg zur Verteilung gelangen, sind die beiden ersteren wegen ihrer Güte viel begehrt[4], aber der größte Teil der Bevölkerung ist über die hohen Preise sehr ungehalten. Der Speck wird das Pfund zu 7 Mark und die Kartoffeln das Pfund zu 32 Pfennig verkauft[5]. Die in der Berichtswoche eingelaufenen Kartoffeln sind durchwegs ausgewachsen und zum Teil schon ziemlich welk; die faulen Kartoffeln betragen schätzungsweise 2–3 %. Der Absatz der Kartoffeln ist mit Rücksicht auf den hohen Preis – 32 Pfennig pro Pfund – sehr gering.‹

Zur Lage des Arbeitsmarktes, der Rohstoffversorgung, zur Erwerbslosenfürsorge, sowie zum Stande des Wohnungsmarktes berichten die beteiligten B e z i r k s v e r w a l t u n g s b e h ö r d e n, wie folgt:

›Lage der Industrie in Augsburg: Die Metallindustrie kämpft fortgesetzt mit der schwierigen Beschaffung der Rohstoffe und Kohlen. Infolge des Kollektivvertrages vom 14. April 1919 ist der Wettbewerb mit Norddeutschland stark beeinträchtigt, so daß die Augsburger Betriebe mit Aufträgen ausgefallen sind. Außerdem besteht Mangel an Formern und Kesselschmieden, Arbeitskräfte, welche schon vor dem Kriege in der Metallindustrie nicht genügend vorhanden waren. Die Textilindustrie hat das erste Kontingent in Arbeit und steht vor der Verarbeitung des zweiten Kontingentes. Nach Abschluß dieser Arbeit sind weder Rohstoffe noch Garne vorhanden. Jedoch ist die Rohstoffversorgung teilweise schon eingeleitet, so daß einzelne Betriebe hoffen, daß die Beschäftigung nicht ganz abreißen wird. Die polygraphische Industrie muß vorhandene Arbeitskräfte wegen Kohlenmangel aussetzen lassen.

Baumarkt in Augsburg: Die Lage hat sich noch nicht gebessert. Der Fortgang unserer Schwemmkanalisation ist durch den dauernden Zementmangel unbefriedigend. Bei den städtischen Bauunternehmungen einschließlich der Straßenreinigungs- und Gartenbauarbeiten waren in der abgelaufenen Woche 1289 Mann gegenüber 1219 der Vorwoche beschäftigt; die private Bautätigkeit beschäftigte 693 Mann gegenüber 656 der Vorwoche.

Arbeitsmarkt in Augsburg: Die Besserung in der Lage des Arbeitsmarktes hält an. Die Landwirtschaft bietet vermehrt Arbeit an. Durch Freimachung von Stellen bei der

---

3 *In Art. XXVI Abs. 2 des Waffenstillstandsabkommens vom 11.11.1918 eröffneten die Alliierten die Aussicht, während der Dauer des Vertrags Deutschland in dem als* notwendig anerkannten Maße mit Lebensmitteln zu versorgen; *Amtliche Kriegs-Depeschen, Bd. 8, Berlin o. J., S. 2982. Diese Lieferung war abhängig vom Abschluss eines Schiffahrts-, Finanz- und Lebensmittelabkommens. Ersteres wurde am 12.12.1918 unterzeichnet. Es verpflichtete Deutschland, mit seiner Handelsflotte bei der Versorgung der Welt mitzuhelfen und seine eigene Versorgung sicherzustellen. Nach langwierigen Verhandlungen unterschrieben die alliierten und deutschen Vertreter am 16.2.1919 auch die beiden anderen Abkommen. Die Alliierten waren bereit, 70.000 Tonnen Schweinefleisch und Schweinefett, 150.000 Tonnen Weizenmehl, 10.000 Tonnen kondensierte Milch, 200.000 Tonnen Getreide verschiedener Arten und 70.000 Tonnen Fette verschiedener Art oder entsprechende Ersatzstoffe zu liefern. Die Bezahlung sollte durch Devisen und Gold erfolgen. Im Brüsseler Abkommen vom 14.3.1919 setzten die deutschen Vertreter eine weitere Erleichterung durch: Deutschland wurde ermächtigt, monatlich bis zu 70.000 Tonnen Fett und 300.000 Tonnen Brotgetreide oder den Gegenwert in anderen Nahrungsmitteln zu kaufen, und zwar nicht nur in Nordamerika und den Entente-Staaten, sondern auch in neutralen Staaten.*
4 *Dieses Urteil muss je nach Ware differenziert gesehen werden, denn nicht immer entsprachen die Lebensmittel den gesundheitlichen und geschmacklichen Ansprüchen der Verbraucher. So wurden im Speck gelegentlich Trichinen festgestellt. Um einen gewissen Beigeschmack des Specks weitgehend zu beseitigen, empfahl die Bayer. Fleischversorgungsstelle, ihn in lauwarmem Wasser zu waschen, darauf ungefähr fünf Stunden in warmes, dann 12 bis 15 Stunden in kaltes Wasser zu legen und diesem etwas übermangansaures Kali beizumengen. Das tranig und scharf riechende amerikanische Schmalz war nur zum Kochen verwendbar. Als Brotaufstrich sollte es unter Beigabe von Zwiebeln zerlassen werden.*
5 *Verbilligungen wurden durch die Bek'n vom 7. Juli und 5. August angeordnet; StAnz 168, 194.*

Industrie wird das Angebot der Landwirtschaft im Laufe der nächsten Wochen voraussichtlich ziemlich befriedigt werden können. Trotz der geringen Beschäftigungsgelegenheit stellt die Metallindustrie gute gelernte Arbeitskräfte ein. Gesucht werden Former, Kessel- und Hammerschmiede. Die Holzindustrie sucht Möbelschreiner, ebenso verlangt das Bekleidungs- und Reinigungsgewerbe eine große Anzahl Erwerbsgehilfen. Das Baugewerbe leidet sehr unter Materialmangel und kann dadurch weitere Arbeitskräfte nicht beschäftigen. Kaufmännische Angestellte können schwer in Stellung gebracht werden, besonders weibliche Angestellte. Haus- und Gastwirtschaft sucht geschulte Kräfte. Ungelernte männliche Arbeitskräfte können bei Notstandsarbeiten und Kulturunternehmungen untergebracht werden. Die Jugendlichen können infolge ihrer meist geringen Leistungsfähigkeit und in Anbetracht der verlangten Löhne schwer untergebracht werden. Nachstehende Übersicht der Tätigkeit des städtischen Arbeitsamtes nach dem Stande vom 27. Juni 1919 gibt zuverlässigen Aufschluß über die Bewegung auf dem Arbeitsmarkt:

Wirtschaftszweig	Unerl. Angeb.		Unerl. Nachfrage		
	a. männl.	b. weibl.	a. männl.	b. weibl.	
Land- und Forstwirtschaft, Gärtnerei	160	7	7	6	
Metallverarbeitung	32	–	351	1	
Holzindustrie	33	–	16	–	
Textilindustrie	–	–	45	275	
Bekleidungs- und Reinigungsgewerbe	99	–	–	40	
Baugewerbe	23	–	44	–	
Sonst. Handwerk und Berufe	–	3	397	275	
Haus- und Gastwirtschaft	–	182	149	75	5 jugendl. m.
Ungelernte Arbeiter aller Art	–	–	232	1160	22 jugendl. m. 25 jugendl. w.
Summe:	347	192	1241	1832	52 jugendl.
Gesamtsumme der Vorwoche	367	256	1128	1953	55 jugendl.

Nach dem Stande vom 21.6.1919 hatten wir 1376 männliche und 1340 weibliche, zusammen 2716 Erwerbslose (gegenüber 1473 bzw. 1502, zusammen 2975 der Vorwoche). Hiezu kommen noch 1650 ganz erwerbslose und 3704 teilweise erwerbslose Textilarbeiter, so daß im ganzen 8070 Arbeitslose zu unterstützen waren, gegenüber 8329 der Vorwoche. Seit Beginn der Erwerbslosenfürsorge sind im ganzen 12.523 Arbeitslose wieder in Beschäftigung getreten. Von den hiesigen 6 Zweigstellen konnte infolge Abbau der Erwerbslosenfürsorge ab 1.7.1919 die Stelle Pfersee aufgelassen werden.

Wohnungsfürsorge in Augsburg: Die Wohnungsnot nimmt einen immer größeren Umfang an. Es werden gegenwärtig Unterhandlungen gepflogen über Errichtung von Wohnbaracken auf dem großen Exerzierplatz. Alle bisher getroffenen Maßnahmen zur Behebung der Wohnungsnot erweisen sich als unzureichend.‹

›Der Arbeitsmarkt in Lindau zeigt nach wie vor das Bild reichlichen Arbeitsangebots im Vergleich zu der Zahl der Arbeitsuchenden. Es sind zur Zeit 146 offene Stellen angemeldet, denen 35 Arbeitsuchende gegenüberstehen. Die Zahl der unterstützten Erwerbslosen beträgt zur Zeit 3. Besonderes Angebot liegt vor im Baugewerbe für Maurer, Zimmerleute und Bautaglöhner. Hauptsächlich werden Maurer dringend benötigt, doch ist es schwer, solche zu bekommen. Eine Anfrage bei den umliegenden Arbeitsämtern war erfolglos. Aus Augsburg und München könnten wohl Maurer zugewiesen werden, doch verlangen diese einen Stundenlohn von 2,50 Mark, während nach dem hiesigen Lohntarif nur 1,75 Mark bezahlt werden. Es kann den hiesigen Geschäften natürlich nicht zugemutet werden, Münchner Löhne zu bezahlen, weil in demselben Augenblick auch die hiesigen Arbeiter dieselben Löhne verlangen würden. Auch ist mit den Arbeitern aus der Großstadt die Erfahrung gemacht worden, daß sie nach einigen Tagen die Arbeit wieder niederlegen, weil sie mit den hiesigen Löhnen nicht auszukommen glaubten. Wir stehen jedoch mit dem Hauptarbeitsamt München sowie mit der Truppenverwendungstelle Lager Lechfeld in Unterhandlung und hoffen, daß die nötigen Arbeitskräfte aufgebracht werden können. Bei weiterer Erfolglosigkeit unserer Bemühungen müßten wir sonst die Möglichkeit in Erwägung ziehen, Deutsch-Österreicher, die in genügender Menge vorhanden wären, den Baustellen zuzuweisen.‹

›Beim städtischen Arbeitsamt Immenstadt stehen für 73 Männliche, 44 Weibliche und 36 Lehrlinge: 63 bzw. 26 bzw. 5 Stellen offen.‹

›Die Zahl der Erwerbslosen in Kaufbeuren beträgt 12, darunter 1 weibliche Person. In der Textilindustrie sind 10 Personen als beschäftigungslos vorgemerkt.‹

Die Meldung des Arbeitsamtes Neu-Ulm liegt an.

II.

Das Bezirksamt F ü s s e n berichtet:

›Zu Beginn der Woche tauchten einige italienische Vorposten in den Tiroler Grenzorten auf; inwieweit ihr Erscheinen mit einem Einmarsch im Falle der Nichtunterzeichnung des Friedens[6] im Zusammenhang steht, konnte mit Bestimmtheit nicht festgestellt werden. Am Mittwoch, den 25. Juni 1919 fuhren 2 amerikanische Offiziere, 4 Chauffeure und 1 österreichischer Dolmetscher in Kraftwagen Richtung Bregenz, Kempten, Imst, Wien durch Füssen. Ihrem Ersuchen um Benzol wurde stattgegeben. Der Zweck der Reise galt der Lebensmittelversorgung.

Am Mittwoch, den 25. Juni 1919 sollte eine Versammlung der neugegründeten Unabhängigen Sozialdemokratischen Partei in Füssen stattfinden, in der der frühere Minister Unterleitner[7] als Redner vorgesehen war. Da er nicht erschien, wurde die Versammlung nach einer Stunde abgesetzt.‹

gez. von Praun, Regierungspräsident

---

6 *In diesem Fall war den alliierten Streitkräften der Befehl erteilt, über den Rhein ins Reich vorzurücken.*
7 *Hans Unterleitner (1890–1971), Metallarbeiter. 1918/19 bayerischer Staatsminister für Soziale Fürsorge, 1920–1933 MdR (USPD, SPD), 1936 Flucht in die Schweiz, 1939 Übersiedlung in die USA.*

[Anlage 1 zum Wochenbericht vom 30. Juni]

Übersicht über die Arbeitsmarktlage am 28. Juni 1919.

Wirtschaftszweig	Unerl. Angeb.		Unerl. Nachfrage	
	a. männl.	b. weibl.	a. männl.	b. weibl.
Land- und Forstwirtschaft, Gärtnerei	7	7	–	–
Metallverarbeitung	4	–	8	–
Holzindustrie	–	–	1	–
Textilindustrie	8	–	–	–
Bekleidungs- und Reinigungsgewerbe	6	3	–	–
Baugewerbe	1	–	2	–
Sonst. Handwerk und Berufe	4	–	8	1
Haus- und Gastwirtschaft	2	H 11 G 10	3	H 5 G 4
Ungelernte Arbeiter aller Art	7	–	18	1
Gesamt-Summe	39	31	40	11

Bemerkungen über die Lage des Arbeitsmarktes.
Wie in den Vorberichten.
Städt. Arbeitsamt Neu-Ulm.

[Anlage 2 zum Wochenbericht vom 30. Juli]

Mindelheim, den 1. Juli 1919 : Bezirksamt Mindelheim an das Präsidium der Regierung von Schwaben und Neuburg in Augsburg

Betreff: Wochenbericht

Der Bericht vom 28. vorigen Monats wird dahin richtiggestellt, daß der Ausstand bei der Firma A. Lehne in Türkheim, wie ich gestern dort persönlich feststellte, beendigt ist.

Augsburg, den 7. Juli 1919 78

I.

Der Stadtrat A u g s b u r g berichtet folgendes:
›Die Gerüchte, daß in der nächsten Zeit wieder Unruhen in Augsburg zu erwarten sind, mehren sich täglich. Von einem Unbekannten wurde dem Stadtwehrkommando schriftlich mitgeteilt, daß gegen die Stadtwehrwache in Lechhausen ein Überfall mit Handgranaten geplant sei, um in den Besitz des dortigen Waffenlagers zu gelangen.‹

Gelegentlich meiner Bereisungen des Regierungsbezirkes habe ich in K e m p t e n folgende Wahrnehmungen gemacht:
Seit der Aufhebung der Räterepublik in Kempten und durch das Eingreifen der Regierungstruppen ist eine gewisse Beruhigung eingetreten; doch wird auch in Kempten mit dem Wiederaufflammen der spartakistischen Bewegung gerechnet, sobald eine günstige Gelegenheit sich hiefür bietet. Die U.S.P. hat infolge kräftiger Agitation großen Anhang bekommen. Die politische Lage wird immer noch als unsicher angesehen, man befürchtet einen neuerlichen Putsch. Sitz der spartakistischen Bewegung ist der Fabrikort Kottern, wo etwa 100 Arbeiter der spartakistischen Richtung huldigen; bei den jüngsten Unruhen haben sich insbesondere die Weiber hervorgetan. Der Arbeiter- und Soldatenrat hat im allgemeinen günstig eingewirkt, sein Verhalten gegenüber dem Amte gab zu wesentlichen Beanstandungen keinen Anlaß.

Das Bezirksamt N e u b u r g a/D. berichtet:
›Dem Zigeunerunwesen ist sehr schwer beizukommen, da zahlreiche Zuzügler aus dem Elsaß und der Rheinpfalz fortgesetzt den Bezirk durchwandern.‹

Das Bezirksamt I l l e r t i s s e n teilt mit:
›Gewisse Anzeichen deuten darauf hin, daß die Wieland'schen Arbeiter in Vöhringen, Bezirksamts Illertissen, in eine Lohnbewegung eintreten werden. Hoffentlich gelingt es, eine befriedigende Einigung zu erzielen.‹

Das Bezirksamt A u g s b u r g hebt folgendes hervor:
›Über die Stimmung der Bevölkerung ist als neu zu berichten, daß es in der Bauernschaft in der Richtung der Erhöhung der Lebensmittelpreise sehr stark gärt. Besonders auf bauern-bündlerischer Seite ist man bemüht, die Bauernschaft mit der Lockspeise der Lebensmittelpreiserhöhung ins Lager des Bauernbundes hinüber zu führen. Der radikale Bauernbundagitator Deuringer[1] von Göggingen hat letzten Sonntag Nachmittag in Neusäß eine Bauernversammlung abgehalten, in der insbesondere die Erhöhung des Milchpreises gefordert wurde.
Über die Volksernährungsverhältnisse ist Neues nicht zu berichten. Hoffentlich bringt die Einfuhr des amerikanischen Mehles und Speckes sowie der anderen Auslandswaren endlich mehr Ruhe in die aufgeregten Massen, denn im Kommunalverband sind die fortgesetzten Klagen über die schlechte Ernährung der Vorortsbevölkerung gegenüber der Großstadt Augsburg bald nicht mehr zu beschwichtigen. Dabei kommen Bäcker und Metzger und Müller mit Mehrforderungen, die auf die außerordentliche Steigerung der Löhne und der Preise für Gebrauchsartikel jeder Art begründet werden. Von überall klingt der Ruf, ob denn die Staatsregierung dieser fortgesetzten Preistreiberei in den Bedarfsgegenständen gar keinen Halt bieten kann.‹

---

1 Alois Deuringer. Er wurde im Juli 1919 als Vertreter Mittelschwabens in den Landesbauernrat gewählt.

Das Bezirksamt Neu - Ulm hat nachstehendes berichtet:
›Die Milchanlieferung im Bezirke Neu-Ulm stößt jetzt auf die ernstesten Schwierigkeiten wegen der hier schon häufig erwähnten unglückseligen Preisunterschiede zwischen Bayern und Württemberg. Vom Kreisbevollmächtigten der Landesfettstelle war die Angleichung an die württembergischen Milchpreise für 1. Juli sicher in Aussicht gestellt. Dadurch gelang es, die Leute einigermaßen zu beschwichtigen. Nun ist die Erregung eine ganz außerordentliche. Aus zahlreichen Gemeinden wird bereits die Absicht der demnächstigen Einstellung der Milchlieferungen nach Bayern gemeldet. Damit ist die Milchbelieferung der Stadt Neu-Ulm in Frage gestellt. Die Anwendung von Zwangsmaßnahmen wird hier eine recht gefährliche Sache sein, nachdem hier die ganze ländliche Bevölkerung des Bezirkes geschlossen zusammensteht. Führt doch der Kreisbevollmächtigte der Landesfettstelle unterm 1. dieses Monats aus, daß er jede Zwangsmaßnahme befürworten müsse, sobald die Milchpreise den württembergischen gleichgestellt wären; solange aber diese Frage in Bayern nicht geklärt ist (und sie ist bis jetzt nur hinausgeschoben), erscheint ihm die Anwendung jeden Zwanges im Interesse der Ruhe und Ordnung gefährlich. Auch der neugewählte Bezirksausschuß hat in seiner ersten Sitzung gleich energisch die Gleichstellung der Milchpreise für unseren Grenzbezirk mit den württembergischen verlangt und Eingaben an das Landwirtschaftsministerium und die Landesfettstelle gerichtet. Ich habe auf alle meine zahlreichen Vorstellungen, in denen ich schon vor vielen Wochen fortgesetzt auf die Folgen, die jetzt auch da sind, hinwies, keine Antwort bekommen. Auf Mitte nächster Woche habe ich zu einer Versammlung aller Beteiligten aus dem Bezirk, sowie die Stadtvertretungen von Ulm und Neu-Ulm zu einer Aussprache eingeladen, an der sich auch die Bayerische Landesfettstelle beteiligen wird. Ich möchte dringend bitten, dem Bezirksamt bis dahin die Ermächtigung zu verschaffen, die Milchpreise einstweilen für den Bezirk Neu-Ulm als Grenzbezirk und Belieferungsbezirk für die Stadt Ulm auf die württembergischen Preise erhöhen zu dürfen. Andernfalls kann ich für die weitere Entwicklung der Dinge keine Verantwortung mehr übernehmen. Ich hatte bisher den Bezirk noch verhältnismäßig gut gerade in der Ablieferungsfrage in der Hand; unser Kommunalverband galt immer als bestliefernder.‹

Ferner führt das Bezirksamt Günzburg aus:
›Die Erhöhung der Bierpreise[2] und die Zurückstellung der Erhöhung der Milchpreise hat in bäuerlichen Kreisen große Unzufriedenheit erregt. Die Lieferung der Milch wird zweifellos darunter leiden, da der Milchverbrauch in bäuerlichen Kreisen sich steigern und der Bierkonsum zurückgehen wird. Die baldige Schaffung eines entsprechenden Ausgleiches ist notwendig.‹

Über den Ausfall der Heuernte und die sonstigen Ernteaussichten berichten die Bezirksämter Illertissen, Günzburg und Lindau folgendes:
›Die Heuernte im Bezirke Illertissen ist im wesentlichen beendet, nach der Güte befriedigend, nach der Menge weniger günstig. Die reichlichen Niederschläge der vergangenen Woche haben die Aussichten auf den Ausfall des Sommergetreides erheblich günstiger gestaltet. Das Wintergetreide berechtigt zu guten Aussichten, die Kartoffeln stehen überall gut.‹

---

2 *Vom Bayer. Staatsministerium für Landwirtschaft durch Bek vom 30.6.1919 (StAnz 164 = MABl S. 133) über den Verkehr mit Malzkontingenten und Bier verfügt. Der Literpreis für ›Einfachbier‹ durfte in Gemeinden mit über 4000 Einwohnern 42 Pfennige, in den übrigen Gemeinden 40 Pfennige nicht übersteigen. Der Stammwürzegehalt des Biers betrug zu dieser Zeit noch 3,5 %; StAnz 37 (1919), Bek des Bayer. Staatsministeriums des Innern vom 29.1.1919.*

›Die Heuernte im Bezirke Günzburg ist durch den Regen, der sonst für die Feldfrüchte sehr erwünscht kam, verzögert worden. Die Ernte hat sich gegen die frühere Annahme etwas verbessert.‹

›In den höher gelegenen Teilen des Bezirkes Lindau ist infolge der eingetretenen Regengüsse die Heuernte besser als erwartet ausgefallen.‹

Nach Mitteilung des Stadtrats Augsburg ist die Unzufriedenheit des Publikums in Augsburg über die Preise für die ausländischen Lebensmittel groß. Die erfolgte Bierpreiserhöhung wird im allgemeinen ohne besonderen Unmut getragen.

Das Bezirksamt N ö r d l i n g e n führt folgendes aus:

›Infolge der neuen Bestimmungen über Verkehr mit Nutz- und Zuchtschweinen war auf dem letzten Schweinemarkt in Nördlingen die Nachfrage nach Ferkeln sehr groß. Die Zufuhr war nur sehr gering und konnte der Bedarf umso weniger befriedigt werden, als ein Teil der Erzeuger, ohne zu verkaufen, den Markt verließ.‹

Das Bezirksamt Z u s m a r s h a u s e n berichtet:

›Schwerere Mißstände haben sich auf dem Gebiete der Lederversorgung ausgebildet. Den Landwirten ist durch jetzt bestehende Vorschriften die Möglichkeit verschlossen, sich selbst bei den Gerbereien das für den Betrieb benötigte Leder ausgerben zu lassen. Der Kommunalverband aber ist im laufenden Jahr noch nicht in den Besitz auch nur eines Kilogramms von dem ihm seit Februar 1919 wiederholt zugesicherten Leder gekommen. Das Amt wird von den Landwirten geradezu bestürmt mit dem Verlangen nach Leder, aber der Erfolg der fortgesetzten diesamtlichen Bemühungen war der, daß die Reichsledergesellschaft unterm 30.6.1919 erklärte, sie könne das Leder überhaupt nicht liefern, weil die Rohstoffwirtschaftsstelle in München nicht darein einwillige, daß die bayerischen Kommunalverbände durch außerbayerische Firmen beliefert werden, bayerische Firmen aber dazu nicht in der Lage seien. Es dürfte wohl am Platze sein, diesem Streit von 2 amtlichen Stellen ein rasches Ende zu bereiten, damit nicht dadurch das ohnehin so schwer gestörte Wirtschaftsleben weiterhin empfindlich beeinträchtigt wird.‹

Über die Lage des Arbeitsmarktes, die Erwerbslosenfürsorge, den Stand der Wohnungsfrage und die Lebensmittelversorgung berichten die beteiligten B e z i r k s v e r w a l t u n g s b e h ö r d e n folgendes:

›Lage der Industrie und des Handels in Augsburg: Gegenüber der Vorwoche ist keine Veränderung, insbesondere keine Besserung zu verzeichnen.

Baumarkt in Augsburg: Bei den städtischen Bauarbeiten – Wohnungseinbau, Errichtung von Kleinwohnungen, Straßenbau-, Abbruch- und Kiesgrubenarbeiten, Uferschutz- und Lechkanalarbeiten und Gartenbauarbeiten – waren in der Berichtswoche 1255 Mann gegenüber 1289 Mann der Vorwoche beschäftigt. Die private Bautätigkeit, die zum größten Teile nur aus baulichen Änderungen besteht, beschäftigte 679 Arbeiter gegenüber 693 der Vorwoche.

Arbeitsmarkt in Augsburg: Die Lage des Arbeitsmarktes zeigt eine langsame, doch fortschreitende Besserung. Die günstige Beschäftigung in der Landwirtschaft dauert fort. Nach Forstarbeitern besteht lebhafte Nachfrage. Metall- und Textilindustrie sind noch nicht besser beschäftigt. Gut ist die Lage in der Holzindustrie, welche andauernd Möbelschreiner sucht. Das Bekleidungsgewerbe sucht meistens männliche Arbeitskräfte, nach weiblichen besteht nur eine geringe Nachfrage. Im Baugewerbe hat sich die Lage nicht geändert, indessen werden Maurer verlangt. Haus- und Gastwirtschaft sucht fortdauernd geschultes Personal. Für ungelernte Arbeiter bietet sich gegenwärtig weniger Arbeitsgelegenheit, weil viele Stellen schon für die zurückkehrenden Kriegsgefangenen freigehalten werden. Kaufmännisches Personal, sowohl männliches als weibliches belastet noch sehr den Arbeitsmarkt. Nachstehende Übersicht der Tätigkeit des städtischen Arbeitsamtes nach dem Stand vom 4. Juli 1919 gibt zahlenmäßigen Aufschluß über die Bewegung auf dem Arbeitsmarkt.

Wirtschaftszweig	Unerl. Angeb.		Unerl. Nachfrage		Bemerkungen
	a. männl.	b. weibl.	a. männl.	b. weibl.	
Land- und Forstwirtschaft, Gärtnerei	109	59	12	–	
Metallverarbeitung	17	–	311	2	
Holzindustrie	42	–	14	–	
Textilindustrie	1	–	50	269	
Bekleidungs- und Reinigungsgewerbe	75	–	2	28	
Baugewerbe	23	–	41	–	
Sonst. Handwerk und Berufe	33	7	410	286	
Haus- und Gastwirtschaft	2	179	132	66	4 jugendl. m.
Ungelernte Arbeiter aller Art	–	–	281	1010	26 jugendl. m. 16 jugendl. w.
Summe:	302	245	1253	1661	46 jugendl.
Gesamtsumme der Vorwoche:	347	192	1241	1832	52 jugendl.

Nach dem Stand vom 28. Juni 1919 hatten wir 1270 männliche und 1195 weibliche, zusammen 2465 Erwerbslose gegenüber 1376 männlichen, 1340 weiblichen und zusammen 2716 Erwerbslosen der Vorwoche. Hiezu kommen noch 1650 ganz erwerbslose und 3704 teilweise erwerbslose Textilarbeiter, deren Zahl sich gegenüber der Vorwoche nicht verringert hat, so daß im ganzen 7819 Arbeitslose zu unterstützen waren gegenüber 8070 der Vorwoche. Seit Beginn der Erwerbslosenfürsorge sind im ganzen 13.046 Arbeitslose wieder in Beschäftigung getreten.
Wohnungsfürsorge in Augsburg: Die Wohnungsrationierung schreitet stetig weiter; sie vermag aber nicht in dem Maße Wohngelegenheit zu schaffen, als sie benötigt wird. In nicht zu ferner Zeit wird die Wohnungsrationierung wohl auch dem dringendsten Bedürfnis nicht mehr abzuhelfen vermögen, und es ist daher nichts notwendiger, als baldmöglichst nach der Erstellung von Neubauten zu trachten. Hiezu ist in erster Linie erforderlich, die Baustoffe zu sichern und für deren Bereitstellung in ausgiebigem Maße zu sorgen.‹

›Beim Arbeitsamt Memmingen stehen 101 offenen Stellen für Männliche 54 Stellenangebote gegenüber. Die Zahl der Erwerbslosen ist auf 18 zurückgegangen.‹

›Die Industriebetriebe im Bezirke Sonthofen haben Neues nicht mitgeteilt. Das städtische Arbeitsamt Immenstadt meldet für 71 Männliche, 32 Weibliche und 37 Lehrlinge an offenen Stellen: 59 bzw. 26 bzw. 3. Die Arbeiterschaft der Mechanischen Bindfadenfabrik Immenstadt hatte für 1. dieses Monats (Amtstag in Immenstadt) eine Demonstration wegen der schlechten Lebensmittelverhältnisse beabsichtigt in der Form, daß eine Deputation mit mir auf dem Rathause verhandeln sollte, während die übrige Arbeiterschaft auf dem Marktplatze Aufstellung nehmen sollte. Da ich[3] rechtzeitig verständigt war, konnte durch Vermittlung des Bürgermeisters von Immenstadt die Unterlassung der Straßendemonstration erreicht werden. Es fand dann nur eine etwa zweistündige Unterredung mit einer Abordnung von etwa 15 Arbeitern und Arbeiterinnen statt, der ich zunächst das Verbotene und Bedenkliche solcher Demonstrationen, wie sie geplant war, deutlich vorhielt und dann auf ihre Beschwerden Auskunft erteilte. Es handelte sich um Brot, Fleisch, Zucker, Fett, Wäsche aus Heeresbeständen und dergleichen. Abhilfe konnte natürlich nur wenig zugesichert werden, denn es handelte sich weniger um örtliche abstellbare Mißstände als um die allgemeinen zur Zeit leider nicht von hier aus zu ändernden Verhältnisse. Namentlich die knappe Zuckerzuteilung und der Ausfall jeglichen Einmachzuckers erregt, wie auch Zuschriften beweisen, allgemeines und steigendes Mißfallen. Das Amt ist hier machtlos, die von hier aus (wie jedenfalls auch schon anderwärts) erhobenen Vorstellungen wegen besserer Zuckerversorgung durch Einschränkungen der Marmeladeherstellung haben bisher keinen Erfolg gehabt. Es wäre aber sehr notwendig, daß in dem hiesigen Bezirke, dessen reiche Waldbeerenbestände eine gute Ernte versprechen, Einmachzucker zugewiesen werden könnte.‹

Die Meldung des Arbeitsamtes Neu-Ulm liegt an.

II.

Das Bezirksamt F ü s s e n berichtet:

›Am 4. Juli fand in Füssen die in der vorigen Woche ausgefallene Versammlung der Unabhängigen Sozialdemokratischen Partei statt, zu der als Redner der ehemalige Minister Unterleitner erschienen war. Dessen Ausführungen bezogen sich hauptsächlich auf die Stellung der U.S.P. beim Friedensschluß und gipfelten in einer Werbung für die U.S.P. Er fand starken Beifall und ich halte für wahrscheinlich, daß die hiesige Parteigruppe in nächster Zeit starken Zulauf aus den Reihen der Mehrheitssozialisten erhalten wird. Die Versammlung verlief ruhig.‹

gez. von Praun, Regierungspräsident

---

3 Amtsvorstand Karl Müller.

[Anlage zum Wochenbericht vom 7. Juli]

Übersicht über die Arbeitsmarktlage am 5. Juli 1919.

Wirtschaftszweig	Unerl. Angeb.		Unerl. Nachfrage		Bemerkungen
	a. männl.	b. weibl.	a. männl.	b. weibl.	
Land- und Forstwirtschaft, Gärtnerei	7	8	–	–	
Metallverarbeitung	2	–	4	–	
Holzindustrie	4	–	2	–	
Textilindustrie	–	–	–	–	
Bekleidungs- und Reinigungsgewerbe	5	2	3	–	
Baugewerbe	3	–	–	–	
Sonst. Handwerk und Berufe	2	–	7	1	
Haus- und Gastwirtschaft	2	H 5 G 5	–	H 1 G 5	Kellnerinnen
Ungelernte Arbeiter aller Art	4	2	11	1	
Summe	29	22	27	8	

Bemerkungen über die Lage des Arbeitsmarktes:
Mangel an männl. und weibl. Arbeitskräften besteht immer noch in der Landwirtschaft. Bei den gelernten Berufen mangeln Schuhmacher und Schreiner.
Städt. Arbeitsamt Neu-Ulm.

Augsburg, den 14. Juli 1919 79

I.

Der Vorstand des Stadtrats A u g s b u r g berichtet:
›Die Stadtwehr Augsburg hat einen Stand von 4700 Mann erreicht. Die Kosten sind außerordentlich hohe. Der erstmalige Kredit von 300.000 Mark reichte nur für 2 Monate.‹

In Kempten werden aus Anlaß der am 15. dieses Monats beginnenden Gerichtsverhandlungen gegen die seinerzeitigen revolutionären Arbeiterräte[1] spartakistische Unruhen befürchtet, die ihren Ausgang von Kottern, Gemeinde St. Mang, nehmen dürften. Eine größere Anzahl Matrosen soll in Kottern angekommen sein; das Bezirksamt hat beim Ministerium unmittelbar

---

1 Im Verfahren vor dem Standgericht Kempten beschuldigte der Staatsanwalt die 20 Angeklagten, in der Nacht vom 6. zum 7.4.1919 aktiv an der Ausrufung der Räterepublik in Kempten beteiligt gewesen zu sein. Am 26.8.1919 erging das Urteil: 9 Angeklagte erhielten wegen Beihilfe zum Verbrechen des Hochverrats bzw. wegen vorbereitender Handlungen zu hochverräterischen Unternehmungen Festungshaft zwischen 6 Monaten bis zu 3 Jahren, 3 Angeklagte überwies das Gericht an die ordentlichen Gerichte (Nötigung einer Behörde zur Unterlassung vom Amtshandlungen) und 8 Beschuldigte wurden freigesprochen.

um Abstellung von Kriminalbeamten nachgesucht, die den Zuzug nach Kottern überwachen sollen.

Über die am 5. Juli über einen Teil des Regierungsbezirkes dahingegangenen Hagelwetter berichten die Bezirksämter F ü s s e n, I l l e r t i s s e n, K a u f b e u r e n, M e m m i n g e n, M i n d e l h e i m folgendes:

›Am 5. Juli richtete ein starkes Hagelwetter erheblichen Schaden in den Fluren der Gemeinden Roßhaupten und Lechbruck, Bezirksamts Füssen, an.‹

›Am 5. Juli dieses Jahres nachmittags gegen 5 Uhr ging über einen großen Teil der Gemeinden des Bezirks Illertissen ein Hagelwetter von seltener Schwere nieder. Betroffen wurden davon insbesondere die an den Amtsbezirk Memmingen angrenzenden Gemeinden Oberschönegg, Dietershofen B.[2], Inneberg, aber auch im weiteren Umkreis die Gemeinden Engishausen, Klosterbeuren, Weinried, Winterrieden und ein Teil der Babenhauser Flur. Vom Distrikte Illertissen wurden die Gemeinden Kellmünz, Filzingen, Weiler, die Ortsgemeinde Illereichen und ein Teil der Ortsgemeinde Altenstadt schwer, die Gemeinde Osterberg aber am schwersten geschädigt. Der Roggen ist bestimmt zu 75 % in der Hauptsache vernichtet. Fesen wurden weniger in Mitleidenschaft gezogen, ebenso auch Haber und Gerste. Der Schaden an den Kartoffeln ist von geringerem Belang. Bedauerlich ist, daß ein Teil der Landwirte des Distrikts Babenhausen vor 2 Jahren bereits aus der Hagelversicherung ging und trotz wiederholter Vorstellungen nicht zu bewegen war, neue Versicherungen zu nehmen. Der in den Obstgärten angerichtete Schaden ist in einzelnen Gemeinden ebenfalls sehr groß.‹

›Der Bezirk Kaufbeuren wurde in der abgelaufenen Woche von schweren Hagelschlägen heimgesucht. Nicht weniger als 10 Gemeinden wurden in Mitleidenschaft gezogen. Zum Vergleich diene folgende Übersicht:

Gemeinde Gutenberg:	Getreide fast vollständig vernichtet,
Gemeinde Denklingen:	Getreide bis zu 75 % vernichtet,
Gemeinde Blonhofen:	Getreide 30–90 % vernichtet,
Gemeinde Kleinkitzighofen:	Sommergetreide bis ⅔, Wintergetreide bis ¾ vernichtet.
Gemeinde Leeder:	Schaden: 50–66 ⅔ % an Garten-, Feldfrüchten u. Getreide.
Gemeinde Dienhausen:	Schaden: 50–66 ⅔ % an Garten-, Feldfrüchten u. Getreide.
Gemeinde Lengenfeld:	Schaden: 50–66 ⅔ % an Garten-, Feldfrüchten u. Getreide.
Gemeinde Schlingen:	Frühkartoffelernte vollständig vernichtet.
Gemeinde Lauchdorf:	an Gartenfrüchten und Obstbäumen ziemlicher Schaden.
Gemeinde Westendorf:	Schaden groß.‹

›Vergangenen Samstag hat ein furchtbarer Hagelschlag 12 Gemeinden im nördlichen Teile des Bezirks Memmingen und zwar gerade solche mit vorzüglichem Getreidebau heimgesucht. In 2 Gemeinden ist, wie ich mich persönlich überzeugte, die ganze Getreideernte total vernichtet und so in den Boden hineingeschlagen, daß das Stroh nicht mehr abgemäht werden kann, sondern mit dem Rechen weggeräumt werden muß. Die sämtlichen Landwirte müssen daher dort von Mitte August ab als Versorgungsberechtigte mit Brotmarken leben und mit Saatgetreide versorgt werden. In 6 Gemeinden ist der Schaden nicht so fürchterlich, aber immerhin so schlimm, daß ein erheblicher Teil der Landwirte mit Brotmarken und Saatgetreide versehen werden muß. In den anderen Gemeinden ist der Schaden nur strichweise.‹

2 Bei Babenhausen.

›Am 5. dieses Monats wurde der Bezirk Mindelheim durch schweren Hagelschlag heimgesucht. Insbesondere sind im südlichen Teile die Getreidefelder fast völlig vernichtet; aber auch der nördliche Teil hat teilweise nicht unerheblich gelitten.‹

Das Bezirksamt A u g s b u r g berichtet:
›In der Bauernschaft dauert die Gärung fort, welche auf Erhöhung der Lebensmittelpreise abzielt. In der jüngsten Kommunalverbandsausschußsitzung haben die Müller Erhöhung der Mahllöhne, die Bäcker Erhöhung der Brotpreise und die Metzger Erhöhung der Fleischpreise verlangt und erreicht. Unter solchen Verhältnissen ist selbstredend an einen Abbau der Lebensmittelpreise nicht zu denken. Mit größtem Befremden wurde die Erhöhung der Bierpreise entgegengenommen, für welche bei der Qualität des jetzigen Bieres und der Höhe der Bieraktien ein vernünftiger Grund von keiner Seite anerkannt werden will. Sehr bedenklich für die Weiterführung der kommunalen Getreidewirtschaft ist das Umsichgreifen der Anschaffung von Getreidebrechmühlen, in welche förmliche Getreidemahlvorrichtungen eingebaut sind. Dieselben werden von dem Maschinenarbeiter Leonhard Fischer in Augsburg-Pfersee, Augsburger Str. 34, hergestellt und gehen massenhaft in den Handel. Eine Mühle soll 500 Mark kosten. In Gablingen allein wurden jüngst 20 solche Mühlen angeschafft. Nach dem Gutachten des Getreidekommissionärs des Kommunalverbandes kann mit denselben backfähiges Mehl nicht, wohl aber Futtermehl, hergestellt werden. Ich habe das Weitere zur Einstellung des Verkaufes solcher Mühlen veranlaßt.‹

Über die Ernteaussichten berichten die Bezirksämter A u g s b u r g , N e u - U l m , N ö r d l i n g e n was folgt:
›Durch die letzten Niederschläge haben sich die Fluren im Landbezirke Augsburg von den schlimmen Wirkungen der früheren Trockenheit sehr gut erholt. Insbesondere sehen auch die Kartoffeln sehr gut aus. Mit dem Schnitt der Wintergerste wird demnächst begonnen werden.‹

›Die Heuernte ist im Bezirke Neu-Ulm immer noch nicht vollständig beendigt wegen der großen Regenfälle, die in dieser Woche auftraten, die aber andererseits für Hackfrüchte und Sommergetreide von unberechenbarem Nutzen waren. Überhaupt hat sich das Bild für die Ernteaussichten in der letzten Zeit unbestreitbar nach der günstigeren Seite hin verschoben.‹

›Die Heuernte ist im Bezirke Nördlingen in der Hauptsache eingebracht. Das Ergebnis ist nach Quantität und Qualität im allgemeinen nur ein mittelmäßiges. Dazu kommt, daß vielerorts infolge Mangels an Heu aus dem Vorjahr schon sehr früh zur Grün-(Gras)-Fütterung übergegangen werden mußte, ein Umstand, der den Heuertrag sehr ungünstig beeinflußte. Wenn nicht eine gute Grummeternte noch kommt, wird der Heustock für den kommenden Winter recht knapp werden.‹

Das Bezirksamt F ü s s e n führt über die Frage des Fremdenverkehrs folgendes aus:
›In ein kritisches Stadium ist in Füssen die Frage des Fremdenverkehrs getreten. Auf der einen Seite drängten die Interessenten auf Regelung, auf der anderen Seite lehnen die Arbeiter jeden Fremdenverkehr ab. Zur vollständigen Klärung der ganzen Frage berief ich auf 8. Juli eine große Versammlung ein, in der alle Kreise zum Worte kamen. In dieser Versammlung gaben die erschienenen Arbeiterführer in aller Form die Erklärung ab, daß sie sich im Auftrage der gesamten Arbeiterschaft gegen jeden Fremdenverkehr wenden und die Interessentenkreise ernstlich warnen müßten, da sie möglicherweise die Arbeitermassen nicht mehr in der Hand hätten und diese gegebenenfalls vor

nichts zurückschreckten. Ich konnte eine bestimmte Erklärung über die von mir beabsichtigte Regelung nicht abgeben, da die vom Staatsministerium des Innern in Aussicht gestellten Vorschriften bis heute noch nicht veröffentlicht sind, ich ließ aber durchblicken, daß unter diesen Umständen auf jeden Fall mit einer Herabsetzung der freien Aufenthaltsdauer von 14 Tagen auf 1 Woche gerechnet werden müsse. Daraufhin erschienen bei mir am nächsten Tage die Besitzer der sämtlichen Hotels und Pensionen von Hohenschwangau und gaben die förmliche Erklärung ab, im Interesse der Ruhe und Ordnung für heuer ihre Betriebe gänzlich schließen zu wollen, sie müßten nur bitten, ihnen zur Erlangung von Pacht- und Steuerermäßigungen behilflich zu sein. Dieser dankenswerte Entschluß hat eine gewisse Erleichterung der Sachlage gebracht, wenn auch die schweren finanziellen Folgen nicht zu verkennen sind.‹

Das Bezirksamt N e u - U l m berichtet:
›Die im letzten Wochenberichte in Aussicht gestellte Versammlung der Milchinteressenten (Erzeuger und Verbraucher von Neu-Ulm – Stadt und Land) hat inzwischen stattgefunden. Sämtliche Gemeinden waren vertreten. Die Erzeuger haben einstimmig erklärt, daß sie die Milchlieferungen vollständig einstellen, wenn der Ministerrat in seiner nächsten Sitzung nicht die Erhöhung auf den württembergischen Milchpreis zugestehe. Es handelt sich hier, wie dem Landwirtschaftsministerium sofort berichtet wurde, um eine feste, von dem allgemeinen Willen der ganzen bäuerlichen Bevölkerung getragene Absicht, die bestimmt zur Ausführung kommt; demgegenüber erscheint die Anwendung von Zwangsmitteln nicht nur gefährlich, sondern auch aussichtslos, zumal der neue Bezirksausschuß, in dem auch die Sozialdemokratie vertreten ist, sich einstimmig und energisch für die Erhöhung der Milchpreise (und Eierpreise) ausgesprochen hat. Mit den Eiern werden sich die Dinge ähnlich entwickeln, wie mit der Milch. Die Preise sind, wie ich schon unzählige Male berichtet habe, viel zu nieder; infolgedessen geht die Anlieferung immer mehr zurück und bald wird sie ganz aufhören. Es wurden viele Leute zur Strafanzeige gebracht; für die Anlieferung hat das gar nichts geholfen, dagegen ungeheuer viel böse Stimmung gemacht.‹

Der Stadtrat L i n d a u berichtet folgendes:
›Erhebliche Aufregung der Bevölkerung von Stadt und Land brachte in Lindau die Obstversorgung, insbesondere die Versorgung mit Kirschen. Während zuerst von der Landesstelle[3] der Erzeugerhöchstpreis auf 50 Pfennig festgesetzt wurde, wurde kurze Zeit darauf, ohne daß die Kommunalverbände Lindau-Stadt und Land verständigt wurden, und ohne daß es amtlich bekannt gemacht wurde, auf Vorstellung des Obstbauvereins Wasserburg der Erzeugerhöchstpreis durch die Landesstelle von 50 Pfennig auf 1 Mark erhöht mit Rücksicht auf die im benachbarten Württemberg bestehenden Tagespreise. Wiederholte Vorstellungen von uns waren zuerst erfolglos. Allmählich wuchs die Erregung in der Bevölkerung immer mehr. Am Dienstag Abend fand hier eine Versammlung der Hausfrauen statt. Wir machten telegrafisch das Ministerium und die Landesstelle auf die bedenklichen Folgen einer solchen Preispolitik aufmerksam und erhielten gerade noch zur rechten Zeit die telegrafische Ermächtigung, den Höchstpreis auf 70 Pfennig festzusetzen und zeitweise die Ausfuhr zur Deckung des Bedarfs im eigenen Bezirk sperren zu dürfen. Würde diese Erlaubnis nicht erteilt worden sein, so wäre zweifellos eine größere Unruhe entstanden und die Leute hätten sich mit Gewalt die Kirschen verschafft. In der gleichen Versammlung beschäftigte sich man auch mit der Frage des Einkochzuckers. Die Teilnehmerinnen zogen abends noch vor

---

3 *Bayerische Landesstelle für Gemüse- und Obstversorgung.*

die hiesige Marmeladefabrik; zu Ausschreitungen kam es jedoch hiebei nicht. Am nächsten Tag wurde eine größere Anzahl Frauen beim II. Bürgermeister wegen Gewährung von Einkochzucker vorstellig. Eine entsprechende Eingabe wurde von uns an alle maßgebenden Stellen gerichtet.‹

Das Bezirksamt N ö r d l i n g e n hebt nachstehendes hervor:
›Schon seit längerer Zeit schürft eine Gesellschaft, an deren Spitze der Direktor der Hartsteinfabrik in Wemding, Binhammer, stehen soll, im Ries nach Braunkohlen. Die Resultate sollen, wie man hört, gute sein, zum Teil allerdings soll die Kohle sehr stark schwefelhaltig sein.‹

Über die Lage des Arbeitsmarkts, die Rohstoffversorgung, die Erwerbslosenfürsorge und die Wohnungsfürsorge berichten die beteiligten B e z i r k s v e r w a l t u n g s b e h ö r d e n, wie folgt:
›Lage der Industrie und des Handels in Augsburg: Die Störungen in der Kohlenversorgung bringen auch Betriebsstörungen mit sich. In der Hanfspinnerei und Bindfadenfabrik sind die im Inland noch vorhandenen verfügbaren Rohstoffe zur Industrie gelangt. Bei einer Arbeitszeit von 20 Wochenstunden ist damit eine Beschäftigung bis anfangs August dieses Jahres möglich. Die Weiterentwicklung hängt von der Möglichkeit der Beschaffung ausländischer Rohstoffe ab. In einem Betrieb des genannten Industriezweiges sind wochenweise 42 männliche und 87 weibliche Arbeitskräfte ausgestellt. Die Metallindustrie klagt schwer darüber, daß sie durch zu hohe Löhne gegenüber norddeutschen Werken nicht mehr konkurrenzfähig ist. Es besteht hierdurch die Befürchtung, daß dieser Umstand zu Betriebseinschränkungen und damit zur Arbeitslosigkeit führen wird. Im Eisenhandel ist die Lage immer noch sehr ungünstig; es besteht wenig Aussicht auf eine baldige bessere Belieferung des rechtsrheinischen Bayern. Besonders empfindlich ist der Mangel an Blechen und Radreifen, sowie an Schrauben und Drahtwaren, da diese Waren vielfach aus linksrheinischen Gebieten bezogen werden. Umso bedauerlicher ist es, daß das einzige rechtsrheinisch-bayerische Eisenwerk, die Maxhütte[4], wegen Kohlenmangels neuerdings zum Stillstand gekommen ist. Eine sehr unerfreuliche Erscheinung ist auch auf dem Gebiete des Eisenhandels der Schleichhandel. Reellen Geschäften, welche zu den Preisen der Vereinigung kaufen und verkaufen wollen, ist es vielfach nicht möglich, auch nur geringe Mengen an Waren zu erhalten, während der nicht legitime Zwischenhandel die Waren zu erhalten und mit riesigen Gewinnen zu vertreiben weiß. Der Schleichhandel hat vor dem alteingesessenen Handel, der mit den ins Ungemessene gestiegenen Lasten zu rechnen hat, dann noch den großen Vorsprung, daß er keine Lager zu unterhalten braucht, bzw. bei den Aufträgen für ein Lager nicht das heute so große Risiko eingehen muß. Bei einem doch unausbleiblichen Rückschlag werden deshalb von Seiten des eingesessenen, reellen Handels große Verluste zu beklagen sein. Die Preise der Waren steigen fortgesetzt in die Höhe. Die Aufhebung der Höchstpreise hat sich nicht als zweckmäßig erwiesen. Im Einzelhandel haben die Verhältnisse keine wesentliche Änderung erfahren. Vom besetzten Gebiete kamen viele Waren, insbesondere Textilstoffe herein, so daß der Verkauf rege war, trotzdem die Preise vielfach sehr hoch waren. Der erst kürzlich abgeschlossene Tarifvertrag für die Angestellten des Einzelhandels brachte den Geschäften eine nicht unwesentliche Spesenerhöhung.
Baumarkt in Augsburg: Bei den städtischen Bauarbeiten waren in der Berichtswoche 1225 Mann gegen 1255 der Vorwoche beschäftigt. Die Privatbautätigkeit beschäftigte

---

4 In Sulzbach-Rosenberg.

548 Mann gegen 679 der Vorwoche. Es ist hier ein erheblicher Rückgang in den Arbeiten zu verzeichnen.

Arbeitsmarkt in Augsburg: Die Besserung der Lage des Arbeitsmarktes hält an. In der Landwirtschaft kann Angebot und Nachfrage ziemlich gedeckt werden. Nach Forstarbeitern besteht lebhaft Nachfrage. In der Metallindustrie ist die Lage unverändert. Holzindustrie zeigt größeres Angebot, besonders für Möbelschreiner. In der Textilindustrie wurde ein Teil der gelernten Arbeitskräfte von den einzelnen Betrieben übernommen. Das Bekleidungsgewerbe sucht immer noch eine größere Anzahl Erwerbsgehilfen. Ungünstig beeinflußt durch Materialmangel ist das Baugewerbe, trotzdem werden Maurer und Zimmerleute gesucht. Ungelernte Arbeiter finden gegenwärtig weniger Arbeitsgelegenheit. Von den ungelernten weiblichen Arbeiterinnen wird ein kleiner Teil zur Hauswirtschaft überführt. Haus- und Gastwirtschaft gebraucht hauptsächlich geschultes Personal. Für kaufmännische Angestellte ist die Nachfrage ziemlich gering, insbesondere für weibliche Angestellte. Die Lehrstellenvermittlung ist nachteilig behindert durch die Löhne der jugendlichen Hilfsarbeiter. Nachstehende Übersicht der Tätigkeit des städtischen Arbeitsamtes nach dem Stande vom 11. Juli 1919 gibt zahlenmäßigen Aufschluß über die Bewegung auf dem Arbeitsmarkte.

Wirtschaftszweig	Unerl. Angeb.		Unerl. Nachfrage		Bemerkungen
	a. männl.	b. weibl.	a. männl.	b. weibl.	
Land- und Forstwirtschaft, Gärtnerei	107	52	12	–	
Metallverarbeitung	21	–	311	2	
Holzindustrie	44	–	9	–	
Textilindustrie	1	–	2	205	
Bekleidungs- und Reinigungsgewerbe	64	–	3	25	
Baugewerbe	30	–	35	–	
Sonst. Handwerk und Berufe	28	–	379	251	
Haus- und Gastwirtschaft	3	183	157	56	8 jugendl. m.
Ungelernte Arbeiter aller Art	–	–	328	950	27 jugendl. m. 16 jugendl. w.
Summe:	298	235	1236	1489	51 jugendl.
Gesamtsumme der Vorwoche:	302	245	1253	1661	46 jugendl.

Nach dem Stande vom 5. Juli 1919 hatten wir 1292 männliche und 1065 weibliche, zusammen 2357 Erwerbslose gegenüber 1270 männlichen, 1195 weiblichen und zusammen 2465 Erwerbslosen der Vorwoche. Hiezu kommen noch 1745 ganz erwerbslose und 3266 teilweise erwerbslose Textilarbeiter, deren Zahl sich gegenüber der Vorwoche um 343 verringert hat, so daß im ganzen 7368 Arbeitslose zu unterstützen waren, gegenüber 7819 der Vorwoche. Seit Beginn der Erwerbslosenfürsorge sind im ganzen 1303 Arbeitslose wieder in Beschäftigung getreten.

Wohnungsfürsorge in Augsburg: Eine Wendung zum Besseren ist noch nicht eingetreten. Die durch unser Wohnungsamt getroffenen Maßnahmen können nur das allerbescheidenste Maß der vorhandenen Wünsche zufriedenstellen. Hauptsächlich sind es Leute im Brautstande, die Wohnung suchen und Familien, die durch Kinderzuwachs größere Räume benötigen. Der Mangel an verfügbaren Wohnräumen ist jedoch so groß, daß nur ein Teil der Wohnungssuchenden befriedigt werden kann.‹

›Die Mechanische Bindfadenfabrik Immenstadt arbeitet zur Zeit immer noch nur 24 Stunden wöchentlich, wobei eine größere Gruppe Arbeitskräfte wechselweise 14 Tage überhaupt feiern muß; doch hofft sie nun auf baldige Besserung infolge bevorstehender Rohstoffeinfuhr aus der Schweiz. Die Allgäuer Baumwollspinnerei und Weberei Blaichach kann mit stetigen Schwankungen etwa 30–35 % ihrer Arbeiterschaft beschäftigen, auch sie erwartet sich Besserung. Die kleineren Webereibetriebe sind schon jetzt durch die Garnzuteilungen etwas günstiger gestellt und hoffen bald alle zur Zeit noch erwerbslosen Arbeiter wieder einstellen zu können. Das Hüttenamt Sonthofen arbeitet nach wie vor vollständig, mit Aufträgen wäre es für dieses Jahr versorgt, die Rohstoffbeschaffung wird aber immer schwieriger. Beim städtischen Arbeitsamt Immenstadt stehen für 57 Männliche, 26 Weibliche und 40 Lehrlinge offen: 52 bzw. 28 bzw. 3 Stellen.‹

›Beim städtischen Arbeitsamt Lindau sind zur Zeit 151 offene Stellen und 11 Stellensuchende angemeldet. Die Zahl der unterstützten Erwerbslosen beträgt zur Zeit 3. Besonders gesucht werden Schreiner, Maurer, Zimmerleute und Erdarbeiter; eine größere Anzahl Metallarbeiter wird nach Bregenz (Vorarlberg) gesucht. Die offenen Stellen für Maurer können nun doch wenigstens teilweise durch das Arbeitsamt München besetzt werden.‹

›Geklagt wird darüber, daß kriegsgefangene Russen von den Lagern immer wieder fortgeschickt werden und den im Lande befindlichen Arbeitslosen die Arbeit wegnehmen. Es mag dies zum Teil wohl den früheren Arbeitgebern der Kriegsgefangenen selbst zuzuschreiben sein.‹

Die Meldung des städtischen Arbeitsamtes Neu-Ulm ruht an.

II.

Am 5. Juli laufenden Jahres wurde in Kaufbeuren eine Ortsgruppe der U.S.P. gegründet, welcher nach Pressemitteilungen 60 Mitglieder beigetreten sind.

gez. von Praun, Regierungspräsident

[Anlage zum Wochenbericht vom 14. Juli]

Übersicht über die Arbeitsmarktlage am 12. Juli 1919.

Wirtschaftszweig	Unerl. Angeb.		Unerl. Nachfrage		Bemerkungen
	a. männl.	b. weibl.	a. männl.	b. weibl.	
Land- und Forstwirtschaft, Gärtnerei	6	8	2	1	
Metallverarbeitung	3	–	2	–	
Holzindustrie	6	–	3	–	
Textilindustrie	–	–	–	–	
Bekleidungs- und Reinigungsgewerbe	5	4	2	1	
Baugewerbe	–	–	–	–	
Sonst. Handwerk und Berufe	1	–	5	–	
Haus- und Gastwirtschaft	2	H 16 G 4	3	H – G 2	
Ungelernte Arbeiter aller Art	2	–	6	2	
Summe:	25	32	23	6	

Bemerkungen über die Lage des Arbeitsmarktes.
In der männl. und weibl. Abteilung der Landwirtschaft ist immer noch Mangel an Arbeitskräften zu verzeichnen.
In Gast- und besonders Hauswirtschaft fehlt es z. Zt. an weibl. Dienstboten.
Städt. Arbeitsamt Neu-Ulm.

Augsburg, den 21. Juli 1919 **80**

I.

Der Stadtrat A u g s b u r g berichtet:
›Seit Ausrufung des 21. Juli zum Weltstreiktag mehren sich die Gerüchte über Putsche und Demonstrationen. Die fortwährende Beunruhigung durch derartige Nachrichten löst bei der Bevölkerung allenthalben Unwillen aus. In der vergangenen Woche erfolgten durch die Kriminalpolizei 14 Festnahmen.‹

Der Stadtrat N ö r d l i n g e n berichtet:
›Bemerkungen von Angehörigen der Sozialdemokratischen Partei, daß bald wieder ein Umsturz erfolge, der diesmal von Nürnberg, Fürth und Bamberg ausgehe, haben veranlaßt, daß für die Einwohner- bzw. Dorfwehren erhöhte Bereitschaft angeordnet wurde.‹

Die bestehenden Lohnverhandlungen in den Wieland-Werken in Vöhringen, Bezirksamts Illertissen, scheinen zu einem befriedigenden Ergebnis gebracht zu werden, so daß die drohende Streikgefahr abgewendet ist.

Über die Ernteverhältnisse führt das Bezirksamt A u g s b u r g folgendes aus:
›Meistenorts im Landbezirke Augsburg ist die Wintergerste geschnitten. Als auffällig wird aus Hainhofen berichtet, daß die Granen, d. h. die Körnerspitzen beim Dreschen im unmittelbaren Anschluß an die Ernte nicht wegfallen. Die Wintergerste muß mindestens 8 Tage auf dem Speicher ausgebreitet sein, erst dann fallen sie beim Durchlassen durch die Maschine weg. Offenbar haben die an sich sehr schönen Körner unter der Trockenheit der Witterung gelitten, in den Spitzen Kieselsäure angesammelt und sind dadurch hart und glasig geworden. Auch sonst sind ähnliche Beobachtungen gemacht worden. Die Ernte ist im großen und ganzen nicht schlecht. Auch Raps ist schon geerntet und teilweise schon gedroschen. Die Ernte ist dem Vernehmen nach gut, in Hainhofen mit 11–12 Zentner für das Tagwerk, trotz Hagelschlag, vornehmlich dank Saatgutwechsel und Gebrauch der Sämaschine.‹

Die Heuernte ist nunmehr überall beendet. Die im Bezirke Illertissen inzwischen vorgenommenen Hagelschätzungen haben ergeben, daß in den Gemeinden Osterberg, Weiler und Winterrieden die Winterfrucht total vernichtet ist. Auch in den übrigen vom Unwetter betroffenen Gemeinden ist der Schaden am Wintergetreide ein sehr erheblicher. Der Bezirk wird bei der großen Zahl der verhagelten Gemeinden hinsichtlich der Versorgung und Ablieferung vor die größten Schwierigkeiten gestellt.

Das Bezirksamt N e u b u r g a / D . berichtet über das Nachlassen der Hamstererplage:
›Die Verteilung ausländischer Lebensmittel in den größeren Städten macht sich dadurch fühlbar, daß jetzt bedeutend weniger Städter zum wilden Einkauf aufs Land kommen, als bisher. Besonders in der Thierhaupter Gegend kann diese Wahrnehmung gemacht werden.‹

Das Bezirksamt A u g s b u r g hebt folgendes hervor:
›In der Volksernährung erweist sich die Ausgabe von amerikanischem Schweinefleisch, Speck und Auslandsschmalz sowie die Preissenkung als große Wohltat. Unbedingt notwendig ist aber, daß die Lebensmittelstelle die Preisberechnung für solche von ihr vor der Reichsverordnung über die Preissenkung ausgegebenen Waren beschleunigt; denn hiefür müssen höhere Preise verlangt werden und außerdem können die Waren nicht ausgegeben werden, bevor nicht der Abgabepreis kalkuliert werden kann.‹

Das Bezirksamt M a r k t O b e r d o r f berichtet nachstehendes:
›Die Unlust zur Erfüllung der Ablieferungspflicht und der Hang insbesondere zum Schwarzschlachten und damit auch zur Ausübung des Schleichhandels tritt leider auch im Amtsbezirke Markt Oberdorf immer mehr in die Erscheinung und es ist die Frage, welche Mittel als geeignet zur Bekämpfung dieser Mißstände zu erachten sind, im gegenwärtigen Zeitpunkte außerordentlich schwer zu beantworten. Ermahnungen zur Einsicht und Erfüllung der Lieferpflicht in vernunftgemäßer Berücksichtigung gerade der jetzigen Zeitverhältnisse pflegen gegenüber so manchen hetzerischen Bestrebungen vielfach wirkungslos zu verhallen. Die vom Staatsministerium für Landwirtschaft gewünschten scharfen Maßregeln, insbesondere Brechung eventuell gewaltsamer Widerstände gegen die Anwendung aller gesetzlichen Mittel wiederum durch Gewalt setzt das Vorhandensein unbedingter Staatsautorität und hinreichender staatlicher Gewaltmittel voraus, womit wohl nicht mit genügender Sicherheit zur Zeit dürfte gerechnet werden können.‹

Über die Regelung des Fremdenverkehrs teilt das Bezirksamt F ü s s e n folgendes mit:
›Zur Prüfung der in Füssen äußerst schwierigen Fremdenverkehrsfrage traf am 14. Juli ein Beauftragter des Landwirtschaftsministeriums, Regierungsassessor Dr. Schwind[1], ein, in dessen Gegenwart mit den Hauptinteressenten und Vertretern der Arbeiterschaft nochmals verhandelt wurde. Aufgrund dieser Besprechung wurde dann mit Ermächtigung des Landwirtschaftsministeriums die Aufenthaltszeit für die Gemeinden Füssen, Faulenbach und Schwangau auf 1 Woche herabgesetzt; für den übrigen Bezirk verbleibt es, allerdings unter dem Widerspruch der Füssener Interessenten bei den verordnungsmäßigen 2 Wochen[2]. Das Ministerium erklärte, eine Herabsetzung für den ganzen Bezirk unter keinen Umständen genehmigen zu wollen. In Hohenschwangau wird nur ein Hotel zur Befriedigung des Bedarfes der Angestellten und Arbeiter sowie für Passanten offen bleiben. Es ist bei dieser Regelung zu hoffen, daß die kritische Zeit des Fremdenverkehrs einigermaßen ruhig verlaufen wird, wenn man auch auf plötzliche Schwierigkeiten jederzeit gefaßt sein muß.‹

Über die Lage des Arbeitsmarktes und die Erwerbslosenfürsorge berichten die beteiligten B e z i r k s v e r w a l t u n g s b e h ö r d e n, wie folgt:
›Lage der Industrie in Augsburg: Die Lage der Industrie und des Gewerbes ist gegenüber der Vorwoche im allgemeinen unverändert. Der anhaltende Kohlenmangel beeinträchtigt das Wirtschaftsleben immer ungünstiger. So ist die Mechanische Schuhfabrik Levinger gezwungen, den Betrieb mit 150 Arbeitern einzustellen.
Baumarkt in Augsburg: Bei den städtischen Bauarbeiten waren in der Berichtswoche 1209 Mann gegen 1225 der Vorwoche beschäftigt. Die private Bautätigkeit beschäftigte 722 Mann gegen 548 der Vorwoche.
Arbeitsmarkt in Augsburg: Die Lage des Arbeitsmarktes hat sich gegen die Vorwoche nicht geändert. Die Nachfrage nach landwirtschaftlichen Arbeitskräften ist fortdauernd sehr rege. Auch Forstarbeiter werden gesucht. Die Metallindustrie sucht hauptsächlich Kessel- und Hammerschmiede, sowie Former; sonst hält sich das Angebot in mäßigen Grenzen. Der Bedarf an Arbeitskräften in der Holzindustrie ist etwas zurückgegangen. Möbelschreiner werden trotzdem noch verlangt. Die Lage in der Textilindustrie hat eine Änderung nicht erfahren. Bei geringer Nachfrage werden Schneider und Schuhmacher lebhaft verlangt. Das Baugewerbe sucht noch Maurer und Zimmerleute hauptsächlich nach auswärts. Kaufmännische Angestellte finden die Lage des Arbeitsmarktes unverändert. Haus- und Gastwirtschaft verzeichnet ein reichliches Angebot an offenen Stellen, jedoch meist nur für geschultes Personal. Der Mangel an Baumaterial hat ein geringes Angebot für männliche Ungelernte zur Folge. Ein Teil der weiblichen Ungelernten konnte zur Hauswirtschaft überführt werden, ein anderer Teil wurde von ihren alten Betrieben übernommen. Die Zahl der männlichen Arbeitslosen hält sich gegenüber der Vorwoche auf der gleichen Höhe, während die Zahl der weiblichen Arbeitslosen um 400 abgenommen hat. Nachstehende Übersicht der Tätigkeit des städtischen Arbeitsamtes nach dem Stande vom 18. Juli 1919 gibt zahlenmäßigen Aufschluß über die Bewegung auf dem Arbeitsmarkte.

---

1 Dr. Felix Schwind (1868–1951). 1919 Rechtsrat, 1919–1929 II. Rechtskundiger Bürgermeister der Stadt Aschaffenburg.
2 Gemäß einer vom Bayer. Staatsministerium für Landwirtschaft erlassenen Bek vom 10.7.1919 (StAnz 170) durften in Heilbädern, Kurorten und Erholungsplätzen sowie in Orten mit weniger als 6000 Einwohnern Fremde zur Kur oder Erholung nur in einer Zahl von höchstens 50 % der vorhandenen Fremdenbetten und nur für einen Zeitraum von höchstens zwei Wochen Aufenthalt aufgenommen und beherbergt werden. Zu einem längeren Aufenthalt war die Erlaubnis des Bezirksamts nötig.

Wirtschaftszweig	Unerl. Angeb.		Unerl. Nachfrage		Bemerkungen
	a. männl.	b. weibl.	a. männl.	b. weibl.	
Land- und Forstwirtschaft, Gärtnerei	75	42	9	–	
Metallverarbeitung	46	–	298	–	
Holzindustrie	25	–	15	–	
Textilindustrie	–	–	3	116	
Bekleidungs- und Reinigungsgewerbe	41	–	3	20	
Baugewerbe	23	–	43	–	
Sonst. Handwerk und Berufe	28	8	373	212	
Haus- und Gastwirtschaft	7	188	180	35	6 jugendl. m.
Ungelernte Arbeiter aller Art	–	6	312	700	27 jugendl. m. 8 jugendl. w.
Summe:	245	244	1236	1083	41 jugendl.
Gesamtsumme der Vorwoche:	298	235	1236	1489	51 jugendl.

Nach dem Stande vom 12. Juli 1919 hatten wir 1275 männliche und 964 weibliche, zusammen 2239 Erwerbslose gegenüber 1292 männlichen, 1065 weiblichen und zusammen 2357 Erwerbslosen. Zu- und Abgänge an ganz oder teilweise erwerbslosen Textilarbeitern sind in dieser Woche nicht verzeichnet. Seit Beginn der Erwerbslosenfürsorge sind im ganzen 13.836 Arbeitslose wieder in Beschäftigung getreten.

Wohnungsfürsorge in Augsburg: Eine Änderung gegenüber der Vorwoche ist nicht zu verzeichnen.‹

›Die Lage des Arbeitsmarktes in Lindau ist annähernd die gleiche, wie im letzten Bericht angegeben. Die offenen Stellen für Maurer mußten, damit die Arbeiten fortgesetzt werden konnten, teilweise mit deutsch-österreichischen Arbeitern besetzt werden, da auch das Hauptarbeitsamt München außerstande war, den Bedarf an Arbeitskräften zu decken. Die Leute wurden insbesondere für den Neubau der Milchfabrik in Schlachters benötigt. Von einer Vorarlberger Firma werden eine Anzahl verschiedener Metallarbeiter gesucht und es sind auch eine Unmenge Stellengesuche dafür eingelaufen. Infolge der immer noch bestehenden strengen Paßvorschriften ist es leider fast unmöglich, auswärtige Arbeitskräfte nach Vorarlberg zu vermitteln.‹

Die Meldung des städtischen Arbeitsamtes Neu-Ulm liegt an.

II.

Der Stadtrat A u g s b u r g berichtet über eine Versammlung der U.S.P. in Augsburg folgendes: ›Am Donnerstag, den 17. Juli abends 7 Uhr fand in Augsburg im Ludwigsbau eine öffentliche politische Versammlung der U.S.P. Augsburg statt. Es waren als Redner der Volksschullehrer Niekisch und ehemalige Minister Unterleitner genannt. Niekisch sprach über ›Die Zukunftsaufgaben unserer Politik‹. Dabei ging er hauptsächlich gegen die Mehrheitssozialisten vor. Er sang ein Loblied auf das allein seligmachende Rätesystem und verwarf den Parlamentarismus. Er konnte sich nicht versagen, in dunklen Andeutungen auf den kommenden Entscheidungskampf hinzuweisen und damit die weniger denkfähigen Massen aufzuhetzen. Mit Emphase feierte er Leviné als Märtyrer der Revolution, der wie ein Held gestorben sei. Anstelle des verhinderten Unterleitner sprach Kröpelin[3], München, über das von Unterleitner gewählte Thema ›Die U.S.P. und der Friedensvertrag‹. Er behandelte mit spöttischen Ausführungen die Unterzeichnung des Friedensvertrages und warf unbekümmert um die geschichtliche Wahrheit die inneren Zusammenhänge von Entwicklung zum Kriege, Kriegsverlauf und Kriegsende durcheinander, um die Haltung der U.S.P. zu verherrlichen. Politisch ist er unentwegter Optimist und rechnet nach wie vor mit der kommenden Weltrevolution. Niekisch hat dann zum Schlusse die Versammlung auf das gegen die U.S.P. eingesetzte Spitzeltum aufmerksam gemacht und dringend davor gewarnt, gegen diese nicht scharf genug zu verurteilenden Gesellen ja nichts Unüberlegtes zu unternehmen, was schließlich die Partei dann bitter büßen muß.

Er gab bekannt, daß in der nächsten Zeit an die Schaffung eines eigenen Parteiorganes in Augsburg gegangen wird.

Die Versammlung wurde unruhig, als Kröpelin die anwesenden Mehrheitssozialisten zur Gegenrede aufforderte und diese als feige bezeichnete, wenn sie seiner Aufforderung nicht nachkämen. Aus der Menge heraus wurde dann der Name ›Wernthaler‹, ein bekannter Gewerkschaftsführer und Stadtrat gerufen und es hatte den Anschein, als wollte man ihn zum Rednerpodium gewaltsam hinaufschleppen. Die Glocke des Genossen Niekisch wehrte jedoch ab und dieser wies ein derartiges Beginnen zurück mit dem Hinweis darauf, daß man niemand zur Gegenrede zwingen könne.

Die Versammlung war ungemein stark besucht. Sie endete um 10.20 Uhr. Eine Ausschreitung war nicht zu verzeichnen.‹

gez. von Praun, Regierungspräsident

---

3 Karl Kröpelin (1893–1977) Schlosser. 1918–1919 Mitglied des Provisorischen Nationalrats des Volksstaates Bayern. 1946 Ministerialrat im Bayer. Staatsministerium für Arbeit und Soziale Fürsorge.

[Anlage zum Wochenbericht vom 21. Juli]

Übersicht des städtischen Arbeitsamts Neu-Ulm über die Arbeitsmarktlage am 19. Juli

Wirtschaftszweig	Unerl. Angeb.		Unerl. Nachfrage		Bemerkungen
	a. männl.	b. weibl.	a. männl.	b. weibl.	
Land- und Forstwirtschaft, Gärtnerei	5	10	2	–	
Metallverarbeitung	3	–	7	–	
Holzindustrie	5	–	3	–	
Textilindustrie	–	–	–	–	
Bekleidungs- und Reinigungsgewerbe	5	–	3	3	
Baugewerbe	–	–	–	–	
Sonst. Handwerk und Berufe	1	–	9	–	
Haus- und Gastwirtschaft	1	H 21 G 8	2	H – G 5	Kellnerin
Ungelernte Arbeiter aller Art	1	–	18	1	
Summe:	21	39	44	9	

Bemerkungen über die Lage des Arbeitsmarktes.
Im allgemeinen deckt sich Arbeitsangebot mit Arbeitsnachfrage mit Ausnahme eines Überangebots offener Stellen in der Hauswirtschaft für weibl. Dienstboten.
Städt. Arbeitsamt Neu-Ulm.

Augsburg, den 28. Juli 1919   **81**

I.

Der Stadtrat A u g s b u r g berichtet:
›Nachdem der Weltstreiktag am 21. Juli¹ ruhig verlaufen ist, hat in der Bevölkerung wieder eine zuversichtlichere Stimmung Platz gegriffen. Politisch wird gegenwärtig viel gearbeitet. Das zeigen die zahlreichen Versammlungen, die in den verschiedenen Stadtbezirken und den Vororten insbesondere seitens der U.S.P. abgehalten werden.‹

---

1 Der von der internationalen Sozialdemokratie ausgerufene Streik sollte ein Protest gegen die harten, auch die Arbeiter treffenden Bedingungen des Versailler Friedensvertrages sein. In den Siegerstaaten Frankreich, England usw. erwies sich der Streik als Fehlschlag. In Deutschland demonstrierten die Sozialdemokraten gegen die ›Umtriebe der Reaktionäre‹ und zugleich gegen die politischen Ziele der USPD und KPD. Die USPD forderte Weltrevolution und internationale Solidarität bei der sozialistischen Völkerbefreiung.

Über die Ernteaussichten berichten die Bezirksämter K a u f b e u r e n , L i n d a u und N ö r d l i n g e n :

›Die Heuernte im Bezirke Kaufbeuren ist beendet, die Menge beträgt ⅓ weniger als sonst, die Beschaffenheit wird meistens als gut bis sehr gut bezeichnet. Der Grummetansatz und das Wintergetreide haben sich durch die reichlichen Niederschläge gut entwickelt, vom Sommergetreide wird auch die Gerste als aussichtsreich bezeichnet, wogegen der Hafer stark zurückgeblieben ist, soweit er nicht ohnehin mitsamt dem übrigen Sommergetreide verhagelt wurde.‹

›Das anhaltende nasse und kalte Wetter verhindert die weitere Entwicklung der Wiesen im Bezirke Lindau, so daß die Aussichten auf die Grummeternte sehr schlechte sind.‹

›Da die ungünstige Witterung weiterhin anhält, muß mit einer längeren Verzögerung der Getreideernte gerechnet werden. Dies wird auch Schwierigkeiten in der Versorgung zahlreicher Landwirte zur Folge haben, zumal solche jetzt schon über Mangel an Mehl Klage führen und die Hilfe des Kommunalverbandes Nördlingen in Anspruch zu nehmen genötigt sind. Der fortdauernde Futtermangel hat Veranlassung gegeben, die Landesgetreidestelle um baldigste Zuweisung von Wintergerste oder Kleie zu ersuchen.‹

Der Kommunalverbandsausschuß Z u s m a r s h a u s e n hat in der Sitzung vom 25. dieses Monats unter anderem folgende Beschlüsse gefaßt:
1. Um das Ablieferungssoll des Bezirkes an Eiern eher zu erreichen und zur wirksameren Bekämpfung des Schleichhandels mit Eiern soll an die Staatsregierung das Gesuch um Erhöhung des Eierpreises auf 25 Pfennig für das Stück gerichtet werden.
2. Anstelle von Marmelade und Kunsthonig soll der Bevölkerung der entsprechende Anteil an Zucker zugewiesen werden.

Das Bezirksamt A u g s b u r g berichtet:

›Die Bestrebungen der Arbeiterschaft von Göggingen, Gersthofen und Haunstetten nach Besserstellung im Verteilungsschlüssel für Verteilungswaren haben auf die übrigen Arbeitergemeinden der Umgebung von Augsburg – Steppach, Leitershofen, Stadtbergen, Deuringen, Westheim, Ottmarshausen, Hammel, Aystetten, Schlipsheim – übergegriffen. Sie beantragen alle Gleichstellung mit Göggingen und dieses Gleichstellung mit Augsburg. Die Anträge werden an die Lebensmittelstelle weitergeleitet.‹

Über die Lage des Arbeitsmarktes, des Wohnungsmarktes, den Stand von Industrie und Handel, sowie die Erwerbslosenfürsorge berichten die beteiligten B e z i r k s v e r w a l t u n g s b e h ö r d e n , was folgt:

›Lage der Industrie und des Handels in Augsburg: Eine Besserung ist gegenüber der Vorwoche nicht eingetreten.

Baumarkt in Augsburg: Bei den städtischen Bauarbeiten waren in der Berichtswoche 1028 gegenüber 1209 Mann der Vorwoche beschäftigt. Die private Bautätigkeit beschäftigte 677 Arbeiter gegenüber 722 der Vorwoche. Die Beschäftigungsmöglichkeit durch Bauarbeiten ist infolge Fehlens von Baustoffen in starkem Abnehmen begriffen.

Arbeitsmarkt in Augsburg: Die Lage des Arbeitsmarktes bessert sich langsam. Das ungünstige Wetter hat die Ernte hinausgeschoben, so daß die Nachfrage nach landwirtschaftlichen Arbeitskräften diese Woche zurückgegangen ist. Die Metallindustrie sucht Kessel- und Hammerschmiede, sowie Former. Ein großer Überschuß besteht an Maschinenschlossern und Eisendrehern. Die Holzindustrie ist gut beschäftigt und sucht hauptsächlich Möbelschreiner. Unverändert ist die Lage bei der Textilindustrie. Schneider und Schuhmacher sind immer gesucht. Kaufmännische Angestellte finden eine allmähliche Besserung des Arbeitsmarktes vor. Gast- und Hauswirtschaft sucht geschultes Personal, das in geringem Maße vorhanden ist. Das Angebot für männliche Ungelernte ist gering. Ein Teil der Ungelernten besteht aus Erwerbsbeschränkten, für die Arbeitsstellen nur schwer gefunden werden können. Die Zahl der weiblichen Ungelernten ist wieder etwas zurückgegangen. Nachstehende Übersicht der Tätigkeit des städtischen Arbeitsamtes nach dem Stande vom 25. Juli 1919 gibt zahlenmäßigen Aufschluß über die Bewegung auf dem Arbeitsmarkt.

Wirtschaftszweig	Unerl. Angeb.		Unerl. Nachfrage		Bemerkungen
	a. männl.	b. weibl.	a. männl.	b. weibl.	
Land- und Forstwirtschaft, Gärtnerei	60	49	12	4	
Metallverarbeitung	44	–	289	1	
Holzindustrie	57	–	16	–	
Textilindustrie	–	–	4	104	
Bekleidungs- und Reinigungsgewerbe	26	–	1	13	
Baugewerbe	58	–	30	–	
Sonst. Handwerk und Berufe	30	6	346	205	
Haus- und Gastwirtschaft	–	195	179	65	5 jugendl. m.
Ungelernte Arbeiter aller Art	–	4	277	650	25 jugendl. m 6 jugendl. w.
Summe:	275	254	1154	1042	36 jugendl.
Gesamtsumme der Vorwoche:	245	244	1236	1083	41 jugendl.

Nach dem Stande vom 19. Juli 1919 hatten wir 1188 männliche und 889 weibliche, zusammen 2077 Erwerbslose gegenüber 1275 männlichen und 946 weiblichen, zusammen 2239 Erwerbslosen der Vorwoche. Zu- und Abgänge an erwerbslosen Textilarbeitern sind nicht verzeichnet. Seit Beginn der Erwerbslosenfürsorge sind im ganzen 14.164 Arbeitslose wieder in Beschäftigung getreten.
Wohnungsfürsorge in Augsburg: Die seither eingeschlagenen Wege zur Behebung der Wohnungsnot sind immer noch unzureichend. Die Rationierung stößt auf viele Schwierigkeiten, sowohl bei den Hausbesitzern wie bei den Mietern. Außer den bereits im vergangenen Herbst und im heurigen Frühjahr begonnenen Kleinwohnungsbauten sind vorerst keine weiteren Neubauten geplant.
Die Versorgung des Gaswerkes in Augsburg mit Kohlen ist derart schlecht, daß seit 14 Tagen die nächtliche Straßenbeleuchtung und seit 26.7. auch die Gasversorgung der Bevölkerung untertags eingestellt werden mußte.
Eine auffallende Erscheinung ist, daß sich in Augsburg eine rege Nachfrage nach den Aufbauarbeiten in Frankreich kundgibt. Dem Äußeren nach scheinen es aber meist etwas abenteuerlich veranlagte Leute zu sein.‹

Beim Arbeitsamt Memmingen stehen 83 offenen Stellen für Männliche 36 Stellengesuche gegenüber. Die Zahl der Erwerbslosen beträgt 27.

Die Meldung des städtischen Arbeitsamtes Neu-Ulm liegt an.

Der Arbeitsmarkt und die Beschäftigung der Industrie des Bezirkes Sonthofen haben wesentliche Änderungen nicht erfahren. Das Arbeitsamt Immenstadt meldet: Offene Stellen: 32 für männliche Personen, 29 für weibliche Personen, 2 für Lehrlinge. Arbeitsuchende: 78 männliche Personen, 36 weibliche Personen, 40 Lehrlinge.

II.

Das Bezirksamt M i n d e l h e i m berichtet:
›Nach Mitteilung des Generalkommandos I. Armeekorps soll am 2. August dieses Jahres in Mindelheim eine Versammlung der U.S.P. stattfinden.‹

Über eine Versammlung der Bezirksbauernräte des Kreises Schwaben hat das Bezirksamt Augsburg den in Abschrift anruhenden Bericht erstattet.

gez. von Praun, Regierungspräsident.

[Anlage 1 zum Wochenbericht vom 28. Juli]
Übersicht über die Arbeitsmarktlage am 26. Juli 1919.

Wirtschaftszweig	Unerl. Angeb.		Unerl. Nachfrage		Bemerkungen
	a. männl.	b. weibl.	a. männl.	b. weibl.	
Land- und Forstwirtschaft, Gärtnerei	6	8	4	1	
Metallverarbeitung	5	–	9	–	
Holzindustrie	4	–	3	–	
Textilindustrie	–	–	–	–	
Bekleidungs- und Reinigungsgewerbe	–	–	3	3	
Baugewerbe	–	–	–	–	
Sonst. Handwerk und Berufe	–	–	10	–	
Haus- und Gastwirtschaft	–	H 17 G 11	2	H – G 5	Kellnerinnen
Ungelernte Arbeiter aller Art	4	–	20	–	
Summe:	19	36	51	9	

Bemerkungen über die Lage des Arbeitsmarktes:
Wie im Vorberichte.
Städt. Arbeitsamt Neu-Ulm.

[Anlage 2 zum Wochenbericht vom 28. Juli]

Augsburg, den 26. Juli 1919: Bezirksamt Augsburg an das Präsidium der Regierung von Schwaben und Neuburg

Betreff: Wochenbericht

Meinem Wochenberichte von heute trage ich nach:

I. Zwecks Wahl von Kreisbauern- und Landesbauernräten fand heute nachmittag im Café Union in Augsburg eine Versammlung sämtlicher Bezirksbauernräte des Kreises Schwaben statt. Anwesend waren etwa 250–300 Personen, darunter als Vertreter der Kreisregierung Oberregierungsrat Müller[2] und als Vertreter des Bezirksamts Augsburg der Unterfertigte.

II. Im Mittelpunkt stand ein Vortrag des Kreisbauernrates und Geschäftsführers des Bundes der Landwirte Brügel[3] – Nürnberg über ›die Organisation der Bauern- und Landarbeiterräte im Reiche und in Bayern‹ und über ›ihre Aufgaben und Ziele in der neuen Rechts- und Wirtschaftsordnung‹.

A. Ausgehend von der Zusicherung des Reichsernährungsministeriums über den tunlichst baldigen Abbau der Zwangswirtschaft und Kriegsgesellschaften und von Fehlern unserer Kriegswirtschaft, insbesondere der Preispolitik und der Kommunalverbände, berichtete der Redner über die Tagung des Reichsbauern- und Landarbeiterrates zu Goslar und zwar zunächst zur Organisationsfrage.

1. Im ›Reichsbauern- und Landarbeiterrate‹ soll vorerst die gesamte auf dem Lande lebende Bevölkerung vertreten sein nämlich
    a) die Arbeitgeber,
    b) die Arbeitnehmer (Landarbeiter, Gesinde),
    c) als Mittelgruppe die ländlichen Handwerker, Gewerbetreibenden und Beamten (vornehmlich Gutsbeamten), Geistlichen, Lehrer.

2. Bis zum Neuaufbau der gesamten Organisation der Bauernräte von den örtlichen Räten aus will der Reichsbauern- und Landarbeiterrat (kurz ›Reichsbauernrat‹) sowohl in seinem 21-köpfigen Gesamtvorstand wie in seinem 9-köpfigen Arbeitsausschuß mit den hiefür abgeordneten Vertretern der bestehenden Organisationen der Landwirtschaft insbesondere zur Vertretung der landwirtschaftlichen Interessen gegenüber der Regierung und bei der Gesetzgebung zusammenwirken. Hiezu hat sich eine Reihe von landwirtschaftlichen Organisationen bereit erklärt, so die Vereinigung der deutschen Bauernräte, der Bund der Landwirte, der deutsche Landwirtschaftsrat, der Reichsverband der deutschen landwirtschaftlichen Genossenschaften, die Arbeitsgemeinschaft der deutschen Landwirtschaft, der Generalverband der deutschen Raiffeisenvereine, der Zentralverband der forst-, wein- und landwirtschaftlichen Arbeiter, der deutsche Landarbeiterverband.

3. Der bayerische Landesbauernrat, nicht aus ordentlichen Wahlen hervorgegangen und daher steigender Erbitterung begegnend, erklärte sich mit der Zuwahl von weiteren Mitgliedern einverstanden, die Mehrheit der Bauernräte aber fordert eine Neuwahl in den einzelnen Kreisen. Jeder Bezirksbauernrat wählt einen Vertreter und einen Stellvertreter in

---

2 Michael Müller (1865–1928). 1909 Regierungsrat bei der Regierung von Schwaben und Neuburg. 1919 Titel und Rang eines Oberregierungsrats, 1920 Regierungsdirektor.
3 Wolfgang Brügel (1883–1945), Landwirt, Leutnant der Landwehr. 1920–1933 MdL (Bayerische Mittelpartei bzw. Deutsche Volkspartei bzw. Deutschnationale Volkspartei bzw. Deutsche Volkspartei der Pfalz und Nationalliberale Landespartei bzw. Deutschnationale Volkspartei).

den Kreisbauernrat, die Kreisbauernräte wählen zunächst je drei Vertreter in den Landesbauernrat.

B. Zu den Aufgaben und Zielen der Bauern- und Landarbeiterräte führte der Redner aus:

1. Die Vertretung der landwirtschaftlichen Interessen durch die politischen Parteien war und ist, namentlich bei der neuen Verfassung (Einkammersystem) und der gegenwärtig herrschenden Parteirichtung unzulänglich. Die Landwirtschaft muß entpolitisiert, das Gesunde am Rätegedanken in die richtige Bahn geleitet und durch Schaffung einer berufsständischen Vertretung der Landwirtschaft, gleichgültig unter welchem Namen (›Wirtschaftsparlament‹, ›Landwirtschaftskammer‹), ein Zweikammersystem eingeführt werden, wo eine ›Kammer der Arbeit‹, unabhängig von der politischen Parteirichtung auf die Gesetzgebung Einfluß nehmen kann.

2. Arbeitsgebiete und -ziele für diese landwirtschaftliche Berufsvertretung müßten sein: Einfluß auf die werdenden Gesetze, namentlich auch auf die Ausführungsbestimmungen hiezu; staatsbürgerliche Erziehung der Jugend; Kontrolle über die Verwendung der vom Staate für die Landwirtschaft ausgeworfenen Mittel; organischer Abbau der Zwangswirtschaft unter Berücksichtigung der wirtschaftlichen Zusammenhänge, namentlich gleichzeitige Aufhebung für alle leicht verderblichen Nahrungsmittel (Obst und Gemüse); Steigerung der landwirtschaftlichen Erzeugung; Verteilung der Futtermittel und Übernahme der Schlachtviehaufbringung; Ausdehnung des Genossenschaftswesens; Schaffung von Bauernstellen mit Hilfe einer vorkaufsberechtigten staatlichen Länderbank und Ausschaltung des Güterhandels; Förderung der Fachschulen und Einführung der landwirtschaftlichen Fachaufsicht über das landwirtschaftliche Schulwesen; amtliche Rentabilitätsfeststellung der landwirtschaftlichen Anwesen; Ausschluß der Zugrundelegung des Verkaufswertes der Anwesen bei der Besteuerung; Beschränkung des Zwischenhandels; Bekämpfung des Lebensmittelwuchers; Aufklärung über die Gefahren der – beim 8-, 10- und 11-Stundentag sowie bei Entlohnung jeder Überstunde unvermeidlichen – extensiven Betriebsweise für die Steuer- und Ernährungswirtschaft (Abhängigkeit vom Ausland!); Zurückschneidung der Arbeitslosenfürsorge.
Ganz besonders lenkte der Redner die Aufmerksamkeit der Regierung auf den Landarbeiterstreik und seinen für 4. August 1919 drohenden Wiederausbruch.

3. Zur Erreichung dieser Ziele ist nötig der Zusammenschluß sämtlicher Bauernexistenzen in eine Gewerkschaft, die sich selbst finanziert, nicht vom Staat je nach Gutdünken den Brotkorb höher gehängt bekommen kann.
Schließlich richtete der Redner an die Versammlung einen warmen Appell zur Schaffung von Freistellen auf dem Lande für die Kriegsgefangenen unter eindringlicher Darlegung der Gefahr, die Zurückkehrenden in die Arme der Kommunisten und Bolschewisten zu treiben.
Die Ausführungen waren maßvoll und fanden den vollen Beifall der Versammlung.

III. Die allgemeine Aussprache befaßte sich mit

1. den Überwachungsbeamten für Viehstandsverzeichnisse[4]. Mehrere Redner sprachen sich energisch gegen diese erst jüngst vom Landwirtschaftsministerium wieder anbefohlene Aufstellung aus. Die Landwirtschaft habe dieses Überwachungssystem übersatt.

---

4 Die Bayer. Fleischversorgungsstelle verpflichtete durch Bek vom 25.6.1919 (in Kraft ab 1.7.1919: StAnz 158) unter Aufhebung der Bek vom 5.9.1918 (StAnz 208) die Viehhalter, die Zu- und Abgänge an Vieh am 1. eines jeden Monats für den abgelaufenen Monat den Gemeindebehörden mündlich oder schriftlich zu melden. Die Distriktsverwaltungsbehörden und Kommunalverbände überwachten diese Anordnung.

2. der Freigabe des Zucht- und Nutzviehstandes, die im allgemeinen nur für den Verkehr von Landwirt zu Landwirt empfohlen wurde, weiter mit der Aufhebung des Verbotes der Zucht- und Nutzviehmärkte, die namentlich von den Allgäuer Vertretern lebhaft angestrebt wird.
3. Ein Antrag, die Eierpreise in den anstoßenden Grenzbezirken an die höheren Eierpreise Württembergs anzugleichen oder die Eierversorgung ganz aufzuheben oder einheitliche Eierpreise für das ganze Reich festzusetzen, weiter gegen die Bewucherung mit der Hühnergerste durch die Kommunalverbände Stellung zu nehmen, wurde einstimmig angenommen.
4. Gefordert wurde weiter prozentuale Berechnung der Ablieferungsschuldigkeit des einzelnen Viehhalters aus seinem Viehstande; Abstufung der Ablieferungsschuldigkeit des Viehhalters nach Groß- und Kleinvieh oder nach dem Umfange des Grundbesitzes, Überlassung sämtlicher aus Notschlachtungen anfallenden Häute an die Schadenleider.
5. Gegen die Übernahme von Städtern (Kriegsgefangenen) auf das Land wurde die Gefahr der Verhetzung geltend gemacht; die Kommunisten seien schon in die Reichswehr eingedrungen und meldeten sich zur Abholung der Kriegsgefangenen, um ihnen gleich von Anfang an das Gift ihrer Ideen einzuspritzen.
6. der Vertreter der Kreisregierung, Oberregierungsrat Müller, klärte die Versammlung über den Grund und Zweck der Aufstellung von Viehstandskontrolleuren, über die Zucht- und Nutzviehpreise und -märkte, das Wechselverhältnis zwischen Kohlen- und Viehlieferung zwischen dem sonstigen Reich und Bayern, über das Abrechnungsverhältnis von Klein- und Großvieh und die Nachteile der prozentualen Aufbringung des Schlachtviehes auf; er unterstützte wärmstens den Aufruf zur Unterbringung von Kriegsgefangenen auf dem Lande[5]. Auch Kreisbauernrat Brügel klärte die Versammlung wiederholt auf und sprach dann gegen 5 ¾ Uhr das Schlußwort.
IV. Die Wahlen vollzogen sich in der unter II A 3 angegebenen Weise, jene zum Landesbauernrat in einer geschlossenen Versammlung der Kreisvertreter.

i. V. gez. Dr. Albrecht[6]

Augsburg, den 4. August 1919 **82**

I.

Das Bezirksamt N e u b u r g a . D . berichtet:
›Der Sicherheitszustand ist immer noch wenig befriedigend. Einbruchsdiebstähle nehmen zu. In der Schweizer'schen Ziegelei bei Gempfing legten 10 Arbeiter die Arbeit nieder und stellten nach Angabe des Betriebsinhabers unberechtigte Forderungen. Da Gewalttätigkeit zu befürchten war, wurde die Gendarmerie durch 3 Mann der hiesigen Sicherheitskompanie verstärkt.‹

---

5 *Durch den vom Landesbauernrat herausgegebenen Aufruf sollte heimgekehrten, erholungsbedürftigen Kriegsgefangenen für einige Wochen ein kostenloser Aufenthalt auf dem Land gewährt werden, um ihnen das Ausruhen von seelischen und körperlichen Leiden der Kriegsgefangenenschaft und die Kräftigung ihrer Gesundheit zu ermöglichen. Die Ministerien für Soziale Fürsorge und für Landwirtschaft forderten die Behörde auf, diese Aktion zu unterstützen; StAnz 189 (1919).*
6 *Dr. Karl Albrecht (1880–1959). 1921 Regierungsrat I. Klasse, 1927 Bezirksoberamtmann und Vorstand des Bezirksamts Memmingen, 1931 Oberregierungsrat, 1945–1947 kommissarischer Vizepräsident der Regierung von Schwaben, 1947 Vizepräsident.*

Über die Ernteergebnisse bzw. Aussichten berichten die B e z i r k s ä m t e r wie folgt:
›Die Heuernte im Bezirk Dillingen ist beendigt. Der Ertrag war mittelmäßig. Die Güte darf als befriedigend bezeichnet werden. Die Wintersaat steht nicht gut; viel Mäusefraß und dünner Bestand. Die Sommerfrucht verspricht ein gutes Mittelerträgnis. Die Ernte verzögert sich infolge der naßkalten Witterung gegen sonst um etwa 3 Wochen. Die Hackfrüchte stehen jetzt gut. Vorläufig herrscht noch großer Mangel an Brotgetreide.‹

›Das wärmere Wetter wirkte sehr günstig auf das Ausreifen der Frucht im Bezirk Krumbach. Es wird mit einer Mittelernte im Winter- und Sommergetreide gerechnet werden können. Beim Andauern der günstigen Witterung kann Ende der kommenden Woche mit dem Getreideschnitt begonnen werden.‹

›Die Ernte verzögert sich heuer im Bezirk Memmingen in ungewöhnlicher Weise; in der Hauptsache wird sie erst Mitte August beginnen. Durch die ungeheuren Hagelschäden werden ca. 1500 Landwirte und Landwirtsangehörige, die bisher Selbstversorger waren, zu den Versorgungsberechtigten übertreten. Der Übergang zu dem neuen Wirtschaftsjahr ist dadurch für den Kommunalverband besonders erschwert.‹

›Die Roggenernte hat während der letzten schönen Tage im Bezirk Neuburg a/D. einen guten Verlauf genommen; die Landwirte sind von dem Ergebnisse bis jetzt recht befriedigt. Auch hinsichtlich der übrigen Feldfrüchte verspricht man sich im allgemeinen eine günstige Ernte. Weniger gut ist der Stand im Donaumoos, wo der Frost Schaden verursachte, und in den von Hagel betroffenen Gemeinden. Hindernisse in der Durchführung des Frühdrusches sind bis jetzt nicht bekannt geworden.‹

›Der Roggen- und Wintergerstenschnitt hat auf einzelnen Äckern des Bezirks Zusmarshausen bereits begonnen, in der nächsten Woche wird er allgemein einsetzen. Das Getreide steht schön und läßt, falls das Erntewetter günstig bleibt, eine gute Mittelernte erwarten. Auch der Hafer hat sich stellenweise noch gut erholt. Geklagt wird von manchen Landwirten nur darüber, daß sich die heurige Ernte infolge der bisherigen ungünstigen Witterungsverhältnisse um mindestens 14 Tage hinausziehe, so daß manche Selbstversorger mit ihrem Getreide schon jetzt zu Ende seien, ohne daß ihnen aus der neuen Ernte etwas zur Verfügung stehe. Es mehren sich daher die Gesuche beim Kommunalverband um Brotmarken.‹

›Infolge der günstigeren Witterung der letzten Woche haben sich die Aussichten für das Sommergetreide im Bezirk Illertissen wesentlich gebessert, so daß abgesehen von den schweren Folgen des Hagelwetters im allgemeinen eine gute Ernte erwartet werden darf. Mit den Erntearbeiten wird voraussichtlich Mitte der nächsten Woche begonnen werden.‹

›Die Roggenernte ist im Bezirk Augsburg im Gange; mit dem Weizenschnitt wird, wo nicht schon geschehen, demnächst begonnen. Der mutmaßliche Ernteertrag für 1 Tagwerk wird im Bezirk durchschnittlich geschätzt bei

Winterweizen	auf	7,44 Zentner
Sommerweizen	auf	5,51 Zentner
Winterspelz	auf	6,65 Zentner
Sommerspelz	auf	6,40 Zentner
Winterroggen	auf	7,63 Zentner
Sommerroggen	auf	4,77 Zentner
Wintergerste	auf	7,64 Zentner
Sommergerste	auf	6,35 Zentner
Gemenge aus diesen Getreidearten	auf	6,86 Zentner

Diese Ziffern sind das Ergebnis einer Überprüfung der gemeindlichen Schätzungen durch einen Beauftragten der Reichsgetreidestelle im Zusammenwirken mit 4 sachverständigen Landwirten des Bezirkes.‹

›Die Grummeternte hat im Bezirke Lindau begonnen. Infolge der naßkalten Witterung und in der Bodenseegegend infolge größerer Schäden durch Engerlinge ist der Ertrag ein geringer. Das Obst entwickelt sich günstig und steht eine gute Ernte in Aussicht; die Apfelbäume bringen im allgemeinen große Früchte.‹

Das Bezirksamt W e r t i n g e n teilt folgendes mit:
›Wegen Befürchtung der Lohndrückerei durch Beschäftigung von Russen hat der Vorsitzende der Sektion Roggden-Zusamaltheim der S.-P. den möglichen Landarbeiterstreik angedroht. Da jedoch die Arbeitgeber von sich aus den gleichen Lohn bewilligen, wie er verlangt wird, ist die Sache beigelegt.‹

Das Bezirksamt A u g s b u r g hebt nachstehendes hervor:
›Die Bevölkerung hat die Zwangswirtschaft übersatt. Mit aus dieser Quelle fließt ein Beschluß des Kommunalverbandsausschusses, der die Stelle eines Mühlenkontrolleurs aufhebt und dem gegenwärtigen Inhaber dieser Stelle auf 15.8.1919 kündigt. Begründet wurde er damit, daß das Schwarzmahlen bei der völligen Unzulänglichkeit der Rationen nach allgemeinen Erfahrungen nicht verhindert werde und werden könne und daß, soweit hier überhaupt Kontrolle etwas ausrichten könne, durch die Gendarmerie, die Arbeiter- und Bauernräte und die Einwohnerwehr genügende Überwachung gegeben sei; überflüssige Kontrollorgane sollten abgeschafft werden, ihr Gehalt sei unnötige Geldverschwendung. Die Gegenvorstellungen des Vorsitzenden blieben erfolglos.‹

Dem Bericht des Bezirksamts N ö r d l i n g e n ist folgendes zu entnehmen:
›Die Aufhebung der Ferkelhöchstpreise hat eine gute Beschickung der Schweinemärkte zur Folge, so daß auch die Preise eine Minderung erfahren haben. Die Zufuhr der Auslandswaren, namentlich von Speck und Fett, scheint ihre Wirkung auf den inländischen Lebensmittelverkehr bereits in günstiger Weise geltend zu machen. Wie man hört, soll die Anfrage nach Geflügel nicht mehr sehr groß und die Belästigung durch Hamsterer auch im Abnehmen begriffen sein.‹

Über die Lage des Arbeitsmarktes, der Industrie, ferner den Stand der Erwerbslosenfürsorge und des Wohnungsmarktes, sowie die Brennstoffversorgung berichten die beteiligten B e z i r k s v e r w a l t u n g s b e h ö r d e n was folgt:
›Lage der Industrie in Augsburg:
Durch den anhaltenden Kohlenmangel ist eine Besserung der Lage gegenüber der Vorwoche nicht eingetreten. Die Uhrfederfabrik Kahn & Sander (360 Arbeiter) ist wegen Kohlenmangels gezwungen, den Betrieb wöchentlich 2–3 Tage stillzulegen.
Baumarkt in Augsburg:
Bei den städtischen Bauarbeiten waren in der Berichtswoche 1186 gegenüber 1028 Mann der Vorwoche beschäftigt. Die private Bautätigkeit beschäftigte 752 gegenüber 677 Mann der Vorwoche.
Arbeitsmarkt in Augsburg:
Die Lage des Arbeitsmarktes zeigt eine langsame, jedoch stetige Besserung. In der Berichtswoche hat sich die Nachfrage nach landwirtschaftlichen Arbeitskräften nicht erhöht, jedoch ist mit der Besserung des Wetters auf eine lebhafte Nachfrage zu rechnen. Die Metallindustrie zieht mäßig an und sucht hauptsächlich Facharbeiter, wie: Kessel- und Hammerschmiede und Former. Maschinenschlosser und Eisendreher werden noch wenig verlangt. In der Holzindustrie nimmt das Arbeitsangebot zu, besonders

für Möbelschreiner. Die Textilindustrie zeigt unveränderte Lage. Schneider und Schuhmacher werden noch immer gesucht. Für kaufmännische Angestellte tritt eine langsame Besserung des Arbeitsmarktes ein. Haus- und Gastwirtschaft sucht noch immer geeignetes Personal. Ungelernte können gegenwärtig nur nach auswärts vermittelt werden, hier ist das Angebot sehr gering. Die Zahl der Erwerbsbeschränkten ist ziemlich groß, gering die Anzahl der Jugendlichen. Für weibliche Ungelernte ist fast gar keine Beschäftigungsgelegenheit vorhanden. Auch Aushilfsstellen werden wenig angeboten. Nachstehende Übersicht über die Tätigkeit des städtischen Arbeitsamtes nach dem Stande vom 31. Juli 1919 gibt zahlenmäßigen Aufschluß über die Bewegung auf dem Arbeitsmarkt.

Wirtschaftszweig	Unerl. Angeb.		Unerl. Nachfrage		Bemerkungen
	a. männl.	b. weibl.	a. männl.	b. weibl.	
Land- und Forstwirtschaft, Gärtnerei	60	47	9	11	
Metallverarbeitung	7	–	228	1	
Holzindustrie	62	–	17	–	
Textilindustrie	–	–	4	101	
Bekleidungs- und Reinigungsgewerbe	22	–	3	13	
Baugewerbe	55	–	25	–	
Sonst. Handwerk und Berufe	37	5	298	190	
Haus- und Gastwirtschaft	–	209	160	103	6 jugendl.
Ungelernte Arbeiter aller Art	–	–	312	615	27 jugendl. m. 6 jugendl. w.
Summe:	243	261	1056	1034	39 jugendl.
Gesamtsumme der Vorwoche:	275	254	1154	1042	36 jugendl.

Nach dem Stande vom 26.7.1919 hatten wir 1080 männliche und 838 weibliche, zusammen 1918 Erwerbslose gegenüber 1188 männlichen, 889 weiblichen und zusammen 2077 Erwerbslosen der Vorwoche.
In der Arbeitslosigkeit der Textilarbeiter ist keine Änderung eingetreten. Seit Beginn der Erwerbslosenfürsorge haben 14.436 Erwerbslose wieder Arbeit gefunden.
Wohnungsfürsorge in Augsburg: Der Wohnungsmangel nimmt noch immer zu.
Brennstoffversorgung in Augsburg: In der Hausbrandversorgung ist keine Änderung. Die Aussichten auf den Winter sind sehr trübe, zumal auch die Versorgung des Gaswerkes mit Kohlen und die allgemeine Versorgung mit Leuchtmitteln (Petroleum, Kerzen) trostlos ist.‹

›Im Laufe dieser Woche sind in Kempten 100 Personen angekommen, unter diesen befinden sich 8 Heeresentlassene. Das Angebot und die Nachfrage ist in der Landwirtschaft etwas höher gewesen als in der Vorwoche. Im Baugewerbe sowie im Bekleidungs- und Holzverwertungsgewerbe mangelt es an tüchtigen Facharbeitern. In der Industrie ist kein Angebot vorhanden. Das Überangebot in Gast- und Schankwirtschaften für weibliche Arbeitskräfte bestand auch diese Woche fort, während die Nachfrage in der Hauswirtschaft sich gebessert hat. In Erwerbslosenfürsorge standen 6 Personen. Für österreichische Flüchtlinge waren Fürsorgemaßnahmen nicht notwendig.‹

›Beim Arbeitsamt Memmingen stehen 58 offenen Stellen für Männliche 77 Stellengesuche gegenüber. Infolge Beendigung der Kanalarbeiten hat sich die Zahl der Erwerbslosen auf 52 erhöht.‹

›Im Betriebe des Hüttenamts Sonthofen hat sich nichts wesentliches geändert. Die Mechanische Bindfadenfabrik Immenstadt konnte diese Woche vollständig arbeiten, da sie 3 Waggon italienischen Hanf erhalten hatte. Sie erwartet aufgrund eines Abschlusses noch mehr davon, hat aber Bedenken wegen weiterer Abschlüsse, da der Hanf in Italien infolge der allgemeinen (auch französischen und englischen) Nachfrage sehr im Preise steigt. Die Allgäuer Baumwollspinnerei und Weberei Blaichach hat in der Spinnerei noch für etwa 4 Wochen Arbeit; sie beschäftigt ihre Spinner in 14-tägigem Wechsel. Ihre in der Schweiz lagernde Baumwolle[1], die ihr das Weiterarbeiten ermöglichen soll, kommt nun in Bewegung, das Eintreffen ist aber ganz unbestimmt. In der Weberei mußte heute ganz abgestellt werden; die Reichstextil-AG. hat ihre Bedingungen geändert und 400.000 Meter Stoffe, weil sie diesen Bedingungen nicht entsprochen, zur Verfügung gestellt. Die 2 kleineren Webereien Fischen-Berghofen und Sonthofen haben durch Zuteilung von Heeresgarnen Beschäftigung bis in den Oktober für fast alle Arbeiter; die weitere Beschäftigung hängt von der zur Zeit trostlos aussehenden Kohlenbeschaffung ab. Das städtische Arbeitsamt Immenstadt meldet für 85 Männliche, 36 Weibliche und 41 Lehrlinge: 37 bzw. 21 bzw. 3 Stellen.‹

›Schwierig ist für manche Landwirte die Beschaffung der nötigen Arbeitskräfte für die Ernte. Dem Bezirksamte Zusmarshausen liegen bereits 3 Gesuche um Vermittlung von Kriegsgefangenen vor, mit der Begründung, daß gelernte Landarbeiter nur schwer zu bekommen seien und sich mit Kriegsgefangenen weit besser arbeiten lasse, als mit Erwerbslosen oder anderen ungelernten Arbeitskräften aus den Städten, die in der Regel sehr hohe Löhne forderten, oft nur kurze Zeit blieben und auf der 8-stündigen Arbeitszeit bestünden, die in der Landwirtschaft unmöglich eingehalten werden könne. Es wäre wünschenswert, wenn die städtischen Arbeitsämter Angebote von gelernten Landarbeitern an solche Bezirksämter, in denen sich kein Arbeitsamt befindet, sofort anzeigen würden.‹

›Die Lohnverhandlungen mit den Wielandwerken in Vöhringen sind noch zu keinem endgültigen Abschlusse gelangt. Aller Wahrscheinlichkeit nach wird es auf die Kraftprobe eines Streikes nicht ankommen.‹

›Nach den allein eingelaufenen Berichten der Farbwerke in Gersthofen und der Haunstetter Spinnerei und Weberei wurden in diesen Betrieben in dieser Woche
 a) entlassen bzw. traten freiwillig aus 7 Arbeiter, 1 Arbeiterin,
 b) eingestellt 19 Arbeiter.

---

1 Sie war dort noch in den ersten Kriegsjahren eingelagert worden. Die deutsche Gesandtschaft in Bern forderte vor dem Abtransport nach Blaichach 60 Mark pro Ballen, an die Schweiz musste die Firma 1 % Wertsteuer bezahlen.

Bei den Farbwerken liegen größere Aufträge vor. Rohstoffe sind für die nächste Zeit vorhanden, desgleichen Betriebsstoffe; die Spinnerei und Weberei klagt über Kohlenknappheit.

Über die ländliche Arbeiternot wird jetzt im Landbezirk Augsburg wieder besonders geklagt. Die Gefangenenlager geben die russischen Kriegsgefangenen wieder heraus, vermutlich nur während der Erntezeit.‹

Die Meldung des städtischen Arbeitsamtes Neu-Ulm liegt an.

II.

›Die Unabhängige sozialdemokratische Partei veranstaltete am 1. August 1919 im Schiffsaal in Memmingen eine Volksversammlung, in welcher der frühere Minister für Soziale Fürsorge Unterleitner über den Friedensvertrag sprach. Die Versammlung war sehr gut besucht; der Redner richtete seine Hauptangriffspunkte gegen die Mehrheitssozialdemokratie und forderte, daß diese aus dem internationalen Proletariat ausgeschlossen werde. Im übrigen wurde die Tätigkeit der U.S.P. im besten Lichte geschildert und zum Beitritte aufgefordert. Zwischenfälle haben sich nicht ereignet.‹

Der Vorstand des Bezirksamtes F ü s s e n berichtet:

›Es ist kein Zweifel, daß die fortdauernde Steigerung aller Lebensmittelpreise von den radikalen Elementen ungeheuer zur Agitation ausgenützt wird und ich fürchte sehr, daß die U.S.P. täglich neue Anhänger gewinnt.‹

Der Stadtrat A u g s b u r g berichtet:

›Bei Durchführung der Richtlinien des Demobilmachungsausschusses Augsburg zur Aufhebung der Sperre gegen nicht freigewerkschaftlich organisierte Arbeiter kam es zu Streikversuchen am 28. Juli bei Kahn & Arnold und I.P. Bemberg und am 30. nochmals bei I.P. Bemberg. Einflüsse von Angehörigen der U.S.P. dürften als sicher angenommen werden. Die Streiks wurden durch das Eingreifen der Demobilmachungsstelle Augsburg aufgehoben, der bei Kahn & Arnold in ¾ Stunden, die bei I.P. Bemberg im Laufe je eines Vormittags. Bei I.P. Bemberg vermittelte einmal der deutsche Textilarbeiterverband mit. Abdruck eines Schreibens des Demobilmachungsausschusses vom 22.7.1919 an die Betriebsleitungen und die Mitglieder der Betriebsräte in Augsburg liegt bei.‹

Das Bezirksamt K a u f b e u r e n berichtet:

›Am letzten Sonntag fand in Buchloe eine sehr stark besuchte Kreisversammlung des Bayerischen Bauernbundes statt. Da der Vereinshaussaal nicht ausreichte, mußte in einem anderen Gasthaus eine Parallelversammlung gehalten werden. Redakteur Liebhart vom Allgäuer Tagblatt sprach über das Programm des Bauernbundes und über Mittelstandspolitik. Redakteur Städele[2] sprach über die politische Lage in Bayern und im Reich, über den Untergang der bayerischen Selbständigkeit und das Zustandekommen des Koalitionsministeriums[3]. Außerdem traten Abgeordneter Arnold[4] von Hegge

---

2 Anton Staedele (1873–1956), Buchdrucker, Redakteur. 1918–1919 Mitglied des Provisorischen Nationalrats des Volksstaates Bayern, 1919–1932 MdL (BB bzw. Bayer. Bauern- und Mittelstandsbund).
3 Da die Regierung durch die Vorgänge in der Rätezeit an Ansehen eingebüßt hatte, forderte Ministerpräsident Hoffmann die Bayerische Volkspartei und die Deutsche Demokratische Partei zum Eintritt in die Regierung auf. Das am 31. Mai gebildete Kabinett setzte sich aus Mitgliedern der SPD (4), BVP (2), DDP (2) und einem Parteilosen zusammen. Der Vertrauensschwund der Sozialdemokraten zeigte sich auch zwei Wochen später bei den Gemeindewahlen. In fast allen Städten ging, verglichen mit der Landtagswahl im Januar, die Stimmzahl zugunsten der USPD stark zurück, z. B. in Donauwörth um 47 %, Nürnberg um 48 %, Augsburg 58 %, Regensburg 62 %, München 74 %.
4 Michael Arnold (geb. 1883), Landwirt. 1919–1920 MdL (BB). 1927 nach Brasilien ausgewandert.

und Nationalversammlungsmitglied Dirr von Anhofen als Redner auf. Als Diskussionsredner betätigte sich Lehrer Schropp[5] von Augsburg.

Am 31. dieses Monats fand in Kaufbeuren eine Versammlung der Bezirksmitglieder des Allgäuer Bauernverbands statt, in welcher die Bauernräte Gutsbesitzer Brem[6] von Ketterschwang und Bürgermeister Moser[7] von dort über die Milchpreisverhandlungen in Kempten referierten, für Erhöhung der Eierpreise eintraten und den Wunsch aussprachen, man möge den vom Hagelschlag betroffenen Landwirten ihre Mehl- und Brotrationen nicht auf Marken anweisen, wie den gewöhnlichen Versorgungsberechtigten sondern in Form von Getreide, damit ihnen die Nebennutzungen nicht verloren gehen. Diese Frage beschäftigt bereits den Kommunalverbandsausschuß.‹

i. V. gez. Stahl, Regierungsdirektor

[Anlage 1 zum Wochenbericht vom 4. August]

Übersicht über die Arbeitsmarktlage am 2. August 1919.

Wirtschaftszweig	Unerl. Angeb.		Unerl. Nachfrage		Bemerkungen
	a. männl.	b. weibl.	a. männl.	b. weibl.	
Land- und Forstwirtschaft, Gärtnerei	9	10	1	–	
Metallverarbeitung	7	–	13	–	
Holzindustrie	6	–	–	–	
Textilindustrie	–	–	–	–	
Bekleidungs- und Reinigungsgewerbe	1	–	3	3	
Baugewerbe	–	–	–	–	
Sonst. Handwerk und Berufe	–	–	8	–	
Haus- und Gastwirtschaft	2	H 12 G 4	H 3 G 1	H 2 G 5	Kellnerinnen
Ungelernte Arbeiter aller Art	2	–	19	–	
Summe:	27	26	48	11	

Bemerkungen über die Lage des Arbeitsmarktes.

Städt. Arbeitsamt Neu-Ulm.

---

5 *Andreas Schropp (1885–1936).*
6 *German Brem (1880–1956), Gastwirt.*
7 *Franz Xaver Moser (1881–1933), Landwirt.*

[Anlage 2 zum Wochenbericht vom 4. August]

Augsburg, den 22. Juli 1919: Demobilmachungsausschuß für den Gemeindeverband Augsburg-Stadt, Hl. Kreuzstr. F 371/72, Erdgeschoß Fernruf Nr. 3790

An die Betriebsleitungen und die Mitglieder der Betriebsräte in Augsburg

Angelegenheit: Wahrung der Koalitionsfreiheit[8] und des Arbeitsfriedens

Während der ersten Monate dieses Jahres ist im Reiche wie in Bayern an vielen Industrieplätzen die Koalitionsfreiheit dadurch verletzt worden, daß Angehörige einer politischen Partei von Mitgliedern einer anderen Partei oder Mitglieder einer gewerkschaftlichen Richtung von Angehörigen einer anderen Richtung zum Übertritt in diese Partei oder Gewerkschaftsrichtung gezwungen oder im Falle der Weigerung arbeitslos gemacht wurden. Diese Gewaltanwendung hat in Augsburg besonders im Laufe des März und April eine größere Ausdehnung genommen und sie ist namentlich in der Textilindustrie heute noch nicht erloschen. Sie stellt eine Verletzung der gesetzlich geschützten persönlichen Freiheit und der Koalitionsfreiheit dar und schafft einen ungesetzlichen Zustand, der nicht länger andauern darf. Der Demobilmachungsausschuß ist deshalb durch das Ministerium für Soziale Fürsorge beauftragt worden, die Koalitionsfreiheit auch in Augsburg wieder herzustellen. Nach den vorher mit den Vertretern der Gewerkschaften und der Betriebsräte gepflogenen Verhandlungen hat der Demobilmachungsausschuß in Gemeinschaft mit dem Arbeitsausschuß der Kriegsfürsorge für erwerbslose Textilarbeiter in seiner Sitzung vom 21. Juli laufenden Jahres für die Wiederherstellung der Koalitionsfreiheit folgende Richtlinien aufgestellt:

1. Die Verhinderung von Berufsgenossen an der Berufsarbeit wegen ihrer Zugehörigkeit zu einer gewerkschaftlichen Richtung oder einer politischen Partei oder wegen ihrer Weigerung, in eine andere gewerkschaftliche Richtung oder politische Partei überzutreten, ist unzulässig.

2. Den bisher wegen des Festhaltens an ihrer gewerkschaftlichen Richtung arbeitslos gemachten Arbeitnehmern ist die Wiederaufnahme der Arbeit am Montag, den 28. Juli 1919 zu ermöglichen; im Falle in Betrieben wegen Mangels an Rohstoffen oder Betriebsstoffen die Arbeit ruht, ist die Wiederaufnahme bei Eröffnung des Betriebes zu ermöglichen.

3. Im Interesse des Arbeitsfriedens müssen Beleidigungen, Verächtlichmachungen und Herabsetzungen von gewerkschaftlichen Verbänden und Parteien oder ihrer Mitglieder in und vor den Betriebsräten unterbleiben. Wenn auch nicht verkannt wird, daß die Verdrängung von Arbeitskräften aus den Betrieben auf den Gemütszustand der Betroffenen nicht ohne Einfluß geblieben ist, so wird doch von ihnen erwartet, daß sie nach Wiederherstellung der Koalitionsfreiheit nicht ihrerseits Schwierigkeiten durch unbesonnenes Verhalten hervorrufen.

---

8 Das in den deutschen Bundesstaaten bestehende Verbot für Arbeiter, sich zur Erlangung günstigerer Lohn- und Arbeitsbedingungen zusammenzuschließen, wurde 1861 in Sachsen, 1869 in Preußen und schließlich im selben Jahr durch die Gewerbeordnung für den Norddeutschen Bund – in den folgenden Jahren für die übrigen Länder des Deutschen Reichs in Kraft gesetzt – aufgehoben (§ 152 Abs. I). Die Koalitionsfreiheit kam jedoch nur gewerblichen Arbeitern zugute, nicht u. a. Beschäftigten des öffentlichen Dienstes, Landarbeitern, Dienstboten. Sie waren durch den § 153 der Gewerbeordnung geschützt, indem die Anwendung von körperlichem Zwang oder Drohungen, jemanden zur Teilnahme oder zum Verbleiben in der Koalition zu bewegen, mit Gefängnis bis zu 3 Monaten geahndet werden konnte. Die praktische Handhabung des Koalitionsrechts durch Gerichte und Verwaltungsbehörden war durchweg arbeiterfeindlich und schikanös. Dies änderte sich erst durch den Krieg. Durch Gesetz vom 22.5.1918 wurde der § 153 aufgehoben (RGBl S. 423). Zum Zeitpunkt des Berichts war die Reichsverfassung von der Deutschen Nationalversammlung bereits verabschiedet. Der Art. 159 gewährleistete die Vereinigungsfreiheit zur Wahrung und Förderung der Arbeits- und Wirtschaftsbedingungen [...] für jedermann und für alle Berufe [...].

4. Die aus den bisherigen Gewaltanwendungen gegen Mitglieder eines gewerkschaftlichen Verbandes gestellte Schadenersatzklage wird zurückgezogen, wenn die Demobilmachungsstelle für den Gemeindeverband Augsburg-Stadt die Wiederherstellung der Koalitionsfreiheit festgestellt hat.

5. Bei Versuchen zur Ausübung von Zwang oder Anwendung von Gewalt zur Erzwingung des Übertritts aus einer gewerkschaftlichen Richtung in eine andere oder von einer politischen Partei in eine andere oder bei Beleidigungen, Verächtlichmachung oder Herabsetzung von gewerkschaftlichen Verbänden, politischen Parteien oder deren Mitgliedern obliegt den Betriebsleitungen im Benehmen mit den Betriebsräten die Schlichtung der Vorkommnisse zuerst auf gütlichem Wege, ferner durch Verwarnung oder Versetzung in eine andere Arbeitsstelle. In ernsten Fällen oder bei fortgesetzten Verstößen gegen diese Grundsätze ist die Entlassung vorzunehmen. Ernstliche Störungen des Arbeitsfriedens sind sofort dem Demobilmachungsausschuß zu melden.

6. Die Wahrung der Koalitionsfreiheit ist der ernste Wille der Staatsregierung, der in folgender Bekanntmachung zum Ausdruck gekommen ist:

Bekanntmachung: (Der Freistaat Nr. 30 vom 15. Mai 1919)

Betreff: Wahrung der Koalitionsfreiheit

Bei der Regierung laufen vielfach Klagen darüber ein, daß von einzelnen Gewerkschaften oder deren Mitgliedern und von Betriebsräten anders organisierte Arbeiter oder Arbeiterinnen gezwungen würden, einer bestimmten Gewerkschaft beizutreten und daß im Weigerungsfalle diese Arbeiter und Arbeiterinnen ausgesperrt oder sonst an ihrer Arbeit gehindert würden. Solches Verhalten entspricht nicht den Grundsätzen des Freistaates, der jedem werktätigen Volksgenossen ein lückenloses soziales Recht und die Unabhängigkeit seiner Gewissensentscheidungen Gewähr leistet.

Es sind deshalb alle Gewalt- und Zwangsmaßnahmen gegen Andersorganisierte und Andersdenkende ungesetzlich und müssen auf das Entschiedenste zurückgewiesen werden. Maßnahmen dieser Art, die von Betriebsräten ausgehen, sind daher ebenfalls rechtswidrig und unwirksam.

Bamberg, 12. Mai 1919

Das Gesamtministerium des Freistaates Bayern.

Hoffmann[9]. Segitz[10]. Endres[11]. i. V.: Dr. Haller[12]. Frauendorfer[13].

i. V.: Gasteiger. Steiner[14]. Schneppenhorst[15].

---

9 Johannes Hoffmann (1867–1930), Volksschullehrer. 1918–1920 bayer. Staatsminister für Unterricht und Kultus, 1919–1920 bayer. Ministerpräsident, Staatsminister des Äußern und Staatsminister für Unterricht und Kultus. 1918–1919 Mitglied des Provisorischen Nationalrats des Volksstaats Bayern, 1919 Mitglied der Deutschen Nationalversammlung, 1907–1918, 1919–1920 MdL (SPD, MSPD), 1912–1918, 1919–1930 MdR (SPD, MSPD, SPD).

10 Martin Segitz (1853–1927), Zinngießer, Redakteur. 1918 bayerischer Staatskommissar für Demobilmachung, 1919 bayerischer Staatsminister des Innern, 1919/1920 bayerischer Staatsminister für Soziale Fürsorge. 1897–1918, 1919–1927 MdL (SPD, MSPD, SPD), 1918–1919 Mitglied des Provisorischen Nationalrats des Volksstaates Bayern, 1898–1903, 1912–1918 MdR (SPD).

11 Fritz Endres (1877–1963), Kupferschmied, Arbeitersekretär. 1918–1919 Mitglied des Provisorischen Nationalrates des Volksstaates Bayern, 1919 bayer. Staatsminister der Justiz, 1919–1920 bayer. Staatsminister des Innern, 1919 Mitglied der Deutschen Nationalversammlung, 1919–1920 MdR (SPD), 1912–1918, 1920–1933 MdL (SPD).

12 Dr. Sigmund Haller von Hallerstein (1861–1936), Arzt. 1918–1919 Mitglied des Provisorischen Nationalrats des Volksstaates Bayern. 1919 bayer. Staatsminister der Finanzen. 1900–1918, 1919–1920 MdL (SPD).

13 Heinrich Ritter von Frauendorfer (1855–1921), Jurist. 1904–1912, 1918–1920 bayer. Staatsminister für Verkehrsangelegenheiten.

Außerdem wird darauf aufmerksam gemacht, daß, wer vorsätzlich oder fahrlässig die Freiheit, das Eigentum oder ein sonstiges Recht eines anderen widerrechtlich verletzt, nach § 823 des Bürgerlichen Gesetzbuches zum Ersatz des daraus entstandenen Schadens verpflichtet ist. Ferner trifft die gleiche Verpflichtung denjenigen, welcher gegen ein den Schutz eines anderen bezweckendes Gesetz verstößt.
Ferner wird, wer einen anderen widerrechtlich durch Gewalt oder durch Bedrohung mit einem Verbrechen oder Vergehen zu einer Handlung, Duldung oder Unterlassung nötigt, mit Gefängnis bis zu einem Jahre oder mit Geldstrafe bis zu 600 Mark nach § 240 des Reichsstrafgesetzbuches bestraft. Auch der Versuch ist strafbar.
Der Demobilmachungsausschuß vertraut der Einsicht der Arbeiterschaft und der Disziplin der gewerkschaftlichen Schulung, daß sie die von den Gewerkschaften gemeinsam erkämpfte und von allen gewerkschaftlichen Verbänden hochgehaltene Koalitionsfreiheit nur unter sich wieder herstellen und wahren wird. Die Gewerkschaftsrichtungen haben sich in Deutschland eben schon seit den sechziger Jahren nicht nur aus rein wirtschaftlichen Bedürfnissen, sondern im Anschluß an parteipolitische, religiöse und nationale Bestrebungen gebildet (sozialistische, fortschrittliche, christlich-nationale und national-polnische Berufsvereinigungen). Die Auseinandersetzung kann sich in einem Rechtsstaate nur mit den friedlichen Mitteln der Agitation, Werbung von Mitgliedern, Wahlen und Abstimmungen, nicht aber mit Gewalt und Brotlosmachung vollziehen. Außerdem sind die Aufgaben des staatlichen und wirtschaftlichen Wiederaufbaues in Deutschland so groß und ernst, daß die Berufsvereine sich durch die Gefährdung der Koalitionsfreiheit nicht an der Mitarbeit an diesen Aufgaben für die Volksgesamtheit gegenseitig lähmen dürfen.
Ich ersuche die Arbeiterschaft in den Betrieben, in welchen noch Arbeitnehmer wegen ihrer Angehörigkeit zu einer gewerkschaftlichen Richtung arbeitslos sind, von diesen Richtlinien durch Anschlag und Verteilung der Rundschreiben sowie durch Aufklärung zu unterrichten und an der Wiederherstellung und Sicherung der Koalitionsfreiheit nachdrücklich mitzuwirken. Über den Erfolg dieser Maßnahme ersuche ich der Demobilmachungsstelle Augsburg bis 2. August kurz zu berichten.
Der Vorsitzende des Demobilmachungsausschusses
gez. Deutschenbaur[16], I. Bürgermeister

---

14 Martin Steiner (1864–1950), Kunstmühlen-, Sägewerks-, Molkerei-, Gutsbesitzer. 1919 bayer. Staatsminister für Land- und Forstwirtschaft, Staatsrat. 1912–1918, 1919–1928 MdL (BB), 1918–1919 Mitglied des Provisorischen Nationalrats des Volksstaates Bayern.
15 Ernst Schneppenhorst (1881–1945), Schreiner, Verbandssekretär, 1919 bayer. Staatsminister für militärische Angelegenheiten. 1912–1918, 1919–1920 MdL (SPD, MSPD), 1918–1919 Mitglied des Provisorischen Nationalrats des Volksstaates Bayern, 1932–1933 MdR (SPD).
16 Kaspar Deutschenbaur (1864–1950), Erster Bürgermeister bzw. Oberbürgermeister von 1919 bis 1929.

Augsburg, den 11. August 1919

I.

Das Bezirksamt N e u b u r g a / D . berichtet:
›Wenig befriedigend ist immer noch der Sicherheitszustand. Zwar ist es aus Anlaß der Arbeitsniederlegung in der Schweizer'schen Ziegelei bei Gempfing zu keinen Gewalttätigkeiten gekommen, weil die Arbeiter anderwärts wieder Beschäftigung fanden. Aber in anderer Hinsicht besteht Unsicherheit. Eigentumsdelikte, Felddiebstähle und Forstfrevel sind an der Tagesordnung. Dem Forstfrevel könnte vielleicht einigermaßen vorgebeugt werden, wenn die Forstämter neuerlich angewiesen würden, minderwertiges Holz und Dürrholz in vermehrter Menge zu billigen Preisen an minderbemittelte Leute abzugeben. Auch sollte von den Forstämtern den Korbmachern im Donaumoos reichlicher Material zur Verfügung gestellt werden können. Das Zigeunerwesen macht sich trotz Anweisung der Gendarmerie zu scharfem Vorgehen auffällig breit. Mehrfach sind schon die Einwohnerwehren eingeschritten. Der Bezirkstag hat in seiner letzten Sitzung vom 4. dieses Monats beschlossen, sich mit einer bezüglichen Eingabe an das Staatsministerium des Innern zu wenden.‹

Über den Fortgang der Ernte berichten die Bezirksämter K r u m b a c h , N e u b u r g a / D . , N ö r d l i n g e n , S c h w a b m ü n c h e n folgendes:
›In den Gemeinden des nördlichen Günztales wurde mit dem Getreideschnitt bereits begonnen; die übrigen Gemeinden des Bezirkes Krumbach folgen zu Anfang der kommenden Woche nach.‹

›Die Roggenernte geht im Bezirke Neuburg a/D. ihrem Ende entgegen. Es wäre nur zu wünschen, daß auch die Ernte der übrigen landwirtschaftlichen Produkte gleich gut eingebracht werden kann. Die Durchführung des Frühdrusches vollzieht sich bis jetzt ohne Störung.‹

›Der Kornschnitt konnte bisher nur in einzelnen Gemeinden des Bezirkes Nördlingen vorgenommen werden. Bei der allmählich erfolgenden Reife des Getreides geht die Ernte vorerst nur langsam vonstatten.‹

›Die günstige Witterung der verflossenen Woche hat die Reife des Getreides im Bezirke Schwabmünchen wesentlich begünstigt, so daß mit dem Beginn der Ernte in der nächsten Zeit wenigstens auf den besseren Böden gerechnet werden kann. Dies ist auch dringend nötig, denn der Kommunalverband ist am Ende seiner Getreide- und Mehlvorräte. Nachdem auch die Landesgetreidestelle zu Zuwendungen nicht in der Lage ist, wäre sonst ein Notstand unausbleiblich.‹

Zur Bierpreiserhöhung berichten die Bezirksämter S c h w a b m ü n c h e n und W e r t i n g e n :
›Die gewaltige Erhöhung der Bierpreise[1] hat auf die Bevölkerung äußerst ungünstig eingewirkt. Es ist zu befürchten, daß die Milchanlieferung im Bezirke Schwabmünchen insbesondere während der Erntezeit einen erheblichen Rückgang erfährt, da die Landwirte anstelle des teuren und gehaltlosen Bieres in erhöhtem Maße sich dem Milchkonsum zuwenden werden.‹

---

1 Vom Innenministerium durch Bek vom 30.7.1919 über Verkehr mit Malzkontingenten und Bier verfügt; StAnz 187 (1919), MABl S. 213. Der Literpreis für ›Einfachbier‹ durfte in Gemeinden mit über 4000 Einwohnern 48 Pfennige (bisher 42 Pfennige) und in den übrigen Gemeinden 46 Pfennige (bisher 40 Pfennige) nicht übersteigen.

›Die neuerliche Bierpreiserhöhung erregt den größten Unwillen der Landwirte. Die Milchlieferung im Bezirke Wertingen wird beeinträchtigt werden.‹

Das Bezirksamt I l l e r t i s s e n hebt folgendes hervor:
›Dringend ist der Wunsch der Landwirte nach Beseitigung der Höchstpreise für Zucht- und Nutzvieh und nach Einführung von Märkten zum Austausch innerhalb des Bezirks. Die Bewegung ist eine so starke, daß, wenn diesen Wünschen nicht alsbald nachgekommen wird, die Bauern zur Selbsthilfe schreiten.‹

Das Bezirksamt N e u b u r g a/D. berichtet folgendes:
›Was die Lebensmittelversorgung anbelangt, ist zu bemerken, daß die Ablieferung zurückgeht, während die Ansprüche der Versorgungsberechtigten wachsen. Bei jeder Gelegenheit wird mit der gänzlichen Einstellung der Lieferungen gedroht; die Beschwerden aber wegen zu geringen Leistungen des Kommunalverbandes mehren sich. Dabei sollen nach den überall zu hörenden Wünschen der Bevölkerung alle die freie Wirtschaft behindernden Einschränkungen raschestens beseitigt werden. Besonders dringlich wird die Aufhebung der Mahlscheine und die Abschaffung des kommunalen Getreide- und Kartoffelaufkaufes gefordert.‹

Das Bezirksamt S o n t h o f e n berichtet nachstehendes:
›Die Herabsetzung der Fleischration auf 100 Gramm[2] erregt kolossale Erbitterung und ist ein Schlag ins Wasser. Was ›offiziell‹ auf diese Weise eingespart wird, geht doch hinten herum in verstärktem Maße wieder hinaus! Es ist meines Erachtens einfach lächerlich, anzunehmen, ein im Wirtshaus essender Gast verbraucht wirklich nur 100 Gramm Fleisch wöchentlich; das tut kein Einheimischer und kein Fremder. Man muß doch die Dinge sehen, wie sie sind, und nicht, wie man sie haben möchte! Auch die Herren der Reichsfleischstelle und der Bayerischen Fleischversorgungsstelle würden sich bedanken, wenn sie im Urlaub in Oberstdorf nur 100 Gramm Fleisch wöchentlich zu sehen bekämen! Sie müssen es für selbstverständlich halten, daß die Wirtschaften sich aus Schwarzschlachtungen versorgen. Und wenn dann die Haushaltungen sich auf den Standpunkt stellen: ›Was den Wirtschaften recht ist, ist uns billig‹, so ist das nur logisch. Der Viehstand wird durch Schwarzschlachtungen zweifellos mehr angegriffen, als durch Belassung einer annehmbaren Fleischration, die weniger zum Schwarzschlachten anregt; alle Verbote und Strafen werden die Schwarzschlachtungen nicht beseitigen. Also hebe man die unglückselige und undurchführbare Herabsetzung der Fleischration auf 100 Gramm sofort wieder auf!‹

Über die Lage des Arbeitsmarktes, der Brennstoffversorgung, den Stand der Industrie und der Erwerbslosenfürsorge berichten die beteiligten B e z i r k s v e r w a l t u n g s b e h ö r d e n was folgt:
›Lage der Industrie in Augsburg:
Die Maschinenindustrie klagt über den Entgang von Aufträgen infolge der hohen Produktionskosten. In der Schuhindustrie ist eine leichte Besserung der Beschäftigung festzustellen. Die Beschäftigung der Textilindustrie ist gering.
Baumarkt in Augsburg:
Bei den städtischen Bauarbeiten waren in der Berichtswoche 1147 gegen 1186 Mann beschäftigt; in der privaten Bautätigkeit 682 gegen 677 Mann. Das Baugewerbe

---

2 Angeordnet durch die Bek der Bayer. Fleischversorgungsstelle vom 1.8.1919; StAnz 190 (1919). Im Regierungsbezirk Schwaben und Neuburg erhielten die Verbraucher in Augsburg (Kommunalverband der Klasse A) das Doppelte zugeteilt.

befürchtet einen baldigen stärkeren Rückgang der Beschäftigung wegen Mangels an Baustoffen.

Arbeitsmarkt in Augsburg:
Die Lage des Arbeitsmarktes zeigt Besserung. Die Nachfrage nach landwirtschaftlichen Arbeitskräften ist lebhaft. Die Metallindustrie sucht Kessel- und Hammerschmiede. Lebhaft verlangt sind Möbelschreiner. Die Lage der Textilindustrie ist unverändert. Gegenwärtig sind gegenüber den Vorwochen Schneider und Schuhmacher weniger verlangt. Das Baugewerbe sucht Facharbeiter wie Maurer. In den anderen Erwerbszweigen ist die Lage unverändert. Nachstehende Übersicht über die Tätigkeit des städtischen Arbeitsamtes nach dem Stande vom 9.8.1919 gibt zahlenmäßigen Aufschluß über die Bewegung auf dem Arbeitsmarkt.

Wirtschaftszweig	Unerl. Angeb.		Unerl. Nachfrage		Bemerkungen
	a. männl.	b. weibl.	a. männl.	b. weibl.	
Land- und Forstwirtschaft, Gärtnerei	77	42	3	14	
Metallverarbeitung	18	–	254	1	
Holzindustrie	49	–	9	–	
Textilindustrie	1	–	4	98	
Bekleidungs- und Reinigungsgewerbe	9	–	3	12	
Baugewerbe	53	–	20	–	
Sonst. Handwerk und Berufe	35	9	301	153	
Haus- und Gastwirtschaft	–	223	118	62	4 jugendl. m.
Ungelernte Arbeiter aller Art	–	–	262	597	25 jugendl. m. 7 jugendl. w.
Summe:	242	274	974	937	36 jugendl.
Gesamtsumme der Vorwoche:	243	261	1056	1034	39 jugendl.

Nach dem Stande vom 2.8.1919 hatten wir
  1001 männliche gegenüber (Vorwoche)   1080 männliche
  737 weibliche gegenüber (Vorwoche)   838 weibliche
  1738 zusammen   1918 Erwerbslose.

Seit Beginn der Erwerbslosenunterstützung haben trotz des allgemeinen Mangels an Aufträgen 15.743 Erwerbslose wieder Arbeit gefunden.

Die Aussichten der Kohlenversorgung für den Winter sind, wie in früheren Berichten geschildert, gleich trostlos. Gelingt es nicht, die Kohlenversorgung der Stadt einigermaßen befriedigend zu lösen, wird der Winter von den bedenklichsten politischen Folgen sein.‹

›Im Laufe dieser Woche sind in Kempten 130 Personen angekommen, darunter befinden sich 9 Heeresentlassene. Anfrage und Angebot halten sich in der Landwirtschaft die Waagschale. Im Baugewerbe wird der Mangel an Zimmerleuten und besonders an Maurern immer größer. Ebensowenig ist die Nachfrage von tüchtigen Schreinern gestiegen. In der Industrie ist im Angebot noch keine Besserung eingetreten. Das Angebot in der Landwirtschaft für weibliche Arbeitskräfte ist diese Woche gestiegen, die Nachfrage ist gering. Der Mangel an tüchtigem Dienstbotenpersonal für Haus- und besonders für Gastwirtschaft besteht weiter. In Erwerbslosenfürsorge standen 4 Personen.‹

›Beim Arbeitsamt Memmingen stehen 55 offenen Stellen für Männliche 61 Stellengesuche gegenüber. Die Zahl der Erwerbslosen beträgt 47.‹

›Aus den Betrieben des Bezirkes Sonthofen ist Neues nicht mitzuteilen. Das städtische Arbeitsamt Immenstadt hat für 75 Männliche, 32 Weibliche und 42 Lehrlinge an offenen Stellen 98 bzw. 22 bzw. 3.‹

›Die Lohnverhandlungen in den Wielandwerken in Vöhringen haben zu einem befriedigenden Ergebnis geführt. Unter Wegfall der bisherigen Teuerungsbezüge wurde der Höchststundenlohn auf 187–190 Mark festgesetzt.‹

›Aus dem verspätet eingelaufenen letzten Wochenbericht der Zwirnerei und Nähfadenfabrik Göggingen möchte ich eine Klage wörtlich wiedergeben: ›Bei den heutigen fortwährend noch – und zwar ins Ungeheuerliche – steigenden Arbeitslöhnen ist eine Konkurrenz nicht mehr möglich, weil in anderen Bundesstaaten noch viel niedrigere Löhne sind und weil die Gewerkschaften nicht imstande zu sein scheinen, diesen Unterschied auszugleichen.‹

›Die Segeltuchfabrik L. Strohmayer & Co. in Weiler muß ihren Betrieb wesentlich einschränken; die hiedurch erwerbslos Gewordenen werden tunlichst bei den Notstandsarbeiten im Bezirke beschäftigt.‹

›Die Gasfabrik in Kaufbeuren ist vom 9.8.1919 ab stillgelegt.‹

›Die Meldung des städtischen Arbeitsamtes Neu-Ulm liegt an.‹

Die Handelskammer Augsburg hat ihren Bericht für den Monat Juli dem Ministerium für Handel, Industrie und Gewerbe unmittelbar vorgelegt.

Zum Fremdenverkehr berichten die Bezirksämter F ü s s e n und S o n t h o f e n folgendes:

›Es ist bisher gelungen, den Fremdenverkehr in Füssen in gemäßigten Grenzen zu halten, wenn auch der Passanten- und Touristenverkehr einen großen Umfang angenommen hat. Durch Aufstellung von nicht weniger als 5 Kontrolleuren, teilweise auch aus dem Arbeiterstand, wurde dem Hamstern der Fremden zu steuern gesucht und die Einhaltung der Beschränkungen gewährleistet.‹

›Der Touristenverkehr im Bezirke Sonthofen ist ungeheuer stark, die Bahnen überladen, die Unterkunftsmöglichkeiten, namentlich an den Samstagen und Sonntagen überfüllt, die Leute übernachten auch in Städeln und, in Oberstdorf, zum Teil in Eisenbahnwagen. Es ist einfach unmöglich, diesen Passantenstrom zu hemmen, die Leute bedürfen ja keiner Genehmigung, sie fahren herein, sind da und müssen dann natürlich, so gut es irgend geht, untergebracht werden; verpflegt sein wollen sie auch. Es ist ja vollständig begreiflich, daß vor allem die Hunderttausende von jungen Leuten, die im Vorjahr noch beim Heere standen, bei entsprechendem Wetter in die Berge wollen; es sind auch, wie ohne weiteres zu sehen, durchaus nicht überwiegend Bessersituierte, die in diesem Passantenstrom in den Bezirk kommen. Gegen dieses ›Elementarereignis‹ der Überfüllung mit Passanten hilft keine Vorschrift; Kontrolle ist da unmöglich. Ich weiß wohl, daß an sich nach dem Wortlaut der Ministerialentschließung über den

Fremdenverkehr³ auch die Passanten innerhalb der 50 % sich halten müßten, aber das ist in einem Ausflugsgebiet, wie dem hiesigen, undurchführbar⁴. Dieser Erkenntnis verschließen sich auch die Arbeiterräte nicht, wie sich gestern in einer mehrstündigen Bezirksarbeiterratssitzung ergab. Umso mehr wird, selbstverständlich vom Amt und seinen Kontrollorganen darauf gedrungen, daß die Bestimmungen über Aufenthaltsdauer und über den Prozentsatz ständiger Gäste streng eingehalten werden. In den großen Hotels in Oberstdorf zum Beispiel gibt's da auch wenig Anstände. Schlimmer sieht es in Gemeinden aus, die offiziell nicht Fremdenverkehrsplätze sind, z. B. in Gunzesried, wo vor einigen Tagen der kontrollierende Blaichacher Arbeiterrat eine stattliche Anzahl unangemeldeter und übermäßig verpflegter Fremder feststellte; Ausweisung und Strafanzeige durch die Gendarmerie ist veranlaßt worden. Daß die Fremden- und Gaststätten unerlaubterweise Lebensmittel aufkaufen, ist klar und auch durch die Kontrollen festgestellt. Naturgemäß erregt dies unter den Versorgungsberechtigten, namentlich den Arbeitern, große Erbitterung. Die Kontrollen werden nun vom Bezirksamt verschärft, es werden noch mehr Kontrollorgane mit Ausweisen versehen und in Tätigkeit gesetzt. Beklagt wurde in der obenerwähnten Sitzung wieder, wie schon so oft, daß ein wirklich erfolgreiches Zusammenwirken mit den Bahn- und Postbehörden durch das Verbot, Kontrolle in den Postlokalen vorzunehmen und durch die Weigerung der Post- und Bahnbehörden, von sich aus verdächtige Pakete zurückzuweisen, unmöglich sei. Ist denn in diesem Punkte beim Verkehrsministerium gar nichts zu erreichen?‹

II.

Das Bezirksamt N ö r d l i n g e n berichtet:
›Der als Mitglied der Sozialdemokratischen Mehrheitspartei in den Oettinger Stadtrat gewählte, aus Schlesien stammende und während des Krieges zu Vermögen gelangte Korbwarenfabrikant Paul Bischof⁵ hat wegen Übertritts zur Partei der Unabhängigen Sozialdemokratie seinen Sitz im Stadtrat aufgegeben. Ob Bischof nach dem Vorgange in Nördlingen auch in Oettingen eine Ortsgruppe der U.S.P. zu bilden beabsichtigt bzw. ob er hiefür Anhänger gewinnt, ist noch nicht bekannt.‹

Der Stadtrat D i l l i n g e n berichtet:
›Regierungsfeindliche Agitation konnte nicht festgestellt werden. Tatsache ist, daß sich Lehrer Andreas Schropp 2 Tage in dieser Woche hier aufgehalten hat.‹

Das Bezirksamt K a u f b e u r e n teilt folgendes mit:
›Am 5. dieses Monats fand in Buchloe eine Versammlung des Verkehrspersonals statt, besucht von ca. 50 Personen, einberufen vom Obmann des Bayerischen Eisenbahnerverbandes. Verbandssekretär Schinneler⁶ von Augsburg sprach über die traurigen Folgen des Krieges, die gegenwärtigen Staatsfinanzen, Dienst- und Personalfragen,

---

3 Bek des Bayer. Staatsministeriums für Landwirtschaft vom 10.7.1919; StAnz 170 (1919). § 1 I: In Heilbädern, Kurorten und Erholungsplätzen, sowie in Orten mit weniger als 6000 Einwohnern dürfen Fremde (ortsfremde Personen) zur Kur oder Erholung nur in einer Zahl von höchstens 50 v. H. der vorhandenen Fremdenbetten und nur für einen Zeitraum von höchstens zwei Wochen Aufenthalt nehmen und beherbergt werden *[...]*; StAnz 174 (1919), *Ministerielle Vollzugsanwendung.*
4 Das Bezirksamt beauftragte durch Bek vom 11.8.1919 (ABl S. 215) erneut die Gendarmeriestationen und Ortspolizeibehörden mit dem genauen Vollzug der Vorschriften über den Fremdenverkehr und Lebensmittelverbrauch und mit sofortiger Strafanzeige und Ausweisung gegen Fremde, die sich unberechtigt aufhalten und hamstern *[...]* Wer unter Umgehung der Vorschriften den Fremden Lebensmittel abgibt, versündigt sich an der Allgemeinheit *[...]* Er gehört angezeigt und bestraft.
5 Paul Bischof (1868–1941).
6 Andreas Schinneler (1875–1950).

8 Stunden-Tag, Urlaub, Ausgleichzulagen, neues Gehaltsregulativ, neues Beamten- und Pensionsgesetz; über Unzulässigkeit eines Zwangs zum Organisationsbeitritt. Zum Schluß wurde noch das Streikrecht berührt und betont, daß der Streik stets eine große Schädigung der Allgemeinheit bedeute und es nicht am Platze sei, bei jeder Kleinigkeit mit dem Streik zu drohen.‹

Das Bezirksamt F ü s s e n hebt folgendes mit Nachdruck hervor:
›Am 2. August fand in Füssen wiederum eine öffentliche Versammlung der Ortsgruppe der U.S.P. statt mit dem Gausekretär Görl aus München als Redner. Die U.S.P. erhielt einen weiteren Zuwachs von etwa 50 Mitgliedern. Wenn die Agitation der U.S.P. in der bisherigen Weise ohne Behinderung vor sich gehen kann, ist mit einem bedenklichen Umsichgreifen der unruhigen Elemente zu rechnen, umso mehr als die Mehrheitssozialisten eine mehr passive Haltung einzunehmen scheinen.‹

i. V. gez. Stahl Regierungsdirektor

[Anlage zum Wochenbericht vom 11. August]

Übersicht über die Lage des Arbeitsmarktes am 9. August 1919

Wirtschaftszweig	Unerl. Angeb.		Unerl. Nachfrage		Bemerkungen
	a. männl.	b. weibl.	a. männl.	b. weibl.	
Land- und Forstwirtschaft, Gärtnerei	8	9	–	–	
Metallverarbeitung	1	–	12	–	
Holzindustrie	5	–	1	–	
Textilindustrie	–	–	–	–	
Bekleidungs- und Reinigungsgewerbe	–	–	3	3	
Baugewerbe	–	–	–	–	
Sonst. Handwerk und Berufe	–	–	11	2	
Haus- und Gastwirtschaft	1	H 17 G 8	H 5 G 1	H 3 G 2	
Ungelernte Arbeiter aller Art	2	–	22	–	
Summe:	17	34	55	10	

Bemerkungen über die Lage des Arbeitsmarktes:
Wie bisher macht sich Dienstbotenmangel in der männl. und weibl. Abteilung der Landwirtschaft sowie in Haus- und Gastwirtschaft bemerkbar.
Überschüssige Arbeitskräfte sind vorhanden in der Metallindustrie und Lebensmittelbranche sowie bei ungelernten Arbeitern.
Städt. Arbeitsamt Neu-Ulm.

Augsburg, den 18. August 1919 84

I.

Über die Ernte berichten die Bezirksämter Illertissen, Lindau, Mindelheim, Neuburg a/D., Neu-Ulm, Nördlingen, Sonthofen, Wertingen folgendes:

›Das Wintergetreide ist nahezu vollständig eingebracht. Der Gesamtertrag dürfte wohl etwas höher zu bewerten sein, als die bei den Ernteschätzungen errechneten Mengen. Über die Schwere der Körner besteht keinerlei Klage. Trotz wiederholter dringlicher Mahnungen an die Landwirte konnten dieselben zu einer Ablieferung neu ausgedroschenen Getreides nicht gebracht werden. Der Kommunalverband Neuburg hat uns mit 600 Zentner Getreide vollständig im Stich gelassen, so daß wir bei der Aufzehrung aller Restbestände an Mehl vor den größten Ernährungsschwierigkeiten stehen. Manche Landwirte werden nun wohl einsehen, daß die viel gescholtenen[1] Frühdruschprämien auch ihr Gutes hatten. Der Ruf nach Aufhebung der Zwangswirtschaft wird auch im Amtsbezirke Illertissen immer lauter. Ob er durch die letzte ministerielle Erklärung zum Verstummen gebracht werden kann, steht dahin.‹

›Bei günstiger Witterung nimmt die Grummeternte im Bezirke Lindau guten Fortgang; der Ertrag ist nach den Lagen verschieden, im allgemeinen aber ein geringer. Schon jetzt verlautet von Versuchen, die Obsternte zu äußerst hohen Preisen einzukaufen.‹

›Das Hereinbringen des neuen Getreides wird im Bezirke Mindelheim wegen Wegfalls der Frühdruschprämie voraussichtlich Schwierigkeiten bereiten. Welche Wirkung die Erhöhung der Gebühren der Unteraufkäufer haben wird, bleibt abzuwarten. Zur Zeit muß die Lage als bedenklich bezeichnet werden.‹

›Die Fortschritte in den Erntearbeiten sind im Bezirke Neuburg a/D. bei dem schönen Wetter sehr gute. Der Weizen- und Gerstenschnitt ist im Gange. Das erste Frühdruschgetreide ist bereits abgeliefert.
Obwohl die Preise der landwirtschaftlichen Produkte neuerliche Steigerungen erfahren haben, ist eine Zufriedenheit der Produzenten nicht wahrzunehmen. Am 17. laufenden Monats soll in Neuburg eine Versammlung des Verbands der schwäbischen Bauernräte stattfinden, in der weitere Preiserhöhungen, Abschaffung der Zwangswirtschaft und ähnliche Forderungen erörtert werden sollen.‹

›Die Roggenernte ist im Bezirke Neu-Ulm beendet, die Weizenernte ist in vollem Gange. Die bisherigen Getreideablieferungen sind so erschreckend gering, daß mit einer Stockung der Brotversorgung während der Übergangszeit gerechnet werden muß, wenn nicht sofort die Frühdruschprämie wieder eingeführt wird. Ich habe mich dieserhalb bereits mit der Landesgetreidestelle unmittelbar in Verbindung gesetzt.‹

›Mit der Einbringung der Ernte ist es bisher im Bezirke Nördlingen angesichts der mangelnden Reife des Getreides nur langsam vor sich gegangen. Es steht aber zu erwarten, daß mit der kommenden Woche die Erntearbeiten allenthalben in größerem Umfang durchgeführt werden können.‹

---

1 Gescholten deshalb, weil zum Bezug der Prämie das Getreide schnell, ohne einem Gärungsprozess unterworfen gewesen zu sein und ohne genügende Trocknung abgeliefert und zur Mühle gebracht wurde. Es entstand oft Mehl von geringer Qualität.

›Die Mehlversorgung des Bezirkes Sonthofen, die bisher gut gesichert war, hat durch die Verzögerung der Ernte und der Getreidelieferung einen bösen Stoß erlitten; mitschuldig ist auch der Fremdenverkehr, der gesteigerten Brotverbrauch mit sich bringt[2]. Es ist unumgänglich notwendig, daß in den Früherntebezirken mit allen Mitteln auf baldigste nachhaltige Getreidelieferung gedrungen wird.‹

›Die Roggenernte ist im Bezirke Wertingen in der Hauptsache beendet. Eine Stockung in der Brotversorgung wird vermieden werden können. Die Erntearbeiten gehen jetzt rasch vor sich. Mangel an Arbeitskräften besteht nicht, über Arbeitsunlust wird nicht geklagt.‹

Zum Kapitel Fremdenverkehr berichten die Bezirksämter F ü s s e n und M i n d e l h e i m :

›Die leidige Frage des Fremdenverkehrs, die schon in den Vorjahren hier große Schwierigkeiten bereitete, ist nunmehr in ein sehr kritisches Stadium getreten. Seit Eintritt eines beständig schönen Wetters wird der Bezirk von Fremden, darunter allerdings die Mehrzahl Passanten und Touristen, geradezu überschwemmt. Täglich müssen 150–200 Grenzscheine ausgestellt werden. Die Einhaltung der 50 %igen Beherbergungsziffer ist bei dieser Sachlage geradezu unmöglich, man kann die Leute, wenn sie abends scharenweise mit dem Zuge ankommen, nicht auf der Straße liegen lassen. Mit Einsetzen des Hochbetriebes hat sich naturgemäß die Ernährungslage, insbesondere die Milchversorgung verschlechtert. Es treten Stockungen und Reibungen auf, die anfangen, die einheimische Bevölkerung aufzuregen. Es läßt sich eben das Hamstern der Fremden trotz aller Kontrolle – es sind nicht weniger als 5 Kontrolleure aufgestellt – nicht unterbinden. Die Fremden gehen insbesondere auf die Dörfer und suchen dort möglichst viel Milch zum Genusse an Ort und Stelle zu erlangen. Sehr mißlich ist auch, daß gerade jetzt (15.–17. August) hier[3] das Allgäuer Gauturnfest abgehalten wird, wenn dies auch speziell auf die Milchversorgung von keinem besonderen Einfluß sein wird. In der Arbeiterschaft soll sich nun bereits eine starke Gärung bemerkbar machen. Es soll beabsichtigt sein, nach Ablauf des Turnfestes auf die vollständige Sperrung des Fremdenverkehrs zu dringen und eventuell zur Selbsthilfe zu greifen. Demonstrationen in nächster Zeit sind nicht außer dem Bereiche der Möglichkeit. In einer Sitzung des erweiterten Kommunalverbandsausschusses vom 13. August 1919, dem auch der Vorsitzende des Arbeiterrats angehört, wurde die Sache eingehend erörtert, wobei ich bat, auf die Arbeiter beruhigend einzuwirken. Alsdann wurden auf meine Veranlassung alle Hebel in Bewegung gesetzt, um insbesondere neue Milchquellen zu erschließen. Der Referent Assessor Dr. Pollak verhandelte selbst an Ort und Stelle mit verschiedenen Lieferern und nach den bis heute eingetroffenen Nachrichten scheint Hoffnung zu bestehen, die allernotwendigste Milch beizuschaffen. Vielleicht gelingt es dann, die nächsten Wochen noch ohne Störungen zu überwinden, wenn man auch bei den hiesigen großen Arbeitermassen, die von der U.S.P. stark verhetzt werden, nie weiß, was der nächste Tag bringt. Jedenfalls muß der Fremdenverkehrs ab Ende August stark abgebaut werden, wenn sich nicht schon vorher eine weitere Einschränkung als notwendig erweist.‹

---

2 *Der Kommunalverband schloss deshalb nicht aus, dass die Brot- und Mehlkarten mit dem Enddatum 31. August um etwa eine Woche verlängert werden müssten.* Die Bevölkerung wird deshalb zu sparsamstem Verbrauch an Brot und Mehl ermahnt; *ABl, Bek vom 18.8.1919, S. 219.*
3 *In Füssen.*

›Die Zahl der in Wörishofen befindlichen Fremden beträgt zur Zeit 3200. Der Zustrom war in der letzten Zeit so massenhaft, daß die wenigen vorhandenen behördlichen Organe nicht mehr im Stande waren, die Einhaltung der Vorschriften über den Fremdenverkehr genau zu überwachen.‹

Das Bezirksamt N ö r d l i n g e n hebt folgendes hervor:
›Von den Landwirten wird der dringende Ruf nach Wiedereinführung von Nutzviehmärkten erhoben. Vorausgesetzt, daß dieselben nur dem Bedürfnisse der Abgabe bzw. des Zukaufs von Vieh unter den Landwirten des Stadt- und Landbezirkes Nördlingen selbst dienen, durfte nicht nur keine Erinnerung gegen solche Märkte bestehen, sondern wären dieselben sehr zu begrüßen und würden große Zufriedenheit schaffen.‹

Wie am 3. August 1919 so richtete auch am 11. August 1919 ein Hagelwetter in den Gemeinden Gersthofen, Stettenhofen, Neusäß, Täfertingen, Hirblingen, Langweid, sämtliche Bezirksamts Augsburg, starken Schaden in den Getreidefeldern an. Der Hagelschaden wird auf etwa 40 % der Körnerernte geschätzt. Schaden wird auch gemeldet für Rüben- und Kartoffelfelder.

Über die Lage des Arbeitsmarktes, der Industrie, den Stand der Erwerbslosenfürsorge und des Wohnungsmarktes berichten die beteiligten B e z i r k s v e r w a l t u n g s b e h ö r d e n was folgt:
›Lage der Industrie in Augsburg: Eine Veränderung insbesondere eine Verbesserung gegenüber der Vorwoche ist nicht eingetreten.

Baumarkt in Augsburg: Eine größere Bautätigkeit ist in der Berichtswoche nicht zu verzeichnen. Bei den städtischen Bauarbeiten waren 841 gegen 1147 Mann beschäftigt; in der privaten Bautätigkeit 672 gegen 682 Mann.

Arbeitsmarkt in Augsburg: Die Lage des Arbeitsmarktes zeigt fortschreitende Besserung. Geringe Zugänge sind veranlaßt durch Entlassungen aus der Reichswehr. Die Nachfrage nach landwirtschaftlichen Arbeitskräften ist etwas zurückgegangen. Die Metallindustrie braucht noch immer Kessel- und Hammerschmiede. Auch einige Former werden gesucht. Die Nachfrage nach Bau- und Möbelschreinern nimmt zu. Die Textilindustrie zeigt eine unveränderte Lage. Schneider und Schuhmacher mangeln. Maurer werden meist nach auswärts verlangt. Das Angebot für kaufmännische Kräfte ist etwas besser geworden. Haus- und Gastwirtschaft bietet für geschultes Personal reichlich Arbeitsgelegenheit. Ungelernte männliche Arbeitskräfte können hauptsächlich auswärts untergebracht werden. Für ungelernte Arbeiterinnen hält sich die Arbeitsgelegenheit in mäßigen Grenzen. Nachstehende Übersicht über die Tätigkeit des städtischen Arbeitsamtes nach dem Stande vom 16. August 1919 gibt zahlenmäßigen Aufschluß über die Bewegung auf dem Arbeitsmarkt:

Wirtschaftszweig	Unerl. Angeb.		Unerl. Nachfrage		Bemerkungen
	a. männl.	b. weibl.	a. männl.	b. weibl.	
Land- und Forstwirtschaft, Gärtnerei	42	41	3	2	
Metallverarbeitung	28	–	238	1	
Holzindustrie	54	–	12	–	
Textilindustrie	–	–	5	80	
Bekleidungs- und Reinigungsgewerbe	12	–	3	12	
Baugewerbe	52	–	19	–	
Sonst. Handwerk und Berufe	27	14	321	141	
Haus- und Gastwirtschaft	–	206	133	36	5 jugendl. m.
Ungelernte Arbeiter aller Art	–	6	215	580	21 jugendl. m. 5 jugendl. w.
Summe:	215	267	949	852	31 jugendl. 36 jugendl.
Gesamtsumme der Vorwoche	242	274	974	937	

Seit Beginn der Erwerbslosenfürsorge haben 16.022 Erwerbslose wieder Arbeit gefunden.

Wohnungsfürsorge in Augsburg: Die zur Bekämpfung der außerordentlichen Wohnungsnot getroffenen Maßnahmen sind immer noch unzulänglich. Zudem wächst die Nachfrage nach Wohnungen immer mehr.‹

›Nach Bericht des Stadtrats Lindau sind die Verhandlungen des Schlichtungsausschusses[4] für die Festsetzung des Lohntarifs für die Metallarbeiter in Kempten gescheitert; die Metallarbeiter beabsichtigen wegen nicht bewilligter Lohnforderung am Montag, den 18. August in Streik zu treten.‹

›Beim Arbeitsamt Memmingen stehen 33 offenen Stellen für Männliche 63 Stellengesuche gegenüber. Die Zahl der Erwerbslosen beträgt 57.‹

›Aus den Betrieben des Bezirksamts Sonthofen ist Neues nicht zu berichten. Das städtische Arbeitsamt Immenstadt meldet für 59 Männliche, 32 Weibliche, 42 Lehrlinge: 96 bzw. 14 bzw. 2 offene Stellen.‹

---

4 Dieser Ausschuss ist durch das Hilfsdienstgesetz vom 5.12.1916 zur Lösung von Streitigkeiten über Arbeitsbedingungen, besonders bei Lohnfragen, eingesetzt worden. Die VO des Rates der Volksbeauftragten vom 23.12.1918 (RGBl S. 1456; StAnz 9 von 1919) erweiterten diese Normen. Aufgrund der bayerischen Vollzugsvorschriften vom 20.1.1919 (StAnz 21) und 25.4.1919 (StAnz 120) bildete die Regierung von Schwaben und Neuburg je einen Schlichtungsausschuss in Augsburg, Donauwörth, Memmingen und Kempten.

›Die Meldung des städtischen Arbeitsamtes Neu-Ulm liegt an.‹

II.

[kein Eintrag]

i. V. gez. Stahl Regierungsdirektor

[Anlage 1 zum Wochenbericht vom 18. August]

Übersicht über die Lage des Arbeitsmarktes am 16. August 1919

Wirtschaftszweig	Unerl. Angeb.		Unerl. Nachfrage		Bemerkungen
	a. männl.	b. weibl.	a. männl.	b. weibl.	
Land- und Forstwirtschaft, Gärtnerei	8	10	–	–	
Metallverarbeitung	–	–	14	–	
Holzindustrie	6	–	1	–	
Textilindustrie	–	–	–	–	
Bekleidungs- und Reinigungsgewerbe	1	–	–	1	
Baugewerbe	–	–	–	–	
Sonst. Handwerk und Berufe	–	–	12	2	
Haus- und Gastwirtschaft	–	H 21 G 8	H 6 G –	H 2 G 1	
Ungelernte Arbeiter aller Art	2	–	24	–	
Summe:	17	39	57	6	

Bemerkungen über die Lage des Arbeitsmarktes:
Wie im Bericht vom 9. d. Mts. wesentl. Veränderungen sind nicht vorhanden.
Städt. Arbeitsamt Neu-Ulm.

[Anlage 2 zum Wochenbericht vom 18. August]

Kaufbeuren, den 16. August 1919: Stadt Kaufbeuren an das Präsidium der Regierung von Schwaben und Neuburg in Augsburg

Betreff: Wochenbericht

Stand der Erwerbslosen: 6 wie bisher.

Die Gasfabrik wurde in der abgelaufenen Woche mit 250 Zentner Kohlen beliefert; infolgedessen für einige Tage die Bevölkerung mit Licht versorgt werden kann.

Die sämtlichen politischen Parteien hatten sich auf die Wahl des Herrn Dr. Georg Volkhardt[5] als I. rechtskundiger Bürgermeister der Stadt geeinigt; die Wahl ging am 10. August glatt vor sich.

In der heutigen Stadtratssitzung wurden gewählt: als II. Bürgermeister Herr Brauereibesitzer Josef Kraisy[6] (Bayerische Volkspartei), als III. Bürgermeister Herr Schriftsetzer Januar Braig[7] (Sozialdemokraten).

Auf gestern, den 15. August abends ½ 8 Uhr, war eine Mitgliederversammlung der U.S.P. hier einberufen, in welcher ein W. Thomas aus Hamburg über die derzeitige Lage hätte sprechen sollen; anwesend waren 50 Personen; der Redner ist nicht erschienen. Es wurde die Vorstandschaft gewählt, die sich zusammensetzt aus: 1 Steinmetz, 1 Händler, 1 Steindrucker und 2 Fabrikarbeitern. Die Versammlung, die nur kurze Zeit dauerte, verlief ohne Zwischenfall.

Der Kommunalverband Kaufbeuren-Stadt wurde bis jetzt mit Frühdruschgetreide nicht beliefert. Der liefernde Kommunalverband Neuburg a. D. hat heute mitgeteilt, daß er hiezu nicht in der Lage sei, da die Landwirte bis jetzt noch nichts abgeliefert hätten; es darf angenommen werden, daß durch die in den letzten Wochen andauernde warme Witterung das Brotgetreide sicherlich zum Reifen kam. Wenn die Landwirte nicht bald abliefern, so ist eine Katastrophe in der Brot- und Mehlversorgung der Bevölkerung unvermeidlich.

II. Bürgermeister Kraisy

Augsburg, den 25. August 1919   85

I.

Über die Ernte, ihre Ergebnisse, sowie die Getreide- und Mehlversorgung berichten die beteiligten B e z i r k s v e r w a l t u n g s b e h ö r d e n, was folgt:

›Die Ernte ist im Bezirke Neu-Ulm mit Ausnahme des Hafers größtenteils beendet und wurde vorzüglich hereingebracht. So günstig die Witterung für die Einbringung der Getreideernte war, so ungünstig ist sie für die Grummeternte und den Stand der Wiesen und Hackfrüchte, auch des Obstes. Seit vielen Wochen hat es im Bezirke nicht mehr geregnet. Die Bezirksweide Luippen muß vorzeitig abgetrieben werden, was bis jetzt noch nie der Fall war. Die Anlieferungen des Brotgetreides bleiben trotz aller Bemühungen des Bezirksamtes und der Bürgermeister heuer bis jetzt völlig aus. Der Ausfall der Druschprämie hat sich furchtbar gerächt. Alle Vorstellungen in dieser Hinsicht waren bis jetzt umsonst. Es ist auf diese Weise ausgeschlossen, daß ein geordneter Anschluß an das neue Wirtschaftsjahr erreicht werden kann.‹

›Neues Getreide wurde bisher im Bezirke Mindelheim noch nicht angeliefert; um die Ablieferung, die dringend nötig ist, in Gang zu bringen, wurden die hauptsächlich in Betracht kommenden Gemeinden durch Beamte des Bezirksamtes und des Kommunalverbandes bereist. Man hofft, zu einem befriedigenden Ergebnis zu gelangen.‹

›Die Ernte des Wintergetreides ist im Bezirk Krumbach durchgeführt. Das Sommertreide und die Gerste sind zum größten Teil eingebracht. Der Hafer wird Mitte der

---

5 *Dr. Georg Volkhardt (1885–1953), Jurist. 1917–1933, 1945–1948 I. Rechtskundiger bzw. Oberbürgermeister von Kaufbeuren. 1917–1918 Mitglied des Landrates von Schwaben und Neuburg. 1948–1952 Oberbürgermeister von Kempten. 1947–1951 Mitglied des Bayerischen Senats.*
6 *Kraisy (1875–1926).*
7 *Januarius Braig (1863–1955), Schriftsetzer.*

kommenden Woche geschnitten werden können. Leider ist der 2. Kleeschnitt nur von mäßigem Ertrag gewesen. Die Kochmehlvorräte des Kommunalverbandes sind aufgebraucht; jedoch besteht begründete Aussicht, die erforderlichen Mehlmengen anfangs der kommenden Woche hereinzubekommen. Die erforderlichen Schritte sind eingeleitet. Widerstände gegen die Ablieferung haben sich bis jetzt noch nicht gezeigt. Brotmehl ist noch in genügender Menge vorhanden.‹

›Die Mehlversorgung im Bezirke Kaufbeuren macht weitere Schwierigkeiten. Der Markt Buchloe ist seit 20. dieses Monats offiziell ohne Brot; auffallenderweise berichtet dies nur die Gendarmeriestation, die Geschäftsstelle des Kommunalverbandes bestätigt es. Aus dem Gemeinderat und der Bevölkerung sind hierüber keine neuen Beschwerden eingelaufen, so daß die Vermutung aufkommt, daß die Buchloer sich schon bisher mehr bei den umliegenden Landbäckern und Bauern, als bei den ansässigen Marktbäckern versorgten. Am Montag, den 25. dieses Monats ist wieder ordnungsmäßige Versorgung auf einige Zeit möglich. In der abgelaufenen Woche gab es am Buchloer Amtstag scharfe Auseinandersetzungen mit Vertretern des Gemeinderates, mit den Bäckern und dem Arbeiterratsvorsitzenden, welche den Kommunalverband, Verwaltungs- wie Geschäftsabteilung angreifen zu müssen glaubten. Das Ergebnis nannte man ›Aufklärung‹; man sah nach 3-stündigem Hin- und Herreden ein, daß die Buchloer fast stets mehr Mehl zugewiesen erhielten, als ihnen zustand, sowie daß sie es auch verzehrt haben und außerdem bei den Landgemeinden sich besseres Brot backen ließen. Solche Auseinandersetzungen reiben einen auf; der Führer der Geschäftsabteilung war daran, den Dienst niederzulegen.
Das Wintergetreide ist im Bezirke Kaufbeuren nahezu geborgen; da das Sommergetreide noch nicht schnittreif ist, erntet man Grummet. Gestern nachts und tagsüber brachten ausgiebige Gewitterregen die erwünschte Feuchtigkeit.‹

›Bei dem anhaltenden günstigen Erntewetter ist im Bezirke Günzburg der größere Teil der Brotgetreideernte bereits geborgen. Die Beschaffenheit der Frucht befriedigt allenthalben, während über die Menge mancherorts Klagen bestehen.‹

›Die Getreideernte wurde nach Bericht des Stadtrats Nördlingen bei der derzeitigen vorzüglichen Witterung unter den günstigsten Bedingungen eingebracht; die Ähren sind groß und voll, das Stroh ist nach Länge und Qualität sehr gut. Der Preisabbau für die Lebensmittel muß unbedingt eintreten, wenn nicht in der Bevölkerung schwere Unruhen entstehen sollen.‹

›Die Ernte im Bezirke Donauwörth schreitet zwar gut vorwärts, doch steht das andauernd schöne Wetter, das die Bauern benützen, um ihr Getreide vollkommen heimzubringen sowie der Mangel an Benzol einem sofortigen Drusch entgegen. Benzol soll übrigens demnächst zur Lieferung gelangen. Immerhin steht zu erwarten, daß die Landwirte so viel abliefern, daß der Bezirk, welcher bekanntlich kein Frühdruschbezirk ist, sich selbst mit Getreide beliefern kann.‹

›Hinsichtlich der Volksernährung muß die völlig unzulängliche Anlieferung von Brotgetreide an den Kommunalverband Augsburg-Land beängstigen. In etwa 10 Tagen sind die Brotgetreidevorräte zu Ende, Ersatz ist in nennenswertem Maße bisher nicht geschaffen. Die Landwirte eilen mit der Ablieferung nicht trotz aller Bemühungen des Amtes und der Aufkäufer; es fehlt offensichtlich die anreizende Wirkung der Frühdruschprämien.‹

›Von kommunistischen Umtrieben ist bisher im Bezirke Wertingen nichts bekannt geworden; doch ist die Landwirtschaft wegen Fortdauer der Zwangsbewirtschaftung unruhig, wozu die verschiedenen Resolutionen von Bauernräten und Organisationen das Ihre beitragen. Es werden zur Zeit höhere Höchstpreise für Brotgetreide und die Abschaffung der Mahlscheine gefordert. Die Erbitterung über die Arbeitsstreiks kann zum Lieferstreik führen. Um die Lieferungen in Gang zu bringen, ergingen neben öffentlichen Aufforderungen gesonderte Ersuchsschreiben an die größeren Grundbesitzer. Bisher kamen etwa 250 Zentner Brotgetreide zur Anfuhr.‹

›Die Anlieferung von Brotgetreide im Bezirke Zusmarshausen hat vorgestern im bescheidensten Umfang begonnen, nachdem vorher eine eindringliche Mahnung des Amtes an die Landwirte ergangen war. Da die Vorräte des K.V. erschöpft sind, besteht die Gefahr, daß von Anfang September ab die Brotkarten nicht eingelöst werden können. Um dieser Gefahr zu begegnen, wurde unterm 23. dieses Monats durch Rundschreiben für jeden Zentner bis Ende dieses Monats angelieferten Brotgetreides eine Lieferungsprämie von 3 Mark zugesichert. Es besteht Hoffnung, daß durch dieses Mittel eine Stockung in der Brotversorgung verhütet werden kann. Dem sicheren Vernehmen nach ist ein planmäßiger Lieferstreik im Bezirk nicht zu gewärtigen. Vielmehr wurde bisher nur deshalb nichts geliefert, weil die warme Witterung den Landwirten es geraten erscheinen läßt, das gesamte Getreide auf einmal einzuführen und das Dreschen auf später zu verschieben. Zu der Überlegung, was dieses eigensüchtige Verhalten für die Allgemeinheit für schlimme Folgen haben kann, können sich die Leute nicht aufschwingen; jeder denkt nur an sich selbst. Mit dem Ergebnis der Ernte an Körnern sind die Landwirte, abgesehen von einem Teil des Sommergetreides, wohl zufrieden. Dagegen ist der Ertrag an Stroh wesentlich unter dem Durchschnitt geblieben. Auch der fühlbare Mangel an Futtermitteln wird durch die fortgesetzte trockene Witterung nur noch erhöht. Ungeachtet der Gefahr des Austrocknens der Grasnarbe muß mit der Grummeternte begonnen werden, deren Ergebnis zu wünschen übrig läßt.‹

›Infolge der andauernd günstigen Witterung sind im Bezirke Illertissen die Erntearbeiten soweit gefördert, daß bis in etwa 14 Tagen die ganze Ernte beendet ist. Da das Grummet durch die andauernde Trockenheit dem Verderb ausgesetzt war, mußte auch die Grummeternte sofort in Angriff genommen werden. Dieses Übermaß von Arbeit hatte für die Getreideablieferung die schlimmsten Folgen, so zwar, daß bis heute noch kein einziges Korn abgeliefert wurde. Trotzdem hoffe ich durch persönliche Einwirkung auf verschiedene größere Gemeinden wenigstens so viel zu bekommen, daß Versorgungsschwierigkeiten nicht entstehen. Die aus dem Frühdruschbezirk Neuburg angewiesenen 600 Zentner sind selbstverständlich nicht eingetroffen. Die Forderung nach Aufhebung der Zwangswirtschaft wird im Bezirke ebenfalls mit großem Nachdruck erhoben, jedoch im Sinne maßvoller Anträge. Die Viehablieferung ging in neuester Zeit glatt vonstatten, während die Beschlagnahme der Zentrifugen[7] in einzelnen Gemeinden auf erhebliche Schwierigkeiten stieß. Ob es gelingen wird durch gütliche Einwirkung die Landwirte zu einer gleichmäßigen guten Milchanlieferung zu beeinflussen, ist zweifelhaft. Mit Recht wird die Einführung von Nutz- und Zuchtviehmärkten im

---

1 Mit diesen Geräten verarbeiteten die Bauern Milch zu Butter, die beim Verkauf, besonders in Fremdenverkehrsgebieten, hohe Preise erzielte. Noch galten die Bestimmungen über den Verkehr mit Zentrifugen und Buttermaschinen vom 24.3.1917 (RGBl S. 280), die den Erwerb dieser Geräte nur gegen einen Bezugsschein des Kommunalverbands erlaubte und das Anbieten von Zentrifugen usw. in Zeitungen, das Ausstellen in Schaufenstern wie auch den Handel im Umherziehen verboten.

Bezirk gefordert. Die Kartoffelernte verspricht einen guten Mittelertrag. Der Ertrag der Apfelbäume wird weit hinter dem Mittel zurückbleiben. Birnen versprechen wie überall reichen Ertrag.‹

Zur Frage des Fremdenverkehrs berichten die Bezirksämter F ü s s e n und S o n t h o f e n folgendes:

›Infolge der von Erfolg begleiteten Bemühungen des Amtes, Milch für die Stadt Füssen zu beschaffen, scheint sich die Erregung der hiesigen Arbeiterschaft hinsichtlich des Fremdenverkehrs etwas gelegt zu haben, so daß Hoffnung besteht, daß die kritischen Wochen ohne Störung der Ordnung vergehen.‹

›Der Fremdenverkehr hat sich im Bezirke Sonthofen nicht gemindert, er ist stärker denn je. Die Ausstellung bezirksamtlicher Aufenthaltsgenehmigungen wird so genau gehandhabt, als möglich, dagegen ist jede Kontrolle der mit freiem Aufenthalt Anwesenden dahin, ob sie nicht in einer anderen Gemeinde des Bezirkes den Aufenthalt fortsetzen, unmöglich, wenn die Betreffenden nicht selbst angeben, woher sie kommen und wohin sie gehen. In den Verbraucherkreisen, vor allem der Arbeiterschaft des Bezirkes, hat eine starke Bewegung gegen den Fremdenverkehr eingesetzt; der Kommunalverbandsausschuß wird sich nächste Woche damit beschäftigen. Eine Maßnahme gegen den Fremdenverkehr mußte bereits zur Sicherstellung der Mehl- und Brotversorgung für die Einheimischen ergriffen werden: Die Reichsreisebrotmarken wurden für nicht einlösbar erklärt[2], die Gasthöfe und Pensionen erhalten Brot und Mehl nur in bescheidenen Grenzen für 50 % ihrer Bettenzahl. Eine von einem der betroffenen Fremden zum Land- und Forstwirtschaftsministerium eingereichte telegraphische Beschwerde wurde dort nach telefonischer Mitteilung des Herrn Referenten abgewiesen. Die Maßnahme war angesichts der unzureichenden Belieferung des K.V. mit Getreide unbedingt notwendig; sie wird aufgehoben, sobald es möglich ist.‹

Der Stadtrat M e m m i n g e n hebt nachstehendes hervor:

›Die Kürzung der Fleischration auf 100 Gramm hat in der Einwohnerschaft allgemeine Entrüstung hervorgerufen. Man kann es nicht verstehen, daß man zu einer Zeit, in der alle Ställe voll Vieh stehen, eine derartige Verordnung erläßt. Die Bevölkerung hat es einmal satt, sich zum Vorteile der Großstädte und Norddeutschlands benachteiligen zu lassen. Eine Folge der neuen Verordnung ist es sicher, daß nunmehr der Schwarzschlächterei Tür und Tor geöffnet sind. Die Bevölkerung will Frischfleisch und keine Auslandswaren. Allgemein ist die Ansicht vertreten, daß das Frischfleisch wieder einmal den Konservenfabriken zur Verfügung gestellt wird und deshalb die leicht begreifbare Erbitterung. Man kann allgemein in Stadt und Land hören, daß die Bevölkerung sich schon selbst versorgen wird.‹

Das Bezirksamt S o n t h o f e n bemerkt:

›Große Erbitterung erregt natürlich die Pressemitteilung, daß im Nachbarlande Württemberg die Fleischration auf 250 Gramm hinaufgesetzt wurde, während Bayern unter Berufung auf den Zwang der Reichsfleischstelle (gilt dieser für Württemberg nicht?) nur 100 Gramm zugestehen will. Ich habe mich sofort an die Fleischversorgungsstelle um Aufklärung gewandt.‹

---

2 *Das Verbot der Einlösung dieser Marken begründete der Kommunalverband am 18. August mit der verspäteten Einbringung der Ernte und der damit verbundenen Hinausschiebung der Anlieferung von neuem Getreide [...]; ABl S. 220. Das Verbot wurde am 19. September wieder aufgehoben; ABl S. 247.*

Über den Stand des Arbeitsmarktes, der Erwerbslosenfürsorge, die Lage der Industrie, ferner den Wohnungsmarkt, die Brennstoffversorgung berichten die Bezirksverwaltungsbehörden was folgt:

›Lage der Industrie in Augsburg: Eine Änderung ist nicht eingetreten.

Baumarkt in Augsburg: Die Flauheit dauert weiter an. Die Stadt beschäftigte 1168 gegen 841 Mann der Vorwoche, die private Bautätigkeit 722 gegen 672 Mann.

Arbeitsmarkt in Augsburg: Gegenüber der Vorwoche hat sich die Lage des Arbeitsmarktes nicht wesentlich gebessert. Neuzugänge haben ihre Ursache in Entlassungen aus der Reichswehr und Industrie. Die Nachfrage nach landwirtschaftlichen Arbeitskräften ist sehr rege. Die Metallverarbeitung sucht einzelne Facharbeiter wie Kessel- und Hammerschmiede. Auch Former werden noch gesucht. Die Holzindustrie ist gut beschäftigt. Es zeigt sich ein Mangel an Möbelschreinern. Auch Schneider und Schuhmacher werden gesucht. Das Baugewerbe verzeichnet einen Mangel an Maurern und Zimmerleuten. Für kaufmännische Angestellte (männliche und weibliche) nimmt das Arbeitsangebot zu. Der Mangel an weiblichem Haus- und Gastwirtschaftspersonal ist sehr empfindlich. Für ungelernte Arbeiter wird sich in den nächsten Wochen das Arbeitsangebot durch Vornahme von Flußkorrektionen bessern. Ungelernte weibliche Arbeiterinnen sind weniger gut beschäftigt. Einige können zum Hopfenzupfen verwendet werden. Über die Bewegung auf dem Arbeitsmarkt gibt nachstehende Übersicht unseres Arbeitsamtes vom 22. August 1919 zahlenmäßigen Aufschluß:

Wirtschaftszweig	Unerl. Angeb.		Unerl. Nachfrage		Bemerkungen
	a. männl.	b. weibl.	a. männl.	b. weibl.	
Land- und Forstwirtschaft, Gärtnerei	72	41	5	–	
Metallverarbeitung	23	–	232	–	
Holzindustrie	45	–	13	–	
Textilindustrie	–	–	7	70	
Bekleidungs- und Reinigungsgewerbe	12	–	4	17	
Baugewerbe	46	–	28	–	
Sonst. Handwerk und Berufe	21	5	315	130	
Haus- und Gastwirtschaft	1	227	149	50	3 jugendl. m.
Ungelernte Arbeiter aller Art	–	–	185	559	18 jugendl. m. 5 jugendl. w.
Summe:	220	273	938	826	26 jugendl.
Gesamtsumme der Vorwoche:	215	267	949	852	31 jugendl.

Seit Beginn der Erwerbslosenfürsorge haben 16.283 Erwerbslose die Arbeit wieder aufgenommen.

Wohnungsfürsorge in Augsburg: Der Stand der Wohnungsrationierung ist unverändert. Brennstoffversorgung in Augsburg: Die Zufuhr an Kohlen hat sich gegen die Vorwoche verringert. Tagesdurchschnitt vorige Woche: 156,54 Tonnen, Tagesdurchschnitt diese Woche: 134,16 Tonnen. Die Aussichten werden immer besorgniserregender.‹

›Im Laufe dieser Woche sind in Kempten 124 Personen angekommen; darunter befinden sich 14 Heeresentlassene. Das Angebot von Arbeit in der Landwirtschaft ist bedeutend gestiegen, besonders infolge der Ernte. In der Industrie ist im allgemeinen kein Angebot vorhanden; ebenso in kaufmännischen Berufen. Im Baugewerbe besteht immer noch großer Mangel an Maurern und Zimmerleuten. Das Angebot im Bekleidungsgewerbe ist zurückgegangen. Im Gastwirtsgewerbe besteht großer Mangel an geschulten Dienstboten (jedoch nicht an Kellnerinnen) besonders aber für Saisonstellen. In Erwerbslosenfürsorge standen noch 3 Personen.‹

›Beim Arbeitsamt Memmingen stehen 65 offenen Stellen für Männliche 73 Stellengesuche gegenüber; die Zahl der Erwerbslosen beträgt 28.‹

›Die Mechanische Bindfadenfabrik Immenstadt kann zur Zeit mit ihren Leuten wöchentlich etwa 36 Stunden arbeiten. Die Allgäuer Baumwollspinnerei und Weberei Blaichach hat zwar Baumwolle aus der Schweiz erhalten, doch nicht die richtige Qualität. Die Arbeitsverhältnisse sind also immer noch ungünstig. Das städtische Arbeitsamt Immenstadt meldet für 55 Männliche, 27 Weibliche und 41 Lehrlinge an offenen Stellen: 42 bzw. 22 bzw. 1.‹

›Während es längere Zeit nicht gelingen wollte, zum Straßenbau Harbatzhofen-Landesgrenze, Bezirk Lindau, die nötige Arbeiterschaft zu gewinnen, ist jetzt ein Mehrangebot von Arbeitskräften eingetreten.‹

›Die Metallarbeiter sind am 18. August in Lindau in Ausstand getreten. Zwischenfälle haben sich während des Streiks nicht ergeben.‹

Die Meldung des Arbeitsamtes Neu-Ulm liegt an.

II.

Am 20. dieses Monats fand in Kaufbeuren eine stark besuchte Versammlung der Kriegsbeschädigten statt, in welcher der Referent des Sozialministeriums, Schwarzenberg, die gegenwärtige Lage der Versorgung der Kriegsbeschädigten schilderte und zum Beitritt in den Reichsbund der Kriegsbeschädigten aufforderte. Der Vortrag war nach Bericht des Bezirksamts Kaufbeuren sehr interessant und geeignet, weiten Kreisen die traurige Lage der Kriegsbeschädigten vor Augen zu führen.

Am 22. August fand in Günzburg eine Versammlung der U.S.P. statt, die insbesondere von politischen Gegnern besucht war. Die Versammlung verlief ruhig.

Das Bezirksamt N e u b u r g a/D. berichtet:
›Über den Verlauf der am 17. dieses Monats abgehaltenen Massenversammlung von Bauern und Bauernräten aus Schwaben und Mittelfranken habe ich unterm 18. dieses Monats bereits besonderen Bericht erstattet. Inzwischen hat die gewählte Abordnung am 20. dieses Monats die aufgestellten Forderungen dem Landwirtschaftsministerium persönlich überreicht. Hierüber enthält die Neuburger Freie Zeitung von heute folgende Auslassung:

›Leider konnte die Abordnung den Herrn Landwirtschaftsminister Freiherr von Freyberg[3] nicht persönlich sprechen, denn derselbe war an dem Tage verreist. Die Abordnung war beim Ministerium angemeldet und es war ihr auch zugesichert worden, daß sie den Herrn Minister sprechen könne. Trotz Anmeldung und Zusage waren die Herren des Ministeriums wie aus den Wolken gefallen, als die Abordnung ankam. Der zuständige Referent war beurlaubt, ein anderer in Weimar. Erst nach längerem Verhandeln nahm dann Herr Regierungsrat Hirsch[4] die Entschließung entgegen, und erklärte, in solch wichtigen Fragen könne er als stellvertretender Stellvertreter des Ministers keinerlei Zusage machen, wäre aber bereit, falls der Minister am Freitag zurückkomme und nicht anderweitige vordringliche (?) Sachen zu erledigen wären, denselben Vortrag zu halten.

Die Abordnung ließ auch den Regierungsrat über die Stimmung der Landwirte betreffs Zwangswirtschaft nicht im unklaren und machte ihn auf die Folgen aufmerksam, welche sich bei einer weiter ablehnenden Haltung der Regierung ergeben würden. Die Anregung des Herrn Regierungsrates Hirsch, die Abordnung möchte sich mit der Bayerischen Fleisch-, Fett- und Getreideversorgungsstelle in Verbindung setzen, erachtete die Abordnung als vollkommen überflüssig, denn die Herren derartiger Stellen erklärten stets die Aufhebung der Zwangswirtschaft für unmöglich und man kann eine objektive Beurteilung von dieser Seite wohl nicht erwarten. Die Abordnung verlangte in kürzester Zeit eine Mitteilung von Seite der Regierung, inwieweit den berechtigten Forderungen der Bauern stattgegeben wird. (Dieser Bericht spricht für sich und wir enthalten uns deshalb jeder Stellungnahme. D.R.[5])‹

Das Bezirksamt Markt Oberdorf berichtet über die Volksstimmung folgendes:

›Die Bevölkerung selbst hat sich bis jetzt überall ruhig und besonnen verhalten; doch ist unverkennbar, daß die jetzige politische und wirtschaftliche Lage (zu befürchtender Brotmangel, Kohlennot, Frage des Abbaues der Zwangswirtschaft sowie eines Staatsbankrotts) eine hochgradige Spannung in der ganzen Stimmung erzeugt.‹

i. V. gez. Stahl, Regierungsdirektor

---

3   Karl Freiherr von Freyberg (1866–1940), Gutsbesitzer, Jurist. 1919–1920 bayer. Staatsminister für Land- und Forstwirtschaft, 1920 stellvertretender Ministerpräsident. 1907–1912, 1919–1920 MdR (Zentrum), 1905–1918, 1919–1924 MdL (BVP).
4   Dr. Eugen Hirsch. 1919 Bezirksamtmann und Vorstand des Bezirksamts Mellrichstadt, Regierungsrat.
5   ›D.R.‹ konnte nicht ermittelt werden.

[Anlage zum Wochenbericht vom 25. August]

Übersicht über die Lage des Arbeitsmarktes am 28. August 1919

Wirtschaftszweig	Unerl. Angeb.		Unerl. Nachfrage		Bemerkungen
	a. männl.	b. weibl.	a. männl.	b. weibl.	
Land- und Forstwirtschaft, Gärtnerei	8	10	–	–	
Metallverarbeitung	1	–	14	–	
Holzindustrie	6	–	1	–	
Textilindustrie	–	–	–	–	
Bekleidungs- und Reinigungsgewerbe	1	10	1	1	
Baugewerbe	2	–	–	–	
Sonst. Handwerk und Berufe	4	–	14	2	
Haus- und Gastwirtschaft	–	H 17 G 6	H 7 G –	H 3 G 1	
Ungelernte Arbeiter aller Art	–	–	27	–	
Summe:	22	43	64	7	

Bemerkungen über die Lage des Arbeitsmarktes: 0
Städt. Arbeitsamt Neu-Ulm.

Augsburg, den 1. September 1919   **86**

I.

Über die Ernte, ihre Ergebnisse, sowie die Lebensmittel- insbesondere die Getreide- und Mehlversorgung berichten die B e z i r k s v e r w a l t u n g s b e h ö r d e n, was folgt:
›Die Anlieferung in Brotgetreide im Bezirke Augsburg ist bisher noch viel zu gering. Nunmehr ist jedoch die Ernte abgeschlossen und der Ausdrusch überall im Gang, so daß – namentlich beim Umschlag der Witterung – den allseitigen Versicherungen einer gesteigerten Anlieferung in der kommenden Woche geglaubt werden darf.
Als ein starkes Hemmnis für den Ausdrusch wurde die heurige Dreschordnung der Lechelektrizitätswerke empfunden, wonach die einzelnen Hausnummern in der Gemeinde nur an 2 Wochentagen (Montag und Donnerstag, Dienstag und Freitag, Mittwoch und Samstag) den elektrischen Strom für Dreschzwecke beziehen können. Dazu fehlte dann noch zuweilen an den Dreschtagen der Strom. Die Landwirtschaft verlangt für die Dreschzeit Zurückstellung aller anderen Kraftabnehmer und gesteigerte Stromlieferung für ihre Zwecke gerade bei schlechtem Wetter; da sie sich bei der Zusammendrängung der Erntearbeiten nicht noch an schönen Tagen zur Dreschmaschine kommandieren lassen könne. Das Bezirksamt hat diese Klagen an das Werk weitergegeben

und im Interesse der Volksernährung um zuverlässige Abhilfe ersucht; eine Antwort ist bisher noch nicht eingelaufen.‹

›Die Brotgetreideernte im Bezirke Günzburg ist nunmehr fast restlos eingebracht. Das günstige Urteil über die Beschaffenheit der Frucht verstärkt sich noch. Das bisherige günstige Wetter hat die Landwirte nur vereinzelt zum Ausdreschen kommen lassen wenigstens soweit es sich um ablieferungspflichtige Mengen, nicht um solche für den eigenen Bedarf handelt. Dazu kommt der Mangel an Kohlen, für die Dreschmaschinen und für die Elektrizitätswerke, so daß letztere Kraft nur in beschränktem Maße zur Verfügung stellen können. Aus diesen Gründen hat der Kommunalverband durch seinen Kommissionär bisher nur 150 Zentner Roggen und 250 Zentner Weizen erhalten, die er für seinen eigenen Bedarf dringend benötigt. Nicht zu verkennen ist natürlich auch eine Zurückhaltung der Landwirte, die auf die Druschprämie warten. Wird diese bewilligt und hält das Regenwetter, das heute eingesetzt hat, an, so darf eine Besserung der Anlieferung erwartet werden.
Die Grummeternte, die sich unmittelbar an die Getreideernte angeschlossen hat, befriedigt nicht. Der Mangel an Rauhfutter zwingt die Landwirte zur Viehabgabe.‹

›Die Erntearbeiten im Bezirk Illertissen sind nahezu vollendet, nachdem auch das Grummet schon zum größten Teil eingebracht ist. Letzteres bleibt weit hinter einer Mittelernte zurück, dagegen hat sich der Hafer noch weiterhin günstig entwickelt, so daß die Haferernte allgemein befriedigend war. Schon jetzt wird im freien Handel für Hafer 35–40 Mark geboten und dürfte es sehr schwierig sein, die Ablieferung der Pflichtmengen[1] zu erzwingen. Praktische Landwirte halten die derzeitigen Bestimmungen für äußerst unnütz und trotz der hohen Strafdrohungen für ungeeignet, die nötigen Hafermengen hereinzubekommen. Die allgemeine Anschauung geht dahin, daß es besser gewesen wäre, zuerst den Pflichthafer zu erfassen und dann erst den noch übrigen Hafer freizugeben. Dem Bezirk wurde eine Ablieferungspflicht von 10.070 Zentner Hafer auferlegt, wobei anscheinend nicht berücksichtigt wurde, daß 24 Gemeinden verhagelt wurden. Eine diesbezügliche telegrafische Vorstellung blieb leider ohne Antwort.
Die in den Vormonaten eingetretene Stockung in der Viehablieferung ist nunmehr wieder beseitigt und ist die Viehablieferung eine durchaus befriedigende.
Durch rechtzeitige Anlieferung von Brotgetreide ist der Kommunalverband über die größten Schwierigkeiten hinweggekommen. Das ›Frühdruschgetreide‹ von Neuburg kam erst vor einigen Tagen an. Im allgemeinen ist die Anlieferung von Brotgetreide in Anbetracht der noch drängenden Erntearbeiten befriedigend gewesen.‹

›Infolge anhaltend guter Witterung ist im Bezirke Krumbach die Getreideernte nahezu beendet und die Grummeternte in vollem Gang. Die Ernteergebnisse sind quantitativ befriedigend. Drusch und Ablieferung werden durch die gute Witterung allerdings ungünstig beeinflußt; jedoch sind im Bezirke bereits über 1000 Zentner Brotgetreide angeliefert, so daß der vorläufige Eigenbedarf gedeckt ist. Durch die hohe Druschprämie wird die Getreideanlieferung voraussichtlich rasch gefördert werden. Hinsichtlich der Ablieferungswilligkeit der Landwirte wurden bisher ungünstige Wahrnehmungen nicht gemacht. Ernährungsschwierigkeiten bestehen im Bezirke nicht.‹

---

1 Die Bewirtschaftung von Hafer aus der Ernte 1919 war Ende August von der Landesgetreidestelle aufgehoben worden. Ausgenommen blieb ein Quantum Hafer, sog. Pflichthafer, für Nährzwecke und für den Heeresbedarf. Das Druschverbot lief am 15. Oktober ab, bestehen blieb das Verbot der Bahnbeförderung; StAnz 251, Bek des Bayer. Staatsministeriums für Landwirtschaft vom 13.10.1919.

›Die Erntearbeiten im Bezirk Markt Oberdorf sind zur Zeit – begünstigt durch das gute trockene Wetter – im vollen Gang.‹

›Der Ertrag der Ernte im Bezirke Mindelheim ist nach den bisherigen Feststellungen im Bezirke Mindelheim infolge Hagelschlags, Trockenheit und Mäusefraß so unbefriedigend, daß der Bezirk nicht in der Lage sein wird, Getreide abzuliefern. Es erscheint sogar fraglich, ob der Bedarf der eigenen Versorgungsberechtigten während des ganzen Jahres gedeckt werden kann. Der Futtermangel zwingt die Landwirte, ihr Vieh zu verkaufen. Die Viehablieferung ist daher gegenwärtig eine reichliche; jedoch muß im Frühjahr mit einer starken Viehknappheit gerechnet werden.‹

›Die Getreideernte im Bezirke Neuburg a/D. nähert sich ihrem Ende. Die Ablieferung von Frühdruschgetreide geht bei dem fortdauernd guten Wetter langsam vonstatten. Die Forderungen der Landwirte nach raschem Abbau der Zwangswirtschaft wollen trotz der aufklärenden Artikel in den Zeitungen nicht verstummen.‹

›Die Getreideernte im Bezirke Neu-Ulm ist jetzt größtenteils beendet. Die Trockenheit mit ihren schlimmen Folgen für die Grummet- und Hackfruchternte hat bis jetzt angehalten. Heute ist zum ersten Male seit 6 Wochen ein einigermaßen ausgiebiger Regen gefallen. Die Anlieferungen des Brotgetreides sind endlich eingetreten. Bis heute sind im ganzen 920 Zentner angeliefert. Es kann jetzt wenigstens der Bezirk notdürftig versorgt werden. In dieser Woche wurde an die Hauptsammelstelle angeliefert: 16 Pfund Butter, 1647 Stück Eier, 18 Stück Geflügel. Ferner wurde an den Kommunalverband angeliefert: 273 Zentner Kartoffeln.‹

›Im Bezirke Nördlingen ist es infolge des günstigen Wetters in den letzten Wochen gelungen, den größeren Teil der Ernte nunmehr einzubringen. Der Ertrag des Wintergetreides ist gering. Infolge des Mäusefraßes und der ungünstigen Frühjahrswitterung ist die Entwicklung des Getreides derart ungünstig gewesen, daß durchschnittlich wohl nicht mehr als 6 Zentner Winterweizen und 5 Zentner Roggen vom Tagwerk geerntet werden. Viele Selbstversorger besitzen nicht das nötige Brotgetreide und Saatgut. Um möglichst reichliche Zuweisung von letzterem wurde die Landessaatstelle angegangen. Wesentlich günstiger stellen sich die Erträge des Sommergetreides. Sommerweizen ist noch grün und harrt erst der Ernte. Mit den Ablieferungen an den Kommunalverband konnte erst letzterer Tage begonnen werden. Ob in absehbarer Zeit mehr als der eigene dringende Bedarf gedeckt wird, erscheint zweifelhaft. Es ist alles geschehen, um raschestens Getreide hereinzubringen. Für die ersten 1000 Zentner Weizen und Roggen sind vom Kommunalverband aus eigenen Mitteln sogar Prämien in Höhe von 2 und 1 Mark zugesichert. Sonst nichts Neues.‹

›Die Getreideernte im Bezirke Schwabmünchen ist nahezu beendet, deren Ergebnis ist quantitativ und qualitativ befriedigend. Die Brotversorgung macht zur Zeit die größten Schwierigkeiten, da die Mehlvorräte in einigen Tagen zu Ende sind und die Anlieferung von neuem Getreide äußerst gering ist. Wenn nicht von Reichs wegen Druschprämien gewährt werden, ist der Kommunalverband gezwungen, selbst Druschprämien auszusetzen, um die Brotversorgung aufrechtzuerhalten.‹

›Die im Bezirk Wertingen wegen Ablieferung von Brotgetreide eingeleitete Aktion hat den Erfolg gehabt, daß bis jetzt rund 1000 Zentner Brotfrucht zur Ausfuhr kamen; hievon konnten 400 Zentner Weizen dem Kommunalverband Kempten-Stadt zur Verfügung gestellt werden. Es ergingen an 212 Landwirte mit größerem Grundbesitz Aufforderungsschreiben, die nach Mitteilungen bei ihnen Eindruck nicht verfehlten. Sonach ist zu hoffen, daß in allernächster Zeit erheblichere Ablieferungen erfolgen. Einzelne radikale Elemente laufen Sturm gegen die Weiterführung der Zwangswirtschaft. Die bessere Einsicht überwiegt noch allgemein.‹

›Infolge der Gewährung einer Lieferprämie von 3 Mark gelang es im Bezirk Zusmarshausen bis heute rund 400 Zentner Getreide hereinzubringen. Da aber die letzten Vorräte aufgebraucht sind und das Getreide neuer Ernte erst im Laufe der kommenden Woche vermahlen werden soll, so ist der Kommunalverband nicht in der Lage, die morgen auszugebenden neuen Brotmarken sofort einzulösen. Es mußte vielmehr ausgeschrieben werden, daß erst ab 6. September die Hälfte der Marken eingelöst werden kann. Zur Ablieferung nach auswärts stehen noch keine Vorräte zur Verfügung. Die Erntearbeiten selbst sind so gut wie beendet und der seit gestern strömende Regen kann keinen nennenswerten Schaden mehr anrichten, tut vielmehr den durch lange Dürre ausgetrockneten Fluren gut. Nur wird durchs Wetter die bereits in Angriff genommene Grummeternte verzögert.‹

›Lebensmittelversorgung der Stadt Augsburg. Fleisch. In der Woche vom 24.–30. August wurde an Schlachtvieh verteilt:

A. Großvieh
    Konserven   2640 kg
    an die Metzger   106 Stück mit   18.553 kg
    Prätvieh (Wurstmacher)   31 Stück mit   4135 kg
    an die städt. Fleischverkaufsstellen   10 Stück mit   1961 kg
    an die Fleischverwertungsanlage
    (Streckwurst für Schwerstarbeiter)   7 Stück mit   985 kg
    an das Amtsschlachthaus
    (Freibank)   15 Stück mit   2151 kg
B. Kälber
    an die Metzger   200 Stück mit   10.105 ½ kg
    an die städt. Fleischverkaufsstellen   18 Stück mit   702 kg
    an das Amtsschlachthaus   2 Stück mit   39 kg
C. *[kein Eintrag]*
D. Schafe
    an die Metzger   2 Stück mit   53 ½ kg
                                                                                2 kg Inneres.

Wochenmarkt: Das Bild auf dem Wochenmarkt hat sich gegenüber der Vorwoche nicht wesentlich geändert. Die Zufuhr auf dem Obstmarkte war diese Woche sehr groß, die Preise sind etwas gesunken. Einheimische Birnen wurden heute im Großhandel um 45 Mark pro Zentner abgegeben, so daß sie im Kleinhandel auf 60 Pfennig pro Pfund zu stehen kommen. Äpfel werden im Kleinhandel um 80 Pfennig bis 1,20 Mark pro Pfund verkauft. Aus Franken treffen erhebliche Mengen Zwetschgen ein; sie kosten 1,50 Mark pro Pfund. Anfangs der Woche gelangte ein Waggon Preiselbeeren um 1,25 Mark pro Pfund zum Verkauf, die Beeren waren sehr rasch vergriffen und genügten der Nachfrage bei weitem nicht.

Der Pilzmarkt war wiederum nur ganz mäßig beschickt, auf dem Geflügelmarkt entsprach das Angebot der Nachfrage. Auch diese Woche haben Landleute wieder lebendes Geflügel zu Markte gebracht; junge Hühner fanden zu 4–5 Mark pro Stück raschen Absatz.

Auf dem städtischen Seefischmarkte sind diese Woche ca. 30 Zentner Schellfische eingetroffen; die Ware ist tadellos frisch und kostet im Ausschnitt 1,30 Mark bis 1,80 Mark per Pfund. An Süßwasserfischen gab es Hechte (3 bis 3,50 Mark pro Pfund), Forellen (8 Mark), Karpfen (3 Mark), Blaufelchen (6 Mark), Renken (5 Mark) und Barben (1,80 Mark).

Kartoffeln: In der Zeit vom 21.–27. August 1919 wurde angeliefert:
  32 Waggon bayerische
  10 Waggon norddeutsche Frühkartoffeln,
insgesamt 7111,26 Zentner. Die Verfassung war gut, ausgenommen von den norddeutschen Kartoffeln, welche durch den langen Transport gelitten haben. Im allgemeinen sind wir mit Kartoffeln zur Zeit entsprechend eingedeckt.‹

›Die Mehlversorgung der Stadt Lindau gestaltete sich im vergangenen Monat außerordentlich schwierig. Die Brotbeschaffenheit war infolge der unregelmäßigen und durchaus ungenügenden Belieferung mit Roggen und Weizen miserabel. Die Stimmung in der Bevölkerung ist wegen der schlechten Brotqualität, die schon seit einer Anzahl von Wochen nur mehr aus Gerstenmehl hergestellt werden kann, eine äußerst unzufriedene. Dabei sind Hoffnungen auf baldige Anlieferung geeigneteren Brotgetreides aus Frühdrusch vor Mitte September nicht berechtigt. Wenn die Stadt nicht mit Roggen und Weizen zur Beimischung beliefert und das Brot nicht in der allernächsten Zeit besser wird, dürfte sich das Verhalten der Bevölkerung noch bedenklicher gestalten. Wir wollen nicht verfehlen, hievon Mitteilung zu machen, zur Darnachachtung der zuständigen Zuteilungsstellen.‹

›Die Getreideernte im Bezirke Nördlingen wird von den Landwirten als eine ganz vorzügliche bezeichnet.‹

Zur Frage des Fremdenverkehrs berichten die Bezirksämter F ü s s e n und M i n d e l h e i m, sowie der Stadtrat L i n d a u folgendes:

›Neuerdings hat sich in Pfronten, das von Fremden stark besetzt ist, eine Erregung der dortigen Arbeiter bemerkbar gemacht. Wie an allen Orten mit Fremdenverkehr macht sich Milchknappheit fühlbar, da eben die Fremden mit allen Mitteln versuchen, sich in den Besitz von möglichst viel Milch und Butter zu setzen. Ich habe neuerliche strenge Kontrolle und die Wegweisung hamsternder Fremder angeordnet. Wenn der Fremdenverkehr nicht bald abflaut, werde ich mich gezwungen sehen, beim Landwirtschaftsministerium die Sperre zu beantragen.

Infolge des starken Fremdenverkehrs sind auch die Mehlvorräte des Kommunalverbandes so stark zusammengeschmolzen, daß nur mehr für wenige Tage Deckung vorhanden ist und kein anderer Ausweg blieb, als die Abgabe von Brot und Mehl auf Reisebrotmarken zu sperren, wie dies auch durch die Bezirksämter Sonthofen[2] und Garmisch geschehen ist.‹

›Mit Rücksicht auf die schlechte Ernte bestehen im Bezirke Mindelheim Bedenken gegen die Aufrechthaltung des Fremdenverkehrs. Der Kommunalverbandsausschuß hat indessen in seiner Sitzung vom 27. vorigen Monats beschlossen, vorerst noch von Anträgen wegen Einschränkung des Fremdenverkehrs abzusehen.‹

---

2 *Verbot vom 18. August durch den Kommunalverband Sonthofen am 21. August eingeschärft; ABl S. 225.*

›Der Zustrom an Fremden in Lindau war während des vergangenen Monats abnorm groß. Die neuen Vorschriften wurden eingehalten, aber gerade die Zahl der Passanten war es, die alle Hotels, Privatquartiere und Notbehelfe füllten. Da wir nicht in der Lage waren, die Brotmarken bei Fortdauer solchen Zustroms einzulösen, sind wir gezwungen, mit dem Bezirksamt gemeinschaftlich schärfere Einschränkungen des Fremdenverkehrs durch entsprechende neue Vorschriften eintreten zu lassen. Unsere Arbeiterbevölkerung ist wegen der Knappheit an Brotmehl, der schlechten Qualität des Brotes und des Fremdenverkehrs in bedenklicher Unruhe.‹

Über den Stand des Arbeitsmarktes, der Erwerbslosenfürsorge, die Lage der Industrie, den Wohnungsmarkt und die Brennstoffversorgung berichten die Bezirksverwaltungsbehörden:

›Nach den Berichten der Haunstetter Spinnerei und Weberei und der Farbwerke Gersthofen wurden in diesen Betrieben in der abgelaufenen Woche
a) entlassen bzw. traten freiwillig aus: 8 männliche Arbeiter,
b) eingestellt: 16 männliche Arbeiter.‹

›Stadt Augsburg: Lage der Industrie: Eine Änderung, insbesondere Wendung zum Besseren, ist nicht eingetreten. Inwieweit der Kohlenmangel noch die Fortführung der einzelnen Betriebe erlaubt, läßt sich zur Zeit nicht übersehen.

Baumarkt: Die in Ausführung begriffenen städtischen Hochbauarbeiten erstrecken sich in der Hauptsache auf Kleinwohnungs- und Wohnbarackenbau. Der überwiegende Teil von Arbeitern findet Beschäftigung beim Straßen- und Kanalbau, bei der Schwemmkanalisation und beim Garten- oder Anlagenbau. Es waren in der abgelaufenen Woche 1170 Arbeiter gegenüber 1163 in der Vorwoche beschäftigt. Die Privatbautätigkeit, die sich in der Hauptsache nur auf bauliche Änderungen und Putzarbeiten beschränkt, – es werden dahier nur 4 Hauptgebäude mit Wohnungen und 5 Hauptgebäude ohne Wohnungen gebaut – beschäftigte 726 Arbeiter gegenüber 722 der Vorwoche.

Arbeitsmarkt: Die Lage des Arbeitsmarktes ist nicht wesentlich verändert, indessen ist die Zahl der Arbeitslosen neuerdings zurückgegangen.

Die Erntearbeiten sind nun ziemlich beendet; dadurch geht das Arbeitsangebot erheblich zurück. In der Metallindustrie konnte eine größere Zahl Arbeitskräfte untergebracht werden. Gesucht werden besonders noch Hammer- und Kesselschmiede. Möbelschreiner sind noch gesucht für die Holzindustrie, ebenso Schneider und Schuhmacher für das Bekleidungsgewerbe. Das Baugewerbe sucht noch Maurer und Zimmerer. Teilweise veranlaßt der Materialmangel das Baugewerbe, ungelernte Arbeiter auszustellen. Das Arbeitsangebot in Hauswirtschaft besonders für weibliche Kräfte nimmt zu.

Über die Bewegung auf dem Arbeitsmarkte gibt nachstehende Übersicht unseres Arbeitsamtes vom 29. August 1919 zahlenmäßig Aufschluß:

Wirtschaftszweig	Unerl. Angeb.		Unerl. Nachfrage		Bemerkungen
	a. männl.	b. weibl.	a. männl.	b. weibl.	
Land- und Forstwirtschaft, Gärtnerei	46	33	5	–	
Metallverarbeitung	31	–	141	–	
Holzindustrie	53	–	12	–	
Textilindustrie	2	–	6	68	
Bekleidungs- und Reinigungsgewerbe	17	–	1	16	
Baugewerbe	25	–	27	–	
Sonst. Handwerk und Berufe	25	14	284	129	
Haus- und Gastwirtschaft	–	242	145	24	5 jugendl. m.
Ungelernte Arbeiter aller Art	–	–	275	490	12 jugendl. m. 3 jugendl. w.
Summe:	199	289	896	727	20 jugendl.
Gesamtsumme der Vorwoche:	220	273	938	826	26 jugendl.

Nach dem Stande vom 23. August 1919 hatten wir an Erwerbslosen:
    854 männliche gegenüber 895 der Vorwoche
    570 weibliche gegenüber 632 der Vorwoche
Zus. 1424 gegenüber 1527 der Vorwoche
Seit Beginn der Erwerbslosenfürsorge haben 16.401 Erwerbslose die Arbeit wieder aufgenommen.
Wohnungsfürsorge: Die Beschaffung von Wohnungsgelegenheit vermag nicht gleichen Stand mit der Nachfrage zu halten; die Erregung der Unbefriedigten führt im Wohnungsamte oft zu Beleidigungen, Drohungen und Störungen.
Brennstoffversorgung: Die Zufuhr für Hausbrandkohle in der Berichtswoche hat sich um ein Geringes gebessert; es sind in der Zeit vom 20. mit 26.8. insgesamt 1118,9 Tonnen eingegangen, das ist 159,7 Tonnen pro Tag.
Vollständig ungenügend sind die Eingänge in Koks. Wenn hierin auf die verschiedenen Vorstellungen bei den maßgebenden Stellen nicht bald eine durchgreifende Änderung eintritt, stehen wir schon vor Wintereintritt vor Maßnahmen, deren Wirkungen (weitgehende Arbeiteinstellungen) gar nicht abzusehen sind.
Das städtische Gaswerk mußte wegen ungenügender Kohlenzufuhr die Abgabe von Gas seit 27. August völlig bzw. untertags sperren.‹
›Stadtrat Kempten: Trotz gesteigerter Nachfrage in der Landwirtschaft konnte das Angebot nicht gedeckt werden. In der Industrie ist kein Angebot vorhanden. Der Mangel an Maurern und Zimmerleuten besteht fort. Das Angebot in der weiblichen Abteilung ist bedeutend gestiegen; obwohl die Nachfrage sehr gut war, konnte das Angebot bei weitem nicht gedeckt werden. Es besteht Mangel an Dienstmädchen für Wirtschaften

und an geschultem Personal für Privat. In Erwerbslosenfürsorge stehen noch 3 Personen.‹

›Das städtische Gaswerk Lindau mußte wegen Fehlen der Kohlen nunmehr ganz geschlossen werden. Die Bevölkerung wurde mit baldigster Wiedereröffnung vertröstet. In Oberschlesien[3] ist nunmehr die Arbeit auf den Zechen wieder vollständig aufgenommen und es müßte sich nun auch ermöglichen lassen, wenigstens so viele Kohlen zu liefern, daß früh und abends kurze Zeit Gas abgegeben werden kann. Es ist doch widersinnig, jetzt in den Haushaltungen den Hausbrand aufbrauchen zu lassen, anstatt mit wenig Gas dies zu vermeiden. Im Winter, wenn man Hausbrand zum Kochen und gleichzeitig zum Beheizen mitverwenden kann, ist dann solcher nicht mehr vorhanden. Wenn die Aussetzung der Gaserzeugung sich noch länger als höchstens 14 Tage hinzieht, haben wir in dem Versorgungsgebiete unseres Gaswerkes sicher unangenehme Auflehnungen, Protestkundgebungen und vielleicht noch Schlimmeres zu erwarten.‹

›Stadtrat Memmingen: Die allgemeine Lage hat eine Veränderung nicht erfahren. Beim Arbeitsamt stehen 119 offenen Stellen für Männliche 31 Stellengesuche gegenüber. Die Zahl der Erwerbslosen beträgt 23.‹

›Bericht des Vorstands des Bezirksamts Lindau: Die Arbeiter bei dem Straßenbau Harbatzhofen-Landesgrenze sind, wie ich eben vernehme, wegen Lohndifferenzen in den Streik getreten. Näheres ist mir noch nicht bekannt.‹

Die Übersicht des städtischen Arbeitsamtes Neu-Ulm liegt in Abschrift an.

Bezüglich der Elektrizitätsversorgung berichtet das Bezirksamt K a u f b e u r e n:

›Die Elektrizitätsversorgung der östlich der Bahnlinie Buchloe-Kaufbeuren gelegenen Gemeinden macht erfreuliche Fortschritte. Leider sind die beim Bau der Lokalbahn[4] beteiligten Gemeinden wie Osterzell, Aufkirch, Frankenhofen finanziell nicht mehr in der Lage die außerordentlich hohen Baukostenzuschüsse zu tragen und werden voraussichtlich heuer nicht mehr in der Lage sein, sich mit Strom zu versorgen.‹

II.

Das Bezirksamt I l l e r t i s s e n berichtet:

›Gewisse Erscheinungen deuten darauf hin, daß die Wühlarbeit der U.S.P. in Babenhausen geeigneten Boden findet. Es wurde der Versuch gemacht, den sozialdemokratischen Verein aufzulösen und die Mitglieder zur U.S.P. zu verleiten. Im Zusammenhang damit steht auch die jüngst beschlossene Auflösung der Einwohnerwehr. Es wird veranlaßt sein, diesen Vorgängen sorgsamstes Augenmerk zuzuwenden und werde ich gegebenenfalls weiter berichten.‹

Nach Bericht des Stadtrates Augsburg wird die Errichtung von Jugendgruppen von weit links stehenden Kreisen nach wie vor mit großem Eifer betrieben. Für die ab 1. September 1919 erscheinende U.S.P. Zeitung ›Der Volkswille‹ wurden früher in Arbeiterkreisen kleine Beträge gesammelt. Diese Sammlung hat nunmehr plötzlich ausgesetzt. Es wird davon gesprochen, daß ein Industrieller das Unternehmen finanziere.

---

3 Im Gegensatz zu den preußischen Provinzen Posen und Westpreußen, die aufgrund des Friedensvertrags von Versailles größtenteils an Polen fielen, sollte in dem von Polen beanspruchten Oberschlesien die Bevölkerung in einer Volksabstimmung über ihre künftige Staatszugehörigkeit entscheiden. Mitte August unternahmen polnische Banden, begleitet von einem Generalstreik im Kohlerevier, im ländlichen Gebiet einen großangelegten Putschversuch, der aber innerhalb weniger Tage von deutschen Truppen niedergeschlagen wurde.

4 Kaufbeuren – Schongau.

›In Nördlingen hat die U.S.P. am 23. August eine öffentliche, mäßig besuchte Versammlung abgehalten, in der ein Hamburger Redner sprach. Die kritische Besprechung dieser Versammlung im ›Nördlinger Anzeigeblatt‹ durch scheinbar einen Versammlungsbesucher hat eine Erwiderung der U.S.P. zur Folge gehabt, die bezüglich des Hinweises auf die baldige Tat der Befreiung des Proletariats an Deutlichkeit und Bestimmtheit nichts zu wünschen übrig ließ.‹

Der Vorstand des Bezirksamts L i n d a u berichtet:

›Wenn ich auch keinen bestimmten Anhaltspunkt habe, so glaube ich doch aus manchen Äußerungen und Stimmungen schließen zu müssen, daß im Bezirk eine geheime Agitation zum Umsturz der bestehenden Regierung tätig ist.‹

i. V. gez. Stahl, Regierungsdirektor

[Anlage zum Wochenbericht vom 1. September]

Übersicht über die Lage des Arbeitsmarktes am 30. August 1919

Wirtschaftszweig	Unerl. Angeb.		Unerl. Nachfrage		Bemerkungen
	a. männl.	b. weibl.	a. männl.	b. weibl.	
Land- und Forstwirtschaft, Gärtnerei	3	8	–	–	
Metallverarbeitung	3	–	8	–	
Holzindustrie	6	–	–	–	
Textilindustrie	–	–	–	–	
Bekleidungs- und Reinigungsgewerbe	1	10	2	5	
Baugewerbe	3	–	–	–	
Sonst. Handwerk und Berufe	2	–	10	2	
Haus- und Gastwirtschaft	1	H 16 G 8	1	H 3 G 2	
Ungelernte Arbeiter aller Art	–	–	12	–	
Summe:	19	42	33	12	

Bemerkungen über die Lage des Arbeitsmarktes.

In Landwirtschaft sowohl männl. wie weibl. Abtlg. fehlt es ständig an Arbeitskräften. In gewerbl. Berufen mangelt es an Schreinern, während in der Metallindustrie überschüssige Arbeitskräfte vorhanden sind.

Städt. Arbeitsamt Neu-Ulm.

Augsburg, den 9. September 1919 87

1. Allgemeine politische Lage.
a) Die öffentliche Ordnung und Sicherheit kann unter Berücksichtigung der Zeitverhältnisse noch als befriedigend bezeichnet werden.
In Hergensweiler, Bezirksamts Lindau, wurde eine über 70 Jahre alte Bauersfrau ermordet. Der vermutliche Täter ist verhaftet. Außerdem wird von einer Reihe von einfachen und Einbruchdiebstählen aus verschiedenen Bezirken berichtet. Gestohlen wurden vor allem Fleisch und Mehl. Auch über Obst-, Feld- und Holzdiebstähle wird vielfach geklagt.
b) Die Volksstimmung ist gedrückt. Mit banger Sorge sieht man der dunklen Zukunft, dem Winter mit seiner Kohlennot und seiner Arbeitslosigkeit entgegen. Neue Unruhen werden befürchtet. Der schamlose Wucher, der sich allenthalben breit macht, erregt viel Verbitterung, die sich nicht nur gegen die Wucherer, vor allem die Juden, sondern auch gegen die Staatsregierung richtet, der vorgeworfen wird, daß sie nicht scharf genug diese Pest des wirtschaftlichen und sozialen Lebens bekämpfe. Die Aufhebung der Zwangswirtschaft wird immer noch nahezu allgemein verlangt. Einsichtige beginnen aber bereits aus den ungeheuren Häute- und Haferpreisen die Lehre zu ziehen, daß unter einer freien Wirtschaft die Zustände noch schlechter werden.
Der Gesichtspunkt des unmittelbaren materiellen Vorteils beherrscht das ganze Volksleben. Andere noch so wichtige Ereignisse und Fragen, wie die neuen Verfassungen[1], der Anschluß Deutsch-Österreichs[2], die Frage, ob Simultan- oder Bekenntnisschule[3], treten nahezu völlig in den Hintergrund.
Die U.S.P. ist in den Städten eifrig am Werk das Volk zu verhetzen und die Zahl ihrer Anhänger zu vergrößern. Auf dem Lande war bisher von einer besonderen Tätigkeit der Partei nichts zu bemerken. Über diese Verhältnisse habe ich in den letzten Tagen wiederholt berichtet. Diesmal meldet das Bezirksamt Füssen, daß die U.S.P. in Füssen ein Gartenfest und in Pfronten und Lechbruck öffentliche Versammlungen abgehalten habe. Einzelheiten siehe Anlage 1.

---

1 Jeweils am 14. August haben Reichspräsident und Reichsregierung die Weimarer Verfassung, Landtagspräsident und Gesamtministerium die Bayerische (Bamberger) Verfassung ausgefertigt und verkündet.
2 Nach den durch den Zerfall der Donaumonarchie im Spätherbst 1918 bedingten Gebietsverlusten (Böhmen und Mähren, balkan-slawische Provinzen, Ungarn) sah die österreichische Regierung als einzige Überlebenschance des Staates seine Vereinigung mit dem Deutschen Reich. Bereits am 12.11.1918 stellte der deutschösterreichische Staatsrat aufgrund eines Beschlusses der Provisorischen Nationalversammlung in einer VO fest: Deutschösterreich ist eine demokratische Republik (Art. I). Deutschösterreich ist ein Bestandteil der Deutschen Republik (Art. II). Auch die am 14.3.1919 von der Konstituierenden Nationalversammlung verabschiedete Verfassung bekannte sich zur deutschen Republik. Der am 10.9.1919 unterzeichnete Friedensvertrag von St. Germain-en-Laye verbot jedoch den Anschluss. Auf Verlangen der Alliierten musste der Art. 61 Abs. 2 der Weimarer Verfassung, der den Beitritt Deutsch-Österreichs vorsah, gestrichen werden.
3 Die seit der Revolution im November 1918 in Bayern eingeleiteten Maßnahmen zielten auf die Verwirklichung der Simultanschule ab. Wegen der heftigen Reaktionen bei den Konfessionen konnte dieses Ziel jedoch nicht erreicht werden. Auf zu befürchtende schulrechtliche Änderungen in den Verfassungsberatungen zu Ungunsten der Bekenntnisschule hatten die bayerischen Bischöfe schon am 25.5.1919 hingewiesen (Denkschrift: Amtsblatt für die Diözese Augsburg S. 87). Die vom Kultusministerium am 1.8.1919 erlassene ›Verordnung über die Errichtung von Volksschulen und die Bildung der Schulsprengel‹ (GVBl S. 391) stellt im § 7 fest: Die Volksschulen sind in der Regel Bekenntnisschulen. Der Art. 146 Abs. 2 der Weimarer Verfassung sah öffentliche Schulen vor, doch konnten auf Antrag der Erziehungsberechtigten auch Volksschulen ihres Bekenntnisses oder ihrer Weltanschauung eingerichtet werden. Bis zum Erlass eines Reichsgesetzes sollte es bei der bestehenden Rechtslage bleiben (Art. 174). Ein solches Gesetz wurde nie verabschiedet.

2. Ernährungslage
a) Landwirtschaftliche Erzeugung, Stand der Feldfrüchte, Ernteaussichten, Ernteergebnisse.
Die Getreideernte ist teils beendet teils geht sie ihrem Ende entgegen, nur wenige Bezirke sind mit den Arbeiten noch zurück. Die Ernte verspricht eine mittlere Ernte zu werden. Die Qualität des Getreides wird meist als gut bezeichnet. Grummet ist gering, Kartoffeln meist gut.
Einzelheiten siehe Anlage 2.
b) Erfassung der landwirtschaftlichen Erzeugnisse.
Die Getreideablieferung war infolge der späten Ernte bisher eine geringe. Da die Ernte nun zu Ende geht und auch Frühdruschprämien gewährt[4] werden, wird sich die Ablieferung bald heben. Die Landwirte klagen über die Dreschordnung der Lechwerke, auch wird berichtet, daß das Benzol für die Dreschmaschinen sehr schlecht sei, so daß man kaum dreschen könne. Die teilweise Freigabe des Hafers hat zu einer riesigen Preissteigerung für diese Frucht geführt. Mehrfach wird die Befürchtung ausgesprochen, daß durch diese Preissteigerung sogar die Erfüllung der Haferlieferungsschuldigkeit gefährdet werde.
Einzelheiten siehe Anlage 3.
c) Verteilung und Preise der wichtigsten Lebensmittel, einschließlich der Auslandslebensmittel.
Seit dem Eintreffen ausländischer Lebensmittel hat sich die Ernährungslage gebessert. Schleichhandel und Schwarzschlachtungen nehmen gleichwohl eher zu als ab.
In der Preisbildung vollzieht sich eine wesentliche Änderung. Getreide- und Mehlpreise werden wesentlich erhöht, Fleischpreise mit Rücksicht auf die hohen Preise der Häute herabgesetzt.
Einzelheiten siehe Anlage 4.

3. Gewerbliche Lage
a) Kohlenlage. Sie ist nach wie vor trostlos.
b) Rohstofflage. Auch an Rohstoffen herrscht vielfach empfindlicher Mangel. Es fehlt an Zement, an Holz, an Eisen, an Baumwolle und Faserrohstoffen für die Textilindustrie. Ziegeleien können wegen Kohlenmangels nicht arbeiten, die Textilindustrie muß ihre Betriebe vielfach einschränken.
c) Aufträge. Solche sind fast überall zur Genüge vorhanden.
Einzelheiten siehe Anlage 5.
d) Arbeitsmarkt. Eine wesentliche Änderung ist nicht eingetreten. Mit Beendigung der Erntearbeiten geht das Arbeitsangebot in der Landwirtschaft zurück. Das Baugewerbe stellt wegen Materialmangel in Augsburg schon in geringem Umfang aus. Holzindustrie und Bekleidungsgewerbe sind gut beschäftigt.
Einzelheiten siehe Anlage 6.

4. Öffentliche Arbeiten, Notstandsarbeiten, wichtigere Vorgänge in der Arbeiterlohnbewegung, Stand der Erwerbslosenfürsorge
Bei Notstandsarbeiten finden viele Erwerbslose Verwendung. Die Stadt Augsburg allein wendet mehr für Notstandsarbeiten auf, als die Hauptstadt München. Eine größere Zahl von Erwerbslosen haben aufzuweisen die Stadt Augsburg (1367) und die Bezirke Sonthofen und Kempten (Textilarbeiter). Sonst ist die Zahl der Erwerbslosen sehr gering.
Einzelheiten siehe Anlage 7.

---

4 Für alle Brotgetreide- und Gerstenlieferungen wurde bis 1. Oktober eine Prämie von 7,50 M für den Zentner, für Lieferungen vom 1. bis 16. Oktober eine solche von 3,75 M für den Zentner gewährt; StAnz 214 (1919), MABl S. 223; Bek vom 31.8.1919 des Bayer. Staatsministeriums für Landwirtschaft.

5. Wohnungsfrage
Wohnungsnot besteht nahezu in allen Städten. Besonders groß ist sie in Augsburg mit seinen Vorortgemeinden. Abhilfemaßnahmen sind überall eingeleitet oder in der Ausführung begriffen.
Einzelheiten siehe Anlage 8.

6. Volksgesundheit
Die ungenügende Ernährung hat eine Vermehrung der Tuberkulose und der Kindersterblichkeit zur Folge. In Günzburg wurde eine Bezirksfürsorgestelle zur Förderung der Volksgesundheit errichtet.

7. Kriegsbeschädigten- und Kriegshinterbliebenenfürsorge
Über Kriegsbeschädigten- und Kriegshinterbliebenenfürsorge ist nichts besonders zu berichten.

8. Sonstiges
Von besonderem Interesse dürften die nachstehenden Berichte des Bezirksamts Augsburg und Schwabmünchen sein.

a) Bezirksamt Augsburg. Die plötzliche Freigabe der Lederzwangswirtschaft[5] zeigt sichtlich böse Folgen in der Leder- und Schuhversorgung und wohl unausbleiblich auch für die Fleischversorgung. Hier ist wohl von besonderer Bedeutung die z. B. von der Firma Isidor Grünhut, Häutehandlung in Augsburg, unverhüllt zugegebene Tatsache, daß unser Gefälle in Häuten täglich waggonweise gegen teures Geld ins feindliche Ausland geht und von da noch viel teurer wieder ins Inland zurückgelangt; anders lassen sich ja die wahnsinnigen Handelspreise für Leder und Schuhe (1 Pfund rohe Großviehhaut beim Erzeuger 9–11 Mark, 1 Pfund rohes Kalbsfell beim Erzeuger 15–17 Mark, 1 Paar einfache Schnürstiefel 120–130 Mark) gar nicht mehr erklären.

b) Bezirksamt Schwabmünchen. Bei dem Metzger Geiger[6] in Großaitingen wurden 3 Zentner Würste, ½ Zentner Pressack, 1 geschlachtetes Kalb, 1 geschlachtetes Schwein und 1 geschlachtetes Rind wegen Schwarzschlachtung beschlagnahmt. Strafanzeige ist erstattet; der Betrieb des Genannten wird für einige Zeit gesperrt werden.

gez. von Praun, Regierungspräsident

Anlage 1: Allgemeine Politische Lage

Bezirksamt Augsburg:
Die öffentliche Ordnung und Sicherheit wurde in der vergangenen Woche nicht wesentlich gestört. Von der bolschewistischen Propaganda auf dem Lande, wie sie aus anderen Kreisen gemeldet wird, ist im Bezirke nichts zu merken. Die Volksstimmung ist zur Zeit verhältnismäßig gut und ruhig. Die Putsche zwecks Loslösung der Pfalz[7] und die ständigen Streiks werden allgemein verurteilt.

---

5 Bek vom 25.8.1919 betreffend Aufhebung über den Verkehr mit Schuhsohlen, Sohlenbewehrungen und Lederersatzstoffen vom 4.1.1917 [...]; RGBl S. 1479.
6 Thomas Geiger (1882–1940).
7 Am 17. Mai waren beim Regierungspräsidenten der Rheinpfalz (bayerische Pfalz) in Speyer 21 Männer aus Landau erschienen und hatten ihm dargelegt, dass durch den künftigen Friedensvertrag die Pfalz in eine schlechte Lage geraten werde und sich deshalb zu einem unabhängigen, neutralen Staat erklären müsse. In einer der Bevölkerung mitgeteilten Proklamation hieß es: Gewiß ist Deutschland unser Vaterland, unser engeres Vaterland ist aber die Pfalz. Das Hemd liegt näher als der Rock. Wir werden Deutschland nicht retten, wenn wir ihm zuliebe auch Selbstmord

Bezirksamt Füssen:
Die U.S.P. entfaltet eine immer regere Tätigkeit. Sie hat wiederum zwei öffentliche Versammlungen in Pfronten und Lechbruck abgehalten; der Erfolg scheint allerdings nach den erhaltenen Nachrichten kein großer gewesen zu sein. Außerdem wurde in Füssen ein Gartenfest mit Festrede veranstaltet. Neuerdings ist die hiesige Ortsgruppe dazu übergegangen, Ausschnitte aus der Neuen Zeitung mit handschriftlichen Bemerkungen versehen, öffentlich anzuschlagen, mit dem offensichtlichen Zwecke, die Bevölkerung aufzuhetzen. Einen dieser Anschläge ließ der Nebenbeamte in meiner dienstlichen Abwesenheit abnehmen, worauf sich die Führer der U.S.P. bei mir beschwerten und durchblicken ließen, daß sie nur mit Mühe einer Demonstration ihrer Anhänger verhindert hätten.

Bezirksamt Dillingen:
Der Wunsch nach Aufhebung der Zwangswirtschaft wird immer wieder laut, ebenso, daß die Forderungen auf Pflichterfüllung in der Landwirtschaft auch gegenüber allen anderen Berufen nachdrücklichst durchgesetzt werden soll und daß etwa aufflammende Unruhen von Anbeginn an mit allen Mitteln entgegengetreten werde.

Bezirksamt Günzburg:
Auch die ländliche Bevölkerung wünscht den Abbau der Zwangsbewirtschaftung; doch ist auch hierin ein gewisser Umschwung zu verzeichnen, da der freie Handel in Häuten und Leder fast unerschwingliche Preise gezeigt hat.

Bezirksamt Illertissen:
Der Sicherheitszustand im Bezirke ist nicht mehr so befriedigend, wie früher. Holz- und Kartoffeldiebstähle und Einbrüche nehmen überhand.

Bezirksamt Kaufbeuren:
Die öffentliche Ordnung und Sicherheit wurde nicht gestört, nur Hausierer und inländische Zigeuner machen sich in der lästigsten Weise bemerkbar. Die Volksstimmung wird fast ausschließlich durch die Ernährungslage und in landwirtschaftlichen Kreisen durch die Ernteverhältnisse sowie durch die Preise für bäuerliche Bedarfsartikel bestimmt.

Bezirksamt Krumbach:
Im Bezirke herrscht vollkommene Ruhe und Ordnung. Die öffentliche Sicherheit ist allerdings insoferne keine günstige, als sich in letzterer Zeit die Einbruchdiebstähle in beängstigender Weise mehren. Die Volksstimmung ist im allgemeinen ruhig, jedoch besteht bei der Bevölkerung eine starke Erbitterung darüber, daß dem Wucher noch immer nicht mit Erfolg zu Leibe gerückt wird. So kann man es auf dem Lande nicht begreifen, daß man durch Aufhebung der öffentlichen Lederwirtschaftung dem schrankenlosen Preiswucher Tür und Tor geöffnet hat. Im übrigen läßt die strenge Erntearbeit, die sich heuer mehr wie sonst zusammendrängt, dem Landwirt glücklicherweise wenig Zeit über die trostlose Lage nachzudenken und sich politisch zu betätigen.

Bezirksamt Markt Oberdorf:
Aus einer Käserei in der Gemeinde Ruderatshofen wurden mittels Einbruchs 244 Pfund Butter von unbekanntem Täter gestohlen und aus einer Viehhütte in der Gemeinde Görisried 2 Kälber im Alter von 3 Wochen und 10 Tagen entwendet und im Wald nebenan abgeschlachtet. Täter sind vermutlich 2 Mannspersonen aus Kottern oder Kempten. Die Volksstimmung ist ruhig, aber unverkennbar gedrückt.

---

begehen. Deshalb Neutralitätserklärung!; *AAB 123 (1919). Auch der wirtschaftliche Anschluss an das Saargebiet wurde gefordert. Diese von der französischen Besatzungsmacht unterstützten Abspaltungsversuche vom Reich scheiterten am Widerstand der Bevölkerung.*

Bezirksamt Neu-Ulm:
Die öffentliche Ruhe und Ordnung wurden nicht gestört. Einige Einbruchdiebstähle sind vorgekommen; Diebstähle an Obst und Kartoffeln mehren sich. Die Volksstimmung ist, wie seit lange, recht gedrückt, was mit Rücksicht auf die so dunkel vor uns liegende Zukunft und die trostlosen Aussichten für den Winter nicht anders sein kann. Namentlich die Arbeiterschaft ist über die unerschwinglich hohen Preise für alle Gegenstände des täglichen Bedarfes sehr erregt und macht der Regierung den Vorwurf, daß sie nicht für den Abbau der Preise sorge.

Bezirksamt Nördlingen:
Im allgemeinen herrscht im Bezirk Ordnung und Sicherheit. Diebstähle kommen immer wieder vor, doch halten sie sich im ganzen in bescheidenen Grenzen.
Die große Masse der ländlichen Bevölkerung, die hier fast allein in Betracht kommt, erstrebt für sich möglichst rasche Befreiung von den Hemmungen der noch bestehenden kriegswirtschaftlichen Maßnahmen, wenn auch die einsichtigeren Elemente nicht verkennen, daß ein vollständiger Abbau gegenwärtig noch unmöglich ist. Was früher in diesem Umfang nicht der Fall war, ist mit der Länge der Zeit auch bis ins fernste Dorf gedrungen, der Wuchergeist, der Geist, die Zeit und Verhältnisse zu nützen und gleich nur zu vielen Vorbildern in Industrie, Gewerbe und Handel so viel Geld zu verdienen als möglich ist. Auf der anderen Seite aber sind auf dem Lande alle Kräfte schaffenstätig und empfinden es mit Groll und Bitterkeit, daß ungehindert und ungeahndet in den wichtigsten Industriezweigen, wie in den Kohlenbergwerken, gestreikt wird, ja, daß vielfach notorische Faulenzer noch mit Erwerbslosenunterstützung bedacht werden, während die Landwirtschaft für Verfehlungen in der Ablieferungspflicht fortgesetzt mit hohen Strafen bedroht und tatsächlich auch mit solchen belegt wird. Wenn gegenwärtig der Zeppelin ›Bodensee‹ auf seinen regelmäßigen Fahrten nach und von Berlin über das Ries zieht, ist die ehemalige stolze Begeisterung über das Werk des genialen Grafen[8] umgewandelt in Drohen und Schelten über diejenigen, die im Interesse und zum Vergnügen weniger kapitalkräftiger Kreise eine Unmenge von Betriebsstoffen verschwenden, während dem Bauern der zum Dreschen notwendigste Bedarf nicht geliefert werden kann.

Bezirksamt Schwabmünchen:
Die öffentliche Ordnung und Sicherheit wurden in der abgelaufenen Woche nicht gestört. Die Volksstimmung ist pessimistisch gerichtet, man befürchtet mit Rücksicht auf die große Kohlennot und die hiedurch eintretende Arbeitslosigkeit neuerliche Putsche der Radikalen. Großer Unwille macht sich wegen der weiteren Erhöhung der Lederpreise geltend.

Bezirksamt Sonthofen:
Trotz des allgemein umlaufenden Geredes über in nächster Zeit bevorstehende neuerliche Unruhen können positive Grundlagen für ein drohendes Losschlagen spartakistischer Elemente nicht entdeckt werden. Eine gereizte und nervöse Stimmung ist ja wohl im starken Maße vorhanden; sie richtet sich aber gegenwärtig vor allem gegen die Juden, denen – wohl nicht ganz mit Unrecht – vor allem auch die maßlosen Preissteigerungen des Heues, des Hafers und der Häute durch Aufkauf und Zurückhaltung der Ware vorgeworfen werden. Eine scharfe rücksichtslose Bekämpfung des Wuchers kann von der Regierung nicht oft genug gefordert werden. Eine starke Erregung unter der arbeitenden Bevölkerung hat auch die durch die Landesfettstelle erfolgte Veröffentlichung der Namen einer Reihe von Alpbewirtschaftern[9] erregt, die ihrer Butterlieferschuld nicht oder nur in sehr schlechter Weise nachgekommen sind.

---

8 *Ferdinand Graf von Zeppelin (1838–1917), Generalleutnant a. D., Erfinder des Starrluftschiffs.*
9 *Die Landesfettstelle veröffentlichte die Namen von 15 Bewirtschaftern im AAB 199 vom 30.8. und 210 vom 11.9.1919. Eine Pressefehde entstand, als einer der Genannten die Beschuldigung zurückwies; ebd. 202 vom 3.9., 203 vom 4.9., 225 vom 30.9.1919.*

Allgemein herrscht die Ansicht, daß auch wohl hier wieder wie so oft die Gerichte versagen und nur eine Geldstrafe ausgesprochen werden wird. Es sind tatsächlich üble politische Folgen zu befürchten, wenn in diesen Fällen die Gerichte nicht energisch vorgehen würden.

Bezirksamt Zusmarshausen:
Am 29. August wurde in die Wohnung des Austräglers Xaver Sailer in Breitenbronn eingebrochen und Bargeld und sonstige Gegenstände im Gesamtwerte von 520 Mark gestohlen. Es handelt sich um einen Gelegenheitsdiebstahl, der von Hamsterern verübt wurde. Doch sind die Täter nicht festgestellt. Ferner wurde in der Nacht vom 3./4. in das Feuerhaus in Willmatshofen eingebrochen und dort 3 ½ Zentner Roggenmehl gestohlen, das in der dortigen Mühle für den Kommunalverband beschlagnahmt und in dem Feuerhaus provisorisch untergebracht worden war. Der Täter ist auch hier nicht bekannt.
Die Erfahrungen, die mit der Aufhebung der Zwangsbewirtschaftung von Hafer und von Leder gemacht wurden und täglich gemacht werden, haben viele Leute doch stutzig gemacht und man hört hie und da die Bemerkung, daß es ja doch während des Krieges und unter der Zwangswirtschaft besser gestanden sei. Doch darf immerhin angenommen werden, daß der überwiegende Teil der Bevölkerung immer noch für die vollständige Aufhebung der Zwangswirtschaft ist und daß die Leute erst klüger werden, wenn sie am eigenen Leibe die bittersten Erfahrungen mit dem ›freien Handel‹ gemacht haben.

Stadtrat Günzburg:
Die öffentliche Ruhe und Sicherheit wurde in der vergangenen Woche nicht gestört. Bedauerlicherweise ist das Überhandnehmen der Felddiebstähle.
Dem Ausbau der Stadtwehr wenden wir unser volles Augenmerk zu. Die Bevölkerung ist über das ständige Steigen der Preise der notwendigen Bedarfsartikel sehr aufgebracht. Insbesondere wird die kommende Brotpreiserhöhung die Gemüter stark erregen.

Anlage 2: Ernährungslage. Landwirtschaftliche Erzeugung, Stand der Feldfrüchte, Ernteaussichten, Ernteergebnisse.

Bezirksamt Augsburg:
Hinsichtlich landwirtschaftlicher Erzeugung, Stand der Feldfrüchte, Ernteaussichten und Ernteergebnisse zeigt der Bezirk keine wesentlichen Abweichungen vom allgemeinen Bilde, wie es im Ernte- und Saatenstandsbericht vom 7. August 1919 (Bayerischer Staatsanzeiger Nr. 214/19) geschildert ist. Zur Abwendung der Gefahr der Futternot muß es noch ausgiebiger regnen.

Bezirksamt Füssen:
Das anhaltend schöne Wetter begünstigt das Hereinbringen der Grummeternte sehr; auch das Getreide steht gut und geht allmählich der Reife entgegen.

Bezirksamt Dillingen:
Die Ernteaussichten sind mittelgut, die Grummetwiesen stehen nieder, Kartoffeln und Hackfrüchte gut. Die Brotgetreidefrucht ist in der Hauptsache geerntet, Hafer wird zur Zeit eingebracht. Die Erträgnisse sind der Menge nach mittelreichlich, der Güte nach recht zufriedenstellend. Stroh ist wenig aber gut, Klee sehr wenig, Grummet unbefriedigend, Kartoffelernte wird bei hinreichender Feuchtigkeit voraussichtlich gut, die Mäuseplage ist schon wieder sehr groß.

Bezirksamt Günzburg:
Die Ernte ist gut unter Dach gekommen; die Beschaffenheit der Früchte befriedigt allgemein, nicht so die Menge bei Roggen und Hafer. Stand der Kartoffeln und Rüben gut. Grummeternte schlecht.

Bezirksamt Kaufbeuren:
Das Sommergetreide ist noch nicht geborgen, die Haferernte nimmt allmählich ihren Anfang.

Bezirksamt Krumbach:
Die Körnerernte ist zwar der Menge nach etwas geringer, dagegen der Güte nach recht befriedigend ausgefallen. Auch die Grummeternte, die nahezu beendet ist, befriedigt.

Bezirksamt Markt Oberdorf:
Die Ernte ist noch überall in vollem Gang und darf als mittelgut bis gut bezeichnet werden; Heu und Hafer ist entschieden zu wenig im Verhältnis zum Bedarf vorhanden. Man spricht jetzt schon von Heupreisen von 30 Mark und Haferpreisen von 60 Mark.

Bezirksamt Memmingen:
Die Ernte ist noch im Gange und der Qualität nach sehr befriedigend.

Bezirksamt Mindelheim:
Das Ernteergebnis war infolge Hagelschlags, der Trockenheit und des Mäusefraßes im Bezirke Mindelheim nicht günstig, weshalb die Versorgung der Bevölkerung Schwierigkeiten bereiten wird.

Bezirksamt Neuburg a/D.:
Die Getreideernte ist bis auf geringe Reste beendet. Die Ernteergebnisse sind im allgemeinen befriedigend.

Bezirksamt Neu-Ulm:
Die Ernte des Brotgetreides und Hafers ist jetzt beendet. Es scheint eine gute Mittelernte zu sein. Die lang andauernde Trockenheit hat den Wiesen und Hackfrüchten sehr geschadet. Doch haben Kartoffeln und Rüben unter dem Regen der letzten Tage sich bedeutend erholt.

Bezirksamt Nördlingen:
Noch ist die Ernte nicht ganz beendet, Sommerweizen und Hafer reiften so spät, daß Schnitt und Einbringen sich außerordentlich verzögern. Der Ertrag des Wintergetreides kommt fast einem Fehljahr gleich. Mäusefraß und die kalte Witterung im Frühjahr haben verschuldet, wenn vom Tagwerk Winterweizen durchschnittlich nur 6 Zentner, vom Tagwerk Roggen durchschnittlich nur 5 Zentner geerntet werden. Viele Selbstversorger erhalten nicht das nötige Saatgut und die für die Brotversorgung während des Jahres benötigte Menge. Der Kommunalverband wird froh sein dürfen, wenn er die für den eigenen Bedarf notwendige Menge an Wintergetreide hereinbekommt, mit größeren Mengen zur Ablieferung an Bedarfskommunalverbände wird nicht gerechnet werden können. Wesentlich günstiger stellt sich der Ertrag des Sommergetreides, insbesondere der Gerste und des Hafers.

Bezirksamt Schwabmünchen:
Die Getreideernte ist im Bezirk fast beendigt; sie ist in den meisten Gemeinden eine gute Mittelernte, in einigen Gemeinden, in denen der Mäusefraß herrschte, ist sie wenig befriedigend. Die Kartoffel- und Rübenernte verspricht gut zu werden. Die Grummeternte, die zur Zeit im Gange ist, liefert ein befriedigendes Ergebnis.

Bezirksamt Zusmarshausen:
Die Grummeternte ist nun auch nahezu abgeschlossen. Sie ist wie zu erwarten recht gering ausgefallen und der Mangel an Futter nötigt die Landwirte Vieh abzugeben, so daß in der letzten Woche der Kommunalverband wesentlich mehr Vieh ablieferte als er sollte.

Stadtrat G ü n z b u r g :
Die Ernte im Stadtbezirk kann im ganzen als befriedigend bezeichnet werden, wenn auch der Ernteertrag mancher Äcker im Donauriede hinter den Erwartungen zurückgeblieben ist. Die Kartoffelernte verspricht einen guten Ertrag.

Stadtrat M e m m i n g e n :
Die Kartoffelernte verspricht einen guten Erfolg.

Anlage 3: Erfassung der landwirtschaftlichen Erzeugnisse

Bezirksamt A u g s b u r g :
Die Erfassung der landwirtschaftlichen Erzeugnisse begegnet, so dringend sie ist, erheblichen Schwierigkeiten. Die kurze Arbeitszeit, die späte Ernte, die Unlust zu landwirtschaftlichen Arbeiten fallen hier ins Gewicht.
Hemmend wirkt aber auch die in meinem letzten Wochenbericht erwähnte Dreschordnung der Lechelektrizitätswerke, die von den Landwirten Arbeit bei schönster Witterung und bei Nacht und an Sonntagen verlangt; die Lechwerke haben Entgegenkommen von Fall zu Fall zugesagt und berufen sich auf die Demobilmachungsstelle München und die Kohlennot. Dieser letztgenannte Gesichtspunkt hat natürlich auch seine Richtigkeit, allein in Zeiten, die für die Ernährungswirtschaft so ernst sind wie die gegenwärtigen, müssen wohl im öffentlichen Interesse alle anderen Berufe hinter der Landwirtschaft in der Stromversorgung zurückstehen. Hierauf sollte nachdrücklichst von höchster Stelle hingewirkt werden; es ist ein Unding, wenn dem Landwirt Erleichterungen nur für die schöne Zeit in Aussicht gestellt werden, nicht aber auch für schlechte Witterung, die für den Ausdrusch vornehmlich in Betracht kommt.
Ein Hindernis für den Erfolg des Aufkaufs ist zweifellos der allgemeine Widerwille gegen die Zwangswirtschaft und der Schleichhandel, der bereits für den Zentner Hafer 45 Mark, für den Zentner Weizen 70–80 Mark bietet. Wenn freilich, wie man hört, für den Zentner Heu in Franken schon 70 Mark gezahlt werden, dann ist selbst bei dem hohen Schleichhandelspreis für Hafer die Abgabe von Heu und die Beschaffung von Hafer immer noch ein Geschäft. Die Haferlieferungsschuldigkeit des Bezirks beträgt 7276 Zentner und ist bereits auf die Gemeinden umgelegt.

Bezirksamt F ü s s e n :
Hier kommt hauptsächlich die Erfassung von Milch und Butter in Betracht, die naturgemäß in der Zeit des Fremdenverkehrs mit seinen Auswüchsen auf erhebliche Schwierigkeiten stößt. Die immer mehr steigenden Lebensmittelpreise bringen viel Unmut in die Bevölkerung. Bisher konnte so viel Getreide aus der neuen Ernte beschafft werden, daß wenigstens die Brotversorgung der einheimischen Bevölkerung aufrechterhalten werden konnte.

Bezirksamt D i l l i n g e n :
Die Ablieferung an Brotgetreide hat zugenommen; gegen die Ablieferung des Pflichthafers wird mit Rücksicht auf einen Preis von 20,75 Mark je Zentner von der Bevölkerung protestiert gegenüber dem Freihandelspreis von zur Zeit 32–35 Mark.

Bezirksamt G ü n z b u r g :
Bisher sind etwa 800 Zentner Weizen und 300 Zentner Roggen angeliefert. Ich habe einen Teil des Liefersolls auf die Gemeinden umgelegt. Ich hoffe, daß die Frühdruschprämie günstig auf die Belieferung wirkt.

Bezirksamt Illertissen:
An Brotgetreide konnten bis jetzt rund 600 Zentner erfaßt werden. Daß nicht eine bedeutend höhere Menge erreichbar war, ist weniger auf zunehmende Abneigung der Ablieferung, als auf das andauernd günstige Erntewetter zurückzuführen. Die nachträglich gewährten Frühdruschprämien, welche ihrer Wirkung nach einer Getreidepreiserhöhung gleichkommen, werden in bezug auf die Lieferung des Pflichthafers üble Nachwirkungen haben. Wenn das Zurückhalten des Getreides mit höheren Preisen prämiert wird, dürfte die Erfassung des Pflichthafers auf große Schwierigkeiten stoßen.

Bezirksamt Kaufbeuren:
Der durch Rundschreiben an die nicht verhagelten Gemeinden angeordnete Frühdrusch wird trotz der Prämie kaum vor Beginn kommender Woche einsetzen, weil die Landwirte das außerordentlich günstige Erntewetter sich nicht entgehen lassen, um die Früchte möglichst trocken unter Dach zu bringen.

Bezirksamt Krumbach:
Die Frühdruschprämie äußert bereits ihren Einfluß auf die Ablieferung des Brotgetreides. Infolge der Freigabe von Heu und Hafer werden für diese Erzeugnisse bereits außerordentliche Preise geboten; selbst in landwirtschaftlichen Kreisen verhehlt man sich nicht die schweren Folgen, die der hohe Haferpreis auf die Ablieferung von Brotgetreide äußern wird. Man hört, daß für Hafer 40–50 Mark, für Heu 35 Mark von Händlern geboten wird.

Bezirksamt Markt Oberdorf:
An Erfassung von Brotgetreide ist im Amtsbezirk angesichts der späten Erntezeit vorerst in größerem Umfang noch nicht zu denken.

Bezirksamt Memmingen:
Durch das von der Witterung bedingte Zusammendrängen der Getreide- und Heuernte auf dieselbe Zeit sind die Landwirte nicht im Stande, nennenswerte Mengen Getreide auszudreschen. Der Kommunalverband ist daher in der größten Not, um seine Versorgungsberechtigten mit Brot versehen zu können, der Ausschuß hat deshalb gestern beschlossen, unabhängig von den in Berlin zu beschließenden Maßregeln, eine Frühdruschprämie von 3 Mark bis 10. September zu gewähren, um wenigstens die allerdringendste Not beseitigen zu können.

Bezirksamt Mindelheim:
Die Getreideablieferung war bisher, da die Erntearbeiten noch nicht beendigt sind, nur unbedeutend; die Versorgung wird voraussichtlich während des ganzen Wirtschaftsjahres sehr knapp und die Ansammlung von Vorräten kaum möglich sein. Der Schleichhandel mit Getreide und Mehl, wie auch das Schwarzschlachten nehmen immer mehr überhand. Die Vorschriften sind ohne Zwang nicht durchführbar; ein solcher ist aber nur möglich, wenn endlich das Ansehen der Behörden wieder gehoben wird.

Bezirksamt Neuburg a/D.:
Im Vergleiche zum Vorjahre ist die Ablieferung bei Kartoffeln besser, bei Getreide schlechter. Aus neuer Ernte wurden bis 5. September abgeliefert an Kartoffeln heuer 23.650 Zentner, im Vorjahre 16.823 Zentner, an Roggen heuer 4130 ½ Zentner, im Vorjahre 14.829 Zentner, an Weizen heuer 903 ½ Zentner, im Vorjahre 2716 Zentner.
Die Wiedergewährung der Frühdruschprämie wird voraussichtlich in Bälde eine Besserung der Getreideablieferung zur Folge haben. Besonders erwartet man sich von den größeren Gütern raschen Erfolg.

Bezirksamt Neu-Ulm:
Mit der Erfassung des Brotgetreides kann jetzt nach Gewährung der Frühdruschprämie begonnen werden. Bis jetzt sind aus der neuen Ernte einschließlich Gerste im ganzen 2269 Zentner erfaßt, davon 1349 Zentner in dieser Woche. Die Frühdruschprämie kam übrigens viel zu spät, auch ist sie zu hoch und hätte nicht gestaffelt werden sollen. Eine Prämie von 4–5 Mark ohne Staffelung wäre das Richtige gewesen. Die Erfassung des sogenannten Pflichthafers wird wegen des Preises große Schwierigkeiten bieten, wenn nicht unmöglich sein. (Denn für Hafer wird jetzt schon 30–35 Mark gezahlt.) Die Erfassung der Eier geht wegen des Aufhörens der Legetätigkeit und wegen der viel zu niederen Preise vollständig zurück. Die Viehanlieferung war befriedigend. Die Milchlieferung geht wegen der Futterknappheit zurück, ist aber im ganzen in Anbetracht der Verhältnisse noch befriedigend.

Bezirksamt Nördlingen:
Abgeliefert wurden bisher nur geringe Mengen an Brotgetreide, die vom Kommunalverband selbst dringend benötigt sind. Die Freigabe des Hafers wird nicht ohne bedenkliche Rückwirkungen bleiben. Schon jetzt wird von fabelhaften Preisen gesprochen. Kein Wunder, wenn der Hafer verkauft und das wenige Brotgetreide zum Teil verfüttert werden wird. Auch dürfte es schwer fallen, unter diesen Umständen das beträchtliche Liefersoll an Hafer hereinzubringen. Frühkartoffeln wurden bisher reichlich abgeliefert, auch die Ernte der Spätkartoffeln verspricht eine gute zu werden.

Bezirksamt Schwabmünchen:
Die Brotversorgung leidet an der mangelhaften Ablieferung des neuen Getreides. Abgeliefert wurden bis jetzt 230 Zentner Weizen, 53 Zentner Roggen, von anderen Kommunalverbänden werden 1400 Zentner geliefert, von denen 300 Zentner bereits eingetroffen sind, und weitere 300 Zentner in den nächsten Tagen eintreffen werden. Es steht zu hoffen, daß in der Brotversorgung keine Stockung eintritt.
Die geringe Ablieferung seitens der Landwirte hat ihren Grund nicht in der Unlust hiezu, sondern in der verspäteten Ernte und dem günstigen Erntewetter, das für das Einheimsen aller reifen Früchte ausgenutzt wird und die Druscharbeiten verzögert.

Bezirksamt Sonthofen:
Über die Futtermittelversorgung bestehen schwere Klagen, namentlich soweit dieselbe jetzt freigegeben ist. Da der Bezirk selbst keinen Hafer erzeugt und die Juden im Unterland anscheinend eifrig an der Arbeit sind, alles aufzukaufen, werden sich die Versorger des Bezirks sicher wahrscheinlich nur zu unerhörten Preisen eindecken können.
Die Ernährungslage ist im allgemeinen gesichert, wenn der Kommunalverband auch in der Brot- und Mehlversorgung noch von der Hand im Munde leben muß; die Wiedereinführung der Frühdruschprämie, so anfechtbar diese an sich ist, wird sicher baldige genügende Lieferungen zur Folge haben. Daß unsere Bevölkerung besonders die Arbeiter die Margarine, welche jetzt zur Verteilung kommt, größtenteils ablehnen und stürmisch die Butter fordern, ist im Haupterzeugungsgebiet des gesuchten Artikels ja begreiflich; leider wird dem Verlangen nicht nachgegeben werden können.

Bezirksamt Wertingen:
Zur Anlieferung kamen 328 Zentner Roggen, 585 Zentner Weizen, 277 Zentner Gerste und 332 Zentner Frühkartoffeln, weiter 2410 Stück Eier.

Bezirksamt Zusmarshausen:
Wenn auch von einer absichtlichen Zurückhaltung des Getreides im Bezirk nichts zu bemerken ist, so hat doch die vom Kommunalverband für die Zeit bis 31. August gewährte Lieferprämie nur recht geringe Erfolge gehabt. Im großen und ganzen lassen sich dadurch die

Landwirte in der Fortführung der Erntearbeiten nicht belehren. Trotz fortgesetzter allseitiger Bemühungen – auch persönliche Werbung des Unterzeichneten – sind bis Ende August nur 560 Zentner Brotgetreide angeliefert worden, so daß zwar der Bedarf für den September im Bezirk gedeckt ist, aber zur Ablieferung noch nichts übrig ist. Der Beschleunigung des Ausdrusches steht allerdings die von den Lechwerken erlassene Dreschordnung recht hindernd im Wege und es wurde im Einvernehmen mit dieser Gesellschaft eine Milderung der Bestimmungen da und dort erreicht.

Stadtrat G ü n z b u r g :
Die Erfassung der landwirtschaftlichen Erzeugnisse bietet Schwierigkeiten. Die Anlieferung von Brotgetreide ist bisher ganz minimal. Ob durch Einführung der Frühdruschprämie eine Besserung erzielt wird, bleibt abzuwarten. Bei Hafer macht sich der freie Handel bereits dadurch bemerkbar, daß die Preise enorm in die Höhe getrieben werden. Wir halten das System der Landlieferung nicht für glücklich. Der Landwirt, der im freien Handel hohe Preise angeboten bekommt, wird nur schwer dazu zu bringen sein, seine Pflichtlieferung gegenüber dem Kommunalverband zu den festgesetzten Höchstpreisen zu erfüllen.
Der Schleichhandel setzt auch bei dem Brotgetreide bereits wieder ein. Es wird aller Anstrengungen bedürfen, um dieser Gefahr zu begegnen. Bei unserem derzeitigen schwerfälligen Gerichtsverfahren können wir an einen Erfolg über Bekämpfung des Schleichhandels nicht glauben.

Stadtrat M e m m i n g e n :
Mit dem Beginn der neuen Woche werden im Landbezirke die Drescharbeiten allgemein aufgenommen.

Anlage 4: Verteilung und Preise der wichtigsten Lebensmittel, einschließlich Auslandslebensmittel

Bezirksamt A u g s b u r g :
Verteilung und Preise der wichtigsten Lebensmittel einschließlich der Auslandslebensmittel entsprechen den Vorschriften. Die mehrfach berichteten Bestrebungen der Arbeitervorortsgemeinden Augsburgs auf Gleichstellung mit Augsburg in der Belieferung mit Verteilungswaren fanden bisher kein Gehör, ja ein Antrag vom 31.7.1919 an die Bayerische Lebensmittelstelle bisher überhaupt keine Antwort. Der Kommunalverbandsausschuß nahm hiewieder in seiner Sitzung vom 28.8.1919 scharfe Stellung und drohte für die Gögginger und Gersthofener Arbeiter und Bauern mit der Verweigerung der Steuerzahlung und der Getreideablieferung.

Bezirksamt D i l l i n g e n :
Es kosten Feinmehl 55 Pfennig, Brotmehl 33 Pfennig, Brot 35 Pfennig; Rindfleisch am 10.9. 2,30 Mark, für die Auslandslebensmittel besteht bei der Landbevölkerung wenig Interesse; Speck 4 Mark bis 4,20 Mark, Reis 2,20 Mark.

Bezirksamt G ü n z b u r g :
Die Mehl- und Brotpreise sind wie folgt festgesetzt:
Roggenmehl 37, Weizenmehl 60 Pfennig
Brot   1,05 Mark für   3 Pfund
         0,53 Mark für 1 ½ Pfund
         0,08 Mark für 100 Gramm
         0,04 Mark für   50 Gramm
Die Fleischpreise sind herabgesetzt auf 2,20 Mark für Rindfleisch, 1,40 Mark für Kalbfleisch.

Bezirksamt Krumbach:
Mit Rücksicht auf den hohen Preis, der für Häute bezahlt wird, wurden im Bezirke die Fleischpreise erheblich gesenkt.

Bezirksamt Mindelheim:
Die Preise von Getreide und Mehl wurden neu festgesetzt; auch wurden die Fleischpreise mit Rücksicht auf das Steigen der Preise der Viehhäute erheblich herabgesetzt.

Bezirksamt Neu-Ulm:
Die Preise in der abgelaufenen Woche stellten sich wie folgt:

Brot 1 Pfund	0,23 Mark
Haushaltungsmehl 1 Pfund	0,35 Mark
Butter 1 Pfund	4,70 Mark
Milch 1 Liter	0,42 Mark
Limburger Käse 1 Pfund	1,40 Mark
Eier 1 Stück	0,20 Mark
Zucker 1 Pfund	0,56 Mark
Rindfleisch 1 Pfund	2,70 Mark
Kalbfleisch 1 Pfund	2,30 Mark
Fleischwurst 1 Pfund	4,50 Mark
Kartoffeln 1 Pfund	0,15 Mark
Weißkraut 1 Pfund	0,20 Mark
Wirsing 1 Pfund	0,20 Mark
Kohlrabi 1 Pfund	0,20 Mark
Gelbe Rüben 1 Pfund	0,25 Mark
Amerikanisches Weizenmehl 1 Pfund	0,85 Mark
Auslandsspeck 1 Pfund	4,00 Mark
Margarine 1 Pfund	3,50 Mark

Die Preise für Mehl und Brot sind von der nächsten Woche ab neu, das heißt höher festgesetzt. Die Preise für Rind- und Kalbfleisch werden von der nächsten Woche ab (mit Rücksicht auf die gewaltige Preissteigerung der Haut) erniedrigt. Die Lebensmittelmarken konnten eingelöst werden; nur bei Fleisch, Käse und Eiern war dies nicht vollständig möglich. Die Käsebelieferung durch die Lebensmittelstelle war sehr im Rückstande; auf unaufhörliche und sehr scharfe Vorstellungen trat endlich eine Besserung ein.

An amerikanischem Weizenmehl konnte pro Kopf der Versorgungsberechtigten 1 Pfund, an Margarine 100 Gramm abgegeben werden. Auslandsspeck kam nur soviel zur Verteilung, als ausdrückliche Bestellungen, die verhältnismäßig sehr gering waren, vorlagen.

Bezirksamt Nördlingen:
Auslandsfett ist um 5 Mark, Auslandsspeck um 4 Mark und Auslandsmehl um 85 Pfennig pro Pfund abgegeben worden.

Der Preis für 1 Zentner Brotmehl (ohne Sack) ist neuerdings auf 31 Mark, für 1 Pfund Brotmehl auf 36 Pfennig und für 1 Pfund Schwarzbrot auf 38 Pfennig festgesetzt worden.

Die Fleischpreise gestalten sich vorerst wie folgt:

1 Pfund Rindfleisch	2,30 Mark
1 Pfund Kalbfleisch	1,80 Mark
1 Pfund Fleischwurst	2,30 Mark
1 Pfund Schweinefleisch	4,70 Mark

Bezirksamt S c h w a b m ü n c h e n :
Der Preis für das Pfund Mehl im Kleinverkauf wurde festgesetzt und zwar für inländisches Weizenmehl (70%ig) auf 60 Pfennig, für amerikanisches Mehl (30%ig) auf 80 Pfennig, für Roggenmehl auf 37 Pfennig. Das Pfund Schwarzbrot kostet 38 Pfennig. Der Milchpreis für Verbrauchsmilch beträgt pro Liter 46 Pfennig, der Butterpreis beim Verkauf an den Verbraucher 5 Mark für das Pfund.
Der Preis für 1 Ei beträgt 19 Pfennig.
Die Fleischpreise werden demnächst neu geregelt, wobei eine wesentliche Herabsetzung derselben vorgenommen werden wird.

Stadtrat A u g s b u r g :
Lebensmittelversorgung:
Fleisch: In der Woche vom 1.–6. September wurde an Schlachtvieh verteilt:

A. Großvieh
Konserven		2390 kg
an die Metzger	89 Stück mit	15.464 kg
Brätvieh (Wurstmacher)	34 Stück mit	4744 ½ kg
Konserven		100 kg
an die städt. Fleischverkaufsstellen	10 Stück mit	1888 kg
an die Fleischverwertungsanlage (Streckwurst für Schwerstarbeiter)	9 Stück mit	1250 kg
an das Amtsschlachthaus (Freibank)	12 Stück mit	1588 kg

B. Kälber
an die Metzger	150 Stück mit	8827 kg
an die städt. Fleischversorgungsstellen	24 Stück mit	1000 kg
an das Amtsschlachthaus (Freib.)	5 Stück mit	185 kg

C. Schweine
an die Metzger	85 Stück mit	6186 kg
Schw. Inneres		67 ½ kg
an die städt. Fleischverkaufsstellen:	– –	–
an das Amtsschlachthaus (Freib.)	1 Stück mit	27 ½ kg

D. Schafe
an die Metzger	12 Stück mit	289 ½ kg
Schafinneres		11 ½ kg

Hievon wurden in den städt. Fleischverkaufsstellen verkauft:
10 Kühe, 18 Kälber, 217 ½ kg Schweinefleisch.

Wochenmarkt:
Gegenüber der Vorwoche ist in der Berichtswoche eine Änderung insoferne eingetreten, als das Angebot auf dem Gärtner- und Obstmarkte merklich nachgelassen hat.
Die Gärtner haben wohl den Markt beschickt, aber bei weitem nicht in dem Maße, wie in den Vorwochen. Auch die ländlichen Verkäufer von Gemüse waren diese Woche nur sehr spärlich vertreten. Die Folge davon war, daß die Preise festblieben und nicht unter dem höchsten Satz herabgingen.
Der Pilzmarkt hatte kein nennenswertes Angebot.
Der Geflügelmarkt war gut beliefert; die Preise hielten sich in gemessenem Rahmen.

Kartoffelversorgung:
  Seit 1. September erhielten wir
          7558,40 Zentner bayerische und
          1252,40 Zentner norddeutsche Kartoffeln
     zusammen   8810,80 Zentner Kartoffeln
Die bayerischen Frühkartoffeln sind fast durchgängig großknollig und von guter Qualität, während die norddeutschen ausschließlich kleinknollig und unansehnlich sind, so daß sie von den Verbrauchern nur ungern genommen werden.

Stadtrat Günzburg:
Im Hinblick auf die gestiegenen Häutepreise haben wir den Preis für Rindfleisch auf 2,20 Mark und für Kalbfleisch auf 1,40 Mark für das Pfund herabgesetzt.
In der Verteilung der Lebensmittel haben sich Schwierigkeiten nicht ergeben. Die Preispolitik der Zentralstellen hinsichtlich der Auslandslebensmittel muß allerdings mit der Zeit zu katastrophalen Wirkungen auf die Finanzen der Kommunalverbände führen. Die den Kommunalverbänden eingeräumte Spannung[10] ist viel zu gering. Wir haben bereits bei verschiedenen Lieferungen erheblich darauf bezahlt. Wir verkennen die Schwierigkeiten der Zentralstellen beim Einfuhrgeschäft gewiß nicht, glauben aber doch, daß etwas mehr Rücksicht auf die Kommunalverbände am Platze wäre. Insbesondere ist zu rügen, daß oft, wenn die Ware schon verteilt ist, Nachforderungen der zentralen Verteilungsstellen kommen, die der Kommunalverband aus eigener Tasche bezahlen muß.

Stadtrat Memmingen:
In der gestrigen Stadtratssitzung wurden die Preise für Mehl und Brot neu festgesetzt. Es werden verlangt für den Verkauf von Mehl an Bäcker und Konditoren für 100 Kilogramm Brotmehl 53 Mark, für Kochmehl 100 Mark; im Kleinverkauf für 1 Pfund Brotmehl 31 Pfennig, für Kochmehl 55 Pfennig. Ein Laib Brot zu 2 Pfund kostet nunmehr 70 Pfennig. Diese neuen Preissteigerungen haben in der Bevölkerung große Erregung hervorgerufen; allgemein ist man der Ansicht, daß die von der Regierung gebilligte Preissteigerung der landwirtschaftlichen Erzeugnisse nicht nötig gewesen wäre und hat diese nur zur Stärkung der Stimmung gegen die Landbevölkerung beigetragen.

Stadtrat Nördlingen:
Vieh und Fleisch. Die hohen Häute- und Fellpreise haben nach zuverlässiger Mitteilung bereits die Folge gezeigt, daß die Landwirte mit der Abgabe von Vieh an die Schlachtviehaufkäufer zurückhalten und versuchen, das Vieh selbst zu schlachten, indem sie Notschlachtung vortäuschen, weil sie beim Selbstverkauf der Häute und des Fleisches höhere Einnahmen erzielen. Wenn der freie Verkehr mit Häuten bestehen bleibt, besteht die große Gefahr, daß die ordnungsgemäße Viehanlieferung noch mehr als bisher beeinträchtigt wird.
Milch. Die Erhöhung der Milchpreise hatte nach unserer Beobachtung nicht den Erfolg einer Mehranlieferung. Die Anlieferung blieb so schlecht wie zuvor.

10 Im Sinn von ›Spanne‹.

Anlage 5: Gewerbliche Lage, Kohlenlage, Rohstofflage, Aufträge

Bezirksamt A u g s b u r g:
Die Industrie des Bezirkes (Textil- und chemische Industrie) ist
a) und b) mit Kohlen und Rohstoffen für einige Wochen,
c) abgesehen von der Bleicherei und Färberei Martini & Cie. Haunstetten – die wegen Mangels an Aufträgen zur Zeit stillsteht – auch mit Aufträgen in beschränktem, die Farbwerke in Gersthofen in größerem Umfang versehen.

Bezirksamt F ü s s e n:
Gewerbliche Lage.
a) Glücklicherweise ist die hiesige Industrie auf Kohlen wenig angewiesen, da sie mit Wasserkraft und elektrischer Kraft arbeitet.
b) Die große Seilerwarenfabrik in Füssen ist zur Zeit mit Hanf auf etwa 14 Tage versorgt, so daß sie vorläufig halbtägigen Betrieb aufrechterhalten kann. Die kolossalen Preise, die das Ausland (Italien) fordert, erschweren die Beschaffung der angebotenen Faserrohstoffe.
Die Pfrontener und Nesselwanger Industrie ist mit Rohstoffen (Metall) genügend eingedeckt.
c) Die große Fabrik in Füssen arbeitet, wie bereits erwähnt, mit halben Tagesschichten, um ihren Arbeiterstamm (ca. 1100) beschäftigen zu können. Für den anderen halben Tag muß die Erwerbslosenfürsorge eintreten.

Bezirksamt D i l l i n g e n:
Kohlenzufuhr derart gering, daß nur die Molkereien einigermaßen befriedigend beliefert werden können. Ziegeleien ruhen ganz, Baumwollwebereien müssen bei eingeschränktem Betrieb zeitweise stillstehen.
Aufträge der Textilfabriken genügend.

Bezirksamt I l l e r t i s s e n:
Die Kohlenanfuhr für die Industrie ist derart schlecht, daß nur mit Koks und Teeröl in Vöhringen weitergearbeitet werden kann. Wenn auch die Kokszufuhren ins Stocken geraten, ist eine Betriebseinstellung nicht zu vermeiden.

Bezirksamt M a r k t O b e r d o r f:
Kohlenbedarf kann nicht annähernd gedeckt werden. Es fehlt vor allem an Baumaterialien, insbesondere Zement.

Bezirksamt M i n d e l h e i m:
Die Kohlenversorgung des Bezirkes ist unzureichend; die Mehrzahl der von der Bezirkskohlenstelle hinausgegebenen Kohlenbezugsscheine ist noch nicht beliefert. Viel geklagt wird seitens der Landwirte über den schlechten Zustand des Benzols, wodurch der Betrieb der Dreschmaschinen unmöglich gemacht werde.

Bezirksamt N e u b u r g a/D.:
Über Kohlenmangel wird allgemein sehr geklagt.

Bezirksamt N e u - U l m:
Für die größeren Industriezweige, die hier in Betracht kommen, nämlich Spinnerei Ay und Dampfsägewerk in Senden und Weißenhorn, kommt hauptsächlich Wasserkraft in Betracht. Die Kohlenlage kommt für sie weniger in Frage, sie sind, soweit erforderlich, für die nächste Zeit genügend eingedeckt. Dagegen klagt die übrige Industrie und namentlich das Handwerk

sehr über die außerordentlich ungünstige Kohlenlage. Einzelheiten (auch zu b und c) werden in den nächsten Wochenberichten mitgeteilt werden. Spinnerei und Holzindustrie sind für die nächste Zeit mit Rohstoffen genügend versorgt. Die übrige Industrie und namentlich das Handwerk leidet sehr unter der mangelhaften Rohstoffversorgung, besonders in Eisen.
Aufträge wären genügend vorhanden; nur das Baugewerbe scheidet für die Holzindustrie ganz aus.

Bezirksamt Nördlingen:
Wie allerorts, so krankt auch im hiesigen Bezirk Gewerbe und Kleinindustrie an der Not der Zeit. Besonders im Schmiedebetrieb wird über die ganz unzureichende Versorgung mit Kohlen geklagt und in Innungsanträgen und persönlichen Vorstellungen immer wieder auf den großen Mangel an geeignetem Brennmaterial eindringlich hingewiesen. Auch die Bäckereien und Molkereien haben unter der spärlichen Belieferung mit Kohlen sehr zu leiden. Nur durch ständige Überwachung der Kohleneinläufe, durch Beschlagnahme und Rationierungen war es bisher möglich, Stockungen zu vermeiden. Hinsichtlich der Rohstofflage machten sich im Amtssprengel größere Mängel bis heute nur im Baugewerbe bemerkbar. Dachplatten und Zement, Bretter und Latten fehlen am meisten. Aufträge wären im Baugewerbe genügend trotz der übergroßen Preise vorhanden, angesichts der Baustoffnot macht sich aber vielfach große Unlust zum Bauen geltend. Die sonstigen Gewerbebetriebe sind, soviel man hört, vollauf, besonders aber in der Möbelanfertigung, beschäftigt.

Bezirksamt Schwabmünchen:
In dem hiesigen Webereibetrieb[11] werden die ihm zugewiesenen Kontingente noch verarbeitet. Die eingestellten Arbeiter sind alle beschäftigt. Die Handwerksbetriebe haben ausreichend Arbeitsaufträge. Rohstoffe mangeln.
Die Kohlenlage ist eine äußerst ungünstige.

Bezirksamt Sonthofen:
Die Bindfadenfabrik Immenstadt hat wieder italienischen Hanf hereinbekommen und kann mit 24 Wochenstunden arbeiten, soweit nicht die Rücksicht auf die Kohlennot Schwankungen verursacht. Die Allgäuer Baumwollspinnerei und Weberei Blaichach meldet Aussicht auf leichte Besserung. Zur Zeit sind aber immerhin durchschnittlich 60 % der Arbeiterschaft nicht beschäftigt. Es ist jetzt begonnen, der Arbeiterschaft den mit der Zentralkommission für das deutsche Textilgewerbe in Berlin vereinbarten 4-tägigen Urlaub zu gewähren.

Stadtrat Augsburg:
Lage der Industrie. Der fortgesetzte Kohlenmangel beeinflußt das Wirtschaftsleben in immer ungünstigerer Weise, so daß einzelne Betriebe wie Kahn und Sander, Schuhfabrik Levinger, gezwungen sind, die Arbeitszeit einzuschränken.
Im Baugewerbe beginnen allmählich die Entlassungen.
Ebenso lösen Proviantamt und Kriegsbekleidungsinstandsetzungsamt ihre Betriebe auf.
Baumarkt. In der abgelaufenen Woche waren in städtischen Betrieben 1076 Arbeiter gegenüber 1170 der Vorwoche beschäftigt. Die Privatbautätigkeit beschäftigte 679 Arbeiter gegenüber 726 der Vorwoche.
Es ist also ein Rückgang in den Bauarbeiten zu verzeichnen.

11 C. J. Holzhey OHG.

Brennstoffversorgung:
In der abgelaufenen Berichtswoche hat sich die Zufuhr in Hausbrandkohle etwas gebessert. Die Eingänge betrugen vom 27.8. mit 2.9.1919 insgesamt 1340,9 Tonnen, das ist ein Tagesdurchschnitt von 191,2 Tonnen. Diese Besserung war aber nicht mehr im Stande, die Gesamteingänge des Monats August so zu heben, daß eine Verbesserung gegenüber den Vormonaten zu verspüren gewesen wäre.
Vorausgesetzt, daß das Monatskontingent wieder wie im Juli auf 8115 Tonnen festgesetzt wird, ergibt sich für August bei einer Gesamtlieferung von 4581 Tonnen einschließlich der Anfälle aus dem hiesigen Gaswerke ein Prozentsatz von 56,45.

Stadtrat G ü n z b u r g:
Die hiesige Baumwollindustrie rechnet für den Winter mit Betriebseinschränkungen, falls in der Rohstoffversorgung nicht eine unerwartete Wendung zum Besseren eintritt.
Das Handwerk ist abgesehen vom Bauhandwerk, das nur von kleinen Aufträgen lebt, gut beschäftigt.
Geradezu trostlos ist die Kohlenlage. Wir müssen uns darauf beschränken, aus den geringen eingehenden Kohlensendungen eine Notreserve für den Winter zu bilden. Glücklicherweise besitzen wir einen städtischen Torfstich, aus dem wir die Haushaltungen in bescheidenem Umfange mit Brennstoff versehen können. Leider hat der größte Teil der Torfstecher die Arbeit eingestellt; die Leute sind anscheinend bei dem sehr guten Verdienst, den das Torfstechen abwarf, auf Arbeit nicht mehr angewiesen. Wir werden selbstverständlich einen Appell an das soziale Gewissen der Torfstecher versuchen, bezweifeln aber, ob er von Erfolg sein wird.

Anlage 6: Arbeitsmarkt

Bezirksamt S c h w a b m ü n c h e n:
An Arbeitskräften fehlt es im allgemeinen nicht. Die Landwirte haben großes Verlangen nach russischen Arbeitern, gegen Arbeiter aus den Städten hegen sie starkes Mißtrauen, da sie sich für landwirtschaftliche Arbeiten wenig eignen und die ländlichen Arbeiter verhetzen. Dieses Mißtrauen ist begründet.

Bezirksamt S o n t h o f e n:
Das städtische Arbeitsamt Immenstadt meldet
Arbeitsuchende: 52 männliche Personen,
                 17 weibliche Personen und
                 37 Lehrlinge.
Offene Stellen: 50 für männliche Personen,
                 29 für weibliche Personen und
                  3 für Lehrlinge.

Wirtschaftszweig	Unerl. Angeb.		Unerl. Nachfrage		Bemerkungen
	a. männl.	b. weibl.	a. männl.	b. weibl.	
Land- und Forstwirtschaft, Gärtnerei	44	–	5	–	
Metallverarbeitung	35	–	166	–	
Holzindustrie	50	–	6	–	
Textilindustrie	4	–	8	60	
Bekleidungs- und Reinigungsgewerbe	21	–	1	15	
Baugewerbe	44	–	26	–	
Sonst. Handwerk und Berufe	30	6	280	123	davon
Haus- und Gastwirtschaft	1	217	128	21	4 jugendl. m.
Ungelernte Arbeiter aller Art	–	–	271	420	18 jugendl. m. 3 jugendl. w.
Summe:	229	223	891	639	25 jugendl.
Gesamtsumme der Vorwoche:	199	289	896	727	3 jugendl.

Über die Bewegung auf dem Arbeitsmarkte gibt vorstehende Übersicht unseres Arbeitsamtes vom 5. September 1919 zahlenmäßigen Aufschluß.
Eine wesentliche Änderung in der Lage des Arbeitsmarktes ist nicht eingetreten. Zurückgegangen ist lediglich die Zahl der weiblichen Arbeitslosen.
Nach Beendigung der Erntearbeiten geht das Arbeitsangebot in der Landwirtschaft wesentlich zurück. In der Metallverarbeitung ist ein Zugang an Arbeitssuchenden verzeichnet, der seinen Grund in der Entlassung aus der Reichswehr hat. Lebhaft beschäftigt ist die Holzindustrie; es werden ständig Bau- und Möbelschreiner gesucht. Die Textilindustrie zeigt unveränderte Beschäftigungsgelegenheit. Das Bekleidungsgewerbe ist gut beschäftigt. Facharbeiter werden für das Baugewerbe gesucht, dagegen stellt das Baugewerbe schon in geringem Umfange aus, infolge Materialmangel. Haus- und Gastwirtschaft braucht geschulte Kräfte.

Stadtrat G ü n z b u r g:
Stellengesuche liegen, abgesehen von einem Gesuch eines stellenlosen Kaufmanns, beim städtischen Arbeitsamt zur Zeit nicht vor, dagegen sind an offenen Stellen gemeldet: 3 Schneider, 6 Schreiner, 1 Schuhmacher, 2 Korbmacher.

Stadtrat K e m p t e n:
Gegen Ende der Woche setzte eine starke Nachfrage in der Landwirtschaft ein, so daß das Angebot fast gedeckt werden konnte. In der Industrie und im Nahrungsmittelgewerbe war kein Angebot vorhanden; im Baugewerbe fehlt es noch an Maurern und Zimmerleuten. Die Nachfrage von Schreinern hat sich ebenfalls nicht gebessert. Das Angebot in der weiblichen Abteilung konnte bei weitem nicht gedeckt werden, obwohl die Nachfrage sich merklich erhöht hat.

Aufstellung über den Stand des Arbeitsmarktes in den bedeutendsten Zweigen der Industrie vom 1. mit 6. September 1919.

Wirtschaftszweig	Unerl. Angeb.		Unerl. Nachfrage		Bemerkungen
	a. männl.	b. weibl.	a. männl.	b. weibl.	
Metall	–	–	6	2	
Holz	–	–	2	–	

Stadtrat Memmingen:
Beim Arbeitsamt stehen 71 offenen Stellen für Männliche 41 Stellengesuche gegenüber.

Stadtrat Neu-Ulm:

Wirtschaftszweig	Unerl. Angeb.		Unerl. Nachfrage		Bemerkungen
	a. männl.	b. weibl.	a. männl.	b. weibl.	
Land- und Forstwirtschaft, Gärtnerei	3	4	–	–	
Metallverarbeitung	2	–	12	–	
Holzindustrie	6	–	–	–	
Textilindustrie	–	–	–	–	
Bekleidungs- und Reinigungsgewerbe	–	6	2	4	
Baugewerbe	2	–	–	–	
Sonst. Handwerk und Berufe	–	–	13	–	
Haus- und Gastwirtschaft	–	H 17 G 18	1	H 3 G 2	
Ungelernte Arbeiter aller Art	–	–	12	–	
Summe:	13	35	40	9	

Bemerkungen über die Lage des Arbeitsmarktes.
Wie in den Vorberichten besteht noch Mangel an weibl. Dienstboten für Haus- und Gastwirtschaft.
Überschüssige Arbeitskräfte sind in der Metallindustrie vorhanden, während z. Zt. Schreiner nicht beizubringen sind.
Städt. Arbeitsamt Neu-Ulm.

Anlage 7: Öffentliche Notstandsarbeiten, Arbeiterlohnbewegung, Erwerbslosenfürsorge

Bezirksamt A u g s b u r g :
Als öffentliche und Notstandsarbeit wird zur Zeit durchgeführt die Regulierung, Kanalisation und Pflasterung der Kirchstraße und Bauerngasse sowie der Fabrikstraße in Gersthofen; zur Zeit arbeiten etwa 15 Mann.
Erwerbslosenunterstützung beziehen zur Zeit 12 Personen.

Bezirksamt F ü s s e n :
An Notstandsarbeiten wird eine Bezirksstraße gebaut, wobei zur Zeit 95 Arbeiter beschäftigt sind.
Kürzlich sind in einem kleinen Metallbearbeitungsbetrieb in Füssen die Arbeiter (10) in den Ausstand wegen Lohndifferenzen getreten. Nachdem das Amt vergeblich vermittelt hatte, beschäftigt die Angelegenheit nunmehr den Schlichtungsausschuß. Die Erwerbslosenfürsorge wird hauptsächlich durch die oben erwähnte halbtägige Arbeitseinstellung in der Seilerwarenfabrik belastet.
Im übrigen werden zur Zeit 3 Personen unterstützt.

Bezirksamt L i n d a u :
Der Streik der Arbeiter beim Straßenbau Harbatzhofen-Landesgrenze wurde nach mehrstündigen Verhandlungen an Ort und Stelle dadurch beigelegt, daß eine 30 %ige Teuerungszulage gewährt wurde.

Bezirksamt M a r k t   O b e r d o r f :
Die als Notstandsarbeit gedachte Mühlbachregulierung sowie Wiesenentwässerung in der Gemeinde Stötten muß zurückgestellt werden mit Rücksicht auf die übertriebenen Forderungen der Arbeiter: 2,50 Mark Stundenlohn bei Einrechnung der Zeit für den Gang zur Arbeit und von derselben, volle Freigabe der Samstage, 2 Mark Fernzulage, Vermittlung von Rauchwaren. Der Stand der Erwerbslosenfürsorge ist andauernd günstig.

Bezirksamt N ö r d l i n g e n :
Arbeitslosigkeit ist nicht vorhanden. Wer beschäftigungslos ist, kann beim distriktiven Straßenneubau, der bis tief in den Winter 50–60 Mann Gelegenheit zur Beschäftigung bietet, arbeiten. Außerdem werden mehrere Grundstücksentwässerungsanlagen zur Zeit durchgeführt, bei denen, ebenso wie beim Straßenbau auch Ortsfremde verwendet sind.

Bezirksamt S c h w a b m ü n c h e n :
Die Erwerbslosenfürsorge hat bedeutend abgenommen. Gegenwärtig ist für 34 Personen zu zahlen.

Bezirksamt W e r t i n g e n :
Arbeitslosigkeit herrscht derzeit nicht, mit weiteren Notstandsarbeiten konnte noch nicht begonnen werden. Die Lohnbewegung geht nach aufwärts. Maßgebend sind jetzt hiefür die von großen Unternehmern gezahlten Löhne für im Amtsbezirk auszuführende Arbeiten. Es wird versucht, die 44-stündige Arbeitswoche einzuführen. Die Landbevölkerung wird hierdurch stark beunruhigt und verbittert.

Stadtrat A u g s b u r g :
Nach dem Stande vom 30. August 1919 hatten wir an Erwerbslosen:

         857 männliche   gegenüber   854 der Vorwoche,
         510 weibliche   gegenüber   570 der Vorwoche
zusammen: 1367 Erwerbslose   gegenüber 1424 der Vorwoche.

Seit Beginn der Erwerbslosenfürsorge haben 16.596 Erwerbslose die Arbeit wieder aufgenommen.

Stadtrat Dillingen:
Zur Zeit beziehen 8 Personen männlichen Geschlechts, 29 Personen weiblichen Geschlechts Erwerbslosenunterstützung.

Stadtrat Günzburg:
Erwerbslosenfürsorge beziehen zur Zeit nur 2 Personen, darunter 1 Kriegsbeschädigter und 1 Kranke.

Stadtrat Memmingen:
Die Zahl der Erwerbslosen beträgt 16.

Stadtrat Nördlingen:
Der seit Monaten günstige Stand der hiesigen Erwerbslosenfürsorge hat infolge Ausstellung von bis jetzt 6 Arbeitern der Garbenbänderfabrik Nördlingen, veranlaßt angeblich durch Rohstoffmangel, eine Verschlechterung erfahren. Die Fabrik will in den nächsten Tagen den Betrieb einstellen.

Anlage 8: Wohnungsfrage.

Bezirksamt Augsburg:
Die Wohnungsfrage ist in den Gemeinden Göggingen, Gersthofen, Steppach, Gessertshausen, Deuringen ganz besonders brennend; hier muß immer wieder zwangsweise vorgegangen werden. Die neuesten Ministerialbekanntmachungen vom 19.8.1919, betreff Schutz der Mieter und Maßnahmen gegen den Wohnungsmangel[12], und vom 29.8.1919, betreff Fremdenzuzug (Staatsanzeiger Nr. 206.213), können natürlich die Aufgabe der Wohnungsbeschaffung nur erschweren.

Die Verschärfung der Wohnungsfrage hängt natürlich mit dem Mangel an Neubauten und dieser wieder mit dem allgemeinen Mangel an Baustoffen zusammen. Besonders bemerkbar macht sich im Bezirk das Fehlen von Kalk und Zement. In erstgenannter Richtung könnte vielleicht der aus Niederbayern angebotene bezugsscheinfreie Karbidkalk eine willkommene Aushilfe darstellen; nur fehlen bisher noch hierzulande zuverlässige Erfahrungen; dem Anschein nach ist er für Rohbauzwecke wohl verwendbar[13].

Bei einer mündlichen Verhandlung mit dem versammelten Gemeinderat Göggingen, den beteiligten Firmen und der Baugenossenschaft war der Gemeinderat schließlich geneigt, daß gemeindliche $^1/_{12}$ des verlorenen Bauaufwandes für einen Kleinwohnhausbau der Baugenossenschaft aufzubringen, soferne ihr aus ihrer Aufgabe, das Vorschußgeschäft für Staat und Reich abzuwickeln und der Möglichkeit, daß bei der heutigen Baustoffnot nicht ganz programmgemäß gebaut wird, nicht Gefahren erwachsen würden; eine besondere Bauaufsicht könnte die Gemeinde nicht auf sich nehmen. Vor einem endgültigen Beschluß wollte der Gemeinderat noch mit dem Stadtrat Augsburg ins Benehmen treten; diese Besprechung kann nun erst übermorgen stattfinden; dann werden die beteiligten Firmen sich über die ihnen zur Mittragung angesonnenen Summen schlüssig machen. Inzwischen ist natürlich so viel Zeit verstrichen, daß die Gemeinde schließlich in der Ministerialbekanntmachung vom 28.8.1919,

---

12 StAnz 212 (1919), Bek des Bayer. Staatsministeriums für Soziale Fürsorge.
13 Eine Münchener Baufirma verwendete diesen Karbid- oder Azetylenkalk schon seit 1 ½ Jahren mit bestem Erfolg zum Mauern und Putzen. Der Kalk stammte aus der Fabrikanlage der Firma Alexander Wacker, Gesellschaft für elektrotechnische Industrie in Burghausen a. d. Salzach (Oberbayern).

betreff Gesuche um Baukostenzuschüsse[14], ein Mäntelchen für ihren ablehnenden Standpunkt finden wird.

Bezirksamt F ü s s e n :
In der Stadt Füssen besteht eine erhebliche Wohnungsknappheit. Es hat sich nun kürzlich eine gemeinnützige Baugenossenschaft gebildet, die bereits mit dem Bau von 3 Arbeiterholzhäusern begonnen hat. Die Herstellung von massiven Bauten ist bekanntlich wegen des großen Mangels an Zement, Ziegeln usw. ziemlich unmöglich.

Bezirksamt D i l l i n g e n :
In den Städten, insbesondere in Lauingen, ist die Wohnungsnot noch nicht behoben. Gebaut wird wegen Materialmangels von Privaten nicht; es werden nur die notwendigsten Reparaturen an landwirtschaftlichen Gebäuden durchgeführt.

Bezirksamt M a r k t O b e r d o r f :
Die Wohnungsnot verursacht erhebliche Schwierigkeiten; in Obergünzburg hat der Wohnungsausschuß nun schon wiederholt sein Amt niedergelegt und es scheint sich in Anbetracht der Undankbarkeit dieser Aufgabe zunächst niemand mehr zur Übernahme dieser Tätigkeit finden zu wollen.

Bezirksamt N ö r d l i n g e n :
Nur in Oettingen besteht die Gefahr der Wohnungsnot. Dieser Gefahr will aber der Stadtrat dadurch begegnen, daß er durch Umbau und Erweiterung eines gestern gekauften Anwesens 8–10 Kleinwohnungen bereitstellt und notfalls auch in öffentlichen Gebäuden usw. je nach Bedürfnis Notstandswohnungen schafft. Es steht zu hoffen, daß die ernste Lage des Baustoffmarktes das gedachte Vorhaben nicht hemmt und daß es gelingt, auch den wenigen Privaten die benötigten Mengen an Baumaterialien rechtzeitig zuzuführen, zumal im Bezirk Tonbaustoffe und Kalk, in nächster Nähe auch Zement, erzeugt werden.

Bezirksamt S c h w a b m ü n c h e n :
Die Wohnungsfrage macht nur in Schwabmünchen und in der Umgebung des Lechfeldes Schwierigkeiten.

Stadtrat A u g s b u r g :
Im Stande der Wohnungsfürsorge ist eine Änderung insbesondere eine Besserung nicht eingetreten.

Stadtrat D i l l i n g e n :
In der Wohnungsfrage wurde beschlossen, noch in diesem Jahre 2 Kleinwohnungsbauten mit je 4 Wohnungen auszuführen.

Stadtrat G ü n z b u r g :
Die Wohnungsnot ist hier nach wie vor drückend. Das städtische Wohnungsamt ist bemüht soweit irgendmöglich abzuhelfen. Bedauerlicherweise lassen sich hiebei Zwangsmaßnahmen nicht umgehen. Zur Verschärfung der Wohnungsnot trägt auch wesentlich der Zuzug von auswärts bei. Um Abhilfe zu schaffen, müßte unseres Erachtens auch der Kauf von Wohnhäusern der Genehmigungspflicht unterworfen werden.

Stadtrat M e m m i n g e n :
Um die Wohnungsnot zu beheben, hat der Stadtrat gestern die Erbauung von 2 weiteren Blockhäusern aus Holz mit je 4 Wohnungen genehmigt, nachdem die Notwohnungen aus Holz beim Karpfengarten nunmehr fertiggestellt und durch 6 Familien bezogen wurden.

---

14 *StAnz 212 (1919).*

Augsburg, den 16. September 1919 88

1. Allgemeine politische Lage
a) Öffentliche Ordnung und Sicherheit:
   Eine wesentliche Änderung ist nicht eingetreten. In Hütting, Bezirksamts Neuburg a/D., wurde der Kaminkehrer Holderried[1] von Grönenbach, der im Februar laufenden Jahres in Altona einen Schutzmann erschossen hat, festgenommen.
   Über Diebstähle aller Art und Forstfrevel wird mehrfach geklagt.
   Die U.S.P. setzt ihre Arbeit fort. Wesentliche Erfolge scheint sie jedoch nicht errungen zu haben. Der von Kempten-Kottern aus, wo die Partei an 1000 Anhänger haben soll, unternommene Versuch, Ortsgruppen in der Umgebung zu bilden, soll gescheitert sein; lediglich in Dietmannsried sollen sich etwa 150 Mann der Partei angeschlossen haben. In Augsburg sollen nach einem Bericht der Sicherheitsabteilung beim Garnisonkommando zahlreiche Mitglieder der Partei ausgetreten sein, weil sie der ständigen Hetze überdrüssig wurden. Nach dem gleichen Berichte sollen in der Arbeiterschaft aus Unzufriedenheit über die jetzige Staatsregierung sogar wieder Stimmen für die Monarchie laut werden. Auch wird behauptet, daß von einem Zweigverein Augsburg des völkischen Schutz- und Trutzbundes, über den aber nichts näheres zu erfahren war, eine geheime monarchistische Agitation betrieben werde. Die gleiche Gesellschaft soll auch gegen die Juden hetzen.
b) Volksstimmung und Volksmeinung über die wichtigsten öffentlichen Angelegenheiten.
   Die Volksstimmung ist nach wie vor gedrückt. Über den Wucher und die Teuerung, die Steuerflucht und Steuerbelastung ist alles aufgebracht. Während früher überall die Aufhebung der Zwangswirtschaft gefordert wurde, hat der Versuch beim Hafer und Leder mit seinen riesigen Preissteigerungen zur Folge gehabt, daß nun wieder die staatliche Bewirtschaftung dieser Waren verlangt wird.
   Unter der ländlichen Bevölkerung herrscht Erbitterung über die Erwerbslosenunterstützung, die fortwährenden Streiks und die kurze Arbeitszeit der industriellen und gewerblichen Arbeiter und ihre Bestrebungen, die Unzufriedenheit auch unter die landwirtschaftlichen Arbeiter und Dienstboten zu tragen.

2. Ernährungslage
a) Die Getreideernte ist abgeschlossen, die Grummeternte geht ihrem Ende entgegen. Die Getreideernte wird meist als eine mittlere Ernte bezeichnet, die Qualität wird fast überall gelobt. Das Grummet soll in der Menge vielfach zu wünschen übrig lassen, in der Güte aber sehr befriedigen. Von Kartoffeln und Rüben verspricht man sich einen guten Ertrag.
b) Die Drescharbeit wird jetzt eifrig betrieben. Die Getreideablieferung hat sich deshalb fast überall bedeutend gehoben. Klagen nach dieser Richtung sind vereinzelt. Lediglich die Ablieferung des Pflichthafers stößt auf Schwierigkeiten, weil die Landwirte diese Frucht lieber zu den Wucherpreisen verkaufen möchten, die im freien Verkehr bezahlt werden. Von vielen Seiten wird die Befürchtung ausgesprochen, daß der Hafer wegen seines hohen Preises restlos verkauft und dafür Brotgetreide verfüttert wird.
   Infolge der Futterknappheit wird Vieh angesichts des bevorstehenden Winters jetzt lieber abgegeben. Die Erhöhung der Preise für die Häute und die Herabsetzung der Fleischpreise verleiten aber zu Schwarzschlachtungen. Man erzielt dann nicht nur einen hohen Preis für die Haut, sondern auch für das Fleisch. Wird man ertappt, so fällt die Strafe meist nicht zu

---

1 *Walter Holderried (1906–1990).*

schlimm aus, jedenfalls bleibt immer noch ein Gewinn; in seiner Ehre hält man sich durch die Bestrafung nicht berührt, weil es ja kaum einen Menschen gibt, der sich nicht schon gegen die gleichen und ähnlichen Bestimmungen in irgendeiner Weise verfehlt hätte.

Das Zurückgehen der Eierablieferung wird mehrfach, insbesondere auch von der Stadt Augsburg, betont. Den Grund bildet der verhältnismäßig niedrige Höchstpreis und der Umstand, daß die Hamsterer von den Bauern mit den Eiern stückweise abgefunden zu werden pflegen.

c) Über die Erhöhung der Mehl- und Brotpreise und die Herabsetzung der Fleischpreise habe ich schon in der vorigen Woche berichtet, weitere nennenswerte Änderungen der Preise der Lebensmittel sind nicht zu verzeichnen.

3. Gewerbliche Lage
a) Die Kohlenlage hat sich nicht gebessert.
b) Auch über den Mangel an Rohstoffen, insbesondere an Baustoffen wird weiter geklagt. Nur in der Textilindustrie lauten die Berichte diesmal etwas günstiger. Nach dem Berichte der Handelskammer ist es einzelnen Werken der Baumwollindustrie gelungen, ihre während des Krieges in der Schweiz befindliche und mit Opfern durchgehaltene Baumwolle teilweise hereinzubringen. In der Baumwollzwirnerei und Kammgarnspinnerei konnten Rohstoffe in mäßigem Umfang vom Ausland eingeführt werden, in der Hanfspinnerei dagegen hat die Rohstoffzufuhr infolge der Entwertung des Marktkurses eine neue Behinderung erfahren.

In der Weberei Fischen und der Allgäuer Baumwollspinnerei und Weberei Blaichach, Bezirksamts Sonthofen, könnte nach Bericht des Bezirksamtes Sonthofen die Arbeit in wesentlich größerem Umfang fortgesetzt werden, wenn diese Betriebe das Mehrstuhlsystem und die Akkordarbeit wieder einführen könnten. Sie stoßen aber auf den Widerstand der Gewerkschaften, die Mehrstuhlsystem und Akkordarbeit nicht zugeben wollen, solange noch Erwerbslose vorhanden sind. Die Blaichacher Firma will ihre Fabrik stillegen, wenn die Entscheidung der Gewerkschaften, die diese Woche erfolgen soll, nicht zu ihren Gunsten ausfällt. Die Betriebseinstellung wäre umso mehr zu bedauern, als die Firma angibt, erhebliche Aufträge aus der Schweiz zu haben, die für die Hebung der deutschen Valute im Ausland von Bedeutung wären.

c) An Aufträgen für Industrie und Gewerbe fehlt es nirgends.
d) Der Arbeitsmarkt zeigt keine wesentliche Änderung.
Berichte des Stadtrats Augsburg und des Stadtrats Neu-Ulm siehe Anlage 1.

4. Die Notstandsarbeiten nehmen ihren Fortgang, leiden jedoch vielfach unter dem Mangel an Material und den hohen Preisen. Die Stadt Augsburg kann den Bau von 3 Straßenbahnlinien wegen Verzögerung in der Anlieferung der Schienen nicht fortsetzen.
Besondere Vorgänge in der Arbeiterlohnbewegung sind nicht zu verzeichnen.
Die Zahl der Erwerbslosen ist wieder etwas zurückgegangen. Für Augsburg beträgt sie noch 1381.

5. Die Wohnungsnot besteht unvermindert fort. Der Stadtrat Augsburg berichtet, sie habe sich noch verschärft, die Bestimmungen über Beschränkung des Zuzugs könnten nicht entbehrt werden.
Der Baumarkt kann sich infolge des Materialmangels nicht entwickeln.

6. Volksgesundheit
Der Gesundheitszustand ist gut. Nicht unerwähnt soll bleiben die neuerliche Meldung der Bezirksfürsorgerin von Augsburg-Land über die auffallende Zunahme von Zwillingsgeburten.

7. Über Kriegsbeschädigten- und Kriegshinterbliebenenfürsorge ist nichts besonderes zu berichten.
Der Stadtrat Augsburg hat eine Übersicht über die Tätigkeit seiner Fürsorgestelle vorgelegt, die in Anlage 2 wiedergegeben wird.

8. Sonstiges
Die Stadtwehr Augsburg hat ihre 10 Bereitschaften in 5 zusammengelegt. Aufgrund der Zusammenlegung ist eine Reihe von Wehrmännern, namentlich solche der Vorortbereitschaften, aus der Wehr ausgetreten, so daß der Bestand der Wehr von rund 5000 auf rund 4000 Mann gesunken ist.
Am 10. September ist die Faßhalle der gräflich Stauffenberg'schen Brauerei und das Anwesen des Landwirts König in Jettingen, Bezirksamts Günzburg, abgebrannt. Hiebei sind 1100 Zentner Heu und 60 Zentner Getreide mitverbrannt. Der Brand ist durch explodierendes Pech entstanden.

gez. von Praun, Regierungspräsident

Anlage 1: Arbeitsmarkt

A u g s b u r g   S t a d t :
Arbeitsmarkt: Die Lage des Arbeitsmarktes hat sich gegen die Vorwoche nicht wesentlich geändert. Die Landwirtschaft bedarf zur Knollenfruchternte ständig Arbeitskräfte. Geübte Holzhauer werden nach auswärts ständig angefordert. In der Metallindustrie blieb die Lage unverändert. Der Mangel an Hammer- und Kesselschmieden hält an. In der Holzindustrie werden Schreiner fortdauernd begehrt. Gute Beschäftigungsgelegenheit besteht im Bekleidungsgewerbe für männliche Arbeitskräfte. Im Baugewerbe werden zum kleinen Teil gelernte wie ungelernte Arbeitskräfte schon ausgestellt. Für Hauswirtschaft werden weibliche Kräfte in größerer Anzahl immer noch gesucht. Jugendliche männliche Arbeiter wurden vorübergehend zum Flachsziehen vermittelt.
Über die Bewegung auf dem Arbeitsmarkte gibt nachstehende Übersicht unseres Arbeitsamtes vom 29. August 1919 zahlenmäßigen Aufschluß.

Wirtschaftszweig	Unerl. Angeb.		Unerl. Nachfrage		Bemerkungen
	a. männl.	b. weibl.	a. männl.	b. weibl.	
Land- und Forstwirtschaft, Gärtnerei	28	23	5	–	
Metallverarbeitung	35	–	153	1	
Holzindustrie	60	–	16	–	
Textilindustrie	1	–	8	58	
Bekleidungs- und Reinigungsgewerbe	25	–	1	19	
Baugewerbe	42	–	38	–	
Sonst. Handwerk und Berufe	26	10	297	123	
Haus- und Gastwirtschaft	3	231	128	30	5 jugendl. m.
Ungelernte Arbeiter aller Art	–	–	287	410	6 jugendl. m. 3 jugendl. w.
Summe:	220	264	933	641	14 jugendl.
Gesamtsumme des Vormonats	229	223	891	639	25 jugendl.

Neu-Ulm Stadt: Arbeitsmarktlage am 13. Sept. 1919

Wirtschaftszweig	Unerl. Angeb.		Unerl. Nachfrage		Bemerkungen
	a. männl.	b. weibl.	a. männl.	b. weibl.	
Land- und Forstwirtschaft, Gärtnerei	5	10	1	–	
Metallverarbeitung	1	–	16	–	
Holzindustrie	5	–	–	–	
Textilindustrie	–	4	–	8	
Bekleidungs- und Reinigungsgewerbe	2	6	2	3	
Baugewerbe	10	–	1	–	
Sonst. Handwerk und Berufe	1	–	15	1	
Haus- und Gastwirtschaft	2	H 17 G 10	1	H 2 G 2	
Ungelernte Arbeiter aller Art	4	3	17	2	
Summe:	30	50	53	18	

Bemerkungen über die Lage des Arbeitsmarktes.
Eine wesentliche Änderung in der Arbeitsmarktlage ist gegenüber den Vorberichten nicht eingetreten.

Anlage 2: Kriegsbeschädigtenfürsorge

Augsburg-Stadt:
Nachstehende Übersicht gibt Aufschluß über die Tätigkeit unserer Kriegsbeschädigtenfürsorge in der vergangenen Woche:

a) Meldestelle:
   1. Zahl der angefallenen Fürsorgefälle   17229
   2. Neuzugang   123
   3. Abgang (durch Tod und Überweisung)   20
b) Heilfürsorge:
   1. Zahl der ärztlich Untersuchten und ambulant
      Behandelten   27
   2. In Sanatoriumsbehandlung Eingewiesene   6
   3. In Erholungsheime Eingewiesene   3
c) Beratungsstelle:
   1. Zahl der beruflich Beratenen   0
   2. Zahl der Vormerkungen zur Fachberatung   92
d) Arbeitsfürsorgestelle:
   1. Unterbringung versucht   97
   2. Tatsächlich untergebracht   4
   3. Gesuchte Unterbringungsmöglichkeiten   86
e) Unterstützungsstelle:
   1. Zahl der behandelten Unterstützungsgesuche   62
   2. Höhe der gewährten Unterstützungen in bar   8010 Mark
   3. Höhe der gewährten Unterstützungen in Sachleistungen   324 Mark

Außerdem wurde in 21 Fällen Auskunft erteilt in Rentenversorgungsangelegenheiten, Anträgen auf Ersatzglieder, auf Kapitalabfindung, über Berufsausbildung und in Rechtsangelegenheiten.

Augsburg, den 23. September 1919   89

1. Allgemeine politische Lage
a) Die öffentliche Ordnung und Sicherheit hat sich nicht verschlechtert. Die Klagen über Diebstähle dauern fort. Das Zigeunerunwesen macht sich verschiedentlich unangenehm bemerkbar. Vom Bezirksamt Füssen wird berichtet, daß der Pferdeschmuggel nach Österreich an Umfang zunehme und daß es mehrfach gelungen sei, solche Schmuggler aufzugreifen.

Die Organisation der Einwohnerwehren entwickelt sich befriedigend. Die Gaubildung kann als durchgeführt bezeichnet werden[1].

b) Die Volksstimmung und Meinung über die wichtigsten öffentlichen Angelegenheiten hat sich nicht wesentlich verändert. Wucher und Teuerung sind nach wie vor die Hauptursache für die allgemeine Unzufriedenheit. Sie kommt allenthalben zum Ausdruck in abfälligen Äußerungen gegen die Staatsregierung, die nicht im Stande sei, Abhilfe zu schaffen. Im übrigen entrüsten sich die Städter über die hohen Preise der Bauern und die Bauern über die hohen Preise der Städter. Die Radikalen hoffen, durch eine Verschärfung dieser Mißstimmung und Verbitterung den Boden zu gewinnen, um die Macht an sich reißen zu können. Zu diesem Zwecke setzen sie ihre Hetze von Mund zu Mund, in Versammlungen und durch die Presse emsig fort. Die U.S.P. hält in Augsburg wöchentlich etwa 6 Versammlungen ab. Weiter wurden in der letzten Woche von dieser Partei Versammlungen abgehalten in Hochzoll, Haunstetten, Kempten, Kottern, Pfronten und Lechbruck. In der nächsten Zeit sollen mehrere Versammlungen im Bezirke Kempten und Sonthofen in Aussicht genommen sein. In Kempten-Kottern soll ein gewisser Werner sehr wirkungsvoll auf die Zuhörer gesprochen haben. In Augsburg erschien in einer Versammlung der U.S.P. auch Niekisch. Er agitierte für die neue Zeitung ›Der Volkswille‹, auch konnte er es sich nicht versagen, seinen Zuhörern zu erzählen, wie angenehm ihm der Aufenthalt in Ebrach in jeder Beziehung gestaltet werde[2]. Den diesbezüglichen Bericht werde ich gesondert vorlegen. Daß Niekisch nicht in Augsburg sein kann, ohne sich politisch zu betätigen, war vorauszusehen. In einer Versammlung des Bundes der Kriegsteilnehmer im Saalbau Herrle in Augsburg forderte der Redakteur des ›Volkswillen‹ Thomas[3] die Anwesenden auf, keine Steuern zu zahlen.

---

1 Nach Abschluss der Organisation gliederte sich die Einwohnerwehr in die Landesleitung mit Landesausschuss und Landesstab, in die Kreisleitungen mit den Kreisausschüssen und Kreisstäben und in die Gauleitungen mit den Gauausschüssen und Gaustäben; StAnz 273 (1919), Bek des Bayer. Staatsministeriums des Innern vom 10.11.1919. Die Wehrmänner in den Orten unterstanden unmittelbar dem Wehrführer.

2 Ernst Niekisch (1889–1967) war wegen Hochverrats vom Volksgericht München zu einer Festungsstrafe von zwei Jahren verurteilt worden. Über die Haftbedingungen in Ebrach schreibt er in seinen Erinnerungen: Als wir in Ebrach eintrafen, empfingen uns etwa sechzig Festungshäftlinge mit großem Hallo. Die Festungshaft [...] war eine ›Einschließung‹, durch welche die Ehre des Häftlings nicht beeinträchtigt sollte [...] Große Erleichterungen waren vorgesehen. Man konnte [...] Stadturlaub bekommen, unzensierte Briefe schreiben und empfangen, unbeschränkt Pakete entgegennehmen, eben so ohne Aufsicht sich stundenlanger Besuche erfreuen. Die Zellentüren wurden nachts nicht abgeschlossen, so daß einem gegenseitigen Verkehr der Gefangenen nichts im Wege stand. Eine Arbeitspflicht bestand nicht, sogar die Reinigung der Zellen wurde durch kriminelle Gefangene vorgenommen. Die Möglichkeit privater Verpflegung war gegeben. Die Aufsichtsbeamten übten nur eine sehr allgemeine Kontrolle aus. Sie hatten die Gefangenen mit ›Herr‹ anzusprechen [...] An Abenden saß man an dem langen Tisch und diskutierte. Mitunter wurde an Hand von Zeitungen, deren Zugang unbeschränkt war, die politische Lange erörtert; Gewagtes Leben, Köln-Berlin 1968, S. 93. Wenige Wochen später wurden die Vorschriften durch den Justizminister Müller-Meiningen verschärft. Daraufhin veröffentlichte Niekisch einen Protest-Artikel in der USPD-Zeitung ›Der Kampf‹, in dem er auch auf die bevorzugte Behandlung des in Landsberg einsitzenden Festungsgefangenen und Eisner-Mörders Graf Arco-Valley hinwies. Auf eine Anfrage des Landtagsabgeordneten Dr. Hilpert rechtfertigte Justizminister Dr. Müller die getroffenen Maßnahmen: [...] Ebrach war auf dem besten Wege, eine richtige Kommunistenhochschule zu werden. Die [...] Festung wurde alsbald nach ihrer Belegung [...] der Brennpunkt der wüstesten staats- und regierungsfeindlichen Agitation. Die Abhaltung von Diskussionsabenden kommunistischer Art, die Bildung von Gefangenenräten, die verschiedensten demonstrativen Kundgebungen gegen die bestehende Ordnung und ihre Träger, der wilde Besucherverkehr [...] macht der Justizverwaltung ein [...] energisches Zugreifen zur unabweislichen Pflicht. Die Erfahrungen haben gezeigt, daß die Gefangenen sich nicht scheuen, auch vom Strafort aus ihre umstürzlerischen Pläne weiter zu verfolgen [...] Dagegen hilft nur eine strenge Überwachung des Briefverkehrs. Die Durchführung der neuen Vorschriften stößt bei den Gefangenen auf den hartnäckigsten Widerstand [...]; zit. nach AAB 235 vom 11.10.1919. Die Festungshaftanstalt Ebrach war inzwischen aufgelöst (27. September) und die Gefangenen in die Festungshaftanstalt Niederschönenfeld gebracht worden.

3 Wendelin Thomas (geb. 1884). 1920–1924 MdR (USPD, KPD). 1933 in die USA emigriert.

An Anhängern scheint die U.S.P. auch in der letzten Woche trotz der eifrigen Agitation nicht gewonnen zu haben. Den Führern sind die Mitglieder zu gleichgültig, die Jugendorganisation macht ihnen zu geringe Fortschritte, mit dem Abonnement der Genossen auf die neue Zeitung ›Der Volkswille‹ sind sie ebenfalls nicht zufrieden. Nur in Kempten-Kottern scheinen die ganz Radikalen an Boden zu gewinnen. Dort soll auch die Gewerkschaftsbewegung immer mehr ins radikale Fahrwasser geraten.

Die Judenhetze dauert ebenfalls an[4]. Sie wird genährt durch den immer schamloser sich breit machenden Wucher. Der antisemitische Verband in Augsburg, Führer Brauereidirektor Merker[5], will demnächst mit einer großen öffentlichen Versammlung hervortreten.

Mein Gesamturteil über die Lage ist, daß zwar allenthalben Unzufriedenheit insbesondere auch mit der Staatsregierung besteht, daß diese Unzufriedenheit aber keinen solchen Grad erreicht hat, daß Unruhen größeren Umfanges zu befürchten sind. Mit solchen Unruhen wird man aber rechnen müssen, wenn die wirtschaftliche Lage sich verschlechtert, die Not größer wird und dadurch die Verbitterung auch unter dem ruhigen und besonnenen Teil der Bevölkerung, der zur Zeit gegenüber den radikalen Elementen ein bedeutendes Übergewicht hat, sich wesentlich verschärft.

Zur Erhaltung der Ruhe und Ordnung wird ein entschiedenes Auftreten der Staatsregierung von großem Einfluß sein. In diesem Sinne wurde der sofortige Vollzug der Todesstrafe an den hiezu verurteilten Geiselmördern[6] von allen ordnungsliebenden Kreisen der Bevölkerung ausnahmslos gebilligt.

2. Ernährungslage

a) Bezüglich der Ernte ist zu dem in den letzten Wochenberichten Gesagten nichts neues hinzuzufügen.

b) Die Getreideablieferung geht gut vonstatten. Beispielsweise wurden in der vergangenen Woche angeliefert:
im Lagerhaus Donauwörth 2300 Zentner Gerste, 335 Zentner Weizen, 91 Zentner Roggen,
in Günzburg 4200 Zentner Weizen, 700 Zentner Roggen,
in Neu-Ulm an Brotgetreide aller Art 5870 Zentner,
in Wertingen 1011 Zentner Gerste, 445 Zentner Weizen, 131 Zentner Roggen.

Sehr schwer sind die Landwirte zur Ablieferung des Pflichthafers zu bringen mit Rücksicht auf die im freien Verkehr erzielbaren ungeheuren Preise. Die Gefahr, daß Hafer verkauft und Brotgetreide verfüttert wird, liegt bei den hohen Haferpreisen auf der Hand. Es soll auch nicht selten vorkommen, daß die Haferaufkäufer zugleich Brotgetreide aufkaufen und als Hafer verschicken. Ziemlich weit verbreitet ist unter der Landbevölkerung das Gerücht,

---

4 *Der in der zweiten Hälfte des 19. Jahrhunderts in Deutschland durch Vertreter des gehobenen Bürgertums und durch antisemitische Parteien geförderte Antisemitismus fand nach dem Krieg neue Nahrung. Die Judenhetze betrieben zu dieser Zeit meist mitgliederschwache Organisationen wie der Alldeutsche Verband, der Deutsch-völkische Schutz- und Trutzbund und die Deutsche Arbeiterpartei. Die einflussreichsten antisemitischen und völkischen Schriften, Bücher und Zeitschriften, soweit sie zu dieser Zeit in Bayern erschienen, stammten aus den Münchener Verlagen J. F. Lehmann, Deutscher Volksverlag Dr. Ernst Boepple, Franz Eher Nachf. sowie vom Verlag Jos. C. Huber in Diessen. – Der ›Landesverband Bayern r. d. R. im Zentralverein deutscher Staatsbürger jüdischen Glaubens‹ wies die Verleumdungen in zahlreichen Zeitungen durch großformatige Inserate, in den Großstädten auch durch Plakate zurück. – Das Bayer. Staatsministerium des Innern forderte die Behörden in der Bek vom 7.6.1919 auf, solchen Erscheinungen [...] mit Nachdruck entgegenzuwirken; StAnz 145 (1919).*

5 *Karl Merker (1863–1942).*

6 *In dem vom 1. bis 18. September vor dem Volksgericht München geführten Prozess mussten sich 15 Angeklagte verantworten. Sie waren an der Ermordung von acht Geiseln am 30. April kurz vor dem Ende der Räterepublik beteiligt. Das Gericht sprach sechs Todesurteile aus, von denen fünf nach Ablehnung der Gnadengesuche am folgenden Tag vollstreckt wurden. Ein Verurteilter hatte vorher Selbstmord begangen. Am 14.6.1920 wurde ein weiterer Mittäter hingerichtet.*

daß viel Getreide ins Ausland gehe; im Kemptener Bezirk wird insbesondere gesagt, das Getreide ginge über Danzig nach England.
Die Viehablieferung ist ebenfalls eine gute. Die Futterknappheit zwingt dazu, Vieh abzustoßen. Leider wird aber auch immer mehr schwarz geschlachtet. Die Viehhalter erzielen so nicht nur für die Haut, sondern auch für das Fleisch einen Wucherpreis.
Die Eierablieferung hört nahezu ganz auf. Die Hühner legen jetzt nur noch wenig, und die Schleichhändler sollen für ein Ei bis zu 1 Mark bezahlen.
In Augsburg war die Zufuhr auf dem Gärtner- und Obstmarkt eine sehr gute.
c) Die Lebensmittelpreise sind in der Hauptsache gleich geblieben. Obst ist erheblich billiger geworden. In Augsburg wurden auf dem Obstgroßmarkt den ländlichen Obstgroßhändlern für Birnen 25–40 Mark, für Äpfel 35–60 Mark für den Zentner bezahlt.

3. Gewerbliche Lage
a) Kohlenlage: Unverändert trostlos.
b) Rohstofflage: Ohne Besserung. Nur von der Spinnerei Blaichach, Bezirksamts Sonthofen, wird berichtet, daß sie jetzt Rohmaterial für 3 Monate habe.
c) Aufträge überall genügend vorhanden.
d) Arbeitsmarkt: Ohne Änderung.
Einzelheiten für Augsburg und Neu-Ulm siehe Anlage 1.

4. Die Notstandsarbeiten
a) Über die Notstandsarbeiten ist nichts neues zu melden.
b) Arbeiterlohnbewegung. In Augsburg streiken die Brauer. Nach einem Tag konnte der Streik beigelegt werden. In Memmingen und im Osterrieder Werk[7] in Lautrach, Bezirksamts Memmingen, streiken die Metallarbeiter. Es ist zu hoffen, daß bald eine Einigung erzielt und die Arbeit wieder aufgenommen wird. Die Stadt Neuburg hat bezüglich der städtischen Arbeiter einen Tarifvertrag mit dem Staats- und Gemeindearbeiterverband geschlossen. Der Wunsch der Arbeiter nach Ruhelohn (Lohn nach einer gewissen Zahl von Dienstjahren) konnte nicht erfüllt werden. In der Spinnerei Blaichach sind die Verhandlungen über Wiedereinführung des Mehrstuhlsystems und der Akkordarbeit noch nicht abgeschlossen. Der Tarifvertrag wurde am 13. September auf den 11. Oktober gekündigt. Die Verhandlungen hierüber sollen diese Woche beginnen.
c) Die Zahl der Erwerbslosen hat sich wieder etwas vermindert. In Augsburg beträgt sie noch 1362.

5. Wohnungsfrage
Die Wohnungsnot hat keine Milderung erfahren. Sie droht sich durch den Zuzug der Flüchtlinge und Rückwanderer[8] weiter zu verschärfen. Die Bautätigkeit ist weiter durch die hohen Preise der Baumaterialien und den Mangel an solchen behindert.

6. Volksgesundheit
Ohne Neuigkeit.

---

7 Die Firma stellte landwirtschaftliche Spezialmaschinen her.
8 Von ausländischen Regierungen vertriebene Reichsdeutsche oder deutschstämmige oder deutschsprachige Ausländer. Sie wurden betreut vom Reichsamt für deutsche Rückwanderung und Auswanderung; *RGBl* S. 451, VO über die Zuständigkeit des Reichswanderungsamts vom 7.5.1919.

7. Kriegsbeschädigten- und Kriegshinterbliebenenfürsorge
Nachweisung der Kriegsinvalidenfürsorge, Hauptstelle für Schwaben, und der Ortsstelle Augsburg für Kriegshinterbliebenenfürsorge siehe Anlage 2.

8. Sonstiges *[kein Eintrag]*.

gez. von Praun, Regierungspräsident

Anlage 1: Arbeitsmarkt in Augsburg:

Die Lage des hiesigen Arbeitsmarktes gegenüber der Vorwoche ist unverändert. Für Holzfällungsarbeiten sind kräftige Arbeiter sehr begehrt. Unverändert ist die Lage in der Metallindustrie. Im Holzgewerbe ist die Arbeitsgelegenheit sehr günstig. Im Bekleidungsgewerbe immer noch Mangel an Schneidern und Schuhmachern. Der Mangel an Maurern und Zimmerleuten hat sich noch nicht gehoben. Für Metzger und Bierbrauer ist die Arbeitsgelegenheit immer noch ungünstig. Der Mangel an Dienstmädchen für private häusliche Dienste und im Gastwirtsgewerbe besteht fort. Für kräftige ungelernte Arbeiter aller Art nach auswärts ist die Arbeitsgelegenheit günstig.

Über die Bewegung auf dem Arbeitsmarkte gibt nachstehende Übersicht des Arbeitsamtes vom 19. September 1919 zahlenmäßigen Aufschluß.

Wirtschaftszweig	Unerl. Angeb.		Unerl. Nachfrage		Bemerkungen
	a. männl.	b. weibl.	a. männl.	b. weibl.	
Land- und Forstwirtschaft, Gärtnerei	30	27	6	–	
Metallverarbeitung	37	–	147	1	
Holzindustrie	36	–	10	–	
Textilindustrie	3	–	8	64	
Bekleidungs- und Reinigungsgewerbe	29	–	1	–	
Baugewerbe	22	–	25	–	
Sonst. Handwerk und Berufe	21	11	303	156	davon
Haus- und Gastwirtschaft	2	265	128	26	3 jugendl. m.
Ungelernte Arbeiter aller Art	176	–	358	407	17 jugendl. m. 3 jugendl. w.
Summe:	356	303	986	654	23 jugendl.
Gesamtsumme der Vorwoche:	220	264	933	641	14 jugendl.

Übersicht über die Arbeitsmarktlage in Neu-Ulm am 20. Sept. 1919.

Wirtschaftszweig	Unerl. Angeb.		Unerl. Nachfrage		Bemerkungen
	a. männl.	b. weibl.	a. männl.	b. weibl.	
Land- und Forstwirtschaft, Gärtnerei	7	5 6 (Ernte)	1	–	
Metallverarbeitung	2	–	16	–	
Holzindustrie	6	–	–	–	
Textilindustrie	–	–	–	–	
Bekleidungs- und Reinigungsgewerbe	2	2	3	3	
Baugewerbe	2	–	1	–	
Sonst. Handwerk und Berufe	–	1	18	–	
Haus- und Gastwirtschaft	5	H 22 G 6	1	H 3 G 2	
Ungelernte Arbeiter aller Art	6	–	23	2	
Summe:	36	42	63	10	

Bemerkungen über die Lage des Arbeitsmarktes.
In der weibl. Abteilung herrscht hauptsächlich Dienstbotenmangel für Private. Überschüssige Arbeitskräfte häufen sich in der männl. Abt. in der Metallindustrie.

Anlage 2: Kriegsbeschädigten- und Kriegshinterbliebenenfürsorge:

Die Tätigkeit der Kriegsinvalidenfürsorge, Hauptstelle für Schwaben, in der Zeit vom 13.–18.9.1919 erzielte folgendes Ergebnis:

a) Meldestelle
    1. Zahl der angefallenen Fürsorgefälle   17.521
    2. Neuzugang   292
    3. Abgang (durch Tod und Überweisung)   5
b) Heilfürsorge
    1. Zahl der ärztlich Untersuchten und ambulant Behandelten   80
    2. In Sanatoriumsbehandlung Eingewiesene   5
    3. In Erholungsheime Eingewiesene   1
    4. In Lazarettbehandlung Eingewiesene   2
    5. Aufklärung über Rentenversorgung und Invalidenversicherung   7
c) Beratungsstelle
    1. Zahl der beruflich Beratenen   30
    2. Zahl der Vormerkungen zur Fachberatung   48

d) Arbeiterfürsorgestelle
   1. Unterbringung versucht   61
   2. Tatsächlich untergebracht   6
   3. Angestrebte Unterbringungsmöglichkeit   4
e) Unterstützungsstelle
   1. Zahl der behandelten Unterstützungsgesuche   70
   2. Höhe der gewährten Unterstützungen in bar: 3142,50 Mark
   3. Höhe der gewährten Unterstützungen
      in Sachleistungen   123,00 Mark

Außerdem wurde in 15 Fällen Auskunft erteilt über Kapitalabfindung, in Berufsausbildung und Rechtsangelegenheiten, in Anträgen auf Heilfürsorge und neue Festsetzung der Militärrente.

In 7 Fällen wurden Amputierten und schwer Gehbehinderten Freifahrtausweise für die städtische Straßenbahn ausgestellt. In der Zeit vom 12. mit 18. September 1919 wurden bei der Ortsstelle Augsburg für Kriegerhinterbliebenenfürsorge an 102 Personen Unterstützungsbeträge in der Höhe von 5985,09 Mark ausbezahlt. Auskünfte in geschäftlichen Angelegenheiten, Versorgungsgebührnissen, Kapitalabfindungen und dergleichen wurden in 52 Fällen gegeben, Krankenhilfe in 17 Fällen gewährt.

Im ganzen wurden 175 Fürsorgefälle behandelt. Neuaufnahmen waren 11 zu verzeichnen.

Augsburg, den 30. September 1919   90

1. Allgemeine politische Lage
a) Bezüglich der öffentlichen Ordnung und Sicherheit haben sich die Verhältnisse nicht wesentlich geändert. Besondere Vorkommnisse sind nicht zu verzeichnen. Die kriegswirtschaftlichen Bestimmungen werden immer weniger beachtet. Die Bevölkerung handelt nur nach ihrem augenblicklichen Urteil. Die Behörden sind nahezu machtlos. Wollen sie durchgreifen, so stoßen sie auf Widerstand und machen sich mißliebig. Da die Bezirksamtsvorstände sich nicht in Widerspruch mit der Bevölkerung setzen dürfen, wenn sie nicht ihren Posten verlieren wollen, ist von ihnen ein energisches Vorgehen nicht mehr zu erwarten.

Eine Besserung der gegenwärtigen trostlosen Lage ist nur möglich, wenn zielbewußt wieder Ordnung im Staate geschaffen wird. Gesetze allein nützen nichts, wenn sie nicht vollzogen werden. Der Vollzug aber setzt Organe voraus, die ihn bewerkstelligen können. Durch die Bestimmung des Selbstverwaltungsgesetzes[1], daß die Bezirksvertretung die Abberufung eines ihr nicht genehmen Bezirksamtmannes verlangen kann[2], hat sich die Staatsregierung ihres besten Vollzugsorgans beraubt. Die Aufhebung dieser Bestimmung erachte ich als ein Gebot der Selbsterhaltung für die Staatsregierung.

---

1 *Das Gesetz, erlassen am 22.5.1919 (GVBl S. 239), erklärte in Art. 12 die Gemeinden, Bezirke und Kreise zu Körperschaften des öffentlichen Rechts mit dem Recht auf Selbstverwaltung nach Maßgabe der Gesetze. Für die Vertretungen wurden auch neue Bezeichnungen eingeführt: Gemeinde- bzw. Stadtrat (bisher Gemeindeversammlung bzw. Kollegium der Gemeindebevollmächtigten), Bezirkstag (bisher Distriktsrat), Kreistag (bisher Landrath).*
2 *Art. 25 Abs. 1: Der Bezirkstag kann die Abberufung eines wenigstens ein Jahr im Amte befindlichen Bezirksamtmanns beantragen.*

b) Volksstimmung und Volksmeinung über die wichtigsten öffentlichen Angelegenheiten.
Die Volksstimmung wird weiter beherrscht von den alten Klagen über Teuerung und Wucher, Steuerflucht und Steuerdruck. Bezüglich der Steuer halten sich besonders die Kriegsteilnehmer auf, die nach ihrem Einkommen im Jahre 1919 besteuert werden, während Nichtkriegsteilnehmer oder früher Entlassene nach dem Einkommen des Vorjahres zur Steuer herangezogen werden.
Die U.S.P. setzt ihre Hetzarbeit fort. In Augsburg tritt besonders hervor der Redakteur der U.S.P. Zeitung ›Der Volkswille‹ Thomas. Im Bezirke Füssen soll ein gewisser Göhrl aus München eifrige Propaganda treiben. In Immenstadt führte am 25. September in einer von etwa 200 Personen besuchten Versammlung ein gewisser Gerhard aus München aus, die gegenwärtige Regierung habe die Revolution bankrott gemacht, die Proletarier müßten unter Vermeidung von Gewalt eine neue Revolution erreichen.
Fortschritte scheint die U.S.P. im Regierungsbezirke auch in der verflossenen Woche nicht gemacht zu haben. Mit ihrer seit 1. September in Augsburg erscheinenden Zeitung ›Der Volkswille‹ scheint die Partei ebenfalls nicht viel Glück zu haben. Man vermutet, daß sie bald wieder eingehen wird, weil sie sich nicht rentiert.
Der zur Zeit aus der Festungshaft beurlaubte Lehrer Niekisch hat sich an Versammlungen nicht mehr beteiligt und sich ruhig verhalten.
Mein Gesamturteil über die Lage ist, daß die allgemeine Unzufriedenheit mit den bestehenden Verhältnissen zwar andauert, daß aber die weit überwiegende Mehrzahl des Volkes sich eine Besserung nicht von einer neuen Revolution, sondern von der Rückkehr zu strafferer staatlicher Ordnung erhofft und daß deshalb Unruhen größeren Umfangs nur zu befürchten sind, wenn die allgemeine Not eine wesentliche Verschärfung erfahren würde.

2. Ernährungslage

a) Die Herbstsaat und die Kartoffelernte nehmen ihren Anfang. Von der Kartoffelernte verspricht man sich einen guten Ertrag.
b) Während die Stadt Augsburg und einige Bezirksämter über die Getreideablieferung recht zufrieden sich aussprechen, berichtet die Mehrzahl der Ämter, daß sie zäh vonstatten gehe. Der Grund liegt nur teilweise in der Behinderung der Drescharbeit durch die Herbstsaat und die Kartoffelernte. Die Hauptursache soll im Wucher und Schleichhandel zu suchen sein. Den Pflichthafer will niemand abliefern, weil zu wenig dafür bezahlt wird. Die Händler kaufen den Hafer um jeden Preis. Er wird weggefahren mit Achse und unter falscher Deklaration, vielfach wird für den Hafer Brotgetreide verfüttert. Das Ausdruschverbot wird kaum beachtet. Die kleinen Bauern sind dazu vielfach auch schwer in der Lage. Sie müssen, wenn sie die Dreschmaschine bekommen, ihre ganze Körnerfrucht auf einmal dreschen.
Wurde bisher über die Freigabe des Leders und die teilweise Freigabe des Hafers geklagt, so wird jetzt auch schon wieder in mehreren Ämterberichten die Aufhebung der Freigabe des Handels mit Nutz- und Zuchtvieh gefordert, weil vielfach auch Mastvieh als Nutz- und Zuchtvieh veräußert und nur den Schwarzschlachtungen Vorschub geleistet werde.
Über in den Berichten des Stadtrats Augsburg und der Bezirksämter Nördlingen und Sonthofen enthaltene besondere Wünsche siehe Anlage 1.
c) Bezüglich der Verteilung und Preise der wichtigsten Lebensmittel ist neues nicht zu berichten.

3. Gewerbliche Lage

a) Kohlenlage. Ohne Besserung.
b) Rohstofflage. Ebenfalls ohne wesentliche Besserung. In der Zwirnerei und Nähfadenfabrik Göggingen sind Entlassungen von Arbeitern wegen Rohstoffmangels in Aussicht gestellt.

c) Aufträge und sonstige wirtschaftliche Verhältnisse.
   An Aufträgen fehlt es nirgends. Bezüglich der Verhandlungen wegen Aufnahme des Vollbetriebs in der Allgäuer Baumwollspinnerei und Weberei Blaichach, Bezirksamts Sonthofen, siehe Anlage 2.
d) Arbeitsmarkt. Ohne wesentliche Änderung. In Augsburg hat sich die Zahl der unerledigten männlichen Nachfragen um 300 vermindert.
   Im übrigen siehe für Augsburg und Neu-Ulm Anlage 3.

4. Über Notstandsarbeiten ist Neues nicht zu berichten. Die Zahl der Erwerbslosen ist ungefähr gleich geblieben. In Augsburg beträgt sie 1385.

5. Die Wohnungsnot hat sich nicht gebessert. Die Bautätigkeit kann sich wegen Mangels an Baustoffen nicht entwickeln.

6. Volksgesundheit: Ohne Neuigkeit.

7. Kriegsbeschädigten- und Hinterbliebenenfürsorge
   Diesbezügliche Übersicht des Stadtrats Augsburg siehe Anlage 4.

8. Sonstiges
   Der um die frühgeschichtliche Forschung verdiente Apothekenbesitzer Dr. Ernst Frickhinger[3] in Nördlingen hat vor kurzem Ausgrabungen vornehmen lassen und hiebei auf dem Reimlinger Berg Wohnstätten – Pfostenhäuser – aufgedeckt mit einem überaus reichen Kulturinventar aus der Stufe C der Hallstattzeit (7. vorchristliches Jahrhundert).

gez. von Praun, Regierungspräsident

Anlage: 1 Ernährungslage

Stadtrat Augsburg:
Mit Rücksicht auf die bis 1. Oktober 1919 bewilligte erhöhte Frühdruschprämie ist die Getreideanlieferung bis jetzt eine sehr gute gewesen. Die Qualität an Weizen läßt sehr zu wünschen übrig.
Großen Unmut hat die Tatsache hervorgerufen, daß in einzelnen der Stadt benachbarten Kommunalverbänden das Getreide weit unter 94 % ausgemahlen wird. Die Tatsache bedeutet eine weitere Verschlechterung der Ernährung unserer Bevölkerung gegenüber der Lebensweise der Bevölkerung in den umliegenden Kommunalverbänden und schädigt außerdem das Bäckergewerbe unserer Stadt, weil die Bevölkerung naturgemäß möglichst viel Brot in den umliegenden Kommunalverbänden aufzukaufen sucht; das Bäckergewerbe hat sich deswegen auch beschwerdeführend an uns gewandt.
In der Stadtratssitzung vom 24. September 1919 wurde das eigenmächtige Vorgehen in den beteiligten Kommunalverbänden auf das Schärfste verurteilt, gegen die dort betätigende Herabsetzung der Ausmahlung energischen Protest eingelegt und verlangt, daß die Staatsregierung gegen Kommunalverbände und Mühlen, welche derartige Gesetzesverletzungen dulden und vornehmen, zum Schutze der städtischen Bevölkerung und des städtischen Bäckergewerbes mit aller Strenge und Rücksichtslosigkeit vorgeht.

---

3 Dr. Ernst Frickhinger (1876–1941), Pharmazierat.

Bezirksamt Nördlingen:
An Brotfrucht wurden bis jetzt über 3700 Zentner abgeliefert, eine immer noch sehr geringe Menge im Verhältnis zum Vorjahre. Da sich der Bestand an Roggen nur auf 300 Zentner beläuft, muß zur Brotstreckung im größtmöglichen Umfange Gerste herangezogen werden. Der Kommunalverbandsausschuß hat nun den dringenden Wunsch ausgesprochen, daß die Kommunalverbände zum unmittelbaren Aufkauf der Gerste beim Erzeuger ohne Vermittlung der Gerstenkommissionäre ermächtigt werden, damit nicht durch deren Vergütungen die ohnehin schon hohen Preise eine weitere überflüssige Steigerung erfahren müssen. Der Ausschuß sah sich ferner zu dem Ansuchen veranlaßt, es möchten die infolge der Lieferungszuschläge entstehenden Mehrkosten auch für die Überschußbezirke auf das Reich übernommen werden. Schließlich erachteten es die sämtlichen Ausschußmitglieder, Erzeuger wie Verbraucher, für unbedingt geboten, die Fristen für Gewährung der Zuschläge auf angemessene Dauer zu verlängern oder noch besser einen festen Grundpreis für Roggen, Weizen und Kern, von etwa 30–35 Mark, endgültig festzusetzen, weil wegen der verspäteten Ernte, der Ausdruschschwierigkeiten, der bevorzugten Bewirtschaftung von Gerste und Hafer usw. die Anlieferung von Brotgetreide in ganz bedenklicher Weise im Rückstand geblieben und sonst auch für die Zukunft nicht nur keine Besserung, sondern geradezu eine sichere Gefährdung der Mehlversorgung zu erwarten ist. Demgegenüber sollte natürlich nach Ablauf des Termins – 15. Oktober – der Zuschlag für Gerste vollkommen entfallen.

Bezirksamt Sonthofen:
Sehr schlecht ist das dem Kommunalverband zugewiesene Getreide, vielfach brandig und muffig; wenn da nicht schleunigst die Ausmahlung herabgesetzt wird[4], gibt es mit Bestimmtheit Auftritte wegen der schlechten Beschaffenheit des nunmehr so teuren Brotes (40 Pfennig das Pfund).

Anlage 2: Gewerbliche Lage

Bezirksamt Sonthofen:
Zur gewerblichen Lage wäre zu betonen, daß in der Allgäuer Baumwollspinnerei und Weberei Blaichach die Direktion dem Betriebsrat eröffnet hat, es könne sofort die ganze Fabrik zur Arbeit kommen, wenn das im Rahmen des bisherigen Tarifes zulässige Akkordsystem mit Mehrstuhlsystem durchgeführt werde; die Fabrik hat 500 Ballen Baumwolle da, Aufträge für ein halbes Jahr und zwar ohne jedes Rohstoffrisiko, weil es sich um Auslandsaufträge für Veredelung handelt, wozu die Auftraggeber selbst die Baumwolle liefern. Die Aufträge hat die Firma durch die persönlichen Beziehungen des Direktors (schweizerischer Staatsangehöriger) erhalten; sie gehen, wenn Blaichach sie wegen des Widerstandes der Arbeiter nicht ausführen könnte, verloren an Vorarlberg, das bei seiner Valuta den Auftraggebern billiger kommt. Ein Musterbeispiel, wie durch deutsche Arbeit im Dienste des Auslandes Werte erzeugt und die deutsche Valuta gebessert werden könnte. Hoffentlich versagt die Arbeiterschaft nicht. Sie hat sich noch nicht gebunden, will erst ihre Organisationen hören, umso mehr, als bekanntlich die sozialdemokratische Gewerkschaft den fraglichen bisherigen Tarifvertrag gekündigt hat. Der sozialdemokratische Gewerkschaftsführer Deffner-Kempten[5] ist, wie Direktor Zellweger[6]

---

4 Einem in der Presse Ende September bekanntgegebenen Beschluss der Reichsregierung folgend, setzte das bayerische Staatsministerium für Landwirtschaft durch Bek vom 27.9.1919 (StAnz 238) ab 16. Oktober neue Ausmahlungssätze fest: Roggen 82 %, Weizen 80 %, Gerste 75 %.
5 Wilhelm Deffner (1871–1977).

mitteilte, für die Akkordarbeit im gegenwärtigen Fall, nur bestehen scheinbar Bedenken, ob er durchdringt. Der Direktor ist übrigens der Ansicht, daß die Arbeiter, die im Rahmen des Tarifvertrages gebotene Arbeitsgelegenheit nicht annehmen, das Recht auf Erwerbslosenunterstützung verwirken. Die Erwerbslosenunterstützung ist ja andauernd ziemlich hoch; von 600 Arbeitern sind zur Zeit nur 250 voll, 150 im Schichtwechsel, die übrigen nicht beschäftigt.

Anlage 3: Arbeitsmarkt

Stadtrat A u g s b u r g :
Eine wesentliche Abnahme Erwerbsloser in der männlichen Abteilung ist zu verzeichnen. Zur Landwirtschaft können die Arbeitssuchenden sofort vermittelt werden. In der Metallindustrie konnten verwandte Arbeitszweige zu elektrischen Arbeiten vermittelt werden. Gesucht sind noch Schmiede, dagegen besteht der Mangel an gelernten Elektromonteuren. Gute Möbelschreiner werden immer noch gewünscht. Der Mangel an Schneidern, Schuhmachern und Zimmerleuten ist noch nicht behoben. Für Metzger und Bierbrauer ist die Lage immer noch ungünstig. Die Gast- und Hauswirtschaft benötigt dauernd gute Kräfte. Eine ziemliche Anzahl von ungelernten Arbeitern konnte nach auswärts vermittelt werden.
Über die Bewegung auf dem Arbeitsmarkte gibt nachstehende Übersicht des Arbeitsamtes vom 26. September 1919 zahlenmäßigen Aufschluß.

Wirtschaftszweig	Unerl. Angeb.		Unerl. Nachfrage		Bemerkungen
	a. männl.	b. weibl.	a. männl.	b. weibl.	
Land- und Forstwirtschaft, Gärtnerei	31	10	6	5	
Metallverarbeitung	36	–	129	2	
Holzindustrie	65	–	7	–	
Textilindustrie	–	–	8	70	
Bekleidungs- und Reinigungsgewerbe	27	–	2	–	
Baugewerbe	17	–	20	–	
Sonst. Handwerk und Berufe	28	3	257	168	
Haus- und Gastwirtschaft	1	227	111	23	3 jugendl. m.
Ungelernte Arbeiter aller Art	130	–	246	456	16 jugendl. m. 3 jugendl. w.
Summe:	335	240	786	724	22 jugendl.
Gesamtsumme der Vorwoche:	356	303	986	654	23 jugendl.

6 Rudolf Zellweger (1862–1932), seit 1896 Vorstand der Allgäuer Baumwollspinn- und Weberei Blaichach, vorm. Heinrich Gyr.

Übersicht über die Arbeitsmarktlage in Neu-Ulm am 27.9.1919.

Wirtschaftszweig	Unerl. Angeb.		Unerl. Nachfrage		Bemerkungen
	a. männl.	b. weibl.	a. männl.	b. weibl.	
Land- und Forstwirtschaft, Gärtnerei	7	10	1	–	
Metallverarbeitung	2	–	15	–	
Holzindustrie	12	–	2	–	
Textilindustrie	–	–	–	–	
Bekleidungs- und Reinigungsgewerbe	2	2	2	6	
Baugewerbe	2	–	1	–	
Sonst. Handwerk und Berufe	1	–	14	2	
Haus- und Gastwirtschaft	–	H 19 G 4	–	H 6 G 3	
Ungelernte Arbeiter aller Art	4	2	28	1	
Summe:	30	37	63	18	

Bemerkungen über die Lage des Arbeitsmarktes.
Die Arbeitsmarktlage hat sich gegenüber den Vorberichten wesentlich nicht geändert. Mangel an weibl. Dienstboten besteht noch weiter, während in der Metallindustrie überschüssige Arbeitskräfte vorhanden sind. Die übrigen Berufsarten in weibl. und männl. Abtl. gleichen sich ziemlich aus mit Ausnahme der Landwirtschaft.
Städt. Arbeitsamt Neu-Ulm.

Anlage 4: Kriegsbeschädigten- und Kriegshinterbliebenenfürsorge

Stadtrat A u g s b u r g :
Die Tätigkeit der einzelnen Abteilungen der Kriegsinvalidenfürsorge, Hauptstelle für Schwaben, in der Zeit vom 19.–26. September 1919 ergibt sich aus folgenden Zahlen:

a) Meldestelle:
   1. Zahl der angefallenen Fürsorgefälle   17.610
   2. Neuzugang   89
   3. Abgang (durch Tod und Überweisung)   17
b) Heilfürsorge:
   1. Zahl der ärztlich Untersuchten und ambulant Behandelten   56
   2. In Sanatoriumsbehandlung Eingewiesene   2
   3. In Erholungsheime Eingewiesene   2
   4. In Lazarettbehandlung Eingewiesene   1
   5. Aufklärung über Rentenversorgung und Invalidenversicherung   5

c) Beratungsstelle:
   1. Zahl der beruflich Beratenen   26
   2. Zahl der Vormerkungen zur Fachberatung   38
d) Arbeitsfürsorgestelle:
   1. Unterbringung versucht   58
   2. Tatsächlich untergebracht   3
   3. Angestrebte Unterbringungsmöglichkeit   10
e) Unterstützungsstelle:
   1. Zahl der behandelten Unterstützungsgesuche   116
   2. Höhe der gewährten Unterstützungen in bar   5373,23 Mark
   3. Höhe der gewährten Unterstützungen in Sachleistungen   396,50 Mark

Außerdem wurde in 12 Fällen Auskunft erteilt über Kapitalabfindung, in Berufsausbildung und Rechtsangelegenheiten, in Anträgen auf Durchführung einer Sanatoriumskur und Neufestsetzung der Militärrente.
In 9 Fällen wurden Amputierten und schwer Gehbehinderten Freifahrtausweise für die städtische Straßenbahn ausgestellt.
In 54 Fällen wurden Ermittlungen gepflogen über wirtschaftliche Verhältnisse von Kriegsinvaliden, über Arbeitsfähigkeit und zur Nachprüfung der in der Unterstützungsstelle wegen Erlangung von Geldunterstützungen gemachten Angaben.
In der Zeit vom 19. mit 25. September 1919 wurden bei der Ortsstelle für Kriegerhinterbliebenenfürsorge beim Stadtrat Augsburg an 81 Personen Unterstützungen in der Höhe von 3926,45 Mark ausbezahlt. Auskünfte in geschäftlichen Angelegenheiten, Versorgungsgebührnissen, Kapitalabfindungen und dergleichen wurden in 24 Fällen gegeben; Krankenhilfe in 15 Fällen gewährt. Im ganzen wurden 132 Fürsorgefälle behandelt. Neuaufnahmen waren 4 zu verzeichnen.

Augsburg, den 7. Oktober 1919   91

1. Allgemeine politische Lage
a) Öffentliche Ordnung und Sicherheit:
   Die außerordentliche Häufung von Diebstählen, namentlich Einbruchsdiebstählen dauert an.
   Die Wühlarbeit der U.S.P. wird weiter fortgesetzt. In Augsburg soll der Genosse der U.S.P. Brauns ausgeschieden und bei den Münchner Kommunisten eingetreten sein. In der letzten Zeit ist die U.S.P. in Augsburg damit beschäftigt, Frauengruppen ins Leben zu rufen. Das Bezirksamt Sonthofen berichtet: ›Die U.S.P. entfaltet eine regere Tätigkeit im Bezirk Sonthofen. Den beiden Versammlungen vom 25. und 29. September in Immenstadt und Sonthofen sollen nun 4 neuerliche Versammlungen in Immenstadt, Blaichach, Sonthofen und Oberstdorf folgen mit dem Thema ›Die politische Lage und unsere Aufgabe.‹ Das Gruppenkommando[1] hat die Versammlungen genehmigt und Bericht über den Verlauf angeordnet.‹
b) Volksstimmung und Volksmeinung über die wichtigsten öffentlichen Angelegenheiten:
   Die außerordentlichste Erregung herrscht über die durch Wucher und Schiebereien unverhältnismäßig gesteigerten Preise für Gegenstände des täglichen Bedarfs. Besonders stark

---

1 Dem im Mai 1919 gegründeten Reichswehr-Gruppenkommando 4 in München waren die bayerischen Reichswehreinheiten unterstellt. Es überwachte durch seine Nachrichtenabteilung Parteien und politische Gruppen.

ist auch die Empörung darüber, daß alle Verkehrsmittel, so namentlich Telefon, Telegraf, Eisenbahnen, Kraftwagen, ständig von Schiebern belegt und nur mit Mühe und Zeitverlust für die übrige Bevölkerung zugänglich sind. Es ist nicht abzusehen, ob diese Erregung sich nicht eines Tages in einer katastrophalen Entladung Luft macht. So berichtet das Bezirksamt M i n d e l h e i m folgendes:

›Die Ansichten der Bevölkerung über die Notwendigkeit der Zwangswirtschaft scheinen sich unter dem Eindruck der Preissteigerung des Leders und des Hafers allmählich zu ändern. Über den Wucher und die Preistreiberei wird allgemein geklagt; ein energisches Vorgehen wird indessen erst möglich sein, wenn nicht nur gesetzliche Maßnahmen getroffen werden, sondern auch die Autorität der Behörden gestärkt wird, welche durch die unheilvollen Bestimmungen des Selbstverwaltungsgesetzes schwer beeinträchtigt ist. Die Anteilnahme des Volkes an der Selbstverwaltung beschränkt sich in der Regel auf eine hämische Kritik, von Vorschlägen zu Besserungen oder gar von schaffender Tätigkeit ist nichts zu bemerken.‹

Auszug eines Berichtes des Bezirksamts Kempten an das Landwirtschaftsministerium ruht an.

2. Ernährungslage

a) Das Bezirksamt N e u - U l m berichtet:
›Die Kartoffelernte im Bezirke Neu-Ulm ist jetzt zum größten Teil beendet. Sie kann als gute Mittelernte bezeichnet werden; kranke Kartoffeln kommen wenig vor. Auch die Saat hat gute Fortschritte gemacht; Weizen ist zum größten Teil schon gesät. Die Rüben fallen mittel, zum Teil unter mittel aus. Die Feldmäuse nehmen stark zu und können, wenn nicht ganz starke Nässe eintritt, gefährlich werden.‹

Das Bezirksamt A u g s b u r g führt folgendes aus:
›Das Ernteergebnis im Landbezirk Augsburg ist als ein gutes zu bezeichnen. Vielfach sind auch schon die Kartoffeln hereingebracht. Das Ergebnis ist ein verschiedenes je nach den Bodenverhältnissen. Das Gesamtergebnis läßt sich noch nicht überblicken. Ebenso steht es mit dem Ergebnis der Getreideernte, da der Ausdrusch erst allmählich beginnt. Die Apfelernte ist gering ausgefallen, umso besser die Ernte an Birnen.‹

Das Bezirksamt D i l l i n g e n berichtet nachstehendes:
›Die Kartoffelernte im Bezirke Dillingen ist im Gange. Die Schätzungsergebnisse schwanken zwischen 15 und 60 Zentner je Tagwerk. Die Felderbestellung hat begonnen. Der Bezug von Saatgetreide macht nicht selten große Schwierigkeiten.‹

b) Dem Berichte des Bezirksamts D i l l i n g e n ist folgendes zu entnehmen:
›Zufolge der Ministerialentschließung vom 27.9.1919 Nr. 6424 a 234 über die Haferbewirtschaftung soll Hafer zum Versand zugelassen werden, sofern der betreffende Händler den Hafer schon vor der Haferverkehrsbeschränkung[2] auf Lager hatte. Selbstverständlich wird jeder Händler behaupten, daß er den Hafer schon vorher auf Lager hatte. Pflichthafer aber hat er nicht aufgekauft. Derartige Bestimmungen machen eine Überwachung und eine Durchführung der Vorschriften unmöglich. Die Mühe, welche sich die unteren Behörden geben, den an sie gestellten Anforderungen gerecht zu werden, ist völlig umsonst. Die Kommissionäre geben

---

2 Die Kommunalverbände durften Frachtbriefe zum Versand von Hafer ausschließlich an die Kommissionäre der Bayer. Futtermittelverteilung GmbH u. Co. in München an die von ihr bestimmten Abnehmer abgeben; StAnz 229 (1919), Bek des Bayer. Staatsministeriums für Landwirtschaft vom 17.9.1919.

selbst zu, daß die Bauern ihnen bisher keinen oder nahezu keinen Pflichthafer verkauft haben und auch die Abgabe verweigern. Im übrigen ist der Kommunalverband immer noch nicht im Besitze auch nur einer einzigen Aufkaufsbescheinigung über Pflichthafer. Ich möchte auf diesen Zustand ausdrücklich nochmals hinweisen, da zweifellos gegen den Kommunalverband der Vorwurf erhoben werden wird, er habe nicht für die Durchführung der Vorschriften und die Erfassung des Pflichthafers gesorgt.‹

Das Bezirksamt G ü n z b u r g hebt nachstehendes hervor:
›Die Anlieferung von Brotgetreide im Bezirke Günzburg stockt wegen der Saatbestellungsarbeiten. Wenn eine ernste Gefährdung der Brotgetreideversorgung vermieden werden will, ist eine alsbaldige Aufnahme der Vorräte bei den Landwirten notwendig. Hiefür ist aber vor allem geboten, daß die Landesgetreidestelle mit Beschleunigung für die Kommunalverbände die Feststellung der Vorräte, des Bedarfes und des Liefersolls betätigt und die Kommunalverbände in die Lage versetzt, den Landwirten ihre Lieferschuldigkeit zu berechnen.‹

Das Bezirksamt I l l e r t i s s e n führt aus:
›Die zur Zeit in der Presse erscheinenden optimistisch gehaltenen Auslassungen des Reichsernährungsministeriums über die Aussichten der Brot- und Mehlversorgung machen den Eindruck, daß man sich unter dem Einfluß der gut ausgefallenen Getreideernte über den schweren Ernst der Lage täuscht. Die Erfassung der Ernte wird die größten Schwierigkeiten verursachen. Es fehlt sowohl unter den Selbstversorgern als auch unter den Versorgungsberechtigten jeder Wille, sich den Rationierungsmaßnahmen zu fügen. Bei den Selbstversorgern, die durchwegs schwere Arbeiten leisten müssen, ist dies noch verständlich, und es würde auch meines Erachtens der Versorgung der Allgemeinheit keinen allzu schweren Abbruch tun. Außerordentlich gefährlich ist jedoch das allgemein vorhandene Treiben der finanziell besser gestellten Kreise, sich Getreide aufzukaufen und daraus Feinmehl herstellen zu lassen. Es werden hiebei den Landwirten derartige Preise geboten, daß unter dieser Erscheinung in einigen Monaten die gesamte Brotgetreidezwangswirtschaft zusammenbrechen wird, falls nicht Einhalt geboten wird. Hiezu kommt die in landwirtschaftlichen Kreisen allgemein verbreitete Ansicht, daß die Zwangswirtschaft für Brotgetreide aufgehoben werden muß und daß die gegenwärtigen Brotgetreidepreise noch bedeutend erhöht werden müssen. Zur Bekämpfung dieser Störungen wird es zunächst dringend notwendig sein, daß von Seiten der zuständigen Stellen mit allem Nachdruck darauf hingewiesen wird, daß von einer Aufhebung der Zwangswirtschaft keine Rede sein kann und daß an den gegenwärtigen Höchstpreisen unter allen Umständen festgehalten werden muß.‹

Das Bezirksamt S o n t h o f e n betont:
›Der Betriebsstoff für die Landwirtschaft im Amtsbezirk Sonthofen ist aufgebraucht. Ein eingehender Bericht an die Rohstoffwirtschaftsstelle München vom 6.9. war bisher völlig ergebnislos. Ich bitte um energische Vorstellungen dort, sonst können die Bauern ihre Lieferpflicht nicht erfüllen, weil sie nicht Futter schneiden usw. können.‹

Das Bezirksamt Z u s m a r s h a u s e n berichtet:
›Die Erscheinungen im Verkehr mit Vieh und Fleisch sind stets gleich unerfreulich. Wollte man die Zuwiderhandlungen gegen die Gesetze überall bestrafen, so bliebe kein Viehaufkäufer und kein Metzger und kein Gastwirt mehr übrig. Aber die

Massenhaftigkeit, mit der gegen das Gesetz verstoßen wird, ohne daß es möglich ist, strafend einzuschreiten, vermindert automatisch wieder das Ansehen vor dem Gesetz. Gleichwohl werden die größeren Verfehlungen fortgesetzt zur Anzeige gebracht.‹

Das Bezirksamt S o n t h o f e n führt weiter aus:
›Die Häutefreigabe wird nach wie vor als ganz verfehlt und als enormer Anreiz zum Schwarzschlachten betrachtet; ein zuverlässiger Aufkäufer bemerkte dieser Tage bei Besprechung der Fleischversorgung in einer Kommunalverbandsausschußsitzung, daß der Kommunalverband diesen Winter ganz bestimmt viel weniger Kälber in seine Verfügung bekommen werde, weil die Schwarzschlachtungen bei diesen Häutepreisen nicht mehr einzudämmen sein würden. Der Abhilfeversuch mit der Dreiteilung des Mehrerlöses, wie er in Berlin nunmehr beschlossen ist, gibt voraussichtlich endlose Schereien, ohne die beabsichtigte Wirkung.‹

Desgleichen der Stadtrat K a u f b e u r e n:
›Die Wiedereinführung der Zwangsbewirtschaftung der Häute ist eine unbedingte Notwendigkeit; eine Begründung dieser Forderung erübrigt sich, da in zutreffender Weise bereits in der Presse vielfach und fortgesetzt auf den durch die Aufhebung der Zwangswirtschaft entstandenen Schaden und die weiteren Folgen hieraus hingewiesen ist, die in erster Linie wieder die unteren und mittleren Volksschichten treffen.‹

3. Gewerbliche Lage
a) Kohlenlage

Aus den Berichten des Stadtrats A u g s b u r g, des Stadtrats N ö r d l i n g e n, des Stadtrats K a u f b e u r e n ist nachstehendes zu erwähnen:

›Ganz empfindlich macht in Augsburg sich die vom Reichskohlenkommissar getroffene Maßnahme darin geltend, daß die Kokssendungen vollkommen ungenügend eingehen. Wenn hierin nicht eine durchgreifende Besserung eintritt, wird es unmöglich sein, den Zentralheizungsbetrieb in den städtischen Schulen und Amtsgebäuden in dem geplanten Umfange aufrechtzuerhalten. Die in dieser Sache wiederholt an die maßgebenden Reichs- und Landesstellen gerichteten Gesuche konnten eine Besserung bis jetzt nicht erzielen.‹

›Krippe und Kleinkinderbewahranstalt in Nördlingen, in der über 80 Säuglinge untergebracht sind, ist ohne jeden Brennstoff. Infolge kühler Witterung ist eine Anzahl der Kinder erkrankt. Hausbrandbezugsschein III 461.219 über einen Waggon Koks liegt beim Reichskohlenkommissar in Mannheim. Eine umgehende Belieferung wäre dringend veranlaßt.‹

›Der Eingang an Kohlen in Kaufbeuren war im Monat September gegenüber dem Vormonat etwas besser. Großer Mangel herrscht an Koks für die Zentralheizungen; insbesondere sind die Schulen und die Heilanstalt schlecht versorgt; die letztere hat nur noch Kohlenvorräte für einige Tage; der Reichskommissar wurde dringend ersucht, für eine bessere Belieferung des Versorgungsbezirks Kaufbeuren-Stadt Sorge zu tragen.‹

b) u. c) Der Stadtrat A u g s b u r g berichtet: ›Das Gewerbe in Augsburg ist allenthalben gut beschäftigt. Die Industrie hat zu ihrer Aufwärtsbewegung immer noch unter Kohlen- und Rohstoffmangel zu leiden.‹

ferner das Bezirksamt S o n t h o f e n :

›In der Blaichacher Baumwollspinnerei und Weberei arbeitet ab nächsten Montag die Weberei voll im Akkord mit Zweistuhlsystem, die Spinnerei kommt wohl auch bald vollständig in Gang. Längere Aufrechterhaltung des Vollbetriebes hängt von der Kohlenzufuhr ab.‹

Das Bezirksamt N ö r d l i n g e n führt aus:

›Die bayerischen Trasswerke, G.m.b.H., mit dem Sitze in München, die auch in Otting bei Monheim einen Betrieb unterhalten, beschäftigen seit kurzem im Steinbruche bei Bollstadt, Bezirksamts Nördlingen, 18 Arbeiter und versprechen sich auf Grund der angestellten Bohrversuche eine Ausbeute an Trasstein auf die Dauer von 50 Jahren. Die Abfuhr des Materials, das im Bruche zerschlagen und in Otting vermahlen wird, erfolgt noch mittels Lastkraftwagen und nach Durchführung der Genehmigungsverhandlungen durch eine in Moettingen ausmündende Schmalspurbahn. Infolge der Eröffnung dieses Betriebes werden die Hoffnungen der beteiligten Gemeinden auf den Ausbau der schon jahrzehntelang lebhaft begehrten Kesseltalbahn wieder belebt,‹

ferner das Bezirksamt N e u - U l m :

›Holz- und Textilindustrie im Bezirke Neu-Ulm sind mit Rohstoffen versorgt. Die Edelmetallindustrie leidet an Edelmetallmangel und kann deswegen ihre Arbeiter teilweise nicht beschäftigen. Allgemein klagen Industrie und Handwerk über den großen Wagenmangel. Seitens der Holzindustrie wird betont, daß Sägewerke mit vorwiegendem Bahnbezug durch den Wagenmangel nachgerade in beängstigende Stockung geraten; es sei, wenn Arbeiterentlassungen vermieden werden sollen, die Bevorzugung der bayerischen Sägewerke vor dem Rundholzexport in der Waggongestellung dringend notwendig. Ich habe deswegen Veranlassung genommen, mich in einer besonderen Eingabe an die Eisenbahndirektion Augsburg zu wenden,‹

sowie das Bezirksamt A u g s b u r g : ›Aufträge liegen in genügender Menge in der Großindustrie des Landbezirkes Augsburg vor, wenn nur auch die Kohlen und die Rohstoffe in ausreichender Menge vorhanden wären.‹

d) Die Lage des Arbeitsmarktes in Augsburg hat eine wesentliche Änderung nicht erfahren. Die Landwirtschaft stellt hauptsächlich Pferdeknechte ein. Das Angebot ist wesentlich zurückgegangen. Lebhaft gesucht sind landwirtschaftliche Dienstmägde. Für Forstwirtschaft werden geübte Holzfäller gesucht. Gärtnerei bietet wenig Beschäftigung an. Die Metallverarbeitung verzeichnet eine langsame Besserung, insbesondere werden Elektromonteure und einige Metalldrücker gesucht. Eine geringe Anzahl Maschinenschlosser konnte ebenfalls untergebracht werden. In der Holzindustrie besteht ein ganz empfindlicher Mangel an gelernten Schreinern, besonders an solchen für Möbelverarbeitung. Die Textilindustrie merkt unveränderte Lage vor. Schneider und Schuhmacher sind fortdauernd gesucht, weibliche Arbeitskräfte im Bekleidungsgewerbe sind genügend vorgemerkt. Trotz des Materialmangels sucht das Baugewerbe noch Arbeitskräfte. Für ungelernte Arbeiter bietet sich auswärts Arbeit bei Kulturunternehmungen, am Ort bei Räumung von Wasserkanälen. In der Zahl der ungelernten Arbeiter ist ein Drittel mehr oder weniger erwerbsbeschränkt. Haus- und Gastwirtschaft sucht qualifizierte Arbeitskräfte. In der kaufmännischen Abteilung wird für die nächsten Tage Arbeit bei der Volkszählung angeboten. Über die Bewegung auf dem Arbeitsmarkte gibt nachstehende Übersicht des Arbeitsamtes Augsburg vom 3. Oktober 1919 zahlenmäßig Aufschluß.

Wirtschaftszweig	Unerl. Angeb.		Unerl. Nachfrage		Bemerkungen
	a. männl.	b. weibl.	a. männl.	b. weibl.	
Land- und Forstwirtschaft, Gärtnerei	47	11	5	–	
Metallverarbeitung	38	–	94	2	
Holzindustrie	64	–	8	–	
Textilindustrie	–	–	6	78	
Bekleidungs- und Reinigungsgewerbe	22	–	–	45	
Baugewerbe	38	–	10	–	
Sonst. Handwerk und Berufe	32	5	239	112	
Haus- und Gastwirtschaft	–	206	44	20	3 jugendl. m.
Ungelernte Arbeiter aller Art	2	–	315	377	15 jugendl. m. 3 jugendl. w.
Summe:	243	222	721	21	jugendl.
Gesamtsumme des Vormonats	335	240	786	23	jugendl.

›Beim Arbeitsamt Memmingen stehen 49 offenen Stellen für Männliche 48 Stellengesuche gegenüber; die Zahl der Erwerbslosen beträgt 14.‹

›Das städtische Arbeitsamt Immenstadt hat für 62 Männliche, 24 Weibliche und 38 Lehrlinge: 61 und 23 und 3 offene Stellen.‹

Übersicht des Arbeitsamts Neu-Ulm liegt an.

4. ›Die Stadt A u g s b u r g beschäftigte in der abgelaufenen Woche 962 Arbeiter gegen 939 der Vorwoche. Die Privatbautätigkeit beschäftigte 720 Arbeiter gegen 675 der Vorwoche. Nach dem Stande vom 27. September 1919 hatte Augsburg an Erwerbslosen:
        782 männliche   gegenüber   842 der Vorwoche
        569 weibliche   gegenüber   543 der Vorwoche.
zusammen: 1351 Erwerbslose gegenüber 1385 der Vorwoche.
Seit Beginn der Erwerbslosenfürsorge haben 17.444 Erwerbslose die Arbeit wieder aufgenommen.‹

Das Bezirksamt D o n a u w ö r t h berichtet:
›Ein Teil der Arbeiter in dem Steinbruch des Maurermeisters Simon Haschner (Schweinspoint, Bezirksamts Donauwörth), der in Lechsend gelegen ist, ist in eine Lohnbewegung eingetreten. Sie verdienten bisher Tag für Tag 8 Mark bei achtstündiger Arbeitszeit im Sommer und siebenstündiger im Winter (Oktober mit März). Eine Lohnerhöhung seitens des Haschner, der für das Bauamt arbeitet, kann nur erfolgen, wenn auch der Staat mehr bezahlt. Haschner stellte es den Arbeitern frei, ob sie weiter arbeiten wollen; doch stellten sich andertags sämtliche wieder ein. Demnächst soll ein Gewerkschaftsführer die Sache in die Hand nehmen.‹

5. Eine Wendung zum Besseren ist nirgends eingetreten.
   Der Stadtrat K a u f b e u r e n berichtet:
   ›An Baumaterialien ist noch immer Mangel, besonders an Kalk, Zement und Dachziegeln. Schweizer Zement kann mit Rücksicht auf den hohen Preis von 35 Mark für den Zentner nicht übernommen werden.‹
6. *[Kein Eintrag]*
7. Der Stadtrat A u g s b u r g berichtet nachstehendes:
   ›Die Tätigkeit der einzelnen Abteilungen der Kriegsinvalidenfürsorge, Hauptstelle für Schwaben, in der Zeit vom 26. September bis 3. Oktober 1919 ergibt sich aus folgenden Zahlen:
   a) Meldestelle:
      1. Zahl der angefallenen Fürsorgefälle   17.673
      2. Neuzugang   63
      3. Abgang (durch Tod und Überweisung)   14
   b) Heilfürsorge:
      1. Zahl der ärztlich Untersuchten und ambulant Behandelten   48
      2. In Sanatoriumsbehandlung Eingewiesene   ---
      3. In Erholungsheime Eingewiesene   1
      4. In Lazarettbehandlung Eingewiesene   1
      5. Aufklärung über Rentenversorgung
         und Invalidenversicherung   10
   Ferner wurden bearbeitet 5 Anträge auf Rentenerhöhung und 6 Anträge auf Gewährung der einfachen bzw. der doppelten Verstümmelungszulage.
   c) Beratungsstelle:
      1. Zahl der beruflich Beratenen
         a) in Einzelberatungen   4
         b) in Fachausschüssen   27
      2. Zahl der Vormerkungen zur Fachberatung   73
   d) Arbeitsfürsorgestelle:
      1. Unterbringung versucht   78
      2. Tatsächlich untergebracht   2
      3. Angestrebte Unterbringungsmöglichkeit   16
   e) Unterstützungsstelle:
      1. Zahl der behandelten Unterstützungsgesuche   152
      2. Höhe der gewährten Unterstützungen in bar   29.890,00 Mark
      3. Höhe der gewährten Unterstützungen
         in Sachleistungen   400,00 Mark.
   In der Zeit vom 26. September mit 2. Oktober 1919 wurden bei der Ortsstelle für Kriegerhinterbliebenenfürsorge beim Stadtrat Augsburg an 144 Personen Unterstützungen in der Höhe von 6179,29 Mark ausbezahlt. Auskünfte in geschäftlichen Angelegenheiten, Versorgungsgebührnissen, Kapitalabfindungen und dergleichen wurden in 30 Fällen gegeben, Krankenhilfe in 22 Fällen gewährt. Im ganzen wurden 195 Fürsorgefälle behandelt. Neuaufnahmen waren 3 zu verzeichnen.‹
8. Das Bezirksamt S c h w a b m ü n c h e n erwähnt folgendes:
   ›In letzter Zeit sollen im Bezirk Schwabmünchen Aufkäufer von Gold- und Silbergeld sich herumtreiben, die hauptsächlich Bauernhäuser aufsuchen, um die Bauern zum Verkauf vorhandener Gold- und Silbermünzen zu bestimmen. Hier soll ein in

Uniform steckender Händler für 100 Mark Silbergeld 240 Mark, für ein Zwanzigmarkstück 75 Mark Papiergeld angeboten haben. Die Gendarmerie wurde auf dieses Gebaren aufmerksam gemacht.‹
gez. von Praun, Regierungspräsident

Anlage 1: Volksstimmung und Volksmeinung über die wichtigsten Angelegenheiten

Kempten, den 29. September 1919: Bezirksamt Kempten an das Bayerische Landwirtschaftsministerium München.
Betreff: Schuhpreise.
In den in Kempten erscheinenden Zeitungen war folgende Bekanntmachung veröffentlicht:
Schuhmacherzwangsinnung Kempten Stadt und Land.
Indem nun durch die überstürzte Aufhebung der Lederzwangswirtschaft unglaubliche Wucherpreise für Sohlen- und Oberleder entstanden sind, wie z. B. für Oberleder pro Quadratfuß von 3,50 auf 14–20 Mark und noch mehr und Sohlleder von 18 Mark auf 40–45 Mark pro Kilo gestiegen ist, sind wir genötigt, allenfallsige Vorwürfe seitens der Bevölkerung von der Stadt sowie auf dem Land, als ob der Schuhmachermeister an der eingetretenen notwendigen Preissteigerung schuld sei, auf das Entschiedenste zurückzuweisen[3].
Wir geben hiermit dem sehr verehrten Publikum von der Stadt sowie auf dem Lande folgende Preise zur Kenntnisnahme.

Neue Herrenstiefletten	140–160 Mark
Damenstiefel	120–150 Mark;
Knaben- und Mädchenstiefel Größe 31/35:	90–110 Mark;
Größe 27/30:	60–80 Mark;
Größe 24/26:	50–70 Mark;
für Englisieren (Vorderblättern) wird die Hälfte dieser Preise berechnet.	
Für Reparaturen:	
Herrensohlen und Fleck	22–27 Mark.
Damensohlen	17–20 Mark;
Knabensohlen und Fleck Größe 36/39:	18–21 Mark;
Größe 30/35	12–15 Mark;
Größe 26/29:	10–12 Mark.

Reparaturen an diesen Arbeiten werden extra berechnet.
Diese Preise sind auch auf dem Lande maßgebend, da entschieden stärkeres Leder verarbeitet werden muß.
Die Vorstandschaft.

In weiten Kreisen, für welche Schuhwerk geradezu unkäuflich wird, ist die Erregung sehr groß. Die Schuhmacher führen die Preissteigerungen auf die hohen Lederpreise zurück. Die ungeheuerlichen Lederpreise sind aber schon um deswillen unberechtigt, weil die seit Aufhebung der Zwangswirtschaft verteuerten Häute noch gar nicht verarbeitet sind. Eine Kontrolle

---

3 Gegen die Aufhebung der Lederbewirtschaftung protestierten am 14. September in Augsburg über 300 Mitglieder des Bayerischen Schuhmacherverbandes.

der beteiligten Firmen (Hesselberger, München, und Oppenheimer in München) dürfte angezeigt sein. Ein Eingreifen der Regierung zur Senkung der Preise und Abstellung der Mißstände auf dem Ledermarkte erscheint dringend notwendig.

Da der Lederhandel meist in Händen von Juden ist, so muß in diesem Zusammenhang darauf hingewiesen werden, daß in immer weiteren Kreisen die Auffassung Anhänger findet, daß die Juden die Hauptschuld an den Preistreibereien trügen. (Auch der Haferaufkauf wird so vielfach von Juden betrieben.) Es handelt sich keineswegs nur um vereinzelte Äußerungen radikaler Elemente oder um nicht ernst zu nehmende Schimpfereien, sondern die Stimmung ist zweifellos so, daß bei einer neuen Selbsthilfe der Bevölkerung sich der Unmut über Wucherer und Schieber in erster Linie den Juden gegenüber Luft machen wird.

Bis weit in den Mittelstand hinein wird durch diese Duldung der Mißstände auf dem Leder- und Hafermarkt zum mindesten eine dumpfe Resignation geschaffen, und man kann heute von besonnenen und nüchternen Leuten die verzweiflungsvolle Äußerung hören: ›Je eher der Krach kommt, desto besser.‹

gez. Zinser[4]

Anlage 2: Arbeitsmarkt

Neu-Ulm Stadt.

Wirtschaftszweig	Unerl. Angeb.		Unerl. Nachfrage		Bemerkungen
	a. männl.	b. weibl.	a. männl.	b. weibl.	
Land- und Forstwirtschaft, Gärtnerei	7	11	1	–	
Metallverarbeitung	4	–	1	–	
Holzindustrie	9	–	1	–	
Textilindustrie	2	–	–	–	
Bekleidungs- und Reinigungsgewerbe	1	3	2	–	
Baugewerbe	12	–	–	–	
Sonst. Handwerk und Berufe	3	1	13	3	
Haus- und Gastwirtschaft	1	H 19 G 6	–	H 3 G 2	
Ungelernte Arbeiter aller Art	–	–	12	–	
Summe:	39	40	30	8	

Bemerkungen über die Lage des Arbeitsmarktes.

In Landwirtschaft männl. wie weibl. Abt. fehlt es immer noch an Arbeitskräften. Beim Gewerbe herrscht besonders Mangel an Schreinern, Maurer und Zimmerleuten. Die bisher

---

*4 Joseph Zinser (1866–1943), Oberregierungsrat, 1913–1929 Vorstand (Bezirksamtmann) des Bezirksamts Kempten.

arbeitslosen Arbeitskräfte der Metallindustrie wurden diesseits den Notstandsarbeiten zugeführt. Schwer unterzubringen sind kaufmännische Berufe.
Städt. Arbeitsamt Neu-Ulm.

Augsburg, den 14. Oktober 1919   **92**

1. Allgemeine politische Lage
a) Öffentliche Ordnung und Sicherheit:
Besonders Bemerkenswertes über die politische Stimmung in Augsburg kann nicht berichtet werden. Die größte Unzufriedenheit herrscht über die Schieber- und Wuchergesellschaft, gegen die von der Regierung nach Ansicht der Bevölkerung nicht scharf genug vorgegangen wird. Die Agitation der U.S.P. wird unter der Arbeiterschaft in Augsburg eifrig weiterbetrieben, doch kann von einer erfolgreichen Verhetzung der Arbeiter zu Putschen und Streiken nicht gesprochen werden. Von einem Anschluß an den Berliner Streik der Metallarbeiter ist hier nichts wahrzunehmen. Gegen die Reichswehr wird in der U.S.P. ebenfalls agitiert, denn sie ist ihr ein Dorn im Auge, weil man weiß, daß der größte Teil der Mannschaften doch ihre Pflicht tun wird. Unzufriedenheit herrscht noch unter einem großen Teil der Arbeiter in Augsburg über die Behandlung der Festungsgefangenen. Sie äußern, die Regierung soll diesen Leuten gegenüber einmal eine feste Hand zeigen. Die Führer der U.S.P. sind sehr ungehalten darüber, daß ihnen die Agitation in den Durchgangslagern der heimkehrenden Kriegsgefangenen erschwert ist.
In der abgelaufenen Woche fanden 2 genehmigte U.S.P.-Versammlungen in Füssen und Lechbruck statt. In ersterer sprach der auf dem Plakat als ehemaliger Minister des Innern angekündigte Genosse Soldmann[1] – Nürnberg über die politische Lage. Bei dieser Rede sowohl wie bei der Rede des Angestellten Görl-München, eines nach Bericht des Bezirksamts sehr fanatischen Herrn, der sich offenbar den Bezirk Füssen als seine besondere Domäne ausgesucht hat, wurden die Führer der sozialen Mehrheitspartei[2] aufs Schärfste bekämpft. Zwischenfälle sind nicht vorgekommen.
Am 9. Oktober 1919 fand in Kaufbeuren eine öffentliche Volksversammlung der U.S.P. statt. Die Versammlung war jedoch nur von etwa 100 Personen besucht und nahm einen ruhigen Verlauf.
Die nunmehr auch auf das Land übergreifende Streikwelle unter den Metallarbeitern hat sich nach Bericht des Bezirksamts Illertissen unter den Arbeitern der Wielandwerke in Vöhringen vorerst noch nicht bemerkbar gemacht. Jedoch ist die Belieferung der Firma mit Kohlen und Koks eine derart geringe, daß die Möglichkeit einer teilweisen Betriebseinstellung leider wieder in die Nähe gerückt ist. Die Eindeckung mit Teeröl ist dort, soweit irgend möglich, erfolgt und werden derzeit Versuche mit Naphta gemacht, welche noch nicht abgeschlossen sind.
Die Zunahme der außerordentlich schweren Eigentumsdelikte hält an und zwar sowohl in den Städten wie auf dem Lande.

---

1 *Fritz Soldmann (1878–1945), Schuhmacher, Arbeitersekretär. 1918–1919 Mitglied des Provisorischen Nationalrats des Volksstaates Bayern. Volksbeauftragter für Inneres in der sechs Tage bestehenden Regierung der am 7. April 1919 ausgerufenen ›Räterepublik Baiern‹. 1920–1924, 1932–1933 MdR (USPD, SPD).*
2 *Der Berichterstatter meint ›sozialistische Mehrheitspartei‹ (MSPD).*

Vizewachtmeister Bachmann der Station Pfaffenhofen a/R.[3], Bezirksamts Neu-Ulm, der in Oberhausen eine Haussuchung bei einem gewissen Bröckel wegen Jagdvergehens vorzunehmen hatte, wurde von diesem am Leben mit Waffen bedroht und hat ihn in der äußersten Notwehr erschossen. Bröckel war eine gefährliche, übel beleumundete und dabei geistig nicht normale Persönlichkeit.

b) Volksstimmung und Volksmeinung über die wichtigsten öffentlichen Angelegenheiten:
Die außerordentliche Erregung, die über die Zustände in der Lederversorgung, der Häutewirtschaft, ferner über die immer noch in ungemindertem, ja ständig vermehrtem Maße sich breitmachenden Wucher- und Schleichhandelsgeschäfte herrscht, möge aus den anruhenden Berichten der Bezirksämter Memmingen, Nördlingen und des Stadtrats Günzburg ersehen werden.

2. Ernährungslage
a) Landwirtschaftliche Erzeugung, Stand der Feldfrüchte, Ernteaussichten und Ernteergebnisse:
Die Kartoffelernte ist jetzt zum größten Teile beendet und verschieden ausgefallen. Im allgemeinen wird jedoch der Ertrag als ziemlich gut bezeichnet werden können. Die ersten Wintersaaten beginnen schon aufzulaufen. Mit der Rübenernte ist allgemein begonnen.
Das Druschergebnis und die Qualität des Getreides wird namentlich im Bezirke Neu-Ulm als sehr gut geschildert.
Die Benzinversorgung der Landwirtschaft wird als völlig unzureichend bezeichnet.

b) Erfassung der landwirtschaftlichen Erzeugnisse:
Die Brotgetreideablieferung geht nur recht stockend vor sich. Auf die anruhenden Berichte der Bezirksämter Dillingen, Nördlingen und Illertissen erlaube ich mir Bezug zu nehmen. Die der Menge nach geringe Heuernte, verbunden mit einem großen Viehbestande, bringt es mit sich, daß die Heupreise sehr in die Höhe gehen. 20–30 Mark für den Zentner wird im Bezirke Lindau gewöhnlich bezahlt, doch hat man auch von noch weit höheren Preisen vernommen.

c) Verteilung und Preise der wichtigsten Lebensmittel einschließlich der Auslandslebensmittel: *[keine Eintrag]*

3. Gewerbliche Lage
a) Kohlenlage: Unverändert schlecht.
In Augsburg ist in der Berichtswoche wieder ein ganz wesentlicher Rückgang in der Kohlenzufuhr für Hausbrandzwecke eingetreten. In der Zeit vom 1. mit 7.10.1919 betrug die Kohleneinfuhr 1106 Tonnen, das sind 184,6 Tonnen pro Tag, gegenüber 246,5 Tonnen täglich in der Vorwoche.
Die völlig unzureichende Versorgung mit Kohlen wird voraussichtlich zur Schließung der beiden Bezirkskrankenanstalten im Bezirke Krumbach führen, deren Warmwasserheizungen selbst bei größter Sparsamkeit kaum unterhalten werden können.

b) Rohstofflage: *[Kein Eintrag]*.

c) Aufträge und sonstige wirtschaftliche Verhältnisse:
An Aufträgen fehlt es im allgemeinen nicht, dagegen an Kohlen und Rohstoffen.

d) Arbeitsmarkt:
Über den Arbeitsmarkt in Augsburg und Neu-Ulm gibt die Anlage Aufschluß.
Beim Arbeitsamt Memmingen stehen 44 offenen Stellen für Männliche 52 Stellengesuche gegenüber; die Zahl der Erwerbslosen beträgt 15.

---

3 An der Roth.

Das städtische Arbeitsamt Immenstadt hat für 62 Männliche, 27 Weibliche und 37 Lehrlinge, 23 bzw. 16 bzw. 2 offene Stellen.
4. Öffentliche Arbeiten, Notstandsarbeiten, wichtigere Vorgänge in der Arbeiterlohnbewegung, Stand der Erwerbslosenfürsorge:
Der diese Woche in Augsburg ausgebrochene Streik der Steinarbeiter wurde durch Verhandlungen der beiderseitigen Organisationen zur Zufriedenheit der Steinarbeiter erledigt. Über den Streik im Hartsteinwerk Wemding gibt die Anlage (Auszug aus dem bezirksamtlichen Bericht) Aufschluß.
Das große Unternehmen der Lechelektrizitätswerke, A.G., bei Meitingen, Bezirksamts Wertingen, zum Ausbau der zweiten Lechstufe wird allmählich in Angriff genommen; dabei bietet sich reichlich Arbeitsgelegenheit, zunächst für bis zu 200, später bis zu 800 und 1000 Arbeiter.

5. Wohnungsfrage, Baumarkt:
Die Lage des Wohnungsmarktes wird in Augsburg immer unhaltbarer. Die Errichtung von weiteren Wohnungsbauten hat sich für die Stadt trotz der bekannten Schwierigkeiten als dringendes Bedürfnis herausgestellt.
Die Rationierung der Wohnungen begegnet immer noch, hauptsächlich auf dem Lande, geringem Verständnis.

6. Volksgesundheit:
Nichts besonders Bemerkenswertes.

7. Kriegsbeschädigten- und Kriegshinterbliebenenfürsorge:
Der Bericht des Stadtrats Lindau und des Stadtrats Augsburg liegt an.

8. Sonstiges:
Die Gauleiter der Einwohnerwehren von Schwaben und Neuburg hatten sich am Samstag, den 11. Oktober 1919, in Augsburg zusammengefunden, um einen Kreisleiter zu wählen. Aus der Wahl ging der frühere Generalmajor Dänner[4] in Augsburg hervor, der die Tätigkeit der Kreisleitung bereits aufgenommen hat.
gez. von Praun, Regierungspräsident

Anlage 1 zu 1 b) Volksstimmung und Volksmeinung über die wichtigsten öffentlichen Angelegenheiten:

Bezirksamt M e m m i n g e n:
Die neuerliche Regelung über die Verwendung des Mehrerlöses aus den Häuten von Schlachtvieh[5] ist für die hiesigen Verhältnisse die denkbar schlechteste Lösung der allerdings schwierigen Frage. Bisher waren die Fleischpreise mit Rücksicht auf die hohen Häutepreise sehr weit herabgedrückt (2 Mark das Pfund Rindfleisch, 1,10 Mark das Pfund Kalbfleisch). Andererseits waren in Bayern die Häutepreise lange nicht so hoch wie in Norddeutschland. Der neuen Regelung sind nun die norddeutschen Wucherpreise zugrundegelegt. Infolge des Zwanges, je ⅓ dieser über die bisherigen Preise noch hinausgehenden Wucherpreise an das Reich und die liefernden Landwirte auszubezahlen, ergibt sich die Notwendigkeit, die Häute noch viel teurer

---

4 *Rudolf von Dänner (1862–1936), 1917/18 Kommandeur der 1. bayerischen Infanterie-Division. Beim Eintritt in den Ruhestand 1920 zum Generalleutnant befördert (›charakterisiert‹).*
5 *StAnz 247 (1919), Bek vom 8.10.1919 der Bayer. Fleischversorgungsstelle.*

als bisher schon zu verkaufen, andererseits muß der Fleischpreis wieder hinaufgesetzt werden, wenn nicht der Kommunalverband ganz enorme Verluste tragen soll oder die Metzger mit Verlust arbeiten sollen.

Die Konsumenten, die sich bei den drohenden hohen Lederpreisen wenigstens mit billigen Fleischpreisen trösten konnten, werden also künftig Leder und Fleisch teuer kaufen müssen. Andererseits ist der Landwirt mit dem zugebilligten ⅓ doch nicht zufrieden. Die meisten sagen schon jetzt: Der Erlös für die Haut des von uns gelieferten Viehes gehört dem Bauer, über die Verteilung dieses Erlöses können die Herren in Berlin nicht verfügen, wie es ihnen paßt.

Die Folgen dieser verfehlten Regelung werden nicht ausbleiben; eine höchst bedenkliche Mißstimmung beim konsumierenden Publikum und Unzufriedenheit bei dem liefernden Landwirt, dessen Lieferfreudigkeit durch das zugebilligte Drittel wohl schwerlich in ausreichender Weise gehoben werden wird.

Bezirksamt Nördlingen:
Die öffentliche Meinung befaßt sich nach wie vor mit den Mißständen, die durch die Preistreibereien, Wucher- und Schleichhandelsgeschäfte in allen Wirtschaftszweigen zu einer großen Gefahr zu werden drohen. Die erregte Stimmung vermutet natürlich auch Schiebereien usw., wo ordnungsgemäß Geschäfte in Frage kommen, sie verlangt aber entschiedene Maßnahmen und erachtet es für geboten, daß insbesondere der Bahnversand einer ständigen polizeilichen Überwachung unterstellt werde. Zur Zeit ist hier jede Kontrolle ausgeschlossen und damit der Transport der verschiedenen unerlaubterweise erworbenen Waren wesentlich erleichtert.

Stadtrat Günzburg:
Große Erregung hat der Preistarif – siehe unten – der vereinigten Schuhmacherinnungen Nordschwabens in der Bevölkerung hervorgerufen. Es ist für den größten Teil der Bevölkerung einfach unmöglich, solche Preise zu erschwingen. Die Mißstände in der Lederwirtschaft sind allmählich geradezu staatsgefährlich. Ob dem Übel durch die neuen Reichsvorschriften abgeholfen ist, ist mir zweifelhaft. Keinesfalls ist es verständlich, daß Stiefel, die vor einem halben Jahr oder Jahr hergestellt sind, heute bereits zu unerschwinglichen Preisen verkauft werden. Das Leder, das jetzt aus der Gerberei kommt, wird sicher nicht vor einem halben Jahr verarbeitet. Die Schuhmacher heraußen in der Provinz und die kleinen Schuhhändler erklären, daß sie gegen die vom Großhändler diktierten Preise machtlos sind. Es scheinen sich auch eine Menge von Leuten auf dem flachen Lande herumzutreiben, welche Leder bei den Schuhmachern zusammenzukaufen suchen. Heute erst hat mir ein hiesiger Schuhmachermeister versichert, daß er jeden Augenblick einen solchen Besuch erhalte.

Preistarif der Vereinigten Schuhmacherinnungen Nordschwabens.
1. Neuarbeiten:

	Mark
Rind-Reitstiefel	306,91
Rindleder-Rohrstiefel, Aufsätze mit Vorschuh	245,11
Rindleder-Halbstiefel	207,35
Halbstiefel-Vorschuh	189,33
Halbstiefel-Vorderblätter	110,50
Rindleder-Arbeitsschnallen-Schnürstiefel	207,46
Herrenschnürstiefel Boxkalf (Kalbleder)	179,75
Herren-Vorderblätter	102,98
Damenschnürstiefel Boxkalf (Kalbleder)	175,45

Knaben- und Mädchenschnürstiefel Boxkalf (Nr. 31–35)	125,63
Knaben- und Mädchenschnürstiefel Boxkalf (Nr. 27–30)	108,08
Herren-Boxkalf-Halbschuh	167,04
Damen-Boxkalf-Halbschuh	146,47
Rindlederne Frauenhalbschuh	140,00
Damen-Pantoffeln	54,95
Damen-Vorderblätter	90,00

2. Reparaturarbeiten:

	Mark
Herrenstiefel Sohlen und Absätze	28,30
Herrenstiefel Sohlen allein	20,60
Herrnstiefel Absätze allein	7,70
Damenstiefel Sohlen und Absätze	21,10
Damenstiefel Sohlen allein	14,75
Damenstiefel Absätze allein	6,35
(Nr. 31–35) Knaben- und Mädchenstiefel Sohlen und Absätze	18,30
Knaben- und Mädchenstiefel Sohlen allein	12,75
Knaben- und Mädchenstiefel Absätze allein	5,55
(Nr. 24–30) Knaben- und Mädchenstiefel Sohlen und Absätze	13,45
Knaben- und Mädchenstiefel Sohlen allein	9,55
Knaben- und Mädchenstiefel Absätze allein	3,90

Kleinere Reparaturen, besondere Wünsche sowie alle nicht im Tarif aufgeführten Arbeiten werden nach Stundenlohn berechnet.
Die Preise verstehen sich gegen Barzahlung, ohne Verbindlichkeit bei unvorhergesehenen Leder- und Materialaufschlägen.
Vereinigte Schuhmacherinnungen Nordschwabens.

Anlage 2 zu 2 b) Erfassung der landwirtschaftlichen Erzeugnisse:

Bezirksamt Dillingen:
Die Ablieferungspflicht für Pflichthafer wurde vom Kommunalverbandsausschuß Dillingen bereits am 31.10.1919 festgesetzt, da andernfalls überhaupt kein Hafer mehr vorhanden sein wird, was schon bis zu diesem Zeitpunkt zu befürchten ist. Nachweis über den Ankauf von Pflichthafer durch die Kommissionäre liegt dort bis heute immer noch nicht vor.

Bezirksamt Nördlingen:
Dem Aufkauf des Brotgetreides, der immer noch langsame Fortschritte macht, wird die größte Aufmerksamkeit zugewendet. Die Gerstenlieferung war auch in der abgelaufenen Woche gut, während die Haferanfuhr infolge des Druschverbotes nachgelassen hat. Die Spätkartoffeln werden bis jetzt hauptsächlich im Bezugsscheinverkehr abgegeben[6], offenbar weil hiebei höhere Preise zu erzielen sind. Vermutlich werden hiedurch die Erfassungsmaßnahmen des Kommunalverbandes beeinträchtigt. Wie für das aufzubringende Brotgetreide sollte auch für

---

6 *Für Verbraucher, die Kartoffeln unmittelbar vom Erzeuger beziehen wollten, stellte die Bezirksstelle für Obst und Gemüse des Kommunalverbands Bezugscheine und Frachtbriefe mit der Geltungsdauer bis 15. November aus. Um die Versorgung mit dem Grundnahrungsmittel Kartoffel sicherzustellen, erließen Reichsregierung und die Ministerien der Länder eine Reihe von Verordnungen, Entschließungen und Bekanntmachungen; RGBl S. 1511, 1879, 1990; StAnz 228, 231, 266, 271/72.*

die Kartoffellieferungen die Lieferschuldigkeit des Kommunalverbandes baldigst festgesetzt und bekanntgegeben werden.

Bezirksamt Illertissen:
Die Ablieferung von Brotgetreide ist im Bezirke Illertissen nahezu vollständig ins Stocken geraten. Die Zurückhaltung der Landwirte ist offenbar darauf zurückzuführen, daß sie mit dem Zusammenbruch der Zwangswirtschaft und mit wesentlich höheren Preisen rechnen. Nebenbei wirken auch die mißlichen Verhältnisse in der Haferbewirtschaftung mit, welche die Landwirte teilweise veranlassen, ihren Hafer zu hohen Preisen zu verkaufen und das Brotgetreide zu verfüttern. Die Hereinnahme des Pflichthafers begegnet trotz aller Strafdrohungen den größten Schwierigkeiten. Preise von 60–70 Mark pro Zentner sind im freien Handel keine Seltenheit. Nach den eingehenden Ernteschätzungen steht die Kartoffelernte weit unter einer guten Mittelernte. Es wird selbst in Gemeinden mit den besten Kartoffellagen nur ein Ertrag von 35–40 Zentner pro Tagwerk geschätzt. Nach verschiedenen Erkundigungen sind diese geringen Schätzungen nicht übertrieben.

Anlage 3 zu 3 d) Arbeitsmarkt:

Stadtrat Augsburg:
Die allgemeine Lage des Arbeitsmarktes in Augsburg hat sich nicht wesentlich geändert. Die Zahl der Arbeitslosen hat sich durch Ausstellungen erhöht. Trotz der bevorstehenden Kartoffelernte ist das Arbeitsangebot in der Landwirtschaft ein geringes geblieben. Die Metallverarbeitung sucht Kesselschmiede und Hammerschmiede sowie Elektromonteure. Für Maschinenschlosser ist wenig Angebot vorhanden. Gut beschäftigt ist die Holzindustrie, die besonders Möbelschreiner sucht. Bei der Textilindustrie ist die Beschäftigungsgelegenheit ungünstig. Schneider und Schuhmacher bleiben gesucht. Das Arbeitsangebot des Baugewerbes läßt nach. Weibliche Hausangestellte sind fortdauernd verlangt. Durch Beendigung der Saison strömen Angestellte des Gastwirtschaftsgewerbes in die Städte zurück. Für ungelernte Arbeiter ist in der Berichtswoche das Arbeitsangebot etwas zurückgegangen. Die Zahl der ungelernten Männlichen hat sich durch Entlassungen in geringem Umfange erhöht. Durch Auflösung des Bekleidungs- und Instandsetzungsamtes hat sich die Zahl der ungelernten Weiblichen erhöht. Arbeitsangebote sind fast gar nicht dafür gemeldet. Auch die Kriegsgefangenen machen sich in der Gesamtziffer schon bemerkbar.
Über die Bewegung auf dem Arbeitsmarkte gibt umstehende Übersicht unseres Arbeitsamtes vom 10. Oktober 1919 zahlenmäßigen Aufschluß.

Wirtschaftszweig	Unerl. Angeb.		Unerl. Nachfrage		Bemerkungen
	a. männl.	b. weibl.	a. männl.	b. weibl.	
Land- und Forstwirtschaft, Gärtnerei	48	17	5	4	
Metallverarbeitung	21	–	104	2	
Holzindustrie	78	–	5	–	
Textilindustrie	–	–	11	90	
Bekleidungs- und Reinigungsgewerbe	22	–	8	45	
Baugewerbe	27	–	24	–	
Sonst. Handwerk und Berufe	27	4	235	116	
Haus- und Gastwirtschaft	2	225	107	35	4 jugendl. m.
Ungelernte Arbeiter aller Art	–	–	331	450	16 jugendl. m.
Summe:	225	246	830	742	
Gesamtsumme der Vorwoche:	243	222	721	634	

Die Stadt Augsburg beschäftigte in der abgelaufenen Woche in sämtlichen städtischen Unternehmungen 902 Mann gegenüber 962 der Vorwoche; die private Bautätigkeit beschäftigte an 153 Baulichkeiten 730 Arbeiter gegenüber 720 der Vorwoche. Nach dem Stande vom 4. Oktober 1919 hatten wir an Erwerbslosen:
        796 Männliche gegenüber 782 der Vorwoche,
        553 Weibliche gegenüber 569 der Vorwoche
zusammen: 1349 Erwerbslose gegenüber 1352 der Vorwoche.
Seit Beginn der Erwerbslosenfürsorge haben 17.653 Erwerbslose die Arbeit wieder aufgenommen.

Stadtrat Neu-Ulm: Übersicht über die Arbeitsmarktlage am 11. Oktober 1919.

Wirtschaftszweig	Unerl. Angeb.		Unerl. Nachfrage		Bemerkungen
	a. männl.	b. weibl.	a. männl.	b. weibl.	
Land- und Forstwirtschaft, Gärtnerei	7	5 6 für Kartoffelernte	1	–	
Metallverarbeitung	6	–	1	–	
Holzindustrie	7	–	1	–	
Textilindustrie	–	–	–	–	
Bekleidungs- und Reinigungsgewerbe	2	3	2	1	
Baugewerbe	10	–	–	–	
Sonst. Handwerk und Berufe	5	–	15	2	
Haus- und Gastwirtschaft	1	H 13 G 11	–	H 3 G 2	
Ungelernte Arbeiter aller Art	–	–	10	1	
Summe:	38	38	30	9	

Bemerkungen über die Lage des Arbeitsmarktes.
In Landwirtschaft immer noch Mangel an männlichen und weiblichen Arbeitskräften. In gewerblichen Berufen fehlt es speziell an Schreinern (Möbelschreiner). Überangebot von Arbeitssuchenden in kaufmännischen Berufen besteht noch weiter. Bei häuslichen Dienstboten und für Wirtschaftsbetriebe besteht diesseits immer noch große Nachfrage.
Städt. Arbeitsamt Neu-Ulm.

Anlage 4 zu 4) Öffentliche Arbeiten, Notstandsarbeiten, wichtigere Vorgänge in der Arbeiterlohnbewegung, Stand der Erwerbslosenfürsorge

Bezirksamt D o n a u w ö r t h :
Die gesamte Arbeiterschaft – 75 Mann – der Hartsteinbetriebe Wemding, Bezirksamts Donauwörth, legte am 8. dieses Monats die Arbeit nieder. Wegen Verhandlungen mit dem Gewerkschaftssekretär wurde am 7. dieses Monats der Betrieb um 1 Stunde unterbrochen. Es wurde die gesamte Arbeiterschaft darauf aufmerksam gemacht, daß die dadurch verlorene Arbeitszeit nachgearbeitet, daß also anstatt um 4 Uhr erst um 5 Uhr die Arbeit beendet werden solle. Es erhob sich dagegen von keiner Seite ein Widerspruch. Als der Betriebsleiter nachmittags nach 4 Uhr in den Steinbruch ging, um mit dem Aufseher einige geschäftliche Angelegenheiten zu besprechen, hat der Arbeiter Probst aus Fünfstetten beim Verlassen des Steinbruches vom Rollwagen herunter zuerst den Aufseher und dann den Betriebsleiter angeschrieen und beschimpft. Er sagte: Warum wurde um 4 Uhr nicht geläutet? Das ist ein Saustall. Sie haben

mich beschissen usw. Daraufhin verlangte die Betriebsleitung im Interesse der Aufrechterhaltung der Autorität unter Zuziehung des Betriebsrates die Entlassung des Betreffenden. Der Betriebsrat nahm keine Stellung dazu. Am 8.10.19 kam Probst jedoch zur Arbeit, welche ihm verweigert wurde. Die Arbeiter hatten bereits beschlossen zu streiken, wenn Probst nicht weiterarbeiten dürfe. Die Firma erklärte, daß ihm ja der Weg zum Schlichtungsausschuß freistehe, und falls er dort recht bekommen sollte, würde seiner Wiedereinstellung nichts im Wege stehen. Die Firma erklärte sich sogar bereit, Probst volle 14 Tage sofort auszuzahlen, aber er müsse die Arbeitsstelle verlassen. Auch darauf gingen die Arbeiter nicht ein. Sie erklärten, daß nach den bestehenden Verordnungen die Direktion überhaupt nicht das Recht besitze, einen Arbeiter zu entlassen. Mit dem Schlichtungsausschuß wollen sie nichts zu tun haben.

Der Fabrikarbeiterverband Nürnberg beauftragte das Betriebsratsmitglied Schiele telefonisch, dafür zu sorgen, daß ein Streik unterbleibe, nachdem Probst keinen finanziellen Nachteil erleide und in der Zwischenzeit der Schlichtungsausschuß seinen Spruch fälle.

Diese Mitteilung wurde von den Arbeitern nicht beachtet und der Streikbeschluß wurde aufrechterhalten.

Es handelt sich um keine Lohnstreikfrage – die Arbeiter erhalten einen Tariflohn von 1,60 Mark per Stunde – sondern lediglich um eine Machtfrage, in der die Arbeiterschaft den Nachweis führen will, daß die Geschäftsführung im Betriebe keinem Arbeiter etwas zu sagen habe.

Bei der heutigen Sitzung des Schlichtungsausschusses wurde die Angelegenheit verhandelt. Der Direktor der Fabrik erklärte sich bereit nach langen Verhandlungen, dem entlassenen Arbeiter auf 14 Tage den Lohn weiterzubezahlen und über die Frage der Berechtigung der Entlassung sich dem Spruch des Schlichtungsausschusses zu unterwerfen; hiemit waren die Vertreter einverstanden, so daß der Streik nunmehr beendet ist. Der Spruch des Schlichtungsausschusses wird in der nächsten Woche ergehen.

Anlage 5 zu 7) Kriegsbeschädigten- und Kriegshinterbliebenenfürsorge

Stadtrat A u g s b u r g:
Die Tätigkeit der einzelnen Abteilungen der Kriegsinvalidenfürsorge, Hauptstelle für Schwaben, in der Zeit vom 3. mit 10.10.1919 ergibt sich aus folgenden Zahlen:
a) Meldestelle
    1. Zahl der angefallenen Fürsorgefälle   17.746
    2. Neuzugang   73
    3. Abgang (durch Tod und Überweisung)   10
b) Heilfürsorge
    1. Zahl der ärztlich Untersuchten und ambulant Behandelten   57
    2. In Sanatoriumsbehandlung Eingewiesene   ---
    3. In Erholungsheime Eingewiesene   1
    4. In Lazarettbehandlung Eingewiesene   ---
    5. Aufklärung über Rentenversorgung
       und Invalidenversicherung   7

Ferner wurden bearbeitet 12 Fälle auf Rentenerhöhung und Gewährung der einfachen und doppelten Verstümmelungszulage und bedingten Rente.

c) Beratungsstelle
   1. Zahl der beruflich Beratenen
      a) In Einzelberatungen   4
      b) in Fachausschüssen   35
   2. Zahl der Vormerkungen zur Fachberatung   27
d) Arbeitsfürsorgestelle
   1. Unterbringung versucht   76
   2. Tatsächlich untergebracht   7
   3. Angestrebte Unterbringungsmöglichkeiten   14
e) Unterstützungsstelle
   1. Zahl der behandelten Unterstützungsgesuche   97
   2. Höhe der gewährten Unterstützungen in bar   5952,77 Mark
   3. Höhe der gewährten Unterstützungen
      in Sachleistungen   300,00 Mark

Außerdem wurde in 12 Fällen Auskunft erteilt über Kapitalabfindung, in Berufsausbildung und Rechtsangelegenheiten und in Anträgen auf Durchführung einer Sanatoriumskur.
In 38 Fällen wurden Ermittlungen gepflogen über wirtschaftliche Verhältnisse von Kriegsinvaliden, über Arbeitsfähigkeit und zur Nachprüfung der in der Unterstützungsstelle wegen Erlangung von Geldunterstützungen gemachten Angaben.
In Einlauf gelangten außerdem 530 Schreiben von Behörden und öffentlichen Stellen sowie Kriegsbeschädigten und sonstigen Privatpersonen.
Ausgelaufen sind insgesamt 623 Schreiben an Behörden, öffentliche Stellen, Kriegsbeschädigte und Privatpersonen. In der Zeit vom 3. Oktober mit 9. Oktober 1919 wurden bei der Ortsstelle für Kriegshinterbliebenenfürsorge beim Stadtrat Augsburg an 160 Personen Unterstützungen in der Höhe von 6102,25 Mark ausbezahlt.
Auskünfte in geschäftlichen Angelegenheiten, Versorgungsgebührnissen, Kapitalabfindungen und dergleichen wurden in 34 Fällen gegeben, Krankenhilfe in 34 Fällen gewährt. Im ganzen wurden 215 Fürsorgefälle behandelt. Neuaufnahmen waren 8 zu verzeichnen.

Stadtrat L i n d a u:
In der Kriegsinvalidenfürsorge wurden 7 neue Anträge erledigt. Unter diesen befanden sich 5 Unterstützungsfälle, die einen Gesamtaufwand von 281,70 Mark verursachten; die übrigen bestanden in Beratung und Auskünften.
In der Kriegshinterbliebenenfürsorge wurden 39 Unterstützungsgesuche für örtliche Mittel bearbeitet. 20 davon wurden ausgeschieden und konnten mit Beträgen von 50–90 Mark bedacht werden. Im übrigen bestand die Tätigkeit in Entgegennahme und Beratung von Anliegen der Kriegerhinterbliebenen.
Ferner ist der Geschäftsführer für Kriegsinvaliden- und Hinterbliebenenfürsorge mit dem Stadtrat und Bezirksamt in Unterhandlungen getreten, um hier eine Filiale der Bayerischen Hausrathilfe einzurichten. Außerdem leitete er die Gründung einer Baugenossenschaft für Kriegsbeschädigte und Kriegerhinterbliebene in die Wege. Zur Sitzung des Bauausschusses des Stadtrats Lindau am 9.10.1919 wurde der Geschäftsführer aufgrund seiner Gesuche zugezogen und dort vom Bauausschuß der Beschluß gefaßt, daß er die Gründung der Baugenossenschaft dem Stadtrat gegenüber grundsätzlich befürworten werde.
In der Fürsorge für Zivil- und Kriegsgefangene wurde die Gründung der Vereinigung ehemaliger Kriegs- und Zivilgefangener veranlaßt.
Außerdem wurde bereits zurückgekehrten Kriegs- und Zivilgefangenen in jeder Art Hilfe und Unterstützung gegenüber Privaten und Behörden gewährt, was einen Gesamtaufwand von 310 Mark verursachte.

In der Fürsorge für Elsaß-Lothringer wurden neben mehrfacher Auskunfterteilung 4 Unterstützungsgesuche erledigt, die einen Gesamtaufwand von 1170 Mark verursachten. Neben Beratung und Unterstützung der Parteien wurden Organisationsfragen grundsätzlicher Bedeutung erledigt bzw. bei der Zentrale in München angeregt.

Militärentlassene in die Schweiz.
Es wurden 4 Einreisen bearbeitet; ferner zugunsten hiesiger Schweizer Wehrmänner Geschäftsverkehr mit dem deutschen Hilfsverein und der Reichsstelle in Singen gepflogen.

Deutsche Schulkinder in der Schweiz.
Das Kriegsfürsorgeamt nahm die Gelegenheit wahr, beim Durchtransport von 182 Ferienkindern tatkräftig mitzuwirken. Aufträge bzw. Liebesgaben nach Sachsen und betr. Rückreise deutscher Ferienkinder in die Schweiz von der deutschen Gesandtschaft Bern entgegengenommen.

Augsburg, den 21. Oktober 1919 93

1. Allgemeine politische Lage
a) Öffentliche Ordnung und Sicherheit:
   Besonders bemerkenswerte Beobachtungen sind nicht gemacht worden.
   Die rastlose Werbetätigkeit der U.S.P. im Bezirke Füssen geht weiter. Für diese Woche sind vom Gruppenkommando 4 wieder 3 Versammlungen in Füssen, Lechbruck und Pfronten genehmigt, in denen wiederum Görl aus München auftreten wird.
   Kommunstische Flugblätter, von denen 1 Exemplar beiliegt, wurden letzte Woche von einem unbekannten Hamsterer in der Gemeinde Wechingen, Bezirksamts Nördlingen, verteilt. Die Blätter, denen man wenig Beachtung schenkte, sind meistens ungelesen vernichtet worden.
   Dem Bezirksamt Krumbach ist mitgeteilt worden, daß in der 3 Kilometer von Krumbach entfernten Gemeinde Niederraunau versucht wird, kommunistische Propaganda zu betreiben; es soll dort die Gründung eines Lesezirkels beabsichtigt sein, in dem kommunistische Blätter verteilt werden. Vielleicht steht damit im Zusammenhang, daß in dem zur Pfarrei Niederraunau gehörigen Dorfe Hohenraunau einige unruhige Köpfe den Plan ausgeheckt haben, den im Gemeindebezirk gelegenen Staatswald nunmehr als Eigentum der Gemeinde anzusprechen.
   Die schweren Störungen der Sicherheit durch Eigentumsdelikte dauern an.
b) Volksstimmung und Volksmeinung über die wichtigsten öffentlichen Angelegenheiten:
   Die Aufdeckung von Wuchergeschäften bei der bekannten Wäschefirma Untermayer in Augsburg hat eine außerordentliche Judenhetze hier mit sich gebracht. Starke Beunruhigung in der Stadt Augsburg ist durch Gerüchte über bevorstehende Plünderungen entstanden, die im Zusammenhang damit bevorstehen sollten. Bis jetzt ist kein Anhalt dafür zu gewinnen, daß den Gerüchten über derartige Absichten Greifbares zugrundeliegt.

2. Ernährungslage
a) Landwirtschaftliche Erzeugung, Stand der Feldfrüchte, Ernteaussichten und Ernteergebnisse:
   In den südlich gelegenen Bezirken hat der so früh eingetretene Schneefall die Kartoffelernte jäh unterbrochen. Es besteht dort Gefahr, daß größere Schäden eintreten, wenn der Schnee nicht noch einmal verschwindet.

b) Erfassung der landwirtschaftlichen Erzeugnisse:
Die Erfassung geht ständig nur mit großen Schwierigkeiten vor sich.
Auf die in der Anlage enthaltenen Berichte der Bezirksämter Neu-Ulm, Nördlingen, Donauwörth, Sonthofen, Dillingen, Zusmarshausen erlaube ich mir im einzelnen Bezug zu nehmen.
c) Verteilung und Preise der wichtigsten Lebensmittel einschließlich der Auslandslebensmittel: *[Kein Eintrag]*

3. Gewerbliche Lage
a) Kohlenlage:
Von allen Seiten kommen ständig die beweglichsten Klagen. Neuerlich ist ein wesentlicher Rückgang der Anlieferung, zumal in Augsburg, festzustellen.
Auch in Kaufbeuren hat sich die Kohlenlieferung wieder verschlechtert. Seit 12. Oktober steht das Gaswerk dort völlig still. Die ganze Stadt ist ohne Licht. Ebenso hat die Kreisheilanstalt dortselbst keine Kohlen mehr.
b) Rohstofflage: *[kein Eintrag]*
c) Aufträge und sonstige wirtschaftliche Verhältnisse:
Die mir bekanntgewordenen bemerkenswerten Vorgänge sind in den in der Anlage enthaltenen Berichten der Bezirksämter Günzburg, Dillingen und des Stadtrats Augsburg dargestellt.
d) Arbeitsmarkt:
Arbeitsmarkt in Augsburg. In der Lage des Arbeitsmarktes hat sich eine Verschiebung nicht gezeigt. Angebote und Nachfrage haben sich in der Landwirtschaft die Waage gehalten. Für Forstwirtschaft werden nach auswärts Holzfäller gesucht. Gärtnerei bietet wenig Arbeitsmöglichkeit. In der Metallverarbeitung werden Elektromonteure gesucht, ebenso einige Hammerschmiede. Sonst hält sich das Arbeitsangebot in mäßigen Grenzen, z. B. für Maschinenschlosser, Bauschlosser und Spengler. Die Holzindustrie zeigt ein größeres Angebot, besonders für Möbelschreiner, dem eine geringe Nachfrage gegenübersteht. Die Textilindustrie zeigt unveränderte Lage. Schneider und Schuhmacher sind gesucht. Trotz der vorgeschrittenen Jahreszeit werden für das Baugewerbe noch Maurer und Zimmerer gesucht, jedoch meist auswärts. Sehr darnieder liegt die Beschäftigungsgelegenheit in der Nahrungs- und Genußmittelindustrie. Auf dem kaufmännischen Arbeitsmarkt ist ein Zugang hauptsächlich von älteren Angestellten und Anfängerinnen festzustellen. Im Gastwirtsgewerbe vermehrt sich die Zahl der Arbeitslosen durch Entlassung von Kassiererinnen und Zimmermädchen aus Saisonsstellen. Dagegen hat sich der Mangel am weiblichen niederen Gastwirtspersonal noch nicht gemindert. Ungelernte Arbeiter können zum Teil auswärts untergebracht werden, am Ort fast nur Gelegenheitsarbeiter. Ausstellungen in geringem Umfang belasten den Arbeitsmarkt unerheblich. Die Kriegsgefangenen sind meist in ihren früheren Stellen untergebracht. Eine besondere Zunahme der Arbeitslosen wird dadurch nicht verursacht.
Nachstehende Übersicht des Arbeitsamtes vom 17. Oktober 1919 gibt zahlenmäßigen Aufschluß über die Bewegung auf dem Arbeitsmarkte.

Wirtschaftszweig	Unerl. Angeb.		Unerl. Nachfrage		Bemerkungen
	a. männl.	b. weibl.	a. männl.	b. weibl.	
Land- und Forstwirtschaft, Gärtnerei	41	11	8	–	
Metallverarbeitung	40	–	107	1	
Holzindustrie	105	–	8	–	
Textilindustrie	–	–	10	76	
Bekleidungs- und Reinigungsgewerbe	29	–	8	37	
Baugewerbe	56	–	17	–	
Sonst. Handwerk und Berufe	31	5	223	113	davon
Haus- und Gastwirtschaft	–	216	118	21	2 jugendl. m.
Ungelernte Arbeiter aller Art	73	–	330	410	4 jugendl. m
Summe:	375	232	829	658	6 jugendl. m
Gesamtsumme der Vorwoche:	225	246	830	742	20 jugendl. m

Beim Arbeitsamt Memmingen stehen 40 offenen Stellen für Männliche 52 Stellenlose gegenüber; die Zahl der Erwerbslosen beträgt 22.

Das städtische Arbeitsamt Immenstadt hat für 72 Männliche, 28 Weibliche und 38 Lehrlinge: 34 und 15 und 2 offene Stellen.

Die Übersicht des Arbeitsamtes Neu-Ulm über die Lage des Arbeitsmarktes liegt bei.

4. Öffentliche Arbeiten, Notstandsarbeiten, wichtigere Vorgänge in der Arbeiterlohnbewegung, Stand der Erwerbslosenfürsorge:
In den öffentlichen Bauarbeiten hat in Augsburg sich keine Veränderung ergeben. Es wurden in den städtischen Betrieben 874 Arbeiter gegenüber 902 der Vorwoche beschäftigt.
Die private Bautätigkeit beschäftigte auf 137 Baulichkeiten 685 Arbeiter gegenüber 730 Arbeiter der Vorwoche.
Nach dem Stande vom 11. Oktober 1919 hatte Augsburg
     895 männliche Erwerbslose gegenüber 796 der Vorwoche
     624 weibliche Erwerbslose gegenüber 553 der Vorwoche
zusammen: 1519 Erwerbslose gegenüber 1349 der Vorwoche.
Seit Beginn der Erwerbslosenfürsorge sind 17.856 Beschäftigungslose wieder in Arbeit getreten.
Die Verhandlungen mit den Metallarbeitern in den Wielandwerken in Vöhringen dauern fort. Es besteht Hoffnung, daß Einigung erzielt wird.

5. Wohnungsfrage, Baumarkt
Ohne Wendung zum Besseren.
Die Wohnungsfrage gestaltet sich im Landbezirke Augsburg besonders in Gersthofen immer schwieriger. Alles Bemühen des Bezirksamts, auf dem Flugplatz Gersthofen mehrere Familien unterzubringen, blieb leider erfolglos.
Auszug aus dem Bericht des Stadtrates Lindau liegt an.

6. Volksgesundheit *[Kein Eintrag]*.
7. Kriegsbeschädigten- und Kriegshinterbliebenenfürsorge
Nichts bemerkenswertes zu berichten.
8. Sonstiges *[Kein Eintrag]*.

I. V. gez. Stahl, Regierungsdirektor

Anlage 1 zu Ziffer 2 b) Erfassung der landwirtschaftlichen Erzeugnisse

Bezirksamt N e u - U l m:
Eine weitere Erfassung des Getreides ist schwierig, wenn nicht unmöglich, falls nicht die bisherige Druschprämie als fester Zuschlag beibehalten wird. An Kartoffeln sind bis jetzt ca. 6000 Zentner abgeliefert. Die Erfassung wird ungeheuer erschwert dadurch, daß bei Bezugsscheinlieferung 10–12 Mark pro Zentner in den Städten angeboten wird. Wenn die Kartoffeln erfaßt werden sollen, muß die Bezugsscheinwirtschaft aufgehoben und wahrscheinlich müssen auch die Preise erhöht werden. Ein Teil der Landwirte will nicht liefern, weil er im Frühjahr erheblich höhere Preise erwartet. Den Erklärungen der Regierung, die früher vielfach ihre feste Zusage in der Frage der Preisfestsetzung gebrochen hat, wird kein Glauben mehr geschenkt. Für die Gerstenablieferung bedarf es jetzt nicht weniger als dreier Scheine. Die Landbevölkerung versteht diesen Bürokratismus nicht. Die volle Erfassung des Pflichthafers wird sehr schwer werden, da die Regelung vollständig verkehrt ist. Durch die vollständige Freigabe des Zucht- und Nutzviehhandels werden die Viehbestände im Bezirk derart gelichtet, daß bis zum Frühjahr, wenn es so fortgeht, Schlachtvieh kaum mehr aufzutreiben sein wird. Das Bezirksamt wird deshalb, wie die Nachbarämter auch, künftig die Ausfuhr von Vieh aus dem Bezirk nicht mehr zulassen.

Bezirksamt N ö r d l i n g e n:
Die Erfassung der landwirtschaftlichen Produkte begegnet fortgesetzt großen Schwierigkeiten. Von einer Ablieferungsfreudigkeit ist keine Spur mehr vorhanden. Schuld hieran sind hauptsächlich der Wuchergeist, Schleichhandel- und Schiebertum. Solange hier nicht mit starker Hand eingegriffen wird, bleibt den behördlichen Anordnungen der Erfolg versagt. Strenge Kontrolle der Getreidesendungen bei der Bahn wäre in erster Linie angezeigt. Sogar in Postpaketen soll Getreide versendet werden. Sehr mißtrauisch steht man auch dem Kraftwagenverkehr gegenüber. Eine Kontrolle auf der Straße im Freien ist der Gendarmerie fast unmöglich. Verlangt werden Aufstellung von Hindernissen in den Ortschaften und strenge Überwachung in den Städten. Ein etwas höherer Preis für die Kartoffeln hätte die Ablieferung derselben zweifellos gefördert.

Bezirksamt D o n a u w ö r t h:
Nach Zeitungsnotizen besteht trotz der durchschnittlich guten Ernte in den Großstädten Kartoffelknappheit. Diese auffallende Erscheinung ist wohl veranlaßt durch ein allgemeines Mißtrauen der ländlichen Bevölkerung, es möchte der jetzt festgesetzte Kartoffelhöchstpreis später wieder erhöht werden und den Frühlieferern daraus ein Schaden erwachsen. Gegenüber solchem Mißtrauen versagen Anordnungen und Belehrungen. Die Lieferwilligkeit würde aber ohne weiteres geweckt und erhöht durch eine Zusicherung der Staatsregierung, daß jede spätere Hinaufsetzung des jetzigen Höchstpreises alle früheren Lieferungen rückwirkend umfasse.

Bezirksamt S o n t h o f e n :
Zur Ernährungslage ist besonders zu betonen die die größten Bedenken veranlassende Kartoffelversorgung. Die Belieferung ist sehr lückenhaft und schleppend, auf Reklamationen erhält man die Antwort: Es fehle an Wagen und die Bauern wollten nicht liefern; dabei haben wir seit einigen Tagen Schnee und Frost, es ist allerhöchste Zeit, daß die für den Winter nötigen Kartoffeln hereinkommen.

Stadtrat D i l l i n g e n :
Trotz guter Kartoffelernte sind vielfach Klagen laut geworden, daß die Landwirte bedeutend höhere Preise verlangen.

Bezirksamt Z u s m a r s h a u s e n :
Mit der Lieferung von Zwangshafer ist es hier ebenso wie überall; es ist sehr schwer, den sogenannten Zwangshafer aufzubringen, und die Erregung in der Bevölkerung über die Regelung des Verkehrs mit Hafer ist, trotzdem sie zu ganz unverdient hohen Gewinnen führt, allseits groß. Ebenso große Beunruhigung hat die unglückliche Regelung des Verkehrs mit Häuten und Leder verursacht. Die kolossale Erhöhung des Preises für das dem Landwirt so notwendige Leder erhöht zweifellos die Absicht, sich dasselbe durch Schwarzschlachtung zu verschaffen. Hiebei ist aber zu bemerken, daß die Preise, welche bisher von den Gerbern für Häute bezahlt worden sind, weit unter dem stehen, was jetzt von Reichs wegen als Mehrerlös festgesetzt worden ist, so daß die neuen Vorschriften über die Verteilung des Mehrerlöses wieder ganz plötzlich auf Erhöhung der Preise im Bezirk hinwirken. Ebenso unerfreulich sind die Verhältnisse auf dem Gebiet des Viehverkehrs. Bei dem letzten Viehmarkt in Welden wurde das Vieh fast alles von fremden Händlern aufgekauft und weggeführt. Es wurde nun ein strenges Ausfuhrverbot für Vieh jeder Art erlassen und die Beförderung von der Vorlage eines tierärztlichen Zeugnisses darüber abhängig gemacht, daß es sich wirklich um ein Stück Nutz- oder Zuchtvieh handelt.

Anlage 2 zu Ziffer 3 b und c) Rohstofflage. Aufträge und sonstige wirtschaftliche Verhältnisse:

Bezirksamt G ü n z b u r g :
Die Verhältnisse in den einzelnen größeren Betrieben des Bezirkes Günzburg sind folgendermaßen gelagert:
1. Friedrich Wiessners Nachfolger, Kunstbaumwollwerk, Burgau, Bayern.
    Es werden 45 Arbeiter beschäftigt. Die Löhne werden auf Grund eines Tarifes, gültig ab 1. Juli dieses Jahres, bezahlt; es erhalten demnach männliche Arbeiter 1,20 Mark und mehr, weibliche Arbeiterinnen (über 20 Jahre) 1 Mark per Stunde, die Handwerker, Schlosser entsprechend mehr. Die Kündigung dieses Tarifes wird wohl erfolgen und erhöhte Löhne demnächst eintreten, da bei fortwährend steigenden Lebensmittelverhältnissen die Arbeiter mit ihren Löhnen nicht mehr zurechtkommen. Bis jetzt ist die Firma für die Kriegsgesellschaft der Reichs-Hadern A.G. Berlin beschäftigt gewesen; diese Gesellschaft wird aber abgebaut. Die Firma beginnt jetzt für eigene Rechnung zu arbeiten.
2. Philipp Kastner Sohn, Mechanische Bandweberei, Burgau, Bayern.
    Zur Zeit werden beschäftigt 49 Arbeiterinnen, welche nach einem zwischen dem Verein Bayerischer Band- und Gurtenwebereien Fürth und dem Deutschen Textilarbeiterverband, Ortsgruppe Augsburg, abgeschlossenen Tarif einen Mindestlohn von 1 Mark für die Stunde beziehen. Die Leute sind mit den festgesetzten Löhnen zufrieden, Erhöhungsanträge liegen zur Zeit nicht vor. Nach den vorhandenen Aufträgen ist bis Ende November laufenden

Jahres für Arbeit gesorgt. Auf Baumwollgarn und Kohlen laufen Kontrakte; es besteht die Hoffnung, daß die regelmäßige Zufuhr nicht ausbleibt. Da die Firma Baumwollgarne meist bei Spinnern, die mit Wasserkraft arbeiten, abgeschlossen hat, so ist nicht anzunehmen, daß sie in Not kommt. Mit Kohlen freilich sieht es schlechter aus. Dank der ständigen Mithilfe der Bayerischen Zweigwirtschaftsstelle für Textilindustrie München ist seither auch die Kohlenzufuhr ausreichend gewesen.

3. Gebrüder Sulzer, Herrenkleiderfabrik Ichenhausen.

Das Verhältnis zwischen der Firma und den Arbeitern ist ein normales. Die Löhne sind geregelt worden. Erhöhungsanträge liegen zur Zeit nicht vor, die Firma ist mit Rohstoffen ziemlich gut versehen, ebenso stehen ihr Arbeiten vom Bekleidungsamt München sowie von der Stoffverteilungsstelle München zur Verfügung, weitere Arbeiten sind in Aussicht gestellt. Aufträge sind in genügender Anzahl vorhanden, so daß voraussichtlich bis zum Frühjahr eine Stockung nicht eintreten dürfte. Was die Kohlenverhältnisse anbetrifft, so wird die Firma, wenn eine strenge Kälte einsetzt, nicht ausreichen. Die Zahl der von der Firma gegenwärtig beschäftigten Arbeiter ist folgende:

Werkstattarbeiter, männlich 28
                   weiblich 16
Heimarbeiter, männlich 59
              weiblich 18

4. Felix Schöller Söhne & Cie., Feinpapierfabrik Offingen.

Die Nachfrage nach Papier ist derart groß, daß aus diesem Grunde auf lange Zeit hinaus Vollbetrieb stattfinden könnte. Dem steht aber der Mangel an Kohlen und Rohstoffen gegenüber, so daß die Firma, wie schon während des Krieges, nur bei Tag arbeiten kann und infolgedessen nur etwa die halbe Produktion gegenüber dem letzten Friedensjahre hat. Dieser beschränkte Betrieb wird voraussichtlich bis zum Ende dieses Jahres beibehalten werden können; die Kohlen- und Rohstoffvorräte berechtigen zu dieser Hoffnung. Die Arbeiterzahl beträgt zur Zeit etwa 90 (gegen ca. 130 vor dem Kriege). Die Löhne sind landestariflich geregelt, doch ist dieser Tarif seitens der Gewerkschaften ab 1. Oktober gekündigt; es schweben zur Zeit Verhandlungen zur Festsetzung eines neuen Tarifes, der voraussichtlich ohne die Inanspruchnahme des Schlichtungsausschusses zustande kommt.

5. Bayerische Wollfilzfabrik Offingen.

Weibliche und männliche Arbeiter ohne Meister und Angestellte insgesamt 38.

An Löhnen werden bezahlt:

	Männliche Arbeiter:	Weibliche Arbeiter:
14–16 Jahre	–,50 Mark	–,40 Mark
16–18 Jahre	–,80 Mark	–,50 Mark
18–20 Jahre	–,90 Mark	–,60 Mark
über 20 Jahre	1,20 Mark	–,80 Mark.

Die Löhne wurden vom Schlichtungsausschuß Donauwörth in der Sitzung vom 8. August für genügend erachtet. Der Schiedsspruch wurde von den Arbeitnehmern angenommen.

Nach den derzeitigen Wahrnehmungen sind die Arbeiter mit diesen Löhnen zufrieden. Der Bedarf in Filz ist gegenwärtig sehr groß, es wäre jede beliebige Menge schlank abzusetzen. Seit Anfang August ruhte der Betrieb, von einigen kürzeren Unterbrechungen abgesehen, infolge Rohstoffmangels vollständig; die männlichen Arbeiter konnten sämtliche, die weiblichen zum größten Teile mit Notstandsarbeiten beschäftigt werden. Seit 15. laufenden Monats ist, nachdem ein Teil der fehlenden Rohstoffe eingetroffen ist, der Betrieb, wenn auch in beschränktem Umfange, wieder in Gang. Wie lange derselbe aufrechterhalten werden kann, hängt von dem Eintreffen längst bezahlter, vom Ausland kommender

Rohstoffe ab. Wenn auch die zugeteilten Kohlen von sehr schlechter Beschaffenheit sind, so genügen dieselben, wenn sie regelmäßig in der gleichen Menge geliefert werden, notfalls zur Erzeugung des für die Fabrikation benötigten Dampfes. Für die Dampfraumheizung während der Wintermonate wird eine Erhöhung der Kohlenmenge nicht zu umgehen sein.

6. Tonwerk Röfingen, Burgau-Röfingen. Macholt, Starker & Cie.

Die Nachfrage ist größer als die Erzeugungsmöglichkeit. Arbeiterzahl 50 (28 männliche, 22 weibliche). Es werden Tariflöhne bezahlt. Die Firma war bisher in die Lohnklasse III mit 1,10 bzw. 1,20 Mark Grundlohn in Übereinstimmung mit dem Verband der Fabrikarbeiter Deutschlands eingereiht. Die Leute waren zufrieden. Ohne Wissen der Firma wurde sie einerseits durch den Vertrauensmann der Arbeitgeber, andererseits durch die Gauleitung des Verbandes der Fabrikarbeiter Deutschlands in die 1. Lohnklasse mit 1,80 Mark Grundlohn eingereiht. Dagegen legte sie Berufung ein. Die Angelegenheit ist dem Schlichtungsausschuß unterbreitet. Mit geringwertigen Feinkohlen wurde der Betrieb bisher ausreichend versehen; dagegen fehlt es ihm an Kesselkohlen; nur der technisch vollendeten Anlage hatte die Firma es zu verdanken, daß sie arbeiten konnte. Zunächst wird der Betrieb aufrechterhalten. Auch nach Beendigung der Fabrikation hofft die Firma, durch Erstellung einer Kammertrocknerei ihren ständigen männlichen und zuverlässigen Arbeitern Beschäftigung geben zu können.

Bezirksamt Dillingen.

Die Filiale der Baumwollweberei Zöschlingsweiler, Bezirksamts Dillingen, hat nunmehr wieder 55 Arbeiterinnen mehr eingestellt, die bisher wegen Betriebseinschränkung erwerbslos waren.

Stadtrat Augsburg:

Die Baumwoll-, Hanf- und Wollindustrie würde sich wesentlich bessern können, wenn die Kohlenversorgung eine bessere wäre. Im Großhandel liegt das Hauptgeschäft in Schieberhänden. Der reelle Handel ist unzufrieden mit dem ihm zugestandenen Gewinn. Der Kleinhandel zeigt flotten Geschäftsgang, trotz der teuren Waren; insbesondere ist die Preissteigerung im Schuh- und Lederhandel stark.

Die Rohstofflage hat sich in der Textilindustrie etwas gebessert, sie ist in der Eisenindustrie aber noch sehr unzulänglich.

Anlage 3 zu Ziffer 3 d) Arbeitsmarkt.

Stadtrat Neu-Ulm: Übersicht über die Arbeitsmarktlage am 18. Oktober 1919.

Wirtschaftszweig	Unerl. Angeb.		Unerl. Nachfrage		Bemerkungen
	a. männl.	b. weibl.	a. männl.	b. weibl.	
Land- und Forstwirtschaft, Gärtnerei	6	7	3	–	
Metallverarbeitung	6	–	2	–	
Holzindustrie	8	–	1	–	
Textilindustrie	2	–	–	–	
Bekleidungs- und Reinigungsgewerbe	5	3	2	5	
Baugewerbe	16	–	–	–	
Sonst. Handwerk und Berufe	3	–	21	7	
Haus- und Gastwirtschaft	2	H 14 G 12	3	H 5 G 4	
Ungelernte Arbeiter aller Art	4	–	10	–	
Summe:	52	36	42	21	

Bemerkungen über die Lage des Arbeitsmarktes.
Die Arbeitsmarktlage hat sich gegenüber den Vorberichten wesentlich nicht geändert. Besonderer Mangel an Arbeitskräften herrscht neben Schreinern z. Zt. auch im Zimmergewerbe.

Anlage 4 zu Ziffer 5. Wohnungsfrage, Baumarkt.

Stadtrat L i n d a u:
In dieser Woche hat sich auf dem Wohnungsmarkte der Stadt nichts Wesentliches geändert. Zur Zeit werden Hotelzimmer angewiesen an einzelne Untermieter aus Privatwohnungen, um so in diesen zum Teil mehrere Räume freizubekommen, die dann als Kleinwohnungen benützt werden können. In der Frage der Erwerbung der alten unbenützten Kasernen Lindaus sind wir leider heute weniger weit als am 2. Oktober. Damals waren alle Hindernisse beseitigt, und nun macht das Ministerium für Verkehrsangelegenheiten nachträglich wieder Vorbehalte ohne bestimmte Unterlagen, welche die Kaufverhandlungen neuerdings zu hemmen geeignet sind. Während auf der einen Seite Stadtrat und Wohnungsausschuß sich die erdenklichste Mühe geben, die Wohnungsnot noch so rasch und gut als möglich zu beheben, macht es einen bemühenden Eindruck, daß Stellen des Staates, der doch ebenso die Verpflichtung zur Mitarbeit in diesen Dingen hätte, immer wieder Hemmnisse schaffen, die mit ungewissen Dingen in grauer Zukunft spielen und darüber die Dringlichkeit der Wohnungsbeschaffung in der jetzigen Wirklichkeit der Not vergessen.

Augsburg, den 28. Oktober 1919 **94**

1. Allgemein politische Lage
a) Öffentliche Ordnung und Sicherheit:
   Besondere Wahrnehmungen sind nicht gemacht worden. Die Störung der Sicherheit durch schwere Eigentumsdelikte dauert fort.
   In der abgelaufenen Woche fand in Füssen eine öffentliche Versammlung der Mehrheitssozialistenpartei statt mit dem Gauleiter Nimmerfall[1] als Redner. Der schwache Besuch der Versammlung ist nach Bericht des Bezirksamts Füssen ein Beweis für das Abströmen der Arbeiter nach der U.S.P.. Die gemäßigten Führer beabsichtigen, dort während des Winters in regelmäßigen Gewerkschaftsversammlungen unter Voranstellung wirtschaftlicher Fragen und Ausschaltung politischer Auseinandersetzungen den Großteil der Arbeiter vor allzu großer Radikalisierung zurückzuhalten.
b) Volksstimmung und Volksmeinung über die wichtigsten öffentlichen Angelegenheiten:
   Die Volksstimmung wird durch die trüben Aussichten auf den kommenden Winter, in Sonderheit durch die Kohlennot, sehr ungünstig beeinflußt.
   Die große Erregung über die Auswüchse von Wucher und Schleichhandel hält an (siehe auch den in der Anlage enthaltenen Bericht des Stadtrats Kaufbeuren).

2. Ernährungslage
a) Landwirtschaftliche Erzeugung, Stand der Feldfrüchte, Ernteaussichten und Ernteergebnisse:
   Die Bestellung des Winterfeldes ist gut vonstatten gegangen und verspricht gutes Gedeihen.
b) Erfassung der landwirtschaftlichen Erzeugnisse:
   Außerordentliche Schwierigkeiten macht die Erfassung der für die Städte benötigten Kartoffeln. Die weitaus meisten Bezirksämter sind sich darin einig, daß das Bezugsscheinverfahren aufgehoben werden muß, wenn nicht die Kartoffelversorgung der Städte scheitern soll. Auf die Berichte der Bezirksämter Günzburg, Schwabmünchen, Zusmarshausen und der Stadträte Nördlingen und Augsburg nehme ich Bezug (siehe Anlage).
   Zur Brotgetreideablieferung sind die Berichte der Bezirksämter Zusmarshausen, Günzburg (siehe Beilage) von Interesse.
   Nach privaten Mitteilungen sollen, wie der Stadtrat Kaufbeuren berichtet, in der Schrobenhauser Gegend von den großen Gütern Getreide und Kartoffel waggonweise abgeschoben werden. Sehr stark wird zur Zeit auch die Verschiebung von kontingentierten Waren mit Autos betrieben. So wurde im Bezirke Neuburg a/D. am letzten Dienstag ein schwerbeladenes Personenauto beobachtet, das in Donauwörth gestellt werden sollte, aber durch Schnellfahren der Kontrolle sich entzog. Die Einrichtung von Brücken- und Straßensperren mittels Schlagbaums erscheint angezeigt.
   Zur Frage der Fleischversorgung lege ich Auszug aus einem Berichte des Bezirksamts Sonthofen bei.
c) Verteilung und Preise der wichtigsten Lebensmittel einschließlich der Auslandslebensmittel:
   Die Preise für Obst sind im Bezirke Lindau ohne rechtfertigenden Grund in die Höhe gegangen.

---

1 Hans Nimmerfall (1872–1934), Schreiner, Arbeitersekretär. 1918–1919 Mitglied des Provisorischen Nationalrats des Volksstaates Bayern. 1919 Staatsrat im Bayer. Staatsministerium für militärische Angelegenheiten. 1912–1918 (SPD), 1919–1928 MdL (MSPD, SPD).

3. Gewerbliche Lage
a) Kohlenlage:
Die Kohlenlage ist noch ebenso trostlos wie in der Vorwoche.
Einzelheiten wollen geneigtest den auszugsweise anruhenden Berichten der Stadträte Augsburg und Kaufbeuren und des Bezirksamts Füssen entnommen werden.
b) Rohstofflage *[kein Eintrag]*.
c) Aufträge und sonstige wirtschaftliche Verhältnisse:
Das Hüttenamt Sonthofen ist auf Monate hinaus mit Aufträgen und Rohstoffen versehen und kann also glatt weiterarbeiten, wenn keine Verkehrssperren ihm die Kohlenzufuhr und den Absatz vereiteln. Der das Amt leitende Bergmeister konstatiert übrigens eine Zunahme der Arbeitslust und des Interesses an der Arbeit, die er mit den neuen starken Lohntarifsteigerungen in Zusammenhang bringt und als eine erfreuliche Wirkung dieser ansieht. Die Mechanische Bindfadenfabrik Immenstadt hat für etwa 1 ½ Monate Rohmaterial, meist aus Italien, steht aber mit Kohlen sehr schlecht, so daß sie bei weiterer Wasserklemme zum Stilliegen kommt; zur Zeit arbeitet sie immer noch in 14tägigem Schichtwechsel wöchentlich etwa 34 Stunden. In der Allgäuer Baumwollspinnerei und Weberei Blaichach laufen ⅖ der Spinnerei, in der Weberei ist das Mehrstuhlsystem seit Anfang dieser Woche wegen Verzögerung der Tarifverhandlungen wieder verlassen, doch erhofft man von dem oben erfolgten, in seinen Einzelheiten noch nicht bekannten Tarifvertragsabschluß[2] eine Besserung.
d) Arbeitsmarkt:
Die Lage des Arbeitsmarktes in Augsburg ist unverändert. Die Landwirtschaft sucht hauptsächlich Kartoffelklauber, sonst halten sich Angebote und Nachfrage die Waage. Geübte Holzfäller sind noch gesucht. Die Beschäftigungsgelegenheit in der Metallverarbeitung bessert sich. Gesucht werden Elektromonteure, Hammerschmiede, auch einige Bauschlosser auswärts. In der Holzindustrie kann der Bedarf an Arbeitskräften, besonders an Möbelschreinern, nicht genügend gedeckt werden. Eine langsame Besserung bereitet sich in der Textilindustrie vor und werden einige Selfaktorspinner gesucht. Für weibliche Arbeitskräfte ist indessen noch kein Angebot vorhanden. Schneider und Schuhmacher sind gesucht. Angelernte Näherinnen finden weniger Beschäftigung. Das Baugewerbe sucht auswärts Maurer und Zimmerer. Kaufmännisches Personal verzeichnet einen Überschuß an Arbeitskräften, desgleichen die Nahrungs- und Genußmittelgewerbe, hier besonders Verheiratete. Im Handelsgewerbe ist die Nachfrage gering gegenüber dem Angebot an Arbeitskräften. Weibliches hauswirtschaftliches Personal ist gesucht. Köche, Kellner sind genügend vorgemerkt, ebenso Kassiererinnen, welche von Saisonstellen zurückkamen. Ungelernte Männliche finden am Ort wenig Arbeitsgelegenheit, nach auswärts besser. Erwerbsbeschränkte und Jugendliche sind schwer unterzubringen. Nachstehende Übersicht des Arbeitsamtes Augsburg vom 24. Oktober 1919 gibt zahlenmäßig Aufschluß über die Bewegung auf dem Arbeitsmarkte.

---

2 *Durch den am 24.10.1919 abgeschlossenen Vertrag der Bezirksgruppe Südbayern der Arbeitgeber und Arbeitnehmer wurden die Löhne mäßig erhöht, sie glichen aber die Preissteigerungen der letzten Monate nicht aus. Akkordlöhne wurden festgesetzt. Die Arbeiterschaft gestand das Mehrstuhlsystem zu.*

Wirtschaftszweig	Unerl. Angeb.		Unerl. Nachfrage		Bemerkungen
	a. männl.	b. weibl.	a. männl.	b. weibl.	
Land- und Forstwirtschaft, Gärtnerei	39	16	12	5	
Metallverarbeitung	41	–	82	–	
Holzindustrie	117	–	4	–	
Textilindustrie	15	–	8	82	
Bekleidungs- und Reinigungsgewerbe	40	–	–	30	
Baugewerbe	75	–	35	–	
Sonst. Handwerk und Berufe	30	8	214	113	davon
Haus- und Gastwirtschaft	3	178	122	31	4 jugendl. m.
Ungelernte Arbeiter aller Art	1	2	344	384	1 jugendl. m.
Summe:	361	204	821	645	5 jugendl. m.
Gesamtsumme der Vorwoche:	375	232	829	658	6 jugendl. m

Das Arbeitsamt Immenstadt meldet für 74 Männliche, 30 Weibliche und 10 Lehrlinge: 26 und 11 und 2 offene Stellen.

Beim Arbeitsamt Memmingen stehen 46 offenen Stellen für Männliche 55 Stellengesuche gegenüber; die Zahl der Erwerbslosen beträgt 38.

Die Übersicht des Arbeitsamts Neu-Ulm über die Lage des Arbeitsmarktes liegt bei.

4. Öffentliche Arbeiten, Notstandsarbeiten, wichtigere Vorgänge in der Arbeiterlohnbewegung, Stand der Erwerbslosenfürsorge

   Es drohen infolge der Einschränkung der elektrischen Stromlieferung durch die Lechwerke bei den Gersthofener Farbwerken Arbeiterentlassungen, welchen gegenwärtig mit allen verfügbaren Mitteln amtlich entgegengearbeitet wird.

5. Wohnungsfrage, Baumarkt

   Eine Besserung des Wohnungsmarktes und des Baumarktes ist nirgends festzustellen.

6. Volksgesundheit *[Kein Eintrag]*.

7. Kriegsbeschädigten- und Kriegshinterbliebenenfürsorge

   Ohne besondere Wahrnehmungen.

8. Sonstiges *[Kein Eintrag]*.

gez. von Praun, Regierungspräsident

Anlage 1 zu Ziffer 1 b) Volksstimmung und Volksmeinung über die wichtigsten öffentlichen Angelegenheiten:

Stadtrat K a u f b e u r e n.
Eine wirksame Maßnahme zur Bekämpfung des Schleichhandels und der Schwarzschlachtungen wäre es, wenn der Erlös des beschlagnahmten Fleisches durch Urteil der Gerichte zugunsten der Staatskasse eingezogen würde. Von der Staatsanwaltschaft Kempten z. B. werden in der Regel die aus dem Erlös des beschlagnahmten Fleisches erzielten Beträge an die Schuldigen hinausgegeben, so daß der Schaden für die Betroffenen nur in der Differenz zwischen Höchstpreis und Schleichhandelspreis besteht. Das hat auch dazu geführt, daß die Übertreter sogleich nach der Beschlagnahme durch die Polizei bei Amt, meist noch in anmaßender Art, vorstellig werden wegen der Auszahlung der beschlagnahmten Geldbeträge.

Anlage 2 zu Ziffer 2 b) Erfassung der landwirtschaftlichen Erzeugnisse:

Bezirksamt G ü n z b u r g.
An Kartoffeln wurden bisher an den Kommunalverband 8500 Zentner geliefert. Auf Bezugsscheine 8937 Zentner abgegeben. Der Bezugsscheinverkehr, insbesondere der Verkehr mit Sammelbezugscheinen, ist außerordentlich groß. Es besteht die begründete Befürchtung, daß von den Einzelbestellern Überpreise gezahlt und daß auch insbesondere bei Sammelladungen mehr Kartoffeln eingeladen werden als zulässig ist. Verschiedene Beanstandungen konnten hier schon festgestellt werden. Es wäre empfehlenswert, daß der Bezugsscheinverkehr aufgehoben wird. Ich habe mündlich und schriftlich die Gemeinden auf die dringende Notwendigkeit hingewiesen, an Kartoffeln zu liefern, was möglich ist. Wie ich erfahren habe, haben die Käsereien in unzulässiger Weise Kartoffelaufkäufe vollzogen. Ich habe sofort bei sämtlichen Käsereien Nachschau halten lassen. In einem Falle wurden bereits 175 Zentner Kartoffeln weggenommen, auch das Vorhandensein größerer Gerstenvorräte in Käsereien wurde gemeldet.
Die Getreideanlieferung ist zur Zeit äußerst gering. Die Landesgetreidestelle hat jetzt summarisch das Aufkaufssoll bekanntgegeben, es aber unterlassen, mitzuteilen, auf welcher Grundlage die Berechnung vorgenommen wurde. Für den Bezirk Günzburg wurde das Soll gegenüber der nach der Schätzung sich ergebenden Berechnung um 20.000 Zentner erhöht. Der Landwirtschaftslehrer in Lauingen hält eine derartige Erhöhung nicht für möglich. Der Kommunalverband ist in der mißlichen Lage, seinen Landwirten bei den unsicheren Zahlen die Ablieferungsschuldigkeit nicht berechnen zu können. Für die Durchführung der Ablieferungen sind diese Umstände äußerst mißlich.

Bezirksamt S c h w a b m ü n c h e n.
Der Aufkauf von Kartoffeln für die Großstädte durch den Kommunalverband ist auch um deswillen so schwierig, weil die Bewohner der Großstädte solche mittels Bezugscheinen beziehen und die Erzeuger weit über den Höchstpreis bezahlen.

Bezirksamt Z u s m a r s h a u s e n.
Die Verhältnisse hinsichtlich der Lebensmittelversorgung werden immer unerfreulicher und nachgerade kaum mehr haltbar. Einige Gemeinden des Bezirkes Zusmarshausen haben jede Lieferung von Brotgetreide oder sonstiger Nahrungsmittel verweigert, der wilde Handel mit solchen tritt derart massenhaft auf, daß die Gendarmerie nicht mehr nachkommt.
Die Berechnung des Liefersolls der einzelnen Landwirte wäre schon vor einiger Zeit begonnen worden, wenn bekannt wäre, welche Mengen von Gerste den Erzeugern zur Fütterung

freigegeben werden sollen. Nun wird, um nicht weiter zuwarten zu müssen, die Berechnung vorerst für Brotgetreide allein vorgenommen und hinausgegeben.

Stadtrat N ö r d l i n g e n .
Zur Versorgung ihrer Versorgungsberechtigten wurden der Stadt Nördlingen für die Zeit vom 15. September bis 31. Oktober 1919 durch die Landeskartoffelstelle 2000 Zentner Kartoffeln, lieferbar durch den Überschußbezirk Nördlingen-Land, zugeteilt. Von dieser Menge wurde bisher soviel wie nichts geliefert. Der bei der Landeskartoffelstelle angemeldete Fehlbedarf der Stadt (Bedarf nach Abzug der Eigenernte in der Stadt Nördlingen) für die Zeit vom 1. November 1919 bis 31. März 1920 beträgt ca. 10.000 Zentner. Wieviel hievon im Wege des Bezugsscheinverfahrens gedeckt wird, läßt sich heute noch nicht übersehen; es sind nur Schätzungen möglich. Ich schätze die vom Kommunalverband Nördlingen-Stadt selbst zu beschaffende Menge auf ca. 6000 Zentner. Mehrfache Ersuchen an den Kommunalverband Nördlingen-Land bzw. seine Geschäftsstelle um Lieferung vorerst der bis Ende Oktober treffenden Fehlmenge von 2000 Zentner sind ohne Erfolg geblieben. Deshalb wurde inzwischen bei der Landeskartoffelstelle Überweisung nötigenfalls aus anderen Überschußbezirken beantragt, jedoch auch hier bisher mit negativem Erfolg. Auf Vorstellungen des Stadtrates und die sehr erregte Haltung der Arbeiterschaft hin hat nun das Bezirksamt Nördlingen mitgeteilt, daß in den nächsten Tagen 640 Zentner Kartoffeln abgegeben würden. Es ist dringend zu wünschen, daß die Ablieferung der ganzen benötigten Kartoffelmenge bald erfolgt, da der Stadtrat keinerlei Verantwortung für die aus dem bisherigen Verhalten der Landwirte sich ergebenden Folgen übernehmen kann.

Stadtrat A u g s b u r g .
In der Berichtswoche sind in Augsburg lediglich 40 Waggons mit 9466 Zentner Kartoffeln eingetroffen. Diese Anlieferung ist in Anbetracht des Bedarfes für die Winterversorgung geradezu trostlos. Wenn die Überschußbezirke nicht unverzüglich ihre Lieferpflicht erfüllen, gehen wir einer Katastrophe in der Kartoffelversorgung entgegen.

Bezirksamt S o n t h o f e n .
In der Bauernratsversammlung am 24.10.1919 brachte auch Abgeordneter Heberle[3]-Eckarts einen Antrag des Allgäuer Bauernverbandes zur Sprache, der die Schwarzschlachtungen und den Fleischschleichhandel eindämmen soll; es soll hiernach der Bauer nach Erfüllung seines Viehliefersolls die Möglichkeit haben, was er etwa sonst noch an Vieh abgeben kann, offen zu verkaufen, allenfalls an seinen Kommunalverband, der dann für richtige Verteilung sorgen soll; Voraussetzung für solche freiwillige Lieferung sei allerdings die Belassung der Haut an den Viehhalter. Ich mußte dem entgegenhalten, daß eine solche Verteilung undurchführbar sei, insbesondere wenn man an die Städte denke, die von diesem Überschuß doch auch etwas erhalten müßten; wenn wirklich, wie man aus den überall auftretenden (übrigens offenbar im Allgäu noch relativ geringen) Schwarzschlachtungen schließen müsse, die Landwirtschaft mehr liefern könnte, als zur Zeit von ihr verlangt wird, so wäre doch eine künftige Erhöhung der allgemeinen Fleischration der glattere Weg. Leider mußte ich zugeben, daß doch offensichtlich alle Behörden, von der Reichsfleischstelle angefangen, stillschweigend mit Schwarzschlachtungen rechnen müssen, wenn sie an die nur 100 Gramm denken, die auf Grund des Verteilungsschlüssels auch die Gastwirte als Wochenration für jeden Wochengast erhalten können; daß ferner die Beamten aller Behörden, ebenfalls von oben angefangen, selbstverständlich in den Wirtschaften Fleisch essen, ohne dessen Herkunft zu kontrollieren und daß dann eben diese Beamten, wenn sie der Verwaltung oder der Justiz angehören, im Dienst mit

---

3 Konrad Heberle (1873–1943), Kaufmann, Landwirt. Ökonomierat. 1928–1933 Mitglied des Kreistages von Schwaben und Neuburg (BVP).

allen Mitteln gegen Schwarzschlachtungen vorzugehen genötigt sind! (Das zwingt doch die Behörden zu Ungerechtigkeit und Heuchelei und schadet ihrem Ansehen und ihrem Einfluß mehr als irgend etwas anderes. Ich will damit selbstverständlich nicht die Schwarzschlachtungen verteidigen, aber ihre Bekämpfung weniger mit polizeilichen als mit wirtschaftlichen Mitteln geführt wissen; außer der Erhöhung der Fleischration und Entgegenkommen in der Häutefrage wüßte ich leider allerdings zur Zeit auch keines.) Die Versammlung konnte sich für den Antrag Heberle nicht erwärmen und vertagte eine Beschlußfassung.

Anlage 3 zu Ziffer 3 a) Kohlenlage

Stadtrat A u g s b u r g.
In der Berichtswoche ist eine unwesentliche Besserung in der Kohlenzufuhr für Hausbrandzwecke eingetreten. In der Zeit vom 16. mit 21.10.1919 betrug die Kohleneinfuhr 749 Tonnen, das sind 124,83 Tonnen täglich gegen 97,85 Tonnen täglich in der Vorwoche.

Stadtrat K a u f b e u r e n.
Trostlos ist die Kohlenlage[4] in Kaufbeuren. Das Gaswerk ist seit Donnerstag ohne Kohle, die Stadt daher ohne Licht. Es wäre schon zur Sicherung der öffentlichen Ruhe in der kommenden schweren Zeit notwendig, daß die Gemeinden, welche nur eine Beleuchtungsart haben, bevorzugt werden. In der gestrigen Stadtratssitzung wurde von Kennern darauf hingewiesen, daß hauptsächlich in Schlesien Kohlen in Fülle auf den Halden liegen, daß aber Bayern nicht beliefert wird, weil es seiner Viehablieferungspflicht nur mit etwa 60 % nachkommt und weil außerdem ein großer Teil der Kohlen verschoben wird. Um 26 Mark pro Zentner wären im Schleichhandel schon Kohlen zu haben. Die Vereinigten Kunstanstalten werden wohl noch in dieser Woche wegen Kohlenmangel zum Stillstand kommen. 300 Arbeiterfamilien werden damit brotlos.

Bezirksamt F ü s s e n.
Die Kohlenlage ist wie überall trostlos. Die Bezirkskohlenstelle wird froh sein, wenn sie die lebenswichtigsten Betriebe, wie Bäckereien, Käsereien, notdürftig über Wasser halten kann. Eine Belieferung der Haushaltungen wird vollständig aufhören müssen. Eine Verschärfung der Kohlenkrisis würde sich ergeben, wenn die Befürchtung, daß die große mechanische Seilerwarenfabrik in Füssen, die als anzeigepflichtiger Betrieb direkt beliefert wird, die zur Heizung der Kessel und zur Erwärmung der Arbeitsräume unbedingt benötigten Kohlen (etwa 14 Waggons im Monat) nicht mehr erhielte, zutreffen sollte. Es wäre für die Ruhe und den Sicherheitszustand in der Stadt geradezu katastrophal, wenn die Fabrik, die zur Zeit genügend Rohstoffe zur Verfügung hat und auch vom Ausland Aufträge im Betrage von ca. 800.000 Mark erhalten hat, wegen Kohlenmangels den Betrieb einstellen müßte. Das wäre umso bedauerlicher, als die Fabrik ja im wesentlichen mit Wasserkraft und elektrischer Kraft arbeitet und verhältnismäßig nicht bedeutende Kohlenmengen in Frage kommen. Selbstverständlich sind alle Hebel in Bewegung gesetzt, um Kohlen hereinzubringen.

---

4 Ursachen des Kohlemangels: Das für Bayern wichtige Saarbecken musste Kohle an Frankreich liefern, so dass nur geringe Mengen, meist Kohlegrus, bezogen werden konnten. Das Ruhrgebiet lieferte Kohle und Koks an Belgien und Frankreich. Böhmen (Tschechoslowakei) führte nur unbedeutende Mengen nach Bayern aus. Es blieben zur Versorgung nur die oberbayerischen Gruben mit minderwertiger Pechkohle. Durch die Herabsetzung der Arbeitszeit auf sieben bis sechs Stunden, durch Streiks und Unruhen ging die Förderung auf 50 %, stellenweise bis auf 30 % zurück. Überdies mussten infolge der Bedingungen des Waffenstillstandes die besten Lokomotiven und der größte Teil der Güterwagen abgeliefert werden.

Anlage 4 zu Ziffer 3 d) Arbeitsmarkt

Stadtrat Neu-Ulm: Übersicht über die Arbeitsmarktlage am 25. Oktober 1919.

Wirtschaftszweig	Unerl. Angeb.		Unerl. Nachfrage		Bemerkungen
	a. männl.	b. weibl.	a. männl.	b. weibl.	
Land- und Forstwirtschaft, Gärtnerei	4	4	2	–	
Metallverarbeitung	5	–	4	–	
Holzindustrie	8	–	–	–	
Textilindustrie	2	–	–	–	
Bekleidungs- und Reinigungsgewerbe	4	2	2	2	
Baugewerbe	14	–	–	–	
Sonst. Handwerk und Berufe	3	3	24	3	
Haus- und Gastwirtschaft	2	H 14 G 4	2	H 5 G 3	
Ungelernte Arbeiter aller Art	2	–	11	2	
Summe:	44	27	45	15	

Bemerkungen über die Lage des Arbeitsmarktes.
In gewerbl. Berufen fehlt es immer noch an Schreinern, im Bauhandwerk speziell Zimmerer. Bei Arbeitssuchenden machen sich die kaufmännischen Berufe besonders bemerkbar.
Städt. Arbeitsamt Neu-Ulm.

Augsburg, den 4. November 1919   **95**

1. Allgemeine politische Lage
a) Öffentliche Ordnung und Sicherheit:
   In der letzten Berichtswoche ist Bemerkenswertes nicht vorgefallen. In Augsburg fanden Versammlungen der U.S.P. nicht statt. Von den vor einigen Wochen neugegründeten Ortsgruppen der U.S.P. in Sonthofen[1] und Immenstadt[2] hört man nichts. Im Bezirksamt Lindau verlautet, daß in den Landgemeinden dem Arbeiterstande angehörige Personen sich nach der Unterbringung der Maschinengewehre erkundigen.
   Die außerordentliche Mehrung der Einbruchdiebstähle hält an. Auf einen in den Anlagen enthaltenen Bericht des Bezirksamtes Nördlingen zur Frage der Legitimationspapiere der nach Zigeunerart umherziehenden Personen erlaube ich mir zu verweisen.

---

1 Gegründet am 28. September nach einer Versammlung, in der Fritz Soldmann aus Nürnberg gesprochen hatte. 62 Teilnehmer ließen sich als Mitglieder aufnehmen.
2 Gegründet am 25. September nach einer Versammlung, in der Fritz Soldmann gesprochen hatte (69 Mitglieder).

b) Volksstimmung und Volksmeinung über die wichtigsten öffentlichen Angelegenheiten:
Mit Befriedigung wurde von der gesamten einsichtsvollen Bevölkerung die Pressenachricht aufgenommen, daß man an den maßgebenden Stellen nunmehr mit aller Energie bestrebt ist, gegen Wucher- und Schiebertum vorzugehen[3]. Wie der Erfolg sein wird, bleibt abzuwarten. Nach den gemachten Erfahrungen kann auf einen vollen Erfolg nur gerechnet werden, wenn auch dem Hamsterunwesen ein Ende gemacht wird, und dies ist nur möglich, wenn Lebensmittelrationen gewährt werden, die zur Ernährung ausreichend sind.
Außerordentlich wird die Stimmung der Bevölkerung zur Zeit durch die Schwierigkeit der Beschaffung von Schuhwerk infolge der fast unerschwinglichen Schuhpreise gedrückt, worunter nicht nur die unbemittelte Bevölkerung, sondern auch der ganze Mittelstand leidet.

2. *[kein Eintrag]*

3. Gewerbliche Lage
a) Kohlenlage:
Gleichmäßig schlecht.
Auf die in der Anlage beigefügten Einzelberichte der Bezirksämter Illertissen, Zusmarshausen, Füssen und des Stadtrats Kaufbeuren erlaube ich mir zu verweisen.
b) Rohstofflage *[Kein Eintrag]*.
c) Aufträge und sonstige wirtschaftliche Verhältnisse:
Nach Bericht des Bezirksamts Neu-Ulm herrscht in den Holzindustriebetrieben für Wintersport zur Zeit Hochbetrieb.
d) Arbeitsmarkt:
In der Lage des Arbeitsmarktes in Augsburg zeigt sich keine Veränderung. In der Landwirtschaft hat sich das Arbeitsangebot vermindert, so daß in den letzten Tagen ein geringer Überschuß an Arbeitskräften zu verzeichnen ist. Die Metallverarbeitung verzeichnet einen Überfluß an Arbeitskräften, besonders Maschinenschlosser und jüngere Dreher. Elektromonteure, Kessel- und Hammerschmiede sind noch gesucht. Eine langsame Besserung zeigt sich in der Textilindustrie. Das Bekleidungsgewerbe ist gut beschäftigt. Maurer und Zimmerer werden noch gesucht. Bei den ungelernten Arbeitern ist Arbeitsgelegenheit nach auswärts vorhanden. Der bestehende Rohstoff- und Kohlenmangel hat eine Verschärfung der Arbeitslosigkeit bis jetzt nicht gezeitigt. Nachstehende Übersicht des Arbeitsamtes Augsburg vom 31. Oktober 1919 gibt zahlenmäßigen Aufschluß über die Bewegung des Arbeitsmarktes.

---

3 Im Oktober schlugen Vertreter der bayerischen Regierung in Verhandlungen mit dem Reichsjustizministerium vor, Sondergerichte zur Bekämpfung des Wuchers einzurichten. Dem Entwurf einer Reichs-VO vom 27.11.1919 über Sondergerichte gegen Schleichhandel und Preistreiberei (Wucher) (RGBl S. 1909) folgte das bayerische Staatsministerium der Justiz mit einer Vollzugs-VO vom 3.12.1919 (StAnz 295) und setzte bei jedem Landgericht ein Wuchergericht ein. Dieses kürzte das übliche Prozeßverfahren ab und urteilte in erster und letzter Instanz. Eine verhängte Strafe lag nicht unter drei Monaten.

Wirtschaftszweig	Unerl. Angeb.		Unerl. Nachfrage		Bemerkungen
	a. männl.	b. weibl.	a. männl.	b. weibl.	
Land- und Forstwirtschaft, Gärtnerei	9	17	17	3	
Metallverarbeitung	22	–	101	1	
Holzindustrie	64	–	6	–	
Textilindustrie	1	–	8	85	
Bekleidungs- und Reinigungsgewerbe	30	–	3	35	
Baugewerbe	60	–	34	–	
Sonst. Handwerk und Berufe	21	5	245	107	davon
Haus- und Gastwirtschaft	3	163	129	43	1 jugendl. m.
Ungelernte Arbeiter aller Art	3	–	319	344	4 jugendl. m.
Summe:	213	185	862	618	5 jugendl. m.
Gesamtsumme der Vorwoche:	361	204	821	645	5 jugendl. m.

Beim Arbeitsamt Memmingen stehen 52 offenen Stellen für Männliche 47 Stellengesuche gegenüber. Die Zahl der Erwerbslosen beträgt 22. Es ist ungemein schwer, ledige Erwerbslose zur Arbeitsleistung auf das Land zu bringen.

Das städtische Arbeitsamt Immenstadt hat für 68 Männliche, 30 Weibliche und 10 Lehrlinge: 21 und 10 und 2 offene Stellen.

Die Übersicht über die Lage des Arbeitsmarktes in Neu-Ulm liegt bei.

4. Öffentliche Arbeiten, Notstandsarbeiten, wichtigere Vorgänge in der Arbeiterlohnbewegung, Stand der Erwerbslosenfürsorge

Die Notstandsarbeiten nehmen einen schleppenden Gang, da fortwährend mit Rohstoffmangel und Lieferungsverzögerungen zu kämpfen ist.

Nach dem Stande vom 27. Oktober 1919 hatte Augsburg an Erwerbslosen:
909 Männliche gegenüber 905 der Vorwoche
581 Weibliche gegenüber 598 der Vorwoche
zusammen 1490 Erwerbslose gegenüber 1503 der Vorwoche

Seit Beginn der Erwerbslosenfürsorge haben 18.343 Erwerbslose die Arbeit wieder aufgenommen. Am 27. und 28. Oktober traten die Arbeiter der Nähfadenfabrik vormals Julius Schürer und die Zwirnerei und Nähfadenfabrik Göggingen in den Streik, weil die genannten Werke sich nicht an dem Tarifabkommen des süddeutschen Textilarbeitgeberverbandes beteiligt haben. Der Streik ist am 29. Oktober 1919 vormittags durch das Eingreifen der städtischen Referenten beigelegt worden. Der Grund für die Nichtbeteiligung der Werke an dem Tarifabkommen war nicht darin bestanden, daß sie die Tariflöhne nicht zugestehen wollten, sondern lag darin, daß durch das Tarifabkommen die Konkurrenz in Württemberg und Sachsen nicht mitgebunden war. Die Gewerkschaften haben sich verpflichtet, dafür zu sorgen, daß auch die Nähfadenfabrik Ackermann in Heilbronn zur Zahlung der gleichen

Löhne verpflichtet wird. Es soll dahin gestrebt werden, gemeinsam mit allen Betriebsleitungen einen Reichstarif für die deutsche Nähfadenindustrie anzustreben. Auf diese Weise wird es möglich, daß von den 8 Großnähfadenbetrieben in Deutschland nicht nur die Augsburger Großindustrie von der Lohnerhöhung betroffen wird, zumal dieselbe allein 35 % der Gesamtproduktion auf sich vereinigt. Die Betriebsleitungen Göggingen und Augsburg haben sich ihrerseits bereit erklärt, die Augsburger Löhne auf dem Wege der Teuerungszulage zum letzten Tarifvertrage zu bezahlen.

5. Wohnungsfrage, Baumarkt
   Ohne Wendung zum Besseren.
   Sonderbericht des Stadtrats Lindau ruht an.

6. Volksgesundheit *[Kein Eintrag]*.

7. Kriegsbeschädigten- und Kriegshinterbliebenenfürsorge
   Ohne besonders bemerkenswerte Vorgänge.

8. Sonstiges *[Kein Eintrag]*.

gez. von Praun, Regierungspräsident

Anlage 1 zu Ziffer 1a) Öffentliche Ordnung und Sicherheit

Bezirksamt N ö r d l i n g e n :
Die Gefährdung der öffentlichen Sicherheit, wie sie mehr und mehr auch auf dem Lande zunimmt und sich insbesondere in zahlreichen Diebstählen kundgibt, ist zu einem großen Teil auf nach Zigeunerart herumziehende Personen und sonstiges arbeitsscheues Gesindel zurückzuführen. Eine Kontrolle solcher Personen ergibt, daß diese als Ausweispapiere, wenn sie überhaupt solche haben, meistens Invalidenkarten, Wanderscheine, Arbeitsbescheinigungen und dergleichen mit sich führen, die nicht selten gestohlen oder gefälscht sind. Eine wirksame Kontrolle ist unter solchen Umständen, insbesondere wenn die Gendarmeriemannschaft zu schwach ist, unmöglich. Wenn nicht auf die Dauer unhaltbare Verhältnisse eintreten sollen, dürfte die Einführung eines genau vorgeschriebenen Legitimationspapieres für solche Personen mit Lichtbild und Fingerabdruck nicht zu umgehen sein.

Anlage 2 zu Ziffer 2 b) Erfassung der landwirtschaftlichen Erzeugnisse

Stadtrat N ö r d l i n g e n :
Die der Stadt Nördlingen zustehende und von der Landeskartoffelstelle zugeteilte Fehlmenge für die Zeit vom 15. September bis Ende Oktober ist bis jetzt etwa zur Hälfte angeliefert. Für die Winterversorgung sind vom Kommunalverband schätzungsweise 5–6000 Zentner benötigt; 2500 Zentner hat uns die Landeskartoffelstelle einstweilen zugeteilt. Geliefert ist von der Winterkartoffelmenge noch gar nichts. Lieferungspflichtig ist der Überschuß-Kommunalverband Nördlingen-Land. Dieser sichert möglichst rasche und weitgehende Eindeckung der Stadt zu. Ob es ihm aber gelingen wird? Wir fürchten, daß die Stadt die nötigen Kartoffeln nicht hereinbringt, wenn sie nicht zum direkten Ankauf schreitet – entgegen dem Standpunkt des Bezirksamtes und, was den Ankauf in anderen Überschußbezirken betrifft, auch der Landeskartoffelstelle.

Stadtrat Augsburg:
Im Vergleich zum Vorjahre bleibt die Anlieferung an Kartoffeln in Augsburg zur Hälfte zurück. Die Versorgung der Einwohnerschaft mit Kartoffeln für den Winter ist, zumal jeden Tag Frostwetter eintreten kann, mangels Vorrats unsererseits gefährdet. Die Wochenkopfmenge wurde von 7 Pfund auf 3 ½ Pfund herabgesetzt. Der Versuch, Kartoffeln von den nächstgelegenen Überschußbezirken mittelst Lastkraftwagen hereinzuholen, scheiterte an dem Mangel an Betriebsstoff. Unsere Bemühungen, solchen zu erhalten, blieben bis heute erfolglos. Wenn tatsächlich Betriebsstoffnot vorhanden sein sollte, erscheint es angezeigt, den Betriebsstoff für die Personenkraftwagen zu beschlagnahmen.

Stadtrat Memmingen:
Die Kartoffelversorgung in Memmingen ist schlecht; aus dem Landbezirke wird sehr wenig abgeliefert. Es müssen unbedingt Maßnahmen gefordert werden, welche den städtischen Kommunalverbänden das Recht geben, im Notfalle auf dem Lande zu enteignen.

Bezirksamt Zusmarshausen:
Dagegen stehen die Kartoffellieferungen sehr zurück, insbesondere die Lieferungen an die Kommissionäre. Es sind bisher im ganzen erst 15.000 Zentner geliefert worden gegenüber 21.000 Zentner um die gleiche Zeit des Vorjahres. In der letzten Zeit wurde der Verkehr mit Bezugsscheinen außerordentlich lebhaft, während die Kommissionäre wenig Erfolg haben. Es besteht die Vermutung, daß die Landwirte aus Furcht vor Futternot im Frühjahr ihre Kartoffeln zurückhalten. Vielfach werden auch größere Mengen als auf dem Bezugsschein eingetragen geliefert. Es ist aber schwer nachzuweisen. Eine Überschreitung des Höchstpreises kommt sicher häufig dadurch in Frage, daß für die Verbringung mit der Achse nach Augsburg im Verhältnis hohe Preise (60–80 Mark für die Fuhr) verlangt und bezahlt werden. Vermutlich bringt die Erhöhung des Preises hierin eine Wandlung.

Anlage 3 zu Ziffer 3. Gewerbliche Lage

Bezirksamt Illertissen:
Die Belieferung der Wielandwerke in Vöhringen mit Brennstoffen ist eine völlig ungenügende, so daß die Firma gezwungen ist, Torf von Ostfriesland zum Preise von 18 Mark ab dort zu beziehen. Gelingt es ihr, diesen Torf beizubringen, ist der Weiterbetrieb bis Anfang Januar gesichert.

Bezirksamt Zusmarshausen:
Die Anlieferung an Brotgetreide war in der letzten Woche wieder ganz gering, immerhin sind heuer bisher 5300 gegenüber 3600 Zentner im Vorjahre um die gleiche Zeit angeliefert worden. Sicher wäre bereits viel mehr geliefert worden, wenn nicht Schwierigkeiten in der Betriebsstofffrage bestünden. Die Demobilmachungsstelle in München hat nämlich vor mehreren Wochen dem Kommunalverband, ohne diesen zu verständigen und ohne den Schritt zu begründen, einen Wagen Druschkohlen, der in Dinkelscherben bereitstand, beschlagnahmt und weggeführt. Alle Proteste dagegen haben bisher nichts gefruchtet. Die Folge ist die, daß die Dampfdreschmaschinen[4] teilweise nicht in Betrieb gesetzt werden können und die Landwirte sich deshalb mit Recht beschweren. Ersatz für den Wagen Druschkohlen konnte trotz fortgesetzter Bemühungen von nirgends beschafft werden.

---

4 Diese Maschinen wurden durch eine mit Kohle beheizte Lokomobile (fahrbare Dampfmaschine) über eine Transmission angetrieben.

Bezirksamt F ü s s e n :
Böses Blut machte bei der Bevölkerung in Füssen die Beobachtung, daß trotz der großen Brennstoffnot aus dem Bezirk mit Genehmigung der Landesbrennholzstelle Torf ausgeführt wurde. Die Landesbrennholzstelle wurde vom Bezirksamt ersucht, wie bei Brennholz, so auch bei Torf vor Erteilung der Genehmigung das Bezirksamt zu hören.

Stadtrat K a u f b e u r e n :
Der Eingang an Kohlen in Kaufbeuren hat sich noch weiter verringert. Außerordentlich großer Mangel herrscht an Koks. Das Postamt hat nurmehr für einige Tage zur Beheizung der Zentralheizung Koks zur Verfügung. Die Hausbrandbezugsscheine für das Postamt und andere öffentliche Anstalten, die schon im Juni ausgegeben wurden, sind noch nicht beliefert.

Anlage 4 zu Ziffer 5. Wohnungsfrage. Baumarkt

Stadtrat L i n d a u :
Die Überprüfung der vom Wohnungsamte Lindau veranstalteten Wohnungserhebungen ist nun beendet, hatte aber nicht das gewünschte Resultat. Bei der veralteten und unpraktischen Bauweise der meisten hiesigen Häuser ist es auch nach den Wohnungserhebungen nicht möglich, eine größere Anzahl von Kleinwohnungen herauszuwirtschaften. Es besteht das Bestreben, Einzelmieter aus Privatquartieren herauszunehmen und in Gasthöfen unterzubringen, wie dies im letzten Wochenbericht bereits erwähnt wurde. Ob sich diese Maßnahme durchführen lassen wird, müssen die demnächst zu bewerkstelligenden Versuche ergeben. In den Staatsgebäuden wären wohl noch einige Kleinwohnungen zu schaffen. Der städtische Wohnungsinspektor hat dieselben mit einem Regierungsbeauftragten begangen und Vorschläge hiezu gemacht, die hoffentlich den gewünschten Erfolg haben werden. Die fortgesetzten Ausweisungen Deutscher aus der Schweiz[5], die mit allen Habseligkeiten bereits hier ankommen und untergebracht werden müssen, verschlechtern natürlich dauernd den Wohnungsmarkt und benachteiligen Wohnungsbewerber, die längst um Berücksichtigung ihrer Gesuche und Wünsche eingekommen sind.

---

5 Es handelt sich um Deserteure oder solche Personen, die sich dem Kriegsdienst entzogen hatten (sog. Refraktäre). Durch die VO der Volksbeauftragten vom 7.12.1918 (RGBl S.1415) waren sie amnestiert worden.

Anlage 5 zu Ziffer 3 d) Arbeitsmarkt

Stadtrat Neu-Ulm: Übersicht über die Arbeitsmarktlage am 1. November 1919

Wirtschaftszweig	Unerl. Angeb.		Unerl. Nachfrage		Bemerkungen
	a. männl.	b. weibl.	a. männl.	b. weibl.	
Land- und Forstwirtschaft, Gärtnerei	4	5	4	–	
Metallverarbeitung	5	–	4	–	
Holzindustrie	8	–	–	–	
Textilindustrie	2	–	–	–	
Bekleidungs- und Reinigungsgewerbe	6	2	4	3	
Baugewerbe	14	–	–	–	
Sonst. Handwerk und Berufe	3	2	24	4	
Haus- und Gastwirtschaft	–	H 13 G 2	2	H 4 G 3	
Ungelernte Arbeiter aller Art	–	–	19	–	
Summe:	42	24	57	14	

Bemerkungen über die Lage des Arbeitsmarktes.

Mangel an Schreinern und Zimmerleuten besteht noch weiter. Die übrigen Berufe gleichen sich aus. Arbeitskräfte mehren sich besonders im kaufmännischen Beruf. In der weibl. Abteilung fehlt es immer noch an weibl. Dienstboten sowohl in der Landwirtschaft als Privat. Im Wirtschaftsgewerbe hat der Mangel an weibl. Arbeitskräften z. Zt. nachgelassen.

Städt. Arbeitsamt Neu-Ulm.

Augsburg, den 11. November 1919 96

1. Allgemeine politische Lage
a) Öffentliche Ordnung und Sicherheit:
Abgesehen von den stets zahlreich vorkommenden Diebstählen und Einbrüchen sind besondere Störungen der öffentlichen Ordnung und Sicherheit nicht vorgekommen. Soweit bis jetzt bekannt geworden, sind die abgehaltenen Revolutionsfeiern[1] überall ohne Zwischenfälle verlaufen. Die Arbeiter der Mechanischen Seilerwarenfabrik Füssen lehnten die Feier des 7. November in ihrer überwiegenden Mehrheit ab.
b) Volksstimmung und Volksmeinung über die wichtigsten öffentlichen Angelegenheiten:
Die Volksstimmung ist eine sehr gedrückte. Mit Nachdruck wird allenthalben gefordert, daß nunmehr ohne Zögern mit dem energischen Vorgehen gegen Wucherer, Schieber und Schleichhändler ernst gemacht wird. Die Bevölkerung will endlich greifbare Resultate sehen, die sicher ihren Eindruck auf die gewissenlosen Aussauger des Volkes nicht verfehlen werden. Gegen Landwirte, welche sich in der Forderung wucherischer Preise nicht genug tun konnten, bereitet sich im Bezirke Illertissen eine Art Volksgericht vor, indem eine Reihe von solchen Landwirten Drohbriefe mit Brandstiftung, unterzeichnet ›Das Komitee zur Abschaffung des Wuchers und Schleichhandels‹ erhalten haben. Zwei solche Drohungen wurden auch bereits ausgeführt.

2. Ernährungslage
a) Landwirtschaftliche Erzeugung, Stand der Feldfrüchte, Ernteaussichten und Ernteergebnisse:
Der starke Schneefall und Frost war im Bezirke Donauwörth in der vergangenen Woche der Bergung der Kartoffeln und Rüben sehr hinderlich. Teilweise wird befürchtet, daß die noch in der Erde befindlichen Früchte Schaden genommen haben. Wegen des ungünstigen Wetters liegen im Bezirksamt Neuburg an der Donau noch große Mengen von Hackfrüchten, besonders auch Kartoffeln, auf den Feldern.
An manchen Orten ist der Stand der Wintersaaten nicht befriedigend. Wer spät gesät hat, und dies sind nicht wenige, der hat noch kahle Äcker, und auch wo die Saat aufgegangen ist, ist sie vielfach noch weit zurück.
Zur Frage der Abhaltung der Aufklärungsversammlungen[2] auf dem Lande erlaube ich mir auf den in der Anlage enthaltenen Auszug aus einem Berichte des Bezirksamtes Zusmarshausen Bezug zu nehmen.

---

1 Das Gruppenkommando 4 erlaubte die Feiern zum Jahrestag der Revolution von 1918 nicht an den Werktagen des 7. oder 8. November, sondern nur am Sonntag, dem 9. November. Es hat diese Regelung deswegen getroffen, weil die *derzeitigen schwierigen wirtschaftlichen Verhältnisse unseres Vaterlandes keine Störung vertragen und daß im Interesse des Aufbaues unseres Wirtschaftslebens darauf Wert darauf gelegt werden muß, keinen Arbeitstag ungenützt vorübergehen zu lassen. Auch waren Versammlungen unter freiem Himmel, Demonstrationen, Umzüge, Feiern auf Friedhöfen nicht gestattet; StAnz 264, 265 (1919), Bek vom 28.10. und 2.11.1919. Nach Protesten der USPD und aus Kreisen der Arbeiterschaft, entschloss sich das Gruppenkommando zu einer Milderung der Verfügung: Wenn der Nachweis erbracht wird, daß aus zwingenden Gründen Versammlungen an anderen als an den verbotenen Tagen nicht stattfinden können, kann die Genehmigung zur Abhaltung ausnahmsweise erteilt werden, wenn eine Garantie gegeben scheint, daß eine Gefährdung der öffentlichen Sicherheit nicht zu erwarten ist; zit. nach AAB 254 vom 4.11.1919.*
2 Einberufen vom Vorstand des Kommunalverbands. Nach einem vom Vorstand oder seinem Vertreter gebotenen Überblick konnten sich die Zuhörer zu Wort melden.

Durch den frühzeitigen Schneefall ist im Bezirke Lindau die Viehweide im allgemeinen um 3 Wochen verkürzt worden; bei der ohnedies sehr knappen Heuernte wird zum mindesten eine große Beschränktheit an Futter eintreten, die im Laufe des Winters und Frühjahres zu Viehverkäufen zwingen wird.

b) Erfassung der landwirtschaftlichen Erzeugnisse:
Während über die Beibringung des Brotgetreides bessere Nachrichten vorliegen, geht die Erfassung der benötigten Kartoffelmengen nur zögernd und schleppend vor sich. Siehe auch die in der Anlage enthaltenen Berichte der Bezirksämter Dillingen, Sonthofen.

c) Verteilung und Preise der wichtigsten Lebensmittel einschließlich der Auslandslebensmittel *[Kein Eintrag]*.

3. Gewerbliche Lage

a) Kohlenlage:
In Augsburg hat sich die Zufuhr an Kohlen etwas gehoben; dies könnte jedoch nur dann einigermaßen über die größte Not hinwegbringen, wenn die Zunahme in der Anlieferung einigermaßen von Dauer wäre. Auf die anliegenden Berichte des Stadtrats und des Bezirksamts Neu-Ulm und Füssen nehme ich Bezug.

b) Rohstofflage *[Kein Eintrag]*.

c) Aufträge und sonstige wirtschaftliche Verhältnisse:
Die Mechanische Bindfadenfabrik Immenstadt hat auf Grund ihrer guten Rohstoffeindeckung und infolge der Besserung des Wasserstandes (durch die Schneeschmelze der letzten Tage) in dieser Woche, mit Ausnahme des Donnerstag, voll arbeiten können und hofft, nunmehr auf die ganzen 46 Stunden mit allen Arbeitern zu kommen. Die Allgemeine Baumwollspinnerei und Weberei Blaichach ist nun zum Zweistuhlsystem übergegangen, hat zur Zeit im Übergang noch den Zeitlohn, wird aber in etwa 14 Tagen zum Akkordlohn kommen. Sie kann dann alle Arbeitskräfte beschäftigen, da sie Aufträge und Rohstoffe genug hat und, wenn nicht schwere Kälte eintritt, auch mit ihrem (qualitativ minderwertigen) Brennmaterial durchzukommen glaubt. Das Hüttenamt Sonthofen arbeitet glatt weiter.

d) Arbeitsmarkt:
Die Lage des Arbeitsmarktes in Augsburg zeigt eine Zunahme der Arbeitslosen infolge Kohlen- und Rohstoffmangels sowie im Baugewerbe durch Witterungseinflüsse. In der Landwirtschaft ist die Nachfrage größer als das Angebot von offenen Stellen. In der Gärtnerei liegt ein Arbeitsangebot nicht vor. Für die Metallindustrie werden Kessel- und Hammerschmiede sowie Elektromonteure gesucht. An besonders gut qualifizierten Arbeitern ist ein Mangel zu verzeichnen. Sonst ist Überfluß an Metallarbeitern vorhanden. Möbelschreiner sind gesucht. In der Textilindustrie ist die Lage unverändert. Schneider und Schuhmacher werden gesucht, während für angelernte Näherinnen kein Arbeitsangebot sich ergibt. Maurer werden hauptsächlich nach auswärts gesucht, am Ort sind solche wegen der Witterungseinflüsse vorübergehend ausgestellt. Eine Anzahl kaufmännischer Angestellter, welche bei der Volkszählung beschäftigt war, ist erneut arbeitslos; das Angebot dafür ist schwach. Die Hauswirtschaft sucht noch eine größere Anzahl geschulter Arbeitskräfte. In der Gastwirtschaft besteht Überfluß an Kellnern und Köchen. Buchbinder und Sattler finden schwer ein Unterkommen, desgleichen Arbeitskräfte in der Lebensmittelbranche. Ungelernte männliche Arbeiter finden Arbeitsgelegenheit bei Bahn- und Kulturbauten. Für ungelernte Weibliche ist wenig Arbeitsangebot vorhanden. Der Kohlenmangel hatte die teilweise Einschränkung einiger Industriewerke zur Folge. Nachstehende Übersicht des Arbeitsmarktes in Augsburg vom 7. November 1919 gibt zahlenmäßigen Aufschluß über die Bewegung des Arbeitsmarktes:

Wirtschaftszweig	Unerl. Angeb.		Unerl. Nachfrage		Bemerkungen
	a. männl.	b. weibl.	a. männl.	b. weibl.	
Land- und Forstwirtschaft, Gärtnerei	5	12	21	5	
Metallverarbeitung	28	–	116	1	
Holzindustrie	48	–	3	–	
Textilindustrie	1	–	11	87	
Bekleidungs- und Reinigungsgewerbe	33	–	6	34	
Baugewerbe	65	–	76	–	
Sonst. Handwerk und Berufe	23	9	300	91	
Haus- und Gastwirtschaft	3	133	141	36	davon
Ungelernte Arbeiter aller Art	32	2	323	363	3 jugendl. m.
Summe:	238	156	997	617	3 jugendl. m.
Gesamtsumme der Vorwoche:	213	185	862	618	5 jugendl. m.

Beim Arbeitsamt Memmingen stehen 58 offenen Stellen für Männliche 64 Stellengesuche gegenüber. Die Zahl der Erwerbslosen beträgt 31.

Das städtische Arbeitsamt Immenstadt meldet für 75 Männliche, 34 Weibliche und 10 Lehrlinge: 43 und 6 und 2 offene Stellen.

Die Übersicht des städtischen Arbeitsamts Neu-Ulm liegt an.

4. Öffentliche Arbeiten, Notstandsarbeiten, wichtigere Vorgänge in der Arbeiterlohnbewegung, Stand der Erwerbslosenfürsorge:

In der Leistenfabrik der Brüder Winkle in Altenstadt, Bezirksamts Illertissen, hatten die Arbeiter einige Tage die Arbeit niedergelegt. Grund dieser Arbeitsniederlegung war eine Differenz mit der Fabrikleitung wegen Maßregelung einiger Arbeiter. Im Verlaufe des Streiks wurden Gewalttätigkeiten insoferne verübt, als in das Schlafzimmer des einen Teilhabers 2 scharfe Schüsse fielen. Der Täter, der in der Arbeiterschaft zu suchen sein dürfte, konnte auch hier nicht ermittelt werden. Seit 7. November wurde die Arbeit in vollem Umfang wieder aufgenommen und können die Differenzen als beigelegt gelten.

Durch Betriebsbeschränkungen in der Stromeyer'schen Segeltuchfabrik in Weiler, Bezirksamts Lindau, ist eine größere Zahl von Arbeitern im Verdienste verkürzt und fällt der teilweisen Erwerbslosenfürsorge anheim.

Als Notstandsarbeit wurde bisher in Neu-Ulm der Abbruch der Festungsmauer an geeigneten Stellen vorgenommen. Dieser wird voraussichtlich eingestellt werden müssen, bis die hereinspielenden Fragen des Heimatschutzes und der Stadterweiterung geklärt sind, was eine größere Erwerbslosigkeit nach sich ziehen wird.

Nach dem Stande vom 1. November 1919 hatte Augsburg an Erwerbslosen

         962 männliche   gegenüber   909 der Vorwoche
         551 weibliche   gegenüber   581 der Vorwoche
zusammen 1513 Erwerblose   gegenüber   1490 der Vorwoche.

Seit Beginn der Erwerbslosenfürsorge sind in Augsburg 18.532 Erwerbslose wieder in Arbeit getreten.

5. Wohnungsfrage, Baumarkt
Durch Fortdauer der Rationierung und Einbau von Wohnungen in seither unbewohnten Räumlichkeiten wird die starke Wohnungsnot in Augsburg etwas gemildert.

6. Volksgesundheit *[Kein Eintrag]*.

7. Kriegsbeschädigten- und Kriegshinterbliebenenfürsorge
In letzter Zeit entfaltet der Reichsbund der Kriegsbeschädigten im Bezirke Mindelheim eine lebhafte Agitation und sucht die Leitung der dort zu errichtenden Bezirksfürsorgestelle in seine Hand zu bringen.

8. Sonstiges
Großer Mangel herrscht nach Bericht des Bezirksamts Dillingen an entsprechenden Kleidungsstücken für Flüchtlinge. Insbesondere fehlt es an Fußbekleidung und Unterwäsche. Eine Anfrage wegen billiger Wäsche an das Reichskleiderlager 45 in Augsburg bzw. an verschiedene Bekleidungsämter war leider erfolglos, da dort keine Bestände mehr vorhanden sind.
Wegen der in Neu-Ulm sich aufhaltenden Flüchtlinge[3] verweise ich auf den anruhenden Bericht des Stadtrats Neu-Ulm.
gez. von Praun, Regierungspräsident

Anlage 1 zu Ziffer 2a) Landwirtschaftliche Erzeugung, Stand der Feldfrüchte, Ernteaussichten und Ernteergebnisse:

Bezirksamt Z u s m a r s h a u s e n :
In einer vorgestern stattgefundenen Vorbesprechung kam die einheitliche Meinung sämtlicher politischer Parteien dahin zum Ausdruck, daß mit der Veranstaltung von Aufklärungsversammlungen gar nichts erreicht wird. Gleichwohl haben die erschienenen Vertreter der politischen Parteien zugesagt, sich wegen Beschaffung von Vortragenden zu bemühen. Einstimmig war übrigens auch die Anschauung, daß eine behördlich geleitete Aufklärung erst recht nicht der geeignete Weg sei. Was den Bezirksamtmann selbst anlangt, so dürfte dieser Ansicht insofern beizupflichten sein, als er sich schwer tut, solange, wie in letzter Zeit wieder geschehen, in öffentlichen Versammlungen die Behauptung aufgestellt wird, die Bezirksamtmänner seien verkappte Reaktionäre und sabotieren die gegenwärtige Regierung. Einer solchen Behauptung dürfte von oben her wohl mit Nachdruck zu begegnen sein, denn sie verkennt vollständig die schwere Aufgabe, die die Bezirksamtmänner zur Zeit darin haben, auf dem Lande die gegenwärtige Regierung zu stützen und zu verteidigen.

---

3 *Vertriebene Deutsche aus Elsass-Lothringen.*

Anlage 2 zu Ziffer 2 b) Erfassung der landwirtschaftlichen Erzeugnisse

Bezirksamt D i l l i n g e n :
Diejenigen Personen, welche auf Bezugsschein Kartoffeln erworben haben, erstreben Ersatz der von ihnen dem Produzenten zu erstattenden Beträge des Preisunterschiedes von 7.25 Mark und 10 Mark. Es kommt insbesondere die Arbeiterbevölkerung von Lauingen in Betracht. Der Antrag wurde an die Landeskartoffelstelle weitergeleitet, obwohl derselbe hieramts als aussichtslos erachtet wird.

Bezirksamt S o n t h o f e n :
Zur Ernährungslage muß immer wieder auf die zu ständigen Beschwerden der Industrie und der ländlichen Gemeinden führende ungenügende Kartoffelversorgung verwiesen werden. Nach telefonischer Mitteilung der Landeskartoffelstelle ist zwar der Bezirk Sonthofen relativ, im Verhältnis zu anderen Gebirgsbezirken, gut beliefert, allein dies ist ein schlechter Trost bei der tatsächlichen Kartoffelnot. Es ist eben auch in dem weitverzweigten Bezirk die Verteilung viel schwieriger als in enger besiedelten und kleineren Bezirken; es ist oft schwer, Waggons zwischen einzelnen Gemeinden zu teilen und kaum möglich, daß z. B. einzeln gelegene kleine Weiler und Einöden ihre Kartoffeln fünfpfundweise holen. Dazu kommt die ständige Frostgefahr bei der hohen Lage des Bezirks und seiner Siedlungen (bis über 1100 m). Nach allem, was man hört, ist die Grundursache weniger die Transportkrise als die mangelhafte Ablieferung durch die Kartoffelbauern.

Anlage 3 zu Ziffer 3a) Kohlenlage

Stadtrat N e u - U l m :
Auf gewerblichem Gebiet macht sich in stets verschärfter Form der Mangel an Kohlen und Rohstoffen bemerkbar. Wenn auch Betriebsstillegungen in größerem Umfang noch nicht vorgekommen sind, stehen sie doch hauptsächlich wegen Kohlenmangels unmittelbar zu befürchten. Einer der größten hiesigen Fabrikbetriebe mit über 60 Arbeitern wird in 14 Tagen geschlossen werden müssen, wenn es nicht gelingt, noch rechtzeitig Kohlen beizuschaffen.

Bezirksamt N e u - U l m :
Die Kohlenversorgung der Industrie und des Handwerkes im Bezirke Neu-Ulm ist eine völlig ungenügende. Die Kohlenvorräte der Spinnerei Ay reichen nur noch auf 10 Tage.

Bezirksamt F ü s s e n :
Die Vorstellung der Stadtvertretung Füssen beim Verkehrsministerium, welcher der in Urlaub befindliche Bezirksamtmann und der Direktor der Mechanischen Seilerwarenfabrik durch ihre persönliche Teilnahme den erforderlichen Nachdruck verlieh, führte zu dem Ergebnis, daß der Kohlenbedarf der Lokalbahn Markt Oberdorf-Füssen wenigstens für den Güterverkehr in beschränktem Maße gedeckt wird. Auch für die Mechanische Seilerwarenfabrik wurden von der Demobilmachungsstelle Süd die notwendigsten Kohlen zugesichert.

Anlage 4 zu Ziffer 3d) Arbeitsmarkt

Stadtrat N e u - U l m.
Übersicht über die Arbeitsmarktlage am 8. November 1919.

Wirtschaftszweig	Unerl. Angeb.		Unerl. Nachfrage		Bemerkungen
	a. männl.	b. weibl.	a. männl.	b. weibl.	
Land- und Forstwirtschaft, Gärtnerei	6	6	3	–	
Metallverarbeitung	5	–	6	–	
Holzindustrie	5	–	–	–	
Textilindustrie	2	–	–	–	
Bekleidungs- und Reinigungsgewerbe	5	1	2	–	
Baugewerbe	3	–	–	–	
Sonst. Handwerk und Berufe	1	1	18	3	
Haus- und Gastwirtschaft	–	H 11 G 3	2	H 7 G 4	
Ungelernte Arbeiter aller Art	1	1	23	–	
Summe:	28	23	54	14	

Bemerkungen über die Lage des Arbeitsmarktes.
Ungelernte Arbeiter der männl. Abteilung und kaufm. Berufe mehren sich. Mangel an Arbeitskräften besteht noch im Schreinergewerbe. Im übrigen besteht Ausgleich.
Städt. Arbeitsamt Neu-Ulm.

Anlage 5 zu Ziffer 8) Sonstiges

Stadtrat N e u - U l m:
Zu einer Landplage und öffentlichen Gefahr entwickeln sich die in Neu-Ulm sich aufhaltenden Flüchtlinge. Die Fürsorgestelle befindet sich im Rathaus. Namentlich die jüngeren und gerade gefährlichsten Elemente treiben sich den ganzen Tag im und um das Rathaus herum. Sollte es je zu Aufläufen kommen, so erstehen den Massen im Rathaus Hetzer und Aufpeitscher gefährlichster Art. Deshalb ist der Stadtrat bemüht, die Flüchtlingsfürsorgestelle aus dem Rathaus herauszubringen. In der hiesigen Infanteriekaserne dürften sich auch geeignete Räume finden. Allein unsere Bestrebungen scheiterten bisher an dem Widerstand der Militärbehörde. Wir müssen, falls aus dem Verbleiben der Flüchtlingsfürsorgestelle im Rathaus sich eine öffentliche Gefahr entwickelt, jede Verantwortung ablehnen.

Augsburg, den 18. Nov. 1919 **97**

1. Allgemein politische Lage
a) Öffentliche Ordnung und Sicherheit:
Die U.S.P. veranstaltete am 8.11. in Memmingen einen Demonstrationszug durch verschiedene Straßen der Stadt; die Beteiligung an demselben war gering. Der Stadtrat hat sich mit der Frage der gewaltsamen Verhinderung dieses Zuges in seiner Sitzung vom 7. dieses Monats eingehend beschäftigt. Dabei wurde sowohl von Vertretern der bürgerlichen Parteien als auch der Mehrheitssozialisten betont, daß eine gewaltsame Unterbindung des Zuges und der daraus entstehenden Folgen in keinem Verhältnis zu der Wichtigkeit der ganzen Sache stehe. Gegen den Veranstalter des Zuges ist Strafanzeige erstattet worden.
Besonderes ist über öffentliche Ordnung und Sicherheit nicht zu berichten. Die zahlreichen Eigentumsdelikte, in Sonderheit Einbruchdiebstähle, dauern an.
In Augsburg entfaltet die U.S.P. zwar eine rege Versammlungstätigkeit; doch sind die Versammlungen zeitweise sehr schlecht besucht. Ihre ganze Kraft bietet sie auf, um das neugegründete Parteiorgan ›Der Volkswille‹ über Wasser zu halten.
Auszug eines Berichtes des Bezirksamtes Mindelheim ist in der Beilage enthalten.
b) Volksstimmung und Volksmeinung über die wichtigsten öffentlichen Angelegenheiten:
Die Volksstimmung verlangt dringend eine viel energischere und gerechtere Bekämpfung von Wucher, Schleichhandel und Schieberei.
Auf einen im Auszug anliegenden Bericht des Stadtrats Kaufbeuren erlaube ich mir zu verweisen.

2. Ernährungslage
a) Landwirtschaftliche Erzeugung, Stand der Feldfrüchte, Ernteaussichten und Ernteergebnisse: *[kein Eintrag]*
b) Erfassung der landwirtschaftlichen Erzeugnisse:
Die Nachrichten über die Kartoffelversorgung der Bedarfsbezirke lauten noch gleich schlecht, ja teilweise trostlos; siehe auch die anruhenden Berichte des Stadtrats Augsburg, Kaufbeuren.
In Augsburg ist die Ernährung bei Fortdauer der gegenwärtigen Verhältnisse sehr in Frage gestellt; eine Reihe von Kommunalverbänden hat nach Bericht des Stadtrates ihre Lieferungen eingestellt, und zum Teil ist mit der Lieferung noch gar nicht begonnen. Die Einstellung des Personenverkehrs[1] hat für die Zufuhr von Lebensmitteln, insbesondere Getreide und Kartoffeln, nicht die geringste Besserung gebracht. In der Getreideanlieferung ist eine weitere Verschlechterung eingetreten. Angeliefert wurde in dieser Woche lediglich ein Waggon Weizen.
Zur Aufbringung des Brotgetreides verweise ich auf den anruhenden Bericht des Bezirksamts Zusmarshausen.

---

1 Durch die VO der Reichsregierung vom 31.10.1919 betr. Einstellung des Personenverkehrs auf den Eisenbahnen (abgedr. im AAB 254 vom 4.11.1919) wurde vom 5. bis zum 15. November auf sämtlichen dem öffentlichen Verkehr dienenden Haupt- und Nebeneisenbahnen der Personenverkehr eingestellt. Ausgenommen war nur der unbedingt notwendige Arbeiter- und Vorortsverkehr. Transportnot und die Verbesserung der Kartoffel- und Kohlenversorgung führt die VO als Gründe für die Maßnahme an (s. auch ›Bayerische Staatszeitung‹ 267 vom 4.11. und 268 vom 5.11.1919).

c) Verteilung und Preise der wichtigsten Lebensmittel einschließlich der Auslandslebensmittel *[Kein Eintrag]*.
3. Gewerbliche Lage
a) Kohlenlage:
Die Kohlenlage hat sich trotz der Verkehrssperre nirgends gebessert. Von Interesse sind die Berichte des Stadtrats Augsburg, Kaufbeuren und der Bezirksämter Neu-Ulm und Füssen, die in der Anlage anruhen.
b) Rohstofflage *[Kein Eintrag]*.
c) Aufträge und sonstige wirtschaftliche Verhältnisse:
Besondere Wahrnehmungen sind nicht gemacht worden.
d) Arbeitsmarkt:
Die Lage des Arbeitsmarktes in Augsburg ist trotz der Schwankungen infolge Kohlen- und Stromknappheit nicht gerade ungünstig. In der Landwirtschaft hat das Arbeitsangebot merklich nachgelassen, so daß Nachfrage und Angebot sich einigermaßen decken. Ein langsames Anziehen in der Nachfrage nach Arbeitskräften zeigt sich bei der Metallindustrie, bei welcher der Mangel an Elektromonteuren fortdauert. Gut beschäftigt ist die Holzindustrie und kann die Nachfrage nach Möbelschreinern nur ungenügend befriedigt werden. Die Textilindustrie leidet besonders unter Kohlenmangel. Der Mangel an Schneidern und Schuhmachern hat sich vermindert. Das Baugewerbe sucht zum Teil noch Maurer, hauptsächlich aber Zimmerer. Am Ort sind solche wegen ungünstiger Witterungseinflüsse vorübergehend ausgestellt. Für männliche kaufmännische Angestellte ist das Angebot gering, während die Nachfrage von Arbeitssuchenden sich gesteigert hat. In der weiblichen kaufmännischen Abteilung macht sich eine lebhafte Nachfrage nach Verkäuferinnen bemerkbar in Rücksicht auf die Weihnachtskäufe. In der Hauswirtschaft besteht noch immer ein empfindlicher Mangel an geschultem Personal. Köche und Kellner sind in Überzahl vorgemerkt. Ungelernte Arbeiter finden wenig Arbeitsgelegenheit. Die Zahl der heimgekehrten Kriegsgefangenen belastet den Arbeitsmarkt noch nicht wesentlich. – Die Verkehrssperre wirkt lähmend auf den Verkehr nach auswärts. Nachstehende Übersicht des Arbeitsamtes Augsburg vom 14. November 1919 gibt zahlenmäßigen Aufschluß über die Bewegung des Arbeitsmarktes:

Wirtschaftszweig	Unerl. Angeb.		Unerl. Nachfrage		Bemerkungen
	a. männl.	b. weibl.	a. männl.	b. weibl.	
Land- und Forstwirtschaft, Gärtnerei	23	10	16	5	
Metallverarbeitung	35	–	86	1	
Holzindustrie	50	–	5	–	
Textilindustrie	16	–	13	76	
Bekleidungs- und Reinigungsgewerbe	39	–	10	19	
Baugewerbe	49	–	99	–	
Sonst. Handwerk und Berufe	12	6	286	85	
Haus- und Gastwirtschaft	3	146	155	35	3 jugendl. m.
Ungelernte Arbeiter aller Art	–	–	210	399	2 jugendl. m.
Summe:	227	162	880	620	5 jugendl. m.
Gesamtsumme der Vorwoche:	238	156	997	617	3 jugendl. m.

Beim Arbeitsamt Memmingen stehen 66 offenen Stellen für Männliche 59 Stellengesuche gegenüber. Die Zahl der Erwerbslosen beträgt 27.
Das Arbeitsamt Immenstadt meldet für 64 Männliche, 31 Weibliche und 12 Lehrlinge: 45 und 4 und 2 offene Stellen.
Die Übersicht über den Arbeitsmarkt Neu-Ulm ruht an.

4. Öffentliche Arbeiten, Notstandsarbeiten, wichtigere Vorgänge in der Arbeiterlohnbewegung, Stand der Erwerbslosenfürsorge
   Bericht über die Verhältnisse in der Stadt Augsburg ruht an.

5. Wohnungsfrage, Baumarkt
   Ohne Besserung. Der Baumarkt liegt nahezu völlig darnieder.

6. Volksgesundheit *[Kein Eintrag]*.

7. Kriegsbeschädigten- und Kriegshinterbliebenenfürsorge
   Ohne besondere Vorkommnisse.
   Auszug aus einem Bericht des Bezirksamts Zusmarshausen ruht an.

8. Sonstiges *[Kein Eintrag]*.
   gez. von Praun, Regierungspräsident

Anlage 1 zu Ziffer 1 a) Öffentliche Ordnung und Sicherheit:

Bezirksamt M i n d e l h e i m :
Über die Unzuverlässigkeit eines großen Teiles der Mindelheimer Einwohnerwehr habe ich bereits früher berichtet. Nach einem Briefe, der im Bezirkssekretariat für Südbayern der K.P.D. aufgefunden und durch die Polizeidirektion München hierher gesandt wurde, ist der 1. Kommandant Ludwig Pfeiffer[2] ›ein grundechter Sozialist und Kommunist mit Fleisch und Blut‹; er verfüge über 100 zuverlässige Mann, ›die zum Äußersten entschlossen sind, wenn es sein muß‹. Die Kreisleitung der Einwohnerwehren ist von dem Inhalte des Briefes verständigt worden.

Anlage 2 zu Ziffer 1 b) Volksstimmung und Volksmeinung über die wichtigsten öffentlichen Angelegenheiten:

Stadtrat K a u f b e u r e n :
Das Hamstern wird vielfach jetzt in der Weise betrieben, daß die Schieber- und Kriegsgewinnlergestalten im Auto auf das Land fahren, bei den Bauern vorfahren und kaufen. Der Bauer gibt gerne ab, da er höhere Preise erzielt, das Getreide nicht in die Stadt zu fahren braucht und weiter keine Arbeit und Laufereien hat. Während die Ärzte und andere Geschäfte klagen, daß Brennstoffe für den Betrieb der Kraftwagen kaum zu bekommen sind, macht sich aus den größeren Städten eine Gesellschaft von Männern und Frauen breit, die durch ihr üppiges Aussehen und die Art ihres Auftretens geradezu aufreizend wirken. Der Kontrolle aller Personenkraftwagen müßte von der Polizei immer noch strengeres Augenmerk zugewendet werden. Es könnte sich nur empfehlen, wenn zu Fahrten der Nachweis der geschäftlichen Notwendigkeit, welcher bei Privatpersonen durch die Bank abzulehnen wäre, eingeführt würde. Bei Geschäftsfahrten wäre Zahl und Name der Personen behördlich zu bestätigen. Dadurch könnte dem Unfug ein Ende gemacht werden.

Anlage 3 zu Ziffer 2 b) Erfassung der landwirtschaftlichen Erzeugnisse:

Stadtrat A u g s b u r g :
Vom 1. bis 13. November 1919 sind trotz des erhöhten Erzeugerpreises nur 4965 Zentner Kartoffeln hier angekommen. Auf die Berichtswoche treffen 2320 Zentner. Infolge der geringen Anlieferung mußte die bereits gekürzte Wochenration von 3 ½ Pfund pro Kopf auf 2 Pfund herabgesetzt werden. Wintervorrat ist noch nicht vorhanden. Falls durch das gegenwärtige Frostwetter Verladungen nicht möglich sein sollten, können wir den Versorgungsberechtigten, welche sich mit Bezugsscheinen nicht eindecken konnten, nicht einmal diese geringe Menge mehr geben.

Stadtrat K a u f b e u r e n :
Gleich schlecht ist die Kartoffelversorgung in Kaufbeuren. Die Bauern verfüttern Kartoffeln und Getreide an das Vieh und machen davon auch gar kein Hehl. Wenn die Verhältnisse so weitergehen, kann nichts geschehen, als daß die Einwohnerwehren der Städte zur gewaltsamen Enteignung schreiten müssen.

---

2 Ludwig Pfeiffer (1883–1951), Bürstenmacher. Er organisierte eine Protestdemonstration gegen den vom Arbeiter-, Soldaten- und Bauernrat abgesetzten Bezirksamtmann Dr. Steinbach und wurde im Juni 1920 vom Volksgericht Memmingen wegen Landfriedensbruchs zu zwei Monaten Gefängnis verurteilt.

Bezirksamt Z u s m a r s h a u s e n:
In den letzten Wochen hat trotz erhöhter Bemühung der Aufkäufer die Ablieferung des Getreides stark abgenommen; die Gründe werden wohl in nachfolgendem Auszug aus einer Zuschrift des Kommissionärs richtig angegeben sein:

› Wenn dem Bauern zuerst gesagt wird, Druschprämien werden heuer nicht bezahlt, es werden dann doch Prämien in einer Höhe, die selbst den Bauern in Erstaunen versetzte, gewährt, und zuletzt wird, zu allem Überfluß, die bereits gesenkte Prämie noch verdoppelt, dann muß der Glauben an eine Durchführung der erlassenen Vorschriften naturgemäß schwinden. Der Bauer sagt auch heute noch, die Preise für meine Erzeugnisse sind gegenüber den Preisen für die anderen Waren zu billig, wobei er natürlich nicht in Berücksichtigung zieht, daß die Preissteigerungen für die Importartikel durch unsere schlechte Valuta bedungen sind. Die Fortgewährung der Prämien bestärkt die Leute in dem Glauben, daß die Getreidepreise ihre volle Höhe noch nicht erreicht haben und gibt Anlaß, mit der Ablieferung noch zuzuwarten. Die breite Masse der Bevölkerung aber, die fortwährend von der schlechten Ablieferung der Bauern hört, ist bestrebt, sich selbst einzudecken und bietet den Landwirten Summen, die nicht selten das Dreifache der festgesetzten Höchstpreise erreichen. Der Bauer aber, dem Pflichtgefühl und Respekt vor den erlassenen Vorschriften längst abhandengekommen ist, kann der Versuchung nicht widerstehen, und auf diese Weise fallen Quantitäten Brotgetreide dem Schleichhandel zum Opfer, die sich jeder Schätzung entziehen. Dies dürfte der wahre Grund der mangelhaften Ablieferung sein. Der pflichteifrigste Aufkäufer und gewissenhafteste Kommissionär kann dagegen nicht ankämpfen.‹

Anlage 4 zu Ziffer 3 a) Kohlenlage:

Stadtrat A u g s b u r g:
In der Zeit vom 4. mit 11.11.1919 sind an Hausbrandkohle hier eingegangen 1652,5 Tonnen, das sind 206,56 Tonnen im Tagesdurchschnitt. Gegenüber dem Tagesdurchschnitt der Vorwoche bedeutet dies wieder ein Rückgang von rund 29 Tonnen pro Tag. Daraus geht hervor, daß auch in Augsburg, wie anderwärts in Südbayern von einer Verbesserung der Kohlenzufuhr infolge der Verkehrssperre nichts zu verspüren ist. Was die Kokszufuhr im Besonderen anlangt, so ist inzwischen auf wiederholtes energisches Anschreiben vom Herrn Reichskommissar für Kohlenverteilung in Berlin eine schriftliche Zusage für Verbesserung der Kokslieferung nach Augsburg eingegangen; eine kleine Verbesserung ist in den letzten Tagen auch bereits zu verspüren.

Stadtrat K a u f b e u r e n:
Die Kohlenversorgung ist gleich schlecht geblieben. Die Stadt Kaufbeuren ist seit Mittwoch wieder ohne Licht. Das Postamt hat zur Beheizung nur noch für 3 Tage Koks. Auch die Schulen sind nur noch auf kurze Zeit mit Heizmaterial versorgt.

Bezirksamt N e u - U l m:
Die Kohlenversorgung der Industrie und des Handwerkes ist nach wie vor ganz ungenügend. Die Spinnerei in Ay hat jetzt kleine Kohlenvorräte erhalten.

Bezirksamt F ü s s e n:
Die Lokalbahn Markt Oberdorf-Füssen hat nur mehr für einige Tage Kohlen. Wenn es nicht gelingen sollte, rechtzeitig Kohlen zu erhalten und die vollständige Einstellung auch des Güterverkehrs hintan zu halten, wäre die Ernährung des auf auswärtige Zufuhren angewiesenen Bezirkes im hohen Grade gefährdet.

Anlage 5 zu Ziffer 3 d) Arbeitsmarkt:

Stadtrat N e u - U l m:
Übersicht über die Arbeitsmarktlage am 15. November 1919.

Wirtschaftszweig	Unerl. Angeb.		Unerl. Nachfrage		Bemerkungen
	a. männl.	b. weibl.	a. männl.	b. weibl.	
Land- und Forstwirtschaft, Gärtnerei	7	7	2	–	
Metallverarbeitung	4	–	6	–	
Holzindustrie	8	–	–	–	
Textilindustrie	1	–	–	–	
Bekleidungs- und Reinigungsgewerbe	5	1	2	–	
Baugewerbe	6	–	1	–	
Sonst. Handwerk und Berufe	1	–	17	3	
Haus- und Gastwirtschaft	2	H 12 G 3	4	H 6 G 4	
Ungelernte Arbeiter aller Art	–	–	29	–	
Summe:	33	23	62	13	

Bemerkungen über die Lage des Arbeitsmarktes:
Wesentliche Änderungen in der Arbeitsmarktlage sind gegenüber den Vorberichten nicht eingetreten.

Anlage 6 zu Ziffer 4) Öffentliche Arbeiten, Notstandsarbeiten, wichtigere Vorgänge in der Arbeiterlohnbewegung, Stand der Erwerbslosenfürsorge:

Stadtrat A u g s b u r g:
An neuerlichen Arbeiten wurden in Angriff genommen: Straßenbau für die Gartenstadt Spickel, Herstellung der Schertlinstraße, Doppelgleisherstellung für die Straßenbahn in der Wertachstraße. Insgesamt sind im städtischen Baubetriebe einschließlich der Wasserversorgung und der Werkkanalarbeiten 1006 Mann gegenüber 893 der Vorwoche beschäftigt.
Bei 132 baulichen Veränderungen beschäftigten private Unternehmer 712 Arbeiter gegenüber 736 der Vorwoche. Nach dem Stande vom 8. November 1919 hatten wir an Erwerbslosen:
        1001   Männliche   gegenüber   962 der Vorwoche
        <u>560   Weibliche   gegenüber   551 der Vorwoche</u>
zusammen   1561   Erwerbslose   gegenüber   1513 der Vorwoche.
Seit Beginn der Erwerbslosenfürsorge haben 18.743 Personen die Arbeit wieder aufgenommen.

Anlage 7 zu Ziffer 7) Kriegsbeschädigten- und Kriegshinterbliebenenfürsorge:

Bezirksamt Z u s m a r s h a u s e n:
Bei den Mitgliedern der Ausschüsse der Kriegsbeschädigten- und Hinterbliebenenfürsorge wie auch bei den Mitgliedern sonstiger derartiger Ausschüsse kann, soweit sie den ungebildeten Volkskreisen angehören, die Wahrnehmung gemacht werden, daß sie die ihnen vorliegenden Gesuche strenger beurteilen als dies im Bürowege geschehen würde. Objektive Beurteilung der Angelegenheit ist selten, zumeist sprechen persönliche Erwägungen mit, und vor allem wird dem lieben Nächsten nicht gern ein Vorteil gegönnt. Die Erfahrungen auf diesem Gebiet der Selbstverwaltung sind bisher durchaus nicht erfreulich.

Augsburg, den 25. November 1919   98

1. Allgemeine politische Lage
a) Öffentliche Ordnung und Sicherheit:
Besondere Vorkommnisse sind nicht zu verzeichnen. Die außerordentliche Mehrung der Eigentumsdelikte, in Sonderheit der Einbruchsdiebstähle, ist in gleicher Weise weiter wahrzunehmen.
b) Volksstimmung und Volksmeinung über die wichtigsten öffentlichen Angelegenheiten:
In der Volksstimmung wird der Ruf nach exemplarischem Vorgehen gegen Schieber, Wucherer und Schleichhändler immer dringender.
Bezeichnende Berichte des Bezirksamts Neu-Ulm, des Bezirksamts Neuburg an der Donau und des Stadtrats Günzburg liegen an.

2. Ernährungslage
a) Landwirtschaftliche Erzeugung, Stand der Feldfrüchte, Ernteaussichten und Ernteergebnisse *[Kein Eintrag]*.
b) Erfassung der landwirtschaftlichen Erzeugnisse:
Die Erfassung der landwirtschaftlichen Erzeugnisse geht vieler Orten nur stockend vor sich. Neben Bezirken, die ihr Liefersoll nahezu voll aufbringen werden, sind Bezirke vorhanden, die ihrer Lieferpflicht nicht entsprechend nachkommen. Auszüge aus den Berichten des Bezirksamts Augsburg, der Stadträte Augsburg, Neu-Ulm, Lindau und Memmingen ruhen an.
c) Verteilung und Preise der wichtigsten Lebensmittel einschließlich der Auslandslebensmittel *[Kein Eintrag]*.

3. Gewerbliche Lage
a) Kohlenlage:
Gleich schlecht wie vor der Verkehrssperre. Auf Sonderberichte des Bezirksamts Füssen und des Stadtrats Kaufbeuren sowie Neu-Ulm darf ich verweisen.
b) Rohstofflage *[Kein Eintrag]*.
c) Aufträge und sonstige wirtschaftliche Verhältnisse:
Hüttenamt, Bindfadenfabrik Immenstadt und Allgäuer Baumwollspinnerei und Weberei Blaichach arbeiten voll; an Rohstoffen und Aufträgen fehlt es keinem dieser Betriebe, die Kohlenversorgung allerdings kann zu Schwierigkeiten führen.
Im Bericht des Stadtrats Memmingen ist als Mißstand hervorgehoben, daß das Konzessionsgesuch der Lechwerke bezüglich Ausbau der Illerwasserkräfte schon seit 9 Monaten beim Ministerium liegt und bisher noch nicht verbeschieden ist.

d) Arbeitsmarkt:
In der Lage des Arbeitsmarktes Augsburg zeigt sich keine Verschiebung. Anfrage und Angebot decken sich in der Landwirtschaft. Die Metallverarbeitung zieht langsam an. Sehr gut beschäftigt ist die Möbelindustrie. In der Textilindustrie ist eine Besserung nicht zu verzeichnen. Schneider und Schuhmacher werden noch gesucht. Das Baugewerbe stellt wegen der Witterungseinflüsse zeitweise aus. Die Hauswirtschaft sucht geschulte Arbeitskräfte, worin ein beständiger Mangel fortdauert. Die Gastwirtschaft zeigt ein Überangebot an Kellnern. Weibliches Bedienungspersonal ist genügend vorhanden. Küchenmädchen sind gesucht. Für ungelernte Arbeiter aller Art, die teils aus Erwerbsbeschränkten bestehen, bietet sich Arbeitsgelegenheit nur nach auswärts. Für weibliche Ungelernte ist der Arbeitsmarkt gegen die Vorwoche nicht verändert. Kohlen- und Stromknappheit haben größere Ausstellungen noch nicht verursacht. Nachstehende Übersicht des Arbeitsamtes Augsburg vom 21. November 1919 gibt zahlenmäßigen Aufschluß über die Bewegung des Arbeitsmarktes:

Wirtschaftszweig	Unerl. Angeb.		Unerl. Nachfrage		Bemerkungen
	a. männl.	b. weibl.	a. männl.	b. weibl.	
Land- und Forstwirtschaft, Gärtnerei	7	13	22	5	
Metallverarbeitung	38	–	70	1	
Holzindustrie	64	–	5	–	
Textilindustrie	15	–	9	80	
Bekleidungs- und Reinigungsgewerbe	32	–	9	14	
Baugewerbe	50	–	99	–	
Sonst. Handwerk und Berufe	13	6	311	73	davon
Haus- und Gastwirtschaft	4	134	168	37	3 jugendl. m.
Ungelernte Arbeiter aller Art	2	–	224	424	4 jugendl. m.
Summe:	225	153	917	634	7 jugendl. m.
Gesamtsumme der Vorwoche:	227	162	880	620	5 jugendl. m.

Das städtische Arbeitsamt Immenstadt meldet für 64 Männliche, 21 Weibliche und 15 Lehrlinge: 28 und 3 und 2 offene Stellen.
Beim Arbeitsamt Memmingen stehen 54 offenen Stellen für Männliche 64 Stellengesuche gegenüber; die Zahl der Erwerbslosen beträgt 35.
Die Übersicht über den Arbeitsmarkt in Neu-Ulm liegt an.

4. Öffentliche Arbeiten, Notstandsarbeiten, wichtigere Vorgänge in der Arbeiterlohnbewegung, Stand der Erwerbslosenfürsorge
In der Spinnerei Ay, Bezirksamts Neu-Ulm, sind die Normalstundenlöhne erhöht worden; sie betragen jetzt 38 % mehr gegenüber den früheren Sätzen.

Nach dem Stande vom 15. November 1919 hatte Augsburg an Erwerbslosen:
    978 männliche   gegenüber   1001 der Vorwoche
    561 weibliche   gegenüber   560 der Vorwoche
zusammen: 1539 Erwerbslose gegenüber 1561 der Vorwoche.
Seit Beginn der Erwerbslosenfürsorge haben 18.979 Personen die Arbeit wieder aufgenommen.

5. Wohnungsfrage, Baumarkt
   Unverändert schlecht.

6. Volksgesundheit *[kein Eintrag]*.

7. Kriegsbeschädigten- und Kriegshinterbliebenenfürsorge
   Sonderbericht des Bezirksamts Füssen liegt an.

8. Sonstiges *[Kein Eintrag]*.

gez. von Praun, Regierungspräsident

Anlage 1 zu Ziffer 1 b) Volksstimmung und Volksmeinung über die wichtigsten öffentlichen Angelegenheiten:

Bezirksamt N e u - U l m :
Die Stimmung auf dem Lande ist, wie nach Bericht des Bezirksamts Neu-Ulm bei den Aufklärungsversammlungen aufs neue festgestellt werden konnte, überall die, daß die Zwangsbewirtschaftung in dem gegenwärtigen Umfang als ein für die Landbevölkerung unerträgliches Unrecht empfunden wird; demgemäß ist auch die Stellung der Landwirtschaft gegenüber Regierung und Behörden.

Bezirksamt N e u b u r g a n d e r D o n a u :
Ungehalten ist man über die vielen Zeitungsartikel betreffend die mangelhafte Ablieferung durch die Landbevölkerung. So steht in Nr. 269 des Neuburger Anzeigeblattes vom 21. dieses Monats folgender Artikel:

›Ein Bauer schreibt uns: Man kann fast alle Tage in den Zeitungen lesen: Bauern, an Euch liegt es, Ihr könnt noch helfen, liefert Getreide ab. Ein andermal: Bauern, liefert Kartoffel ab. In den Städten können nicht einmal die Tagesrationen auf den Kopf verteilt werden. Wieder ein andermal wird mit Zucker- und Kohlensperre gedroht, wenn nicht genügend Vieh abgeliefert wird usw. Durch solche Nachrichten wird in den Städten der Glaube erweckt, der Bauer habe noch übrig genug von seinen Erträgnissen. Er liefere absolut nicht ab, er verkaufe lieber an den Schleichhändler, weil er dafür mehr erlöst. Das Volk von Stadt und Land wird dadurch immer mehr hintereinander gebracht, obwohl die Mehrzahl der Bauern ihrer Lieferpflicht nachkommt. Wo liegt die Schuld? In derselben Zeitung liest man, daß so und so viel Vieh über die Grenze geschoben, ein Beamter von der Landesgetreideaufkaufstelle wegen Schiebung verhaftet wurde, ein Bahnbeamter Schmiergeld erhalten hat. Bedenkt man: Ein Aufkäufer für die Fleischversorgungsstelle ist auch berechtigt für den Nutzviehhandel. Wieviele Bauern sind des festen Glaubens, das Vieh kommt an die Fleischversorgungsstelle. Aber es findet oft einen ganz anderen Weg, und so geht es mit vielen ländlichen Produkten. Kann man da einen leichtgläubigen Bauern verdammen, wenn er sagt: Ich kann mein Getreide, Vieh oder Fett selbst verhamstern. Voriges Jahr hieß es, die Rationen müssen höher werden, es muß überhaupt anders werden, vor der Revolution hörte man wenig von Schleichhändlern und Schiebern, aber jetzt sollte man glauben, muß alles schieben und geschoben werden und nur nicht arbeiten. Ich glaube, wenn einige von den Hauptschiebern kalt gestellt würden, würde es auch mit der Lebensmittelversorgung besser stehen.‹

Stadtrat G ü n z b u r g :
Am 18. November fand eine vom Bezirksamt und Stadtrat Günzburg gemeinsam einberufene Bauernversammlung zum Zwecke der Aufklärung über die Lage der Lebensmittelversorgung statt. Trotz mancher Beschwerden, welche vorgebracht wurden, hatte man nach Bericht des Stadtrats Günzburg im allgemeinen den Eindruck, daß sich die Beteiligten über den Ernst der Lage nicht im Unklaren befinden; die radikale Phrase scheint abgewirtschaftet zu haben. Der Stadtrat Günzburg fügt bei: Man merkt, daß die Landwirte an der bisherigen Wirtschaft satt haben und eine starke Staatsautorität wollen.

Anlage 2 zu Ziffer 2 b) Erfassung der landwirtschaftlichen Erzeugnisse

Bezirksamt A u g s b u r g :
Die am letzten Sonntage im Amtsbezirke veranstalteten 10 öffentlichen Aufklärungsversammlungen sind ohne Störung verlaufen. Die Versammlungen waren gut besucht. Man hörte willig die Vorträge an und übte nachher bei der Aussprache mehr oder minder lebhafte Kritik an den Maßnahmen der Zentralstellen zur Volksernährung bzw. des Kommunalverbandes. Allgemein wurde über die Mißstände geklagt, welche sich bei der Haferanlieferung, der Häutebewirtschaftung und der Viehablieferung herausgebildet haben. Die Freigabe des Hafers[1], der Häute und des Handels mit Nutz- und Zuchtvieh wurde fast in jeder Versammlung scharf gerügt. In einer Versammlung wurde auch der Wunsch geäußert, daß man bei Notschlachtungen dem durch Mindererlös am Fleisch geschädigten Landwirt die Haut des Schlachttieres ganz überlassen soll. Es wurde auch vielfach betont, daß man den Geschäftsleuten in der Stadt die Preisbildung ganz überlasse und nur auf den geduldigen Bauern mit den Höchstpreisen herumtrete. Schuhe und Kleidung seien nicht minder nötig als das Brot. Warum dürften hier die Preise ins Ungemessene gehen, während dem Bauern für seine schwere Arbeit der Lohn vorgemessen werde?
Daß die Versammlungen, denen die Landwirte – im Rückblick auf die zahlreichen Kriegsversammlungen mit ihren unerfüllten Hoffnungen und Prophezeiungen – ziemlich skeptisch gegenüberstehen, die erhoffte Wirkung haben, vermag ich vorerst nicht zu glauben. Alle bei den Versammlungen aufgetretenen Referenten haben den Eindruck, daß man das Gehörte willig entgegennimmt, im übrigen aber tut, was der den Leuten schon zu tief im Blute steckende Wuchergeist zur gegebenen Stunde eingibt. Hoffentlich täuschen wir uns hierin.

Stadtrat A u g s b u r g :
Im allgemeinen muß immer wieder darauf hingewiesen werden, daß die Ablieferung von Getreide und Kartoffeln seitens der lieferungspflichtigen Kommunalverbände sehr langsam vor sich geht und teilweise völlig stockt, so daß ernste Befürchtungen bezüglich Aufrechterhaltung des Ernährungssystems gehegt werden müssen. In der Berichtswoche ist nicht ein einziger Waggon Brotgetreide eingetroffen.

---

1 Sie erfolgte, wobei weiterhin die Lieferung eines Quantums Pflichthafer ausgenommen blieb, durch die Aufhebung des Druschverbots von Hafer mit Ablauf des 15.10.1919; StAnz 251 (1919), Entschließung des Bayer. Staatsministeriums für Landwirtschaft vom 23.10.1919. Zu den Preisen, die von den Kommissionären der Bayer. Futterverteilung GmbH u. Co. an die Erzeuger zu zahlen waren, siehe die Entschließung desselben Ministeriums vom 18.11.1919; StAnz 281 (1919).

Stadtrat Neu-Ulm:
Die Kartoffelversorgung ist in Frage gestellt, nachdem die Landeskartoffelstelle erklärt hat, weitere Zuweisungen nicht bewilligen zu können. Es ist knapp ⅓ des Bedarfes gedeckt. Die Erregung der Bevölkerung ist umso größer, als aus unserem Versorgungsgebiete Kartoffeln nach dem Allgäu verfrachtet werden.

Stadtrat Lindau:
Lebhaft ist auch für den Stadtbezirk Lindau zu klagen, daß die Kartoffelbelieferung die denkbar ungünstigste ist und alle Bemühungen ein besseres Resultat nicht herbeizuführen vermögen.

Stadtrat Memmingen:
Die Getreideversorgung hiesiger Stadt stockt; der Kommunalverband Nördlingen-Land war von der Landesgetreidestelle beauftragt, uns Getreide zu übermitteln. Er kann den Auftrag nicht erledigen, weil bei ihm selbst Mangel herrscht. Wenn nicht anderer Ersatz bei uns aufgetrieben wird, haben wir anfangs Dezember auf einige Tage kein Brot. Wir haben selbstverständlich alles unternommen, um solches zu vermeiden.

Anlage 3 zu Ziffer 3 a) Kohlenlage

Bezirksamt Füssen:
Die Lokalbahn Füssen hat im letzten Augenblick, als schon die vollständige Einstellung des Betriebes, auch des Güterverkehrs, unmittelbar bevorstand, einige Wagen Kohlen erhalten, so daß auf einige Zeit die Lebensmittelzufuhr nach Füssen wieder gesichert erscheint.

Stadtrat Kaufbeuren:
In dieser Woche sind noch weniger Kohlen eingegangen als in der Vorwoche. Gegenüber einer Sollmenge von 170 Tonnen sind nur 35 Tonnen geliefert worden, während es in der Vorwoche noch 91 Tonnen gewesen sind. Auch der Koksmangel besteht weiter.

Stadtrat Neu-Ulm:
Die hiesige Industrie lebt hinsichtlich der Kohlenversorgung von einem Tag zum andern. Irgendwelche Besserung hat die Verkehrssperre hier noch nicht in die Erscheinung treten lassen.

Anlage 4 zu Ziffer 3 d) Arbeitsmarkt

Übersicht über die Arbeitsmarktlage am 22. November 1919.

Wirtschaftszweig	Unerl. Angeb.		Unerl. Nachfrage	
	a. männl.	b. weibl.	a. männl.	b. weibl.
Land- und Forstwirtschaft, Gärtnerei	7	7	2	–
Metallverarbeitung	5	–	7	–
Holzindustrie	6	–	–	–
Textilindustrie	1	–	1	–
Bekleidungs- und Reinigungsgewerbe	5	1	2	1
Baugewerbe	2	–	1	–
Sonst. Handwerk und Berufe	1	8	16	3
Haus- und Gastwirtschaft	2	H 10 G 3	1	H 5 G 4
Ungelernte Arbeiter aller Art	–	–	28	–
Summe:	29	29	58	13

Bemerkungen über die Lage des Arbeitsmarktes:
In Landwirtschaft männlicher wie weiblicher Abteilung besteht immer Mangel an Arbeitskräften, ebenso herrscht noch Mangel an Schreinern (Möbelschreiner). Überschüssige Arbeitskräfte sind merklich vorhanden in kaufmännischen Berufen und ungelernten Arbeitern.

Anlage 5 zu Ziffer 7) Kriegsbeschädigten- und Kriegshinterbliebenenfürsorge

Bezirksamt F ü s s e n :
Eine Gruppe von Kriegsbeschädigten stellte an die Fürsorgestelle das Ansinnen, die sogenannte Ludendorffspende[2] vor Weihnachten auf einmal zu verteilen. Im Interesse der Nachhaltigkeit der Unterstützungsmöglichkeit müßte diesem Begehren entgegengetreten werden. Sehr bedauerlich ist, daß die vom Staatsministerium für soziale Fürsorge in seiner vertraulichen Entschließung vom 20. Oktober laufenden Jahres betreffend Beihilfen für notleidende Kriegshinterbliebene in Aussicht gestellte Regelung immer noch nicht erschienen ist, da es jetzt bei Eintritt des Winters höchste Zeit wäre, zu helfen. Da die Klagen der Beteiligten über Schwierigkeit der Lebenshaltung in letzter Zeit immer lauter wurden, hat sich der Beirat auf meine Anregung entschlossen, an die bedürftigsten Kriegerwitwen die monatlichen Beihilfen vorschußweise aus dem Unterstützungsfonds für Kriegsbeschädigte anzuweisen.

---

2 *Der Reichsausschuss für Kriegsbeschädigtenfürsorge, dessen Ehrenvorsitzender General Ludendorff war, rief im Juni 1918 durch Presseinserate zu Spenden für die Kriegsbeschädigtenfürsorge auf. Bei den Straßensammlungen erhielten die Spender Bildkarten, Plaketten und Ansteckblumen. Zwei Drittel des Ergebnisses kamen den Kriegsbeschädigten des jeweiligen Bezirks zugute. Gesuche um Zuschüsse konnten bei den Orts- und Bezirksfürsorgestellen eingereicht werden.*

Augsburg, den 2. Dezember 1919   **99**

1. Allgemeine politische Lage
a) Öffentliche Ordnung und Sicherheit:
   Am 27. vorigen Monats fand im Herrlesaal zu Augsburg eine öffentliche Versammlung der U.S.P. statt, in welcher der Redakteur Thomas über das Thema sprach: Wie begegnen wir der monarchistischen Reaktion? Was hat uns getrennt, was kann uns einigen?
   Die Versammlung nahm, von einigen stürmischen Beifallskundgebungen abgesehen, einen verhältnismäßig ruhigen Verlauf. Des Redners Forderungen waren: Abschaffung des Belagerungszustandes[1], die Befreiung der politischen Gefangenen[2], die Bewaffnung des Proletariats und die Diktatur des Proletariats. Thomas zog so ziemlich alle politischen Vorgänge der letzten Zeit in den Kreis seiner Betrachtungen und ließ besonders an den Taten der regierenden Mehrheitssozialisten kein gutes Haar. Reichswehrminister Noske[3] kam dabei am schlechtesten weg. Der Redner suchte zu beweisen, daß die Taten der Sozialisten, die jetzt die Geschicke Deutschlands bestimmen, in schärfstem Widerspruch stehen mit den Festsetzungen des Erfurter Programms von 1891[4], zu dem sich heute noch die Unabhängigen bekennen. Er forderte jeden wahrhaft sozialistisch denkenden Genossen auf, auf seinen Ministersessel oder seinen Staatsratsposten Verzicht zu leisten und die Bürgerlichen ihre Politik allein machen zu lassen. Eingehend beschäftigte er sich sodann mit den Vorgängen, die zu der Trennung in der Sozialdemokratischen Partei geführt hatten. Er gab der Meinung Ausdruck, daß die Mehrheitssozialisten bei einigem guten Willen und vor allem, wenn sie sich den Gründen der parteipolitischen Logik nicht verschließen wollten, recht wohl den Weg wieder zurückfinden könnten in das Lager, das sie unter Außerachtlassung der Richtpunkte des Erfurter Programms verlassen hätten. Er wies darauf hin, daß, wie es die Unabhängigen 1916 getan hätten, auch heute kein Sozialist mehr daran denken würde, die Kriegskredite zu bewilligen, daß also durch den Verlauf der Ereignisse das seinerzeitige Vorgehen der Unabhängigen eine glänzende Rechtfertigung erfahren habe. Das Verhalten der bürgerlichen Presse wurde auch einer scharfen Kritik unterzogen. Die Rede schloß mit einem kräftigen Appell an die Genossen, in Zukunft alles Trennende beiseite zu lassen und auf das Gemeinsame, Einigende Bedacht zu nehmen. Die ausgedehnte Diskussion brachte nichts neues. Nach der Versammlung vereinigten sich zahlreiche Versammlungsteilnehmer zu größeren Gruppen, die unter Absingung revolutionärer Lieder die Stadt durchzogen. Störungen der öffentlichen Ordnung kamen nicht vor.

---

1 Der Redner bezieht sich auf die nach der Aufhebung des Kriegszustands durch die VO des Gesamtministeriums vom 4.11.1919 mit Wirkung vom 1.12.1919 (GVBl S. 791 = StAnz 278) sog. einstweiligen Maßnahmen der Behörden, wie sie Art. 178 Abs. III Weimarer Verfassung zuließ. Durch die genannte VO setzte die bayerische Regierung besondere Beauftragte als Staatskommissare (Polizeipräsident vom München, die sieben Regierungspräsidenten) ein, die Anordnungen zur Aufrechterhaltung der gefährdeten Ordnung treffen konnten. Solche, erlassen von den Staatskommissaren am 28.11.1919 (KABl S. 135), enthielten u. a. das Verbot aller öffentlichen oder geschlossenen Versammlungen unter freiem Himmel sowie von Demonstrationen auf öffentlichen Straßen und Plätzen; Druck und Verbreitung von Plakaten waren nur erlaubt, wenn sie von einer amtlichen Stelle in Auftrag gegeben oder von einer Bezirksverwaltungsbehörde genehmigt wurden.
2 Gemeint sind die im Zusammenhang mit der Proklamation der ›Räterepublik Baiern‹ (7.4.1919) und in den Wochen danach wegen Hochverrats zu Festungshaft verurteilten Personen.
3 Gustav Noske (1868–1946), 1918 Volksbeauftragter für Heer und Marine (MSPD) in der Reichsregierung, 1919/1920 Reichswehrminister, 1920–1933 Oberpräsident von Hannover. 1906–1918 MdR (SPD), 1919 Mitglied der Deutschen Nationalversammlung (MSPD).
4 Auf dem Parteitag der SPD 1891 in Erfurt verabschiedetes, von Karl Kautsky und Eduard Bernstein verfasstes Programm.

Der Bürgermeister von Dillingen erhielt im Laufe der vergangenen Woche von der Polizeidirektion München ein Schreiben des beim Stadtrat Dillingen angestellten Kanzlisten Burkhardt[5] übersandt, in welchem Burkhardt sich zu schmählichem Verrat an der Dillinger Ortswehr erbietet. Als Schriftführer der Ortswehr erklärte Burkhardt sich bereit, im geeigneten Augenblicke seinen Mann zu stellen und für die Entwaffnung der bürgerlichen Elemente Sorge zu tragen. Bei der Durchsuchung der Wohnräume des Kanzlisten Burkhardt wurden Schriftstücke gefunden, die auf eine Verbindung mit den Kommunisten schließen lassen. Die beschlagnahmten Papiere wurden sofort an die zuständige Staatsanwaltschaft weitergeleitet. Eine zweite Haussuchung bei einer gleichfalls hochverräterischer Handlungen verdächtigen Person (mit Namen: Schreitmiller[6]) hatte kein Ergebnis. In dem Schreiben des Kanzlisten Burkhardt war Schreitmiller als U.S.P. Anhänger bezeichnet, dem er die Adresse verdanke, an welche das schmähliche Verratsangebot gerichtet wurde. Die Sozialdemokratische Partei spricht Schreitmiller nach wie vor als ihr Mitglied an und erklärte wegen verleumderischer Beleidigung ihres Mitgliedes solidarisch ihren Austritt aus der Ortswehr. Diesem solidarischen Verhalten der Sozialdemokratischen Partei gegenüber hat die Ortswehr auf Anregung des Bürgermeisters beschlossen, der Sozialdemokratischen Partei eine Mitteilung des Inhalts zuzustellen, daß alle Personen, welche gewillt und bereit sind für Ordnung und Recht einzutreten, nicht nur berechtigt, sondern vielmehr verpflichtet sind, der Ortswehr anzugehören. Aufgrund dieser Feststellungen wolle die Partei ihren Beschluß einer erneuten Überprüfung unterziehen. Eine Antwort auf diese Mitteilung ist noch nicht eingetroffen.

Unbestimmten, aber doch nicht vollständig aus der Luft gegriffenen Gerüchten zufolge, sollte am Montag, den 24.11., auf den Kommandanten der Dillinger Ortswehr ein Anschlag ausgeführt werden.

Die allenthalben beobachtete Mehrung von Einbruchdiebstählen dauert an.

b) Volksstimmung und Volksmeinung über die wichtigsten Angelegenheiten:
Allgemein wird bedauert, daß exemplarische Bestrafungen von Wucherern, Schiebern und Preistreibern so lange auf sich warten lassen[7]. Die Volksstimme geht dahin, daß hier nur unter Anwendung schärfster Mittel etwas zu erreichen ist, und wünscht, daß zur Abschreckung ungesäumt energisch vorgegangen wird.

Auszüge aus Berichten der Bezirksämter Zusmarshausen und Neu-Ulm, die sich über die Volksstimmung in landwirtschaftlichen Kreisen äußern, ruhen an.

2. Ernährungslage
a) Landwirtschaftliche Erzeugung, Stand der Feldfrüchte, Ernteaussichten und Ernteergebnisse: *[kein Eintrag]*
b) Erfassung der landwirtschaftlichen Erzeugnisse:
Am Samstag, den 29. November dieses Jahres, fand hier im Kreistagssaale eine vom Staatsminister für Landwirtschaft veranstaltete mündliche Besprechung über den Stand der Lebensmittelversorgung statt, an der außer dem Genannten die Vertreter der Landeslebensmittelstellen, der Kreisregierung, der Bezirksämter, der landwirtschaftlichen Organisationen und der Justizbehörden teilnahmen. Darstellung über das Ergebnis der Aussprache ruht an.

---

5 *Friedrich Wilhelm Georg Burkhardt (geb. 1893).*
6 *Josef Schreitmiller (1888–1959), Kaufmann.*
7 *Zwei Wochen vor dem Berichtsdatum hatte die Reichsregierung mit der VO vom 27.11.1919 (RGBl S. 1909) eine Rechtsgrundlage zur Bekämpfung des Schleichhandels geschaffen (Einrichtung von Sondergerichten, auch Wuchergerichte genannt).*

Die Berichte des Stadtrats Augsburg, des Bezirksamts Sonthofen, des Bezirksamts Füssen und der Stadträte Nördlingen und Lindau über die Lebensmittelversorgung sind in den Anlagen enthalten.

Gegenüber den Nachrichten in verschiedenen Zeitungen (z. B. M.N.N.) über ungeheuren Viehschmuggel nach Vorarlberg muß aufgrund der vom Bezirksamt Sonthofen gepflogenen Erhebungen festgestellt werden, daß zwar wahrscheinlich in gewissem Umfange ein heimlicher Handel stattfindet, im übrigen aber die Notizen stark übertrieben waren.

c) Verteilung und Preise der wichtigsten Lebensmittel einschließlich der Auslandslebensmittel:

In weiten Kreisen wird die Versorgung mit Reis als dringend erwünscht bezeichnet; die Zuweisung größerer Mengen durch die Lebensmittelstelle wäre außerordentlich zu begrüßen. Über die Preise der Ackerbohnen hat das Bezirksamt Nördlingen den in der Anlage enthaltenen Bericht erstattet.

3. Gewerbliche Lage

a) Kohlenlage.

Auf den anruhenden Bericht des Stadtrats Augsburg erlaube ich mir zu verweisen.

b) Rohstofflage *[kein Eintrag]*.

c) Aufträge und sonstige wirtschaftliche Verhältnisse:

Die Spinnerei und Weberei Blaichach ist mit Rohstoffen reichlich versehen und hat nicht nur fast keine Arbeitslosen mehr, sondern im Gegenteil Arbeitermangel; diesen zu beheben hindert teils der Mangel an Wohnungen, teils die Unmöglichkeit, bei den heutigen Tarifspesen neue Arbeitskräfte anzulernen; die Kosten hiefür betragen bei einem 14–16jährigen Arbeiter über 300 Mark. Der Kohlenmangel ist sehr stark, es steht der Fabrik zur Zeit nur Torf zur Verfügung. Die Mechanische Bindfadenfabrik Immenstadt kann auch diese Woche 46 Stunden arbeiten und hofft das gleiche für die nächste Woche. Sie hat für Heizzwecke große Mengen Holz gekauft, kann aber jetzt fast ganz mit Wasserkraft arbeiten. Rohmaterial ist für 4 Monate vorhanden. Wie aber die Preise und die Herstellungskosten gestiegen sind, können folgende Zahlen zeigen: Der ganze Jahresbedarf an Rohmaterial erforderte im Jahre 1913 einen Aufwand von 4,3 Millionen Mark, die gleiche Menge jetzt 90 Millionen Mark. An Lohn wurde gezahlt 1913 bei 1130 Arbeitern 1,1 Millionen, 1919 bei 850 Arbeitern 3,7 Millionen Mark. Der Durchschnittspreis für Löhne und sonstige Kosten auf 1 Kilogramm Rohmaterial stieg von Januar 1919 bis Oktober 1919, also in 10 Monaten, von 1 Mark auf 3 ½ Mark. Das Rohmaterial wird aus Italien bezogen, von den fertigen Fabrikaten sehr viele wieder exportiert.

Sämtliche Arbeiter der Alpinen Maschinenfabrik Augsburg-Göggingen, der Farbwerke Gersthofen, der Haunstetter Spinnerei und Weberei und der Haunstetter Bleicherei & Färberei sind teils im regelmäßigen Betriebe teils in Notstandsarbeiten beschäftigt, lediglich in der Haunstetter Bleicherei & Färberei kann infolge ungenügender Aufträge nur ein Teil der Arbeiter beschäftigt werden.

d) Arbeitsmarkt:

Im Laufe der Berichtswoche hat sich eine Änderung in der Arbeitsmarktlage in Augsburg nicht ergeben. In der Landwirtschaft zeigt sich ein geringes Überangebot von Arbeitssuchenden. Weibliche Dienstboten sind gesucht. Die Metallverarbeitung zieht langsam an, besonders gesucht sind ältere Monteure. An Möbelschreinern besteht besonderer Mangel. Die Textilindustrie zeigt unveränderte Lage. Im Bekleidungsgewerbe genügt die Nachfrage der Arbeitssuchenden zur Deckung des Angebotes nicht. Unter den Witterungseinflüssen hat das Baugewerbe zeitweise ausgestellt. Überangebot besteht an stellenlosen Malern. Maurer und Zimmerer werden nach auswärts gesucht. Die Zahl der erwerbslosen kaufmännischen Angestellten nimmt zu. Haus- und Gastwirtschaft verzeichnet ein Überangebot an männlichen Arbeitsuchenden. Weibliche Hausgehilfinnen sind gesucht. Für ungelernte Arbeiter ist die Arbeitsmöglichkeit am Ort gering. Nach auswärts werden Kulturarbeiter gesucht. Weibliche Ungelernte finden schwer ein Unterkommen. Mit der Besserung der Witterungsverhältnisse werden die Arbeiten im Freien wieder aufgenommen werden können. Nachstehende Übersicht des Arbeitsamtes Augsburg vom 28. November 1919 gibt zahlenmäßigen Aufschluß über die Bewegung des Arbeitsmarktes:

Wirtschaftszweig	Unerl. Angeb.		Unerl. Nachfrage		Bemerkungen
	a. männl.	b. weibl.	a. männl.	b. weibl.	
Land- und Forstwirtschaft, Gärtnerei	14	15	27	6	
Metallverarbeitung	23	–	59	–	
Holzindustrie	22	–	10	–	
Textilindustrie	1	–	6	60	
Bekleidungs- und Reinigungsgewerbe	25	–	–	10	
Baugewerbe	23	–	122	–	
Sonst. Handwerk und Berufe	16	12	250	87	davon
Haus- und Gastwirtschaft	3	111	164	24	5 jugendl. m.
Ungelernte Arbeiter aller Art	2	–	265	384	2 jugendl. m.
Summe:	129	138	903	571	7 jugendl. m.
Gesamtsumme der Vorwoche:	225	153	917	634	7 jugendl. m.

Beim Arbeitsamt Memmingen stehen 40 offenen Stellen für Männliche 59 Stellengesuche gegenüber; die Zahl der Erwerbslosen beträgt 47.

Der Stadtrat Immenstadt meldet Stellensuchende: 71 männliche Personen, 19 weibliche Personen und 15 Lehrlinge, offene Stellen: 41 für männliche Personen, 8 für weibliche und 1 für Lehrlinge.

Die Übersicht über die Lage des Arbeitsmarktes Neu-Ulm liegt bei.

4. Öffentliche Arbeiten, Notstandsarbeiten, wichtigere Vorgänge in der Arbeiterlohnbewegung, Stand der Erwerbslosenfürsorge

Die Kammfabrik Oechsler in Burgau hat am Montag, 24. November, den Betrieb eingestellt, weil sie sich mit den Arbeitern, die sich prinzipiell mit der Akkordarbeit einverstanden erklärt hatten, über die Akkordlohnsätze nicht einigen konnte. Den Bemühungen des stellvertretenden Bezirksamtsvorstandes ist es in mündlicher Verhandlung gelungen, daß wenigstens die Arbeit am 27. November unter den alten Bedingungen wieder aufgenommen worden ist und daß die Firma den entgangenen Arbeitsverdienst den Arbeitern nachbezahlt. Die Verhandlungen wegen der Akkordlohnsätze werden fortgesetzt.

Nach dem Stande vom 22. November 1919 hatte Augsburg an Erwerbslosen
1008 männliche gegenüber 978 der Vorwoche
 532 weibliche gegenüber 561 der Vorwoche
zusammen: 1540 Erwerbslose gegenüber 1539 der Vorwoche.
Seit Beginn der Erwerblosenfürsorge haben in Augsburg 19.184 Personen die Arbeit wieder aufgenommen.

5. Wohnungsfrage, Baumarkt
   Unverändert schlecht.

6. Volksgesundheit *[Kein Eintrag]*.

7. Kriegsbeschädigten- und Kriegshinterbliebenenfürsorge
   Nichts besonders Bemerkenswertes.

8. Sonstiges *[Kein Eintrag]*.

gez. von Praun, Regierungspräsident

Anlage 1 zu Ziffer 1 b) Volksstimmung und Volksmeinung über die wichtigsten öffentlichen Angelegenheiten:

Bezirksamt Zusmarshausen:
Am Sonntag, den 23. November 1919, fanden in den 13 größeren Gemeinden des Amtsbezirkes Zusmarshausen öffentliche Versammlungen über die Lebensmittelversorgung statt, die durchwegs gut besucht waren. In den Versammlungen in Dinkelscherben und Oberschöneberg wurde von den Landwirten geltend gemacht, daß der Bauer für sein Vieh nicht im Entferntesten den Preis erhalte, der den heutigen Häute- und Lederpreisen entspreche und daß andererseits der Landwirt für die Handwerks- und Industrieartikel in der Stadt einen jetzt schon unerhörten und von Tag zu Tag noch weiter steigenden Preis zu bezahlen habe.

Bezirksamt Neu-Ulm:
Die Aufklärungsversammlungen über die Lebensmittelversorgung sind jetzt beendet und waren im ganzen von gutem Erfolg. Es hat sich jedoch aufs neue gezeigt, wie sehr die Stimmung der landwirtschaftlichen Bevölkerung gegen die Zwangsbewirtschaftung in dem bisherigen Umfang aufgebracht ist.

Anlage 2 zu Ziffer 2 a) Ernährungslage

Der trostlose Stand der Lebensmittelversorgung ließ es geboten erscheinen, in mündlicher Besprechung die Maßnahmen zu erörtern, die ergriffen werden sollen, um die Volksernährung zu sichern.
Zu diesem Zweck hatten sich heute[8], vormittags 9 Uhr, im Kreistagssaale im Regierungsgebäude in Augsburg der Staatsminister für Landwirtschaft Freiherr von Freyberg mit den zuständigen Referenten des Staatsministeriums für Landwirtschaft und der Landeslebensmittelstellen, Seine Exzellenz Regierungspräsident von Praun mit dem Referenten der Kreisregierung, Oberlandesgerichtspräsident Dr. Dürbig[9], der Stellvertreter des Oberstaatsanwalts, die Landesgerichtspräsidenten und ersten Staatsanwälte von Augsburg und Kempten, die

---

8 *Samstag, 29. November.*
9 *Dr. Alfred Dürbig (1861–1930), Präsident des Oberlandesgerichts Augsburg.*

Vorstände der Kommunalverbände des Regierungsbezirkes und der landwirtschaftlichen Winterschulen, die Bezirkstierärzte, die Kommissionäre der Kommunalverbände, Vertreter des landwirtschaftlichen Kreisausschusses, des Christlichen Bauernvereins in Schwaben, des Kreisbauernrates und Kreisarbeiterrates sowie die Kreisbevollmächtigten der Bayerischen Landesfettstelle und der Fleischversorgungsstelle eingefunden.

Der Staatsminister für Landwirtschaft begrüßte die Erschienenen, wies auf den Ernst der Ernährungslage, die geringen Vorräte der Bedarfskommunalverbände[10] und die Gründe der ungenügenden Ablieferung der Lebensmittel durch die Erzeuger, insbesondere die schädlichen Wirkungen des Schleichhandels und Lebensmittelwuchers hin und forderte alle Erschienenen auf, nach Kräften dahin zu wirken, daß die entbehrlichen Lebensmittel der öffentlichen Bewirtschaftung zugeführt werden. Auch regte der Minister an, zu der in letzter Zeit aufgetauchten Frage Stellung zu nehmen, ob sich die Sperre der kleinen Mühlen zur Bekämpfung der Schwarzmahlungen empfiehlt. Regierungsassessor Heintz[11], Referent der Bayerischen Landesgetreidestelle, und Bezirksamtsassessor Freiberger[12], Referent der Bayerischen Landeskartoffelstelle, gaben einen Überblick über den ungünstigen Stand der Ablieferung von Brotgetreide und Kartoffeln im Lande und der Versorgung der Bedarfsbezirke mit diesen wichtigen Lebensmitteln.

Der Lebensmittelreferent der Kreisregierung, Oberregierungsrat Müller, führte aus, daß infolge der späten Frühjahrskälte, des Mäusefraßes und Hagelschadens in Teilen des Regierungsbezirkes die Wintergetreideernte schlechter als im vorigen Jahre ausgefallen ist. Nach den Feststellungen der Landesgetreidestelle steht der Regierungsbezirk bis jetzt mit dem Getreideaufkauf prozentual an erster Stelle. Die Belieferung der Bedarfskommunalverbände, namentlich der Stadt Augsburg und des Allgäus, mit Brotgetreide und Kartoffeln ließ jedoch namentlich in letzter Zeit sehr zu wünschen übrig. Für dringend notwendig hielt er die allgemeine, sorgfältige und gleichheitliche Bestandsaufnahme der Brotgetreidevorräte und bei dem günstigen Ausfall der Gerstenernte die Heranziehung der Gerste im größeren Umfang zur Brotstreckung. Sodann erörterte er die Gründe der ungenügenden Ablieferung von Brotgetreide und Kartoffeln und ersuchte die Anwesenden, mit Rücksicht auf die gewaltigen Nöte, die uns für den Winter drohen, ihren ganzen Einfluß dahin geltend zu machen, daß nicht zu der Brennstoffnot auch noch der Hunger kommt.

Die Sperre der kleinen Mühlen hielt er mit Rücksicht auf die Verhältnisse auf dem Lande für undurchführbar.

Der Ausfall der Kartoffelernte ist nach den Ausführungen des Oberregierungsrates Müller je nach der Bodenlage, dem Kulturzustande der Felder und den angebauten Sorten im Regierungsbezirke sehr verschieden. Soweit die Bewohner von Augsburg sich nicht auf dem Wege des Bezugsscheinverfahrens eindecken konnten, konnten in letzter Zeit pro Kopf und Woche nur 2 Pfund Kartoffeln an die Verbraucher verteilt werden. Ähnlich liegen die Verhältnisse im Allgäu. Trotz der Mißbräuche im Bezugsscheinverfahren sind die Bedarfskommunalverbände und teilweise auch die Überschußkommunalverbände nicht für dessen Beseitigung.

---

10 *In diesen Verbänden konnte die Bevölkerung mit land- und/oder milchwirtschaftlichen Erzeugnissen nicht oder nicht genügend versorgt werden, so dass andere Kommunalverbände (›Lieferungskommunalverbände‹) ihnen ihre Überschüsse ganz oder teilweise zuführen mussten.*
11 *Albert Heintz (geb. 1880). 1919 Bezirksamtmann (Titel), 1923 Bezirksoberamtmann und Vorstand des Bezirksamts Schwabmünchen, 1926 Regierungsrat I. Klasse, Oberregierungsrat.*
12 *Otto Freiberger (geb. 1889). 1924 Regierungsrat, 1926 Regierungsrat I. Klasse, 1928 auf Ersuchen aus dem Staatsdienst entlassen.*

Über die Fleischversorgung des Landes gab Staatsminister Freiherr von Freyberg eingehenden Aufschluß.

Oberregierungsrat Müller hob hervor, daß der Regierungsbezirk auf dem Gebiete der Versorgung des Landes mit Schlachtvieh, Milch und milchwirtschaftlichen Produkten bisher seine Pflicht erfüllt hat, und wies auf die Klagen hin, die von Kommunalverbänden und dem schwäbischen Kreisbauernrat in seiner letzten Sitzung über die Freigabe des Handels mit Zucht- und Nutzvieh, über die Freigabe und die hohen Preise der Häute und die geringe Fleischration erhoben wurden und gab der Befürchtung Ausdruck, daß die ganze Fleischversorgung zusammenbricht, wenn nicht die Häutebewirtschaftung anders geregelt wird.

Wenn das Vieh, das jetzt wegen des Futtermangels und der hohen Rauhfutterpreise verkauft wird, abgestoßen ist, ist wohl mit einem scharfen Rückgang der gegenwärtigen günstigen Ablieferung des Großviehs zu rechnen.

An der Aussprache beteiligten sich die Vertreter von Stadt und Land, insbesondere auch Bürgermeister Deutschenbaur und Rechtsrat Seiderer[13] von Augsburg, der Vorsitzende des Verbandes der ländlichen Kommunalverbände, des Kreisarbeiterrates und des Kreisbauernrates.

Von den Vertretern der Stadt und dem Vorsitzenden des Kreisarbeiterrates wurde auf die ungünstige Ernährungslage in der Stadt und auf die schweren Gefahren für die öffentliche Sicherheit auch auf dem Lande hingewiesen, wenn die Bewohner der Städte und der Bedarfsbezirke nicht mehr mit den notwendigsten Lebensmitteln versorgt werden können. Regierungsrat Hohenbleicher[14], Vorstand des Kommunalverbandes Donauwörth-Land und des Kreisverbandes der ländlichen Kommunalverbände, gab in deren Namen die Versicherung, daß sie trotz aller Schwierigkeiten ihre ganze Kraft dafür einsetzen werden, die Bedarfsbezirke mit Lebensmitteln zu versorgen. Allseitig wurde die Sperre der kleinen Mühlen bekämpft.

Regierungspräsident Exzellenz von Praun und Regierungsassessor Dr. Wörner[15] baten die Vertreter der Justizbehörden unbeschadet der Unabhängigkeit der Gerichte ihren Einfluß dahin geltend zu machen, daß bei notwendigen Strafeinschreitungen die Strafen möglichst rasch ausgesprochen werden und daß sie namentlich bei Schleichhandel und Lebensmittelwucher dem Verschulden und dem erzielten Gewinn der Bestraften angemessen sind.

Mit Worten des Dankes an die Erschienenen schloß Staatsminister Freiherr von Freyberg die Besprechung, die eine Reihe von Anregungen aus der Mitte der Versammlung brachte.

Anlage 2 zu Ziffer 2 b) Erfassung der landwirtschaftlichen Erzeugnisse

Stadtrat A u g s b u r g:
Auch in dieser Woche ist von auswärtigen Kommunalverbänden Brotgetreide nach Augsburg nicht geliefert worden. 28 Waggons mit 5655 Zentnern Kartoffeln sind daselbst eingelaufen. Die Wochenration von 2 Pfund Kartoffeln für den Kopf der Versorgungsberechtigten muß daher auch für die kommenden Wochen beibehalten werden.

Bezirksamt S o n t h o f e n:
Die Lebensmittelversorgung des Bezirkes Sonthofen hat namentlich was Getreide und Kartoffeln anlangt andauernd mit großen Schwierigkeiten zu kämpfen. Durch die unsinnige Preisgestaltung des Hafers gegenüber dem Brotgetreide wird offenbar so viel Brotgetreide, besonders

---

13 Karl Seiderer (1873–1933).
14 Rudolf Hohenbleicher (geb. 1869). 1917–1935 Bezirksamtmann und Vorstand des Bezirksamts Donauwörth, 1917 Regierungsrat, 1926 Bezirksoberamtmann, Oberregierungsrat.
15 Dr. Otto Woerner. 1917/18 Bezirksassessor im Bayer. Staatsministerium des Innern, 1919 Regierungsassessor im Bayer. Staatsministerium für Landwirtschaft.

Roggen, verfüttert, daß die Lieferungskommunalverbände nicht im Stande sind, ihre Lieferpflicht zu erfüllen. Unser Bezirk soll hauptsächlich aus schwäbischen Kommunalverbänden beliefert werden, und gerade dort ist überdies heuer bekanntlich durch Hagelschlag das Ernteerträgnis stark vermindert. Es ist mir jetzt gelungen, durch persönliche Rücksprache bei der Landesgetreidestelle erhebliche Anweisungen auf Weizen (95 Waggons) aus niederbayerischen Überschußbezirken (Kelheim, Eggenfelden, Vilshofen) zu erhalten, so daß nun die größten Schwierigkeiten überwunden sein dürften.

Auch die Kartoffelversorgung ist in den letzten Tagen etwas besser geworden.

Bezirksamt Füssen:
Die Lokalbahn verkehrt noch. Leider bringt sie aber nicht die dringendst ersehnten Kartoffeln, da die Lieferverbände ihren Aufträgen nicht nachkommen. Wie das enden soll, läßt sich nicht absehen.

Stadtrat Nördlingen:
Die Stadt Nördlingen hat für die Zeit bis Ende März 1920 einen Fehlbedarf von ca. 3000 Zentnern Kartoffeln. Die Deckung dieses Bedarfes ist nicht möglich, weil die Landeskartoffelstelle mit Rücksicht auf den ungünstigen Stand der Kartoffelversorgung in Bayern und im Hinblick auf das Versorgungsbedürfnis anderer Städte sie nicht zuläßt. Der Stadtrat erwägt daher Maßnahmen zur Streckung und möglichst gleichmäßigen Verteilung der Vorräte des Kommunalverbandes wie auch der Erzeuger und Verbraucher, umso mehr, als es mehr wie fraglich erscheint, ob im nächsten Frühjahr noch Kartoffeln für den Rest des Versorgungszeitraumes zur Anlieferung kommen werden.

Stadtrat Lindau:
Die Kartoffelversorgung ist in Lindau gleich trostlos. Es wäre im Interesse der Stimmung weiter Kreise, insbesondere der Minderbemittelten, dringend geboten, daß eine Besserung herbeigeführt werden könnte.

Anlage 3 zu Ziffer 2 c) Verteilung und Preise der wichtigsten Lebensmittel einschließlich der Auslandslebensmittel:

Bezirksamt Nördlingen:
Die Landwirte des hiesigen Bezirks führen lebhaft Klage über die ganz erheblichen Preisunterschiede bei den Ackerbohnen, für die in Bayern zwar seit wenigen Tagen gegenüber bisher 65 Mark jetzt 85 Mark, in Württemberg dagegen 160 Mark und mehr für den Zentner bezahlt werden. Die Leute wären an und für sich mit dem von der Landessaatstelle in München festgesetzten Preise zufrieden, können aber die ganz verschiedenartige Behandlung der Frage in einem benachbarten Lande mit annähernd gleichen Verhältnissen durchaus nicht verstehen. Die Folge des württembergischen Vorgehens ist natürlich vermehrte Ausfuhr von Ackerbohnen über die württembergische Grenze. Aufklärung wäre hier dringend geboten.

Anlage 4 zu Ziffer 3 a) Kohlenlage

Stadtrat Augsburg:
Am 24. November setzte die beim Reichskohlenkommissar seit Wochen erbetene Hilfsaktion insofern fühlbar ein, als an diesem Tage erstmals direkte Sendungen in Koks an die Ortskohlenstelle Augsburg eintrafen. Die Sendungen wurden an den hiesigen Kohlenhandel entsprechend dem im Jahre 1918 festgesetzten Schlüssel verteilt. Die dadurch eingetretene Besserung

in der Kohlenversorgung kommt erst in der nächsten Wochenmeldung zum Ausdruck. Dem städtischen Gaswerk mußte auch in der abgelaufenen Woche wiederholt mit Zechenkoks ausgeholfen werden, um die völlige Betriebseinstellung hintanzuhalten.

Anlage 5 zu Ziffer 3 d) Arbeitsmarkt

Stadtrat N e u - U l m:
Übersicht über die Lage des Arbeitsmarktes am 29. November 1919

Wirtschaftszweig	Unerl. Angeb. von Arbeitskräften		Ges. Sa.	Unerl. Gesuche um Zuweisung von Arbeitern		Ges. Sa.
	a. männl.	b. weibl.	I	a. männl.	b. weibl.	II
Land- und Forstwirtschaft, Gärtnerei, Tierzucht	5	–	5	7	7	14
Metallverarbeitung u. Industrie der Maschinen, Instrumente u. Apparate	9	–	9	4	–	4
Textilindustrie	1	–	1	1	–	1
Industrie der Holz- u. Schnitzstoffe	1	–	1	4	–	4
Bekleidungs- und Reinigungsgewerbe	1	1	2	7	1	8
Baugewerbe	1	–	1	2	–	2
Handelsgewerbe	9	3	12	–	–	–
Gast- und Schankwirtschaft	–	3	3	–	4	4
Hauswirtschaft (Dienstboten- u. Hauspersonal)	–	4	4	–	9	9
Sonst. Handwerk und Berufe	8	–	8	–	–	–
Ungelernte Arbeiter aller Art	32	–	32	–	–	–
Summe:	67	11	78	25	21	46

Bemerkungen über die Lage des Arbeitsmarktes:
Gleich den Vorberichten vom 19. dieses Monats.

Augsburg, den 9. Dezember 1919

1. Allgemeine politische Lage
a) Öffentliche Ordnung und Sicherheit:
   In Augsburg entwickelt die U.S.P. fortgesetzt eine eifrige Tätigkeit.
   Am Sonntag, den 7. laufenden Monats, vormittags ¾ 10 Uhr veranstaltete die U.S.P. in Kaufbeuren eine Versammlung, in der ein Herr Schmid aus München über das Thema: Protest gegen die Reaktion – Was trennt uns, was kann uns einigen? sprach.
   In Au, Bezirksamts Illertissen, woselbst schon längere Zeit Differenzen zwischen Lehrer und Pfarrer bestehen, erhielten der dortige Bürgermeister und Pfarrer Ost[1] je einen Drohbrief, daß wenn Pfarrer Ost Au nicht verlasse, großes Unheil angerichtet werde. Unterzeichnet war der Drohbrief vom Komitee der Unabhängigen Kommunisten.
   Die außerordentliche Häufung von Einbruchsdiebstählen auf dem Land und in der Stadt hält an.
b) Volksstimmung und Volksmeinung über die wichtigsten öffentlichen Angelegenheiten:
   Übereinstimmend geht die Volksmeinung und der allgemeine Wunsch dahin, eine starke Regierung möge mit Energie den Preistreibereien, dem Wucher, dem Schieber- und Schleichhandel ein Ende bereiten und für die alsbaldige Wiedereinführung der Zwangsbewirtschaftung der Häute und des Leders sorgen.
   Gegenwärtig setzt eine Agitation unter den landwirtschaftlichen Dienstboten und Arbeitern ein, welche diese zu veranlassen sucht, acht- bzw. zehnstündige Arbeitszeit, Stundenlohn und besondere Bezahlung der Überstunden und der Arbeit an Sonn- und Feiertagen zu fordern. Es ist dies so recht geeignet, die Ablieferungslust der Landwirte zu verringern und bringt im jetzigen Zeitpunkt mehr Schaden, als alle Bemühungen, die Beischaffung der Lebensmittel zu erhöhen, Vorteil versprechen.

2. Ernährungslage
a) Landwirtschaftliche Erzeugung, Stand der Feldfrüchte, Ernteaussichten und Ernteergebnisse:
   Der Stand der Feldfrüchte wird im allgemeinen als günstig bezeichnet.
b) Erfassung der landwirtschaftlichen Erzeugnisse:
   Die Erfassung des Brotgetreides und der Kartoffeln geht immer noch nur stockend vor sich. Auf die anruhenden Berichte der Bezirksämter Sonthofen, Markt Oberdorf, Kaufbeuren, Memmingen, Füssen und des Stadtrats Neu-Ulm erlaube ich mir zu verweisen.
   Die Milchanlieferung geht mehr und mehr zurück. Ursache ist in erster Linie der Mangel an Rauhfutter. Zweifellos steht aber damit auch das minderprozentige und dabei sehr teure Bier wesentlich mit im Zusammenhang. Die Landwirte, auch Knechte und Arbeiter, trinken jetzt vielfach anstelle des schlechten Bieres Milch. Die Holzarbeiter z. B., die vielfach aus kleinen Söld-Besitzern bestehen, bringen jetzt ihre Milch (statt Bier) mit in den Wald. Es droht also der städtischen Milchversorgung schwerer Schaden, wenn nicht die Herstellung eines besseren Bieres erfolgen kann.
c) Verteilung und Preise der wichtigsten Lebensmittel einschließlich der Auslandslebensmittel *[Kein Eintrag]*.

---

1 Joseph Ost (1870–1949), Priesterweihe 1895, Pfarrer in Au 1900 bis 1949.

3. Gewerbliche Lage
a) Kohlenlage:
Irgendeine greifbare Verbesserung der Brennstoffversorgung infolge der Verkehrssperre konnte weder für den Hausbrand noch für die Industrie festgestellt werden. Vergleiche auch den anruhenden Bericht des Bezirksamts Donauwörth und des Stadtrats Augsburg.
b) Rohstofflage *[Kein Eintrag]*.
c) Aufträge und sonstige wirtschaftliche Verhältnisse *[Kein Eintrag]*.
d) Arbeitsmarkt:
Die Lage des Arbeitsmarktes in Augsburg zeigt nur bei einigen Gewerbezweigen steigende Arbeitslosigkeit. Die Landwirtschaft sucht hauptsächlich weibliche Dienstboten. Die Metallverarbeitung zeigt einen geringen Zugang von Arbeitsuchenden, der aus Entlassung kleinerer Betriebe herrührt. Besonders günstig liegen die Verhältnisse in der Holzindustrie. Arbeitslos sind einige Bauschreiner. Unveränderte Lage zeigt die Textilindustrie; nach einem kleineren Orte im Allgäu werden Textilarbeiter gesucht. Das Bekleidungsgewerbe sucht Schneider und Schuhmacher hauptsächlich außerhalb Augsburgs. Die Zahl der erwerbslosen Maurer und Maler nimmt in Augsburg zu, bei einigen Ämtern werden noch Maurer gesucht. Der Arbeitsmarkt für kaufmännische Angestellte zeigt infolge der Einstellung für die Weihnachtszeit eine Besserung. Das Überangebot an offenen Stellen in der Hauswirtschaft dauert fort, befriedigende Deckung ist nicht möglich. Für ungelernte Arbeiter ist die Beschäftigungsgelegenheit verhältnismäßig gering. Viele ausgestellte landwirtschaftliche Arbeitskräfte, welche Erdarbeiten annehmen wollen, werden an die auswärtigen Ämter verwiesen. Im allgemeinen heben sich Arbeitsangebot und Nachfrage auf. Nachstehende Übersicht des Arbeitsamtes in Augsburg vom 5. Dezember 1919 gibt zahlenmäßigen Aufschluß über die Bewegung des Arbeitsmarktes.

Wirtschaftszweig	Unerl. Angeb.		Unerl. Nachfrage		Bemerkungen
	a. männl.	b. weibl.	a. männl.	b. weibl.	
Land- und Forstwirtschaft, Gärtnerei	12	15	23	6	
Metallverarbeitung	35	–	90	–	
Holzindustrie	31	–	12	–	
Textilindustrie	2	–	8	57	
Bekleidungs- und Reinigungsgewerbe	22	–	9	16	
Baugewerbe	30	–	135	–	
Sonst. Handwerk und Berufe	16	8	218	53	davon
Haus- und Gastwirtschaft	4	108	151	28	4 jugendl. m.
Ungelernte Arbeiter aller Art	2	–	275	418	4 jugendl. m.
Summe:	154	131	921	578	8 jugendl. m.
Gesamtsumme der Vorwoche:	129	138	903	571	7 jugendl. m.

Beim Arbeitsamt Memmingen stehen 42 offenen Stellen für Männliche 53 Stellengesuche gegenüber; die Zahl der Erwerbslosen beträgt 42.

Das städtische Arbeitsamt Immenstadt meldet für 66 Männliche, 16 Weibliche und 14 Lehrlinge: 29 und 8 und 1 offene Stelle.

Der Bericht des städtischen Arbeitsamts Neu-Ulm ruht an.

4. Öffentliche Arbeiten, Notstandsarbeiten, wichtigere Vorgänge in der Arbeiterlohnbewegung, Stand der Erwerbslosenfürsorge

Nach dem Stande vom 29. November 1919 hatte Augsburg an Erwerbslosen:

915 männliche gegenüber 1008 der Vorwoche
476 weibliche gegenüber 532 der Vorwoche
zusammen: 1391 Erwerbslose gegenüber 1540 der Vorwoche.

Seit Beginn der Erwerbslosenfürsorge haben 19.444 Personen die Arbeit wieder aufgenommen.

5. Wohnungsfrage, Baumarkt
Gleich trostlos wie bisher.

6. Volksgesundheit *[Kein Eintrag]*.

7. Kriegsbeschädigten- und Kriegshinterbliebenenfürsorge
Nichts besonders Erwähnenswertes.

8. Sonstiges *[Kein Eintrag]*.

gez. von Praun, Regierungspräsident

Anlage 1 zu Ziffer 2 b) Erfassung der landwirtschaftlichen Erzeugnisse

Bezirksamt S o n t h o f e n:
Die Aussichten für die Brot- und Mehlversorgung haben sich leider seit der Berichterstattung vom 29.11. sehr verschlechtert. Damals wurde berichtet, daß die Landesgetreidestelle erhebliche Anweisungen auf Weizen aus den niederbayerischen Überschußbezirken Kelheim, Eggenfelden, Vilshofen erteilt habe. Nun hat die Landesgetreidestelle die Anweisung der 40 Waggon von Vilshofen widerrufen und als Ersatz nur 10 Waggon aus Schrobenhausen zugeteilt; der Kommunalverband Kelheim hat erklärt, überhaupt nicht liefern zu können; der Kommunalverband Eggenfelden will später liefern. Die Lage ist also wieder sehr unsicher, Haushaltungsmehlvorrat haben wir nur auf einige Tage, Brotmehl auf wenige Wochen. An Kartoffeln ist, trotz der jetzt verhältnismäßig milden Witterung, in der letzten Zeit gar nichts mehr hereingekommen.

Bezirksamt M a r k t O b e r d o r f:
Am Sonntag, den 30. November 1919, fanden in Obergünzburg und Markt Oberdorf große Bauernversammlungen statt, in denen jeweils der Kreisbauernrat Brügl in Nürnberg über ›Zusammenschluß des ganzen Bauernstandes‹ und über ›Deutschlands Lage‹ sprach. Zufolge der am Tage vorher in Augsburg unter dem Vorsitze des Landwirtschaftsministers stattgehabten Versammlung konnte ich diesen Veranstaltungen selbst nicht anwohnen. Nach Zeitungsnotizen verbreitete sich der Redner im allgemeinen in beiden Versammlungen über die gleichen Gedanken, geißelte die verfehlte Politik im eigenen Lande während des Kriegs, hielt sich auf über die großen Zwischengewinne der Kommunalverbände und Kriegsgesellschaften, über

die vielen Maßnahmen und Verordnungen, nannte die Revolution eine Bewegung, die die oft gepriesene Freiheit dem Deutschen Volke nicht gebracht habe, wohl aber einen Schmachfrieden und Bürgerkrieg und nur Versprechungen an die Arbeiter, die heute nicht gehalten werden können. Der 8-Stunden-Tag führe uns noch zum Ruin; Sozialisierung der Landwirtschaft würde den Zusammenbruch der Lebensmittelversorgung herbeiführen. Die Erzeugerpreise müßten wieder steigen, damit die Landwirtschaft die neue Besteuerung tragen könne. Der Redner ermahnte die Bauern abzuliefern, was sie nur könnten, um Mord und Totschlag, Raub und Plünderung zu verhüten und wandte sich gegen Gewinn- und Vergnügungssucht. Beide Versammlungen waren sehr gut besucht.

Bezirksamt K a u f b e u r e n:
Die am 4. Dezember 1919 im Stachus-Saale in Kaufbeuren von den Kommunalverbänden Kaufbeuren Stadt und -Land veranstaltete Aufklärungsversammlung, die seitens der bäuerlichen Bevölkerung sehr stark besucht war, gab zur Aussprache über die derzeitige Ernährungslage reichlich Gelegenheit. Zwei ausführliche Vorträge, gehalten von dem städtischen Obersekretär Stöhr[2] in Kaufbeuren und dem Bürgermeister und Landtagsabgeordneten Scheifele[3] in Weinhausen, gaben ein anschauliches Bild über die derzeitige tiefernste Ernährungslage in den Städten und die hiedurch bedingte dringliche Pflicht der Landwirte zur Ablieferung aller nur irgendwie entbehrlichen Lebensmittel. Die Aussprache löste auch bei dieser Gelegenheit wieder starken Unwillen seitens der bäuerlichen Vertreter über die derzeitige Häutebewirtschaftung aus. Die Ablieferungslust der Landwirte werde durch solche Maßnahmen eher vermindert als gesteigert.

Zur erfolgreichen Bekämpfung des Schiebertums und des Schleichhandels wurde die Aufhebung des Bahn- und Postgeheimnisses mit allem Nachdruck verlangt. Es unterliege keinem Zweifel, daß Schieber und Schleichhändler seitens einzelner Bahn- und Postbediensteter Unterstützung finden. Trotz alledem glaube ich bei dem großen Interesse, das die Landwirte bei der Versammlung zeigten, bestimmt annehmen zu dürfen, daß die eindringlichen Schilderungen über die trostlose Ernährungslage in den Städten ihren Eindruck bei den Landwirten nicht verfehlt und daß die Ermahnungen zur restlosen Ablieferung aller entbehrlichen Lebensmittel Erfolg haben werden, umso mehr als der bäuerliche Vertreter, Bürgermeister und Landtagsabgeordneter Scheifele, in dankenswerter Weise seinen Standesgenossen scharf ins Gewissen redete.

Bezirksamt M e m m i n g e n:
Die zur Aufklärung über die Ernährungslage vom 2. dieses Monats einberufene Bauernversammlung war sehr stark besucht und nahm einen schönen Verlauf. Besonderen Eindruck machten die Ausführungen des Herrn Ministers Hamm[4]. Die Versammlung verlangte einmütig die Wiedereinführung der Zwangsbewirtschaftung für Häute und Leder, weil nur dadurch die furchtbaren Wucherpreise für Schuhwerk und zusammenhängend damit der vollständige Zusammenbruch der Fleischversorgung vermieden werden könne.

---

2 *Karl Stöhr (1875–1927).*
3 *Fritz Scheifele (1880–1961), Bürgermeister, Landwirt, Ökonomierat. 1918–1919 Mitglied des Provisorischen Nationalrats des Volksstaates Bayern. 1919–1933 MdL (BB bzw. Bayer. Bauern- und Mittelstandsbund bzw. NSDAP).*
4 *Dr. jur. h. c. Eduard Hamm (1879–1944), Beamter, Legationsrat. 1919–1922 bayer. Staatsminister für Handel, Industrie und Gewerbe, 1922–1923 Staatssekretär in der Reichskanzlei, 1923–1924 Reichswirtschaftsminister. 1920 MdL (DDP), 1920–1924 MdR (DDP).*

Bezirksamt F ü s s e n:
An Kartoffeln kommt hie und da ein Waggon an. Bisher konnte im ganzen 1 Zentner auf den Kopf der Bevölkerung als Winterbedarf abgegeben werden.

Stadtrat N e u - U l m:
Unsere Bemühungen um Erlangung weiterer Zuweisungen von Kartoffeln sind nicht von Erfolg begleitet gewesen. Die Eindeckung mit Kartoffeln dürfte auf etwa 20 % günstigenfalls zu veranschlagen sein.

Anlage 2 zu Ziffer 3 a) Kohlenlage

Bezirksamt D o n a u w ö r t h:
Die Portlandzementfabrik Stein- und Kalkwerke Harburg beklagte sich bitter über nicht genügende Kohlenbelieferung und erklärt sich gegenüber verschiedenen anderen dem Syndikat angehörigen Werken zurückgesetzt. Wegen Kohlenmangel ist zur Zeit der Kalkwerksbetrieb sehr bedroht; die Entlassung von bisher 9 Arbeitern war nicht zu umgehen. Das Bezirksamt hat sich wegen besserer Belieferung des Werkes ans Ministerium für Soziale Fürsorge gewendet.

Stadtrat A u g s b u r g:
Zufolge Kohlenmangels müssen in Augsburg vom 8. Dezember bis 12. Januar sämtliche Volksschulen gesperrt werden. Diese Maßnahme beängstigt vielfach wegen des ungünstigen Einflusses auf die Erziehung der Jugend.

Anlage 3 zu Ziffer 3 d) Arbeitsmarkt

Stadtrat N e u - U l m :
Übersicht über die Lage des Arbeitsmarktes am 6. Dezember 1919.

Wirtschaftszweig	Unerl. Angeb. von Arbeitskräften		Ges. Sa.	Unerl. Gesuche um Zuweisung von Arbeitern		Ges. Sa.
	a. männl.	b. weibl.	I	a. männl.	b. weibl.	II
Land- und Forstwirtschaft, Gärtnerei, Tierzucht	2	–	3	5	8	13
Metallverarbeitung u. Industrie der Maschinen, Instrumente und Apparate	9	–	9	5	–	5
Textilindustrie	–	–	–	1	–	1
Papier- und Lederindustrie und lederartiger Stoffe	1	–	1	–	–	–
Industrie der Holz- und Schnitzstoffe	1	–	1	4	–	4
Industrie der Nahrungs- und Genußmittel	3	–	3	–	–	–
Bekleidungs- und Reinigungsgewerbe	4	2	6	5	1	6
Baugewerbe	1	–	1	2	–	2
Handelsgewerbe	9	3	12	–	–	–
Gast- und Schankwirtschaft	–	1	1	–	4	4
Hauswirtschaft (Dienstboten u. Hauspersonal)	–	1	1	–	12	12
Sonst. Handwerk und Berufe	1	–	1	–	–	–
Ungelernte Arbeiter aller Art	23	–	23	–	–	–
Lehrlinge aller Berufsarten	–	–	–	4	1	5
Summe:	54	7	61	26	26	52

Bemerkungen über die Lage des Arbeitsmarktes:
Wesentliche Änderung gegenüber dem Vorberichte ist nicht zu verzeichnen.

Augsburg, den 16. Dezember 1919 101

1. Allgemeine politische Lage
a) Öffentliche Ordnung und Sicherheit:
   Die Tätigkeit der U.S.P. ist in Augsburg nach wie vor erheblich stärker als die der übrigen politischen Parteien.
   Die beiden in der abgelaufenen Woche in Kaufbeuren abgehaltenen politischen Versammlungen sind ruhig verlaufen. Redner der U.S.P. ergingen sich in den gewohnten Ausführungen und persönlichen Verunglimpfungen. Die Versammlung der M.S.P. nachmittags wurde von Elementen der U.S.P. wiederholt zu stören versucht.
   Am 12. Dezember 1919 fand in Füssen eine Versammlung der U.S.P. statt, in der Thomas-Augsburg über monarchistische Reaktion sprach. Er machte die üblichen Ausfälle auf die Reichswehr und die Einwohnerwehren und stellte u. a. auch die Behauptung auf, Frankreich gebe deswegen unsere Kriegsgefangenen nicht heraus, weil unsere Regierung Hindenburg[1] und Ludendorff[2] nicht ausliefern wolle[3]. Von dem anwesenden Gauleiter wurden die Angriffe auf die Einwohnerwehr zurückgewiesen.
   Die öffentliche Sicherheit leidet im Bezirke Sonthofen, vor allem in der Gemeinde Hindelang, unter der starken Wilderei: In Hindelang treten die Wilderer nach Mitteilung des Forstamts Burgberg bandenweise auf und sind mit Militärgewehren bewaffnet. Das Bezirksamt hat sich an die Gauleitung der Einwohnerwehren gewendet: Ein Gesuch der Gendarmeriestation Hindelang um Zuweisung von 2 tüchtigen Hilfsgendarmen ist im Laufe.
   Auf den in Abschrift anruhenden Bericht des Bezirksamts Neuburg an der Donau nebst Anlage darf ich Bezug nehmen.
   In Lindau wurden in der Nacht auf den Straßen zahlreiche Zettel der anruhenden Art niedergelegt.
b) Volksstimmung und Volksmeinung über die wichtigsten öffentlichen Angelegenheiten:
   Die landwirtschaftliche Bevölkerung ist nach wie vor in höchster Erregung über die derzeitige Häute- und Lederwirtschaft; aber auch in der Stadt kann die dadurch hervorgerufene und in ihren Wirkungen erst noch kommende Steigerung der Preise für Fertigwaren zu ernsten Vorkommnissen führen. Bericht des Bezirksamts Memmingen liegt an.

2. Ernährungslage
a) Landwirtschaftliche Erzeugung, Stand der Feldfrüchte, Ernteaussichten und Ernteergebnisse *[Ein Eintrag]*.
b) Erfassung der landwirtschaftlichen Erzeugnisse:
   Auf die anliegenden Berichte des Stadtrats Memmingen, des Bezirksamts Sonthofen und der Stadträte Augsburg, Lindau und Kaufbeuren nehme ich Bezug.
c) Verteilung und Preise der wichtigsten Lebensmittel einschließlich der Auslandslebensmittel:
   Nach Äußerung des städtischen Lebensmittelamts Ulm ist mit Bestimmtheit zu rechnen, daß in Württemberg in aller Bälde eine neue Festsetzung des Milchpreises erfolgen wird,

---

[1] *Paul von Beneckendorff und von Hindenburg (1847–1934), Generalfeldmarschall a. D., 1925–1934 Reichspräsident.*
[2] *Erich Ludendorff (1865–1937), General der Infanterie a. D., 1924–1928 MdR (Deutschvölkische Freiheitspartei, NSDAP).*
[3] *Der Versailler Vertrag verlangte in den Artikeln 227 und 228 die Auslieferung des in den Niederlanden wohnhaften ehemaligen deutschen Kaisers und weiterer Personen als Kriegsverbrecher.*

die eine ganz wesentliche Erhöhung der Erzeugerpreise sowohl, als auch der Sammelstellenpreise und Anfuhrgebühren in sich schließen wird. Nach den bisherigen Erfahrungen muß damit gerechnet werden, daß die Erzeuger in der an Württemberg anschließenden bayerischen Umgebung unter Hinweis auf den einheitlichen Verkaufspreis in Ulm gleichfalls den württembergischen Erzeugerpreis verlangen und im Falle der Verweigerung die Milchzulieferung entweder ablehnen oder mindestens eine widerwillige Stellung einnehmen. Im Interesse der Verbraucher wäre eine abermalige Steigerung der Milchpreise sehr zu bedauern, zumal die bayerischen Milchlieferer derzeit mit den ihnen gewährten Preisen durchaus zufrieden sind.

3. Gewerbliche Lage
a) Kohlenlage:
   Besserung wird nirgends gemeldet. Der Eingang an Hausbrandkohle in Augsburg ist gegen die Vorwoche zurückgegangen.
b) Rohstofflage: *[kein Eintrag]*
c) Aufträge und sonstige wirtschaftliche Verhältnisse:
   In der Industrie Augsburgs sind es nach wie vor die Schwierigkeiten der Kohlenbeschaffung, welche einen geregelten Fortgang der Produktion unmöglich machen. Die Aktiengesellschaft Union mußte wegen Kohlenmangels und die Riedinger'sche Ballonfabrik wegen Materialmangels ihren Betrieb einschränken, wodurch insgesamt 160 Arbeiter in ihrem Einkommen eine ganz empfindliche Einbuße erlitten. Die Kammgarnspinnerei mußte im Monat November wegen Kohlenmangels sogar ihren Gesamtbetrieb für 12 Tage einstellen. Gegenüber den ausländischen Auftraggebern unserer Industrie sind diese Verhältnisse ebenfalls äußerst unangenehm, weil die übernommenen Verpflichtungen nicht rechtzeitig erfüllt werden können und dadurch die Aussicht auf weitere Beschäftigung auf das Äußerste gefährdet ist.
d) Arbeitsmarkt:
   Arbeitsmarkt in Augsburg. Der Bedarf an landwirtschaftlichen Arbeitern ist infolge vorgeschrittener Jahreszeit erheblich zurückgegangen. In der Metallindustrie hat die Zahl der Arbeitslosen um ein geringes zugenommen. Gesucht werden Kesselschmiede und Elektromonteure. An Möbelschreinern besteht großer Mangel. Für Schäffler, Sattler, Tapezierer besteht wenig Arbeitsgelegenheit. In der Textilindustrie ist die Lage unverändert. Die vom Arbeitsamt Immenstadt gesuchten Textilarbeiter können infolge Kohlenknappheit nicht eingestellt werden. Schneider und Schuhmacher sind gesucht. Das Baugewerbe hat infolge des Frostwetters Ausstellungen in geringem Umfange vorgenommen. Für Maler wird die Arbeitsgelegenheit immer geringer. Das Lebensmittel- sowie das Gastwirtsgewerbe zeigt ein Überangebot von Arbeitskräften. Bis über Weihnachten konnten eine Anzahl kaufmännischer Kräfte als Aushilfen untergebracht werden. An häuslichen und landwirtschaftlichen weiblichen Dienstboten besteht fortdauernd großer Mangel. Für männliche Ungelernte ist infolge des Frostwetters die Arbeitsgelegenheit ziemlich gering, doch ist es voraussichtlich in den nächsten Tagen möglich, auswärts eine größere Anzahl Arbeiter bei Kulturunternehmungen zu beschäftigen. Sonst ist der Arbeitsmarkt der ungelernten Männlichen überfüllt mit Erwerbsbeschränkten. Nachstehende Übersicht des städtischen Arbeitsamtes Augsburg vom 12. Dezember 1919 gibt zahlenmäßigen Aufschluß über die Bewegung des Arbeitsmarktes.

Wirtschaftszweig	Unerl. Angeb.		Unerl. Nachfrage		Bemerkungen
	a. männl.	b. weibl.	a. männl.	b. weibl.	
Land- und Forstwirtschaft, Gärtnerei	8	27	22	6	
Metallverarbeitung	34	–	102	–	
Holzindustrie	35	–	11	–	
Textilindustrie	1	–	8	57	
Bekleidungs- und Reinigungsgewerbe	18	1	1	22	
Baugewerbe	11	–	151	–	
Sonst. Handwerk und Berufe	18	4	257	48	davon
Haus- und Gastwirtschaft	–	131	145	32	3 jugendl. m.
Ungelernte Arbeiter aller Art	–	–	340	429	6 jugendl. m.
Summe:	125	162	1037	594	9 jugendl. m.
Gesamtsumme der Vorwoche:	154	131	921	578	8 jugendl. m.

Beim Arbeitsamt Memmingen stehen 43 offenen Stellen für Männliche 31 Stellengesuche gegenüber; die Zahl der Erwerbslosen beträgt 58.

Das städtische Arbeitsamt Immenstadt meldet für 79 Männliche, 20 Weibliche, 14 Lehrlinge: 19 und 11 und 1 offene Stellen.

Die Übersicht über die Lage des Arbeitsmarktes in Neu-Ulm liegt bei.

4. Öffentliche Arbeiten, Notstandsarbeiten, wichtigere Vorgänge in der Arbeiterlohnbewegung, Stand der Erwerbslosenfürsorge

Der seit Beginn der Woche dauernde Textilwerkmeisterstreik in Augsburg wurde am 12. Dezember durch Annahme der durch den Schlichtungsausschuß festgestellten Einkommenssätze beendet.

Nach dem Stande vom 6. Dezember 1919 hatte Augsburg an Erwerbslosen:
         861 männliche   gegenüber   915 der Vorwoche
         460 weibliche   gegenüber   476 der Vorwoche
zusammen: 1321 Erwerbslose gegenüber 1391 der Vorwoche

Seit Beginn der Erwerbslosenfürsorge haben 19.612 Personen die Arbeit wieder aufgenommen.

5. Wohnungsfrage, Baumarkt
Unverändert schlecht.

6. Volksgesundheit *[Kein Eintrag]*.

7. Kriegsbeschädigten- und Kriegshinterbliebenenfürsorge
Nichts Erwähnenswertes.

8. Sonstiges *[Kein Eintrag]*.

gez. von Praun, Regierungspräsident

Anlage 1 zu Ziffer 1 a) Öffentliche Ordnung und Sicherheit:

Bezirksamt N e u b u r g   a n   d e r   D o n a u :
Die öffentliche Ordnung und Sicherheit wird weiterhin durch mannigfache Straftaten gestört. Auch Brände kamen in letzter Zeit wiederholt vor, bei denen man Brandstiftung vermutet. Am 10. dieses Monats lief beim Stadtrat Neuburg eine in Augsburg aufgegebene Postkarte ein, deren Inhalt in Abschrift anruht. Wenn auch den Drohungen des ›Brandstifterkomitees‹ keine ernstliche Bedeutung beizumessen ist, so kommt ihnen doch symptomatischer Wert zu. Sie zeigen, bis zu welchem Grad der Fanatismus einzelner bereits gediehen ist.

Abschrift an den Stadtmagistrat Neuburg an der Donau.
Besagter Stelle die Benachrichtigung, daß für den Bezirk Neuburg an der Donau, das ist mit Rain und alle umliegenden Wucher- und Schiebergemeinden für die Dauer des Winters 300 Großfeuer vorbereitet sind als endliche Massenvergeltung. Das Projekt wird unwiderruflich restlos durchgeführt. Nieder mit solchen deutschen Bluthunden. Es lebe England und Frankreich, pfui Deutschland. Diese Ankündigung kann allen Gemeindebullen vorher bekanntgegeben werden. Bald beginnt die Weltrache, die Einwohnerwehren werden als reaktionär der Entente alle gemeldet. Wartet Ihr deutsches Dreckpack.
Das Brandstifterkomitee.
Zur Beglaubigung: Neuburg an der Donau, den 13. Dezember 1919, Bezirksamt,
gez. Geist.

Anlage 2 zu Ziffer 1 b) Volksstimmung und Volksmeinung über die wichtigsten öffentlichen Angelegenheiten:

Bezirksamt M e m m i n g e n :
Die Empörung der landwirtschaftlichen Bevölkerung über die wahnsinnige Steigerung der Häutepreise wächst immer mehr. Die Bauern wollen jetzt unter keinen Umständen mehr Vieh abliefern, wenn sie nicht die Haut zurückbekommen. Die Viehversorgung der Städte wird dadurch bald unmöglich werden.

Anlage 3 zu Ziffer 2 b) Erfassung der landwirtschaftlichen Erzeugnisse:

Stadtrat M e m m i n g e n :
Von dem Monatsbedarf an Brotgetreide für Dezember mit rund 2000 Zentnern wurden bis jetzt nur 650 Zentner angeliefert; die von der Landesgetreidestelle zur Lieferung beauftragten ländlichen Kommunalverbände Neuburg und Nördlingen können uns nur das liefern, was wiederum die Ablieferungspflichtigen ihrer Bezirke aufbringen. Die Ablieferung der einzelnen Landwirte geht in diesen Bezirken so saumselig vor sich, daß alles Drängen der Landesgetreidestelle nichts hilft. Wenn sich die Anlieferung weiterhin so verschleppt, ist sicher mit einer Stockung in der Brotversorgung zu rechnen.

Stadtrat A u g s b u r g :
In dieser Woche ist von auswärtigen Kommunalverbänden Brotgetreide nach Augsburg nicht geliefert worden.

Stadtrat L i n d a u :
Der Stand der Lebensmittelversorgung ist insbesondere wegen des Ausbleibens der Kartoffellieferungen ungenügend und besorgniserregend. Für den Kommunalverband Lindau-Stadt konnten im Laufe der letzten 14 Tage Kartoffeln überhaupt nicht abgegeben werden und sind zur Belieferung noch 20 Pfund Kartoffeln für Novembermarken rückständig. Haushaltungen sind bis jetzt nur zu einem ganz geringen Teil mit Winterkartoffeln versorgt. Wenn nicht für die nächsten 2 Monate anstelle der Kartoffeln ein Ersatz durch Zuweisung anderer Lebensmittel erfolgt, ist eine geregelte und genügende Versorgung der Bevölkerung ausgeschlossen.

Stadtrat K a u f b e u r e n :
Die Kartoffelversorgung der Stadt ist trostlos. Die letzte Woche erwarteten wir wenigstens 1 Waggon, aber vergebens. Wir haben uns vergebens wiederholt an die Landeskartoffelstelle gewendet.

Bezirksamt S o n t h o f e n :
Unsere Brot- und Mehlversorgung ist immer noch sehr bedenklich; Kochmehl zur Verteilung bei Beginn der nächsten Kartenperiode am 21.12. (vor Weihnachten!) haben wir zur Zeit überhaupt nicht, hoffentlich treffen die augenblicklich rollenden 2 Waggon Weizen von Riedenburg noch rechtzeitig in Staufen[4] zur Vermahlung ein. Wie soll das im weiteren Winter und Frühjahr werden? Auch die Kartoffelversorgung reicht noch lange nicht; zur Zeit kann bei der starken Kälte nichts befördert werden, wenn es nicht erfrieren soll.
Die Viehanlieferung ist noch gut, aber es kommen viel weniger Kälber zur Anlieferung als im Vorjahr. Der Kommissionär berichtete, daß in einer Woche nur 30 Kälber nach auswärts geliefert werden konnten gegen 120 im Vorjahr! Dabei ist noch zu bedenken, daß heuer wegen der Futterknappheit weniger Kälber aufgezogen werden, also mehr zur Ablieferung kommen müßten als im Vorjahr. Die Schuld liegt natürlich in den Häutepreisen; wenn für eine Kalbhaut 300 Mark bezahlt werden, zum Teil angeblich noch mehr, so darf man sich nicht wundern, wenn der Bauer schwarzschlachtet oder das Kalb zugrundegehen läßt, da helfen alle Wucherstrafdrohungen nichts, wie ich mir schon wiederholt auszuführen erlaubte. Auf diese Weise gibt es im Frühjahr kein Fleisch mehr. Und die ›Autorität‹ und ›Beliebtheit‹ der Behörden, die zum Vollzuge der unsinnigen Berliner Bestimmungen verdammt sind, festigt sich wieder einmal!

---

4   Oberstaufen.

Anlage 4 zu Ziffer 3 d) Arbeitsmarkt

Stadtrat N e u - U l m :
Übersicht über die Lage des Arbeitsmarktes am 13. Dezember 1919

Wirtschaftszweig	Unerl. Angeb. von Arbeitskräften		Ges. Sa.	Unerl. Gesuche um Zuweisung von Arbeitern		Ges. Sa.
	a. männl.	b. weibl.	I	a. männl.	b. weibl.	II
Land- und Forstwirtschaft, Gärtnerei, Tierzucht	1	–	1	1	11	12
Metallverarbeitung u. Industrie der Maschinen, Instrumente u. Apparate	8	–	8	4	–	4
Textilindustrie	–	–	–	1	–	1
Papier- und Lederindustrie und lederartiger Stoffe	2	–	2	–	–	–
Industrie der Holz- und Schnitzstoffe	1	–	1	4	–	4
Industrie der Nahrungs- und Genußmittel	3	–	3	–	–	–
Bekleidungs- und Reinigungsgewerbe	3	2	5	5	–	5
Baugewerbe	1	–	1	2	–	2
Handelsgewerbe	8	3	11	–	–	–
Gast- und Schankwirtschaft	–	1	1	–	5	5
Hauswirtschaft (Dienstboten u. Hauspersonal)	–	1	1	–	12	12
Sonst. Handwerk und Berufe	1	–	1	–	–	–
Ungelernte Arbeiter aller Art	31	–	31	–	–	–
Lehrlinge aller Berufsarten	–	–	–	5	–	5
Summe:	59	7	66	22	28	50
Gesamtsumme der Vorwoche:	54	7	61	26	26	52

Bemerkungen über die Lage des Arbeitsmarktes:
Wie bisher fehlt es ständig an landwirtschaftlichen weiblichen Dienstboten, desgleichen an weiblichem Dienstpersonal für Hauswirtschaft. Bei der männlichen Abteilung sind besonders Kaufmänner nicht unterzubringen. Zusehend steigt die Zahl der Arbeitssuchenden bei ungelernten Arbeitern.

Augsburg, den 23. Dezember 1919　　　　　　　　　　　　　　　　　　　　　　　　　　　　**102**

1. Allgemein politische Lage
a) Öffentliche Ordnung und Sicherheit:
Aus allen Teilen des Regierungsbezirkes wird über die fortgesetzte Mehrung schwerer Diebstähle berichtet:
Am 6. dieses Monats nachmittag 5 Uhr 25 Minuten wurden während der Fahrt des Güterzuges 2180 auf der Bahnstrecke zwischen Donauwörth und Mündling bei km 9,8 aus einem Güterwagen 3 Kisten geworfen in der Absicht, deren Inhalt zu stehlen. Der Schlußbremser des erwähnten Güterzuges sah aus dem Wagen nach Abwerfen der Kisten, wie 2 unbekannte Männer auf den Bahnkörper absprangen. Der Güterzug fuhr weiter, und auf der Station Mündling benachrichtigte der Bremser Großmann den diensttuenden Beamten Dörfler von dem Vorkommnis. Von Dörfler wurde die Gendarmeriestation telefonisch verständigt. Die noch in gleicher Nacht angestellten Erhebungen sowie die seither gepflogenen Recherchen nach den Tätern blieben ohne Erfolg. Am Tatorte selbst wurden nur noch 3 Kisten mit Äpfeln von der Gendarmerie vorgefunden, welche behufs Sicherstellung auf die Bahnstation Mündling verbracht wurden. Soviel bis jetzt festgestellt werden konnte, sind keine Äpfel entwendet worden und haben es die Täter anscheinend auf andere Sachen abgesehen gehabt. Absender und Empfänger der Kisten sind bis heute von der Bahnverwaltung noch nicht festgestellt worden.
In der Berichtswoche fanden 3 öffentliche Versammlungen der Unabhängigen Sozialdemokratischen Partei in Reutin, Lindenberg und Weiler statt. Die Versammlung in Reutin war gut, die in Lindenberg und Weiler waren sehr schlecht besucht. Gefordert wurde die Einführung der Räterepublik.
Die U.S.P. hielt in Lechbruck und Pfronten Versammlungen ab mit dem Redner Thomas. In Lechbruck fand er bei dem größten Teile entschiedene Abweisung.
In Augsburg entfaltet die U.S.P. stets eine rege Tätigkeit. Eine Demonstration, die durch Abhaltung eines Umzugs seitens der Jugendgruppe nach einer Versammlung der U.S.P. am 18.12.1919 geplant war, wurde seitens der Schutzmannschaft vereitelt. Gegen die Veranstalter wird vorgegangen.
b) Volksstimmung und Volksmeinung über die wichtigsten öffentlichen Angelegenheiten:
Das immerwährende Steigen der Preise für Lebensmittel und insbesondere auch für Gebrauchsgegenstände verursacht allenthalben die größte Beunruhigung.
Große Erbitterung herrscht bei den Landwirten des Bezirkes Neuburg an der Donau über die unter den Dienstboten in letzter Zeit entfaltete Agitation behufs Gründung sozialdemokratischer Organisationen. Ein Bierbrauer namens Vitus Stegmeier aus Schrobenhausen reist zu diesem Zweck in den Landgemeinden herum und sucht sich in Versammlungen und Besprechungen Anhang zu verschaffen.
In Unterthingau soll eine Versammlung beschlossen haben, daß von den dortigen Ökonomen kein organisierter Arbeiter eingestellt werden darf und am Lichtmeßtag 1920 alle organisierten Arbeiter ausgestellt werden müßten. Das Sozialministerium hat Berichterstattung verlangt. Näheres ist dem Bezirksamt Markt Oberdorf vorerst nicht bekannt. Der Beschluß scheint aber mit dem Unmut der Landwirte über die Einführung beschränkter Arbeitszeit zusammenzuhängen.
Auf den anruhenden Bericht des Stadtrats Kaufbeuren erlaube ich mir Bezug zu nehmen.
Am meisten leiden unter der derzeitigen von Woche zu Woche steigenden Teuerung die Beamten und kleinen Bürgersleute. Sie verlangen von der Regierung, daß sie endlich dem

Abbau der Preise nachgehe, weil sonst unabsehbares Elend über sie kommt. Wenn nicht baldigst zur Hebung der Lage der Beamten Energisches geschieht, wird sich der Staat seiner letzten Stütze, des redlichen und selbstlosen Beamtentums, berauben.

2. Ernährungslage
a) Landwirtschaftliche Erzeugung, Stand der Feldfrüchte, Ernteaussichten und Ernteergebnisse *[Kein Eintrag]*.
b) Erfassung der landwirtschaftlichen Erzeugnisse:
In der Berichtswoche wurden in der Stadt Augsburg lediglich 600 Zentner Weizen angeliefert.
Der Kommunalverband Neu-Ulm hat seine Ablieferungsschuldigkeit in Brotgetreide nicht nur erfüllt, sondern sehr überschritten. Gleichwohl will die Landesgetreidestelle nicht gestatten, daß der Kommunalverband sich selbst über 2 Monate hinaus mit Brotgetreide eindeckt. Damit würde also auf das frühere System der Bestrafung derjenigen Kommunalverbände zurückgegriffen, welche durch richtige Behandlung der Bevölkerung eine gute Anlieferung erreicht haben. Der Kommunalverbandsausschuß hat hiegegen entschieden Protest erhoben, und das Bekanntwerden dieser Angelegenheit hat im ganzen Bezirk außerordentlich böses Blut gemacht. Ein derartiges Vorgehen ist in keiner Weise geeignet, den Ablieferungswillen zu erhöhen.
Zur Kartoffelversorgung darf ich auf die anliegenden Berichte des Stadtrats Lindau, des Stadtrats Kaufbeuren und des Bezirksamts Illertissen Bezug nehmen.
c) Verteilung und Preise der wichtigsten Lebensmittel einschließlich der Auslandslebensmittel:
Die Versorgung hat sich durch das längere Fehlen der Auslandslebensmittel wieder erheblich verschlechtert. Es ist daher das Hamstern wieder in schönster Blüte.

3. Gewerbliche Lage
a) Kohlenlage:
Die vollständig ungenügende Zufuhr an Kohlen in Augsburg stellt die rechtzeitige Belieferung der Bevölkerung in Frage.
b) Rohstofflage *[Kein Eintrag]*.
c) Aufträge und sonstige wirtschaftliche Verhältnisse:
Die Industrie in Augsburg leidet immer noch an Kohlen- und Rohstoffmangel. Bei der Firma Schäffler, Zimmerei und Sägewerk, mußten wegen Holzmangels der Betrieb eingestellt und 18 Arbeiter ausgestellt werden, in der Riedinger'schen Ballonfabrik mußte wegen Materialmangels eine Einschränkung vorgenommen werden, die 2 Arbeiter und 58 Arbeiterinnen traf. Die Zimmerei Walter mußte wegen Arbeitsmangels 4 Arbeiter ausstellen und die Dampfwaschanstalt Gruber & Dignus mußte wegen Kohlenmangels ihren Betrieb einschränken, wovon 7 Arbeiter und 31 Arbeiterinnen betroffen wurden.
Die große Mechanische Seilerwarenfabrik Füssen ist zur Zeit so gut mit Rohstoffen versehen, daß sie den vollen Betrieb durchführen kann.
d) Arbeitsmarkt:
Im Laufe der Berichtswoche hat sich in Augsburg die Zahl der Arbeitslosen vermehrt. Der Zugang hat seine Ursache darin, daß die Arbeiten im Freien wegen des Frostwetters zum größeren Teile eingestellt werden mußten. Außerdem hat der Kohlenmangel in verschiedenen Betrieben zur Einschränkung der Arbeitszeit genötigt. Die Landwirtschaft nimmt gegenwärtig Arbeitskräfte nur zum Dreschen auf. Fuhrknechte zum Langholzfahren werden gesucht. Das Arbeitsangebot für weibliche landwirtschaftliche Kräfte nimmt zu. Unverändert ist die Lage in der Metall- und Textilindustrie. Die gute Beschäftigung der

Holzindustrie dauert fort. Ebenso werden Schneider und Schuhmacher lebhaft verlangt. Für Sattler, Buchbinder, Friseure ergeben sich keine offenen Stellen. Das Baugewerbe war zu Ausstellungen infolge des Frostwetters gezwungen (besonders Maurer und Maler). Die sehr ungünstige Lage des Lebensmittelgewerbes hält an. Die Zahl der arbeitslosen kaufmännischen Angestellten hat sich in der Berichtswoche nicht geändert. Die Nachfrage nach weiblichen Hausangestellten ist unvermindert groß, dagegen nimmt die Anzahl der männlichen Hausangestellten zu. In der Gastwirtschaft haben sich Änderungen nicht ergeben. Ungelernte männliche Arbeiter wurden wegen Materialmangels und Frostwetter ausgestellt. Angefangene Kulturarbeiten auswärts mit einer größeren Arbeiterzahl konnten infolge des Wetters nicht begonnen werden. Auch die schwäbischen Arbeitsämter melden Ausstellungen an. Für weibliche Ungelernte zeigt sich keine Veränderung der Arbeitsmarktlage.

Nachstehende Übersicht des städtischen Arbeitsamtes Augsburg vom 19. Dezember 1919 gibt zahlenmäßigen Aufschluß über die Bewegung des Arbeitsmarktes:

Wirtschaftszweig	Unerl. Angeb.		Unerl. Nachfrage		Bemerkungen
	a. männl.	b. weibl.	a. männl.	b. weibl.	
Land- und Forstwirtschaft, Gärtnerei	14	36	32	4	
Metallverarbeitung	25	–	97	–	
Holzindustrie	44	–	17	–	
Textilindustrie	1	–	7	54	
Bekleidungs- und Reinigungsgewerbe	20	–	–	12	
Baugewerbe	11	–	305	–	
Sonst. Handwerk und Berufe	22	5	253	53	davon
Haus- und Gastwirtschaft	–	154	174	23	4 jugendl. m.
Ungelernte Arbeiter aller Art	5	–	442	378	16 jugendl. m
Summe:	142	195	1316	524	20 jugendl. m.
Gesamtsumme der Vorwoche:	125	162	1037	594	9 jugendl. m

Das städtische Arbeitsamt Immenstadt meldet für 84 Männliche, 16 Weibliche, 16 Lehrlinge: nur 16 und 7 und 0 offene Stellen.

Übersicht über die Lage des Arbeitsmarktes in Neu-Ulm liegt bei.

Beim Arbeitsamt Memmingen stehen 44 offenen Stellen für Männliche 19 Stellengesuche gegenüber; die Zahl der Erwerbslosen ist auf 64 gestiegen.

4. Öffentliche Arbeiten, Notstandsarbeiten, wichtigere Vorgänge in der Arbeiterlohnbewegung, Stand der Erwerbslosenfürsorge:
Nach dem Stande vom 13. Dezember 1919 hatte Augsburg an Erwerbslosen:
    902 männliche gegenüber 861 der Vorwoche
    449 weibliche gegenüber 460 der Vorwoche
 zusammen: 1351 Erwerbslose gegenüber 1321 der Vorwoche.

Seit Beginn der Erwerbslosenfürsorge haben 19.722 Personen die Arbeit wieder aufgenommen.

Zur Zeit werden am Lech unterhalb Langweid die Arbeiten zum Ausbau einer weiteren Gefällsstufe der Lech-Elektrizitätswerke Gersthofen in Angriff genommen.

Geklagt wird von der Landwirtschaft, daß bei den Erdarbeiten am neuen Lechkanal der Lech-Elektrizitätswerke Gersthofen eine Menge landwirtschaftlicher Arbeiter aus der Nachbarschaft, welche dort der hohen Löhne wegen Arbeit suchten, von der bauführenden Firma aufgenommen wurden. Das Bezirksamt hat zu diesem Mißstand im Interesse der Landwirtschaft sofort Stellung genommen und wird die Entlassung der Genannten herbeiführen.

Im Müllergewerbe drohte dieser Woche in Kaufbeuren ein Streik auszubrechen, weil ein Mühlbesitzer die bisher gewährte Teuerungszulage von wöchentlich 20 Mark zurückziehen wollte. Die Angelegenheit hängt mit der Festsetzung des Mahllohnes durch die Allgäuer Arbeitsgemeinschaft zusammen. Der Vermittlung des Bürgermeisters ist es gelungen, den Streik zu unterbinden. Eine Einigung wird sich erzielen lassen.

5. Wohnungsfrage, Baumarkt
Gleich unbefriedigend wie bisher.

6. Volksgesundheit *[Kein Eintrag]*.

7. Kriegsbeschädigten- und Kriegshinterbliebenenfürsorge *[Kein Eintrag]*.

8. Sonstiges
Der Bezirkstag Mindelheim hat sich einstimmig dahin ausgesprochen, daß der Bahnbau Thannhausen-Kirchheim im Interesse des Bezirkes dringend notwendig sei, um eine bessere Verbindung des Allgäus mit Nordschwaben herzustellen; die Entfernung zwischen Thannhausen und Kirchheim beträgt nur 15 Kilometer, und der Bahnbau begegnet keinerlei technischen Schwierigkeiten[1].

Auf den anruhenden Bericht des Bezirksamts Zusmarshausen nehme ich Bezug.

Am 14. Dezember 1919 hat eine Versammlung des Deutschen und Österreichischen Donauvereins in Donauwörth stattgefunden. Den Bericht des zur Versammlung entsandten Regierungskommissärs erlaube ich mir in Abschrift vorzulegen.

gez. von Praun, Regierungspräsident

Anlage 1 zu Ziffer 1 b) Volksstimmung und Volksmeinung über die wichtigsten öffentlichen Angelegenheiten:

Stadtrat K a u f b e u r e n:
Der Beamten- und Lehrerbund hat eine Wirtschaftshilfe zum gemeinsamen Bezuge von Nahrungsmitteln und Bedarfsartikeln gegründet, da die Beamten fast mehr als die Arbeiterschaft unter den ständig steigenden Preisen zu leiden haben. Zur Zeit machen die Handelsgeschäfte geradezu glänzende Geschäfte. Die ländliche Bevölkerung reißt sich förmlich um die Waren und stapelt auf, was zu kaufen ist.

---

1 *Der Bahnbau kam nicht zustande.*

Anlage 2 zu Ziffer 2 b) Erfassung der landwirtschaftlichen Erzeugnisse:

Stadtrat L i n d a u:
Immer wieder muß über die völlig ungenügende Kartoffelversorgung geklagt werden. Unser Antrag auf Zuweisung von Mehl anstatt Kartoffeln wurde vom Landwirtschaftsministerium abgewiesen. Wir lehnen jede Verantwortung für die Folgen der ungenügenden Versorgung ab. Die Einfuhr und Verteilung ausländischen Mehles dürfte sich in den nächsten Monaten als unbedingt notwendig erweisen.

Stadtrat K a u f b e u r e n:
Kartoffeln sind noch nicht eingegangen. Wenn die jetzige Witterung länger anhält, wird die Stadt weiterhin unversorgt bleiben. Sehr viele Familien sind ohne jeden Kartoffelbestand.

Bezirksamt I l l e r t i s s e n:
Obwohl die Landeskartoffelstelle eingehende Darlegung der Verhältnisse im Bezirke erhalten hatte und wußte, daß der Bezirk außerstande sei, wegen der schlechten Kartoffelernte noch weitere Kartoffeln aufzubringen, wurde ihm gleichwohl zur Aufgabe gemacht, noch 36 Waggons Kartoffeln zu liefern. Wenn die Landeskartoffelstelle den Angaben der Behörde keinen Glauben mehr schenkt, so möge sie einen Sachverständigen senden, der von Gemeinde zu Gemeinde geht und sich über die Verhältnisse unterrichtet. Mit einer derartigen Behandlung ist der Sache nicht gedient.

Anlage 3 zu Ziffer 3 d) Arbeitsmarkt

Stadtrat N e u - U l m:
Übersicht über die Lage des Arbeitsmarktes am 20. Dezember 1919.

Wirtschaftszweig	Unerl. Angeb. von Arbeitskräften		Ges. Sa. I	Unerl. Gesuche um Zuweisung von Arbeitern		Ges. Sa. II
	a. männl.	b. weibl.		a. männl.	b. weibl.	
Land- und Forstwirtschaft, Gärtnerei, Tierzucht	2	–	2	1	12	13
Metallverarbeitung u. Industrie der Maschinen, Instrumente u. Apparate	9	–	9	2	–	2
Textilindustrie	–	–	–	1	–	1
Papier- und Lederindustrie und lederartiger Stoffe	2	–	2	–	–	–
Industrie der Holz- und Schnitzstoffe	1	–	1	2	–	2
Industrie der Nahrungs- und Genußmittel	4	–	4	–	–	–
Bekleidungs- und Reinigungsgewerbe	3	2	5	6	1	7
Baugewerbe	1	–	1	2	–	2
Handelsgewerbe	8	2	10	–	–	–
Gast- und Schankwirtschaft	–	–	–	–	3	3
Hauswirtschaft (Dienstboten u. Hauspersonal)	–	1	1	–	14	14
Sonst. Handwerk und Berufe	1	–	1	–	–	–
Ungelernte Arbeiter aller Art	22	–	22	–	–	–
Lehrlinge aller Berufsarten	–	–	–	5	–	5
Summe:	53	5	58	19	30	49
Gesamtsumme der Vorwoche:	59	7	66	22	28	50

Bemerkungen über die Lage des Arbeitsmarktes:
Gegenüber dem Vorberichte ist eine wesentliche Änderung nicht zu verzeichnen.

Anlage 4 zu Ziffer 8) Sonstiges

Bezirksamt Z u s m a r s h a u s e n:
Eine bemerkenswerte Tatsache stellte sich beim städtischen Bekleidungswerk Augsburg heraus. Diese Stelle, welche angeblich Vorräte für den ganzen Regierungsbezirk zu bewirtschaften hat, hat nur eine Gemeinde des Bezirks mit Waren bedacht und zwar im Austausch gegen Torf, ohne daß der Kommunalverband irgendwie verständigt worden wäre. Gegen dieses Verfahren wurde von hier aus Einspruch erhoben.

  Abschrift des Berichts des Regierungsrates Freiherrn von und zu Aufseß[2] vom 15. Dezember 1919, betreffend die Versammlung des Deutschen und Österreichischen Donauvereins.

Zufolge Auftrags vom 11. Dezember dieses Jahres habe ich gestern der vom Deutschen und Österreichischen Donauverein in Donauwörth einberufenen Versammlung beigewohnt und berichte ich über deren Verlauf folgendes:

Die Versammlung, in der übrigens der Deutsch-Österreichische Donauverein eine untergeordnete Rolle spielte und – offenbar aufgrund stillschweigender Vereinbarung – der Südwestdeutsche Kanalverein die Führung hatte, wurde von dem geschäftsführenden Vorsitzenden Redakteur Scholz[3]-Augsburg eröffnet. Den Versammlungsvorsitz übernahm ohne vorherige förmliche Wahl Herr rechtskundiger Bürgermeister Dr. Samer[4] in Donauwörth, der sich als gewandter Versammlungsleiter erwies.

Die Versammlung war von etwa 60 Interessentenvertretern, meist Vertretern der an der Donau zwischen Ulm und Ingolstadt gelegenen Gemeinden, besucht.

A. Südwestdeutscher Kanalverein

  Nach einem von einem Herrn Seibold erstatteten Bericht über die Versammlung zur Gründung eines Zweckverbandes in Günzburg (9. Dezember dieses Jahres) erhielt das Wort der Stadtbauinspektor Ehlgötz[5] von Mannheim, der an der Hand einer von ihm verfaßten Denkschrift als Vertreter des Südwestdeutschen Kanalvereins dessen Projekt und Ziele erläuterte und – meines Erachtens mit Recht – nicht die Länge oder Kürze des Kanals und nicht die Baukostenfrage allein für maßgebend erklärte, sondern die wirtschaftlichen Bedingungen und Bedürfnisse und damit die Rentabilität. Der Südwestdeutsche Kanalverein will an sich das Donau-Main-Kanalprojekt über Beilngries des Bayerischen Kanalvereins[6] nicht verwerfen, sondern sein Projekt der Schiffbarmachung der oberen Donau von Ulm ab unter gleichzeitiger Herstellung eines Kanals zwischen Neckar und Donau mit dem ersteren Projekt verbinden. Baden und Württemberg seien einig für die Neckarkanalisierung vorerst bis Plahingen[7], später soll der Anschluß an die Donau bis Passau erfolgen[8].

---

2 *Hubert Freiherr von und zu Aufseß (1868–1940), Regierungsdirektor.*
3 *Richard Scholz (geb. 1882).*
4 *Dr. Michael Samer (1879–1957), Jurist. 1915–1929 Rechtskundiger Bürgermeister der Stadt Donauwörth, 1929–1939, 1952–1956 Oberbürgermeister der Stadt Füssen. 1920–1928 MdL (BVP), 1928–1933 Mitglied des Kreistags von Schwaben und Neuburg.*
5 *Dipl.-Ing. Hermann Julius Ehlgötz (geb. 1878).*
6 *Gegründet 1892 als ›Verein zur Hebung der Fluß- und Kanalschiffahrt in Bayern‹, betrieb er den Bau eines Main-Donau-Kanals, der über den Rhein die Verbindung zwischen Nordsee und Südosteuropa herstellen sollte. Dieser Rhein-Main-Donau-Kanal ist seit Ende September 1992 bis Kelheim befahrbar.*
7 *Besser: Plochingen.*
8 *Geplant war auch ein Kanal von Ulm bis Friedrichshafen am Bodensee. Der Südwestdeutsche Kanalverein stellte seine Projekte im Mai 1920 in einer Ausstellung in Ulm der Öffentlichkeit vor.*

B. Bayerischer Kanalverein

Der Geschäftsführer Steller[9] des bayerischen Kanalvereins, der indessen zur offiziellen Vertretung dieses Vereins nicht bevollmächtigt zu sein behauptete und seine Ausführungen als ›vertraulich‹ behandelt wissen will, obwohl er sie vor 60 Anwesenden machte, die Gegner des Projekts des Bayerischen Kanalvereins sind, machte den Eindruck eines Mannes, der gerne belehrend auftritt, es aber mit niemand verderben will. Obwohl er als Geschäftsführer des Bayerischen Kanalvereins sich vorstellte, erklärte er doch, daß er von Anfang an Gegner des sogenannten ›Bamberger Projekts‹ (Kanalführung Kelheim-Beilngries-Bamberg) sei und stets bedauert habe, daß sein Verein sich immer der Staatsregierung gegenüber allzu entgegenkommend gezeigt habe. Jetzt werde man freilich mit der Regierung gehen müssen, damit der Bayerische Kanalverein nicht zerfalle. (Meines Erachtens droht eine solche Spaltung allerdings durch den Südwestdeutschen Kanalverein und die widerstrebenden Interessen des ›Zweckverbands Obere Donau‹. Der Berichterstatter.) Er, Steller, habe den Eindruck, als ob der bayerischen Staatsregierung die Sachverständigen, die anderer Meinung seien als ihre eigenen, unbequem seien. Er rate zu einer baldigen Hauptversammlung des Bayerischen Kanalvereins, womöglich noch im Januar, um einen Druck auf die Staatsregierung auszuüben. Der Bayerische und der Südwestdeutsche Kanalverein müßten praktisch zusammengehen, dagegen müsse man sich einer internationalen Interessengemeinschaft der Süddeutschen mit den Österreichern und insbesondere der Tschechoslowakei entgegenstellen; dann sei, nach Meinung des Redners, die Reichsregierung in der Lage, unsere berechtigten Interessen zu vertreten. Die Begründung war unklar.

Bezeichnend für die bayerische Staatsregierung sei, daß sich unter den 6 sachverständigen Mitgliedern der Kanallinienführungskommission nur ein einziger Bayer, Architekt Hallinger, befinde; die übrigen seien Norddeutsche, Hessen und ein Badener.

Der Bayerische Kanalverein habe allerdings auch ein Projekt für die Kanalführung über Stepperg ausarbeiten lassen; dieses Projekt stehe dem Südwestdeutschen Kanalverein zur Verfügung.

C. Deutscher und Österreichischer Kanalverein

Für den Deutsch-Österreichischen Kanalverein sprach zuletzt dessen geschäftsführender Vorsitzender Redakteur Scholz-Augsburg, der jedoch das Projekt eigentlich nur vom Standpunkt des Vergnügungsreisenden, Bergtouristen und Sportsmanns aus beleuchtete, eine große Hebung des Fremdenverkehrs nach den bayerischen Alpen, dem bayerischen Wald usw. von der Schiffbarmachung der Donau von Ulm bis Passau erhoffte und die Stadt- und Landgemeinden, die Fremdenverkehrsvereine, Sportvereine, Alpenvereinssektionen zum Beitritt in den Deutschen und Österreichischen Donauverein bzw. Südwestdeutschen Kanalverein aufforderte. Der Deutsche und Österreichische Donauverein gebe Anteilscheine zu je 50 Mark aus, um auch den Einzelpersonen neben den Vereinen die Anteilnahme zu erleichtern. Später seien ständige Gesellschaftsreisen geplant.

Zum Schlusse der Versammlung wurde die gleiche Entschließung wie in Günzburg gefaßt, die darin gipfelt, daß durch Gründung eines Zweckverbandes der interessierten Gemeinden, Vereine und Industriellen die Kanalisierung der Donau von Ulm ab über Stepperg mit allem Nachdruck zu betreiben sei.

Die Einladung des Vorsitzenden, als Vertreter der Kreisregierung eine Zusammenfassung des Ergebnisses der Verhandlungen zu geben, habe ich – als hiezu nicht berufen – selbstredend abgelehnt mit der Begründung, daß der Kreisregierung eine selbständige Stellungnahme unabhängig von der Staatsregierung oder gar im Gegensatz zu derselben nicht

---

9 Dr. h. c. Konrad Gustav Steller, geschäftsführendes Vorstandsmitglied und von 1902–1932 Syndikus des Bayerischen Kanal- und Schifffahrtsvereins.

zukomme. Dagegen habe ich der Versammlung mitgeteilt, daß die Regierung von Schwaben und Neuburg selbstverständlich an den Bestrebungen des Südwestdeutschen und Deutschen und Österreichischen Donauvereins den regsten Anteil nehme, die allenfallsigen Wünsche und Anträge zur Kenntnis des Ministeriums bringen werde und sich freuen würde, wenn es gelingen sollte, daß von den wirtschaftlichen Vorteilen eines so großartig geplanten Unternehmens, wie es die Kanalisierung der Donau, des Mains und des Neckars sei, ein möglichst großer Anteil auch dem Regierungsbezirk Schwaben zufließe.

Denjenigen, die mit der bisherigen Stellungnahme der Reichs- und bayerischen Staatsregierung nicht zufrieden seien, gab ich unter allgemeiner Zustimmung zu bedenken, daß das ganze Kanalisierungsprojekt – mag es nach den Wünschen des einen oder anderen Verbandes zur Ausführung kommen – nicht von der Reichs- oder bayerischen Staatsregierung ausschließlich bestimmt wird, sondern daß nach den Artikeln 331, 346 und 353 des Friedensvertrags das Reich die Wasserstraße nach den Wünschen unserer Feinde auszubauen, dagegen die Kosten allein zu tragen haben werde. Es sei nicht ausgeschlossen, daß die Pläne der Entente, insbesondere Frankreichs, sich mit denen des Südwestdeutschen und Deutsch-Österreichischen Donauvereins annähernd decken, da möglicherweise Frankreich im Interesse des Handelsverkehrs seines Südens und insbesondere Elsaß-Lothringens nach dem Osten die Kanalisierung der Donau von Ulm abwärts und des Neckars in ihre Pläne aufnimmt. Nach dem Friedensvertrag sei der Reichs- wie der bayerischen Staatsregierung die freie – übrigens auch von der Nationalversammlung und dem Landtag beeinflußte – Willensbestimmung in der Kanalfrage benommen. Dies wurde allseitig als richtig zugegeben.

Augsburg, den 30. Dezember 1919   103

1. Allgemein politische Lage
a) Öffentliche Ordnung und Sicherheit:

In Lauingen hat sich eine Ortsgruppe der U.S.P. gebildet, die etwa 50–60 Mitgliederzählen soll; gehört hat man bislang nichts mehr von ihr.

In der Nacht vom 25. auf 26. dieses Monats wurde auf den Pfarrer Zacher[1] in Hiltenfingen ein Attentat verübt, indem ein sogenannter Ausbläser auf das Gesims eines Fensters seines Schlafzimmers gebracht und zur Explosion gebracht wurde, so daß das Fenster zertrümmert und Zacher durch Holz- und Glassplitter verwundet wurde. Pfarrer Zacher ist inzwischen den erlittenen Verwundungen erlegen. Die Täter sind noch nicht ermittelt.

Das Zigeunerunwesen ist nach Bericht des Bezirksamts Neuburg an der Donau im Zunehmen begriffen. Kürzlich wurde dort eine größere Bande unter Zuhilfenahme der Reichswehr durch Gendarmerie- und Schutzmannschaft kontrolliert. Eine Anzahl Männer und Frauen wurden verhaftet und in das Landgerichtsgefängnis transportiert.

Die Gendarmerie-Station die Diemantstein meldet, daß vom Deutschen Volksverlag Dr. Ernst Böpple in München Bestellzettel für eine Schrift ›Die Juden im Heer‹[2] versendet werden, offenbar eine antisemitische Broschüre.

---

1 Joseph Zacher (1877–1919), 1902 Priesterweihe, 1911–1919 Pfarrer in Hiltenfingen. Der/die Täter wurde(n) nie ermittelt.
2 Untertitel: Eine statistische Untersuchung nach amtlichen Quellen. Die 1920 erschienene Schrift trägt den Verfassernamen Otto Arnim, das Pseudonym für Johann Henningsen.

In der Nacht vom 23./24. dieses Monats wurde an die Haustüre der Gendarmerie-Hauptstation Nördlingen der anruhende Zettel geklebt, der Täter blieb unbekannt. Im nämlichen Hause wohnt eine jüdische Familie.

b) Volksstimmung und Volksmeinung über die wichtigsten öffentlichen Angelegenheiten:
Die Freigabe des Handels mit Häuten und die daraus sich ergebende Verteuerung der notwendigen Schuhwaren erregt die Bevölkerung aller Schichten in gleich nachhaltiger Weise. Es ist zu erwarten, daß ernste Schwierigkeiten für die derzeitige Regierung daraus entstehen werden, wenn nicht noch in letzter Stunde die Angelegenheit einer irgendwie befriedigenden Regelung zugeführt wird.

2. Ernährungslage
a) Landwirtschaftliche Erzeugnisse, Stand der Feldfrüchte, Ernteaussichten und Ernteergebnisse *[Kein Eintrag]*.
b) Erfassung der landwirtschaftlichen Erzeugnisse:
Auf die anruhenden Berichte der Bezirksämter Sonthofen, Lindau erlaube ich mir zu verweisen.
c) Verteilung und Preise der wichtigsten Lebensmittel einschließlich der Auslandslebensmittel: *[kein Eintrag]*

3. Gewerbliche Lage
a) Die Kohlenlage ist unverändert schlecht.
Von besonderem Interesse sind die Berichte des Stadtrats Neu-Ulm und des Bezirksamts Neu-Ulm, auf die ich Bezug nehme.
b) Rohstofflage *[Kein Eintrag]*.
c) Aufträge und sonstige wirtschaftliche Verhältnisse:
Ihren Betrieb haben in Augsburg eingestellt: Die Aktiengesellschaft Union, Zündholzfabrik, wegen Holzmangels, die Ohmwerke, Seifenpulverfabrik, wegen Materialmangels, aus dem gleichen Grunde die Zigarettenfabrik von A. Faulhaber und die Zimmerei Schäffler wegen Holzmangels. Ihren Betrieb haben eingeschränkt: Die Riedinger'sche Ballonfabrik wegen Materialmangels. Von der Einstellung sind 30, von der Einschränkung 164 Arbeiter betroffen.
Die Industrie hat im Bezirke Sonthofen z. Z. genügend Aufträge, Rohstoffe, Heizmaterial und Wasser, um arbeiten zu können. Die Mechanische Bindfadenfabrik Immenstadt betont besonders die Zunahme der Arbeitslust bei ihren Arbeitern, ein sehr erfreuliches Zeichen wiedergekehrter Einsicht.
Der Betrieb der Tuchfabrik Droßbach & Co. in Nördlingen ist nunmehr stillgelegt worden. Die Bindfadenfabrik Schretzheim, die genügend Rohstoffe besitzt, muß wegen Kohlenmangels immer wieder aussetzen.
Bei der Maschinenfabrik in Lauingen besteht Mangel an Rohrguß.
d) Arbeitsmarkt:
Beim Arbeitsamt Memmingen stehen 38 offenen Stellen für Männliche 29 Stellengesuche gegenüber; die Zahl der Erwerbslosen beträgt 67.
Die Übersicht über die Lage des Arbeitsmarkts in Neu-Ulm liegt an; desgleichen Auszug aus einem Bericht des Bezirksamts Zusmarshausen.

4. Öffentliche Arbeiten, Notstandsarbeiten, wichtigere Vorgänge in der Arbeiterlohnbewegung, Stand der Erwerbslosenfürsorge:
Nach dem Stande vom 20. Dezember 1919 hatte Augsburg an Erwerbslosen:

   1025 männliche   gegenüber   902 der Vorwoche
    433 weibliche   gegenüber   449 der Vorwoche

zusammen: 1458 Erwerbslose gegenüber 1351 der Vorwoche.

In dem Betrieb der Blaugasgesellschaft in Augsburg fühlte sich der Betriebsrat in seinem Stand und Wirkungskreis nicht anerkannt, wozu er insofern einigen Anlaß hatte, als Verfügungen über die Arbeitszeit ihm erst nach der Anordnung gemeldet und von einzelnen leitenden Kräften unangebrachte Bemerkungen gemacht wurden. Andererseits ergab sich, daß die Betriebsräte der Arbeiter offenbar übermäßig scharf auf die Verfolgung ihrer Rechte eingestellt waren. Für Sonntag, den 21. Dezember 1919, war die Fortführung der Arbeit vom Betriebsrat genehmigt. Der jugendliche Arbeiter Walter weigerte sich am Samstag nachmittag bis 4 Uhr und am Sonntag zu arbeiten. Die Weigerung war wiederholt schon der Fall gewesen. Er wurde deshalb von der Betriebsleitung entlassen, als er am Sonntag früh gleichwohl zur Arbeit kommen wollte. Am Montag kam Walter in die Fabrik, wiegelte die Arbeiterschaft auf, die im geschlossenen Trupp dem Ingenieur Menz[3] entgegenging, die Anerkennung der Rechte des Betriebsrates verlangte und ihn mißhandelte. Die Betriebsleitung hatte vorher die Entlassung des Walter dem Betriebsrat vorgelegt, der zuerst mit 3 Angestelltenstimmen gegen 3 Arbeiterstimmen für die Entlassung war, dann durch das Los entscheiden ließ, das für die Entlassung ausfiel und schließlich einen Angestellten bei der Abstimmung ausschloß. Die Direktion weigerte sich, den Betrieb laufen zu lassen, bevor nicht 3 Arbeiter, darunter ein Angehöriger des Betriebsrates, wegen Mißhandlung des Ingenieurs Menz entlassen seien. Darauf traten die Arbeiter mittags in den Ausstand. Von der Betriebsleitung angerufen, vermittelte der städtische Referent am 22. Dezember 1919 abends zwischen Betriebsleitung, Betriebsrat und den Vertrauensleuten der Gewerkschaften im Betrieb. Das Ergebnis war, daß der Betriebsrat die Vorfälle bedauerte, versprach, sie künftig zu verhindern und mit der Entlassung disziplinloser Arbeitnehmer sich einverstanden erklärte. Die Mißhandlung des Ingenieurs Menz soll der Staatsanwaltschaft übergeben werden, die Entlassung der Schuldigen, die einwandfrei erst durch Zeugenvernehmung festgestellt werden kann, erfolgt nach Maßgabe des zu erwartenden Urteils. Die Betriebsleitung stellt sich auf den Boden der Bekanntmachung des Sozialen Ministeriums[4] vom 22. April über die Betriebsräte[5]. Die Arbeit wurde noch am Abend aufgenommen. Die Entlassung des Arbeiters Walter wurde anerkannt. Am Ende der Besprechung bat noch ein Beteiligter um Verzeihung und um Unterlassung der Strafanzeige, da er Vater von vielen Kindern sei. Die Niederschrift wurde aber nicht geändert, sondern die Entscheidung dem abwesenden Direktor überlassen, der vielleicht nach dem Ausgang der Angelegenheit noch Nachsicht üben wird.

5. Wohnungsfrage, Baumarkt
Gleich schlecht wie bisher.

6. Volksgesundheit *[Kein Eintrag]*.

7. Kriegsbeschädigten- und Kriegshinterbliebenenfürsorge
Auszug aus einem Bericht des Bezirksamts Zusmarshausen ruht an.

---

3 *Karl Alexander Menz (geb. 1879).*
4 *Besser: Ministerium für Soziale Fürsorge.*
5 *StAnz 118 (1919).*

8. Sonstiges

Die am 24. dieses Monats eingetretenen Hochwasser verursachten, besonders an der Wörnitz und in Höchstädt an der Donau, mancherlei Schäden.

Das Hochwasser der letzten Tage hat den Wintersaaten in den Tälern und an den Berghängen im Bezirk Nördlingen ziemlichen Schaden zugefügt. Teilweise ist der Boden mitsamt der Saat fortgeschwemmt worden.

gez. von Praun, Regierungspräsident

Anlage 1 zu Ziffer 2 b) Erfassung der landwirtschaftlichen Erzeugnisse:

Bezirksamt Sonthofen:
Der Häutehandel blüht, natürlich vielfach auf zweifelhafter Grundlage. Ein neuer Händler hat sich hier aufgetan, unvorsichtigerweise gegenüber der Schutzmannschaft, die ihm nach Mitteilung des Bürgermeisters schon 18 Häute, als vermutlich aus Schwarzschlachtungen stammend, beschlagnahmt hat. Soeben meldet übrigens beispielsweise der Viehkontrolleur einen Fall, daß ein Bauer für die Haut eines 1 ½ Tage alten verendeten Kalbes 232 Mark erhalten hat, während kurz vorher ein anderer für ein ordnungsmäßig abgeliefertes 3 Wochen altes Kalb alles in allem 160 Mark bekommen hat.

Bezirksamt Lindau:
Die Futterknappheit macht sich bereits durch Viehverkäufe und vor allem in einem auch im Verhältnis zur gleichen Zeit der Vorjahre starken Milchrückgang bemerkbar.

Anlage 2 zu Ziffer 3 a) Kohlenlage

Stadtrat Neu-Ulm:
Eine schwere Sorge hat dem Stadtrat eine Verfügung des Landesfinanzamtes München auferlegt, nach welcher die Ortskohlenstelle Neu-Ulm vom 1.1.1920 ab gegen Ersatzzuweisung an die hiesige Flüchtlingsfürsorgestelle die Kohlen liefern soll gegen Zuweisung seitens des Reichskohlenkommissars. Da die Bezugsscheine, wenn überhaupt, erst nach vielen Monaten beliefert werden, wir anderseits nicht in der Lage sind, die hier in Frage kommenden größeren Kohlenmengen für die Beheizung der Kasernen aufzubringen, so ist mit Zwischenfällen mit Sicherheit zu rechnen. Die nicht durchweg aus einwandfreien Elementen sich zusammensetzenden Flüchtlinge haben bereits erklärt, beim Eintritt einer Stockung in der Lieferung des Heizmaterials einfach den Bahnhof zu stürmen und sich dort ihre Kohlen zu holen.

Wir bitten dringend, in dieser Frage uns in der Weise zu unterstützen, daß das Staatsministerium des Innern ersucht wird, beim Landesfinanzamt München vorstellig zu werden, damit der Termin für die Abgabe der Brennmaterialien durch die hiesige Garnisonverwaltung so lange verlängert wird, bis wir aufgrund der vom Reichskohlenkommissar erbetenen Zuweisungen auch tatsächlich beliefert werden.

Bezirksamt Neu-Ulm:
Die ganz ungenügende Kohlenversorgung führt fortgesetzt zu schweren Störungen des Betriebs der Bayerischen Elektrizitätswerke, die beinahe sämtliche Gemeinden des Bezirks mit Licht und Kraft versorgen. Alle Bemühungen zur Besserung der Kohlenversorgung, auch von hier aus, waren vergeblich. Wenn eine Besserung hier nicht bald erreicht wird, dann ist eine allgemeine Gefährdung der Lebensmittelversorgung unausbleiblich.

Anlage 3 zu Ziffer 3 d) Arbeitsmarkt

Stadtrat N e u - U l m :
Übersicht über die Lage des Arbeitsmarktes am 27. Dezember 1919.

Wirtschaftszweig	Unerl. Angeb. von Arbeitskräften		Ges. Sa.	Unerl. Gesuche um Zuweisung von Arbeitern		Ges. Sa.
	a. männl.	b. weibl.	I	a. männl.	b. weibl.	II
Land- und Forstwirtschaft, Gärtnerei, Tierzucht	2	–	2	1	14	15
Metallverarbeitung u. Industrie der Maschinen, Instrumente u. Apparate	9	–	9	2	–	2
Textilindustrie	–	–	–	1	–	1
Papier- und Lederindustrie und lederartiger Stoffe	1	–	1	–	–	–
Industrie der Holz- und Schnitzstoffe	2	–	2	1	–	1
Industrie der Nahrungs- und Genußmittel	5	–	5	–	–	–
Bekleidungs- und Reinigungsgewerbe	4	2	6	4	–	4
Baugewerbe	1	–	1	–	–	–
Handelsgewerbe	7	1	8	–	–	–
Gast- und Schankwirtschaft	–	–	–	–	1	1
Hauswirtschaft (Dienstboten u. Hauspersonal)	–	–	–	–	13	13
Sonst. Handwerk und Berufe	1	–	1	–	–	–
Ungelernte Arbeiter aller Art	26	–	26	–	–	–
Lehrlinge aller Berufsarten	–	–	–	5	–	5
Summe:	58	3	61	14	28	42
Gesamtsumme der Vorwoche:	53	5	58	19	30	49

Anmerkungen über die Lage des Arbeitsmarktes:
In der männlichen Abteilung ist Arbeitsnachfrage gegenüber Stellenangebot bedeutend erhöht, während in der weiblichen Abteilung Stellenangebot vorherrschend ist.

Bezirksamt Zusmarshausen:
Auf dem ländlichen Arbeitsmarkt beginnen sich bemerkenswerte Veränderungen geltend zu machen. Die landwirtschaftlichen Arbeitskräfte stellen, da sie mit den bisherigen, wenn schon bedeutend erhöhten Löhnen nicht mehr auskommen, neuerdings wesentlich gesteigerte Ansprüche und fordern Löhne bis zu 2500 Mark. Die Landwirte erklären, in diesem Falle ihre Erzeugnisse im Preise mindestens um 50 % wieder erhöhen zu müssen, um auszukommen. Da die erhöhten Lohnforderungen vielfach nicht zugestanden werden, so erwartet man eine Verminderung der Arbeiter, von denen eine große Zahl entweder sich in das Anwesen der Eltern zurückbegibt oder sich der Taglohnarbeit zuwendet, wo mehr zu verdienen ist. Vielfach bringen es aber auch die erheblich gesteigerten Einnahmen der Landwirte mit sich, daß die Söhne und besonders die Töchter sich nicht mehr veranlaßt finden zu dienen, sondern lieber daheim mithelfen, wo sie sich weniger anstrengen müssen. Ein Teil der Landwirtstöchter wird auch immer noch durch besonders hohe Versprechungen in städtische Dienste gelockt, wo sie wegen ihren das Hamstern erleichternden landwirtschaftlichen Beziehungen besonders geschätzt sind.

Anlage 4 zu Ziffer 7) Kriegsbeschädigten- und Kriegshinterbliebenenfürsorge

Bezirksamt Zusmarshausen:
Die Ministerialentschließung vom 17. Dezember 1919 über einmalige Beihilfen an notleidende Angehörige Kriegsgefangener[6] gibt zu Zweifeln Anlaß. Sie selbst spricht nur von Angehörigen Kriegsgefangener, dagegen begreifen die Reichsvorschriften, auf die sie Bezug nimmt, auch die Vermißten in sich. Es dürfte wohl anzunehmen sein, daß nur Kriegsgefangene gemeint sind. Überdies aber fehlt der ganzen Entschließung eigentlich der Boden, denn bei ordnungsgemäßem Vollzug der Ministerialentschließung vom 30.11.1919 Nr. 2601 k 45, wonach den Angehörigen der Kriegsgefangenen Mehrleistungen bis zur vollen Behebung der Bedürftigkeit zu gewähren sind, kann es eigentlich notleidende Angehörige Kriegsgefangener überhaupt nicht geben.

---

6 *StAnz 306 (1919).*

ANHANG

Abkürzungs- und Siglenverzeichnis

AAB	*Allgäuer Anzeigeblatt*
abgedr.	*abgedruckt*
ABl	*Amts-Blatt für die in den (königlichen) Bezirksämtern Kempten und Sonthofen befindlichen Gemeinden und Kirchenverwaltungen*
Abtl., Abtlg.	*Abteilung*
a.D., a/D.	*an der Donau (bei Orten), außer Dienst (bei Personen)*
A.K.	*Armee-Korps*
Angeb.	*Angebote*
ASBR	*Arbeiter-, Soldaten- und Bauernrat (auch: A.S.B. Rat, A.u.S., Arbeiter-, S.u.B.-Rat)*
BayHStA	*Bayerisches Hauptstaatsarchiv München*
BB	*Bayerischer Bauernbund*
bearb.	*bearbeitet*
Bek	*Bekanntmachung*
Bemerk.	*Bemerkung*
Bl.	*Blatt*
BVP	*Bayerische Volkspartei*
Cie.	*Compagnie*
DDP	*Deutsche Demokratische Partei*
do.	*dito, das Gleiche*
d.R.	*der Reserve*
ds. Mts.	*dieses Monats*
DVP	*Deutsche Volkspartei*
Ers. Bat. Res. Inf. Rgts.	*Ersatz-Bataillon des Reserve-Infanterie-Regiments*
Freib.	*Freibank*
Frhr.	*Freiherr*
G	*Gastwirtschaft*
GBl	*Gesetzblatt für das Königreich Bayern*
Gebr.	*Gebrüder*
Ges. Sa.	*Gesamtsumme*
gez.	*gezeichnet*
Grenzbatl.	*Grenzbataillon*
GVBl	*(Königlich) Bayerisches Gesetz- und Verordnungsblatt*
H	*Hauswirtschaft*
häusl.	*häuslich*
Hg., hg.	*Herausgeber, herausgegeben*
i.V.	*in Vertretung*
k.	*königlich*
KABl	*(Königlich) Bayerisches Kreisamts-Blatt von Schwaben*
K.A.V.	*Königlich Allerhöchste Verordnung*
kfm.	*kaufmännisch*
KPD	*Kommunistische Partei Deutschlands*
K.V.	*Kommunalverband*
landw.	*landwirtschaftlich*
M	*Mark*
m., männl.	*männlich*
MABl	*Amtsblatt der Staatsministerien des Äußern, des Innern und für Soziale Fürsorge*

MABl/KBl	*Kriegs-Beilage des Amtsblatts der Staatsministerien des Äußern, des Innern und für Soziale Fürsorge*
MdL	*Mitglied des Landtags*
MdR	*Mitglied des Reichstags*
ME	*Ministerialentschließung (auch: M.E., Min. Entschl.)*
MInn	*Ministerium des Innern*
ML	*Ministerium für Ernährung, Landwirtschaft und Forsten*
M.L.P.	*Militär-Landpolizei*
M.N.N.	*Münchner Neueste Nachrichten*
MSPD	*Mehrheits-Sozialdemokratische Partei Deutschlands*
NSDAP	*Nationalsozialistische Deutsche Arbeiter Partei*
OHG	*Offene Handelsgesellschaft*
r.d.R.	*rechts des Rheins*
Regg. Entschl.	*Regierungs-Entschließung*
RGBl	*Reichsgesetzblatt*
R.St.G.	*Reichsstrafgesetzbuch*
sonst.	*sonstige(s)*
Sp.	*Spalte*
SPD	*Sozialdemokratische Partei Deutschlands (auch: S.-P.)*
StadtAA	*Stadtarchiv Augsburg*
städt.	*städtisch*
StAnz	*Bayerische Staatszeitung und Bayerischer Staatsanzeiger*
u.Ä.	*und Ähnliches*
unerl.	*unerledigt*
USPD	*Unabhängige Sozialdemokratische Partei Deutschlands*
VO	*Verordnung*
vorm.	*vormals*
w., weibl.	*weiblich*
x.	*et cetera*
Z	*Zentrum*
zieml.	*ziemlich*
Z.u.K.	*Zimmer und Küche*
zus.	*zusammen*
z.Z., z.Zt.	*zur Zeit*

Glossar

ärarialisch	*dem Staat gehörend*
äußere Behörden	*Bezirksämter und die Magistrate der kreisunmittelbaren Städte (Distriktsverwaltungsbehörden) sowie die Gemeinden in ihrem übertragenen Wirkungskreis.*
ausantworten	*übergeben, aushändigen*
Ausbläser	*Granatenhülse, in diesem Fall gefüllt mit Dynamit und Glasscherben.*
Ausgeher	*Bote, Laufbursche*
Bayerische Lebensmittelstelle	*1916 eingerichtete zentrale Landesstelle zur Erfassung und Verteilung der bewirtschafteten Lebensmittel. Unterabteilungen waren die Bayerische Eierversorgungs-, Landeskartoffel-, Landeszucker-, Honigvermittlungsstelle sowie die Bayerischen Landesstellen für Fischversorgung sowie für Gemüse und Obst. Auflösung: 1923.*
Beamtenpetroleum	*Dienstlicher Bedarf für Behörden, Pfarrämter und Schulen.*
Bekenntnisschule	*Schule, in der Schülerinnen und Schüler derselben Konfession unterrichtet werden.*
Bekleidungsamt	*Verwaltungsbehörde für die Versorgung des Heeres mit eigener Schuhmacher- und Schneiderwerkstatt.*
Belagerungszustand	*Sonderrecht, das in Kraft tritt, wenn die staatliche Ordnung durch außerordentliche Ereignisse gefährdet erscheint. Die rechtliche Grundlage für Bayern bot das Gesetz über den Kriegszustand vom 5.11.1912. Der Belagerungszustand wurde am 31.7.1914 ausgerufen und am 1.12.1919 aufgehoben.*
Bezirk	*Seit 1919 wurde der Terminus ›Bezirk‹ für ein Verwaltungsgebiet verwendet, das später (ab 1. Januar 1939) und heute ›Landkreis‹ genannt wird. Der Ausdruck ›Bezirk[sverband]‹ trat ebenfalls zu Jahresbeginn 1939 an die Stelle der bisherigen Bezeichnung ›Kreis‹. Am 1. April 1939 wurde der ›Regierungsbezirk Schwaben und Neuburg‹ in ›Regierungsbezirk Schwaben‹ umbenannt.*
Bezirksamt	*Verwaltungsbehörde des Bezirks (→ Bezirk).*
Bezirksausschuss	*Durch die Bestimmungen des Selbstverwaltungsgesetzes vom 22.5.1919 trat an die Stelle des Distriktsausschusses (→ Distrikt) der Bezirksausschuss. Er setzte sich zusammen aus fünf bis sieben Mitgliedern, die aus der Mitte des Bezirkstags gewählt wurden. Der Ausschuss vertrat den Bezirk nach außen, hatte die Verwaltung des Vermögens zu leiten, die Aufsicht über die Anstalten des Bezirks zu führen, alle in den Bezirksrat zu bringenden Vorhaben vorzubereiten und vorzuberaten, die Rechnungen des Bezirks zu prüfen, den jährlichen Voranschlag herzustellen und den zur Erhebung bestimmten Hundertsatz der Bezirksumlage zu berechnen.*
Bürgerwehr	*→ Einwohnerwehr*

Demobilmachung	*Rückführung und Entlassung des Heeres nach der Unterzeichnung des Waffenstillstandes am 11. November 1918; wirtschaftliche Demobilmachung: Überführung der Kriegswirtschaft in eine Friedenswirtschaft. Dazu wurde ein eigenes ›Reichsamt für wirtschaftliche Demobilisierung‹ geschaffen.*
Distrikt, Distriktsgemeinde	*1852 wurden in Bayern die Distriktsgemeinden geschaffen. Das waren Gemeindeverbände, deren Verwaltungsgebiet in der Regel mit einem früheren Landgerichtsbezirk übereinstimmte. 1862 wurden bei der Trennung von Justiz und Verwaltung auf unterer Ebene die Bezirksämter (→ Bezirk) eingerichtet. Ein größerer Bezirk konnte durchaus zwei oder mehr Distriktsgemeinden umfassen. Eine Distriktsgemeinde umschloss zwischen 20 und 40 Gemeinden. Kreisunmittelbare Städte, wie Augsburg, bildeten eine eigene Distriktsgemeinde.* *Durch das Selbstverwaltungsgesetz vom 22.5.1919 wurden die zu einem Bezirksamt gehörenden Distriktsgemeinden mit Wirkung vom 1.1.1920 zu einem einzigen Bezirk (mit einem Bezirkstag) vereinigt und als Körperschaft des öffentlichen Rechts selbstständig. Die Umbenennung der Bezirksämter in Landkreise erfolgte erst 1939.*
Distriktsrat	*Die Distriktsgemeinde wurde vom Distriktsrat vertreten, dem seit 1862 der Bezirksamtmann vorstand. Der Distriktsrat wählte aus seiner Mitte den Distriktsausschuss, der die laufenden Geschäfte führte.*
Distriktsverwaltungsbehörde	*Bezeichnung für Bezirksamt (→ Bezirk)*
Edelobst	*Obst, das von ›veredelten‹ Bäumen oder Sträuchern stammt, im Gegensatz zum Wildobst, das auf eigenen Wurzeln wächst.*
Einwohnerwehr	*Bewaffneter Selbstschutzverband auf örtlicher Ebene. Initiativen zur Aufstellung von Einwohnerwehren gingen nach den Spartakus-Unruhen in Berlin von der Reichsregierung und der Reichswehr aus. In Bayern betrieb die nach Bamberg ausgewichene Regierung Hoffmann die Aufstellung von Wehren, um die allmählich ins Chaos gleitende Räteherrschaft in München zu beseitigen. Sie sollten die öffentliche Sicherheit gewährleisten und die Polizei- und Regierungstruppen in ihren Aufgaben unterstützen. Im September 1919 wurden die bayerischen Wehren zu einem Landesverband zusammengefasst, der bei seiner Auflösung 1921 360.000 Mitglieder zählte.*
Eisarbeiter, Eismachen	*Eisarbeiter gewannen Eis aus Weihern oder von sog. Eisgalgen, zerkleinerten es und brachten es zur Kühlung des Biers in die Keller der Brauereien und Gastwirtschaften. In kalten Wintern wurde Eis aus Binnenseen mit der Bahn in die Großstädte transportiert.*
Entente	*Bündnis zwischen Frankreich, England und Russland im Ersten Weltkrieg, dem sich weitere Staaten anschlossen; Synonym für die alliierten Mächte, die den Mittelmächten (Deutschland, Österreich-Ungarn und Verbündete) gegenüberstanden.*
Erwerbslosenfürsorge	*Seit 13. November 1918 hatte jede Wohngemeinde die Pflicht, arbeitsfähige und -willige erwerbslose Kriegsteilnehmer zu versorgen. Zehn Zwölftel des finanziellen Aufwands wurden der Gemeinde aus Reichs- und Landesmitteln erstattet.*
Fesen	*Dinkel*

Fideikommiss	*Unveräußerliche und nur als Ganzes vererbliche Vermögensmasse; in Deutschland meist bei adligem Großgrundbesitz üblich gewesen.*
Fleischversorgungsstelle	*Die 1916 geschaffene Bayerische Fleischversorgungsstelle unterzog die von den Kommunalverbänden gesteuerte Fleischversorgung einer zentralen Lenkung. 1920 wurde die Stelle aufgelöst.*
Gewerbegericht	*Diese besonderen Gerichte bestanden seit dem 1.1.1902 in Gemeinden mit mehr als 20.000 Einwohnern und entschieden Streitigkeiten aus gewerblichen Arbeitsverträgen zwischen Arbeitgebern und Arbeitnehmern oder zwischen Arbeitern desselben Arbeitgebers.*
Glacis	*Die durch das Ausheben des Festungsgrabens entstandene Erdaufschüttung (Brustwehrkrone), die flach ins Vorgelände ausläuft.*
Grünkern	*Unreife Dinkelkörner, die über Buchenfeuer getrocknet werden. Sie werden für Suppen, Aufläufe, zum Brotbacken und Frittieren von Bratlingen benutzt.*
Grummeternte	*Zweiter Grasschnitt. Der Ertrag ist geringer als beim ersten, doch ist das Heu nährstoffreicher und für die Milchbildung bei den Kühen im Winter wichtig.*
Hackfrucht	*Kulturpflanzen, wie Kartoffel, Rüben, Mais und Gemüse, müssen während des Wachstums behackt werden, damit sie nicht von Unkräutern überwuchert werden und die Verkrustung des Bodens vermieden wird.*
Kettenhandel	*Warenumlauf, an dem mehrere Zwischenhändler beteiligt sind, was den Warenpreis verteuert.*
Kleie	*Die beim Mahlen des Getreides, meist Roggen oder Weizen, abgefallenen, zerrissenen Hüllen und oberen Schichten des Korns.*
Kokarden	*Kreisförmige Abzeichen aus Stoff oder Papier mit militärischer oder politischer Bedeutung.*
Kolonialwaren	*Lebensmittel aus Übersee (Kolonien), z. B. Kaffee, Tee, Reis, Zucker, Gewürze.*
Kommunalverband	*1915 geschaffene öffentlich-rechtliche Organisation, die von einer kreisunmittelbaren Stadt oder einer Distriktsgemeinde gebildet wurde. Vorsitzende waren die jeweiligen Ersten Bürgermeister bzw. die Bezirksamtmänner. Hauptaufgabe der Kommunalverbände war die Erfassung, der Kauf und die Verteilung zwangsbewirtschafteter Grundnahrungsmittel während des Ersten Weltkrieges und in der unmittelbaren Nachkriegszeit (Auflösung: 1924). In Bayern gab es insgesamt 215 Kommunalverbände.*
Kriegsernährungsamt	*1916 eingerichtete Reichsbehörde zur Sicherung der Ernährung des Heeres und der Bevölkerung. Eine ihrer ersten Maßnahmen war die Einführung der Reichsfleischkarte. Das Amt legte jeweils die Höchstmenge fest, die auf die einzelne Fleischkarte ausgegeben werden durfte.*
Kriegswucheramt	*1916 als zentrale Überprüfungs- und Ermittlungsbehörde zur Bekämpfung von Wucher bei bewirtschafteten Waren, aber auch bei Mieten und Zinsen errichtet; 1919 in Landeswucherabwehrstelle umbenannt; nach Stabilisierung der Währung 1924 aufgelöst.*

Kulturunternehmungen	*Maßnahmen zur Nutzbarmachung von Ödland (Moore, Riede), zur Verbesserung von landwirtschaftlicher Nutzfläche durch Entwässerung oder Bewässerung sowie die Instandhaltung der Gewässer (Uferschutz u. Ä.). Die Kulturbauämter wirkten bei der Vorbereitung, Ausführung und Überwachung solcher von Genossenschaften, Gemeinden und Privatpersonen durchgeführten Unternehmungen mit.*
Landesfettstelle	*Zur Bewirtschaftung von Milch, Käse und Speisefett wurde 1916 die Bayerische Landesfettstelle geschaffen. Sie konnte zum Beispiel die Milch- und Buttermengen bestimmen, die wöchentlich vom Kommunalverband aufzubringen waren.*
Landesgetreidestelle	*Die 1915 zur Bewirtschaftung von Brotgetreide und Mehl eingerichtete Landesvermittlungsstelle wurde 1917 in die Landesgetreidestelle umgewandelt und 1924 aufgelöst.*
Magazinier	*Lagerverwalter, Magazinverwalter*
Marketenderei	*Der Marketender (Kleinhändler), der die Angehörigen der Truppe im Feld mit Lebensmitteln und anderen Waren versorgte und unter militärischer Aufsicht stand, betrieb eine Marketenderei.*
Marketenderwaren	*Sortiment von Genuss- und Bedarfsartikeln, das besonders für Soldaten zusammengestellt wird.*
Naphta	*Erdöl, auch seine leicht flüchtigen und sehr entzündlichen Destillationsprodukte.*
Notstandsarbeiten	*Öffentliche Arbeiten, zu denen Arbeitslose im Rahmen der Erwerbslosenfürsorge verpflichtet werden konnten. Träger dieser Maßnahmen waren die Gemeinden. Es ging dabei auch darum, die Arbeitswilligkeit der Betroffenen zu testen und im Weigerungsfall Leistungen zu kürzen oder zu entziehen.*
Pneumonia crouposa	*Bakterielle Infektion der Lunge mit Ausscheidung der entzündlichen Absonderung.*
Proviantamt	*Die Aufgabe der Proviantämter bestand darin, die im Reich stationierten Ersatztruppenteile zu versorgen, aber auch bestimmte Vorräte für den Mobilmachungsfall bereitzuhalten. Im Kreis Schwaben und Neuburg gab es Proviantämter in Neu-Ulm, Dillingen, Augsburg und Lechfeld, Hilfs-Proviantämter in Neuburg a. d. Donau, Kempten, Sonthofen und Lindau.*
Reichszuckerstelle	*Einrichtung des Reiches (1914 bis 1920) zur Versorgung des Heeres und der Bevölkerung mit Zucker. Bei Kriegsende unterstanden ihr 350 Organisationen, die diese Aufgabe in ihrem Auftrag erfüllte.*
Remontedepot	*Remontieren = ergänzen; Militärgestüt zur Versorgung des Heeres mit Pferden (Zucht und Sammlung).*
Remontezüchter	*Züchter von Pferden, mit denen der Bestand des Heeres ergänzt wurde.*
Rohfette	*Nach der Schlachtung von Rindern und Schafen entfernte Innenfette (Nieren-, Darm-, Netz-, Magen- und Herzbeutelfette). Aus ihnen wurde Speisetalg (Feintalg und Rinderfett) gewonnen. Zu den Rohfetten wird auch das rohe Schweinefett gezählt.*
Rollgerste	*Geschälte Körner einer Unterart der Gerste mit sechszeiligen Ähren, auch Graupen genannt.*

Schleichhandel	*Verbotener Aufkauf von bewirtschafteten Lebensmittel und anderen Bedarfsgegenständen zum gewinnbringenden Wiederverkauf.*
Schmiedekohlen	*Zum Schmieden verwendete Fettkohle (Steinkohlenart), ›Fettnuss‹ genannt, die einen niedrigen Wassergehalt und einen hohen Heizwert hat. Fettkohle wird auch zur Herstellung von Koks eingesetzt.*
Schmuser	*Vermittler*
Schweizer	*Landwirtschaftliche Arbeitskräfte, die sich ausschließlich der Versorgung des Viehs widmeten.*
Seitengewehr	*Bajonett, am Koppel getragen und für den Nahkampf auf das Gewehr gesteckt.*
Selfaktor	*Maschine zur Herstellung weich gedrehter Garne.*
Simultanschule	*Schule mit überkonfessionellem Unterricht, aber konfessionell getrenntem Religionsunterricht.*
Sölde	*Wohnhaus mit Stall und Scheune unter einem Dach mit bis zu drei Kühen und einem Grundbesitz zwischen vier und acht Tagwerk. Der Besitzer übte im Nebenerwerb ein Handwerk aus.*
Sommerfrucht	*Pflanzen, die im Frühjahr gesät oder ausgebracht und im Sommer geerntet werden, wie Sommergetreide, Erbsen, Bohnen, Flachs und Hanf.*
Spartakisten, Spartakusleute	*Ursprünglich Anhänger des radikalen Flügels der USPD (Spartakusbund), die sich auf der Reichskonferenz vom 30.12.1918 bis 1.1.1919 von der Partei abspalteten und die Kommunistische Partei Deutschlands (KPD-Spartakusbund) gründeten.*
Spelzen	*Sammelbegriff für Dinkel. Im eigentlichen Sinn sind Spelzen die Hülsen, die fest die Körner des Dinkels umschließen und im Gerbgang der Mühle entfernt werden müssen.*
Spinnpapier	*Spezialpapier als Ersatzstoff für Naturfasern (Hanffasern u. Ä.), seit 1915 in der deutschen Textilindustrie verwendet.*
Ster	*Raummaß. Aufgeschichtetes Holz mit einer Seitenlänge von je 1 m und einer Höhe von 1 m, einen Gesamtinhalt von 1 Kubikmeter ergebend.*
Trass	*Vulkanischer Aschentuff (Bimsstein), ergibt mit Zement oder Sand und Kalk einen wasserfesten Mörtel.*
Unterland	*Aus der Sicht der Bewohner des südlichen Schwabens das Gebiet, in dem die ausschließlich betriebene Grünland- und Milchwirtschaft durch die Ackerbauwirtschaft (Getreideanbau) abgelöst wird.*
Verteilungswaren	*Waren, die von der Bayerischen Lebensmittelstelle bewirtschaftet wurden. Dazu gehörten u. a. Eier, Zucker, Süßstoff, Honig und Leuchtmittel.*
vis major	*höhere Gewalt*
Volkswehr	*→ Einwohnerwehr*
Vorzugsmilch	*Vollmilch mit dem üblichen Fettgehalt. Sie konnte mit der am 2.8.1916 in Bayern eingeführten Milchkarte von einem bestimmten Personenkreis (Kinder, Kranke, werdende und stillende Mütter und Personen über 75 Jahre) bezogen werden.*
Weichseln	*Sauerkirschen*

Wirtschaftsoffizier	*Diese Offiziere einschließlich der Hilfswirtschaftsoffiziere und Nachschau-Unteroffiziere übten ihre Tätigkeit bei den Wirtschaftsstellen aus. Zu ihren Aufgaben zählten u. a. die Kontrolle der landwirtschaftlichen Betriebe und die Organisation von Getreideernte-Kommandos mit Hilfe von Kriegsgefangenen und älteren Schülern der höheren Lehranstalten (›Jungmannen‹).*
Zellulen	*Besser: Zellulon. Infolge des kriegsbedingten Mangels an Baumwolle wurde aus feuchtem Papierstoff durch Zerschneiden in Streifen und Drillen ein Garn hergestellt, das fester, härter und glatter als Papiergarn war.*

Literatur

Augsburger Stadtlexikon, hg. von Günther GRÜNSTEUDEL – Günter HÄGELE – Rudolf FRANKENBERGER, 2. neu bearb. und erweiterte Ausg., Augsburg 1998.

AY, Karl-Ludwig, *Die Entstehung einer Revolution. Die Volksstimmung in Bayern während des Ersten Weltkrieges* (Beiträge zu einer Historischen Strukturanalyse Bayerns im Industriezeitalter 1), Berlin 1968.

BAUER, Franz J., *Die Regierung Eisner 1918/19. Ministerratsprotokolle und Dokumente* (Quellen zur Geschichte des Parlamentarismus und der politischen Parteien, Reihe I/109), Düsseldorf 1987.

BAUMANN, Reinhard – HOSER, Paul (Hg.), *Die Revolution von 1918/19 in der Provinz* (Forum Suevicum 1), Konstanz 1996.

BERGMANN, Hans-Jörg, *Der Bayerische Bauernbund und der Bayerische Christliche Bauernverein 1919–1928* (Schriftenreihe zur bayerischen Landesgeschichte 81), München 1986.

BOSL, Karl, *Bayern im Umbruch. Die Revolution von 1918, ihre Voraussetzungen, ihr Verlauf und ihre Folgen*, München-Wien 1969.

–, *Bosls bayerische Biographie*, 2 Bde., Regensburg 1983–1988.

Die Niederwerfung der Räteherrschaft in Bayern. 1919 (Darstellungen aus den Nachkriegskämpfen deutscher Truppen und Freikorps 4), Berlin 1939.

FÜNFER, Ernst, *Die bayerische Milchwirtschaft während des Krieges unter dem Einfluß der Zwangswirtschaft 1914–1919*, Diss., München 1933.

Geschichte des Bayerischen Parlaments 1819–2003, CD-ROM, hg. vom Haus der Bayerischen Geschichte in Zusammenarbeit mit dem Landtagsamt des Bayerischen Landtags, Augsburg 2005.

HAGEL, Bernhard, *Der Landrath von Schwaben und Neuburg 1852–1919* (Geschichte des Bezirkstags Schwaben II) (Materialien zur Geschichte des bayerischen Schwaben 2), Augsburg 1982.

–, *Vom Bayerischen Kreistagsverband zum Verband der bayerischen Bezirke. Geschichte und Ausprägungen gebietskörperschaftlicher Interessenvertretungen auf der 3. kommunalen Selbstverwaltungsebene in Bayern* (Materialien zur Geschichte des bayerischen Schwaben 8), Augsburg 1987.

–, *Vom Landrath des Oberdonaukreises zum Bezirkstag Schwaben (1828–1987)* (Geschichte des Bezirkstags Schwaben V) (Materialien zur Geschichte des bayerischen Schwaben 5), Augsburg 1988.

Handbuch der bayerischen Geschichte, Bd. 4: *Das Neue Bayern. Von 1800 bis zur Gegenwart*, Teilbd. 1: *Staat und Politik*, begr. von Max SPINDLER, neu hg. von Alois SCHMID, 2. Aufl. München 2003.

HINTERTHÜR, Theodor, *Kriegsstellen und Kriegsgesellschaften für das Deutsche Reich und für Bayern sowie die kommunalen Kriegsorganisationen für München*, München 1917.

KANZLER, Rudolf, *Bayerns Kampf gegen den Bolschewismus. Geschichte der bayerischen Einwohnerwehren*, München 1931.

KRENN, Dorit-Maria, *Die christliche Arbeiterbewegung in Bayern 1914/18 bis 1933* (Veröffentlichungen der Kommission für Zeitgeschichte, Reihe B 57), Mainz 1991.

MATTES, Wilhelm, *Die bayerischen Bauernräte. Eine soziologische und historische Untersuchung über bäuerliche Politik* (Münchner volkswirtschaftliche Studien 144), Stuttgart 1921.

M.d.R. Die Reichstagsabgeordneten der Weimarer Republik in der Zeit des Nationalsozialismus. Politische Verfolgung, Emigration und Ausbürgerung 1933–1945. Eine biographische Dokumentation, hg. von Martin SCHUHMACHER (Veröffentlichungen der Kommission für Geschichte des Parlamentarismus und der politischen Parteien in Bonn), 3. erw. Aufl. Düsseldorf 1994.

MITCHELL, Allan, *Revolution in Bayern 1918–19. Die Eisner-Regierung und die Räterepublik*, München 1967.

MÜLLER-AENIS, Martin, *Sozialdemokratie und Rätebewegung in der Provinz. Schwaben und Mittelfranken in der bayerischen Revolution 1918–1919*, München 1986.

Neue Deutsche Biographie (NDB), hg. von der Historischen Kommission bei der Bayerischen Akademie der Wissenschaften, bisher: 22 Bde., Berlin 1953–2005.

REINERS, Ludwig, *Die wirtschaftlichen Maßnahmen der Münchener Räteregierung und ihre Wirkungen*, Diss., Würzburg 1921.

SCHÄRL, Walter, *Die Zusammensetzung der bayerischen Beamtenschaft von 1806–1918* (Münchener Historische Studien, Abt. Bayerische Geschichte 1), Kallmünz/Opf. 1955.

SELIGMANN, Michael, *Aufstand der Räte. Die erste bayerische Räterepublik vom 7. April 1919*, Grafenau 1989.

SPERL, Gabriela, *Wirtschaft und Staat in Bayern 1914–1924* (Schriften der Historischen Kommission zu Berlin 6), Berlin 1996.

THRÄNHARDT, Dietrich, *Wahlen und politische Strukturen in Bayern 1848–1953. Historisch-soziologische Untersuchungen zur Entstehung und zur Neuerrichtung eines Parteiensystems*, Düsseldorf 1974.

VOLKERT, Wilhelm (Hg.), *Handbuch der bayerischen Ämter, Gemeinden und Gerichte 1799–1980*, München 1983.

WICH, Thomas, *Der Kreistag von Schwaben und Neuburg 1919–1938 und Der Bezirksverband Schwaben 1938–1954* (Geschichte des Bezirkstags Schwaben III) (Materialien zur Geschichte des bayerischen Schwaben 3), Augsburg 1983.

Personenregister

Adelgunde von Bayern 46
Aichinger 108
Albig 195
Albrecht von Bayern 2
Albrecht, Karl 306
Alexandra von Hannover 45
Alice von Bourbon-Parma 193
Arco-Valley, Anton Graf von 370
Arnim, Otto 468
Arnold, Michael 311
Arnulf von Bayern 2
Auer, Erhard 36, 64, 67, 82, 172
Aufseß, Hubert Freiherr von und zu 466
Auguste von Toskana 1
Auguste Viktoria von Portugal 46
Axelrod, Tobias 215

Bachmann 391
Batzer, Georg 169
Bauer 57
–, Georg 27
–, Michael 239
Baumann, Michael 116
Baumgarten, Alfred 12
Beck 240
–, Paul 83
Beneckendorff, Paul von und von Hindenburg 10, 30, 55, 454
Bernstein, Eduard 439
Bernstorff, Johann Heinrich Graf von 58
Bethmann Hollweg, Theobald von 58 f.
Binder, Joseph 67
–, Xaver 67
Binhammer, Christian 116, 292
Bischof, Paul 320
Bitzer, Johann 30
Bösl, Stanislaus 239
Bomhard, Theodor 27
Bosch, Robert 25
Boß, August 53
Braig, Januarius 327
Bram, Alfons Ritter von 119
Brauns 381
Brem, German 312
Brettreich, Friedrich von 12, 61
Brey, Josef 239
Brügel, Wolfgang 304, 306, 450

Burian, Rajecz Stephan Graf von 55
Burkhardt, Friedrich Wilhelm Georg 440
Buz, Heinrich Ritter von 33

Carl Eduard von Sachsen-Coburg-Gotha 57
Christoph, Anton 30

Dänner, Rudolf von 392
Deffner, Wilhelm 96, 378
Dessauer, Arthur 77 f.
Deuringer, Alois 283
Deutschenbaur, Kaspar 171, 315, 445
Dirr, Theodor 27, 108, 312
Döderlein, Rudolf 27
Dörfler 460
Dörr, Walter 77
Dürbig, Alfred 443

Eberle, Aloisia 118
Ebert, Friedrich 64
Edelmann, Emmanuel 229
–, Hans 199
Egelhofer 216
Ehlgötz, Hermann Julius 466
Eichhorn, Emil 133
–, Hermann von 50
Eisner, Kurt 106, 117 f., 171 f., 249, 370
Endres, Fritz 314
Epp, Franz Ritter von 241
Ernst August von Braunschweig 39, 45, 57
Erzberger, Matthias 57
Escherich, Georg 241

Fahrmbacher, Wilhelm 240
Feigel, Karl 222
Feilitzsch, Maximilian Graf von XI
Ferdinand IV. von Toskana 193
Fischer, Leonhard 290
Franz Joseph von Portugal 46
Frauendorfer, Heinrich Ritter von 314
Frei, Theodor 109
Freiberger, Otto 444
Freyberg, Karl Freiherr von 333, 443, 445
Frickhinger, Ernst 377
Friedrich August III. von Sachsen 47

Friedrich Franz IV. von Mecklenburg 45, 54
Friedrich Viktor von Portugal 46
Fuchs, Friedrich 50, 53 f.

Gandorfer, Karl 118, 162, 169
−, Ludwig 93, 118
Ganzenmüller, Johannes 53 f.
Gasteiger, Hans 29, 314
Geiger, Thomas 345
Georg von Sachsen 59
Gerhard 376
Glas, Ludwig 77
Göhrl s. Görl
Gölzer, Heinrich 98
Görl (Göhrl) 321, 376, 390, 400
Grauer, Wilhelm 30
Greinwald, August 41, 88
Gröber, Adolf 57
Groll, Oskar 119, 209, 221
Großmann 460
Gyr, Heinrich 88

Hämmerle, Friedrich 53
Haller von Hallerstein, Sigmund 314
Hallinger 467
Hamm, Eduard 451
Haschner, Simon 386
Hauer, Eugen Ritter von XV
Haußmann, Conrad 57
Heberle, Konrad 412
Heim, Georg 26
Heintz, Albert 444
Helfer, Josef 239
Helmtrudis von Bayern 55
Henningsen, Johann 468
Hertling, Georg Friedrich Graf von 55
Herz, Max 30
Hessing, Johann Friedrich von 26
Hierl, Konstantin 238 f., 247
Hildegard von Bayern 52
Hilgard, Eduard 39
Hilpert 370
Hindenburg s. Beneckendorff
Hirsch, Eugen 333
Hoderlein 66
Högg, Clemens 239
Hoffmann, Johannes 205, 215 f., 220 f., 229 f., 239, 311, 314
Hohenbleicher, Rudolf 445
Holderried, Georg 365

Kast, Karl XVI
Kautsky, Karl 439
Kiesewetter 33
Klingelhöfer 216
Kneipp, Sebastian 12
Knoll, Wendel 116
König, Georg 87
−, Johann Georg 267, 367
Kosyra 77
Krafft, Wilhelm 80
Kraisy, Josef 327
Kreußer, Anton Freiherr von 133, 143, 172
Kröpelin, Carl 299

Lang, Franz Xaver 27
Levien, Max 215
Leviné, Eugen 215, 259, 299
Lichti, Philipp 113
Liebhart 311
Liebknecht, Karl 135
Linder, Josef 229
Loewenfeld, Walter 229
Loibl, Martin 125
Lorenz 249
Ludendorff, Erich von 438, 454
Ludwig II. von Bayern X
Ludwig III. von Bayern XV, 1, 5, 10, 13, 18 f., 25, 51 f., 55
Luitpold von Bayern XV, 1, 2, 5, 13, 46
Lutz, Friedrich 50
Luxemburg, Rosa 135

Maenner 216
Magirus, Karl 194
Mahler, Franz 171
Mann, Christian Ritter von 222
Mannes, Joseph 253
Manuel von Portugal 46
Maria Theresia von Bourbon-Sizilien 46
Maria-Therese von Österreich-Este 13, 43
Marie Gabriele in Bayern 2
Maurus, Josef 78
Mayerhofer, Anton 5
Mayr, Karl 253
Max von Baden 56 f.
Max II. Joseph von Bayern X
Meng, Johannes 221
Menz, Karl Alexander 470
Merker, Karl 371
Merkl, Johann 241
Mey, Oskar 130
Meyer 223

Michel, Ludwig 116
Micheler, Eugen 118
Mirbach-Harff, Wilhelm Graf von 50
Montgelas, Maximilian Graf von IX, XIII
Morsack, Ludwig 240
Moser, Adolf 99, 221, 230, 247
–, *Franz Xaver* 312
Mühlschlegel, Eugen 27
Müller, Alois 77
–, *Julius* 114
–, *Karl von* XV, 77 f., 287
–, *Michael* 304, 306, 444 f.
Müller-Meiningen, Ernst 370

Nägele, Anton 211, 215, 227
Neunhöffer, Rudolf 37
Nicolaus, Heinrich 114
Niekisch, Ernst 172, 204, 299, 370, 376
Nimmerfall, Hans 408
Noske, Gustav 220, 439
Nußbaumer 25

Oertel, Eugen 77
Ost, Joseph 448

Paderewski, Ignacy Jan 135
Payer, Peter Emil von 55, 57
Pfeffer 26
Pfeiffer, Ludwig 430
Pitrof, Daniel Ritter von 221
Pollack, Ludwig 247, 323
Praun, Paul Ritter von XV, 443, 445
Probst 397 f.

Reichenbach, Martin 263
Ritter, Wendelin 116
Roedern, Siegfried Graf von 57
Rössner, Michael 222
Rommel, Erwin 247
Roßhaupter, Albert 98
Rumpler, Edmund 201
Rupprecht von Bayern 10, 18, 20, 47

Sailer, Xaver 348
Samer, Michael 466
Scheidemann, Philipp 57
Scheifele, Fritz 451
Schelinsky, August 30
Schiele 398
Schilcher, August 109

Schinneler, Andreas 320
Schlittenbauer, Sebastian 26
Schmid 448
–, *Xaver* 253
Schmidt, Johann 53
Schneider, Georg 116
–, *Hans* 239
Schneppenhorst, Ernst 314 f.
Scholz, Richard 466 f.
Schramm, Adam 144
Schreitmiller, Josef 440
Schropp, Andreas 312, 320
Schützinger, Heinrich 256
Schulze-Gaevernitz, Gerhart von 57–59
Schwind, Felix 297
Seebauer 116
Segitz, Martin 79, 178, 314
Seibold, Johann 253, 466
Seiderer, Karl 445
Sellner, Gustav 239
Seutter von Lötzen 240
Siegner, Anton 5
Sigle, Jakob 272
Singer 116
Soldmann, Fritz 390, 414
Solf, Wilhelm Heinrich 57
Städele, Anton 311
Stahl, Georg Nikolaus von XV
Stegmeier, Vitus 460
Steinbach, Friedrich 215, 222, 430
Steiner, Martin 314 f.
Steller, Konrad Gustav 467
Stenger, Hermann 239
Stengle 5
Stieglitz, August 90
Stöhr, Karl 451
Stölzle, Hans 40
Strehle, Hans 76
Süß 77

Therese von Bayern 13, 23, 35, 39, 46, 52, 59, 119
Therese von Österreich-Este 13, 19, 60
Theresia Maria Josepha von Bayern 2
Thomas, W. 327
–, *Wendelin* 370, 376, 439, 460
Toller, Ernst 216
Trimborn, Karl 57

Unger, Friedrich Albert 116
Unterleitner, Hans 281, 299, 311

Viktoria Luise von Preußen 39
Volkhardt, Georg 327

Walter 470
Warmuth, Josef 27
Weiss 19
Wels, Otto 133
Werler, Jakob 116
Werner 370
Wernthaler, Karl 9, 299
Weveld, Wilhelm Freiherr von 107
Wilhelm II. von Hohenzollern 10, 39, 62
Wilhelm von Hohenzollern-Sigmaringen 46
Wilson, Woodrow 58 f., 61 f., 135

Wiltrud von Bayern 46
Wörner, Otto 445
Wolf(f), Karl 53
Wolfram, Georg Ritter von 83

Zacher, Joseph 468
Zellweger, Rudolf 88, 96 f., 378 f.
Zeppelin, Ferdinand Graf von 347
Zinser, Joseph 389

Ortsregister

Die im Register verzeichneten Orte innerhalb Bayerns sind mit ihrer heutigen Gemeinde-, Landkreis- und Bezirkszugehörigkeit angegeben. Bei Orten außerhalb Bayerns wird das jeweilige Bundesland, bei Orten außerhalb Deutschlands der jeweilige Staat genannt, soweit diese zweifelsfrei zu ermitteln waren. Stadtteile von Augsburg – auch erst zu einem späteren Zeitpunkt eingemeindete – finden sich als eigene Rubrik unter ›Augsburg‹; bei Stadtteilen anderer Orte wurde entsprechend der Angabe in der Edition verfahren.

Verwendete Abkürzungen:

Bad.-Wttbg. = Baden-Württemberg; Gde. = Gemeinde; Mfr. = Mittelfranken; Nb. = Niederbayern; Obb. = Oberbayern; Ofr. = Oberfranken; Opf. = Oberpfalz; Schw. = Schwaben; Stkr. = Stadtkreis; Ufr. = Unterfranken

Aachen (Nordrhein-Westfalen) 183
Achberg (Bad.-Wttbg.) 99
Adelsried (Augsburg, Schw.) 246
Aich (Gde. Stiefenhofen, Lindau (Bodensee), Schw.) 219
Aichach (Aichach-Friedberg, Schw.) 195, 223 f., 247, 256
Aleppo (Syrien) 55
Altdorf (Gde. Biessenhofen, Ostallgäu, Schw.) 111, 212
Altenmünster (Augsburg, Schw.) 56
Altenstadt (Neu-Ulm, Schw.) 74, 105, 130, 140, 244, 258, 270, 289, 423
Altona (Stkr. Hamburg) 365; s. a. Hamburg
Altstädten (Gde. Sonthofen, Oberallgäu, Schw.) 28
Alzenau i. Ufr. (Aschaffenburg, Ufr.) XV
Amberg (Opf.) 88

Anhofen (Gde. Bibertal, Günzburg, Schw.) 27, 108, 312
Appetshofen (Gde. Möttingen, Donau-Ries, Schw.) 53 f.
Aschaffenburg (Ufr.) XV, 297
Au (Gde. Illertissen, Neu-Ulm, Schw.) 194, 448
Aufkirch (Gde. Kaltental, Ostallgäu, Schw.) 341
Augsburg (Schw.) XIII, XV, XVII, 1, 2, 4, 6–10, 13–15, 17–26, 28 f., 31–35, 37–, 42, 44–48, 51–57, 59, 63, 65–70, 72–75, 80–83, 85–91, 93–97, 100–104, 109–113, 117, 120–123, 126–129, 131, 134–137, 139, 142–147, 151–153, 159–160, 163, 165, 171, 173–178, 180–183, 185–188, 190–193, 195–207, 209–210, 212 f., 215–220, 222–227, 228, 231 f., 234–240, 242–244,

246, 248–251, 256 f., 259, 262 f., 265 f., 268–270, 272–275, 277–279, 281–283, 285 f., 288, 290, 292–304, 307–309, 311–315, 317–320, 324–326, 328, 331 f., 334, 337, 339, 341, 344 f., 348, 350, 353, 355, 357 f., 362–367, 369–373, 375–377, 379–382, 384–388, 390–392, 395 f., 398–402, 404, 406, 408 f., 412–415, 417 f., 422–424, 427–436, 439, 441–446, 448–450, 452, 454–457, 460–462, 466 f., 469 f.
– *-Göggingen 26, 33, 69, 74, 83, 88, 95, 104, 110, 112, 122, 131, 139, 147, 165, 171, 198, 203, 237, 244, 283, 301, 319, 353, 363, 376, 416 f., 441*
– *-Haunstetten 69, 74, 83, 88, 95, 104, 109, 112 f., 122, 131, 139, 147, 165, 201, 204, 244, 301, 339, 357, 370, 441*
– *-Hochzoll 370*
– *-Lechhausen 55, 195, 223 f., 283*
– *-Oberhausen 223*
– *-Pfersee 148, 223, 280, 290*
– *-Spickel 432*
– *-Wellenburg 144*
Ay a. d. Iller (Gde. Senden, Neu-Ulm, Schw.) 69, 75, 124, 148, 157, 166, 176, 183, 189, 270, 276, 357, 425, 431, 434
Aystetten (Augsburg, Schw.) 301

Babenhausen (Unterallgäu, Schw.) 101, 130, 215, 273, 289, 341
Bad Brückenau (Bad Kissingen, Ufr.) XV
Bad Oberdorf (Gde. Hindelang, Oberallgäu, Schw.) 214
Bad Windsheim (Neustadt a. d. Aich-Bad Windsheim, Mfr.) 18
Bad Wörishofen (Unterallgäu, Schw.) 12, 198, 324
Bäumenheim (Gde. Asbach-Bäumenheim, Donau-Ries, Schw.) 84, 89, 130, 140, 157
Bamberg (Ofr.) 205, 220, 295, 314, 467
Baschenegg (Gde. Ustersbach, Augsburg, Schw.) 19
Beilngries (Eichstädt, Obb.) 466 f.
Beirut (Libanon) 55
Benediktbeuren (Bad Tölz-Wolfratshausen, Obb.) 231
Bergstetten (Gde. Kaisheim, Donau-Ries, Schw.) 5
Berlin XII, 45, 58, 85, 97, 133, 135, 155, 165, 204, 226, 259, 274, 347, 358, 384, 390, 404, 431
– *-Johannisthal 201*
Bern (Schweiz) 310

Bertoldshofen (Gde. Marktoberdorf, Ostallgäu, Schw.) 169, 237
Biessenhofen (Ostallgäu, Schw.) 111, 212
Bittenbrunn (Gde. Neuburg a. d. Donau, Neuburg-Schrobenhausen, Obb.) 241
Blaichach (Oberallgäu, Schw.) 54, 75, 83, 88, 96 f., 106, 113, 123, 129, 140, 148, 155, 165, 189, 214, 237, 239 f., 275, 294, 310, 320, 332, 358, 366, 372, 377–379, 381, 385, 409, 422, 433, 441
Blankenburg (Gde. Nordendorf, Augsburg, Schw.) 272
Blindheim (Dillingen a. d. Donau, Schw.) 57
Blonhofen (Gde. Kaltental, Ostallgäu, Schw.) 289
Bobingen (Augsburg, Schw.) 75, 148
Bollstadt (Gde. Amerdingen, Donau-Ries, Schw.) 385
Bonn (Nordrhein-Westfalen) 98
Braunschweig (Niedersachsen) 39, 172
Bregenz (Österreich) 104, 119, 281, 294
Breitenbronn (Gde. Dinkelscherben, Augsburg, Schw.) 348
Breitenthal (Günzburg, Schw.) XVI
Bremen 64, 106, 113, 159, 165, 189
Bremenried (Gde. Weiler-Simmerberg, Lindau (Bodensee), Schw.) 84
Breslau (Polen) 172
Brest-Litowsk (Weißrussland) 50, 105, 111
Bruck (Gde. Neuburg a. d. Donau, Neuburg-Schrobenhausen, Obb.) 256
Brückenau s. Bad Brückenau
Brüssel (Belgien) 18, 279
Buch (Neu-Ulm, Schw.) 124
Buching (Gde. Halblech, Ostallgäu, Schw.) 120
Buchloe (Ostallgäu, Schw.) 63, 80, 221, 229, 255, 311, 320, 328, 341
Bühl (Gde. Bibertal, Günzburg, Schw.) 221
Buflings (Gde. Oberstaufen, Oberallgäu, Schw.) 128
Burgau (Günzburg, Schw.) 5, 221, 404 f., 442
Burgberg i. Allgäu (Oberallgäu, Schw.) 29, 77
Burghausen a. d. Salzach (Altötting, Obb.) 363
Burtenbach (Günzburg, Schw.) 5 f.

Cas[s]arate (Schweiz) 59
Christgarten (Gde. Ederheim, Donau-Ries, Schw.) 251

Damaskus (Syrien) 55
Danzig (Polen) 372
Denklingen (Landsberg a. Lech, Obb.) 289
Deuringen (Gde. Stadtbergen, Augsburg, Schw.) 301, 363
Diemantstein (Gde. Bissingen, Dillingen a. d. Donau, Schw.) 468
Dienhausen (Gde. Denklingen, Landsberg a. Lech, Obb.) 289
Dießen a. Ammersee (Landsberg a. Lech, Obb.) 371
Dietenheim (Bad.-Wttbg.) 157
Dietershofen bei Illertissen (Gde. Buch, Neu-Ulm, Schw.) 124
Dietershofen bei Babenhausen (Gde. Oberschönegg, Unterallgäu, Schw.) 289
Dietmannsried (Oberallgäu, Schw.) 40, 114, 365
Dillingen a. D. Donau (Dillingen a. d. Donau, Schw.) XIV, 17, 46, 56 f., 64, 76, 89, 91, 95, 106, 118, 123, 126 f., 135, 156, 173, 176, 179, 183, 195, 200, 203, 223, 226, 248 f., 252, 254 f., 258, 265, 273, 307, 320, 346, 348, 350, 353, 357, 363 f., 382, 391, 394, 401, 404, 406, 422, 424 f., 440
Dinkelscherben (Augsburg, Schw.) 19, 110, 223, 418, 443
Donaumünster (Münster) (Gde. Tapfheim, Donau-Ries, Schw.) 5
Donauwörth (Donau-Ries, Schw.) 15, 37, 61 f., 65, 67, 76, 81, 83 f., 89, 92, 96, 113, 116, 130, 140, 151 f., 157, 161, 174, 179, 207, 222 f., 230, 240, 248 f., 252, 254, 272, 311, 325, 328, 371, 386, 397, 401, 403, 405, 408, 421, 445, 449, 452, 460, 463, 466
Dresden (Sachsen) 47, 51, 183, 226
Düsseldorf (Nordrhein-Westfalen) 172
Duisburg (Nordrhein-Westfalen 41

Ebenhofen (Gde. Biessenhofen, Ostallgäu, Schw.) 111, 212
Ebermergen (Gde. Harburg (Schw.), Donau-Ries, Schw.) 168
Ebrach (Bamberg, Ofr.) 370
Echenbrunn (Gde. Gundelfingen a. d. Donau, Dillingen a. d. Donau, Schw.) 76
Eckarts (Gde. Immenstadt i. Allgäu, Oberallgäu, Schw.) 412
Ederheim (Donau-Ries, Schw.) 251
Eggenfelden (Rottal-Inn, Nb.) 446, 450
Egling a. d. Paar (Landsberg a. Lech, Obb.) 224
Ellgau (Augsburg, Schw.) 96, 113

Emmenthal (Gde. Bibertal, Günzburg, Schw.) 212
Engishausen (Gde. Egg a. d. Günz, Unterallgäu, Schw.) 289
Ennenhofen (Gde. Marktoberdorf, Ostallgäu, Schw.) 109
Erding (Erding, Obb.) XV
Erlangen (Mfr.) 60
Essen (Nordrhein-Westfalen) 226

Faulenbach (Bad) (Gde. Füssen, Ostallgäu, Schw.) 297
Feldkirchen (München, Obb.) 68, 82
Filzingen (Gde. Altenstadt, Neu-Ulm, Schw.) 289
Fischen i. Allgäu (Oberallgäu, Schw.) 28, 77, 83, 366
– -Berghofen 88, 106, 114, 123, 130, 141, 155, 166, 189, 310
Forchheim (Ofr.) XV
Frankenhofen (Gde. Kaltental, Ostallgäu, Schw.) 341
Franzensfeste (Italien) 66
Freiburg i. Br. (Bad.-Wttbg.) 57
Freising (Freising, Obb.) 27
Friedrichshafen (Bad.-Wttbg.) 89, 100, 227, 247, 466
Fünfstetten (Donau-Ries, Schw.) 116, 397
Fürth (Mfr.) 9, 295, 404
Füssen (Ostallgäu, Schw.) 22, 25, 30 f., 39 f., 43 f., 59, 66, 69 f., 78 f., 81, 86, 89, 91, 95, 98 f., 105, 115, 118, 120, 124, 133, 142, 149 f., 171, 190, 221 f., 229, 234, 240, 245 f., 268, 270, 281, 287, 289 f., 297, 311, 319, 321, 323, 330, 338, 343, 346, 348, 350, 357, 362, 364, 369, 376, 390, 400, 408 f., 413, 415, 419, 421 f., 425, 428, 431, 435, 437 f., 441, 446, 448, 452, 454, 461, 466

Gablingen (Augsburg, Schw.) 67, 85, 290
– -Gersthofen (Augsburg, Schw.) 120, 188
Gannertshofen (Gde. Buch, Neu-Ulm, Schw.) 124
Garmisch (Gde. Garmisch-Partenkirchen, Garmisch-Partenkirchen, Obb.) 338
Gempfing (Gde. Rain, Donau-Ries, Schw.) 306, 316
Gerlenhofen (Gde. Neu-Ulm, Neu-Ulm, Schw.) 270, 276

Gersthofen (Augsburg, Schw.) 69, 74, 83, 104, 113, 122, 131, 139, 147, 165, 181, 203, 244, 301, 310, 324, 339, 353, 357, 362 f., 402, 410, 441; s. a. Gablingen-Gersthofen
Gessertshausen (Augsburg, Schw.) 363
Görisried (Ostallgäu, Schw.) 346
Goslar (Niedersachen) 304
Grönenbach (Unterallgäu, Schw.) 365
Großaitingen (Augsburg, Schw.) 345
Großkötz (Gde. Kötz, Günzburg, Schw.) 5
Grünenbach (Lindau (Bodensee), Schw.) 267
Günzburg (Günzburg, Schw.) 5, 44, 60, 63 f., 68, 72, 91, 108, 126, 129, 131, 140, 167, 173, 216, 221, 223, 230, 252, 260, 266, 284 f., 328, 332, 335, 345 f., 348–350, 353, 356, 359 f., 363 f., 367, 371, 383, 391, 393, 401, 404, 408, 411, 433, 436, 466 f.
Gunzenhausen (Weißenburg-Gunzenhausen, Mfr.) 18
Gunzesried (Gde. Blaichach, Oberallgäu, Schw.) 320
Gutenberg (Gde. Oberostendorf, Ostallgäu, Schw.) 289

Hainhofen (Gde. Neusäß, Augsburg, Schw.) 296
Halle 226
Hamburg 159, 165, 327, 342; s. a. Altona
Hammel (Gde. Neusäß, Augsburg, Schw.) 301
Hannover (Niedersachsen) 45
Harbatshofen [Harbatzhofen] (Gde. Stiefenhofen, Lindau (Bodensee), Schw.) 332, 341, 362
Harburg (Schwaben) (Donau-Ries, Schw.) 65, 84, 89, 96, 240, 452
Haslach (Gde. Oy-Mittelberg, Oberallgäu, Schw.) 263
Haßloch (Pfalz) (Rheinland-Pfalz) 102
Hausen (Gde. Buchloe, Ostallgäu, Schw.) 27
Hausen (Gde. Marktoberdorf, Ostallgäu, Schw.) 162, 169
Hausen (Gde. Salgen, Unterallgäu, Schw.) 198
Hausham (Miesbach, Obb.) 73
Hegge (Gde. Waltenhofen, Oberallgäu, Schw.) 74, 84, 114, 123, 311
Heilbronn (Bad.-Wttbg.) 416
Heinrichsheim (Gde. Neuburg a. d. Donau, Neuburg-Schrobenhausen, Schw.) 92
Helmishofen (Gde. Kaltental, Ostallgäu, Schw.) 69
Hergatz (Lindau (Bodensee), Schw.) 119
Hergensweiler (Lindau (Bodensee), Schw.) 343

Heuberg (Gde. Oettingen i. Bay., Donau-Ries, Schw.) 50, 53–55
Hiltenfingen (Augsburg, Schw.) 468
Hindelang (Oberallgäu, Schw.) 64, 66, 77, 128, 454
Hirblingen (Gde. Gersthofen, Augsburg, Schw.) 324
Höchstädt a. d. Donau (Dillingen a. d. Donau, Schw.) 471
Hofen s. Kleinweiler-Hofen
Hohenraunau (Gde. Krumbach (Schw.), Günzburg, Schw.) 400
Hohenschwangau (Gde. Schwangau, Ostallgäu, Schw.) 39, 44, 291, 297
– Schloss 35, 39, 79
Holben (Aeschach-Holben) (Gde. Lindau (Bodensee), Lindau (Bodensee), Schw.) 119
Holzen (Gde. Allmannshofen, Augsburg, Schw.) 194
Horgau (Augsburg, Schw.) 223
Hürnheim (Gde. Ederheim, Donau-Ries, Schw.) 251
Hütting (Gde. Rennertshofen, Neuburg-Schrobenhausen, Obb.) 365

Ichenhausen (Günzburg, Schw.) 221, 405
Illereichen (Gde. Altenstadt, Neu-Ulm, Schw.) 156, 289
Illertissen (Neu-Ulm, Schw.) 69, 73, 74, 101, 105, 110, 124, 127, 130, 136, 140, 166, 168, 173, 191, 194, 207, 215, 233, 241, 244, 258, 260 f., 266 f., 273, 283 f., 289, 295 f., 307, 317, 322, 329, 335, 341, 346, 351, 357, 383, 390 f., 395, 415, 418, 421, 423, 448, 461, 464
Immenstadt i. Allgäu (Oberallgäu, Schw.) 30, 35, 66 f., 77, 83, 88, 92, 95, 97, 106, 113, 123, 129, 141, 149, 155, 165 f., 172, 177, 189, 194, 214, 237, 239 f., 247, 251, 258, 263, 270, 275, 281, 287, 294, 303, 310, 319, 325, 332, 359, 376, 381, 386, 392, 402, 409 f., 414, 416, 422 f., 429, 433 f., 441 f., 450, 456, 462, 469
Imst (Österreich) 281
Ingolstadt (Obb.) 111, 144, 158, 466
Inneberg (Gde. Egg a. d. Günz, Unterallgäu, Schw.) 289
Innsbruck (Österreich) 245

Jettingen (Gde. Jettingen-Scheppach, Günzburg, Schw.) 6, 221, 367

Kaisheim (Donau-Ries, Schw.) 5
Karlshuld (Neuburg-Schrobenhausen, Obb.) 256
Kaufbeuren (Schw.) 67–69, 71, 84, 96, 105, 123, 127, 129, 131, 148, 156, 166, 185, 196, 198, 203, 221, 229, 237, 252, 255, 263, 268, 270, 272, 277, 281, 289, 294, 301, 311 f., 319 f., 326–328, 332, 341, 346, 349, 351, 384, 387, 390, 401, 408 f., 411, 413, 415, 419, 427 f., 430, 431, 437, 448, 451, 454, 458, 460, 463, 464
Kehl (Gde. Weißenburg i. Bay., Weißenburg-Gunzenhausen, Mfr.) 177
Kelheim (Kelheim, Nb.) 273, 446, 450, 467
Kellmünz a. d. Iller (Neu-Ulm, Schw.) 289
Kemnat (Gde. Burtenbach, Günzburg, Schw.) 5
Kempten (Allgäu) (Schw.) XIII f., 3, 14 f., 17, 39 f., 59–61, 66, 71, 74, 76, 81, 84, 86, 96–101, 104 f., 111, 114, 119, 122 f., 145, 147, 155, 177, 188, 190, 194, 219, 229–231, 233 f., 238 f., 244, 252, 254 f., 265, 266 f., 281, 283, 288, 310, 312, 325, 327, 332, 336, 340, 344, 346, 360, 365, 370–372, 378, 382, 388 f., 411, 443; s. a. Kottern, Neudorf, Sankt Mang, Schelldorf
Ketterschwang (Gde. Germaringen, Ostallgäu, Schw.) 312
Kiel (Schleswig-Holstein) 159
Kiew (Ukraine) 50
Kirchheim i. Schw. (Unterallgäu, Schw.) 463
Kitzingen (Kitzingen, Ufr.) 195
Kleinkitzighofen (Gde. Lamerdingen, Ostallgäu, Schw.) 289
Kleinkötz (Gde. Kötz, Günzburg, Schw.) 5
Kleinweiler-Hofen (Gde. Weitnau, Oberallgäu, Schw.) 114
Klosterbeuren (Gde. Babenhausen, Unterallgäu, Schw.) 289
Klosterlechfeld (Augsburg, Schw.) 205
Köln (Nordrhein-Westfalen) 2, 183
Kolbermoor (Rosenheim, Obb.) 120
Kornwestheim (Bad.-Wttbg.) 272
Kottern (Stkr. Kempten (Allgäu), Schw.) 115, 118 f., 150, 238 f., 283, 288 f., 346, 365, 370 f.
Kruichen (Gde. Adelsried, Augsburg, Schw.) 246
Krumbach (Schwaben) (Günzburg, Schw.) 261, 307, 316, 327, 335, 346, 349, 351, 354, 391, 400
Kühlenthal (Augsburg, Schw.) 82

Lagerlechfeld (Gde. Graben, Augsburg, Schw.) 72, 81, 100, 185, 199, 239, 281
Landau (Rheinland-Pfalz) 345
Landeck (Österreich= 66
Landsberg a. Lech (Landsberg a. Lech, Obb.) 229, 370
Langerringen (Augsburg, Schw.) 212
Langweid a. Lech (Augsburg, Schw.) 324, 463
Lauchdorf (Gde. Baisweil, Ostallgäu, Schw.) 289
Lauingen (Donau) (Dillingen a. d. Donau, Schw.) 57, 89, 102, 156, 183, 208, 364, 411, 425, 469
Lautrach (Unterallgäu, Schw.) 372
Lechbruck (Ostallgäu, Schw.) 66, 109, 289, 343, 346, 370, 390, 400, 460
Lechsend (Gde. Marxheim, Donau-Ries, Schw.) 386
Leeder (Gde. Fuchstal, Landsberg a. Lech, Obb.) 289
Leipheim (Günzburg, Schw.) 91
Leipzig (Sachsen) 183
Leitershofen (Gde. Stadtbergen, Augsburg, Schw.) 301
Lengenfeld (Gde. Oberostendorf, Ostallgäu, Schw.) 80, 289
Lindau (Bodensee) (Lindau (Bodensee), Schw.) XV, 1 f., 13, 23, 29, 31, 34, 36 f., 46, 48, 52, 54 f., 59, 62, 66, 73–75, 77, 84, 86, 89, 99 f., 104, 106, 111, 119, 122 f., 126, 131, 135 f., 139 f., 145, 148, 155 f., 159 f., 167, 173, 176, 183, 188 f., 193–195, 198, 200, 207, 209, 214, 220 f., 227, 230, 234, 247, 251 f., 256, 258, 261, 278, 281, 284 f., 291, 298, 301, 308, 322, 325, 332, 338 f., 341–343, 362, 392, 399, 402, 407 f., 414, 417, 419, 422 f., 433, 437, 441, 446, 454, 458, 461, 464, 469, 471
Lindenberg i. Allgäu (Lindau (Bodensee), Schw.) 76, 460
Linderhof (Schloss) (Gde. Ettal, Garmisch-Partenkirchen, Obb.) 79
Lorient (Frankreich) 240
Ludwigsau (Gde. Lauingen (Donau), Dillingen a. d. Donau, Schw.) 76
Lübeck (Schleswig-Holstein) 159
Lüneburg (Niedersachsen) 39
Lugano (Schweiz) 59
Luippen (Gde. Pfaffenhofen a. d. Roth, Neu-Ulm, Schw.) 327

Mallersdorf (Gde. Mallersdorf-Pfaffenberg, Straubing-Bogen, Nb.) 195
Mannheim (Bad.-Wttbg.) 75, 226, 384, 466
Marktheidenfeld (Main-Spessart, Ufr.) 195
Marktoberdorf (Ostallgäu, Schw.) 45, 96, 109, 111, 124, 146, 148, 161 f., 169, 184, 188, 212, 222, 230, 241, 260 f., 263, 270, 278, 296, 333, 336, 346, 349, 351, 357, 362, 364, 425, 431, 448, 450, 460
Markt Wald (Unterallgäu, Schw.) 198
Meitingen (Augsburg, Schw.) 82, 89, 392
Mel(l)richstadt (Rhön-Grabfeld, Ufr.) 333
Memmingen (Schw.) 8, 19, 26, 32, 37, 40, 53, 58 f., 86, 95, 106, 110, 115, 118, 124, 126, 130 f., 143, 147, 156, 166, 177, 179, 184, 188, 193 f., 203, 207, 211, 214 f., 221, 227, 230, 237 f., 240, 252, 254 f., 270, 275, 286, 289, 303, 306 f., 310 f., 319, 325, 330, 332, 341, 349–351, 353, 356, 361, 363 f., 372, 386, 391 f., 402, 410, 416, 418, 423, 427, 429 f., 433 f., 437, 442, 448, 450 f., 454, 456 f., 462, 469
Mertingen (Donau-Ries, Schw.) 96, 272
Mindelaltheim (Gde. Dürrlauingen, Günzburg, Schw.) 5
Mindelheim (Unterallgäu, Schw.) 9, 12, 15, 67, 81, 120, 161 f., 167, 183 f., 198, 200, 215, 222, 242, 272, 282, 289 f., 303, 322 f., 327, 336, 338, 349, 351, 354, 357, 424, 427, 430, 463
Mittelrieden (Gde. Oberrieden, Unterallgäu, Schw.) 167
Möttingen (Donau-Ries, Schw.) 385
Monheim (Donau-Ries, Schw.) 248, 385
Moskau (Russland) 50
München (Obb.) XII, XV f., 1 f., 8–10, 13, 18, 20, 25, 30, 39, 45–47, 52, 55, 57, 61, 63, 65 f., 68, 71, 76, 82 f., 85, 93, 101 f., 108, 113, 117, 119 f., 132, 135, 140, 160, 162, 169, 171–173, 177, 178 f., 181, 191, 210 f., 215 f., 220, 223, 227 f., 236, 238, 240 f., 247, 259, 267, 270, 272–274, 281, 298 f., 311, 321, 344, 350, 363, 370 f., 376, 381–383, 385, 388–390, 400, 405, 418, 446, 448, 468, 471
Mündling (Gde. Harburg (Schw.), Donau-Ries, Schw.) 460
Münster (Donau-Ries, Schw.) 92; s. a. Donaumünster

Nesselwang (Ostallgäu, Schw.) 66, 357
Neuburg a. d. Donau (Neuburg-Schrobenhausen, Obb.) 5, 66 f., 73, 80, 82, 92, 101, 106 f., 111, 125, 132, 140, 144, 158, 168, 179, 185, 205, 222, 241, 247, 252, 255 f., 265 f., 278, 283, 296, 306 f., 316 f., 322, 327, 329, 332, 335 f., 349, 351, 357, 365, 372, 408, 421, 433, 435, 454, 457, 460, 468
Neudorf (Stkr. Kempten (Allgäu), Schw.) 119, 238, 244
Neuhof (Gde. Kaisheim, Donau-Ries, Schw.) 37
Neusäß (Augsburg, Schw.) 283, 324
Neu-Ulm (Neu-Ulm, Schw.) 15, 40, 48, 52, 65, 75, 84, 89, 97 f., 100, 105–107, 110, 116 f., 124 f., 132, 135, 141 f., 148–151, 157 f., 166, 168, 170, 173, 176–178, 183 f., 189–191, 194 f., 198 f., 203 f., 208 f., 214 f., 219 f., 222, 226, 233, 237 f., 241, 244 f., 252–255, 258 f., 261, 263, 267, 270 f., 276–278, 281, 284, 287 f., 290 f., 294 f., 298, 300, 303, 311 f., 321 f., 326 f., 332 f., 336, 341 f., 347, 349, 352, 354, 357, 361, 366, 371 f., 374, 377, 380, 382, 385, 386, 389–391, 397, 401–403, 407, 410, 414–416, 420, 422–426, 428 f., 431–435, 437, 440, 442, 447 f., 450, 452 f., 456, 459, 461 f., 465, 469, 471 f.
Niederraunau (Gde. Krumbach (Schw.), Günzburg, Schw.) 400
Niederschönenfeld (Donau-Ries, Schw.) 370
Nördlingen (Donau-Ries, Schw.) 3, 11, 27, 34 f., 49 f., 53–55, 59, 76, 84, 87, 89, 93, 96, 115 f., 126, 131, 141, 152, 160, 168, 172, 200, 222 f., 234 f., 242, 248, 251 f., 260 f., 265, 278, 285, 290, 292, 295, 301, 308, 316, 320, 322, 324, 328, 336, 338, 342, 347, 349, 352, 354, 356, 358, 362–364, 376–378, 384 f., 391, 393 f., 400 f., 403, 408, 412, 414, 417, 437, 441, 446, 457, 469, 471
Nordendorf (Augsburg, Schw.) 96
Nordholz (Gde. Buch, Neu-Ulm, Schw.) 124
Nürnberg (Mfr.) XV, 9, 23, 172, 205, 226, 295, 304, 311, 390, 398, 414, 450

Obenhausen (Gde. Buch, Neu-Ulm, Schw.) 124
Oberbeuren (Stkr. Kaufbeuren, Schw.) 198
Obergünzburg (Ostallgäu, Schw.) 148, 364, 450
Oberhausen (Gde. Weißenhorn, Neu-Ulm, Schw.) 391

Oberkammlach (Gde. Kammlach, Unterallgäu, Schw.) 198
Oberneufnach (Gde. Markt Wald, Unterallgäu, Schw.) 198
Oberreitnau (Gde. Lindau (Bodensee), Lindau (Bodensee), Schw.) 200
Oberrieden (Unterallgäu, Schw.) 167, 198
Oberroth (Neu-Ulm, Schw.) 124
Oberschöneberg (Gde. Dinkelscherben, Augsburg, Schw.) 443
Oberschönegg (Unterallgäu, Schw.) 289
Oberstaufen (Oberallgäu, Schw.) 458
Oberstdorf (Oberallgäu, Schw.) 39, 43, 47, 51, 113, 149, 199, 214, 317, 319 f., 381
Oberthürheim (Gde. Buttenwiesen, Dillingen a. d. Donau, Schw.) 194
Ochsenfurt (Würzburg, Ufr.) 195
Oettingen i. Bay. Donau-Ries, Schw.) 50, 58, 141, 320, 364
Offingen (Günzburg, Schw.) 405
Oppertshofen (Gde. Tapfheim, Donau-Ries, Schw.) 65
Osterberg (Neu-Ulm, Schw.) 289, 296
Osterreinen (Gde. Rieden am Forggensee, Ostallgäu, Schw.) 30
Osterzell (Ostallgäu, Schw.) 341
Otting (Donau-Ries, Schw.) 385
Ottmarshausen (Gde. Neusäß, Augsburg, Schw.) 301
Ottobeuren (Unterallgäu, Schw.) 118

Passau (Nb.) 99, 105, 466 f.
Peißenberg (Weilheim-Schongau, Obb.) 73
Penzberg (Weilheim-Schongau, Obb.) 73
Pfaffenhausen (Unterallgäu, Schw.) 167, 183, 198
Pfaffenhofen a. d. Roth (Neu-Ulm, Schw.) 194, 391
Pfaffenhofen a. d. Zusam (Gde. Buttenwiesen, Dillingen a. d. Donau, Schw.) 101
Pfronten (Ostallgäu, Schw.) 7, 25, 39, 66, 69, 338, 343, 346, 357, 370, 400, 460
– -Ried 7
– -Steinbach 7
Plochingen (Plahingen) (Bad.-Wttbg.) 466
Posen (Polen) 135
Prag (Tschechische Republik) 61

Radldorf (Gde. Perkam, Straubing-Bogen, Nb.) 102, 127
Regensburg (Opf.) 26, 135, 311

Reisensburg (Gde. Günzburg, Günzburg, Schw.) 131
Reitenbuch (Gde. Fischach, Augsburg, Schw.) 19
Rennertshofen (Gde. Buch, Neu-Ulm, Schw.) 124
Rettenbach a. Auerberg (Gde. Stötten a. Auerberg, Ostallgäu, Schw.) 109
Rettingen (Gde. Tapfheim, Donau-Ries, Schw.) 5
Reutin (Gde. Lindau (Bodensee), Lindau (Bodensee), Schw.) 75, 100, 209, 460
Reutte (Österreich) 99
Riedenburg 458
Ritzisried (Gde. Buch, Neu-Ulm, Schw.) 124
Röfingen (Günzburg, Schw.) 405
Roggden (Gde. Wertingen, Dillingen a. d. Donau, Schw.) 308
Rohrenfeld (Gde. Neuburg a. d. Donau, Neuburg-Schrobenhausen, Obb.) 5
Roßhaupten (Ostallgäu, Schw.) 289
Rothenburg ob der Tauber (Ansbach, Mfr.) XV
Rudelstetten (Gde. Alerheim, Donau-Ries, Schw.) 53
Ruderatshofen (Ostallgäu, Schw.) 346

Saint Germain-en-Laye (Frankreich) 343
Sankt Mang (Stkr. Kempten (Allgäu), Schw.) 238, 288
Scheidegg (Lindau (Bodensee), Schw.) 36
Schelldorf (Stkr. Kempten (Allgäu), Schw.) 119, 238
Schlachters (Gde. Sigmarszell, Lindau (Bodensee), Schw.) 210, 297
Schlingen (Gde. Bad Wörishofen, Unterallgäu, Schw.) 289
Schlipsheim (Gde. Neusäß, Augsburg, Schw.) 301
Schöllang (Gde. Oberstdorf, Oberallgäu, Schw.) 28, 64
Schongau (Weilheim-Schongau, Schw.) 69, 131, 166, 263, 341
Schretzheim (Gde. Dillingen a. d. Donau, Dillingen a. d. Donau, Schw.) 76, 95, 106, 156, 176, 258, 469
Schrobenhausen (Neuburg-Schrobenhausen, Obb.) 5, 102, 450, 460
Schwabmünchen (Augsburg, Schw.) 72, 75, 97, 151 f., 157, 185, 199, 212, 222 f., 273, 316, 336, 345, 347, 349, 352, 355, 358 f., 362, 364, 387, 408, 411, 444

Schwabstadl (Schwabstadel) (Gde. Obermeitingen, Landsberg a. Lech, Obb.) 100, 205, 212
Schwangau (Ostallgäu, Schw.) 297
Schweinfurth (Ufr.) 9
Schweinspoint (Gde. Marxheim, Donau-Ries, Schw.) 386
Seltmanns (Seltmans) (Gde. Weitnau, Oberallgäu, Schw.) 114
Senden (Neu-Ulm, Schw.) 357
Sigmaringen (Bad.-Wttbg.) 46
Sonthofen (Oberallgäu, Schw.) 2 f., 28 f., 35 f., 39–41, 43, 47, 54, 58, 64, 66, 68, 75, 77, 81, 83, 88, 96 f., 106, 110, 113 f., 123, 128–130, 139–141, 145, 148, 155, 165 f., 172, 189 f., 199, 214, 239 f., 244, 247, 249, 251, 258, 263, 266 f., 270, 273, 276, 278, 287, 294, 303, 310, 317, 319, 322 f., 325, 330, 338, 344, 347, 352, 358 f., 366, 372, 376–378, 381, 383–385, 401, 404, 408 f., 412, 414, 422, 425, 441, 445, 448, 450, 454, 458 f., 471
Spa (Belgien) 10
Speyer (Rheinland-Pfalz) 345
Stadtbergen (Augsburg, Schw.) 301
Steppach b. Augsburg (Gde. Neusäß, Augsburg, Schw.) 301, 363
Stepperg (Gde. Rennertshofen, Neuburg-Schrobenhausen, Obb.) 467
Stettenhofen (Gde. Langweid a. Lech, Augsburg, Schw.) 324
Stiefenhofen (Lindau (Bodensee), Schw.) 128
Straß (Gde. Burgheim, Neuburg-Schrobenhausen, Obb.) 266
Straßkirchen (Straubing-Bogen, Nb.) 102
Straubing (Nb.) 87, 127, 195
Stuttgart (Bad.-Wttbg.) 25, 41, 157, 194
Sulzbach 102
Sulzbach-Rosenberg (Amberg-Sulzbach, OPf.) 292
Sulzschneid (Gde. Marktoberdorf, Ostallgäu, Schw.) 270

Täfertingen (Gde. Neusäß, Augsburg, Schw.) 324
Tettnang (Bad.-Wttbg.) 139
Thannhausen (Günzburg, Schw.) 188, 207, 463
Thierhaupten (Augsburg, Schw.) 109, 296
Treuchtlingen (Weißenburg-Gunzenhausen, Mfr.) 47, 55, 57, 59, 116
Türkheim i. Bay. (Unterallgäu, Schw.) 167, 198, 215, 272, 277, 282

Ulm (Bad.-Wttbg.) 45, 62, 96, 149, 157, 177, 194, 238, 267, 284, 454 f., 466–468
Unterbalzheim (Bad.-Wttbg.) 157
Untergriesbach (Passau, Nb.) 99, 105
Unterhausen (Gde. Oberhausen, Neuburg-Schrobenhausen, Obb.) 107
Unterrohr (Gde. Kammeltal, Günzburg, Schw.) 6
Unterroth (Neu-Ulm, Schw.) 124
Unterthingau (Ostallgäu, Schw.) 460
Unterthürheim (Gde. Buttenwiesen, Dillingen a. d. Donau, Schw.) 194

Versailles (Frankreich) 111, 277
Vilshofen (Passau, Nb.) 446, 450
Vöhringen (Neu-Ulm, Schw.) 69, 74, 95, 140, 156 f., 166, 194, 244, 258, 270, 283, 295, 310, 319, 390, 402, 418

Waal (Ostallgäu, Schw.) 71
Wangen (Bad.-Wttbg.) 139
Wasserburg (Gde. Günzburg, Günzburg, Schw.) 5
Wechingen (Donau-Ries, Schw.) 400
Weiler (Gde. Osterberg, Neu-Ulm, Schw.) 289, 296
Weiler (Gde. Weiler-Simmerberg, Lindau (Bodensee), Schw.) 84, 100, 214, 319, 423, 460
Weimar (Thüringen) 333
Weinhausen (Gde. Jengen, Ostallgäu, Schw.) 451
Weinried (Gde. Oberschönegg, Unterallgäu, Schw.) 289
Weißenburg i. Bay. (Weißenburg-Gunzenhausen, Mfr.) 248
Weißenhorn (Neu-Ulm, Schw.) 52, 151, 173, 176, 357
Welden (Augsburg, Schw.) 246, 404
Wellenburg s. Augsburg
Wemding (Donau-Ries, Schw.) 96, 116, 168, 207 f., 223, 292, 392, 397
Wertach (Oberallgäu, Schw.) 128, 263
Wertingen (Dillingen a. d. Donau, Schw.) 8, 46, 82, 89, 92, 101, 109, 136, 141, 144, 194, 234, 247–249, 253, 272, 308, 316 f., 322 f., 329, 336, 352, 362, 371, 392
Westendorf (Ostallgäu, Schw.) 289
Westheim b. Augsburg (Gde. Neusäß, Augsburg, Schw.) 301
Wien (Österreich) 14, 281

Wilhams (Gde. Missen-Wilhams, Oberallgäu, Schw.) 128
Wilhelmshaven (Niedersachsen) 159
Willmatshofen (Gde. Fischach, Augsburg, Schw.) 348
Windsheim s. Bad Windsheim
Winterrieden (Unterallgäu, Schw.) 289, 296
Wörishofen s. Bad Wörishofen
Wolferstadt (Donau-Ries, Schw.) 67, 272
Würzburg (Ufr.) 195, 241

Zell (Gde. Neuburg a. d. Donau, Neuburg-Schrobenhausen, Obb.) 5
Zöschingsweiler (Gde. Wittislingen, Dillingen a. d. Donau, Schw.) 76, 176, 258, 406
Zusamaltheim (Dillingen a. d. Donau, Schw.) 308
Zusmarshausen (Augsburg, Schw.) 3, 19, 23, 51, 56, 58, 71, 81, 110, 123, 127, 132, 151 f., 157, 160, 177, 179, 183, 200, 215, 222, 246, 263, 265, 273, 285, 301, 307, 310, 329, 337, 348 f., 352, 383, 401, 404, 408, 411, 415, 418, 421, 424, 427, 429, 431, 433, 440, 443, 463, 466, 469 f., 473

Firmenregister

Die im Folgenden aufgeführten Firmennamen entsprechen der jeweiligen Bezeichnung in der Quellenedition. Bei unterschiedlichen Namensnennungen wurden diese nach Möglichkeit durch Querverweise aufgelöst.

A. Lehne GmbH, Türkheim 272, 277, 282
Alexander Wacker, Burghausen a. d. Salzach 363
Allgäuer Baumwollspinnerei und Weberei, Blaichach 75, 88, 97, 106, 113, 123, 129, 140, 149, 155, 165, 189, 214, 237, 275, 294, 310, 322, 358, 366, 372, 377–379, 385, 409, 422, 433, 441
Alpine Maschinenfabrik, Augsburg 69, 74, 83, 95, 104, 113, 122, 131, 139, 147, 165, 203, 441
Alpursa AG, Biessenhofen 111, 212

Baumwollweberei, Zöschlingsweiler 76, 176, 258, 406
Bayerische Band- und Gurtenweberei, Fürth 404
Bayerische Berg-, Hütten- und Salzwerk AG 2, 41
Bayerische Elektrizitätswerke, Neu-Ulm 471
Bayerische Futtermittelverteilung GmbH u. Co., München 382, 436
Bayerische Nesselaufschließungsanstalt, Augsburg 137
Bayerische Rumplerwerke AG, Augsburg 201
Bayerische Trasswerke GmbH, München 385
Bayerische Wollfilzfabrik, Offingen 405

Beck Verlagsdruckerei, Nördlingen 96
Berner Alpenmilchgesellschaft 212
Blaugasgesellschaft, Augsburg 470
Bleicherei, Färberei, Druckerei und Appretur AG, Augsburg 137, 201
Bleicherei & Färberei Martini & Cie., Augsburg-Haunstetten 88, 95, 104, 122, 139, 147, 165, 357, 441

Camembertfabrik Höfelmayer, Aich 219
Carbidwerke, Lechbruck 66
Clemens Riefler, Nesselwang 66

Dampfmolkerei Rotkreuz, Lindau 173
Dampfsägewerk Schneider und Klump, Wemding 207
Dampfsägewerk, Senden 357
Dampfsägewerk, Weißenhorn 357
Dampfwaschanstalt Gruber & Dignus, Augsburg 461
Deutscher Volksverlag Dr. Ernst Boepple, München 371, 468

Elektrizitätswerk, Ebenhofen 212
Elektrizitätswerk, Immenstadt 97

Elektrizitätswerk, Kleinkötz 5
Elektrizitätswerk, Lindau 167
Epple & Buxbaum, Augsburg 153, 163

Farbwerke, Gersthofen 69, 74, 83, 104, 113, 122, 131, 139, 165, 181, 310, 339, 357, 410, 441
Felix Schöller Söhne & Cie., Feinpapierfabrik, Offingen 405
Friedrich Wiessners Nachf., Kunstbaumwollwerk, Burgau 404

Gabler-Saliter, Obergünzburg 148
Garbenbänderfabrik, Nördlingen 363
Gasfabrik, Schwabmünchen 157
Gaswerk, Lindau 167
Gebrüder Haff, Pfronten 66
Gebrüder Sulzer, Herrenkleiderfabrik, Ichenhausen 405
Gräflich Stauffenberg'sche Brauerei, Jettingen 367
Gut Schwaighof, Holzen 194

Hartsteinfabrik, Wemding 96, 208, 392, 397
Hesselberger, München 389
Holzleistenfabrik Winkle, Altenstadt 74, 95, 105, 124, 130, 140, 207, 244, 270, 423
Hüttenamt, Sonthofen 113, 123, 130, 141, 155, 166, 189, 214, 247, 294, 409, 422, 433

I.P. Bemberg, Augsburg 311
Isidor Grünhut, Augsburg 345

Kahn und Arnold, Augsburg 311
Kalkwerk (Hartsteinfabrik), Harburg s. Portlandzementfabrik Stein- und Kalkwerk August Märker GmbH, Harburg
Kammfabrik Oechsler, Burgau 442
Kammgarnspinnerei, Augsburg 69, 94, 366, 455
Konservenfabrik Zimmermann, Thannhausen 188, 207
Kunstwollfabrik, Bellenberg 74

L. Strohmeyer & Cie., Segeltuchfabrik, Weiler 214, 319, 423; s. a. Mechanische Weberei L. Strohmeyer, Bremenried
Lactanawerke, Dietmannsried 114

Lechelektrizitätswerke AG, Augsburg 96, 344, 350, 353, 392, 410, 463
Lederfabrik August Boß, Memmingen 53
Leimfabrik Pfeffer, Memmingen 26
Leinenspinnerei und Weberei M. Droßbach & Cie., Bäumenheim 84, 89, 130, 140, 157, 469
Luitpold-Hütte, Amberg 88

Malzfabrik Stuber und Krieger, Günzburg 44
Maschinenfabrik Augsburg-Nürnberg (MAN), Augsburg 33, 73, 153, 205
Maschinenfabrik Ködel & Böhm, Lauingen 156
Mathematisch-Mechanische Werkstätte Gebrüder Ott, Kempten 60, 97, 104, 122
Maxhütte, Sulzbach-Rosenberg 292
Mechanische Bandweberei Philipp Kastner Sohn, Burgau 404
Mechanische Baumwollspinnerei und Weberei AG, Kaufbeuren 84
Mechanische Baumwollspinnerei und Weberei, Ay 69, 75; s. a. Spinnerei und Buntweberei, Ay
Mechanische Bindfadenfabrik, Immenstadt 75, 88, 97, 106, 113, 123, 129, 155, 165, 189, 214, 240, 263, 275, 287, 294, 332, 358, 409, 422, 433, 441, 469
Mechanische Bindfadenfabrik, Memmingen 37
Mechanische Bindfadenfabrik, Schretzheim 76, 95, 106, 156, 176, 258, 469
Mechanische Schuhfabrik Levinger, Augsburg s. Schuhfabrik Levinger, Augsburg
Mechanische Seilerwarenfabrik AG, Füssen 66, 69, 89, 115, 270, 357, 413, 421, 425, 461
Mechanische Weberei, Fischen(-Berghofen) AG 88, 106, 114, 123, 130, 141, 155, 166, 189, 310, 366
Mechanische Weberei L. Strohmeyer, Bremenried 84, 100; s. a. L. Strohmeyer Cie., Segeltuchfabrik, Weiler
Milchfabrik, Rickenbach 173

Nähfadenfabrik Ackermann, Heilbronn 416
Nähfadenfabrik, Augsburg-Göggingen s. Zwirnerei und Nähfadenfabrik, Augsburg-Göggingen
Nähfadenfabrik Julius Schürer, Augsburg 416

Oppenheimer, München 389
Osterrieder Werk, Lautrach 372
Ott, Kempten s. Mathematisch-Mechanische Werkstätte Gebrüder Ott, Kempten

Papierfabrik, Hegge 74, 84, 114, 123
Papierfabrik, Seltmanns 114
Portlandzementfabrik Stein- und Kalkwerk August Märker GmbH, Harburg 84, 89, 96, 452
Pulverfabrik, Bobingen 97, 148

Reichs-Hadern AG, Berlin 404
Reichstextil AG 310
Reininger-Gebbert & Schall AG, Erlangen 60
Riedinger'sche Ballonfabrik, Augsburg 455, 461, 469
Riedmühle bei Mindelaltheim 5
Robert Bosch AG, Stuttgart 25

Salamander-Werke, Kornwestheim 272
Schuhfabrik Levinger, Augsburg 297, 358
Schuhwarengeschäft Friedrich Hämmerle, Memmingen 53
Seifenpulverfabrik Ohm, Augsburg 469
Sennerei Seifen 110
Sennerei Thanners 110
Spinnerei, Kaufbeuren 129
Spinnerei und Buntweberei, Ay 124, 148, 157, 166, 176, 183, 189, 270, 276, 357, 425, 431, 433; *s. a. Mechanische Baumwollspinnerei und Weberei, Ay*
Spinnerei und Weberei, Augsburg-Haunstetten 74, 83 f., 95, 104, 113, 122, 131, 139, 147, 165, 203, 310, 339, 441
Spinnerei und Weberei, Kottern 115
Spulenfabrik, Kleinweiler-Hofen 114

Textilfabrik, Sonthofen 114, 123, 130, 141, 155, 166, 189
Tonwerk Macholt, Starker & Cie., Burgau-Röfinen 406
Trockenmilchfabrik, Schlachters 210
Tuchfabrik Feller, Lauingen 208; *s. a. Tuchfabrik Ludwigsau, Lauingen*
Tuchfabrik Ludwigsau, Lauingen 76; *s. a. Tuchfabrik Feller, Lauingen*

Uhrenfedernfabrik Kahn & Sander, Augsburg 308
Uhrenfedernfabrik Mader & Cie., Augsburg-Lechhausen 224
Union Zündholzfabrik AG, Augsburg 163, 469

Vereinigte Kunstanstalten, Kaufbeuren 69, 84, 96, 105
Verlag Franz Eher Nachf., München 371
Verlag J.F. Lehmann, München 371
Verlag Jos. C. Huber, Dießen 371

Wäschefirma Untermayer, Augsburg 400
Weberei C.J. Holzey OHG, Schwabmünchen 358
Wieland-Werke, Vöhringen 69, 74, 95, 105, 124, 130, 140, 156, 166, 194, 207, 233, 244, 283, 295, 310, 319, 402, 418

Zeppelinwerke, Friedrichshafen 100
Zeppelinwerke, Reutin 75, 100
Ziegelei Schweizer, Gempfing 306, 316
Zigarettenfabrik A. Faulhaber, Augsburg 469
Zimmerei und Sägewerk Schäffler, Augsburg 461, 469
Zimmerei Walter, Augsburg 461
Zwirnerei Gebrüder Denzler, Neudorf 244
Zwirnerei und Nähfadenfabrik, Augsburg-Göggingen 33, 69, 74, 83, 88, 95, 113, 122, 131, 139, 147, 165, 198, 203, 237, 319, 416